教員採用試験「全国版」過去問シリーズ ⑧

2025
年度版

過去問題集

理科

#分野別　　#項目別

協同教育研究会 編

協同出版

はじめに

本書は，全国47都道府県と20の政令指定都市の公立学校の教員採用候補者選考試験を受験する人のために編集されたものです。

教育を取り巻く環境は変化しつつあり，学校現場においても，教員免許更新制の廃止やGIGAスクール構想の実現などの改革が進められており，現行の学習指導要領においても，「主体的・対話的で深い学び」を実現するため，指導方法や指導体制の工夫改善により，「個に応じた指導」の充実を図るとともに，コンピュータや情報通信ネットワーク等の情報手段を活用するために必要な環境を整えることが示されています。

一方で，いじめや体罰，不登校，教員の指導方法など，教育現場の問題もあいかわらず取り沙汰されており，教員に求められるスキルは，今後さらに高いものになっていくことが予想されます。

協同教育研究会では，現在，626冊の全国の自治体別・教科別過去問題集を刊行しており，その編集作業にあたり，各冊子ごとに出題傾向の分析を行っています。本書は，その分析結果をまとめ，全国的に出題率の高い分野の問題，解答・解説に加えて，より理解を深めるための要点整理を，頻出項目毎に記載しています。そのことで，近年の出題傾向を把握することでき，また多くの問題を解くことで，より効果的な学習を進めることができます。

みなさまが，この書籍を徹底的に活用し，教員採用試験の合格を勝ち取って，教壇に立っていただければ，それはわたくしたちにとって最上の喜びです。

協同教育研究会

教員採用試験「全国版」過去問シリーズ⑧

全国まるごと過去問題集　理科＊目次

出題傾向と対策

中学校理科

学習指導要領に関する出題は増加傾向にあり，中学校教育における理科教育のねらいや指導内容等は注目すべきである。

理科においては，発達の段階に応じて，子供たちが知的好奇心や探究心を持って，自然に親しみ，目的意識をもった観察・実験を行うことが重要である。これらを通じて，「科学的な見方や考え方」を養うことができるようにするなどの観点から，その指導の充実を図ってきた。

また，小学校，中学校共に，「観察・実験の結果などを整理・分析した上で，解釈・考察し，説明すること」などの資質・能力に課題が見られることが明らかになっており，知識・理解を偏重した指導となっているなどの指摘がある。理科で育成を目指す資質・能力を育成する観点から，自然の事物・現象に進んで関わり，見通しをもって観察，実験などを行い，その結果を分析して解釈するなどの科学的に探究する学習を充実した。また，理科を学ぶことの意義や有用性の実感及び理科への関心を高める観点から，日常生活や社会との関連を重視している。

自然の事物・現象に対する概念や原理・法則の理解，科学的に探究するために必要な観察，実験などに関する技能などを無理なく身に付けていくためには，学習内容の系統性を考慮するとともに，資質・能力の育成を図る学習活動が効果的に行われるようにすることが大切である。

この観点から学習内容を見直し，一部を他の学年等へ移行したり，整理統合したりして，学習内容の改善を図っている。生徒の「主体的・対話的で深い学び」の実現に向けた授業改善を図り，中学校の3年間を通じて理科で育成を目指す資質・能力の育成を図るため，アにはどのように知識及び技能を身に付けるかを含めて示し，イには重視する学習の過程も含めて示している。

高校物理

物理に関する出題の状況は，例年とあまり変動はないようである。しかし，出題の形式には変化が見られるため，その変化に対応した準備が必要である。

設問の項目は，力と運動，運動とエネルギー，熱，波動(地震波，水波，光，音)，電気と磁気，物質と原子，原子と原子核などであるが，それぞれ観察，実験に基くものが多くなっているということである。したがって，求められる資質・能力も個々の事物・現象に関する知識のみではなく，観察，実験について技能も重視される傾向がある。また，物理学の特徴は，できるだけ単純化した条件下で，自然の事物・現象について定量的な観察，実験を行い，観測・測定された量の間の関係からより普遍的な法則を見いだし，さらに，その法則性から新しい事物・現象を予測したり，説明したりすることができることである。そのため，解答すべき課題も中学校理科と高等学校物理の志望者に対し，共通のものが多くなりつつある。

物理学の知識については，自らが大学入試のために学習した参考書等の内容の理解で十分であるが，指導する内容に精通するため，教科書の熟読も不可欠である。さらに，ガリレイの斜面の実験，ファラデーの電磁誘導の実験，ヘルツの実験，マイケルソン・モーリーの実験，プランク定数の測定，半導体素子の開発，超伝導の発見，素粒子の発見など，物理学を発展させた著名な実験の認識を深めておくことである。

なお，受験する都道府県市の過去の出題例から感じとれることは，それぞれに傾向があるということである。したがって，その対応を考え，万全を期すことが必要である。

高校化学

出題されている内容を大別すると，無機化学，有機化学，分析化学，物理化学，生物化学であるが，主として前の3領域であると考えてよい。しかし，これらの領域を学ぶのは当然のこととして，高校化学の内容の指導に当たるための資質・能力を試されるのであるから，学習指導要領に示されている理科教育の目標及び内容について熟知するとともに，そこに含まれる科目のねらいや内容構成なども理解しておくことである。

自らの専門とする内容についての知識は十分であると考えられるが，「科学と人間生活」，「理科課題研究」の指導に当たることになるため，それに答えられる知識が必要となる。

また，受験する都道府県市の出題傾向があるので，過去の出題例を知ることが，万全を期すために最善である。少なくとも3カ年分の設問に当たることを勧める。

高校生物

生物に関しては，生命の連続性及び環境と生物反応などが重視されつつあることから出題内容に多少の変化が見られる。しかも，これらのことは高等学校における生物教育のねらいや指導内容等にも表れているので，学習指導要領に示されていることには注目することである。

また，生物学の基本的概念の形成を図るとともに生物学的に探究する方法の習得を通して，科学的な思考力，判断力及び表現力を育成することから観察，実験が重視されているため，これらのことにかかわる設問も増加しつつある。とくに，土壌生物の調査，池の環境要因の変化，特定地域における野鳥の個体数の調査，海浜に生活する生物の調査，指標生物による環境の調査，放射線のヒトを含めた生物や医療などへの利用と自然放射線など自然環境についての調査は，実際の学習指導に取り入れられているため，認識を深めておくことである。

さらに，生物学の基本的概念については，当然のことながら中学校理科の内容と一貫しているため，解答すべき課題も中学校理科と高等学校生物の志望者に対し，共通のものが多くなりつつある。

生物学に関する知識の増強を図ることは当然のことであるが，高等学校の指導科目としての生物に精通していなければならない。そのため教科書を熟読し，観察，実験に関しては，指導上の留意事項も熟知することである。その例として，種子の発芽に伴う酵素活性の変化を調べる実験，交雑実験による遺伝の法則の検証，昆虫のフェロモンの働きについて調べる実験，個体群の成長と環境要因との関係を調べる実験，植物の組織培養における培養条件や植物ホルモンの影響を調べる実験，身近な動物の生殖や発生に関して調べる実験，動物と植物の比較，形態と進化との関連を調べる実験，植物のプロトプラストの作成と細胞融合についての実験などがある。さらに，受験する都道府県市の過去の出題例を知り，出題の意図等を感知し，万全を期すことが重要である。

本書について

本書には，各教科の項目毎に，出題率が高い問題を精選して掲載しております。前半は要点整理になっており，後半は実施問題となります。また各問題の最後に，出題年，出題された都道府県市及び難易度を示しています。難易度は，以下のように5段階になっております。

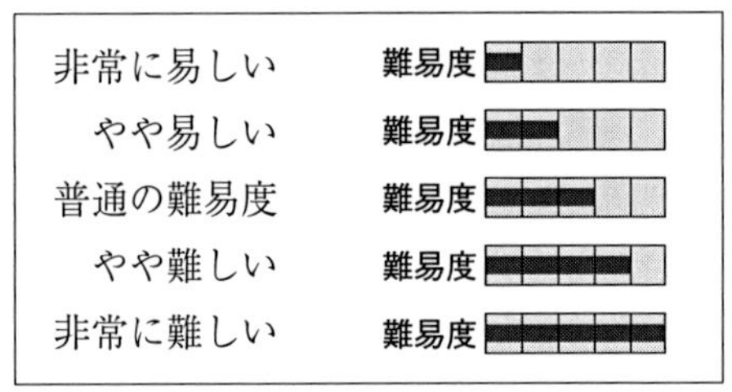

また，各問題文や選択肢の表記については，できる限り都道府県市から出題された問題の通りに掲載しておりますが，一部図表等について縮小等の加工を行って掲載しております。ご了承ください。

中学校理科

要点整理

物 理

①身近な物理現象

(1) 光

(a) 反射と屈折

・入射角＝反射角

・光が空気中から水(ガラス)中に進むとき ⇒ 入射角 ＞ 屈折角

・光が水(ガラス)中から空気中に進むとき ⇒ 入射角 ＜ 屈折角

(b) 凸レンズ

・実像 ⇒ 上下左右が入れ替わる(倒立実像)

・虚像 ⇒ 上下左右が同じ(正立虚像)

(2) 音

(a) 音の三要素

・音の大きさ ⇒ 振動の大きさ(振幅の大きさ)によって変わる。

・音の高さ ⇒ 一定時間に振動する回数(振動数)によって変わる。

・音色 ⇒ 波の形によって変わる。

(b) 音の伝わりやすさ

・硬いものほど伝わりやすい ⇒

針金を伝わる速さ ＞ 糸を伝わる速さ

・真空中では聞こえない

(3) 圧力と浮力

(a) 圧力〔Pa〕(〔N/m^2〕)

・(圧力)＝(力)÷(力がはたらく面積)

・大気圧の大きさは，1気圧(1.013×10^5〔Pa〕)

(b) 浮力〔N〕

・水中にある物体が受ける上向きの力，物体の上面と下面から受ける圧力差

・アルキメデスの原理

物体にはたらく浮力の大きさは，物体が押しのけた流体の重

さと等しい。

・物体が水に浮くための条件

物体にはたらく浮力　＞　物体の重力

水の密度　＞　物体の密度

②電流のはたらき

(1)　オームの法則

抵抗R〔Ω〕に電流I〔A〕が流れるとき，抵抗の両端電圧V〔V〕は，$V=RI$

(2)　抵抗の接続

(a)　直列接続　⇒　それぞれの抵抗を流れる電流は等しい

$V_1=R_1I$，$V_2=R_2I$，$V=V_1+V_2$　⇒　合成抵抗Vは大きくなる

(b)　並列接続　⇒　それぞれの抵抗にかかる電圧は等しい

$V=R_1I_1$，$V=R_2I_2$，$I=I_1+I_2$，$\frac{1}{V}=\frac{1}{V_1}+\frac{1}{V_2}$　⇒　合成抵抗Vは小さくなる

(3)　電力と電力量

(a)　電力P〔W〕は，1秒あたりの電気器具の消費エネルギー，$P=IV$

(b)　電力量W〔J〕は，電力Pに電流が流れた時間tをかけたもの，$W=Pt$

(4)　電界と磁界

(a)　右ねじの法則

磁界の向きは，電流の流れる向きに右ねじを進ませるときの，ねじの回転方向

(b)　コイルの中の磁界

・磁石のN極からS極に向かう方向

・コイルの巻き数を増やす，電流を強くするほど磁界は強い

(c)　電流が磁界から受ける力

・力の向きは，フレミングの左手の法則に従う

・磁界を強く，電流を強くするほど力は大きい

③運動の規則性

(1)　速さ

(速さ〔m/s〕)＝(進んだ距離〔m〕)÷(かかった時間〔s〕)

(a)　平均の速さ

ある時間に物体が移動した距離を，かかった時間で割った量

(b) 瞬間の速さ

きわめて短い時間(速さの変化を考えられない時間)に物体が移動した距離

(2) 仕事

(a) (仕事〔J〕)＝(力の大きさ〔N〕)×(力の向きに移動した距離〔m〕)

(b) 力の向きと移動方向が反対の場合，負の仕事

(c) 物体に加える力と物体の移動方向が直交する場合は，仕事は0J

(3) エネルギー

(a) 仕事の原理

斜面や道具を用いた場合と，用いなかった場合の仕事の大きさは，変わらない。

(b) 力学的エネルギー

・(位置エネルギー〔J〕)＝(質量〔kg〕)×(重力加速度〔m/s^2〕)×(高さ〔m〕)

・(運動エネルギー〔J〕)＝$\frac{1}{2}$×(質量〔kg〕)×(速さ〔m/s〕)^2

(c) 力学的エネルギーの保存

摩擦力などがはたらかなければ，物体の位置エネルギーと運動エネルギーの和は常に一定

化 学

①原子と分子，物質の分解と化合

(1) 質量保存の法則

(a) 石灰石に塩酸を加えるときの化合　$CaCO_3 + 2HCl \rightarrow CaCl_2 + H_2O + CO_2$

(発生した二酸化炭素の質量)＝(反応前の石灰石と塩酸の質量)−(反応後に残った物質の質量)

(b) スチールウールの燃焼　$2Fe + O_2 \rightarrow 2FeO$

(スチールウールに結合した酸素の質量)＝(燃焼後のスチールウールの質量)−(燃焼前のスチールウールの質量)

(2) 定比例の法則

(a)　マグネシウムと酸素の化合　$2Mg+O_2 \rightarrow 2MgO$

生成する酸化マグネシウムMgOにおいて，MgとO_2の質量比は3：2

(b)　銅と酸素の化合　$2Cu+O_2 \rightarrow 2CuO$

生成する酸化銅CuOにおいて，CuとO_2の質量比は4：1

(c)　酸素原子1個と結合するマグネシウム原子と銅原子は，いずれも1個なので，それぞれの原子の質量比は，

(マグネシウム)：(酸素)＝3：2，(酸素)：(銅)＝1：4＝2：8より，

(マグネシウム)：(酸素)：(銅)＝3：2：8

②熱化学

(1)　発熱反応

反応後，熱を発生するためまわりの温度が上がる

例　燃焼(燃焼熱)，中和(中和熱)

(2)　吸熱反応

反応後，まわりから熱をうばうため温度が下がる

例　蒸発(蒸発熱)

(3)　その他

反応前後のエネルギー差により，発熱反応か吸熱反応かを考慮

例　生成反応(生成熱)，溶解(溶解熱)

③溶液

(1)　溶解度

(a)　飽和水溶液中では，固体の溶質が水に最大質量溶けている。

(b)　溶解度とは，水100gに溶ける溶質の最大質量である。

(c)　水の量が多いほど，固体が溶ける量は増える。

つまり，飽和水溶液の質量をx〔g〕，これに含まれる固体の溶質の質量をy〔g〕，溶解度をS〔g/水100g〕とすると，

$x:y=(100+S):S \qquad \therefore \ \dfrac{y}{x}=\dfrac{S}{100+S}$

(2)　再結晶

(a)　一般に，温度が高いほど固体の溶解度は大きい。

(b)　溶解度が小さくなると，その差の分だけ固体の溶質は析出する(再結晶)

つまり，水100gに固体の溶質S〔g〕が溶けている飽和水溶液があ

り，その温度を下げて溶解度がS'になるとき，(固体の析出量)＝$S-S'$〔g〕

④酸と塩基

強酸である塩酸(溶質は塩化水素HCl)に，強塩基である水酸化ナトリウム$NaOH$水溶液を加えるとき，混合水溶液中の各イオンの数は，次のようになる。

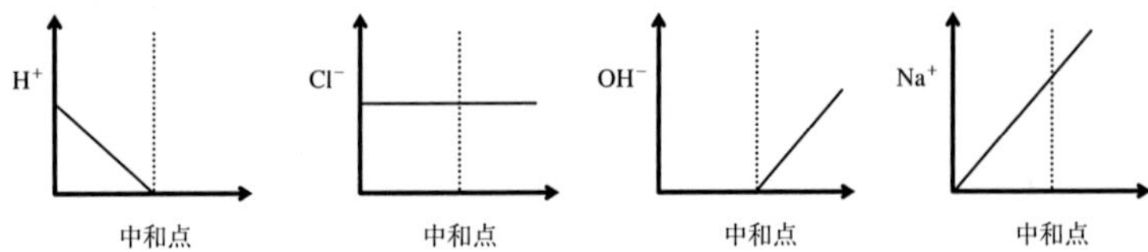

⑤酸化還元

(1)　酸化還元滴定

硫酸酸性下で，過酸化水素水を過マンガン酸カリウム水溶液で滴定する場合

酸化剤：過マンガン酸カリウム$KMnO_4$水溶液(濃度既知)

還元剤：過酸化水素H_2O_2水(濃度未知)

指示薬：$KMnO_4$

反応式：$2KMnO_4+5H_2O_2+3H_2SO_4 \rightarrow 2MnSO_4+K_2SO_4+8H_2O+5O_2$

終点：過マンガン酸イオンMnO_4^-が残るため，水溶液が薄い赤紫色になる。

(2)　ヨウ素滴定(ヨウ素還元滴定)

H_2O_2水に過剰量のヨウ化カリウムKI水溶液を加え(a)，生成したヨウ素I_2をチオ硫酸ナトリウム$Na_2S_2O_3$水溶液で滴定する(b)。

(a)　酸化剤：H_2O_2水(濃度未知)

還元剤：KI水溶液(過剰量)

反応式：$H_2O_2+2KI+H_2SO_4 \rightarrow 2H_2O+K_2SO_4+I_2$

(b)　酸化剤：I_2

還元剤：$Na_2S_2O_3$水溶液(濃度既知)

指示薬：デンプン

反応式：$I_2+2Na_2S_2O_3 \rightarrow 2NaI+Na_2S_4O_6$

終点：ヨウ素デンプン反応により青紫色になっていた溶液が，I_2が消費されたため無色になる。

生 物

①植物のからだのつくりとはたらき

(1) 光合成と呼吸

(光合成速度)＝(見かけの光合成速度)＋(呼吸速度)

呼吸速度は，光の強さが0のときの二酸化炭素放出量

(2) 蒸散

(葉の裏側の蒸散量)＝(全体の蒸散量)－(葉の表側の蒸散量)－(茎などからの蒸散量)－(水面からの蒸発量)

②動物のからだのつくりとはたらき

だ液によるデンプンの分解実験について，それぞれの試料を40℃に温めると，色は次のようになる。

	水とデンプン	だ液とデンプン
ヨウ素液との反応	青紫色になる	変色しない
ベネジクト液との反応	変色しない	赤褐色になる
理由	デンプンが存在する	デンプンが分解されて糖になる

③細胞と生殖

(1) 動物細胞と植物細胞の違い

	動物細胞	植物細胞
葉緑体，細胞壁	ない	ある
中心体	ある	種子植物にはない
液胞	ほとんど見られない	よく発達している
分裂の仕方	くびれができる	細胞板ができる

(2) 体細胞分裂と減数分裂の違い

	体細胞分裂	減数分裂
意義	成長するため	子孫を残すため
分裂回数	1回	2回
生じる娘細胞の数	2個	4個
娘細胞のDNA量	母細胞と等しい	母細胞の半分

④生態系

生態系において，炭素の循環の模式図は次のようになる。

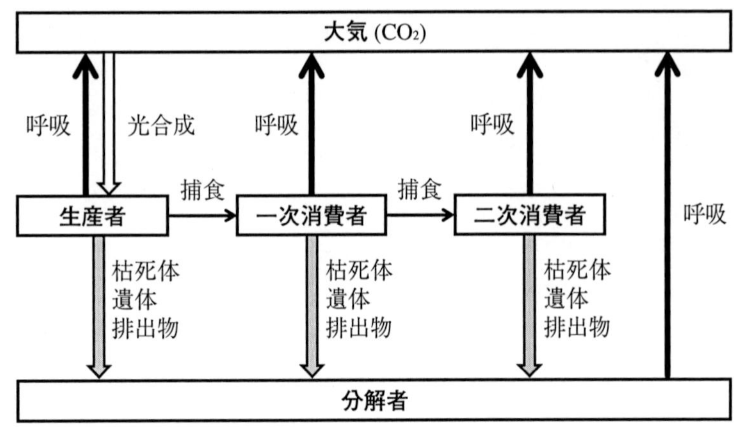

地　学

①大地の変化

(1)　震源距離の求め方

震源距離は，初期微動継続時間(PS時間)に比例するので，

(地点1の震源距離)：(地点2の震源距離)＝(地点1のPS時間)：(地点2のPS時間)

ここで，(PS時間)は，(S波が到達する時刻)と(P波が到達する時刻)の差

(2)　地震発生時刻の求め方

例えば，P波の速度がわかっているとき，(1)より震源距離を求め，

$$(\text{P波が伝わる時間}) = \frac{(\text{震源距離})}{(\text{P波の速度})}$$

(地震発生時刻)は，(P波が到達する時刻)と(P波が伝わる時間)の差

②天気の変化

(1)　相対湿度の計算方法

$$(\text{相対湿度}〔\%〕) = \frac{(\text{空気}1\text{m}^3\text{中の水蒸気量}〔\text{g/m}^3〕)}{(\text{その気温での飽和水蒸気量}〔\text{g/m}^3〕)} \times 100$$

(2)　乾湿計による湿度の求め方

・乾球温度計の示度〔℃〕と湿球温度計の示度〔℃〕を求める。

・上記と乾球温度計の示度〔℃〕を用いて，湿度表から湿度を読み取る。

(3) 露点に達しているとき

・湿度100%となる

・飽和水蒸気量，飽和蒸気圧となる

・雲ができ始める

③地球と宇宙

(1) 地球の運動

自転	地軸を中心に西→東	24時間で1周
公転	太陽のまわりを反時計回り	1年間で1周

(2) 天体の運動

日周運動	北の空　反時計回り 南の空　東→西	24時間で1周
年周運動	北の空　反時計回り 南の空　東→西	1年間で1周

(3) 月の運動

自転	地球と同じ向き	27.3日で1周
公転	地球と同じ向き	27.3日で1周

(4) 太陽の南中高度

観測地点が北緯$\varphi°$のとき，それぞれの時期の南中高度は，

(a) 夏至 ⇒ (南中高度)$=90°-\varphi°+23.4°$

(b) 春分・秋分 ⇒ (南中高度)$=90°-\varphi°$

(c) 冬至 ⇒ (南中高度)$=90°-\varphi°-23.4°$

中学校理科　物　理

実施問題

【1】Ⅰ，Ⅱの各問いに答えなさい。

Ⅰ　図1のように，質量4.0kgの台車Aに1.16mのひもをつけ，なめらかな床上でPを中心に等速円運動をさせた。台車Aは，0.8秒間で4回転の速さで等速円運動をしている。(1)～(4)の各問いに答えなさい。

図1

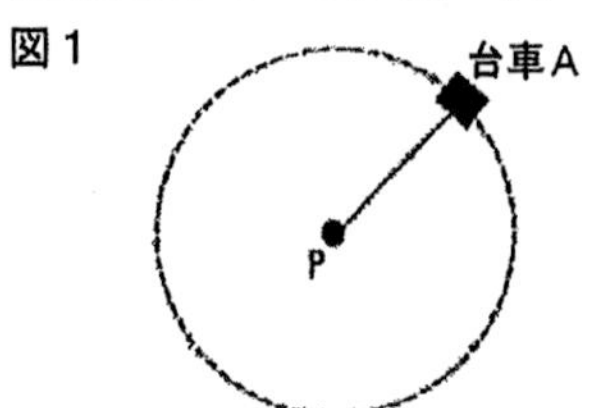

(1)　数回転すると，図2のように台車Aが台車A′の位置に来た時にひもが切れた。ひもが切れた台車A′は図2のア～エのどの方向に進んでいくか。最も適切なものを1つ選び，記号を書きなさい。

図2

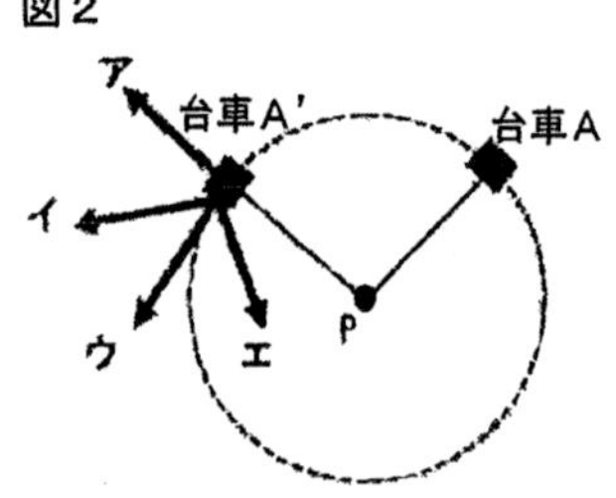

(2)　台車が等速円運動を続けるためには，ひもが台車を円の中心方向に常に引き続けていなければならない。この力を何というか，漢字3字で書きなさい。

(3)　(2)の力が働いているものの例として適切でないものを次のア～ウから1つ選び，記号で書きなさい。

ア　地球を周回する人工衛星の運動

イ　ハンマー投げ競技で，鉄球をワイヤーで引っ張りながら回すときの鉄球の運動

ウ　やり投げ競技でのやりの運動

(4)　等速円運動を続ける台車Aの速度〔m/s〕を求めなさい。なお，π＝3.14とし，小数第2位を四捨五入し，小数第1位まで求めなさい。

Ⅱ　核エネルギーに関する次の文を読み，(1)～(3)の各問いに答えなさい。

> 太陽などの恒星の中心部では，水素ガスなどが自らの重力によって圧縮されて非常に高温となっている。そこでは，水素原子核が激しく熱運動をし，4個の水素原子核が1個のヘリウム原子核($^{4}_{2}He$)になる反応が起こっている。これを(　あ　)といい，この時に膨大なエネルギーが放出される。現在，この(　あ　)反応を発電等に使用することを目指す(　あ　)エネルギーの研究開発が進められている。
>
> 一方，実用化されている原子力発電では，燃料のウラン235($^{235}_{92}U$)の原子核に中性子($^{1}_{0}n$)を当てて(　い　)を起こし，この際に放出されるエネルギーを利用して発電している。この反応では，$^{235}_{92}U+^{1}_{0}n \rightarrow ^{141}_{56}Ba+^{92}_{36}Kr+3^{1}_{0}n$の核反応式で表されるように，新たな中性子が発生する。その中性子がさらに別のウラン235に当たると，また(　い　)を起こす。原子力発電所では，中性子の数やスピードをコントロールして(　い　)を起こしている。
>
> $^{235}_{92}U$のような原子番号の大きな原子核には不安定なものがあり，不安定な原子核は放射線を放出して安定な別の原子核に変わっていき，それに伴って$_{(a)}$放射性原子核の数は時間とともにだんだん少なくなっていく。残っている放射性原子核の数が元の半分になる時間を，放射性原子核の半減期という。

(1)　文中の(　あ　)，(　い　)にあてはまる最も適切な言葉を書きなさい。

(2)　下線部(a)放射性原子核から放出される放射線には，次の表に示される3つの種類がある。

表

種類	本体	電離能力
α線	ヘリウム原子核（${}^{4}_{2}$He）	強
β線	電子	中
γ線	電磁波	弱

${}^{235}_{92}$Uは，α崩壊とβ崩壊を行って最終的には安定な鉛${}^{207}_{82}$Pbになる。${}^{207}_{82}$Pbになるまでに，α崩壊とβ崩壊をそれぞれ何回行うか，求めなさい。

(3) ${}^{226}_{88}$Raの半減期は1620年である。1.00gの${}^{226}_{88}$Raは，今から8100年後には何gになるか。小数第3位を四捨五入し，小数第2位まで求めなさい。

▌2024年度 ▌長野県 ▌難易度 ■■□□□□

【2】次の1～7の問いに答えなさい。

1　図のように，水平な床面に固定された壁面がある。左側の壁面には質量の無視できるばね定数k_1のばねS_1が取り付けられ，その他端には質量mの小球Aが取り付けられている。もう一方の右側の壁面にも同様に質量の無視できるばね定数k_2のばねS_2が取り付けられ，その他端には質量$2m$の小球Bが取り付けられている。小球の大きさは無視でき，小球同士の衝突は弾性衝突であるものとする。全ての運動は，水平な直線上で生じるものとする。いま，水平にx軸をとったとき，2本のばねがそれぞれ自然長になる位置を原点Oとする。また，はじめに小球A，小球Bは原点Oにあるものとする。

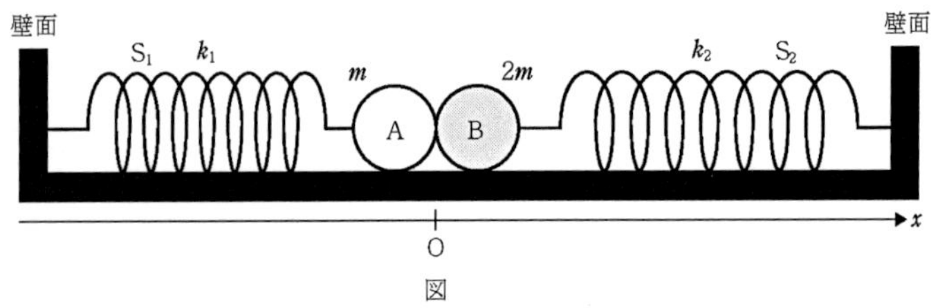

図

この状態から小球Aを$x=-d$の位置に移動させ，手を放した。この時刻を$t=0$とする。ただし，図の右向きを正とする。

小球Aが小球Bと初めて衝突する直前の小球Aの速さとして最も適

切なものを，次のa～eの中から一つ選びなさい。

a　$2d\sqrt{\dfrac{k_1}{m}}$　　b　$\dfrac{d}{2}\sqrt{\dfrac{k_1}{m}}$　　c　$d\sqrt{\dfrac{k_1}{m}}$　　d　$2d\sqrt{\dfrac{m}{k_1}}$

e　$d\sqrt{\dfrac{m}{k_1}}$

2　次の図は，水平面上のクレーン車を模式的に表したものである。クレーン車本体は，一辺がaの一様な立方体とみなせる。また，ABはクレーンの腕の部分で長さLの一様な棒とみなせ，質量をMとする。棒の一端をA点とし，このA点で棒と立方体は固定されており動くことはなく，棒は水平と角度θをなすものとする。ただし，A点は立方体の一辺の中点にあり，この棒はA点を含む辺と垂直な面上にある。棒のもう一端B点には質量が無視できる長さlの糸がつながれており，糸の他端には質量mの小物体が吊るされている。なお，全ての運動は同一平面内で起きるものとし，重力加速度の大きさをgとする。

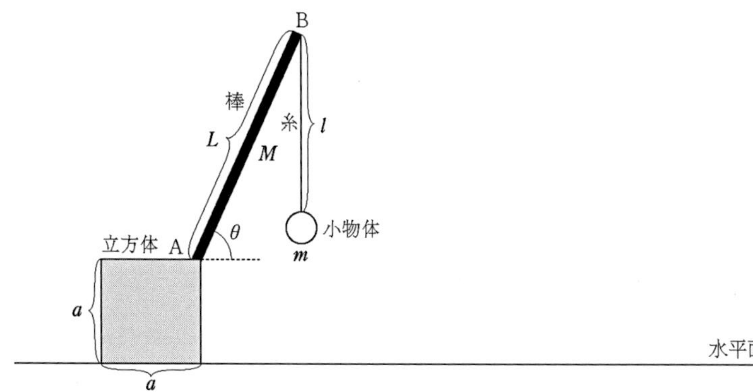

図

小物体が静止しているとき，立方体の底面のすべてが水平面に接したままであるためには，立方体の質量はいくら以上であればよいか。最も適切なものを，次のa～eの中から一つ選びなさい。

a　$\dfrac{L}{a}(M+m)\cos\theta$　　b　$\dfrac{L}{a}(2M+m)\cos\theta$　　c　$\dfrac{L}{a}(M+2m)\cos\theta$

d　$\dfrac{L}{a}(2M+m)\sin\theta$　　e　$\dfrac{L}{a}(M+2m)\sin\theta$

3　生徒たちが自由研究で，各地点の緯度と重力加速度の関係を調べたところ，表のような結果を得て，各自がグラフを作成した。ただし，北極での重力加速度をg_0とし，必要であれば図のグラフ用紙を使用してもかまわない。

次の(1)，(2)の問いに答えなさい。

(1)　生徒たちは全員が縦軸に$\Delta g = g_0 - g$をとったが，横軸には$\cos^2\theta$をとった生徒と，$\sin^2\theta$をとった生徒がいた。生徒が作成したグラフから言えることとして最も適切なものを，次のa～eの中から一つ選びなさい。

a　緯度θが小さくなると重力加速度の大きさgは大きくなり，Δgは$\cos^2\theta$に比例する。

b　緯度θが大きくなると重力加速度の大きさgは小さくなり，Δgは$\sin^2\theta$に比例する。

c　緯度θが小さくなると重力加速度の大きさgは小さくなり，Δgは$\cos^2\theta$に比例する。

d　緯度θが小さくなると重力加速度の大きさgは小さくなり，Δgは$\cos^2\theta$に反比例する。

e　緯度θが小さくなると重力加速度の大きさgは小さくなり，Δgは$\sin^2\theta$に反比例する。

(2)　(1)の結果から推定した赤道上の重力加速度g_1の値として最も適切なものを，次のa～eの中から一つ選びなさい。

a　9.78　　b　9.70　　c　9.62　　d　9.58　　e　9.52

表　各地の緯度と重力加速度の関係

地点	緯度θ〔°〕	重力加速度g〔m/s²〕	$\cos^2\theta$	$\sin^2\theta$
北極	90	9.832	0	1
稚内	45.2	9.806	0.497	0.503
青森	40.5	9.803	0.578	0.422
羽田	35.3	9.798	0.666	0.334
鹿児島	31.3	9.795	0.730	0.270
石垣島	24.2	9.790	0.832	0.168

※国立天文台編『理科年表』より(北極は緯度90度の正規値とした)

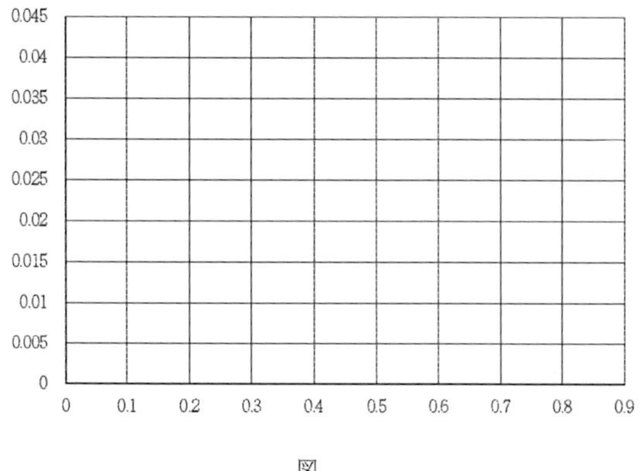

図

4　次の図は，物質量n〔mol〕の単原子分子理想気体の状態をA→B→C→D→Aの順にゆっくりと変化させたときの圧力P〔Pa〕と体積V〔m³〕の変化を表したものである。ただし，A点での圧力をP_1〔Pa〕，体積をV_1〔m³〕，気体定数をR〔J/mol・K〕とする。

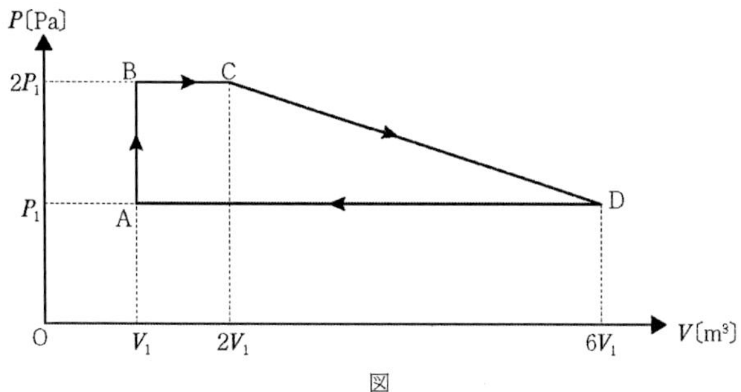

図

A→B→C→D→Aの1サイクルで気体が外部にした正味の仕事として最も適切なものを，次のa～eの中から一つ選びなさい。

a　P_1V_1　　b　$2P_1V_1$　　c　$3P_1V_1$　　d　$5P_1V_1$　　e　$6P_1V_1$

5　飛行機が図のように地表から高さhを保ち，一定の速さで水平に飛んでいる。飛行機は振動数fの音波を出していて，音速をVとする。飛行機が出す音波は地上の観測器で観測するものとする。観測器の位置を点A，観測器から鉛直上方hの高さの点を点Bとする。飛行機の進路は一直線上であり，点Bを通過するものとする。ただし，飛行機の速さは，音速を超えないものとする。

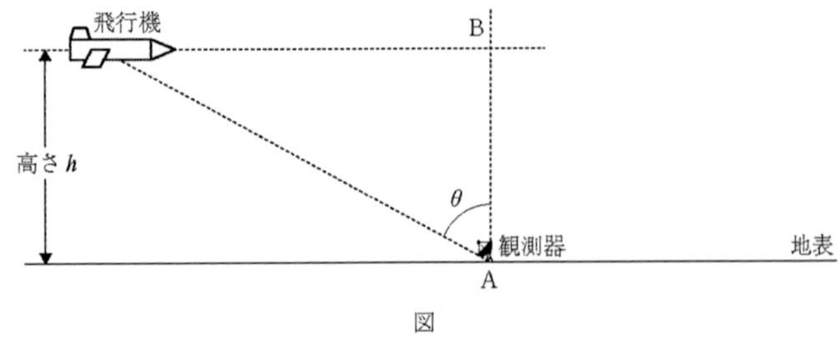

図

図のように，飛行機が角度θの位置を通過した瞬間に，飛行機が出した音波の振動数を観測器で観測するとf'であった。このときの飛行機の速さとして最も適切なものを，次のa～eの中から一つ選びなさい。ただし，角度θについては，点Aを中心として反時計回りを正とし，飛行機が点Bにあるときを$\theta=0$とする。

a $\dfrac{f'-f}{f'\cos\theta}V$　　b $\dfrac{f-f'}{f\cos\theta}V$　　c $\dfrac{f'-f}{f'\sin\theta}V$　　d $\dfrac{f-f'}{f\sin\theta}V$

e $\dfrac{f'-f}{f\cos\theta}V$

6　次の二人の会話文を読み，[　　]に入る最も適切な式を，以下のa～eの中から一つ選びなさい。

たかし：夏の暑い日に，地面が濡れているように見えるけれど，近づくと離れてしまう現象があるよね。

かおり：それは「逃げ水」と呼ばれる現象だね。空からの光が地上近くの大気で曲げられることで，水たまりが地面にあるように見える現象だから，物理で習った式を使えば計算できるのかな。

たかし：大気の温度なら熱力学だし，光なら波動の知識があれば原理がわかるかもしれないね。

かおり：足元の温度が高くて，目の高さの温度が低いと考えてみて，大気の層の違いから光が屈折すると考えてみよう。図1のように鉛直方向にz軸をとって，人の目の高さをh，腰のあたりの高さをz_0，人と逃げ水の距離をdとして考えてみよう。

たかし：まず，z_0の上下で空気の温度や密度の違いによる屈折率を$z>z_0$の層でn_1，$z\leqq z_0$の層でn_2として，温度も図2のように変化すると仮定しよう。

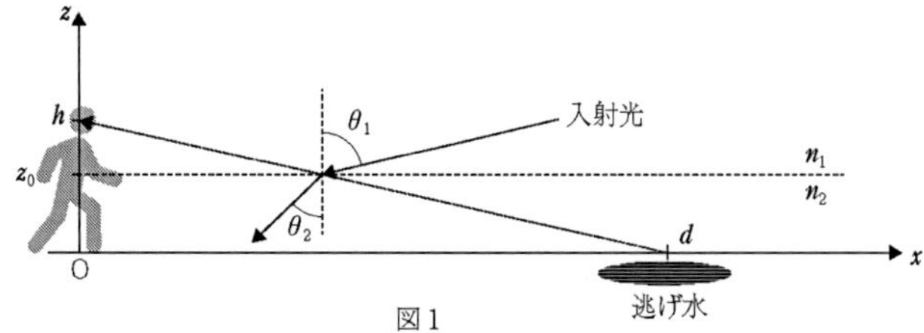

図1

かおり：上空からの入射光が，この2つの層の境目に入射角θ_1で入射すると，一部の光は屈折角θ_2で屈折して地面に達する。このとき，屈折率n_1の媒質から屈折率n_2の媒質に入射する光については，入射角θ_1と屈折角θ_2の間には屈折の法則が成り立ち，[　　]の関係があるね。

たかし：屈折率はn_1とn_2にはどんな関係があるんだろうか。

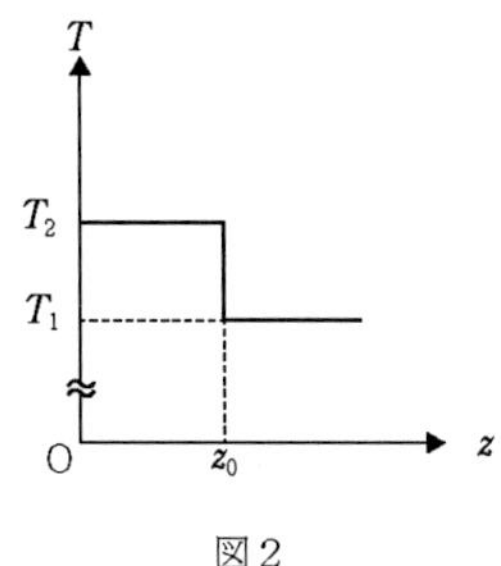

図2

a　$\dfrac{n_2}{n_1}=\dfrac{\sin\theta_1}{\sin\theta_2}$　　b　$\dfrac{n_1}{n_2}=\dfrac{\sin\theta_1}{\sin\theta_2}$　　c　$\dfrac{n_2}{n_1}=\dfrac{\cos\theta_1}{\cos\theta_2}$

d　$\dfrac{n_2}{n_1}=\dfrac{\cos\theta_2}{\cos\theta_1}$　　e　$\theta_1=\theta_2$

7　図1のように，交流電源装置につながれた，巻き数Nの空芯ソレノイドC_1の一方の端面は$x=0$に固定され，他端面は$x=d$の位置にある。$x=d$の面には半径rの1巻きコイルC_2が，C_1とC_2それぞれの中心が一致するように設置されている。なお，両端面を支えている板の厚さは無視できるものとする。C_1は，自己インダクタンスLのコイルであり，C_2の両端PとQはオシロスコープにつながれている。電圧の最大値をV_0，周波数をf，時刻をtとして，C_1に交流電圧$V=V_0\sin 2\pi ft$を加える。ただし，二つのコイルの銅線の抵抗は，無視できるものとする。

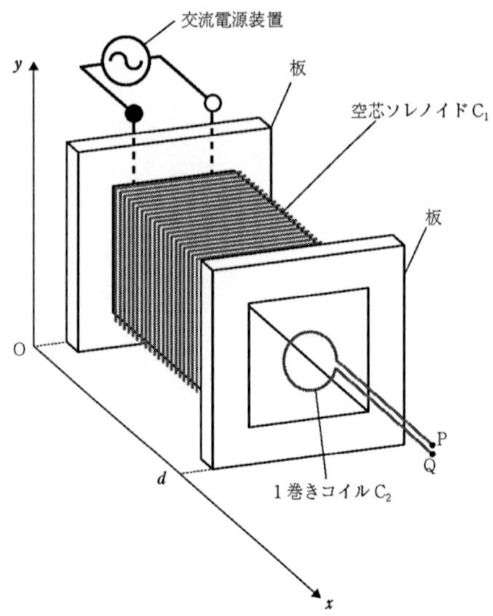

C_1にかかる電圧Vが，図2のように変化した。C_1を流れる電流Iのグラフとして最も適切なものを，以下のa～eの中から一つ選びなさい。

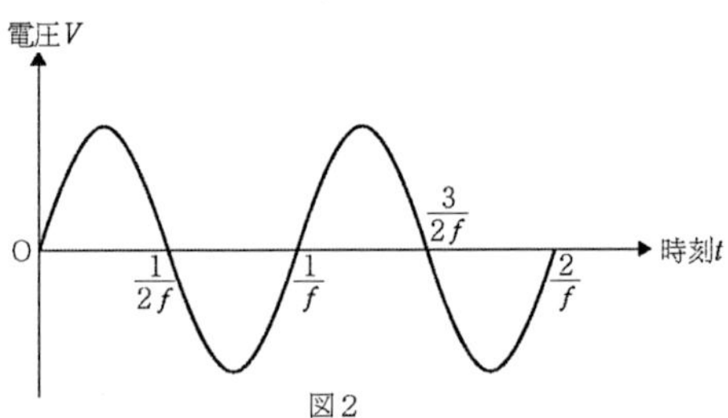

図2

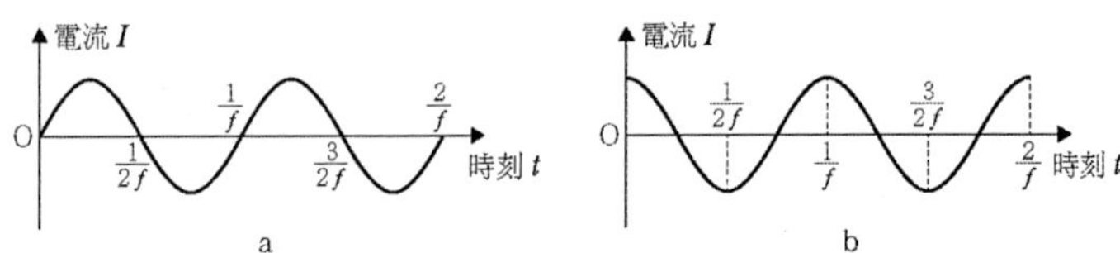

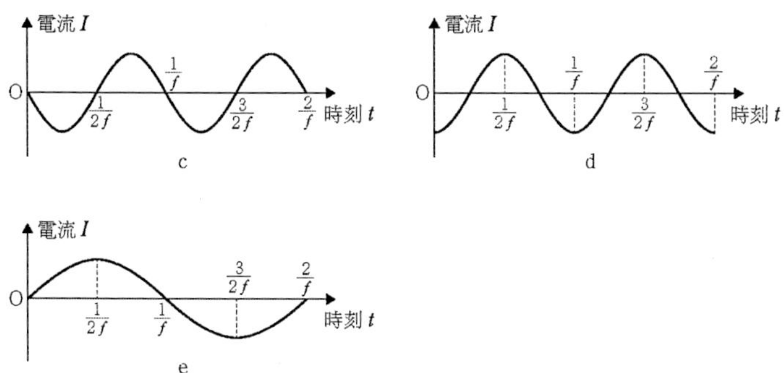

2024年度　茨城県　難易度

【3】次の文章を読んで，問1，問2に答えなさい。

図のように，水平な台の上にレールを置き，レールの一部が斜面となるようにした。このレールの斜面上のいろいろな位置から小球を静かに放し，運動の様子を調べた。斜面上のある位置から小球を静かに放したところ，小球はレールに沿って動き始め，レール上の点Aを通過し，レールの端の点Bから床の上の点Cに落下した。ただし，小球に働く摩擦や空気抵抗は無視できるものとする。

図

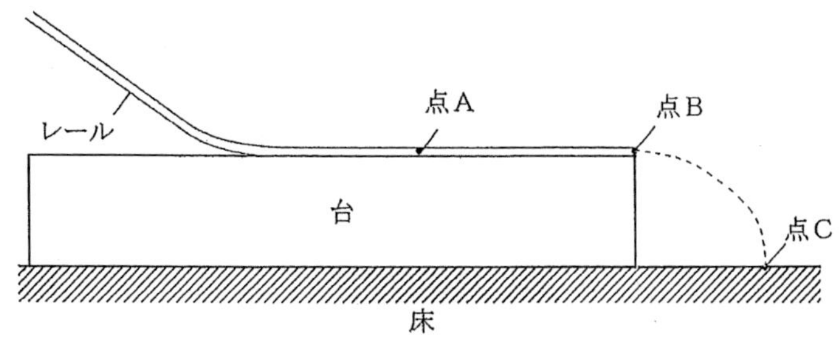

問1　小球がAB間，BC間にあるとき，小球に働く力の合力の向きの組合せとして，正しいものを選びなさい。

	AB間	BC間
ア	鉛直下向き	鉛直下向き
イ	鉛直下向き	小球の進行方向と同じ向き
ウ	向きを決めることはできない	小球の進行方向と同じ向き
エ	向きを決めることはできない	鉛直下向き

問2　台上の水平面から小球を放した位置までの高さと，点Bから点Cに達するまでの時間との関係を示したグラフとして，最も適当なものを選びなさい。

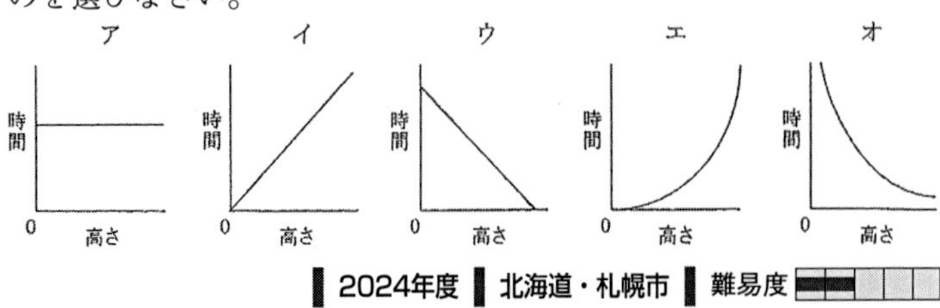

2024年度　北海道・札幌市　難易度

【4】音の性質を調べるために，次の実験1～3を行った。各問いに答えよ。

【実験1】校舎の壁から100m離れた地点で太鼓をたたいたところ，校舎の壁で反射した音が，太鼓をたたいてから0.58秒後に聞こえた。

【実験2】図1のように，簡易真空容器を用いて，容器内の空気を少しずつ抜きながらブザーの音を聞いた。ブザーには，発泡ポリスチレンの粒を入れた密閉容器を取り付けており，ブザーの振動によって，発泡ポリスチレンの粒は跳びはねる。

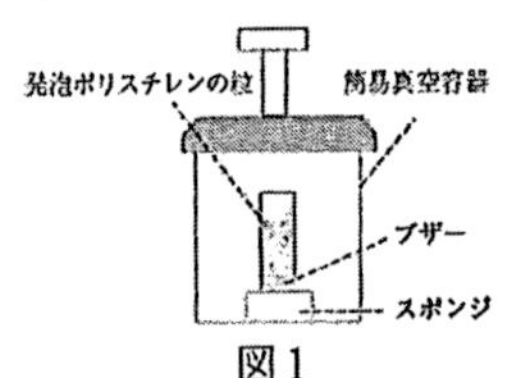

図1

【実験3】音さをたたいて鳴らし，オシロスコープで音の様子を調べると，図2のような波形になった。図2の横軸は時間，縦軸は振動の幅を表している。

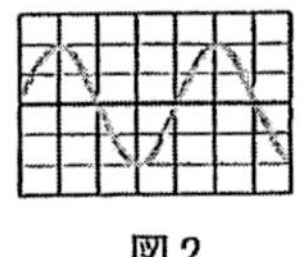

図2

1　実験1において，音の伝わる速さは何m/sか。四捨五入して整数で答えよ。

2　実験2において，ブザーから聞こえる音の大きさと発泡ポリスチレンの粒の跳びはね方の大きさはどうなるか。次の(ア)~(ウ)からそれぞれ一つ選び，記号で答えよ。

(ア)　だんだん大きくなる　　(イ)　だんだん小さくなる

(ウ)　変化しない

3　実験3について，各問いに答えよ。

(1)　図2において，音の振動数が625Hzであったとき，横軸の1目盛は何秒か答えよ。

(2)　音さをたたく強さだけを変えて同様の実験を行った。このときの振動の様子を表しているものとして適当なものを次の(ア)~(エ)から一つ選び，記号で答えよ。

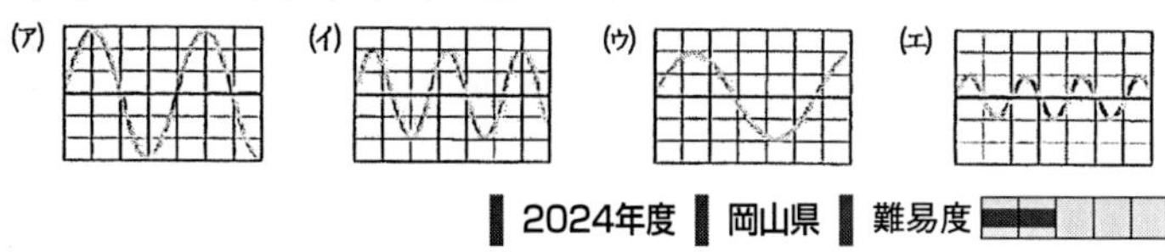

▌2024年度 ▌岡山県 ▌難易度

【5】次の問1，問2に答えなさい。

問1　電流を流した導線のまわりの磁界のようすについて調べるために，鉄粉と方位磁針を使って次の実験Ⅰ・Ⅱを行いました。以下の(1)，(2)の問いに答えなさい。

実験Ⅰ　エナメル線を巻いたコイルを使って図1のような装置をつくった。厚紙の上に鉄粉をうすく均一にまいてから，導線に1Aの電流を流し，厚紙を軽くたたいて，鉄粉のようすを観察した。

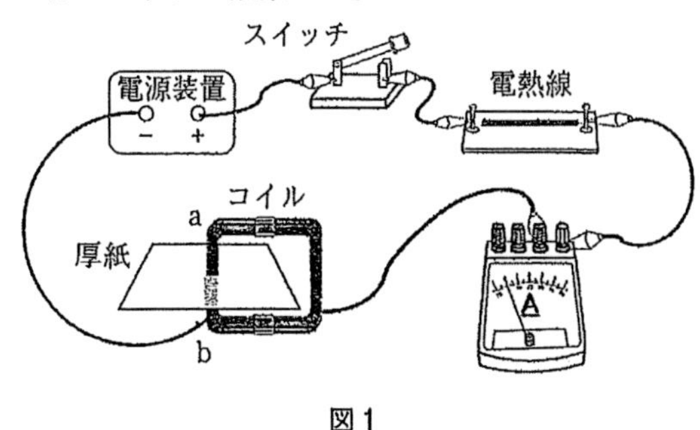

図1

> 実験Ⅱ　図1の厚紙の上に方位磁針を並べて，磁界の向きを観察した。

(1)　実験Ⅰで，実験器具の準備や実験操作として適切ではないものを，次の1～4のうちから1つ選びなさい。

1　回路をつなぐ前に，コイルのエナメル線の両端を紙やすりでみがく。

2　電流計の－端子は，最初に最も小さい50mAの端子につないで電流を流す。

3　電流を流すとコイルや電熱線が発熱するので，模様ができたらスイッチを切る。

4　鉄粉の模様ができないときは，電熱線を変えるなどして電流を大きくする。

(2)　磁界の向きについて調べるため，実験Ⅱで厚紙の上に方位磁針を並べて，コイルに電流を流したときの方位磁針の向きを調べました。図1のaからbに電流を流したとき，方位磁針の指す向きとして最も適切なものを，次の1～4のうちから1つ選びなさい。

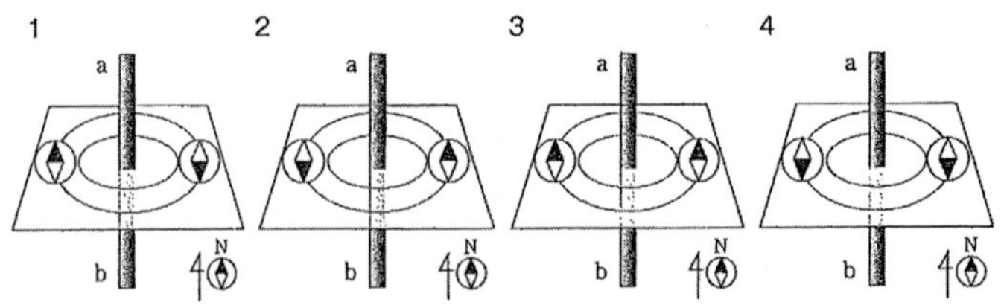

問2　2種類のばねA，ばねBと立方体のおもり，電子てんびんを使って，次の実験Ⅲ・Ⅳを行いました。図2は，ばねA，ばねBに加わる力の大きさとばねののびをそれぞれ調べてグラフにしたものです。ばねA，ばねBの自然の長さはそれぞれ4.0cmであり，ばね自体の質量は無視できるほど小さいものとして，あとの(1)，(2)の問いに答えなさい。ただし，100gの物体にはたらく重力の大きさを1Nとします。

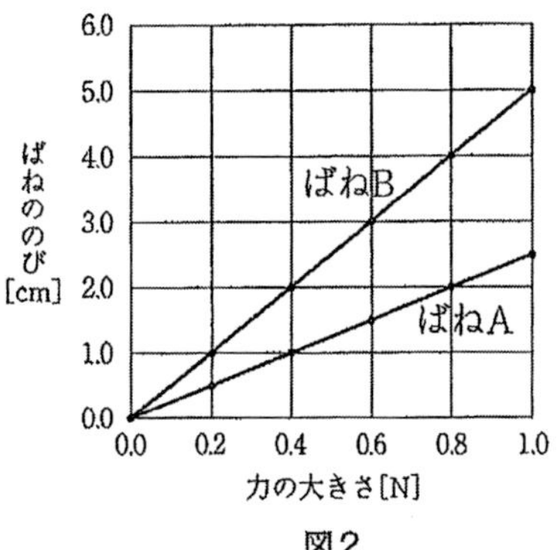

図2

実験Ⅲ　図3のように，ばねA，ばねBをつなげて天井からつり下げ，更にばねBの下に80gの立方体のおもりをつり下げてばねの長さを測定した。

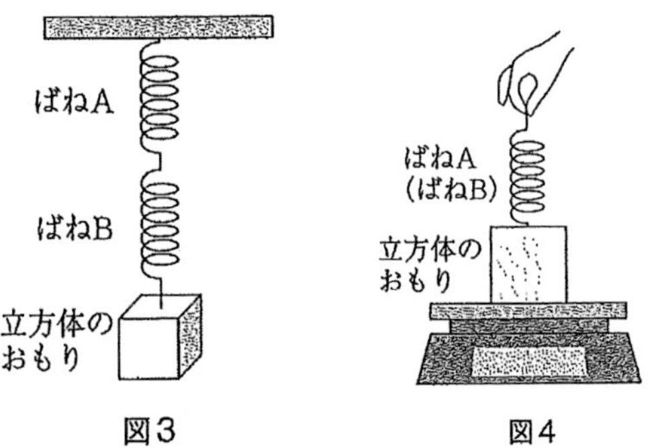

図3　　図4

実験Ⅳ　図4のように電子てんびんにばねAとつないだ100gの立方体のおもりを置き，おもりが電子てんびんから離れないように，ばねを自然の長さの状態からゆっくりと引き上げていった。このとき，ばねののびと電子てんびんに表示される数値の関係を調べた。同様の操作をばねBについても行って，比較した。

(1)　実験Ⅲで，ばねAの長さは何cmですか。正しいものを，次の1～4のうちから1つ選びなさい。

1　2.0cm　　2　4.0cm　　3　6.0cm　　4　8.0cm

(2)　実験Ⅳで，ばねAとばねBの結果を比較するために，グラフを作成しました。このグラフとして最も適切なものを，次の1～4のうちから1つ選びなさい。

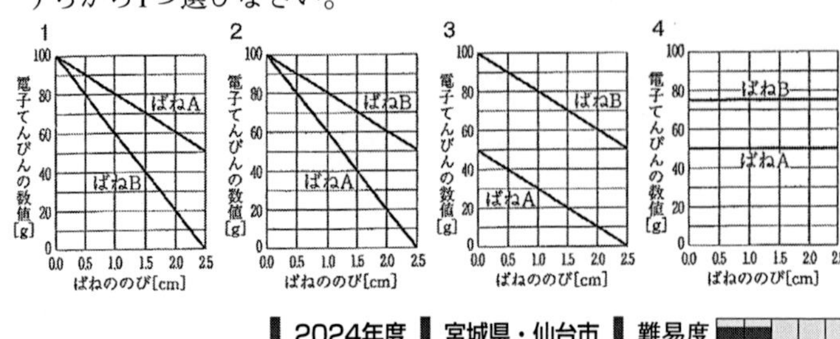

▌2024年度 ▌宮城県・仙台市 ▌難易度

【6】図のように，長さ3.2mの軽くて伸びない糸に質量2.5kgのおもりをつけ，糸が鉛直線より60°の位置までおもりを持ち上げてから静かにはなした。以下の(1)～(4)の各問いに答えなさい。ただし，重力加速度gを9.98m/s^2，位置エネルギーの基準面はおもりが最下点にあるときとする。また，空気による抵抗は無視できるものとする。

図

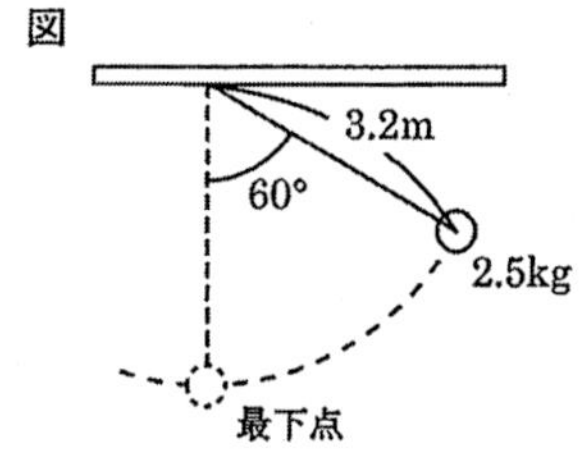

(1)　おもりがもっている重力による位置エネルギーは何Jになるか答えよ。また，おもりを静かにはなした直後のおもりがもっている運動エネルギーは何Jになるか答えよ。

(2)　おもりを静かにはなしてから最下点を通過するまでに仕事をする力の名称を答えよ。また，その仕事の大きさは何Jになるか答えよ。

(3)　おもりが最下点を通過するときのおもりの速さは何m/sになるか答えよ。

(4)　おもりが最下点を通過した後におもりが最高点に達した。最下点を基準にすると最高点の高さは何mに達するか答えよ。

▌2024年度 ▌佐賀県 ▌難易度

【７】次の問に答えよ。

問1　図1のように，つる巻きばねの一端を天井に取り付け，他端におもりをつるしたところ，つる巻きばねが自然の長さよりも伸びて，おもりが静止した。このとき，おもりにはたらく力を図示せよ。なお，おもりの重力はすでに図示してある。

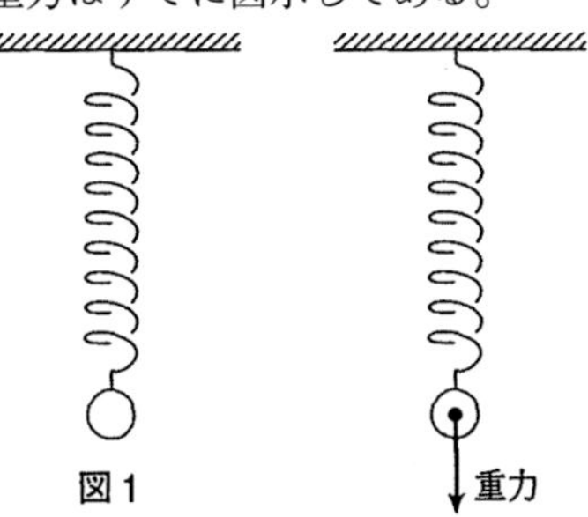

図１

問2　表1は，力の大きさとばねの伸びの関係を調べた実験の結果である。この結果をもとに，力の大きさとばねの伸びの関係を表すグラフを，適切に横軸と縦軸の「見出し」および「目盛り」を記入して表せ。

表１

力の大きさ［N］	ばねの伸び［cm］
0	0
0.25	0.60
0.50	1.40
0.75	2.20
1.00	3.00
1.25	3.40
1.50	4.20

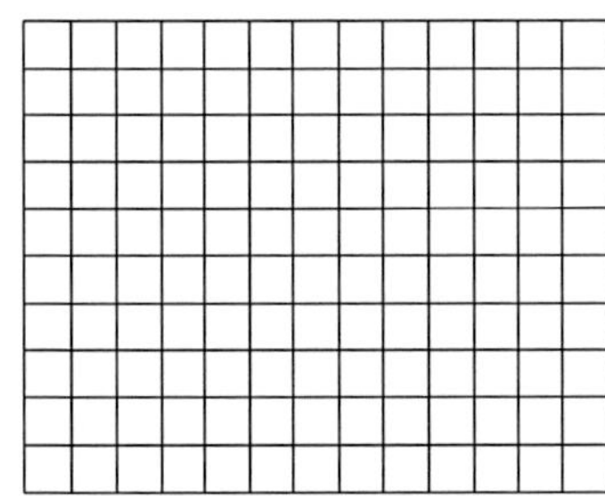

問3　つる巻きばね㊭，㋑とおもりを用いて【実験】を行った。以下の(1)，(2)に答えよ。なお，ばねは軽く，その重さは無視してよいとする。また，滑車はすべて定滑車である。

【実験】

図2の①～③のようにつる巻きばね㊭，㋑とおもりを接続し，それぞれの場合において，おもりが静止した状態でのばね㊭の伸びを比較した。

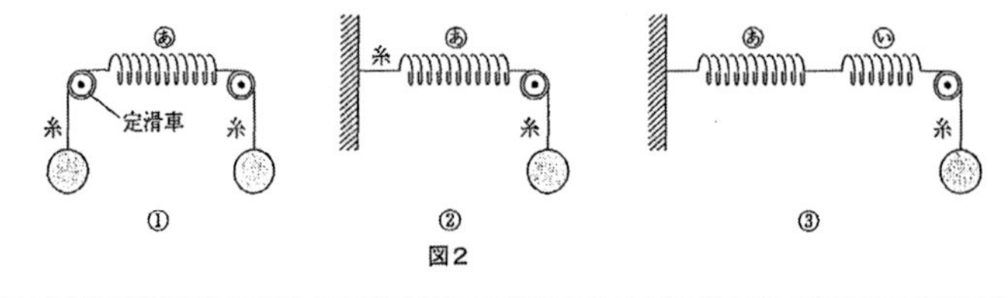

図2

(1)　ばね㊭の伸びとして最も適切なものをA～Dから一つ選び，記号で答えよ。ただし，おもりの質量はすべて同じであり，ばね㊭とばね㋑は異なるばね定数をもつものとする。

A　①が最も長い　　B　②が最も長い　　C　③が最も長い

D　すべて同じ

(2)　(1)で選択した結果になる理由を，「ばねにはたらく力」と「ばねの伸び」に着目して説明せよ。

問4　図3のように体積2.5×10^{-5}m^3，密度3.0×10^3kg/m^{3}の小石を糸でつるして水中に沈めた。小石のすべての部分が水面より下にあるとき，小石にはたらく浮力の大きさは何Nか，有効数字2桁で答えよ。ただし，水の密度を1.0×10^3kg/m^3，重力加速度の大きさを9.8m/s^{2}とする。有効数字2桁で答えよ。

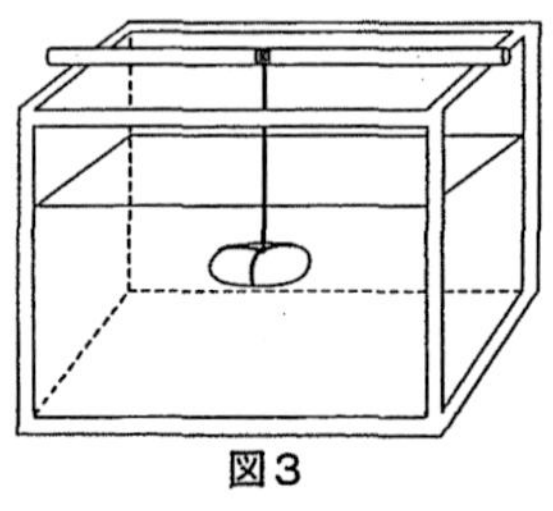

図3

問5　図4のように密度 ρ_1〔kg/m^3〕の液体に，底面積が2.0×10^{-2}m^2，高さが5.0×10^{-2}m，密度 ρ_2〔kg/m^3〕の物体Xを入れたとき，この物体Xが液体の上に1.0×10^{-2}m出て浮くための条件を説明せよ。なお，重力加速度の大きさをg〔m/s^2〕とする。

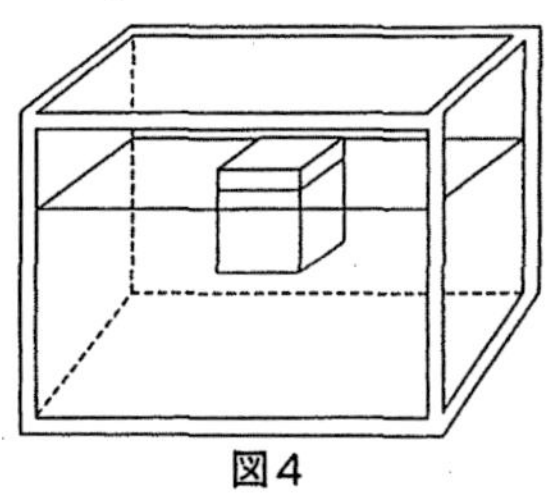

図4

▌2024年度 ▌島根県 ▌難易度

【8】電源装置と電熱線を用いて，次の実験を行った。(1)～(3)の問いに答えよ。ただし，容器は断熱容器を用い，電熱線で発生した熱は全て水の温度上昇に使われたものとする。また，電熱線以外の抵抗は考えないものとする。

≪実験の手順≫

(i)　図1のような装置を作り，20℃の水を断熱容器に入れ，温度計を設置した。

(ii)　電熱線が十分に水につかるように設置した。

(iii)　電源装置のスイッチを入れ，電源装置の電圧が示す値を6Vに保ち実験を行った。

(iv)　ガラス棒で静かに水をかき混ぜながら5分間電流を流し，水の温度を記録した。

[実験Ⅰ]　電熱線1個を用い，上記(i)～(iv)を行った。

[実験Ⅱ]　[実験Ⅰ]で用いたものと同じ電熱線2個を並列につなぎ，上記(i)～(iv)を行った。

[実験Ⅲ]　[実験Ⅰ]で用いたものと同じ電熱線2個を直列につなぎ，上記(i)～(iv)を行った。

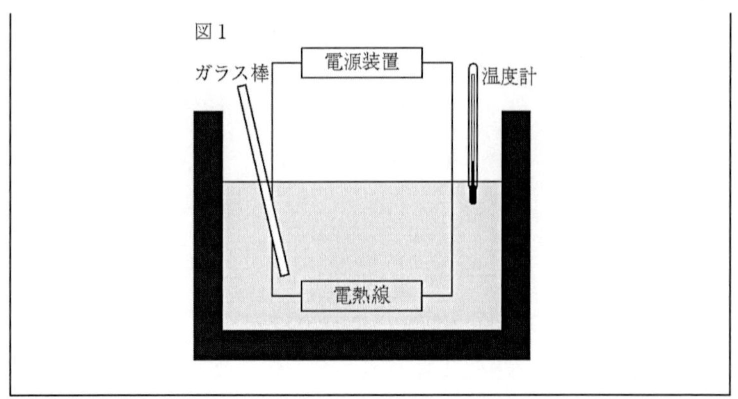

(1)　[実験Ⅰ]で，電熱線から発生した熱量が5400Jであるとき，回路に流れた電流の大きさとして最も適当なものを，次の1～5のうちから一つ選べ。

1　1.0A　　2　2.0A　　3　3.0A　　4　4.0A　　5　5.0A

(2)　電熱線1個の抵抗の大きさとして最も適当なものを，次の1～5のうちから一つ選べ。

1　1.0Ω　　2　2.0Ω　　3　3.0Ω　　4　4.0Ω　　5　5.0Ω

(3)　図2のグラフの破線は，[実験Ⅰ]の結果を表したものである。以下の[実験Ⅱ]，[実験Ⅲ]の結果を述べた文について，(　ア　)，(　イ　)に当てはまる語句の組合せとして最も適当なものを，あとの1～6のうちから一つ選べ。

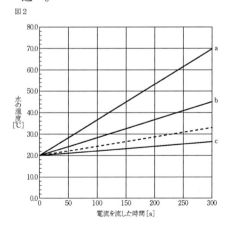

図2

水の温度[℃]
80.0 70.0 60.0 50.0 40.0 30.0 20.0 10.0 0.0
a
b
c
0 50 100 150 200 250 300
電流を流した時間[s]

[実験Ⅱ]の結果は，図2の(　ア　)となる。5分間電流を流したとき，[実験Ⅱ]の水の上昇した温度は[実験Ⅲ]のときと比べて(　イ　)倍である。

	ア	イ
1	a	$\frac{1}{4}$
2	a	4
3	b	$\frac{1}{4}$
4	b	4
5	c	$\frac{1}{4}$
6	c	4

2024年度 大分県 難易度

【9】図1は，江戸時代の「農具便利論」という書物に書かれた石釣船という船である。このしくみについて考えるため，次の実験を行った。(1)～(4)の問いに答えよ。ただし，質量100gの物体にはたらく重力の大きさを1Nとする。また，水の密度は1g/cm³とする。

図1　石釣船

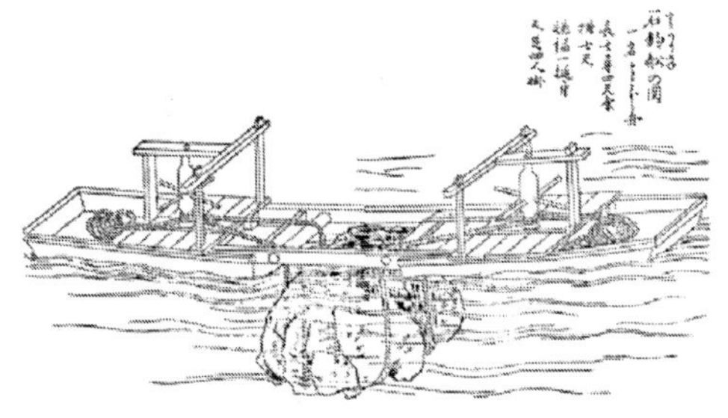

（国土交通省HP「農具便利論　下巻」の図面集より）

[実験Ⅰ]

図2のように，質量500gの円柱の形のおもりをばねばかりにつるし，水の中にゆっくりと沈めていった。水面からおもりの底

面までの距離 x〔cm〕に対するばねばかりの値を測定したところ，図3のようなグラフが得られた。

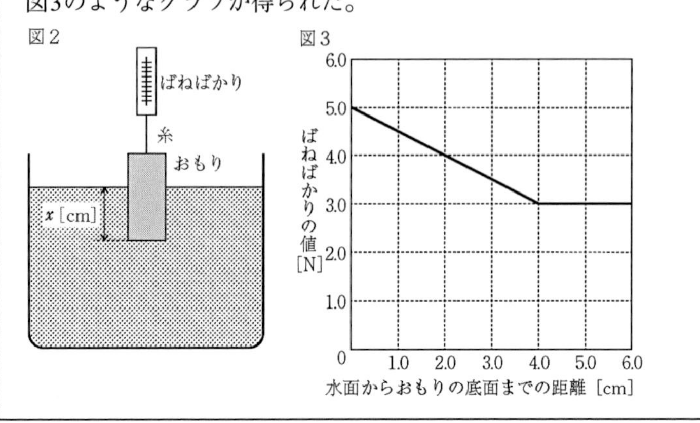

(1) [実験Ⅰ]で用いたおもりの体積として最も適当なものを，次の1～5のうちから一つ選べ。ただし，おもりの底面は常に水面と平行であり，糸の質量と体積は考えないものとする。

1 100cm³　2 150cm³　3 200cm³　4 250cm³
5 300cm³

[実験Ⅱ]

図4のような，質量1.5kg，底面積400cm²，高さ7cmの容器と[実験Ⅰ]で用いたものと同じおもりを用い，容器の内側におもりをのせた装置Aと，容器の底面におもりをつるした装置Bを作ったところ，どちらの装置も図5のように水に浮かんで静止した。

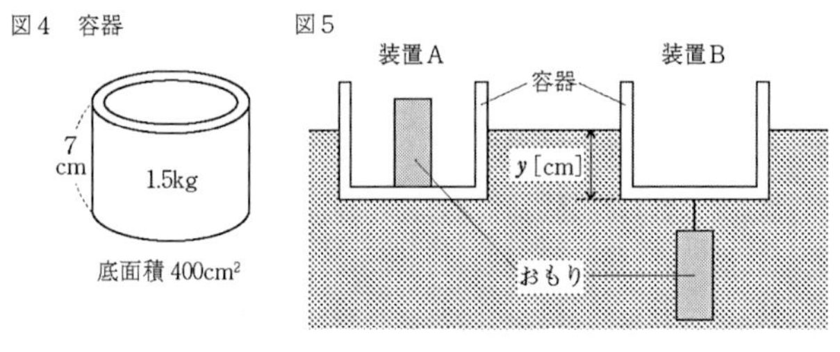

(2) 図5の装置Aにはたらく浮力の大きさとして最も適当なものを，次の1～5のうちから一つ選べ。

1　16N　　2　18N　　3　20N　　4　22N　　5　24N

(3)　図5の装置Bについて，容器の底面が水面と平行になるように浮かんだとき，水面から容器の底面までの距離y〔cm〕として最も適当なものを，次の1～5のうちから一つ選べ。

1　4.0cm　　2　4.5cm　　3　5.0cm　　4　5.5cm　　5　6.0cm

(4)　容器の底面が水面と平行になるように，装置Bの底面に[実験Ⅰ]で用いたものと同じおもりを一つずつ増やしてつるしていった。容器が浮かぶことができるおもりの最大の個数として最も適当なものを，次の1～5のうちから一つ選べ。

1　3個　　2　4個　　3　5個　　4　6個　　5　7個

2024年度 大分県 難易度

【10】物質と抵抗について，以下の(1)～(5)の問いに答えよ。

図

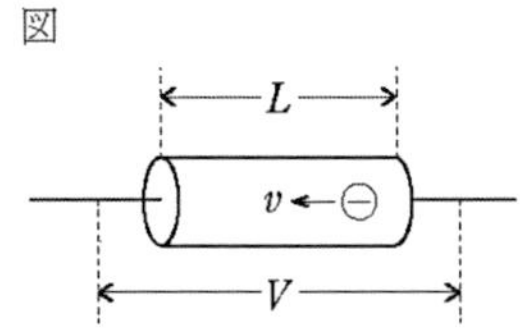

図のように，電流を担う自由電子において，長さLの導体に電圧Vを加えた場合，自由電子が移動する速さvは$\frac{V}{L}$に比例する。

よって，自由電子が移動する速さvは，比例定数kを用いて，

$$v=k\frac{V}{L}$$

と表すことができる。

ただし，自由電子の電気量の絶対値をe，導体の単位体積当たりの自由電子の個数をn，導体の断面積をSとする。

(1)　電気について述べた文として誤っているものを次のA～Dから一つ選び，その記号を書け。

A　物体が電気をもつことを帯電といい，ポリエチレンの袋でこすったアクリル棒は負に，毛布でこすった塩化ビニル棒は正に帯電する。

B　電気量の単位にはクーロン(記号C)を用いる。1Cは，電子の電気

量の大きさの$1.602176634 \times 10^{-19}$分の1と定義されている。

C　電気の通しやすさが導体と不導体の中間程度のものを半導体という。半導体の代表として，ケイ素(Si)やゲルマニウム(Ge)の結晶などがある。

D　電荷が物体中を移動することを電流という。電流の強さは，ある断面を単位時間に通過する電気量で定め，単位にはアンペア(記号A)を用いる。

(2)　図の導体を流れる電流の強さIを，e，n，S，k，V，Lを用いて表す式として最も適切なものを次のA～Dから一つ選び，その記号を書け。

A　$\dfrac{SV}{enkL}$　　B　$\dfrac{L}{enSkV}$　　C　$\dfrac{enkL}{SV}$　　D　$\dfrac{enSkV}{L}$

(3)　上問題(2)の結果のように，IとVが比例関係にあることを何の法則というか。最も適切なものを次のA～Dから一つ選び，その記号を書け。

A　オームの法則　　B　クーロンの法則　　C　レンツの法則

D　ボイル・シャルルの法則

(4)　図の導体の抵抗を，e，n，S，k，Lを用いて表す式として最も適切なものを次のA～Dから一つ選び，その記号を書け。

A　$\dfrac{S}{enLk}$　　B　$\dfrac{L}{enSk}$　　C　$\dfrac{enLk}{S}$　　D　$\dfrac{enSk}{L}$

(5)　図の導体の抵抗率を，e，n，kを用いて表す式として最も適切なものを次のA～Dから一つ選び，その記号を書け。

A　enk　　B　$\dfrac{en}{k}$　　C　$\dfrac{1}{enk}$　　D　$\dfrac{k}{en}$

▌2024年度 ▌愛媛県 ▌難易度 ■■■■■

【11】次の文章の空欄(　①　)～(　⑧　)に当てはまる最も適当な語句をそれぞれ答えなさい。

1896年ベクレルはウランから物質をよく透過し写真乾板を感光させる何かが放出されていることを見つけた。この放出されているものを(　①　)といい，(　①　)を出すはたらきを(　②　)という。

原子核は，(　③　)と(　④　)とからできており，(　③　)の数は原子番号に等しく，(　③　)と(　④　)の数を加えたものを　(　⑤　)という。原子核には原子番号が同じでも(　⑤　)の異なるものがあり，これを同位体という。同位体には安定なものと不安定なものや，ほぼ半分の(　⑤　)をもった2個の原子核に核分裂するものがある。

自然界には，ヘリウムの原子核を放出する(　⑥　)崩壊，電子を放出する(　⑦　)崩壊，およびエネルギーの大きい光子を放出する(　⑧　)崩壊がある。

2024年度｜京都府｜難易度

【12】コイルに磁石を近づけたり遠ざけたりすると電流が流れる。図1のように，コイルに検流計を接続して，磁石やコイルの動かし方が，発生する電流の強さや向きとどう関係するかを調べる実験を行った。実験では，巻数が違う2種類のコイルと，強さの違う2種類の磁石を用いた。以下の各問いに答えよ。

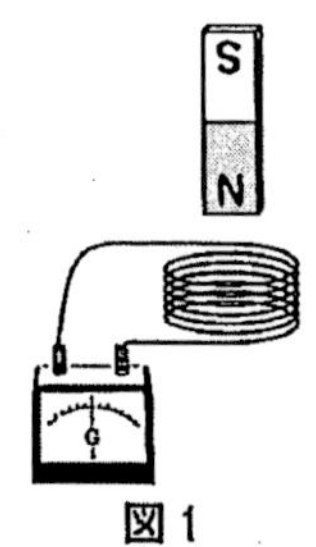

図1

1　下線部について説明した次の文の(　①　)(　②　)に当てはまる語句を書け。

コイルの中の(　①　)が変化すると，その変化に応じて(　②　)が生じ，電流が流れる。この現象を電磁誘導という。

2　「変える条件」と「変えない条件」を整理して実験を計画する。磁石を近づける速さが発生する電流の強さや向きとどう関係するかを調べる実験において，「変える条件」を答えよ。

3　図2の(ア)のようにN極をコイルに近づけると検流計の針が右に振れた。図2の(イ)～(オ)で，矢印の向きに磁石やコイルを動かすとき，検流計の針が(ア)と同じ向きに振れるのはどれか。全て選び，記号で答えよ。ただし，(ウ)は，どちらも動かさない。

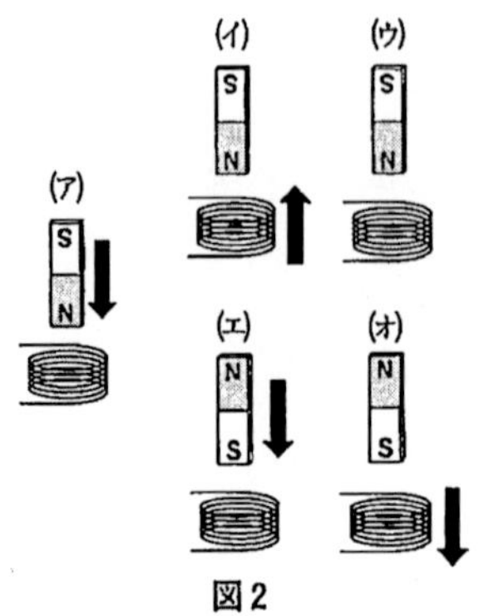

図2

4　次の(ア)～(オ)で，電磁誘導を利用している身近な例として適当なものを全て選び，記号で答えよ。

(ア)　豆電球　　　　　　　(イ)　IH調理器
(ウ)　ICカードの読み取り　(エ)　光ファイバー
(オ)　発電機

2024年度 ｜ 岡山市 ｜ 難易度

【13】次の問いに答えよ。

(1)　次の図は，放射性物質セシウム137($^{137}_{55}Cs$)が放射線を出して元の原子核の数が半分になるまでの時間(半減期)を表したグラフである。セシウム137の半減期を約30年とするとき，セシウム137の原子核の質量が現在256gあるとすれば，約120年後に崩壊せずに残っているセシウム137の原子核の質量〔g〕として最も適当なものを，以下の①から⑥までの中から一つ選び，記号で答えよ。

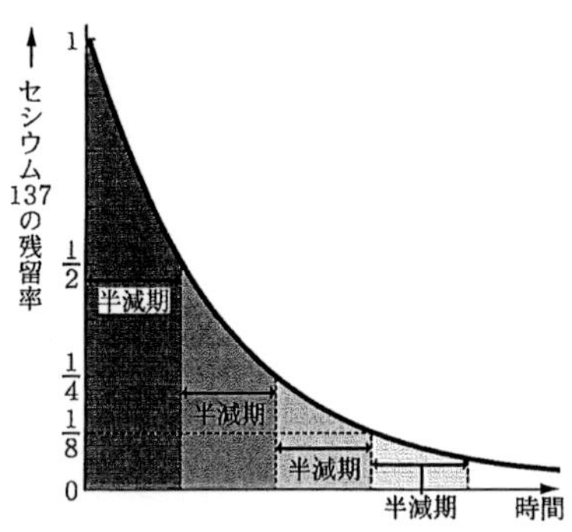

① 64g　② 32g　③ 16g
④ 192g　⑤ 224g　⑥ 240g

(2) Aさんは，鏡に自分の全身を映すための鏡の位置について，次の(ア)から(ウ)の条件について調べた。

【条件】

(ア) 鏡の上下の長さ，(イ)床から鏡の下端までの高さ，(ウ)鏡からAさんまでの距離

Aさんが，鏡に映る自分の姿(像)を見るための，(ア)，(イ)，(ウ)の正しい組み合わせとして，最も適当なものを，以下の①から⑥までの中から一つ選び，記号で答えよ。

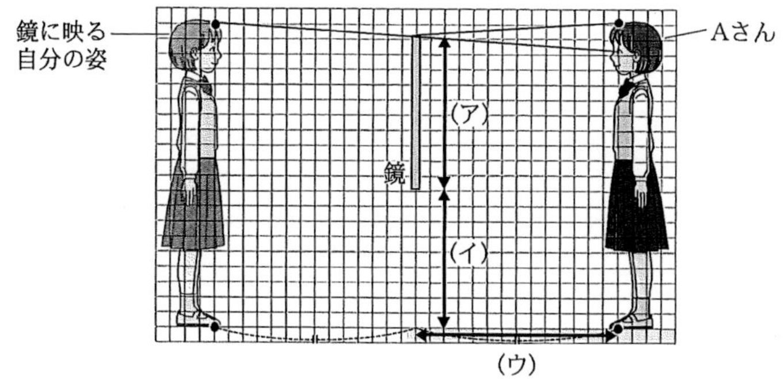

	(ア)	(イ)	(ウ)
①	身長と同じ	身長の半分の高さの位置	身長以上である
②	身長と同じ	床から目の高さの半分の位置	身長の半分以上である
③	身長と同じ	身長の半分の高さの位置	関係ない
④	身長の半分	床から目の高さの半分の位置	身長以上である
⑤	身長の半分	身長の半分の高さの位置	身長の半分以上である
⑥	身長の半分	床から目の高さの半分の位置	関係ない

(3) ジュールは，次の図のような実験装置を使って，羽根車を回す仕事と発生する熱量の関係を調べる実験を行った。この装置のおもりの1個の重さはw〔N〕，落下させた距離はh〔m〕，容器内の水の質量をm〔g〕とし，発生した熱が全て水の温度上昇に使われたとすれば水温は約何度〔℃〕上昇すると考えられるか。最も適当なものを，以下の①から⑥までの中から一つ選び，記号で答えよ。

ただし，水1gを1℃上昇させるには約4.2Jの熱量が必要である。

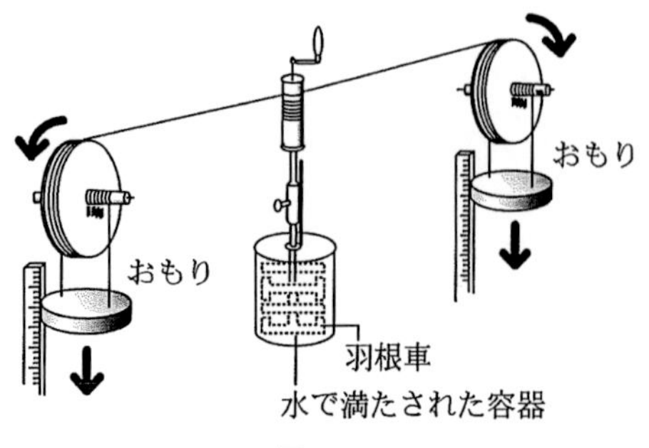

図

① $4.2wh/m$　② $wh/(4.2m)$　③ $8.4wh/m$
④ $wh/(2.1m)$　⑤ $2.1m/wh$　⑥ $m/(2wh)$

(4) ビーカーに水を入れ，台はかりで重さを計ったら14Nを示した。次に次図のように1.5Nのおもりをばねばかりに吊るし，完全に水中に入れたところ，ばねばかりの目盛りは1Nを示した。台はかりの目盛りは何Nを示すか。最も適当なものを，以下の①から⑥までの中から一つ選び，記号で答えよ。

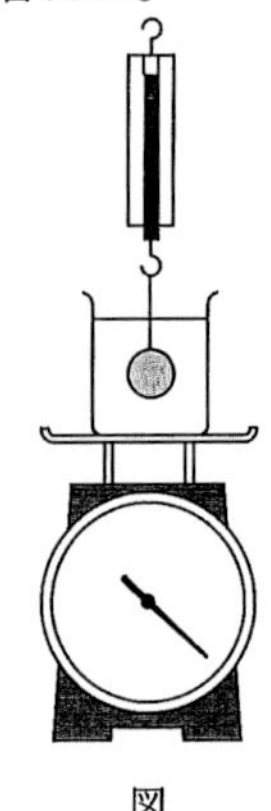

図

① 15N　② 15.5N　③ 14.5N　④ 14N　⑤ 13.5N
⑥ 13N

(5) 次図のように水の入った細い管と太い管をつないだ容器に，液体A，液体Bを注いだところ，液体Aと液体Bの高さの比は2：1になったところで，次図のようにつりあった。左右の管の断面積の比が1：3のとき，液体Aと液体Bの密度の比として最も適当なものを，以下の①から⑥までの中から一つ選び，記号で答えよ。ただし，液体A，Bは水に溶けないものとする。

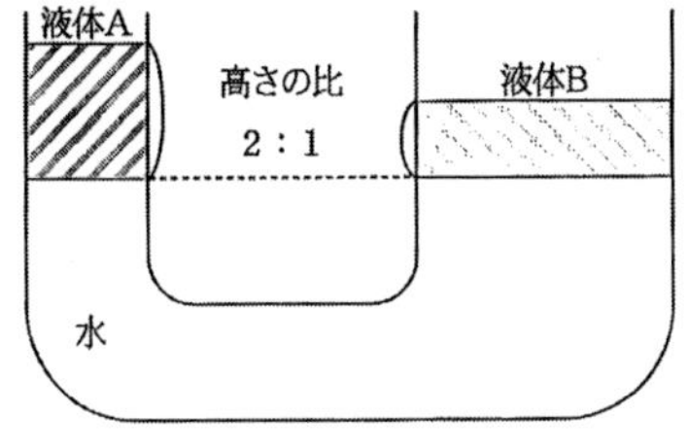

図

① 1：2　② 2：1　③ 2：3

④ 3：2　⑤ 1：3　⑥ 3：1

(6) A君は，次の図のような共鳴実験を行った。振動数のわからないおんさをたたき図1のように管口に近づけると，l_1＝22.0cmで音が大きく聞こえた。おんさを鳴らしたまま図2のように水面を下げていったところ，l_2＝64.5cmで再び音が大きく聞こえた。音速を340m/sとし，おんさの振動数〔Hz〕として最も適当なものを，以下の①から⑥までの中から一つ選び，記号で答えよ。

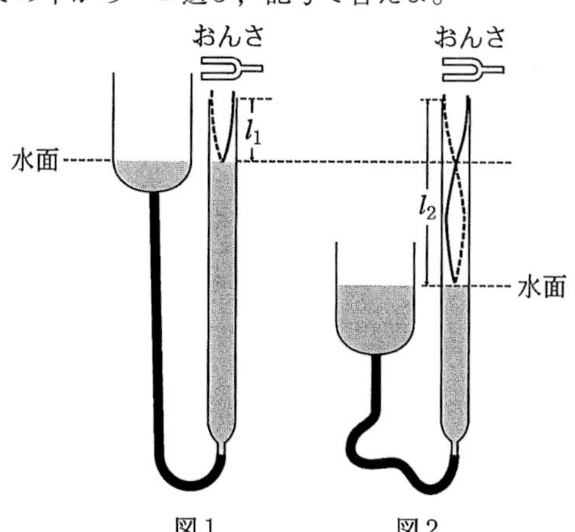

図1　図2

① 405Hz　② 400Hz　③ 395Hz

④ 390Hz　⑤ 385Hz　⑥ 380Hz

(7) 次の図1のように，磁場の中でコイルを一定の角速度で回転させると，コイルの面を貫く磁力線の数が図2のように周期的に変化する。そのため電磁誘導によってコイルの両端の点a，点b間に電圧が生じる。コイルに流れる誘導電流の向きがA→B→C→Dとなるときの電圧を正とすると，(ア)点a，点b間に生じる電圧を示すグラフ，および，(イ)角速度を2倍にしたときの点a，点b間の電圧と周期の変化について(ア)と(イ)の組み合わせとして最も適当なものを，以下の①から⑥までの中から一つ選び，記号で答えよ。

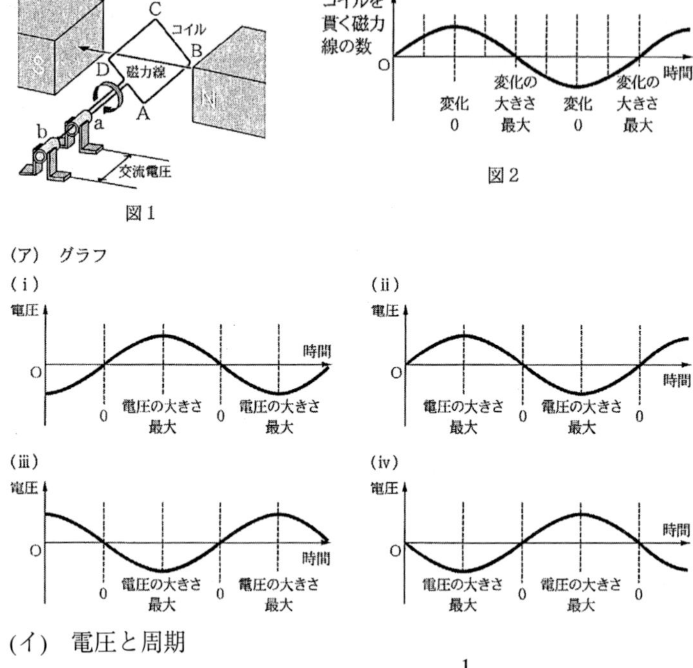

(イ) 電圧と周期

(i) 電圧の大きさは変わらず，周期のみ$\frac{1}{2}$になる。

(vi) 電圧の大きさは2倍で，周期は$\frac{1}{2}$になる。

	(ア)	(イ)
①	(i)	(v)
②	(ii)	(v)
③	(iii)	(v)
④	(iv)	(vi)
⑤	(i)	(vi)
⑥	(iii)	(vi)

(8)　次の図1のグラフは，ある豆電球の電流-電圧特性を示したものである。この豆電球を10Ωの抵抗に図2のように直列に接続した。豆電球に流れる電流として最も適当なものを，以下の①から⑥までの中から一つ選び，記号で答えよ。

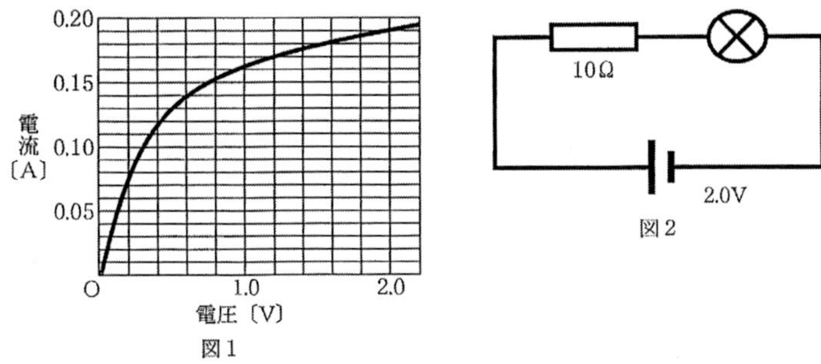

図1　図2

①　0.80A　②　0.13A　③　0.14A　④　0.15A
⑤　0.18A　⑥　0.19A

(9)　Aさんは等速v_0で運動している電車の中で静かにボールを落とす実験をしていたが，ボールが落下後に電車が急に一定の加速度aで減速し始めた。電車が等速直線運動をしている最中にBさんが見る落体(ボール)の軌跡と，一定の加速度で減速している最中にAさんが見る落体(ボール)の軌跡の組み合わせとして最も適当なものを，以下の①から⑥までの中から一つ選び，記号で答えよ。

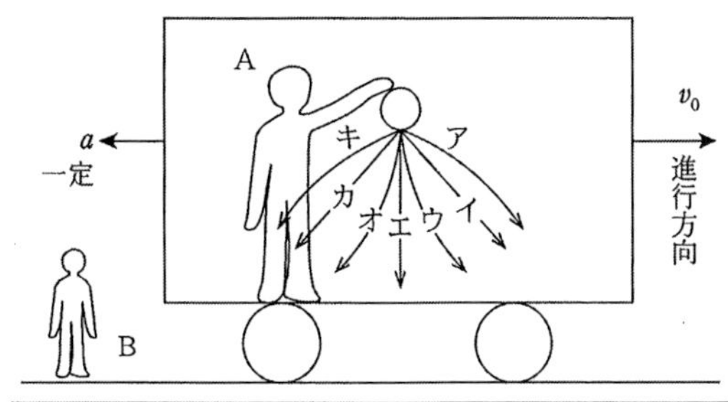

	Bさんが見る軌跡	Aさんが見る軌跡
①	ア	ア
②	ア	イ
③	ア	エ
④	イ	ウ
⑤	ウ	カ
⑥	キ	オ

2024年度 沖縄県 難易度

【14】次の図は，5つの電気抵抗を接続してつくった合成抵抗を示したものである。AB間にV〔V〕の電圧を加えたとき，点Pに流れる電流I〔A〕として最も適切なものを，以下の①～⑥のうちから選びなさい。

ただし，5つの電気抵抗の抵抗値は，いずれもR〔Ω〕とする。

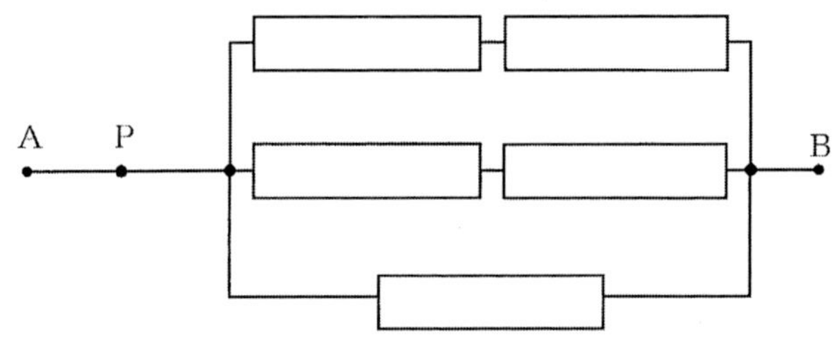

① $\frac{V}{2R}$　② $\frac{3V}{5R}$　③ $\frac{2V}{3R}$　④ $\frac{3V}{4R}$　⑤ $\frac{3V}{2R}$

⑥ $\frac{2V}{R}$

2024年度 神奈川県・横浜市・川崎市・相模原市 難易度

【15】図のように，抵抗値がそれぞれR_1＝1.0〔Ω〕，R_2＝4.0〔Ω〕，R_3＝4.0〔Ω〕，R_4＝6.0〔Ω〕である4つの抵抗とスイッチSを用いて回路を作る。Sを開いた状態で両端A，Bに16Vの電圧をかけた。以下の(1)～(4)の各問いに答えなさい。

図

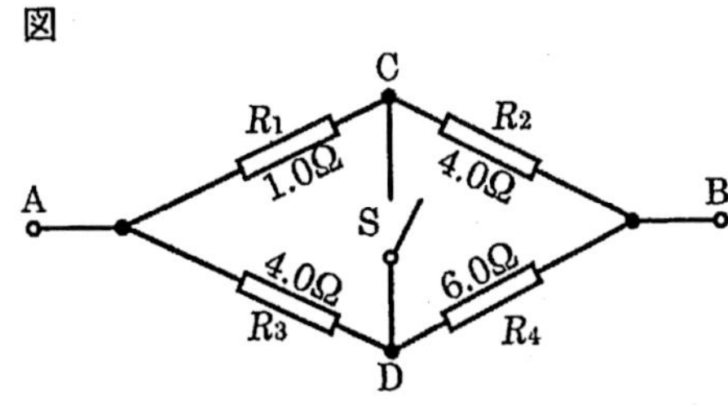

(1)　R_1を流れる電流の大きさは何Aになるか答えよ。

(2)　Aを流れる電流の大きさは何Aになるか答えよ。

(3)　点Cと点Dの電位差は何Vになるか答えよ。

(4)　Sを閉じたとき，Aを流れる電流の大きさは何Aになるか答えよ。

▌2024年度 ▌佐賀県 ▌難易度 ■■■■□□

解答・解説

【1】Ⅰ　(1)　ウ　(2)　向心力　(3)　ウ　(4)　36.4〔m/s〕

Ⅱ　(1)　あ　核融合　い　核分裂　(2)　α崩壊…7〔回〕　β崩壊…4〔回〕　(3)　0.03〔g〕

○**解説**○　Ⅰ　(1)　ひもが切れると台車A′は等速円運動をすることができず，ひもが切れた直後の速度で円軌道の接線方向へ進むので，ウの方向が該当する。　(2)　ひもが台車Aをひく張力のように，円運動の中心方向へ向かう力は向心力と呼ばれる。　(3)　ア　人工衛星は，地球から受ける万有引力を向心力として周回する。　イ　鉄球は，ワイヤーから受ける張力を向心力として円運動する。　ウ　やりは斜方投射されて放物線を描くので，向心力は働かない。　(4)　等速円運動をする台車Aの速さをv〔m/s〕，等速円運動の半径をr〔m〕，角速度をω〔rad/s〕とすると，$v=r\omega$が成り立つ。$r=1.16$〔m〕であり，台車Aは0.8秒間で4回転するので$\omega=\frac{4\times2\pi}{0.8}=31.4$〔rad/s〕となる。よって，台車Aの速度は$v=1.16\times31.4=36.424\fallingdotseq36.4$〔m/s〕となる。

Ⅱ　(1)　解答参照。　(2)　1回のα崩壊で原子核の質量数は4減少し，原子番号は2減少する。また，1回のβ崩壊で原子番号は1増加する。α崩壊とβ崩壊をそれぞれa，b回行うことで${}^{235}_{92}$Uから${}^{207}_{82}$Pbに変化したとすると，質量数について$235-4a=207$，原子番号について$92-2a+b=82$が成り立つ。これらより，$a=7$，$b=4$となる。よって，α崩壊を7回，β崩壊を4回行ったことがわかる。 (3) 8100年後には，半減期を$\frac{8100}{1620}=5$〔回〕経過するので，求める質量は$1.00\times\left(\frac{1}{2}\right)^5=0.03125\fallingdotseq 0.03$〔g〕となる。

【2】1 c 2 c 3 (1) c (2) a 4 c 5 c 6 a 7 d

○**解説**○ 1 求める小球Aの速さを$v>0$とする。小球Aから手を離す直前と小球Aが小球Bと初めて衝突する直前とで力学的エネルギーが保存するので，$\frac{1}{2}k_1d^2=\frac{1}{2}mv^2$ ∴ $v=d\sqrt{\frac{k_1}{m}}$ 2 図を平面で考え，立方体の右下の頂点をEとする。立方体の質量が小さくなると，立方体は棒と小物体を支えきれなくなり，点Eのまわりに時計周りの方向へ回転する。回転し始める直前の立方体の質量が求めるべき質量であり，これをM'とする。立方体が回転し始める直前，立方体，棒，小物体からなる剛体にはたらく点Eのまわりの力のモーメントがつり合うので，$M'g\times\frac{a}{2}-Mg\times\frac{L}{2}\cos\theta-mg\times L\cos\theta=0$ ∴ $M'=\frac{L}{a}(M+2m)\cos\theta$ 3 (1) 表より，緯度θが小さくなるほど重力加速度gは小さくなることがわかる。したがって，選択肢の前半部分の記述からa，bは不適。また，Δgは北極の重力加速度g_0を基準とした各地点の重力加速度の値なので，$\theta=90^\circ$のとき$\Delta g=0$，つまり$g_0=9.832$〔m/s²〕である。これを用いて各地点でのΔgを求め，表の$\cos^2\theta$と$\sin^2\theta$の値を用いてグラフを作成すると，Δgは$\cos^2\theta$に比例することがわかる。 (2) 縦軸をΔg，横軸を$\cos^2\theta$として，表の値をプロットし，原点を通る近似直線を描くと，およそ$\Delta g=0.05\cos^2\theta$となる。よって，$\theta=0^\circ$のとき$\cos^2\theta=1$，$\Delta g=0.05$より，赤道上の重力加速度$g_1$の推定値は，$g_1=g_0-\Delta g=9.832-0.05=9.782$〔m/s²〕 4 最終的に始めの状態に戻るサイクルにおいて，気体が外部にした正味の仕事Wは，$p-V$図上のサイクルを表す経路で囲まれた図形の面積に等しい。本問では台形の面積なので，$W=(V_1+5V_1)\times P_1\times\frac{1}{2}=3P_1V_1$　5　音波を出した瞬間の飛行機の速さをvとすると，飛行機の観測器方向への速さは$v\sin\theta$なので，飛行機が出した音波が観測器方向へ進むときの波長λは，$\lambda=\frac{V-v\sin\theta}{f}$と表せる。一方，観測器がこの波長の音波を振動数$f'$で観測したことから，$\lambda=\frac{V}{f'}$が成り立つ。これら2式より，$v=\frac{f'-f}{f'\sin\theta}V$　6　図1から屈折の法則より，$n_1\sin\theta_1=n_2\sin\theta_2$　$\therefore$　$\frac{n_2}{n_1}=\frac{\sin\theta_1}{\sin\theta_2}$　7　コイルに電圧が加わり始めると，コイルにはその変化を打ち消す方向に電流が流れる。また，電圧が減少し始めるとその変化を打ち消すように電流の符号は反転する。よって，電圧が加わり始めた時刻で電流は負の値を示し，電圧が最大値となる時刻で電流は0となる。これら両方を満たすグラフはdのみである。

【3】問1　エ　　問2　ア

○**解説**○ 問1　AB間は平面なので小球には鉛直下向きの重力と上向きの法線力が働く。この二つの力は釣り合っている。また，摩擦や空気抵抗は無視するので水平方向に働く力は存在しない。したがって，合力の向きを決めることはできない。BC間でも水平方向の力は存在しないため，働く力は鉛直下向きの重力のみである。　問2　BC間に働く力は鉛直下向きの重力のみであるため，点Bから点Cに達するまでの時間は小球を放した位置によらず一定である。

【4】1　345〔m/s〕　　2　音…(イ)　　粒の跳びはね方…(ウ)

3　(1)　0.0004〔秒〕　　(2)　(ア)

○**解説**○ 1　この音は往復200mの距離を0.58秒間で伝わったので，求める速さは$\frac{200}{0.58}\fallingdotseq345$〔m/s〕となる。　2　簡易真空容器内の空気は徐々に減少するので，音は伝わりにくくなりだんだん小さくなる。一方，音源であるブザーそのものの振動は変わらないので，ブザーに取り付けられた密閉容器の中の発泡ポリスチレンの粒の跳び方の大きさは変化しない。　3　(1)　図2の横軸の4目盛りが音の波の波長に相当する。また，音の振動数は625Hzであり1秒間に625回振動するので，横軸の4目盛りは$\frac{1}{625}$〔秒〕となる。よって，横軸の1目盛りは$\frac{1}{4\times625}$=0.0004〔秒〕となる。 (2) 音さをたたく強さを変化させると，音の振幅だけが変化するので，図2の波形と比べて振幅だけが変化した(ア)が該当する。

【5】問1 (1) 2 (2) 1 問2 (1) 3 (2) 2

○**解説**○ 問1 (1) 電流計の－端子は，まずは最も大きな電流の端子につないで電流を流す。 (2) 右ねじの法則より，aからbに電流を流すと，磁界は反時計回りに発生するので，方位磁針のN極も反時計回りを指す。 問2 (1) 80gのおもりにはたらく重力の大きさは0.8Nであり，図2より力の大きさ0.8NでのばねAののびは2.0cmである。よって，ばねAの長さはこれに自然の長さ4.0cmを加えた6.0cmとなる。

(2) ばねA，Bのいずれの場合であっても，ばねののびが0cmのとき電子てんびんの数値は100gなので，3と4のグラフは不適。また，ばねをゆっくり引き上げていくと，図2のばねののびに対応する力の大きさの分だけ，電子てんびんの数値は減少する。ここで，ばねAとBでは，同じ長さだけのばすために要する力はばねBの方が小さいので，同じ長さだけのばした場合はばねBの方が電子てんびんの数値の減少量が小さいと考えられ，これを踏まえると2のグラフが該当する。

【6】(1) 位置エネルギー…39.2〔J〕 運動エネルギー…0〔J〕

(2) 力の名称…重力 仕事の大きさ…39.2〔J〕 (3) 5.6〔m/s〕

(4) 1.6〔m〕

○**解説**○ (1) はじめのおもりの位置は，最下点より3.2－3.2cos60°=1.6〔m〕の高さなので，このときおもりがもっている位置エネルギーは，2.5×9.8×1.6=39.2〔J〕となる。また，おもりを静かにはなした直後は，おもりはまだ動いていないので，運動エネルギーは0Jである。

(2) おもりを静かにはなすと，おもりには重力がはたらき，運動エネルギーは0Jから徐々に増加する。力学的エネルギー保存の法則より，最下点でのおもりの運動エネルギーは，はじめの位置でおもりがもっている位置エネルギーと等しく39.2Jであり，これらの運動エネルギーの差39.2Jが，重力がした仕事の大きさである。　(3)　最下点でのおもりの速さをv〔m/s〕とすると，$\frac{1}{2}\times2.5\times v^2=39.2$より，$v=5.6$〔m/s〕となる。　(4)　力学的エネルギー保存の法則より，最高点ではおもりの運動エネルギーは0J，重力による位置エネルギーは39.2Jなので，最高点ははじめのおもりの位置と等しく，最下点より1.6mの高さとなる。

【7】問1

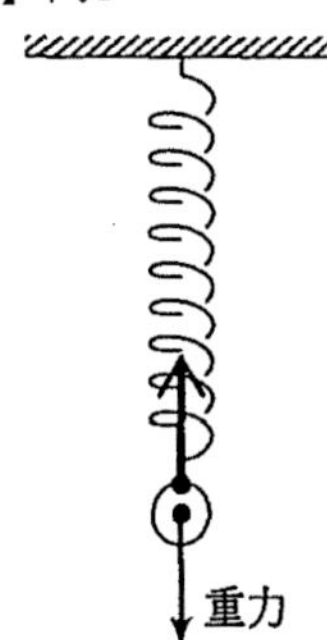

問2

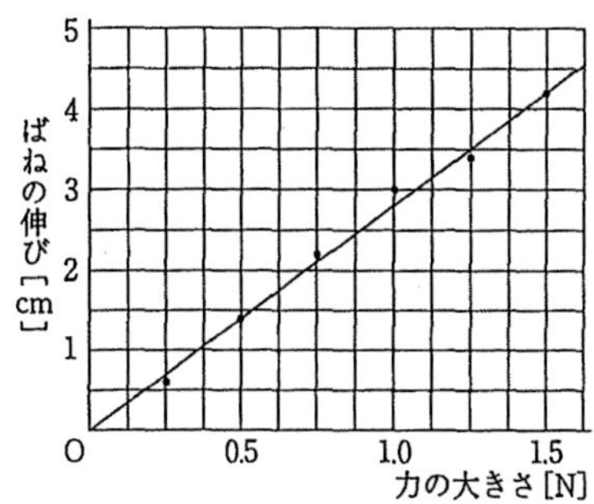

問3　(1)　D　　(2)　①，②については，いずれもばねⓐの右端ではおもりの重力とばねⓐの弾性力がつり合っている。③については，ばねⓘの右端でおもりの重力とばねⓘの弾性力がつり合っている。①～③のすべてについて，ばねⓐの両端にはおもりの重力と同じ力がはたらいてつり合っていることから，ばねⓐの伸びはすべて同じになる。
問4　0.25〔N〕　　問5　物体Xにはたらく重力$(1.0\times10^{-3}\rho_2 g)$と，液体の中にある物体Xの体積にはたらく浮力$(8.0\times10^{-4}\rho_1 g)$が等しいとき。
○解説○　問1　おもりは静止しているので，おもりにはたらく力(ばねがおもりを引く力)はおもりの重力と大きさが等しく，向きは反対である。問2　力の大きさとばねの伸びは比例関係にあるので，原点を通る直線となる。　問3　解答参照。　問4　水中にある物体にはたらく浮力の大きさは，その物体の体積に相当する水にはたらく重力の大きさに等しいので，$(1.0\times10^{3})\times(2.5\times10^{-5})\times9.8\fallingdotseq0.25$〔N〕となる。
問5　液体の中にある物体Xの体積は，$(2.0\times10^{-2})\times(5.0\times10^{-2}-1.0\times10^{-2})=8.0\times10^{-4}$〔$m^3$〕なので，物体Xにはたらく浮力の大きさは$(8.0\times10^{-4})\rho_1 g$〔N〕となる。一方，物体Xにはたらく重力の大きさは，$(2.0\times10^{-2})\times(5.0\times10^{-2})\rho_2 g=(1.0\times10^{-3})\rho_2 g$〔N〕である。

【8】(1)　3　　(2)　2　　(3)　4
○**解説**○ (1)　5分間は300秒であることに注意し，求める電流の大きさをIとすると，$I\times6\times300=5400$の関係を満たすことから，$I=3.0$〔A〕
(2)　求める抵抗値をRとすると，オームの法則より，$6=R\times3.0$
∴　$R=2.0$〔Ω〕　(3)　同じ抵抗を2個並列につなぐと，合成抵抗は元の1個の抵抗値の半分になるため，電圧が一定なら，電流は2倍になる。したがって，発熱量は元の1個の時の2倍になる。一方，同じ抵抗を2個直列につなぐと，合成抵抗は元の1個の抵抗値の2倍になるため，電圧が一定なら，電流は半分になる。したがって，発熱量は元の1個の時の半分になる。これらを考慮すると，上昇温度が2倍になっているbが実験Ⅱ，上昇温度が半分になっているcが実験Ⅲである。実験Ⅲから比べると，実験Ⅱの上昇温度は4倍になっている。

【9】(1)　3　　(2)　3　　(3)　2　　(4)　2
○**解説**○ (1)　グラフから，おもりをすべて水に沈めたときの浮力の大きさは，$5.0-3.0=2.0$〔N〕であると考えられる。浮力の大きさは，物体が排除した水の重さに等しいから，物体が排除した水の体積は200gの水に相当する。水の密度は1g/cm^3であるから，求める体積は200cm^3
(2)　装置Aの質量は，$1500+500=2000$〔g〕であるから，装置Aの重さは20Nとなる。浮力はこの重さと釣り合っているから，浮力は20N
(3)　装置Bの場合も浮力は20Nである。装置Bが排除する水の体積は，おもりの体積が200cm^3であることに注意すると，$200+400y$〔cm^3〕となるので，これは，$2+4y$〔N〕に相当する浮力を生み出す。したがって，$2+4y=20$　∴　$y=4.5$〔cm〕　(4)　おもりをn個にした時，必要な浮力は，$15+5n$〔N〕，装置Bが排除する水の重さは，$2n+4y$〔N〕である。これより，$15+5n=2n+4y$　∴　$y=\frac{15+3n}{4}$　一方，$y \leqq 7$であるから，$\frac{15+3n}{4} \leqq 7$　整理して，$n \leqq \frac{13}{3}$　これを満たす整数のnの最大値は4である。

【10】(1)　A　(2)　D　(3)　A　(4)　B　(5)　C

○**解説**○ (1)　アクリル棒は正，塩化ビニル棒は負に帯電する。

(2)　導体のある断面を1秒間に通過する電子の数はnSv個なので，このときの電子の電気量は，$e \times nSv$となる。電流Iはある断面を単位時間に通過する電気量なので，$I=envS$となる。ここで，問題文より$v=k\frac{V}{L}$の関係があるので，$I=\frac{enSkV}{L}$となる。　(3)　解答参照。　(4)　求める抵抗をRとすると，オームの法則より$V=RI$なので，$R=\frac{V}{I}=\frac{L}{enSk}$となる。　(5)　$R=\frac{L}{enSk}=\frac{1}{enk} \cdot \frac{L}{S}$と変形できるので，抵抗は長さに比例し断面積に反比例することがわかる。求める抵抗率をρとすると，$R=\rho \cdot \frac{L}{S}$と表せるので，これらを比較すると，$\rho=\frac{1}{enk}$となる。

【11】①　放射線　②　放射能　③　陽子　④　中性子　⑤　質量数　⑥　α　⑦　β　⑧　γ

○**解説**○ ①②　放射性物質が放射性崩壊を起こし，放射線を放出して不安定な原子核の構造から安定した原子核の構造に変化しようとする性質を放射能という。その際，粒子または電磁波の形で放出されるのが放射線であり，高い運動エネルギーをもつ粒子の運動によって生じるアルファ線やベータ線と電磁波であるガンマ線がある。　③④⑤　原子は原子核と電子で構成され，原子核は陽子と中性子からなりその和を質量数という。原子番号である陽子の数は同じだが，中性子の数が異なるものを同位体という。放射性同位体は放射性崩壊をしていくが，その質量数がその半分になる時間を半減期という。　⑥⑦⑧　α崩壊はα線を放出し，原子核の質量数が4，原子番号が2減少するのでヘリウム原子核の放出に相当する。β崩壊は，中性子からβ線(電子)を放出するので原子番号が1つ増える。γ崩壊は，励起された原子核がガンマ線(透過力の大きい光子)を放出して崩壊する現象で，α崩壊やβ崩壊と異なり原子番号や質量数は変わらない。

【12】1　①　磁界　②　電圧　2　(コイルに)磁石を近づける速さ　3　(イ)，(オ)　4　(イ)，(ウ)，(オ)

○解説○ 1　磁石のまわりには磁界が生じているので，磁石またはコイルを動かすとコイルの中の磁界が変化する。電磁誘導により流れる電流を，誘導電流という。　2「磁石を近づける速さが発生する電流の強さや向きとどう関係するか」を調べるので，変える条件は「磁石を近づける速さ」であり，例えば「磁石の向きやコイルの巻き数」など他の条件は変えない。　3　(ア)は磁石のN極とコイルが近づいており，コイルの中の磁界が強まるので，これを打ち消すような向きに誘導電流が流れる。これと同じ関係になるのは(イ)である。また，これらとは真逆で，(オ)は磁石のS極がコイルから遠ざかっており，この場合に流れる誘導電流の向きは(ア)や(イ)と同じである。　4　豆電球はフィラメントに電流を流すことで生じる摩擦，光ファイバーは光の全反射を利用している。

【13】(1)　③　(2)　⑥　(3)　④　(4)　③　(5)　①　(6)　②　(7)　⑥　(8)　③　(9)　②

○解説○ (1)　120年後には，セシウム137の半減期が4回経過したことになるので，120年後に残っているセシウム137の原子核の質量は，$256\times\left(\frac{1}{2}\right)^4=16$〔g〕となる。　(2)　(ア)(イ)　図より，Aさんの全身が映るために必要な鏡の上下の長さは，Aさんの足元から出る光が鏡に反射して，Aさんの目に到達するので，鏡はAさんの身長の半分以上必要である。また，その鏡の下端は床から目の高さの半分の位置である必要がある。　(ウ)　鏡からAさんまでの距離は，図のAさんの位置を鏡に近づけても遠ざけても，Aさんの足元から出る光が鏡に反射する角度が変わるが，やはりAさんの目に到達するので，関係ない。

(3)　重さw〔N〕のおもり2個がh〔m〕落下することで失った位置エネ

ルギーに相当する熱量が水に与えられたとすると，上昇した水温をt〔℃〕として，$4.2\times m\times t=2\times w\times h$より，$t=\frac{wh}{2.1m}$となる。　(4)　1.5Nのおもりが水中にあるとき，ばねばかりの目盛りが1.0Nだったので，おもりが受ける浮力の大きさは0.5Nとなる。つまり，その反作用力0.5Nが下向きに作用するので，台はかりの目盛りは14＋0.5＝14.5〔N〕を示す。　(5)　細い管の断面積をS，太い管の断面積を$3S$，液体Aの高さを$2L$，液体Bの高さをL，液体Aの密度をρ_A，液体Bの密度をρ_Bとすると，液体Aの重さは$2LS\rho_A$，液体Bの重さは$3LS\rho_B$と表せる。液体Aと液体Bの水面での圧力は等しいので，それぞれにかかる大気圧が等しいとすると，液体Aによる水面への圧力は$\frac{2LS\rho_A}{S}=2L\rho_A$，液体Bによる水面への圧力は$\frac{3LS\rho_B}{3S}=L\rho_B$より，$2L\rho_A=L\rho_A$が成り立つので，$\rho_A：\rho_B=1：2$となる。　(6)　図1から図2の状態までの変化で，管口から水面までの長さが，$l_2-l_1=42.5$〔cm〕伸びた分は半波長に相当するので，$\frac{340}{0.425\times 2}=400$〔Hz〕となる。　(7)　(ア)　図1のコイル内を貫くN極からS極へ向かう磁力線の数が増加するときA→B→C→Dの向きに電流が流れ，磁力線の数が減少するときD→C→B→Aの向きに電流が流れる。また，電流の大きさは磁力線の数の増加あるいは減少する速度に比例する。したがって，図2の原点Oから磁力線が増加していく間は，電圧が正であり，その後磁力線の数が減少する間は電圧が負となるので，(iii)のグラフとなる。　(イ)　コイルの角速度を2倍にすると，コイルを貫く磁力線の数の増加あるいは減少する速度は2倍になり，その増加と減少の周期は半分になるので，(vi)が該当する。

(8)　図2の回路に流れる電流をI〔A〕，豆電球にかかる電圧をV〔V〕とすると，キルヒホッフの第2法則より，$2.0-10I-V=0$より，$I=0.2-0.1\times V$となる。これと図1の特性曲線との交点より，$I=0.14$〔A〕，$V=0.60$〔V〕となる。　(9)　電車の外にいるBさんから見ると，等速直線運動をしている電車の中のボールは，Aさんがボールを持っているときから水平方向に一定の速度v_0で動いている。そのボールを自由落下させると，垂直方向には重力による等加速度運動をし，水平方向にはv_0の等速運動をし続けるので，Bさんが見る軌跡はアとなる。次に，電車が一定の加速度aで減速した場合，電車の中にいるAさんからは，質量mのボールには電車の進行方向にmaの力がはたらいているように見え，垂直方向の重力加速度gによる力mgとの合力の方向に直線運動をするので，Aさんが見る軌跡はイとなる。

【14】⑥

○**解説**○ 2つの電気抵抗が直列に接続された部分の合成抵抗は$2R$〔Ω〕なので，図の回路は上から順に$2R$〔Ω〕，$2R$〔Ω〕，R〔Ω〕の3つの抵抗が並列に接続されていると考えることができる。この回路全体の合成抵抗をR_0〔Ω〕とすると，$\frac{1}{R_0}=\frac{1}{2R}+\frac{1}{2R}+\frac{1}{R}=\frac{2}{R}$より，$R_0=\frac{R}{2}$〔Ω〕となる。よって，求める電流$I$は，$I=V\div\frac{R}{2}=\frac{2V}{R}$〔A〕となる。

【15】(1) 3.2〔A〕 (2) 4.8〔A〕 (3) 3.2〔V〕 (4) 5.0〔A〕

○**解説**○ (1) 抵抗R_1とR_2の合成抵抗1.0＋4.0＝5.0〔Ω〕にかかる電圧が16Vなので，R_1を流れる電流は$\frac{16}{5.0}=3.2$〔A〕となる。 (2) 抵抗R_3とR_4の合成抵抗4.0＋6.0＝10〔Ω〕にかかる電圧も16Vなので，R_3を流れる電流は$\frac{16}{10}=1.6$〔A〕となる。よって，Aを流れる電流は3.2＋1.6＝4.8〔A〕となる。 (3) 点Cの電位は16－3.2×1.0＝12.8〔V〕，点Dの電位は16－1.6×4.0＝9.6〔V〕なので，これらの電位差は12.8－9.6＝3.2〔V〕となる。 (4) 点Aを流れる電流をI_A，R_1を流れる電流をI_1，R_3を流れる電流をI_3とする。Sを閉じると点Cと点Dの電位差がなくなり，その電位をV〔V〕とすると，$I_A=I_1+I_3=\frac{16-V}{1.0}+\frac{16-V}{4.0}$，$I_A=\frac{V}{4.0}+\frac{V}{6.0}$となり，これら2式より$I_A=5.0$〔A〕となる。

中学校理科　化学

実施問題

【1】図のような装置を二つ用意し，それぞれうすい水酸化ナトリウム水溶液と塩酸を入れ，電気分解を行った。

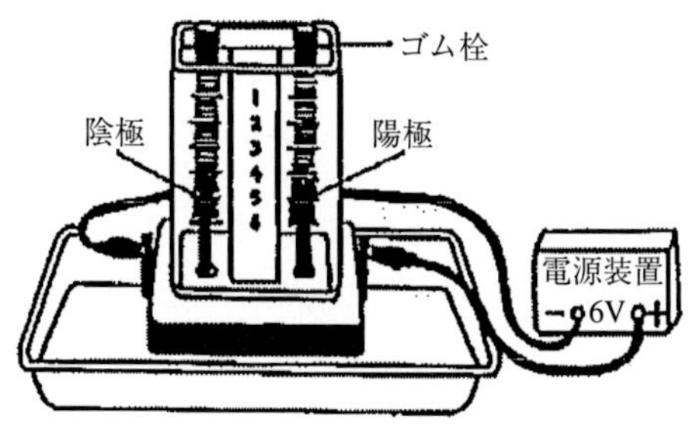

1　うすい水酸化ナトリウム水溶液を入れて電気分解する。次の各問いに答えよ。

(1)　質量パーセント濃度が3%の水酸化ナトリウム水溶液をつくりたい。5%の水酸化ナトリウム水溶液150gに水を何g加えれば3%の水溶液ができるか答えよ。

(2)　うすい水酸化ナトリウム水溶液を入れて電気分解するときの様子を化学反応式で表せ。

2　うすい塩酸の電気分解ではどちらの電極からも気体が発生したが，<u>一方は気体がほとんどたまらなかった。</u>次の各問いに答えよ。

(1)　うすい塩酸の電気分解において陰極から発生した気体の名称を答えよ。また，陰極から発生した気体を断定する調べ方として，最も適当なものを次の(ア)～(エ)から一つ選び，記号で答えよ。

(ア)　においをかぐ。

(イ)　火のついた線香を気体の中に入れる。

(ウ)　気体にマッチの火を近づける。

(エ)　気体を石灰水に入れる。

(2)　問題文中の下線部の理由を簡潔に答えよ。

▌2024年度 ▌岡山市 ▌難易度

【2】元素について，次の(1)，(2)の各問いに答えなさい。

(1) 水素やナトリウムなどの語は，元素名としても，単体名としても用いられる。次の①～④の文の下線部は，元素，単体どちらの意味で用いられているか，それぞれ答えよ。

① 塩素は酸化力が強く，水道水の殺菌などに用いられる。

② 発育期にはカルシウムが多い食品をとることを心がけるとよい。

③ 負傷者が酸素を吸入されながら，担架で運ばれていった。

④ 体内に鉄が不足すると貧血になる。

(2) 次の文章を読んで，以下の①，②の各問いに答えよ。

> 同じ元素から成り立つ単体で，性質の異なる物質を互いに同素体と呼ぶ。身近な元素で同素体をもつ元素として，炭素，酸素，リン，硫黄などが知られている。

① 下線部について正しく記述しているものを，次のア～エから一つ選び，記号で答えよ。

ア オゾンは直線形の分子である。

イ $^{16}O_2$と$^{18}O_2$は同素体の関係にある。

ウ 硫黄の同素体は全てS_8の結晶である。

エ フラーレン(C_{60})とダイヤモンドは同素体の関係にある。

② リンの同素体に関する次の記述のうち，黄リンに当てはまるものを，次のア～エから一つ選び，記号で答えよ。

ア 毒性が強く，皮膚につくとやけどすることがある。

イ マッチの発火薬として用いられている。

ウ リンの同素体の中で最も安定している。

エ 粉末状の物質である。

2024年度 ┃ 佐賀県 ┃ 難易度

【3】炭酸水素ナトリウムの粉末を加熱し，変化の様子を観察するために，図のように実験装置を組み立てた。試験管の口を少し下げてある理由として最も適切なものを，以下の①～⑤の中から一つ選べ。

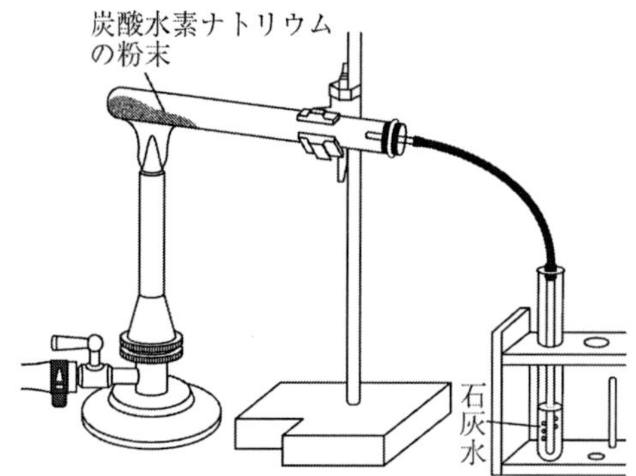

① 加熱によって生じた固体が，試験管の底にたまらないようにするため。

② 加熱によって生じた気体が，試験管の口の方から出やすくするため。

③ 加熱によって生じた液体が，試験管の底に流れるのを避けるため。

④ 炭酸水素ナトリウムの粉末を，加熱し過ぎないようにするため。

⑤ 試験管を支えるスタンドを，安定させるため。

2024年度　岐阜県　難易度

【4】次の問に答えよ。

問1　マグネシウムなどの金属と酸の反応を調べるため，次の手順で実験を行った。以下の(1)～(3)に答えよ。

【実験】

① ビーカーにメスシリンダーを用いて水を94.5mL量り取った。

② 駒込ピペットを用いて濃硫酸を5.5mL量り取った。

③ [　　　　　　　　　　　　　　　　　　　　　]

④ ガラス棒を使い，ビーカーに入れた水と濃硫酸をよく攪拌した。

⑤ 手順④で調製した希硫酸を試験管にとり，マグネシウムリボンを壁に伝わらせながら入れた。

(1) 手順③の操作として最も適切なものをA～Dから一つ選び，記号で答えよ。

A　ビーカーに手順②の濃硫酸と手順①の水を少しずつ同時に入れながら様子をみた。

B　ビーカーに手順②の濃硫酸を入れ，次に手順①の水を少量入れて反応を確認したのち，残りすべての水を加え，反応を抑えた。

C　ビーカーに手順②の濃硫酸を入れ，次に手順①の水をビーカーの壁を伝わらせながら少しずつ加えた。

D　手順①の水が入ったビーカーの壁を伝わらせながら手順②の濃硫酸を少しずつ入れた。

(2)　(1)で選択した操作を行う理由を簡潔に説明せよ。

(3)　市販の濃硫酸(質量パーセント濃度95%，密度1.84g/cm^3)を水で薄めて質量パーセント濃度10%の希硫酸を95gつくりたい。使用する水の質量〔g〕を答えよ。ただし，水の密度は1.0g/cm^{3}とする。

問2　大理石を用いて気体を発生させる実験を次の手順で行った。以下の(1)～(3)に答えよ。

【手順】

①　大理石をハンマーで割り，乳鉢で粉砕して，100gの粉末㋐を用意した。

②　炭酸カルシウムの試薬を100g量り取り，粉末㋑とした。

③　図5のように0.500mol/L塩酸を200mL入れた2個の丸底フラスコに，粉末㋐，㋑をそれぞれ入れて攪拌した。

④　2個の丸底フラスコから気体が発生し，発生した気体を石灰水に通すとそれぞれ白濁した。

⑤　粉末㋐を入れた丸底フラスコから発生した気体の体積は0.84Lであった。

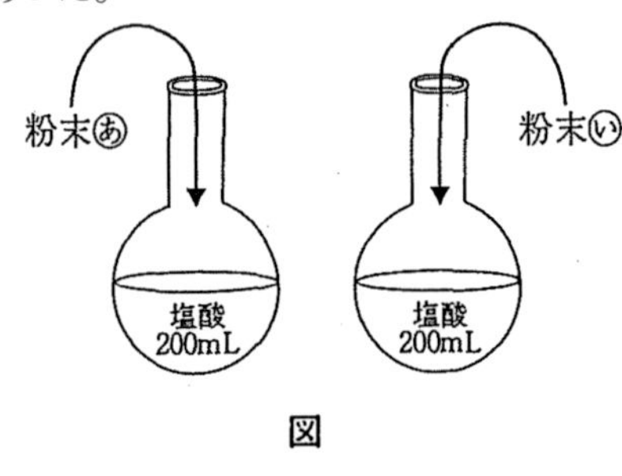

図

(1)　大理石(主成分は炭酸カルシウム)に塩酸を加えたときの化学反応式を答えよ。

(2)　粉末ⓘを入れた丸底フラスコから発生した気体の体積は標準状態(0℃，1.013×10^5Pa)で何Lか，有効数字3桁で答えよ。ただし，炭酸カルシウムの式量を100とする。

(3)　使用した大理石中の炭酸カルシウムの純度は何％か，有効数字3桁で答えよ。

2024年度 島根県 難易度

【5】物質の燃焼について調べるため，次の実験を行った。以下の(1)～(5)の各問いに答えよ。ただし，原子量はH＝1.0，C＝12，O＝16，Mg＝24とする。

【実験1】
マグネシウムリボンを空気中で燃やすと，白い物質ができた。
【実験2】
マグネシウムリボンを二酸化炭素で満たした集気びんの中で燃やすとよく燃え，集気びんの底には，白い物質と黒い物質が残った。
【実験3】
プロパン(C_3H_8) 4.40gを集気びんに入れて，完全に燃焼させた。

(1)　【実験1】のマグネシウムの燃焼は発熱反応である。これと同様に，発熱反応であるものを次の1～5から一つ選び，記号で答えよ。

1　C(黒鉛)　＋　CO_2　→　2CO

2　Fe　＋　S　→　FeS

3　$Ba(OH)_2$　＋　$2NH_4Cl$　→　$BaCl_2$　＋　$2H_2O$　＋　$2NH_3$

4　N_2　＋　O_2　→　2NO

5　NaCl(固)　＋　aq　→　NaClaq

(2)　【実験2】でできた白い物質は酸化マグネシウムであった。【実験2】の化学変化を化学反応式であらわせ。

(3)　【実験2】でマグネシウムリボン4.80gを燃やすと，8.00gの白い物質が生じた。このとき生成した黒い物質の質量を求めよ。

(4) 【実験3】でプロパンを完全燃焼させたとき，生成する水の物質量を求めよ。

(5) 【実験3】でプロパンを完全燃焼させるのに必要な酸素の体積，および生成する二酸化炭素の体積は，標準状態(0℃，1気圧)で何Lか求めよ。ただし，標準状態における気体1molの体積を22.4Lとする。

▌2024年度 ▌山口県 ▌難易度

【6】太郎さんは，ホットケーキを作る材料であるベーキングパウダーに炭酸水素ナトリウムが含まれていることに興味をもち，炭酸水素ナトリウムの性質を調べるために次のような実験を行った。以下の問いに答えなさい。

【方法】

i　図1のように装置を組み立てる。ゴム管の先を石灰水から抜いておき，ガスバーナーに火をつける。炭酸水素ナトリウムを加熱し始めてから，すぐにゴム管の先を石灰水に入れる。

図1

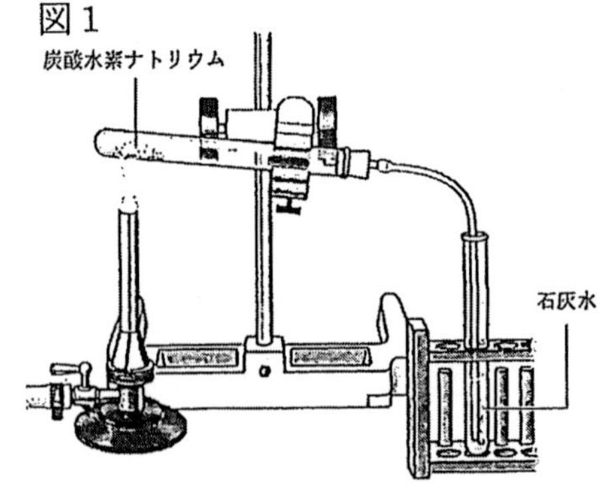

出典：「理科の世界2」大日本図書

ii　発生した気体を石灰水に通して調べる。

iii　試験管に付着した液体を塩化コバルト紙で調べる。

iv　炭酸水素ナトリウムと加熱後の固体の水への溶けやすさや，それぞれにフェノールフタレイン液を入れたときの色の変化を図2のように比べ，結果を表にまとめる。

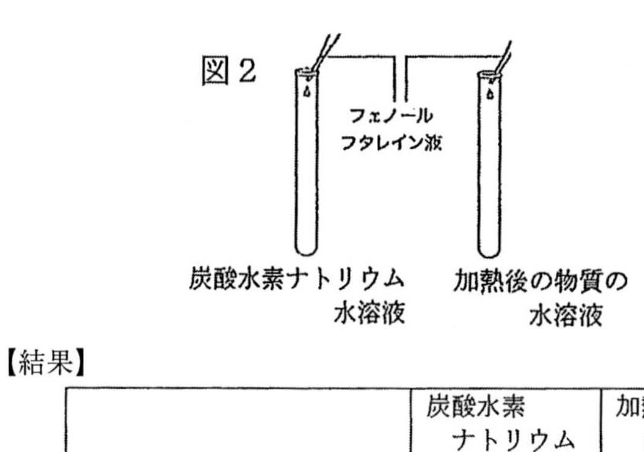

【結果】

	炭酸水素ナトリウム	加熱後の白い物質
①水に入れたときの様子	a	b
②水に入れ，フェノールフタレイン液を入れたときの様子	c	d

(1)　加熱する試験管の口を，少し下向きにして実験を行った。それはなぜか書きなさい。

(2)　方法iiで石灰水が白くにごった。このことから，発生した気体は何か物質名で書きなさい。

(3)　(2)の気体が石灰水を白くにごらせる現象を，次の語群から適切な化学式を用いて，化学反応式で書きなさい。

語群　$CaCO_3$　$CaCl_2$　$Ca(OH)_2$　$Ca(HCO_3)_2$　Na_2CO_3　$NaHCO_3$　CO_2　O_2　H_2O

(4)　石灰水が白くにごった後，さらに(2)の気体を加え続けると，白いにごりがなくなる現象が見られた。このときに起こる化学変化を，(3)の語群から適切な化学式を用いて，化学反応式で書きなさい。

(5)　方法iiiで，塩化コバルト紙は何色から何色に変化するか，また発生した液体は何か物質名で書きなさい。

(6)　正しい実験の結果となるように，次の語群から【結果】の表のa～dに当てはまるものを選び，記号で書きなさい。

語群　ア　よく溶けた　　イ　少し溶けた
　　　ウ　溶けなかった　　エ　変色しなかった
　　　オ　わずかに変色した　　カ　はっきりと変色した

(7) 加熱後に残った白い物質は何か，物質名で書きなさい。

(8) 太郎さんは，炭酸水素ナトリウムの熱分解により固体，液体，気体を生じていることが分かった。(3)の語群から適切な化学式を用いて，炭酸水素ナトリウムの熱分解を化学反応式で書きなさい。

(9) 実験後，太郎さんは他の物質の熱分解についても興味をもち，酸化銀が同じ装置で熱分解ができることを調べた。このとき発生する気体と白っぽい固体は何か，物質名でそれぞれ書きなさい。

(10) さらに太郎さんは，(9)の白っぽい固体が酸化銀とは異なる別の物質であることを，色以外についても実験して調べたいと考えた。中学校の理科室で可能な方法を簡単に書きなさい。

▌2024年度 ▌静岡県・静岡市・浜松市 ▌難易度

【７】酸性とアルカリ性を示すものの正体を調べるため，生徒が実験を行った。以下の(1)～(5)の各問いに答えよ。ただし，原子量はH＝1.0，O＝16，Mg＝24，Cl＝35.5とする。

【実験1】

図7のように，イオンの動きを調べるため，スライドガラスの上に硫酸ナトリウム水溶液をしみこませたろ紙をのせ，その上に赤色リトマス紙と青色リトマス紙を置いた。次に，目玉クリップでスライドガラスの両端を挟み，うすい水酸化ナトリウム水溶液をしみこませた細長いろ紙をスライドガラスの中央部に置き，一方のクリップを陽極，他方のクリップを陰極として直流電圧を加え，リトマス紙の色の変化を調べた。

図7

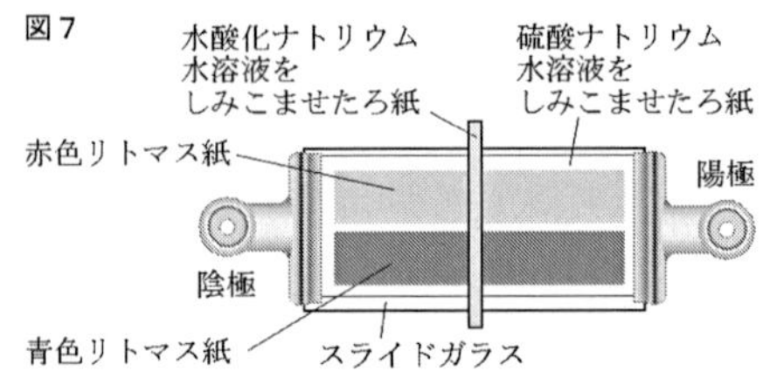

【実験2】

ある濃度の塩酸20mLをビーカーにとり，3滴のBTB溶液を加えた。この溶液に【実験1】で用いた水酸化ナトリウム水溶液を少しずつ加えたところ，10mL加えたところで水溶液は中性になった。

【実験3】

【実験2】で用いた塩酸20mLを入れた丸底フラスコに，マグネシウム粉末を0.1gずつ入れ，よくかくはんしながら発生した気体を捕集し，入れたマグネシウム粉末の質量が5.0gになるまで気体の累積体積を測定した。図8は，測定結果をグラフにまとめたものである。塩酸にX〔g〕のマグネシウムを入れると，マグネシウムはすべて溶けて気体が発生したが，さらにマグネシウムを加えても気体は発生しなかった。ただし，発生した気体の体積は標準状態における値とする。

図8

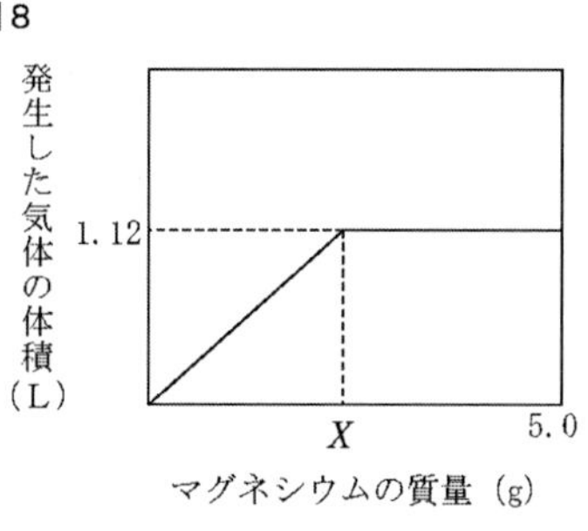

(1)　水酸化ナトリウムの電離を，化学式を用いてあらわせ。

(2)　【実験1】で，生徒が水酸化ナトリウム水溶液をろ紙にしみこませる際に，誤って手につけてしまった。このとき，生徒に対してどのような指示を出すか。簡潔に述べよ。

(3)　次の文章は，【実験1】で，ろ紙の上に置いたリトマス紙の色の変化から，アルカリ性を示すものの正体について考察している生徒同士の会話である。(　ア　)～(　ウ　)に入る適切な語句を，それぞれ答えよ。

生徒A：電圧を加えると，リトマス紙の色が変わってきたね。
生徒B：そうだね。(　ア　)色リトマス紙の色だけが変わっているよ。
生徒A：本当だ。でも色の変化が(　イ　)極の方に向かっていくのはなぜなんだろう？
生徒B：きっと，水酸化ナトリウムがアルカリ性だから(　ウ　)イオンが(　イ　)極に引かれて，リトマス紙の色が変わっているんじゃないかな。
生徒A：なるほど。じゃあそのイオンが，アルカリ性を示す正体っていうことだね。

(4) 【実験2】で用いた塩酸の濃度が3倍である塩酸10mLを中和するためには，【実験1】で用いた水酸化ナトリウム水溶液を何mL加えればよいか答えよ。

(5) 【実験3】で塩酸にマグネシウムをX〔g〕入れた後，水を蒸発させて丸底フラスコ内の液体に溶けている物質を取り出したところ，六水和物の白色結晶が析出した。析出した結晶は何gか，四捨五入により小数第一位まで求めよ。

▌2024年度 ▌山口県 ▌難易度 ■■□□□

【8】花子さんは，金属の種類によって，イオンへのなりやすさに差があるかを調べる実験を行った。次は，実験の方法と結果の表である。以下の問いに答えなさい。

【方法】
i 図1のように，マイクロプレートの横の列に同じ種類の水溶液，縦の列に同じ種類の金属板を入れる。

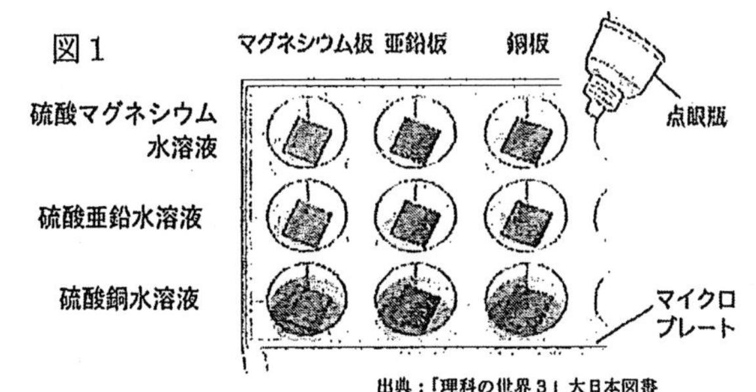

出典：「理科の世界3」大日本図書

ii　それぞれの組み合わせで，金属板にどのような変化が起きているか観察する。

【結果】

	マグネシウム板	亜鉛板	銅板
硫酸マグネシウム水溶液	変化なし	変化なし	変化なし
硫酸亜鉛水溶液	a	変化なし	変化なし
硫酸銅水溶液	b	c	変化なし

(1)　この実験でピンセットを使用する際，金属製のピンセットとプラスチック製のピンセットでは，どちらが適切か書きなさい。また，その理由についても書きなさい。

(2)　正しい実験の結果となるように，結果の表のa～cに当てはまる記号をア～エから1つずつ選び，記号で書きなさい。

ア　金属板が厚くなり，黒い物質が付着した。

イ　金属板が厚くなり，赤い物質が付着した。

ウ　金属板がうすくなり，黒い物質が付着した。

エ　金属板がうすくなり，赤い物質が付着した。

(3)　実験の結果から，マグネシウム，亜鉛，銅のイオンへのなりやすさの順序が分かった。3つの金属をイオンになりやすい順に書きなさい。(例　○　＞　□　＞　△　)

(4)　花子さんは，さらに銀と銅のイオンへのなりやすさを比べるため，図2のように硝酸銀水溶液と硝酸銅水溶液をそれぞれ入れた試験管，および，銅線と銀線を用いた実験を行った。実験の結果は，硝酸銀水溶液に銅線を入れた方で変化が見られたが，硝酸銅水溶液に銀線を入れた方では変化が見られなかった。

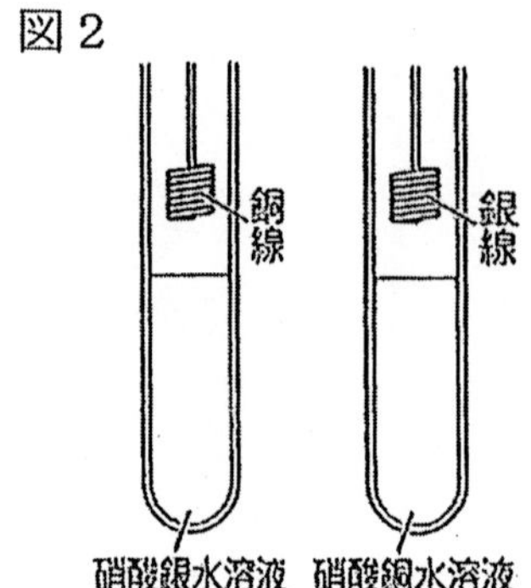

出典：「未来へひろがるサイエンス３」啓林館

① 硝酸銀水溶液に銅線を入れ，静かに置いておくと，銀色の結晶が樹木の枝のように成長していく現象が見られ，水溶液の色が変化した。このときの，水溶液の色の変化は，何色から何色か書きなさい。

② ①で見られた現象を説明した反応式として，正しいものをア～エから2つ選び，記号で書きなさい。

ア $Ag^{+}+e^{-}\rightarrow Ag$　イ $Ag\rightarrow Ag^{+}+e^{-}$　ウ $Cu^{2+}+2e^{-}\rightarrow Cu$

エ $Cu\rightarrow Cu^{2+}+2e^{-}$

(5) (2)と(4)の実験の結果をふまえ，マグネシウム，亜鉛，銅，銀のイオンへのなりやすさの順序が分かった。4つの金属をイオンになりやすい順に書きなさい。(例 ◇ ＞ ○ ＞ □ ＞ △)

(6) 花子さんは，金属のイオンへのなりやすさのことをイオン化傾向ということを調べて知った。それについて正しい文となるように，(　　)に当てはまる言葉を選びなさい。

イオン化傾向が(大きい・小さい)金属ほど，他の物質と反応しやすいという傾向がある。

▌2024年度▌静岡県・静岡市・浜松市▌難易度

【９】授業で実験を行ったときの教師とナオさんとタクさんの次の会話文を読んで，あとの各問いに答えなさい。

教師：今日の実験は，酸化銅と炭素を混ぜ合わせて熱したときの変化を観察し，加熱後に残った物質の性質を調べて，どのような変化が起きているのかを考えることが目的です。器具や薬品の取扱いにじゅうぶんに注意して，安全に実験しましょう。

ナオ：よし，まずは酸化銅1.3gと炭素粉末0.1gを，混ぜ残しのないようにじゅうぶんに混ぜ合わせよう。

タク：こうやって2種類以上の物質が混じり合っているものを(a)混合物というんだったね。

ナオ：確かにそうだったね。

タク：じゅうぶんに混ぜ合わせたよ。次は試験管に入れて加熱だったよね。

ナオ：よし。装置が組み上がったよ。ガスバーナー(図1)に火をつけよう。

タク：あれ？火はついて，大きさも10センチくらいにはなったけど，先生がお手本で見せてくれたような青い色の炎ではなく，赤い色の炎だな。

ナオ：本当だね。青い色の炎にしたいけどどうすればいいのかな。

教師：(b)調節ねじを回して炎の調節をしよう。

タク：あ，ちょうどいい炎の色になったよ。では試験管を加熱するね(図2)。

ナオ：ガラス管から気体が出てきたよ。

－反応が終わる－

タク：よし。ピンチコックでゴム管をとめてからじゅうぶんに時間もたったし，しっかりと冷めたよ。

ナオ：加熱後に試験管の中に残った物質の性質を調べるんだよね。

タク：そうだね。多分，加熱後に試験管の中に残った物質は銅だと思うけど，どんな方法で確認すればいいのかな。

ナオ：例えば，加熱後に試験管の中に残った物質を取り出して，[　c　]という方法はどうかな。

タク：なるほど。その方法で確認すれば，銅であることを確かめられそうだね。やってみよう。

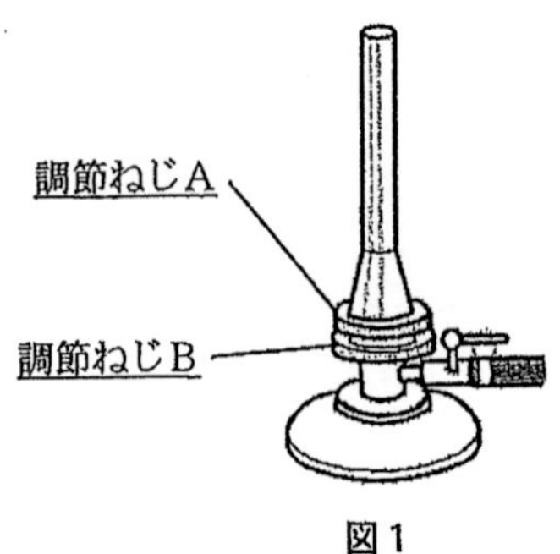

図1

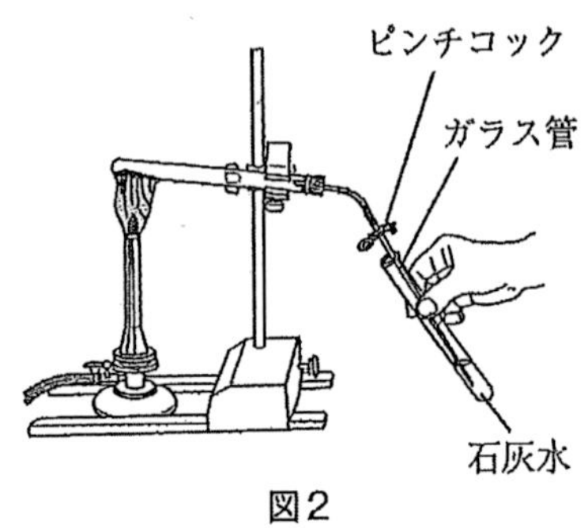

図2

問1　会話文中の下線部(a)にあてはまる物質として誤っているものを，次の1～4のうちから1つ選びなさい。

1　石油　　2　空気　　3　塩酸　　4　塩化ナトリウム

問2　会話文中の下線部(b)について，教師がタクさんに指導する場合，図1中の調節ねじAと調節ねじBに関する操作として最も適切なものを，次の1～4のうちから1つ選びなさい。

1　Aのねじを押さえて，Bのねじだけを少しずつ開く。

2　Aのねじを押さえて，Bのねじだけを少しずつ閉める。

3　Bのねじを押さえて，Aのねじだけを少しずつ開く。

4　Aのねじと，Bのねじの両方を少しずつ閉める。

問3　会話文中の[　c　]にあてはまる方法として最も適切なものを，次の1～4のうちから1つ選びなさい。

1　磁石に近づけ，磁石につくことを確かめる

2　薬品さじで強くこすり，赤い金属光沢があることを確かめる

3　水にうくことを確かめる

4　塩酸に入れて，気泡を発生しながらとけることを確かめる

問4　タクさんとナオさんは，酸化銅に対して混ぜ合わせる炭素粉末の質量を変えたとき，加熱後に試験管の中に残った物質の質量がどのように変化するのか調べたいと考え，混ぜ合わせる炭素粉末の質量を変えながら実験と同様の手順でさらに実験を行いました。酸化銅4.0gに対して混ぜ合わせる炭素粉末の質量を0.1g，0.2g，0.3g，0.4g，0.5gと変えて調べたとき，炭素粉末の質量と加熱後に試験管の中に残った物質の質量との関係を表したグラフとして最も適切なものを，次の1～4のうちから1つ選びなさい。

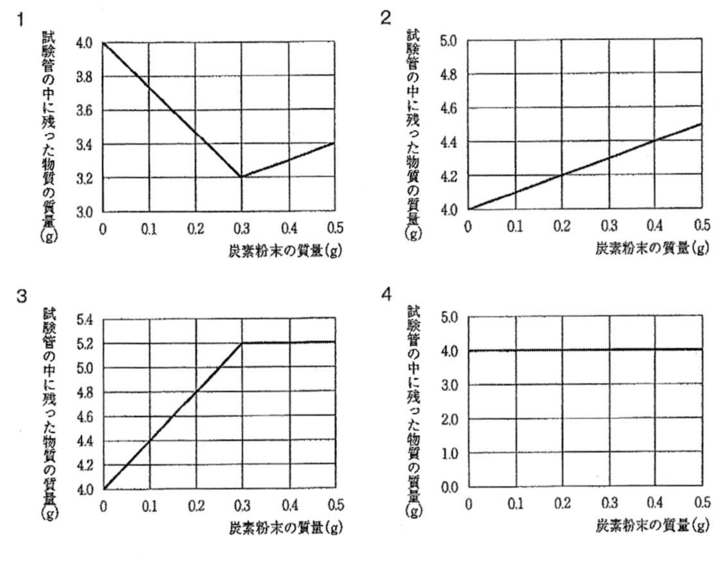

2024年度　宮城県・仙台市　難易度

【10】0.10mol/Lの水酸化バリウム水溶液100mLに二酸化炭素を吸収させて，完全に反応させた。生じた白色沈殿をろ過し，残った溶液を10mLとり，未反応の水酸化バリウムを0.10mol/Lの塩酸で滴定したところ，16mLを要した。これについて，次の各問いに答えなさい。ただし，原子量をC＝12，O＝16とする。

(1) 水酸化バリウムと塩酸の反応を，化学反応式で表しなさい。

(2) 0.10mol/Lの塩酸16mLと反応した水酸化バリウムの物質量は何〔mol〕か，有効数字2桁で答えなさい。

(3) はじめに水酸化バリウム水溶液に吸収させた二酸化炭素の質量は何〔g〕か，有効数字2桁で答えなさい。

2024年度 京都府 難易度

【11】金属のイオンのなりやすさの違いを調べる実験について，次の文章を読み，(1)～(3)の問いに答えよ。

[実験]

(i) マグネシウム片，亜鉛片，銅片をそれぞれ3枚ずつ用意し，図のようにマイクロプレートの中に，1枚ずつ入れた。

(ii) それぞれのマイクロプレートに，5％硫酸マグネシウム水溶液，5％硫酸亜鉛水溶液，5％硫酸銅水溶液を入れた。

(iii) 金属片及び水溶液の様子を観察し，記録用紙に記録した。

図

	硫酸マグネシウム水溶液	硫酸亜鉛水溶液	硫酸銅水溶液
マグネシウム			
亜鉛			
銅			

記録用紙

	硫酸マグネシウム水溶液	硫酸亜鉛水溶液	硫酸銅水溶液
マグネシウム	変化しなかった	ア	イ
亜鉛	変化しなかった	変化しなかった	ウ
銅	変化しなかった	エ	変化しなかった

(1) 硫酸マグネシウム，硫酸亜鉛，硫酸銅は，水に溶けると陽イオンと陰イオンに分かれる。このように，水に溶けて陽イオンや陰イオンに分かれることを何というか。最も適当なものを，次の1～5のうちから一つ選べ。

1 電気分解　　2 水和　　3 電離　　4 けん化　　5 溶解

(2) 次の反応式は，アのマイクロプレート内で生じているイオンの反応を記したものである。(a), (b)に入る元素記号またはイオン式の組合せとして最も適当なものを，以下の1～5のうちから一つ選べ。

(a) ＋ Mg → Zn ＋ (b)

	a	b
1	Zn^{+}	Mg^{+}
2	Zn^{2+}	Mg^{2+}
3	Zn^{2+}	$2Mg^{+}$
4	$2Zn^{+}$	Mg^{2+}
5	Zn	Mg

(3)　記録用紙のア～エに当てはまる金属片の変化のようすの組合せとして最も適当なものを，以下の1～6のうちから一つ選べ。

a　変化しなかった

b　赤色の固体が生じた

c　灰色の固体が生じた

	ア	イ	ウ	エ
1	a	b	b	c
2	a	c	b	a
3	b	a	c	b
4	b	c	a	c
5	c	b	b	a
6	c	a	c	a

2024年度　大分県　難易度

【12】食酢の濃度を調べるために，食酢を器具Xで正確に10.0mLとり，器具Yに入れて水を加え，全量を100mLとした。このうすめた水溶液を，別の器具を用いて正確に20.0mLとり，コニカルビーカーに入れて，指示薬Aを加えた。その後，器具Zから9.00×10^{-2}mol/Lの水酸化ナトリウム水溶液を滴下し，中和滴定を行った。次の(1)～(4)の各問いに答えなさい。

(1)　器具X～Zとして最も適当なものを次のア～オからそれぞれ一つ選び，記号で答えよ。また，器具の名称をそれぞれ答えよ。

(2) 器具Zは内側に水がついたままだと実験にそのまま使用することができない。乾燥させる時間の余裕がないとき，器具Zを使用するためには，どのような操作を行えばよいか答えよ。

(3) 指示薬Aの名称と，溶液の色の変化として，最も適当な組み合わせを次のア～エから一つ選び，記号で答えよ。

	指示薬A	色の変化
ア	フェノールフタレイン	赤色から無色
イ	フェノールフタレイン	無色から赤色
ウ	メチルオレンジ	黄色から赤色
エ	メチルオレンジ	赤色から黄色

(4) 中和点までに滴下した水酸化ナトリウム水溶液の体積は16.0mLであった。うすめる前の食酢に含まれている酢酸の質量パーセント濃度は何％か答えよ。ただし，食酢の密度は1.0g/cm^{3}とし，食酢中の酸はすべて酢酸(分子量60)とする。

▌2024年度 ▌佐賀県 ▌難易度 ■■■□□

【13】次のア～ウの酸化還元反応を基にして，酸素O_2，硫黄S，臭素Br_2，ヨウ素I_2を酸化力の強い順に並べたとき，最も適切なものはどれか。以下の①～⑥のうちから選びなさい。

ア　$I_2 + H_2S \rightarrow 2HI + S$

イ　$4HBr + O_2 \rightarrow 2Br_2 + 2H_2O$

ウ　$2KI + Br_2 \rightarrow 2KBr + I_2$

①　$O_2 > Br_2 > I_2 > S$

②　$Br_2 > O_2 > S > I_2$

③　$I_2 > S > O_2 > Br_2$

④　$S > I_2 > Br_2 > O_2$

⑤　$O_2 > I_2 > Br_2 > S$

⑥　$S > Br_2 > I_2 > O_2$

▌2024年度 ▌神奈川県・横浜市・川崎市・相模原市 ▌難易度 ■■■□□

【14】次の実験について，問1，問2に答えなさい。

【実験】　水素を発生させ，発生させた水素を水上置換でメスシリンダーに捕集した。

問1　水素を発生させる方法について，次の文a～eの正誤の組合せとして，正しいものを選びなさい。

a　白金を電極に用いて塩化ナトリウム水溶液を電気分解すると，水素が陰極に発生する。

b　エタノールに単体のナトリウムを入れると，水素が発生する。

c　水酸化ナトリウム水溶液に単体のアルミニウムを入れると，水素が発生する。

d　塩酸に銅を入れると，水素が発生する。

e　塩酸に硫化鉄(Ⅱ)を入れると，水素が発生する。

	a	b	c	d	e
ア	正	正	正	誤	誤
イ	正	誤	正	正	誤
ウ	誤	誤	誤	正	正
エ	正	誤	誤	誤	正
オ	誤	正	正	誤	正

問2　____部のとき，メスシリンダーの内側と外側の水面を一致させてから捕集した気体の体積を測ったところ，27℃，1.056×10^5Paの大気圧のもとで415mLであった。捕集した水素の物質量として，最も適当なものを選びなさい。ただし，捕集した気体は水蒸気と水素からなる混合気体であり理想気体として扱えるものとし，27℃の水の飽和水蒸気圧は3.6×10^3Pa，気体定数は8.3×10^3Pa・L/(mol・K)とする。

ア　1.5×10^{-2}mol　　イ　1.6×10^{-2}mol　　ウ　1.7×10^{-2}mol

エ　1.8×10^{-2}mol　　オ　1.9×10^{-2}mol

2024年度　北海道・札幌市　難易度

【15】Ⅰ，Ⅱの各問いに答えなさい。

Ⅰ　水の入った500mLペットボトルAと，糖分とナトリウムを含んだ粉末を水に溶かした500mLペットボトルBを2本同時に冷凍庫に入れ，凍らせた。時間を置いて2本のペットボトルを冷凍庫から出すと，ペットボトルAは水が全て氷になっていたが，ペットボトルBは液体が残った状態であった。

この現象を次の図1のようなモデルで考えた。

図1

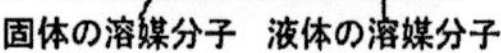

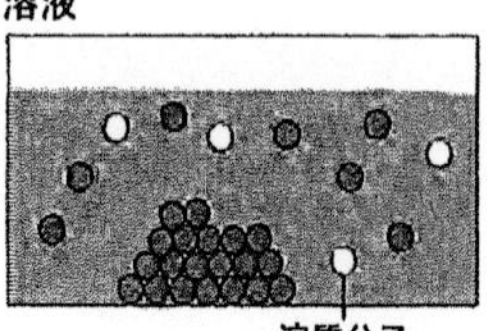

(1)　この現象を説明する次の文中の(　X　)，(　Y　)に入る語句の組合せとして，最も適切なものを以下のア～エから1つ選び，記号を書きなさい。

> 純粋な溶媒の凝固点では，凝固する溶媒分子と融解する溶媒分子の数は等しい状態にある。しかし溶質が加わると，溶質分子の数が増えるため，溶媒分子の凝固する量が(　X　)し，凝固が起こりにくくなる。そのため，固体から溶媒分子が熱運動で融解する量が(　Y　)すれば，固体と液体が平衡状態になり，全体の温度を下げて，溶液の凝固点が降下する。だから，冷凍庫から出したとき，ペットボトルBには液体が残っていたのである。

ア　X　増加　Y　増加　　イ　X　減少　Y　増加
ウ　X　増加　Y　減少　　エ　X　減少　Y　減少

(2)　ペットボトルBでは，冷凍庫に入れる前の液体(B)と，固体と液体が混ざった状態で凍らずに残っている液体(B′)の甘さを比べると，(B′)の方が甘くなっていた。この状態は，次の図2の冷却曲線ではア～ウのどの部分にあたるか，記号を書きなさい。

図2

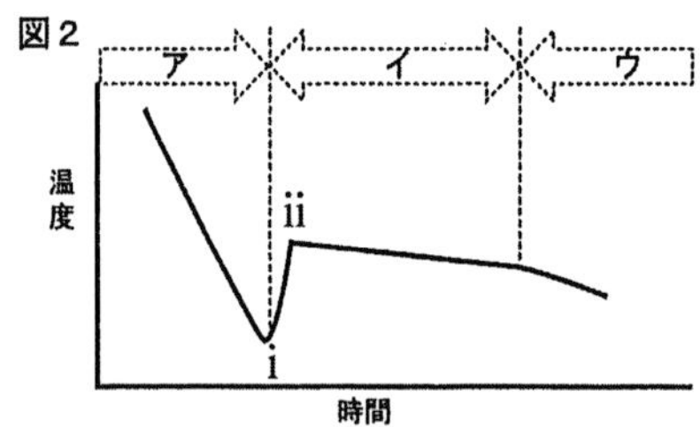

(3)　(2)の図2の冷却曲線のiからiiにかけて温度が上がる理由を示した次の文の(　あ　)に当てはまる言葉を，漢字3字で書きなさい。

凝固が始まると(　あ　)が発生して，凝固点まで温度が上昇するから。

(4)　ある非電解質80gを水200gに溶かしたところ，凝固点が－12℃であった。この非電解質の分子量を求めなさい。ただし，水のモル凝固点降下は1.85〔K・kg/mol〕とし，小数点第1位を四捨五入し，整数で答えなさい。

Ⅱ　パンづくりに関する次の文を読み，(1)～(4)の各問いに答えなさい。ただし，原子量C＝12，H＝1，O＝16とする。

パンの主材料には，小麦粉，イースト菌，塩，水などがある。小麦粉は，小麦の実を粉にしたものであり，デンプンを含んでいる。デンプンは酵素アミラーゼのはたらきによって加水分解されて，デキストリンを経てマルトースになる。マルトースはさらに，イースト菌の体内にある酵素マルターゼによって加水分解されグルコースになる。イースト菌は，パンに適した微生物を人工的に培養してつくられたパン用の酵母であり，パンが膨らむのは，イースト菌のはたらきによって，パンづくりの過程で二酸化炭素が発生するからである。

(1)　パンづくりの過程でグルコースとイースト菌が反応して二酸化炭素が発生する反応を表した次の化学反応式を完成させなさい。

$C_6H_{12}O_6$→(　　　)＋$2CO_2$

(2)　パンづくりは(1)の反応を利用したものである。反応の名称を書きなさい。

(3)　焼きあがったパンがあまり膨らまなかったので，酵素反応について調べていると，酵素には図3，図4のような性質があることが分かった。

図3　酵素反応の速さと温度との関係

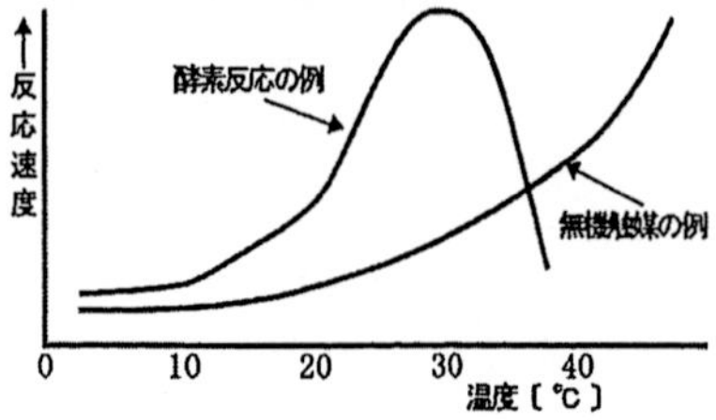

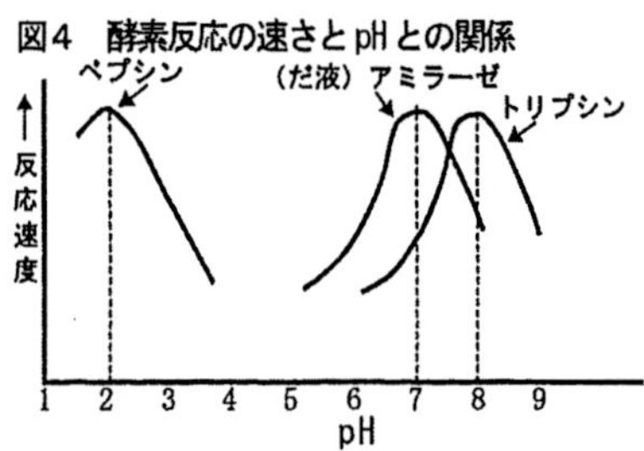

図4　酵素反応の速さとpHとの関係

図3，図4をもとに考えると，酵素反応によってふっくらとしたパンをつくるための改善方法として適切なものを次のア～ウから選びなさい。ただし，あまり膨らまなかったパンは，生地の温度が20℃，pHが7の条件でつくったものとする。

ア　生地の温度を40℃以上に上げる。

イ　レモン果汁を加える。

ウ　生地の温度を30℃程度にする。

(4)　デンプンがグルコースになる加水分解は，酵素のはたらきのほかに，希硫酸を加えて長時間加熱することによっても起こる。デンプン97.2gを水に溶かした水溶液に希硫酸を加えて完全に加水分解すると何gのグルコースが得られるか求めなさい。

▌2024年度 ▌長野県 ▌難易度 ■■■■■

解答・解説

【1】1　(1)　100〔g〕　(2)　$2H_2O \rightarrow 2H_2 + O_2$　2　(1)　名称…水素　調べ方…(ウ)　(2)　(発生した塩素は,)水に溶けやすい性質をもつから。

○解説○ 1　(1)　5%の水酸化ナトリウム水溶液150gには，水酸化ナトリウムは$150 \times \frac{5}{100} = 7.5$〔g〕含まれる。加える水の質量を$x$〔g〕とすると，$\frac{7.5}{150+x} \times 100 = 3$より，$x = 100$〔g〕となる。　(2)　水の電気分解が起こり，水素と酸素が発生する。うすい水酸化ナトリウム水溶液は，電気を通しやすくするために用いる。　2　(1)　塩酸は水溶液中で，$HCl \rightarrow H^+ + Cl^-$と電離している。陰極では$2H^+ + 2e^- \rightarrow H_2$により水素，陽極では$2Cl^- \rightarrow Cl_2 + 2e^-$により塩素が発生する。水素にマッチの火を近づけると，音を出して燃える。　(2)　塩素は水に溶けやすいが，水素は水にほとんど溶けない。

【2】(1)　①　単体　②　元素　③　単体　④　元素
(2)　①　エ　②　ア

○解説○ (1)　①と③では，それぞれ塩素や酸素の単体としての性質を説明している。②と④では，イオンや化合物も含んでいる。
(2)　①　ア　オゾンは折れ線形の構造をもつ。　イ　^{16}Oと^{18}Oは原子番号が同じで質量数が異なるので同位体，$^{16}O_2$と$^{18}O_2$は同位体からなる分子である。　ウ　硫黄の同素体のうち，ゴム状硫黄はS_xと表す。
②　イ　マッチの発火薬として用いられるのは赤リンである。
ウ　黄リンは空気中で自然発火するため安定ではない。　エ　黄リンはろう状の固体である。

【3】③

○解説○ 炭酸水素ナトリウムの熱分解の反応式は，$2NaHCO_3 \rightarrow Na_2CO_3 + H_2O + CO_2$と表せる。発生した水が試験管の底に流れると，試験管が割れるおそれがある。

【4】問1　(1)　D　　(2)　硫酸は水に溶けるとき発熱するので，硫酸の中に水をいちどに入れると熱で容器が割れるおそれがあるため。
(3)　85〔g〕　　問2　(1)　$CaCO_3+2HCl \rightarrow CaCl_2+CO_2+H_2O$
(2)　1.12〔L〕　　(3)　75.0〔%〕

○解説○ 問1　質量パーセント濃度10%の希硫酸95gに含まれる硫酸の質量は，$95\times\frac{10}{100}=9.5$〔g〕である。使用する濃硫酸の質量を$x$〔g〕とすると，これに含まれる硫酸の質量は，$x\times\frac{95}{100}=0.95x$〔g〕であり，これが9.5gなので$0.95x=9.5$より，$x=10$〔g〕である。でき上がる希硫酸の質量が95gなので，使用する水の質量は$95-10=85$〔g〕である。
問2　(1)　炭酸カルシウムと塩化水素の反応である。　(2)　塩酸中の塩化水素の物質量は$0.500\times\frac{200}{1000}=0.100$〔mol〕，粉末ⓘの炭酸カルシウムの物質量は$\frac{100}{100}=1.00$〔mol〕なので，塩化水素が完全に反応し，反応する炭酸カルシウムの物質量は$\frac{0.100}{2}=0.0500$〔mol〕，発生する二酸化炭素の物質量は0.0500molなので，その体積は標準状態で$22.4\times0.0500=1.12$〔L〕となる。　(3)　粉末ⓐから発生した二酸化炭素の体積は0.84Lなので，粉末ⓘの結果と比較すると，反応した炭酸カルシウムの物質量は$\frac{0.84}{1.12}=0.750$〔倍〕となる。使用した塩酸の物質量が変わらないことから，反応した炭酸カルシウムの物質量の減少分だけ不純物が含まれ化学反応が起こらなかったと考えると，この大理石中の炭酸カルシウムの純度は75.0%となる。　(参考)　実際には，純度が75.0%であれば大理石100g中に含まれる炭酸カルシウムは75.0g(0.750mol)であり，塩化水素0.100molが完全に反応するため，【手順】⑤で発生する気体の体積は0.84Lではなく1.12Lと考えられる。

【5】(1)　2　　(2)　$2Mg+CO_2 \rightarrow 2MgO+C$　　(3)　1.20〔g〕
(4)　0.4〔mol〕　　(5)　酸素…11.2〔L〕　　二酸化炭素…6.72〔L〕

○解説○ (1)　鉄粉Feと硫黄粉末Sを試験管に入れて加熱すると激しく反応が始まり，発生する熱によって自発的に反応が進む。　(2)　マグネシウムMgは，二酸化炭素CO_2を還元して酸素を奪い，酸化マグネシウムMgOとなる。　(3)　マグネシウム4.80gを燃やしたときに生成する黒い物質である炭素Cの質量をx〔g〕として，マグネシウムと炭素の質量を比較すると，$(24\times2):12=4.80:x$より，$x=1.20$〔g〕である。(4)　プロパンの燃焼の化学反応式は，$C_3H_8+5O_2\rightarrow3CO_2+4H_2O$である。プロパン(分子量44) 4.40gを完全燃焼させたときに生成する水をx〔mol〕として，プロパンの質量と水の物質量を比較すると，$1:4=\frac{4.40}{44}:x$より，$x=0.4$〔mol〕である。　(5)　プロパンを完全燃焼させるのに必要な酸素の物質量は，プロパンの5倍なので，$\frac{4.40}{44}\times22.4\times5=11.2$〔L〕である。また，生成する二酸化炭素の物質量は，プロパンの3倍なので，$\frac{4.40}{44}\times22.4\times3=6.72$〔L〕である。

【6】(1)　発生した液体が加熱部分に流れ込み，試験管が割れることを防ぐため。　(2)　二酸化炭素　(3)　$Ca(OH)_2+CO_2\rightarrow CaCO_3+H_2O$　(4)　$CaCO_3+H_2O+CO_2\rightarrow Ca(HCO_3)_2$　(5)　青色から赤色　液体…水　(6)　a　イ　b　ア　c　オ　d　カ　(7)　炭酸ナトリウム　(8)　$2NaHCO_3\rightarrow Na_2CO_3+H_2O+CO_2$　(9)　気体…酸素　固体…銀　(10)　電流を流して電気伝導性を調べる。

○**解説**○ (1)　炭酸水素ナトリウムを熱分解すると，炭酸ナトリウムNa_2CO_3，水H_2O，二酸化炭素CO_2が生成する。水が発生する反応では，試験管の口を少し下向きにする。　(2)　石灰水に二酸化炭素を通すと白濁する。　(3)(4)　炭酸カルシウム$CaCO_3$は水に溶けないが，炭酸水素カルシウム$Ca(HCO_3)_2$は水に溶ける。　(5)　塩化コバルト紙は水に触れると青色から赤色に変化する。　(6)　炭酸水素ナトリウムより，炭酸ナトリウムの方が，水によく溶け強いアルカリ性(塩基性)を示す。(7)(8)　(1)の解説を参照。　(9)　酸化銀の熱分解では，$2Ag_2O\rightarrow4Ag+O_2$より，固体の銀と気体の酸素が発生する。　(10)　電気を通す，磨くと金属光沢が生じる，たたくと薄く広がることが確認できる。

【7】(1)　$NaOH\rightarrow Na^++OH^-$　(2)　速やかに多量の流水で洗い流す。(3)　ア　赤　イ　陽　ウ　水酸化物　(4)　15〔mL〕
(5)　10.2〔g〕

○解説○ (1) 水酸化ナトリウムは強塩基であり，水溶液中ではナトリウムイオンと水酸化物イオンに完全に電離する。 (2) 水酸化ナトリウムは皮膚や粘膜を侵すため，すぐに多量の水で洗い流す。 (3) 水酸化物イオンは陰イオンなので，陽極側に引き付けられる。赤色リトマス紙は，アルカリ性の水溶液で青色に変化する。 (4) 塩酸に水酸化ナトリウム水溶液を加えたときの中和の反応式は，$HCl+NaOH \rightarrow NaCl+H_2O$である。実験2で用いた塩酸の濃度を$x$〔mol/L〕とし，水酸化ナトリウム水溶液の濃度をy〔mol/L〕とすると，中和の反応式から$x\times\frac{20}{1000}=y\times\frac{10}{1000}$より，$y=2x$〔mol/L〕である。この塩酸の3倍の濃度の塩酸10mLを中和するために必要な水酸化ナトリウム水溶液をz〔mL〕とすると，$3\times x\times\frac{10}{1000}=2x\times\frac{z}{1000}$より，$z=15$〔mL〕である。 (5) マグネシウムに塩酸を加えたときの反応式は，$Mg+2HCl \rightarrow MgCl_2+H_2$より，発生する気体は水素である。図8より，マグネシウムX〔g〕と反応して発生する水素は1.12Lなので，24：22.4＝X：1.12より，$X=1.2$〔g〕である。析出する六水和物の白色結晶は，$MgCl_2 \cdot 6H_2O$(式量203)なので，マグネシウム1.2gから生成するその質量は，$203\times\frac{1.2}{24}\fallingdotseq 10.2$〔g〕である。

【8】(1) ピンセット…プラスチック　理由…ピンセットの金属が水溶液中で溶ける可能性があるため。 (2) a ウ　b エ　c エ (3) マグネシウム＞亜鉛＞銅 (4) ① 無色から青色 ② ア，エ (5) マグネシウム＞亜鉛＞銅＞銀 (6) 大きい

○解説○ (1) 金属のイオンへのなりやすさを調べる実験であり，水溶液中の金属イオンと金属のピンセットが触れると，金属のピンセットが反応することが考えられる。 (2) a マグネシウムの方が亜鉛よりイオンになりやすいので，マグネシウム板が溶け出し，亜鉛がマグネシウム板に付着する。 b マグネシウムの方が銅よりイオンになりやすいので，マグネシウム板が溶け出し，銅がマグネシウム板に付着する。 c 亜鉛の方が銅よりイオンになりやすいので，亜鉛板が溶け出し，銅が亜鉛板に付着する。 (3) イオンになりやすいのは，(2)のaよりMg＞Zn，bよりMg＞Cu，cよりZn＞Cuなので，Mg＞Zn＞Cuの順である。 (4) ① 銅の方が銀よりイオンになりやすいので，水溶

液は銅のイオンを含み無色から青色に変化する。　②　銀のイオンは銀となって析出し，銅はイオンとなって溶け出す。　(5)　(4)よりイオンへのなりやすさはCu＞Agなので，(3)と合わせると，Mg＞Zn＞Cu＞Agの順となる。　(6)　解答参照。

【9】問1　4　　問2　3　　問3　2　　問4　1

○**解説**○ 問1　塩化ナトリウムは純物質である。　問2　赤色の炎を青色にするときは，ガス調節ねじBを押さえて，空気調節ねじAを開く。　問3　銅は赤い金属光沢をもつが，磁石にはくっつかず，水に沈み，塩酸には溶けない。　問4　酸化銅と炭素の反応は，$2CuO + C \rightarrow 2Cu + CO_2$と表せ，二酸化炭素が発生する。つまり，酸化銅に炭素を加えていくと，未反応の酸化銅が残っている間は二酸化炭素が発生する分だけ試験管の中に残った物質の質量は減少するが，すべての酸化銅が反応した後は加えた炭素の質量の分だけ増加する。これらの条件を満たすのは1のグラフである。

【10】(1)　$Ba(OH)_2 + 2HCl \rightarrow BaCl_2 + 2H_2O$　　(2)　8.0×10^{-4}〔mol〕　(3)　8.8×10^{-2}〔g〕

○**解説**○ (1)　水酸化バリウムと塩酸が反応すると，塩化バリウムと水が生成する。　(2)　0.10mol/Lの塩酸16mLに含まれる塩酸の物質量は，$0.10\times\frac{16}{1000}=1.6\times10^{-3}$〔mol〕である。水酸化バリウムと塩酸は1：2の物質量で反応するので，水酸化バリウムの物質量は，$\frac{1.6\times10^{-3}}{2}=8.0\times10^{-4}$〔mol〕　(3)　0.10mol/Lの水酸化バリウム水溶液100mLに含まれる水酸化バリウムは，$0.10\times\frac{100}{1000}=1.0\times10^{-2}$〔mol〕である。また，二酸化炭素との反応で残った水酸化バリウムは，$8.0\times10^{-4}\times\frac{100}{10}=8.0\times10^{-3}$〔mol〕である。よって，二酸化炭素と反応した水酸化バリウムは$(1.0\times10^{-2})-(8.0\times10^{-3})=2.0\times10^{-3}$〔mol〕である。水酸化バリウムと二酸化炭素の反応式は$Ba(OH)_2 + CO_2 \rightarrow BaCO_3 + H_2O$より，同じ物質量で反応するので，二酸化炭素の質量は$44\times2.0\times10^{-3}=8.8\times10^{-2}$〔g〕である。

【11】(1) 3　(2) 2　(3) 5

○解説○ (1) 物質が水に溶けて陽イオンと陰イオンに分かれることを電離という。 (2) イオン化傾向がMg＞Znであるので$Zn^{2+}+2e^-\rightarrow Zn$, $Mg\rightarrow Mg^{2+}+2e^-$より，$Zn^{2+}+Mg\rightarrow Mg^{2+}+Zn$となる。 (3) アはイオン化傾向がMg＞Znより，亜鉛が析出する。イはイオン化傾向がMg＞Cuより，銅が析出する。ウはイオン化傾向がZn＞Cuより，銅が析出する。エはイオン化傾向がZn＞Cuより，変化しない。

【12】(1) X ア，ホールピペット　Y ウ，メスフラスコ　Z エ，ビュレット　(2) 器具Zで使用する水溶液を用いて共洗いする　(3) イ　(4) 4.3〔%〕

○解説○ (1) X 一定体積の液体を測り取るときに用いるのは，ホールピペットである。 Y 一定濃度の溶液をつくるときに用いるのは，メスフラスコである。 Z 滴下した液体の体積をはかるときに用いるのは，ビュレットである。 (2) 水でぬれたまま用いると，中に入れた液体の濃度がうすまるため，正確な実験が行えない。 (3) 食酢に含まれる酢酸は弱酸性であり，これを強塩基である水酸化ナトリウム水溶液で滴定すると，中和点は弱塩基性領域となる。指示薬にフェノールフタレインを用いると，無色の水溶液が赤色に変化する。

(4) うすめた水溶液のモル濃度をc〔mol/L〕とすると，$1\times c\times\frac{20.0}{1000}=1\times(9.00\times10^{-2})\times\frac{16.0}{1000}$より，$c=7.20\times10^{-2}$〔mol/L〕となる。したがって，うすめる前の食酢中の酢酸のモル濃度は$7.20\times10^{-2}\times\frac{100}{10.0}=7.20\times10^{-1}$〔mol/L〕である。求める質量パーセント濃度を$x$〔%〕とし，体積1L(＝1000cm^3)で考えると，$\dfrac{\dfrac{1.0\times1000\times\frac{x}{100}}{60}}{1}=7.20\times10^{-1}$より，$x=4.32\fallingdotseq4.3$〔%〕となる。

【13】①

○解説○ ア H_2SがHを失ってSになるので，H_2Sは酸化されている。つまり，I_2の方がSより酸化力が強い。 イ HBrがHを失ってBr_2になるので，HBrは酸化されている。つまり，O_2の方がBr_2より酸化力が強い。ウ　I^-が電子を失ってI_2になるので，I^-は酸化されている。つまり，Br_2の方が，I_2より酸化力が強い。以上より，酸化力の強い順に並べると，O_2＞Br_2＞I_2＞Sとなる。

【14】問1　ア　　問2　ウ

○**解説**○ 問1 (a) 白金を電極に用いて，塩化ナトリウム水溶液を電気分解すると，陽極側で電子を発する反応：$2Cl^- \rightarrow Cl_2 + 2e^-$，陰極側で電子を受け取る反応が起こる：$2H_2O + 2e^- \rightarrow 2OH^- + H_2$ (b) ナトリウムのイオン化傾向は水素よりも高い。したがって，エタノールにナトリウムを溶かすと，ナトリウムは積極的にイオンになろうとし，水酸基からH^+を引き抜いてNa^+となり，結果的に水素が発生する。

(c) アルミニウムのイオン化傾向は水素よりも高いため，$2Al + 2NaOH + 6H_2O \rightarrow 2Na[Al(OH)_4] + 3H_2$の反応で水素が発生する。

(d) 銅のイオン化傾向は水素より低い。したがって銅を塩酸に加えても，銅はイオンになることができず，水素も発生しない。 (e) 化学反応式$2HCl + FeS \rightarrow H_2S + FeCl_2$である。塩酸に硫化鉄(Ⅱ)を入れると水素ではなく硫化水素が発生する。　問2　メスシリンダーの内側と外側の水面が一致している時，内側と外側の気圧も一致している。内側は水の飽和水蒸気圧（3.6×10^3〔Pa〕）と水素の分圧で押されており，外側は大気圧（1.056×10^5〔Pa〕）で押されている。これらがつり合うので，水素の分圧は，$1.056 \times 10^5 - 3.6 \times 10^3 = 1.02 \times 10^5$〔Pa〕である。水素の物質量を$\boldsymbol{n}$とすると気体の状態方程式より，$1.02 \times 10^5 \times 0.415 = \boldsymbol{n} \times 8.3 \times 10^3 \times (273 + 27)$　したがって$\boldsymbol{n} = 1.7 \times 10^{-2}$〔mol〕

【15】Ⅰ　(1)　エ　　(2)　イ　　(3)　凝固熱　　(4)　62

Ⅱ　(1)　$2C_2H_5OH$　　(2)　アルコール発酵　　(3)　ウ

(4)　108〔g〕

○**解説**○ Ⅰ　(1) 解答参照。 (2) 図2のアでは溶液がそのままの状態で温度下降しており，イでは溶媒の結晶と溶液が共存しており，ウではすべて凝固している。イでは，先に溶媒だけが凝固するので，残った溶液の濃度が大きくなるので甘くなると考えられる。 (3) 液体の方が固体よりエネルギーが大きい状態なので，液体が凝固すると熱が放出される。 (4) 水の凝固点を0℃とすると，この非電解質の水溶液の凝固点降下は12℃となる。よって，この非電解質の分子量をMとすると，$12=1.85\times\frac{\frac{80}{M}}{0.200}$より，$M=61.6\cdots\fallingdotseq62$となる。 Ⅱ (1)(2) 解答参照。 (3) 図4より，パンづくりに関わる酵素としてはアミラーゼのデータしかないので，その他の酵素については考えないものとする。あまり膨らまなかったパンの生地のpHは7であり，イのレモン果汁を加えるとpHが小さくなるが，その場合は図4よりデンプンの分解に必要なアミラーゼの最適pHではなくなるため不適。また，このパンの生地の温度は20℃であるが，図3より酵素反応の反応速度が大きくなることから，最適温度はウの30℃であり，アの40℃以上ではデータがないためほとんど反応が起こらないと読み取れる。よって，ウが適切である。 (4) 重合度をnとすると，デンプンは$(C_6H_{10}O_5)_n$と表せ分子量は162nであり，これが完全に加水分解するとn〔mol〕のグルコース(分子量180)が得られる。したがって，得られるグルコースの質量をx〔g〕とすると，$\frac{97.2}{162n}:\frac{x}{180}=1:n$より，$x=108$〔g〕となる。

中学校理科　生物

実施問題

【1】Ⅰ，Ⅱの各問いに答えなさい。

Ⅰ　生物の環境応答に関する次の【文①】，【文②】を読み，(1)～(4)の各問いに答えなさい。

【文①】　季節に応じて花をつける植物は，日長を情報として受容し，花芽形成を促進する物質を合成している。日長が一定以上になると花芽を形成する植物を長日植物といい，春から初夏にかけて花芽形成をする。逆に，日長が一定以下になると花芽を形成する植物を短日植物といい，夏から秋にかけて花芽形成をする。このような花芽と光条件の関係は次の図のように整理される。このような花芽形成では，(　あ　)やクリプトクロムといった光受容体がはたらいている。

図

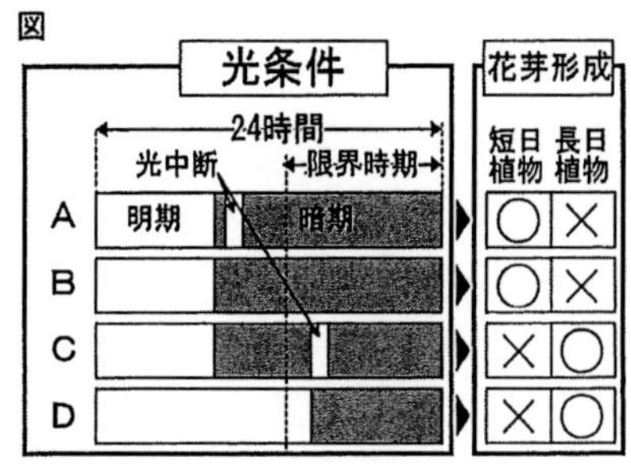

(1)　(　あ　)に入る光受容体の名称を書きなさい。

(2)　植物の花芽形成に影響を与えるのは，明期の長さではなく，連続した暗期の長さであることがわかっている。では，【文①】の図における短日植物の花芽形成が行われるために，24時間のうちの暗期の合計時間ではなく，一定以上の連続した暗期の長さが必要であることを示す光条件の組合せはどれか。最も適切なものを，次のア～エから1つ選び，記号を書きなさい。ただし，図における光中断の時間の長さはいずれも同じものとする。

ア　AとC　　イ　BとC　　ウ　BとD　　エ　AとD

【文②】　暗い所では，ヒトの眼の虹彩にある筋肉の働きによって瞳孔(ひとみ)が大きくなることを学んだEさんとFさんは，次のような疑問をもった。

・Eさん「映画館で暗くなると，画面は鮮明なのに，自分が座っている椅子の色がはっきりわからないのはどうしてだろう」

・Fさん「寝るときに部屋を暗くすると，最初はよく見えないのに，そのうちものが見えるようになるのはなぜか」

(3)　Eさんの疑問について，弱い光にも反応するが，色の識別に関与しない視細胞の名称を書きなさい。

(4)　Fさんの疑問について調べた次の記述のうち，不適切な箇所はどこか。下線部(ア)～(ウ)から1つ選び，記号を書きなさい。

暗い場所では，細胞内に含まれる(ア)ロドプシンが(イ)分解されず蓄積されることにより，しばらくすると光への感度が上昇し，弱い光でも受容できるようになる。このような現象を(ウ)明順応という。

Ⅱ　生物の変異と進化に関する次の文を読み，(1)～(4)の各問いに答えなさい。

有性生殖を行う生物では，個体ごとに遺伝的変異が見られる。これは，遺伝子の組み合わせの異なる配偶子の接合から子が生まれるからである。ある地域に生息する同種の集団がもつ遺伝子全体を遺伝子(　い　)という。遺伝子(　い　)は多くの遺伝的変異を含んでいる。遺伝子(　い　)の中には何種類かの対立遺伝子があり，それぞれの対立遺伝子が含まれている割合を，その対立遺伝子の(x)遺伝子頻度という。

集団内の交配については，(y)いくつかの条件が成り立てば，その集団の対立遺伝子の遺伝子頻度は世代を経ても変化しない。これをハーディ・ワインベルグの法則という。

(1)　(　い　)に当てはまる最も適切な言葉を書きなさい。

(2)　下線部(*x*)に関して，ある地域に生息する生物Z(250個体)を仮定する。この生物がもつ対立遺伝子をA，aとし，遺伝子型AA，Aa，aaをもつ個体の数を調べたところ，AAが40個体，Aaとaaが合わせて210個体であった。このとき考えられる対立遺伝子Aの遺伝子頻度を求めなさい。ただし，Aとa以外の対立遺伝子は存在せず，この生物の集団では，ハーディ・ワインベルグの法則が成立しているものとする。

(3)　(2)の生物Z(250個体)から，aaの遺伝子型をもつ個体だけが何らかの原因で完全に取り去られたとする。この場合に考えられる対立遺伝子Aの遺伝子頻度は，(2)の場合のおよそ何倍になるか，小数第2位を四捨五入し，小数第1位まで求めなさい。

(4)　下線部(*y*)に関して，条件についての記述として適切でないものを，次のア～オから1つ選び，記号を書きなさい。

ア　少数の同種の個体からなる。

イ　個体によって生存力や繁殖力に差がない。

ウ　すべての個体が自由に交配して子孫を残す。

エ　集団内では突然変異が起こらない。

オ　他の集団との間で，個体の移入や移出が起こらない。

2024年度　長野県　難易度

【2】世界にはいくつかのバイオームが見られ，それぞれのバイオームを構成する植物は，気温や降水量など地域の環境に適応した特徴を示す。次の図は，年平均気温を横軸に，年降水量を縦軸にとり，世界のバイオームとの関係を示したものである。記述ア～オと，図のA～Hの組合せとして最も適切なものを，後の①～⑥のうちから選びなさい。ただし，Dは点線の内側を示すものとする。

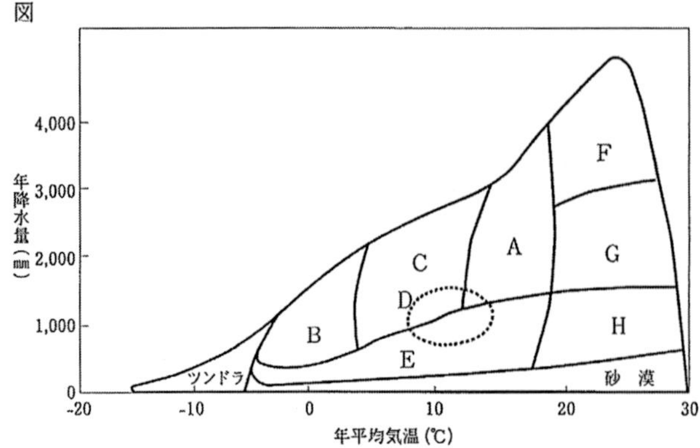

ア　冬に雨が多く，夏の乾燥が激しい地中海沿岸の地域などでは，常緑の硬い葉をつけ夏の乾燥に適応した樹木が優占して発達する。

イ　亜熱帯より高緯度で，冬が比較的温暖な暖温帯では，冬でも落葉しない常緑広葉樹が優占する。

ウ　温帯の内陸部にある乾燥地域で，雨季にはイネのなかまが優占する。

エ　冬に落葉することで寒さに耐える，ブナやミズナラなどが優占する。

オ　赤道に近い高温多雨の熱帯では，植物の生育に好適な環境が年間を通じて続き，極めて多くの種類の樹木が見られる。

	ア	イ	ウ	エ	オ
①	C	D	H	A	G
②	D	A	E	C	F
③	E	C	D	B	F
④	C	G	D	A	H
⑤	D	A	E	C	G
⑥	E	C	H	B	G

2024年度　神奈川県・横浜市・川崎市・相模原市　難易度

【3】次の文章を読み，(1)～(3)の問いに答えよ。

(1)　ヒトは外界の刺激を受けとると，それに対して反応するしくみをもっている。次の図1は，外界からの刺激を受けとる器官とその信号を伝える神経系や反応する器官を模式的に示したものである。以下のA，Bについて，熱による刺激を受けとってから反応が起こるまでの信号は，①～④の器官をどのように伝わるか。正しい組合せのものを，あとの1～6のうちから一つ選べ。

図1

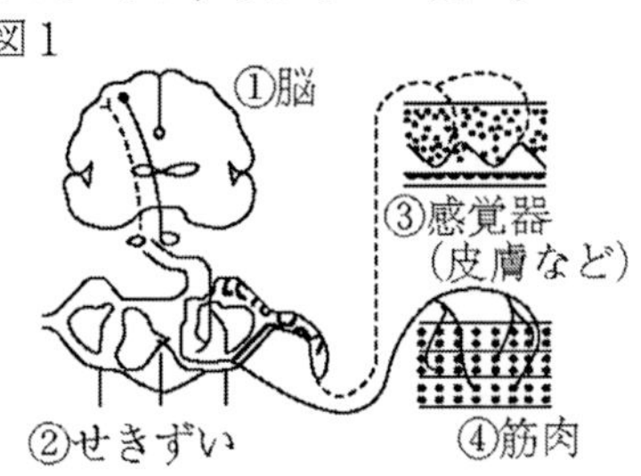

A：熱い電気トースターに手が触れて，思わず手を引っ込めた。

B：電気こたつが熱くなりすぎたので，温度調節器に手を伸ばした。

	A	B
1	③→②→④	③→①→④
2	③→②→④	③→②→④
3	③→②→④	③→②→①→②→④
4	③→②→①→②→④	③→①→④
5	③→②→①→②→④	③→②→④
6	③→②→①→②→④	③→②→①→②→④

(2)　刺激を受けとってから，反応するまでの時間を調べるために次の実験を行った。

［実験］

(i)　図2のように，AさんからIさんの9人が手をつないで並び，Aさん以外は目を閉じた。

(ii)　Aさんが右手に持ったストップウォッチをスタートさせると同時に，左手でとなりのBさんの右手をにぎった。

(iii)　BさんはAさんに右手をにぎられると，左手でとなりのCさんの右手をにぎる。このように順番に次々とにぎっていく。

(iv)　IさんがHさんに手をにぎられたところを，Aさんが目で見て確認すると同時にストップウォッチを止めた。

(v)　(i)～(iv)の手順で3回実験を行い，その結果を表にまとめた。

図2

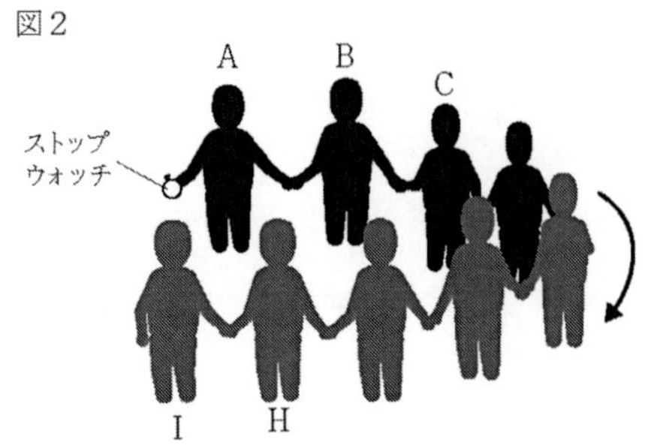

表

	1回目	2回目	3回目
ストップウォッチではかった時間［秒］	2.29	2.10	2.03

となりの人に右手をにぎられてから別のとなりの人の右手をにぎるまでの1人あたりにかかる時間の平均として最も適当なものを，次の1～5のうちから一つ選べ。ただし，IさんがHさんに手をにぎられたところをAさんが確認してからストップウォッチを止めるまでにかかる時間を0.18秒とする。

1　0.16秒　　2　0.19秒　　3　0.22秒　　4　0.25秒　　5　0.28秒

(3)　次の文は，目での刺激の受けとりに関するものである。文中の(　ア　)，(　イ　)に当てはまる語句の組合せとして最も適当なものを，以下の1～6のうちから一つ選べ。

目は光の刺激を受けとるのに適したつくりをしている。まず，目の中に入る光の量は，(　ア　)で調節される。その後，光は水晶体によって屈折され，(　イ　)に像として結ばれる。

	ア	イ
1	虹彩	角膜
2	虹彩	きょう膜
3	虹彩	網膜
4	レンズ	角膜
5	レンズ	きょう膜
6	レンズ	網膜

▌2024年度 ▌大分県 ▌難易度 ■■□□□

【4】次の図は，真核細胞の呼吸の仕組みを模式的に表したものである。また，記述は，図を説明したものである。図及び記述の空欄［ア］～［エ］に当てはまるものの組合せとして最も適切なものを，後の①～⑥のうちから選びなさい。

図

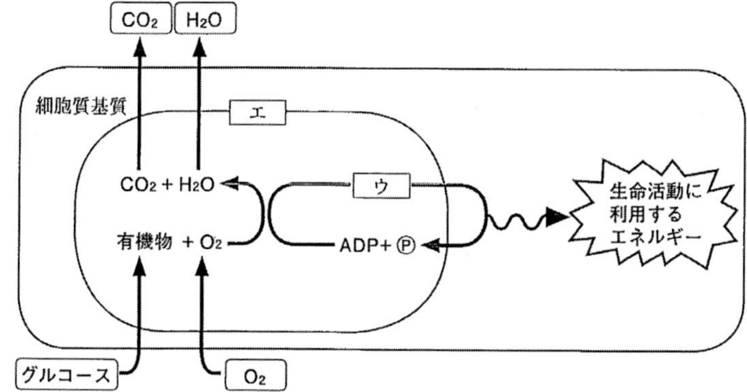

多くの生物は，グルコースを主なエネルギー源としている。グルコースは，［ア］を用いて分解されるとき，水と［イ］を生成しエネルギーを放出する。生物はこのエネルギーを用いて［ウ］を合成し，化学エネルギーとして蓄える。その後，［ウ］の化学エネルギーはいろいろな生命活動に利用される。

真核細胞の呼吸では，［エ］が重要な役割を果たしている。

	ア	イ	ウ	エ
①	アミラーゼ	酸素	ATP	チラコイド
②	酸素	二酸化炭素	ATP	ミトコンドリア
③	二酸化炭素	窒素	ADP	ストロマ
④	二酸化炭素	酸素	ADP	チラコイド
⑤	酸素	二酸化炭素	NADPH	ミトコンドリア
⑥	アミラーゼ	窒素	NADPH	ストロマ

▌2024年度 ▌神奈川県・横浜市・川崎市・相模原市 ▌難易度 ■■■□□

【5】次の(1)～(5)の各問いに答えよ。

(1)　図1は光学顕微鏡の模式図である。以下の(a)，(b)の各問いに答えよ。

(a)　A，B，Cの名称を答えよ。

(b)　生徒がこの光学顕微鏡を用いて観察を行ったとき，図2のように視野の中央にある生物がイの方向に移動していた。生物を視野の中央に移動させるには，プレパラートを矢印ア～クのどの方向に動かすように指導すればよいか，ア～クから選び，記号で答えよ。

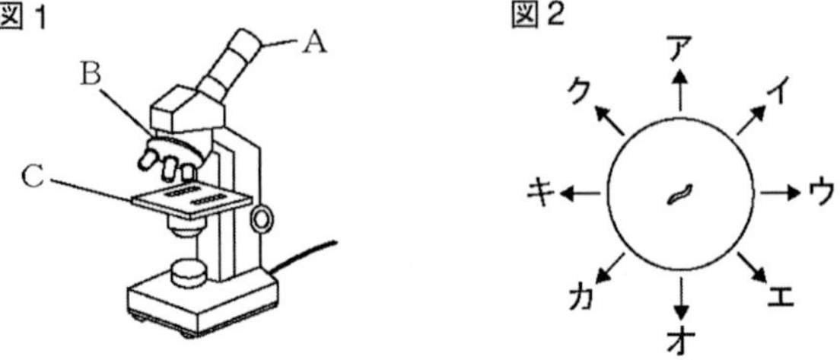

(2)　根が成長するしくみを調べるために，図3のように根がのびたタマネギを用いて次の実験を行った。以下の(a)，(b)の各問いに答えよ。

【実験】

根の成長について調べるため，図4のように根の先端付近に印をつけ，その点をAとして2mm間隔で点B～Dをつけた。表1は，点をつけてから12時間後，24時間後にAからB～Dまでの長さを測った結果をまとめたものである。なお，点Aは24時間後，根の先端付近の同じところについていたものとする。

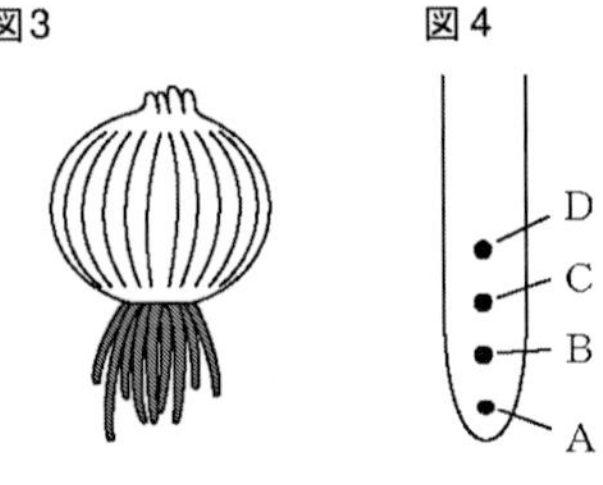

表１

	点をつけた直後	12時間後	24時間後
AからB［mm］	2.0	6.2	13.1
AからC［mm］	4.0	8.2	15.1
AからD［mm］	6.0	10.2	17.1

(a)　表1から，点をつけた直後から24時間後までの間で，点Aから

点Cまでの長さは何mmのびたか，答えよ。

(b)　表1から，根の成長についてわかることを述べよ。

(3)　次の文章は，細胞分裂に関するものである。(　あ　)～(　う　)に当てはまる適切な語句を，それぞれ答えよ。

> 1個の細胞が2つに分かれて2個の細胞になることを細胞分裂という。細胞分裂をしている細胞では，核の中にひものようなものが見られることがある。このひものようなものを(　あ　)という。(　あ　)には，生物の形質を決める(　い　)がある。また，からだをつくる細胞が分裂する細胞分裂を，特に(　う　)という。

(4)　細胞分裂を観察する方法について，以下の(a)，(b)の各問いに答えよ。

(a)　細胞分裂の観察では，染色液をたらして細胞を観察しやすくする。この染色液の名称を答えよ。

(b)　タマネギの根の細胞を観察する際には，根を塩酸で処理する。この理由を述べよ。

(5)　図5は，細胞分裂の様子を観察したときに見られた細胞のスケッチである。Aに続くようにB～Eを正しい順に並べよ。

図5

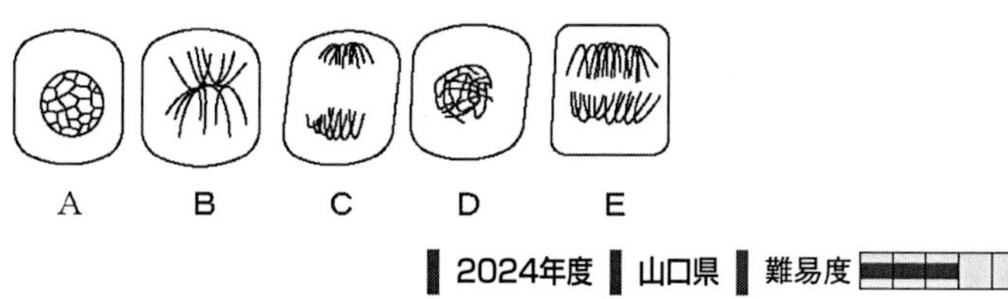

2024年度　山口県　難易度■■■□□

【6】遺伝情報とDNAについて，次の(1)～(4)の問いに答えよ。

(1)　次の文の(　ア　)，(　イ　)に入る語句の組合せとして最も適切なものを以下のA～Fから一つ選び，その記号を書け。ただし，同じ記号には同じ語句が入る。

遺伝情報を担うDNAは，塩基(アデニン，チミン，グアニン，シトシン)，デオキシリボース，リン酸からなる(　ア　)を構成単位とする二重らせん構造をしている。

DNAが複製されるときには，もとのDNAの2本鎖をそれぞれ鋳型として相補的な塩基をもつ(　ア　)が結合して，新しい鎖が2本合成される。DNAの遺伝情報をもとにしてタンパク質が合成されることを遺伝子の(　イ　)と呼ぶ。

	A	B	C	D	E	F
ア	ウラシル	ウラシル	ウラシル	ヌクレオチド	ヌクレオチド	ヌクレオチド
イ	転写	発現	逆転写	転写	発現	逆転写

(2)　ある生物のDNAの塩基の割合を調べたところ，アデニンが30%であった。このDNAにおいて，シャルガフの規則に基づくと，シトシンの割合は何%になるか。最も適切なものを次のA～Dから一つ選び，その記号を書け。

A　20%　　B　25%　　C　30%　　D　35%

(3)　鋳型となるDNA鎖の塩基配列がATCGGAである場合，この領域を左から右に合成されるRNAの塩基配列として最も適切なものを次のA～Dから一つ選び，その記号を書け。

A　TTCGGT　　B　TAGCCT　　C　UTCGGU　　D　UAGCCU

(4)　タンパク質が合成される過程に関する説明として誤っているものを次のA～Dから一つ選び，その記号を書け。

A　核内で，DNAの2本鎖の一部がほどけて，片方の鎖を鋳型として，mRNAが合成される。

B　合成されたmRNAは核膜孔を通って，細胞質に移動する。

C　細胞質に移動したmRNAは，タンパク質合成の場であるリソソームと結合する。

D　mRNAの3つの塩基の配列に対応して，tRNAが運んできたアミノ酸が次々と結合し，タンパク質を合成する。

▌2024年度▌愛媛県▌難易度■■■■□□

【7】次の文章を読んで，問1，問2に答えなさい。

顕微鏡を用いて，ある細胞の大きさを測定するために，接眼ミクロメーターを顕微鏡の接眼レンズにセットし，ステージに対物ミクロメーターを置いて，図1のように点線の位置でそろうように調整した。次に，倍率を変えないで，接眼ミクロメーターをセットしたまま，細胞を観察したところ，図2のように見えた。

図1

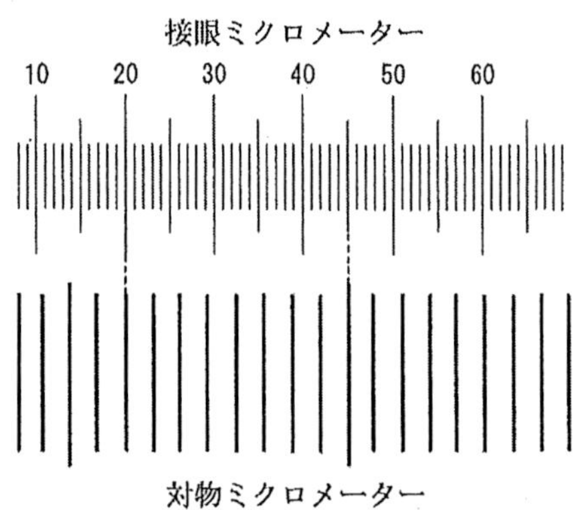

図2

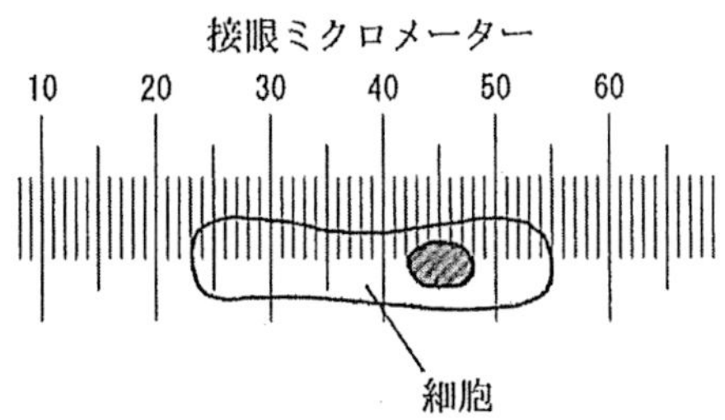

問1　測定した細胞の大きさは何μmか，最も適当なものを選びなさい。ただし，対物ミクロメーターの目盛りは1mmを100等分してある。

ア　10.24μm　　イ　12.8μm　　ウ　102.4μm

エ　128μm　　オ　1024μm

問2　ゾウリムシ，大腸菌，ヒキガエルの精子，リボソームの大きさについて，図3に示したA～Dの大きさに相当するものの組合せとして，最も適当なものを選びなさい。

図3

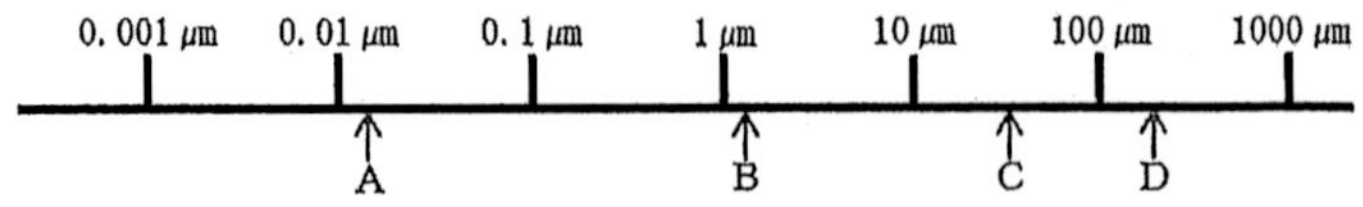

	A	B	C	D
ア	リボソーム	大腸菌	ゾウリムシ	ヒキガエルの精子
イ	大腸菌	リボソーム	ヒキガエルの精子	ゾウリムシ
ウ	ヒキガエルの精子	リボソーム	ゾウリムシ	大腸菌
エ	大腸菌	ゾウリムシ	リボソーム	ヒキガエルの精子
オ	リボソーム	大腸菌	ヒキガエルの精子	ゾウリムシ

2024年度 ｜ 北海道・札幌市 ｜ 難易度

【8】生物の行う物質のやりとりに関する次の文章について，以下の各問いに答えなさい。

生物は外界からいろいろな物質を取り入れて，必要な成分を合成(同化)している。また，必要に応じて合成した物質を分解(異化)している。これらの過程でエネルギーが出入りしている。このエネルギーの変化をエネルギー代謝という。同化は植物の光合成のようにおもにエネルギーを(　①　)する反応であり，異化は呼吸のようにおもにエネルギーを(　②　)する反応である。取り出されたエネルギーは「エネルギーの通貨」とよばれる物質(ATP)に蓄えられ，必要なときに再び取り出される。エネルギーの受け渡しを行うのはATPであり，すべての生物に共通している。次の図は，エネルギー代謝の流れを示している。

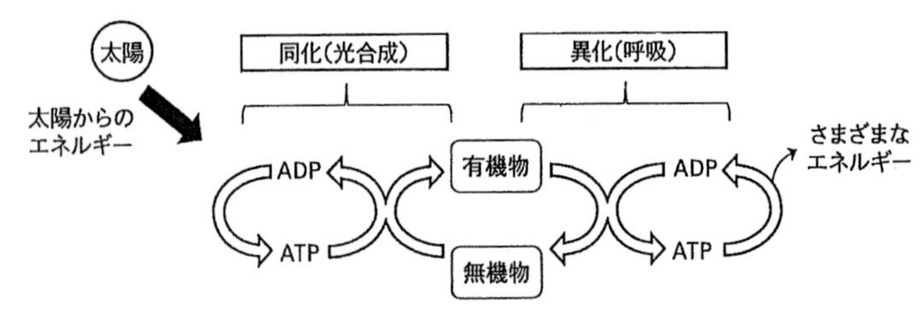

(1)　空欄(　①　)・(　②　)に当てはまる語句の組み合わせとして最

も適当なものを，次のア～エから1つ選び，記号で答えなさい。

	①	②
ア	放出	放出
イ	放出	吸収
ウ	吸収	放出
エ	吸収	吸収

(2)　次の図は，ATPの構造を模式的に示したものである。空欄[a]・[b]に当てはまる最も適当な物質名をそれぞれ答えなさい。また，空欄[c]に当てはまる最も適当な結合名を答えなさい。

図

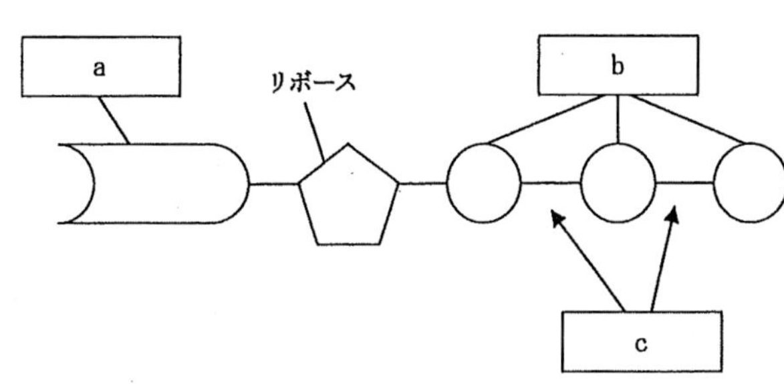

(3)　次の①～⑤について，ATPの合成反応を伴うものはA，ATPの分解反応を伴うものはB，ATPの分解と合成の両方を伴うものはC，ATPが関与しないものはDとして，それぞれ記号で答えなさい。

①　筋収縮　　②　消化酵素による物質の分解
③　チャネルによる物質移動　　④　ポンプによる物質輸送
⑤　光合成

2024年度 | 京都府 | 難易度

【9】体内環境に関する次の文章について，以下の各問いに答えなさい。

> 動物には，体外環境が変化しても，体内環境を一定に保ち，安定した生命活動を維持する働きや仕組みがある。このように体内環境を一定に保つ性質を(　①　)という。
> ヒトの体液は，血液，リンパ液，組織液の3つがある。そのうち血液には有形成分として(　②　)，(　③　)，(　④　)がある。

(②)の主な働きとしては，体内に侵入した異物を食作用などにより排除するということがある。(③)の主な働きは酸素の運搬である。(④)の主な働きは血液の凝固作用である。血液の液体成分である血しょうには，タンパク質や無機塩類，グルコースなどが含まれている。

(1) 空欄(①)〜(④)に当てはまる最も適当な語句をそれぞれ答えなさい。

(2) 次の表は，健康なヒトの血しょう，原尿，尿の成分を示したものである。以下の各問いに答えなさい。なお，イヌリンは測定用に投与した物質で，体内では代謝されず，すべて腎小体でろ過され，細尿管から再吸収されることもなく，すべて排出される物質である。また，血しょう，原尿，尿のいずれも，密度は1.0g/cm³である。

表

成分	質量パーセント濃度（%）		
	血しょう	原尿	尿
タンパク質	7.2	(A)	(B)
グルコース	0.1	0.1	(C)
ナトリウムイオン	0.3	0.3	0.34
カルシウムイオン	0.008	0.008	0.014
クレアチニン	0.001	0.001	0.075
尿素	0.03	0.03	2
尿酸	0.004	0.004	0.054
イヌリン	0.01	0.01	1.2

Ⅰ 表の空欄(A)〜(C)に当てはまる最も適当な数字をそれぞれ答えなさい。

Ⅱ 表のヒトの1日の尿量を1.5Lとすると，1日の原尿量は何〔L〕になるか答えなさい。

Ⅲ Ⅱの条件のとき，表のヒトが，腎臓で1日に再吸収する水分の量は何〔L〕になるか答えなさい。

Ⅳ Ⅱの条件のとき，表のヒトが，腎臓で1日に再吸収する尿素の量は何〔g〕になるか答えなさい。

▌2024年度▌京都府▌難易度

【10】次の図は，ソラマメの根の先端部分を顕微鏡で観察し，スケッチしたものである。細胞ア～カは，細胞分裂が進んでいるときのいろいろな状態を表している。細胞分裂が進んで行くとき，アを1番目として順にア～カを並べたとき，4番目にくるものはどれか。以下の①～⑤から一つ選べ。

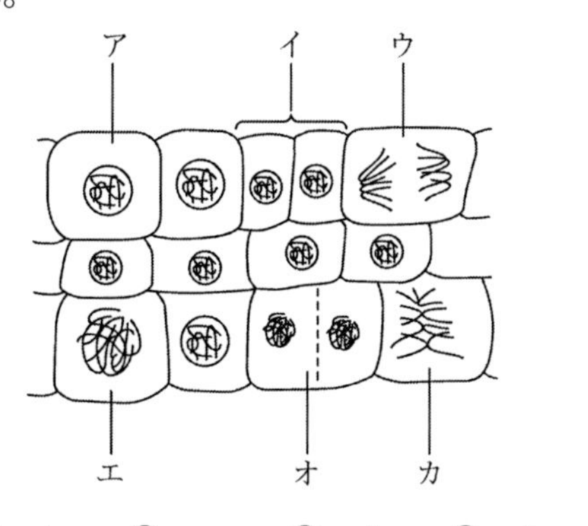

①　イ　　②　ウ　　③　エ　　④　オ　　⑤　カ

▌2024年度▌岐阜県▌難易度

【11】図1は，3種類の養分が，体内で分解されていくようすを表したものである。また，図2の実線は，トリプシンという酵素の基質との反応時間と反応生成物量の関係を示したものである。なお，図2の実験は37℃，pH7の条件で行った。以下の(1)～(3)の各問いに答えなさい。

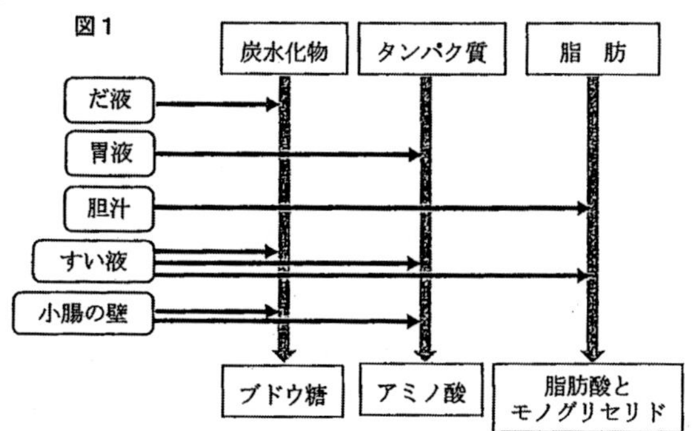

(1) だ液と胃液に含まれている消化酵素の名称を，次のア～エからそれぞれ一つ選び，記号で答えよ。

ア カタラーゼ　イ アミラーゼ　ウ リパーゼ

エ ペプシン

(2) 生体内ではたらくさまざまな酵素の性質や構造について，次の①，②の各問いに答えよ。

① 酵素は，一般に，特定の基質のみと結合する。このような性質を何というか答えよ。

② 基質が結合する酵素の部分の名称を答えよ。

(3) 図2について，以下の①～③の各問いに答えよ。

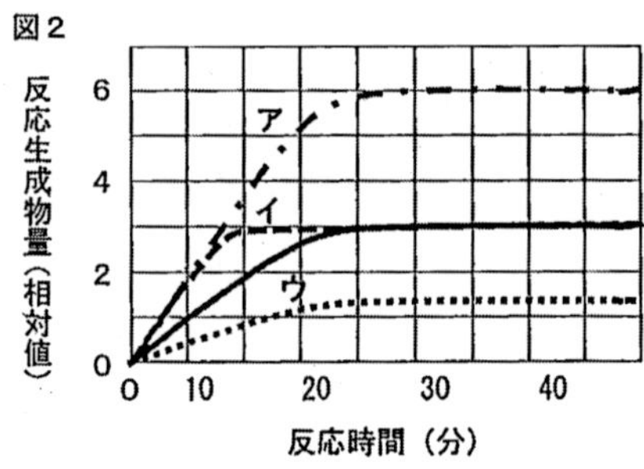

① トリプシンの濃度を2倍にすると，反応時間と反応生成物量の関係はどうなるか。図2のア～ウから一つ選び，記号で答えよ。

② 実験の温度条件を25℃に変えると，反応速度はどのようになるか答えよ。ただし，pHは7のままとする。

③ 実験の温度条件は37℃のままで，pHの条件を8にすると，反応速度はどのようになるか，理由を含めて答えよ。なお，「最適pH」という語句を用いること。

▌2024年度 ▌佐賀県 ▌難易度

【12】だ液のはたらきを調べるために，次の【手順】で実験を行った。表は実験結果を示したものである。あとの(1)～(3)の問いに答えよ。

【手順】

① 図1のように，A，Bの2本の試験管を用意する。試験管Aにはうすめただ液2cm³を入れ，試験管Bには水2cm³を入れる。その後，A，B

の試験管に，デンプン溶液10cm³をそれぞれ入れ，ふり混ぜる。

② 図2のように，ビーカーに約40℃の湯を入れ，試験管A，Bを5～10分間あたためる。その後，試験管A，Bの溶液を半分ずつ別の試験管(C，D)にとり分ける。

③ 図3のように，AとBについては，ヨウ素液を入れて反応を確認する。また，CとDについては，ベネジクト液と沸騰石を入れて加熱し，反応を確認する。

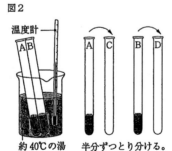

図1

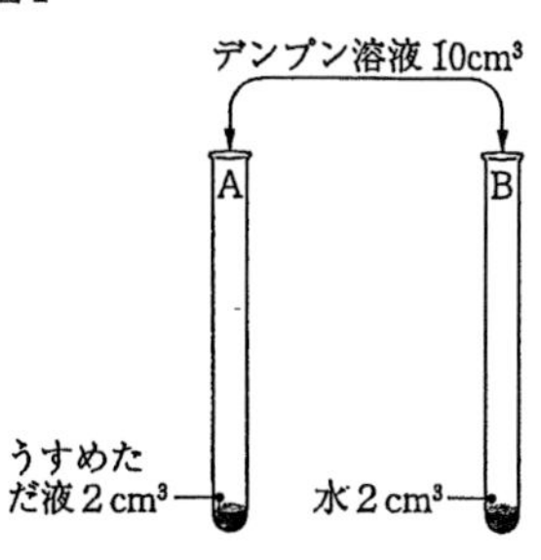

図2

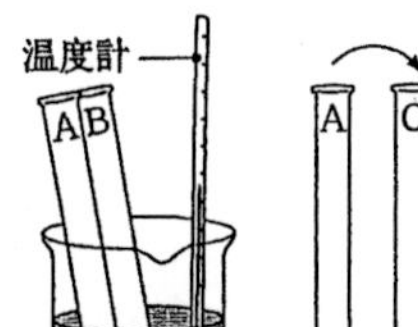

図3

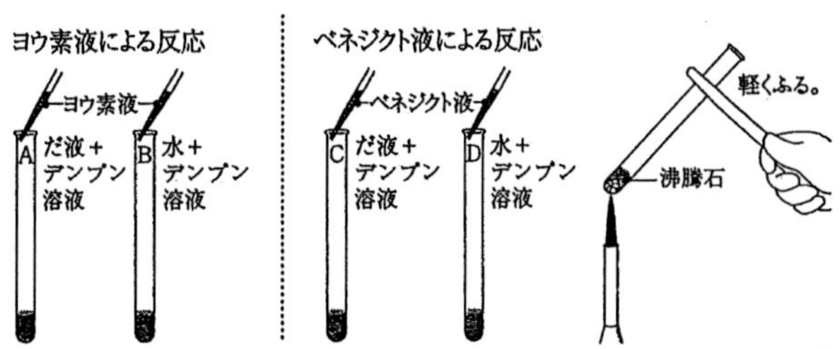

表

試験管	ヨウ素液との反応による色の変化	ベネジクト液との反応による変化
A	変化しなかった	
B	青紫色に変化した	
C		赤褐色の沈殿ができた
D		変化しなかった

(1) 【手順】②で試験管A，Bを約40℃の湯であたためる理由は何か。簡潔に書け。

(2) 【手順】③で試験管C，Dを加熱する際，沸騰石を入れるが，その理由は何か。簡潔に書け。

(3) 次の文は，表の結果をもとに，だ液のはたらきについてまとめようとしたものである。文中の(　①　)～(　③　)にあてはまる最も適切な語句をそれぞれ書け。

> だ液は消化液の一種である。消化液には食物を分解し，吸収されやすい物質にする(　①　)が含まれている。だ液には，デンプンを(　②　)などに分解する(　①　)の(　③　)がふくまれている。

▌2024年度 ▌香川県 ▌難易度 ■■■■□

【13】次の1～8の問いに答えなさい。

1 細胞の構造についての記述として最も適切なものを，次のa～eの中から一つ選びなさい。

a 液胞は動物細胞と植物細胞に見られるが，動物細胞で大きく発達している。

b 原核細胞には細胞膜がなく，細胞壁に包まれている。

c 光合成を行う真核生物は葉緑体をもつが，ミトコンドリアはもたない。

d ユレモは細胞膜をもつが，細胞壁はもたない。

e 大腸菌や乳酸菌は細菌であり，核膜や葉緑体をもたない。

2 次の生物ア～オのうち，原核生物の組み合わせとして最も適切なものを，以下のa～eの中から一つ選びなさい。

ア 酵母菌　　イ ゾウリムシ　　ウ ネンジュモ

エ　コレラ菌　　オ　ツリガネムシ

a　ア・イ　　b　イ・ウ　　c　ウ・エ　　d　エ・オ

e　ア・エ

3　グルコース60gが呼吸によって完全に分解されたとき，消費された酸素は何gになるか。次のa～eの中から一つ選びなさい。ただし，原子量は，H＝1，C＝12，O＝16とする。

a　44g　　b　88g　　c　16g　　d　32g　　e　64g

4　免疫のしくみについて説明した文として最も適切なものを，次のa～eの中から一つ選びなさい。

a　タンパク質の間に別のタンパク質がすべりこんで筋収縮がおこるしくみ。

b　焦点の位置を調節して像を結ばせるしくみ。

c　最終産物が，初期段階の反応に作用し，最終産物の量を調節するしくみ。

d　異物が体内へ侵入することを阻止したり，いったん侵入した異物を排除したりするしくみ。

e　受容した刺激に対して，意識とは無関係にすみやかに反応するしくみ。

5　次の図は，ある細胞の培養時間と細胞1個当たりのDNA量の関係を表したものである。また，細胞周期を①～④の4つの特徴的な時期に分けて示した。

以下の(1)，(2)の問いに答えなさい。

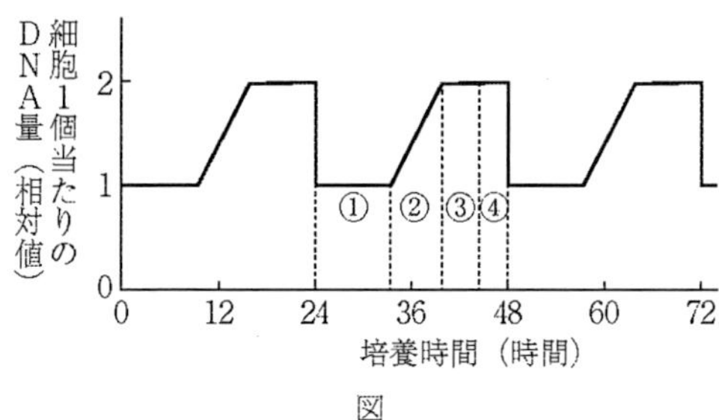

図

(1)　次の細胞は，図の①～④のどの範囲の状態にあるか。組み合わせとして最も適切なものを，次のa～eの中から一つ選びなさい。

	凝縮した染色体が見られる細胞	DNAを複製している細胞	G_1期の細胞	間期の細胞	G_2期の細胞
a	③	①	③	①+②+③	④
b	③	①	③	②+③+④	④
c	④	②	①	①+②+③	③
d	④	②	①	②+③+④	③
e	④	③	②	②+③+④	④

(2)　DNA中の10個のヌクレオチド対の距離は3.4nmで，ある体細胞1個の DNAにはおよそ1.2×10^{10}個のヌクレオチドが存在する。この体細胞1個のDNAの長さはおよそ何mか。最も近い長さを，次のa～eの中から一つ選びなさい。

a　0.002m　　b　0.02m　　c　0.2m　　d　2.0m　　e　20m

6　動物の発生について，次の(1)，(2)の問いに答えなさい。

次の図は，核の位置および卵黄の分布が異なるA～Dの4種類の動物卵の縦断面であり，図中の点は卵黄を表す。ただし，Dには卵黄は描かれていない。

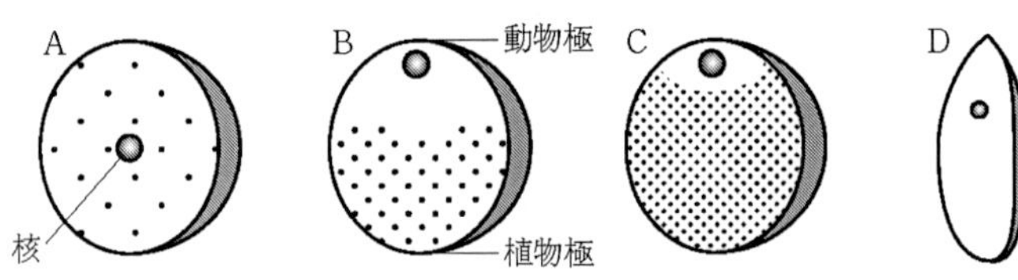

図

(1)　Bの動物卵について，上部を動物極，下部を植物極とする。動物極とはどのようにして決定された位置か。最も適切なものを，次のa～eの中から一つ選びなさい。

a　卵黄が相対的に少ない部域

b　静置した際に上側(重力の反対方向)になる部域

c　卵割がよく進行する部域

d　卵割が進行しない部域

e　極体が生じる部域

(2)　表中のAおよびBの動物卵の，卵黄の分布と卵割の様式に当てはまる組み合わせとして，最も適切なものを，次のa～eの中から一つ選びなさい。

	動物卵A		動物卵B	
	卵黄の分布	卵割の様式	卵黄の分布	卵割の様式
a	等黄卵	全割	端黄卵	全割
b	端黄卵	全割	等黄卵	全割
c	等黄卵	全割	端黄卵	部分割
d	心黄卵	部分割	等黄卵	部分割
e	端黄卵	部分割	等黄卵	全割

7　一般的な生態系では，生産者が太陽エネルギーを使って有機物を生産し，その有機物が一次消費者へ，さらに高次消費者へと順番に移動する。生産者において，最初の生体量(現存量)をA，1年間の成長量をB，被食量をC，枯死量をD，呼吸量をEとする。生産者の1年後の生体量(現存量)を示す式として，最も適切なものを，次のa～eの中から一つ選びなさい。

a　A＋B　　b　A＋B＋C＋D　　c　A＋B＋C＋D＋E

d　B＋C＋D　　e　B＋C

8　次の□の中の文は，人類の誕生について説明したものである。文中の(　　)のア～ウに当てはまる語句の組み合わせとして最も適切なものを，以下のa～eの中から一つ選びなさい。

> 新生代での霊長類の進化には目を見張るものがある。(　ア　)のうちから，原始的霊長類が生じ，やがてゴリラなどの(　イ　)が誕生したと推測される。さらにその中から，人類が現れた。人類は直立二足歩行を行い，大後頭孔が頭骨の(　ウ　)に存在している点などが(　イ　)と異なる。

	ア	イ	ウ
a	原始食虫類	猿人	直下
b	原始食虫類	類人猿	直下
c	食肉類	猿人	斜め後ろ
d	食肉類	類人猿	斜め後ろ
e	食肉類	類人猿	直下

2024年度　茨城県　難易度 ■■■■□

【14】ヒトの心臓のしくみや呼吸について，次の各問いに答えよ。

1　体の正面から見た心臓内部の構造として最も適当なものを次の(ア)～(エ)から一つ選び，記号で答えよ。また，肺で取り入れられた酸素を多く含む血液(動脈血)が流れるのは，選んだ心臓の①～④のどこか。全て選び，記号で答えよ。

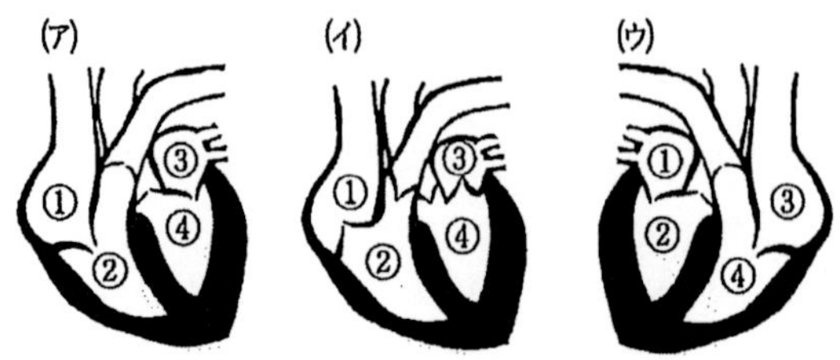

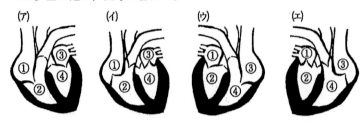

2　肺にある肺胞内の空気から酸素が血液に取り入れられると，酸素は血液中の赤血球によって運ばれる。赤血球には，酸素の多いところでは酸素と結びつき，酸素の少ないところでは酸素を離す性質をもった物質が含まれている。この物質は何か答えよ。

3　肺で取り入れられた酸素は，血液の循環によって栄養分とともに細胞まで運ばれ，細胞呼吸を行う。細胞呼吸とはどのような働きか簡潔に説明せよ。

▌2024年度 ▌岡山市 ▌難易度

【15】生物のふえ方について，次のⅠ，Ⅱのように学習した。

> Ⅰ　動物の発生について，理科室で飼育しているメダカのふえ方を調べた。メダカのオスとメスを水槽で飼っていたところ，ある日水槽内にメダカの卵を発見した。その卵を取り出して水を入れたシャーレに入れ観察し続けたところ，図1のような変化が観察でき，数日後に稚魚が生まれた。
>
> 図1
>
> 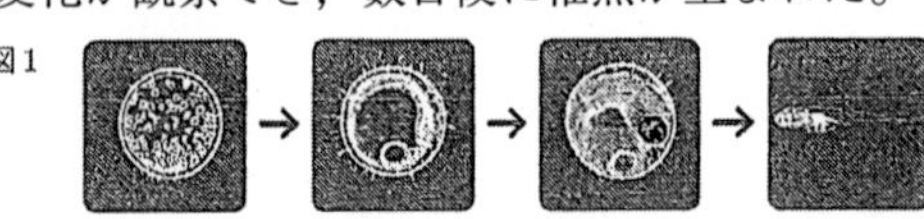
>
> 出典「理科の世界3」大日本図書

(1)　水槽内で発見し観察した卵は，オスの精子とメスの卵が受精してできた受精卵であった。オス，メスの体内で精子と卵が作られる場所を何というか，それぞれ書きなさい。

(2)　(1)内で精子や卵をつくる際に起こる細胞分裂を何というか，書きなさい。

(3)　(2)の細胞分裂の際，細胞分裂後の細胞一つの中の染色体の数は細胞分裂前と比べどうなっているか。正しいものを次のア～ウから選び，記号で書きなさい。

ア　半分になる　　イ　変わらない　　ウ　2倍になる

(4)　メダカのように雌雄の親がかかわって子をつくることを何というか，書きなさい。

(5)　(4)に対して，雌雄の親を必要とせず，親の体の一部から新しい個体ができるふえ方をする生物がいる。このようなふえ方をする際，子に表れる特徴は親と比べてどうであるか，書きなさい。

Ⅱ　植物の受粉について調べた。花粉が柱頭に付着しても花粉が胚珠に届いていないことを疑問に思った。そこで「花粉と胚珠をつなぐものがあるはずだ」と考え，次の実験を行ったところ，図3のように花粉からaが出ている様子が確認できた。

図2

スライドガラスに 10%の砂糖水をスポイトで
1滴落とし，その上に花粉を落とす。

出典　「未来へ広がるサイエンス3」啓林館

図3

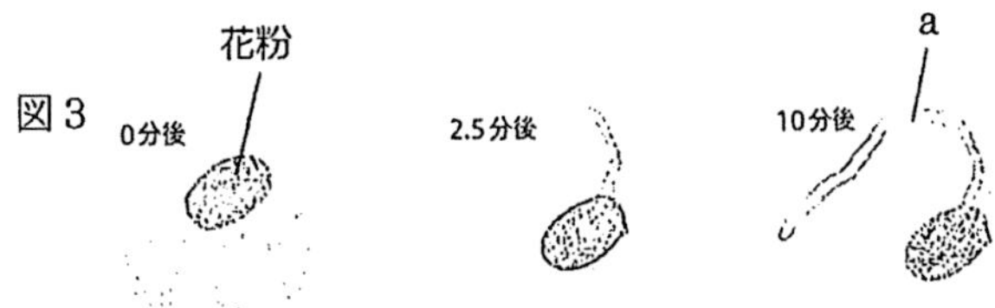

花粉が変化するようすを顕微鏡で 100 倍程度の倍率で観察する。

出典　「理科の世界3」大日本図書

(6)　図2の実験で砂糖水を用いた理由を書きなさい。

(7) 図3の花粉から出ているaの名称を書きなさい。

(8) 受粉してから種子ができるまでが正しい順となるよう，アに続くようにイ～エを並べかえなさい。

ア 花粉がめしべの柱頭に付着する

イ 精細胞の核と卵細胞の核が合体する(受精卵ができる)

ウ aが胚珠まで伸び，aの中を精細胞が移動する

エ 受精卵が胚に成長し胚珠全体が種子になる

(9) スギ，ヒノキなどは風によって花粉を運び受粉するため，受粉の効率が悪く大量の花粉を生成する必要がある。そのため，現代では花粉によるアレルギー症状を引き起こすことにもつながっていると考えられている。スギ，ヒノキのように風によって花粉を運び受粉を行う植物を何というか，書きなさい。

▌2024年度 ▌静岡県・静岡市・浜松市 ▌難易度 ■■■■□

解答・解説

【1】Ⅰ (1) フィトクロム (2) ア (3) 桿体細胞 (4) ウ

Ⅱ (1) プール (2) 0.4 (3) 1.6〔倍〕 (4) ア

○解説○ Ⅰ (1) 花芽形成には，赤色光受容体であるフィトクロムがはたらいている。 (2) 光条件としては，暗期の合計時間は等しいが連続した暗期の長さが異なり，短日植物の花芽形成の結果が異なる組合せが該当する。AとCは暗期の合計時間は等しいが，連続した暗期が長いAのみで短日植物の花芽が形成している。 (3) 解答参照。 (4) 暗い場所で徐々に目が慣れて見えるようになる現象は，暗順応である。 Ⅱ (1) 解答参照。 (2) 遺伝子Aの頻度をp，遺伝子aの頻度をq，$p+q=1$とすると，遺伝子型AA，Aa，aaの頻度はそれぞれp^2，$2pq$，q^2となる。遺伝子型AAの個体数より，$p^2=\frac{40}{40+210}=0.16$より，$p=0.4$となる。 (3) (2)の場合，$q=1-0.4=0.6$より，遺伝型aaの個体数は$250\times0.6^2=90$〔個体〕，遺伝子型Aaの個体数は$250-(40+90)=120$〔個体〕となる。遺伝子型aaの個体90個体が除去されたとき，この集団内

での遺伝子Aの数は40×2＋120＝200，遺伝子aの数は120なので，遺伝子Aの頻度は$\frac{200}{200+120}$＝0.625である。よって，遺伝子Aの遺伝子頻度は(2)の場合の$\frac{0.625}{0.4}$＝1.5625≒1.6〔倍〕となる。　(4)　遺伝的浮動の影響が無視できるように，大きな集団である必要がある。

【2】②

○解説○　Aは照葉樹林，Bは針葉樹林，Cは夏緑樹林，Dは硬葉樹林，Eはステップ，Fは熱帯・亜熱帯多雨林，Gは雨緑樹林，Hはサバンナである。

【3】(1)　3　　(2)　5　　(3)　3

○解説○　(1)　Aは「思わず」とあるように無意識的な反応である反射のため，脳を経由しない。Bは意識的な反応であるため，脳を経由する。(2)　3回の実験でかかった時間の平均は，$\frac{2.29+2.10+2.03}{3}$＝2.14〔秒〕平均時間からAさんがストップウォッチを止めるまでの時間0.18秒を引いて，2.14－0.18＝1.96〔秒〕，よって，1人あたりの時間を求めると，$\frac{1.96}{7}$＝0.28〔秒〕　(3)　角膜と水晶体の間にある虹彩によって，暗所では瞳孔が大きくなり，明所では瞳孔が小さくなる。目に入った光刺激は角膜，レンズ，水晶体，網膜の順に伝わる。

【4】②

○解説○　真核細胞では，酸素を利用してグルコースなどの有機物を分解し，そのとき放出されるエネルギーを使ってATPを合成する。図より，この過程では二酸化炭素や水が生成し，細胞基質内にある楕円形はミトコンドリアを示している。

【5】(1)　(a)　A　接眼レンズ　　B　レボルバー　　C　ステージ　(b)　イ　　(2)　(a)　11.1〔mm〕　　(b)　成長するときは，根の先端に近い部分だけがのびる。　　(3)　あ　染色体　　い　遺伝子　う　体細胞分裂　　(4)　(a)　酢酸カーミン溶液　　(b)　一つひとつの細胞がはなれやすくなり，観察しやすいから。　(5)　A→D→B→E→C

○**解説**○ (1)　光学顕微鏡で観察すると，実物とは上下左右が反転しているため，プレパラートを動かす方向と観察物が動く方向は逆になる。　(2)　(a)　15.1－4.0＝11.1〔mm〕　(b)　表1より，BからCまでの長さ，CからDまでの長さはいずれも2mmである。つまり，AからBまでの長さだけが増えている。　(3)　細胞数が増えるときの分裂は体細胞分裂である。遺伝子は染色体上にある。　(4)　(a)　酢酸カーミン溶液や酢酸オルセイン溶液で染色体を赤く染めると，細胞は観察しやすくなる。　(b)　細胞がいくつも重なった組織を観察するとき，塩酸で細胞間を解離した後，押しつぶすように広げることで重なりをなくす方法を押しつぶし法という。　(5)　Dは前期，Bは中期，Eは後期，Cは終期の細胞の様子と考えられる。

【6】(1)　E　(2)　A　(3)　D　(4)　C

○**解説**○ (1)　遺伝子の発現とは，遺伝子がはたらきタンパク質が合成されることを指す。　(2)　シャルガフの規則より，2本鎖DNAを構成する塩基の割合は，A(アデニン)＝T(チミン)，C(シトシン)＝G(グアニン)となる。A＝T＝30〔%〕なので，C＋G＝100－30×2＝40〔%〕，C＝G＝40÷2＝20〔%〕である。　(3)　DNAの塩基A，T，C，Gに対して合成されるRNAの塩基は，それぞれU(ウラシル)，A，G，Cである。よって，DNA鎖の塩基配列が左から順にATCGGAと並んでいるとき，合成されるRNAの塩基配列を左から読むとUAGCCUとなる。　(4)　AとBは真核生物のタンパク質が合成される過程と考えれば正しいが，原核生物では核構造をもたないため誤りとなる。Dは原核生物でも真核生物でも正しい。Cは原核生物でも真核生物でも誤りで，タンパク質合成の場はリボソームである。以上より，明らかに説明が誤っているCが正答と考えられる。

【7】問1　ウ　問2　オ

○**解説**○ 問1　対物ミクロメーターの1目盛りは，10μmである。対物ミクロメーターの8目盛りと接眼ミクロメーターの25目盛りが一致する。接眼ミクロメーター1目盛りの長さは，$\frac{8\times10}{25}$〔μm〕　細胞は，接眼ミクロメーター32目盛り分であるため，その長さは，$\frac{8\times10}{25}\times32=$ 102.4〔μm〕　問2　それぞれの生物の大きさは，ゾウリムシ0.2 mm程度，大腸菌2μm程度，カエルの精子0.05 mm程度，リボソーム15～20 nm程度である。

【8】(1)　ウ　(2)　a　アデニン　b　リン酸　c　高エネルギーリン酸結合　(3)　①　B　②　D　③　D　④　B　⑤　C

○解説○ (1)　同化とは，エネルギーを吸収して単純な物質から複雑な物質を合成する反応で，異化とは，複雑な物質を分解してエネルギーを放出する反応である。　(2)　ATPは，アデニンとリボース(アデノシン)にリン酸が3つの構造をとる。リン酸の間の高エネルギーリン酸結合にエネルギーが蓄えられる。ADPは，ATPからリン酸が1つ失われたものである。　(3)　消化酵素による物質の分解，チャネルによる物質移動はATPを必要としない。筋収縮では，ミオシンがATPを分解することで構造を変化しアクチンフィラメントをたぐり寄せることで筋肉が収縮する。Na^{+}－K^{+}ポンプによる物質移動は，1分子のATPを分解するごとに3個のNa^{+}を濃度勾配に逆らって細胞外にくみ出し，2個のK^{+}を細胞内に輸送する。光合成は，ATPの分解と合成の両方が起こる。葉緑体にあるチラコイド膜では，光エネルギーで活性化され，水素イオンの濃度勾配を利用してATP合成酵素が働く。ストロマでは，カルビン・ベンソン回路で，ATPのエネルギーを用いて有機物が合成される。

【9】(1)　①　恒常性(ホメオスタシス)　②　白血球　③　赤血球　④　血小板　(2)　Ⅰ　A　0　B　0　C　0　Ⅱ　180〔L〕　Ⅲ　178.5〔L〕　Ⅳ　24〔g〕

○解説○ (1)　血液は，赤血球，白血球，血小板と，血しょうからなり，恒常性(ホメオスタシス)維持に関与している。赤血球は，酸素を運搬する。骨髄で作られ，脾臓で分解される。白血球は，食作用や免疫にはたらく。血小板は止血に関わる。　(2)　Ⅰ　タンパク質は，分子が大きいため，原尿に移動せず尿にも排出されない。グルコースは，原尿中に排出されても，すべて再吸収されるため，尿中には検出されない。　Ⅱ　イヌリンは，原尿から尿になるときに濃度が120倍になっている。尿の120倍の原尿が作られる。1.5×120＝180〔L〕　Ⅲ　原尿180Lから水が再吸収されて尿1.5Lができる。180－1.5＝178.5〔L〕　Ⅳ　1〔L〕＝1000〔cm^3〕＝1000〔g〕原尿180L中の尿素は$\frac{0.03}{100}$×180×1000＝54，尿1.5L中の尿素は$\frac{2}{100}$×1.5×1000＝30，再吸収された尿素の量は，54－30＝24〔g〕

【10】②

○**解説**○ 図の細胞を細胞分裂の過程の順に並べると，ア(間期)→エ(前期)→カ(中期)→ウ(後期)→オ(終期)→イ(G_1期)となる。

【11】(1)　だ液…イ　　胃液…エ　　(2)　①　基質特異性　　②　活性部位(活性中心)　　(3)　①　イ　　②　小さく(遅く)なる　　③　トリプシンの最適pHは8なので，反応速度は大きく(速く)なる。

○**解説**○ (1)(2)　解答参照。　(3)　①　酵素であるトリプシンの濃度を2倍にしても，基質の量は変わっていないので，反応生成物質の最大量は変わらない。ただし，同じ時間で酵素と反応できる基質の量が増えるので，反応速度が大きくなり，反応生成物質が最大量となるまでの時間は短くなる。　②　実線の温度条件は37℃であり，これは酵素の最適温度と考えられるので，これよりも低温条件では反応速度は小さくなる。　③　解答参照。

【12】(1)　だ液はヒトの体内ではたらいており，体温に近い温度でよくはたらくため。　(2)　突沸を防ぐため。　(3)　①　消化酵素　②　麦芽糖　　③　アミラーゼ

○**解説**○ (1)　ヒトの体内ではたらく消化酵素の最適温度は，体温に近い温度である場合が多い。　(2)　解答参照。　(3)　表より，試験管Bにヨウ素液を加えると青紫色に変化したのでデンプンが存在し，試験管Aでは変化しなかったのでデンプンが存在しないことがわかる。また，試験管Dではベネジクト液との反応で変化がなかったので麦芽糖が存在せず，試験管Cでは赤褐色の沈殿ができたので麦芽糖が存在することがわかる。これらの結果より，デンプンはだ液で分解されて麦芽糖

になったと考えられる。

【13】1　e　2　c　3　e　4　d　5　(1)　c　(2)　d
6　(1)　e　(2)　a　7　a　8　b

○解説○ 1　a　液胞は植物細胞で大きく発達している。　b　原核細胞には細胞壁と細胞膜があり，核膜がない。　c　真核生物はミトコンドリアをもっている。　d　ユレモは原核生物なので，細胞壁をもっている。　2　原核生物には，シアノバクテリア，大腸菌，乳酸菌，ユレモ，ネンジュモ，イシクラゲなどが含まれる。ゾウリムシや酵母菌は，真核細胞からなる単細胞生物である。　3　呼吸の反応式は，$C_6H_{12}O_6+6H_2O+6O_2 \rightarrow 6CO_2+12H_2O$である。グルコース(分子量180)60gは$\frac{60}{180}$〔mol〕であり，反応式よりグルコースの6倍の酸素(分子量32)が消費されるので，$\frac{60}{180}\times6\times32=64$〔g〕　4　a　滑り説の説明である。　b　ピント調節の説明である。　c　フィードバック調節の説明である。　e　反射の説明である。　5　(1)　細胞周期は間期と分裂期に分けられ，さらに間期はDNA複製の準備をするG_1期，DNA複製の起こるS期，分裂の準備をするG_2期に分けられる。間期のS期で2倍に増幅した染色体が分裂期後期に入って両極に染色体が分かれるときに，DNA量は半減する。①はG_1期，②はS期，③はG_2期，④は分裂期である。　(2)　10個のヌクレオチド対の距離は3.4nm，つまり1個のヌクレオチドでは0.34nmである。また，DNAは2本鎖なので，DNA鎖の長さはヌクレオチド$1.2\times10^{10}\div2=0.6\times10^{10}$〔個〕分なので，$(0.6\times10^{10})\times0.34\fallingdotseq2.0\times10^9$〔nm〕$=2.0$〔m〕　6　(1)　極体の生じる部域が動物極，その反対側が植物極となる。　(2)　Aは等卵黄で卵黄は少なく，全体に均一に分布しており，卵全体で卵割が起こる(全割)。Bは端黄卵で植物極側に少量の卵黄が偏っているが，全割である。　7　成長量は，純生産量から被食量や枯死量を差し引いたものである。純生産量は，総生産量から呼吸量を差し引いたものである。よって，求める値は現存量と成長量の合計である。　8　最初の霊長類は，約6500万年前に食虫類から分かれて進化したと考えられる。類人猿とは，ヒトに近縁な霊長類で，ゴリラやチンパンジーなどが含まれる。類人猿の大後頭孔は頭骨の斜め後ろ方向にあるが，ヒトでは頭骨の真下にある。

【14】1　心臓内部の構造…(ア)　　動脈血…③，④　　2　ヘモグロビン
3　酸素を使って栄養分を分解して，エネルギーを取り出すはたらき。

○**解説**○ 1　血液は右心室②→肺動脈→肺→肺静脈→左心房③→左心室④→大動脈→全身→大静脈→右心房①と循環するので，心房と心室の間には逆流を防ぐ向きに弁がある。また，紙面の手前側に肺動脈があるので(ア)が該当する。動脈血が流れるのは，肺から戻ってきた血液が流れる③と，全身へ送る血液が流れる④である。　2　ヘモグロビンは，赤血球の中にある鉄を含んだタンパク質である。　3　呼吸には，細胞呼吸(内呼吸)の他に，外部とガス交換を行う外呼吸がある。

【15】(1)　オス…精巣　　メス…卵巣　　(2)　減数分裂　　(3)　ア
(4)　有性生殖　　(5)　子に表れる特徴は，親と同じである。
(6)　柱頭(めしべ，花柱)と同じ環境に近づけるため。　　(7)　花粉管
(8)　ア→ウ→イ→エ　　(9)　風媒花

○**解説**○ (1)　解答参照。　(2)(3)　減数分裂は，精子や卵といった生殖細胞ができる際に起きる分裂であり，このときできる生殖細胞がもつ染色体数は，もとの細胞の半分である。　(4)　雄と雌が関わる生殖は有性生殖である。　(5)　このようなふえかたを無性生殖といい，分裂，出芽，栄養生殖がある。　(6)(7)　花粉が雌しべの柱頭につくと，柱頭から糖が供給され，花粉から花粉管が伸びる。　(8)　受粉が行われると，胚珠が種子に成長する。　(9)　解答参照。

中学校理科　地学

実施問題

【1】次の文章は，環境問題について述べたものである。空欄(　①　)～(　⑩　)に当てはまる最も適当な語句を，以下のア～タからそれぞれ1つずつ選び，記号で答えなさい。

地球表面の平均気温が長期的に上昇する現象を地球温暖化という。気温が上昇する原因としては，(　①　)や(　②　)，フロンガスなどの温室効果ガスのうち，特に(　①　)の増加があげられる。温室効果ガスは，太陽放射のうち(　③　)は通すが，地球放射などの(　④　)を吸収して地表に再放射するため，地表付近の気温を上昇させる。地球温暖化により，最近100年の間に世界の平均気温は約0.7℃上昇し，海水面が(　⑤　)したり，異常気象が多発したりしている。

オゾンは(　⑥　)が太陽からの(　⑦　)を受けることによって生成される。オゾンの濃度が高いオゾン層は，高度20～30km付近にあり，太陽放射のうち生物に有害な(　⑦　)を吸収して，陸上で生物が生存することを可能にした。オゾンは人間の活動によって排出された(　⑧　)ガスが(　⑦　)を受けて放出する(　⑨　)と反応して破壊される。南極上空では，春に(　⑩　)が生成され，人体への影響も懸念されている。

ア　水素　　イ　酸素　　ウ　二酸化炭素
エ　メタン　　オ　赤外線　　カ　可視光線
キ　紫外線　　ク　上昇　　ケ　下降
コ　フロン　　サ　アンモニア　　シ　塩素
ス　オゾンホール　　セ　逆転層　　ソ　窒素酸化物
タ　硫黄酸化物

2024年度　京都府　難易度

【2】Ⅰ，Ⅱの各問いに答えなさい。

Ⅰ　日本では，夕方の西の空に金星が見えると知ったBさんは，ある年の夕方，定期的に同時刻の金星の観察を行った。すると，図1のような観察結果が得られた。Bさんは観察結果から以下のような疑問をもった。(1)～(4)の各問いに答えなさい。

図1

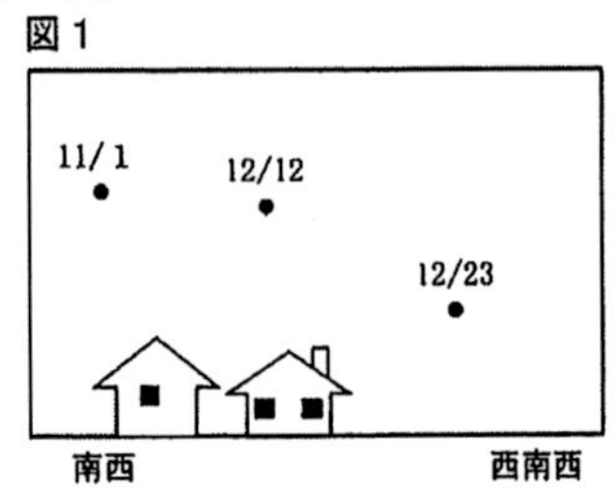

①　なぜ，11月1日は，金星の高度が高いのか。 ②　次に金星が夕方に同じ位置に見えるのは，いつごろか。

(1)　①についてBさんが調べると，この時期の金星は公転軌道上のある位置の付近にあるためと分かった。その位置を適切に説明する言葉を漢字6字で書きなさい。

(2)　②について，次に11月1日と同様の太陽と金星と地球の位置関係になると考えられるのは再来年の何月ごろになるか，求めなさい。ただし，地球の公転周期を1.0年，金星の公転周期を0.62年とする。

(3)　惑星の運動について説明したケプラーの法則の記述について，適切でないものを，次のア～ウから1つ選び，記号を書きなさい。

ア　惑星は，太陽を一つの焦点とするだ円軌道を公転する。

イ　惑星と太陽を結ぶ線分が一定時間に通過する面積は一定である。

ウ　惑星の会合周期Tの2乗は，惑星の太陽からの平均距離aの3乗に比例する。

(4)　金星は地球とよく似た惑星であるが，表面温度が460℃に達するほどの高温となっている。その理由を書きなさい。

Ⅱ　恒星の性質や宇宙の広がりについて，(1)，(2)の各問いに答えなさい。

(1)　次の図2はHR図(ヘルツシュプルング・ラッセル図)と呼ばれ，グラフの縦軸に恒星の絶対等級を，横軸にスペクトル型をとり，多くの恒星のデータを記入したものである。

図2

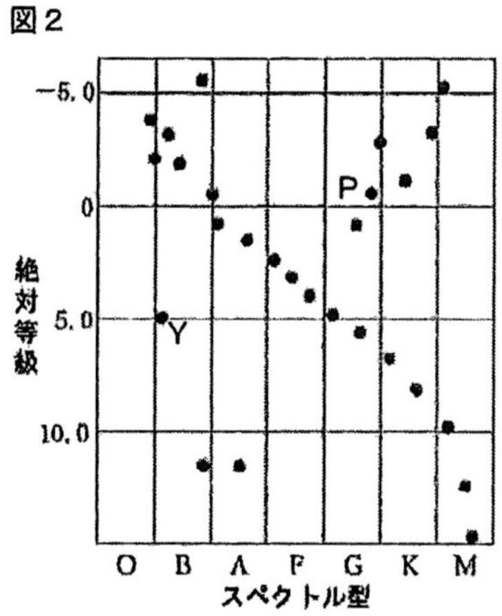

①　HR図に示された点Pは，主にどのような種類の恒星を示すか。最も適切なものを，次のア～エから1つ選び，記号を書きなさい。

ア　主系列星　　　イ　巨星(赤色巨星)
ウ　白色わい星　　エ　赤色わい星

②　HR図に示された恒星Yは，表面温度12000K，絶対等級は5等級であるとする。恒星Yの半径は太陽の何倍か求めなさい。ただし，太陽の絶対等級は5等級とし，表面温度は6000Kとする。

③　次の文はHR図と散開星団，球状星団について書かれたものである。文章中の(　A　)～(　D　)に入る語句の組み合わせとして，最も適切なものを以下のア～カから1つ選び，記号を書きなさい。

HR図を見ると，プレアデスのような散開星団はほとんどが(　A　)である。一方，球状星団には(　B　)が多く，質量の大きいO型やB型の(　A　)はない。このことから，球状星団は年齢の古い星々の集団であることがわかる。また，これら2つの種類の星団の恒星は年齢が異なるだけではなく，ヘリウムより(　C　)元素を含む割合も異なっていて，散開星団の恒星の方が，(　C　)元素を多く含む。このような恒星を(　D　)の星と呼んでいる。

	A	B	C	D
ア	連星	超新星	重い	種族Ⅰ
イ	連星	分子雲	重い	種族Ⅱ
ウ	連星	超新星	軽い	種族Ⅱ
エ	主系列星	巨星（赤色巨星）	重い	種族Ⅰ
オ	主系列星	ハロー	重い	種族Ⅲ
カ	主系列星	ハロー	軽い	種族Ⅰ

(2)　宇宙の広がりに関連して書かれた次の記述について，適切でないものを，次のア～エから1つ選び，記号を書きなさい。

ア　銀河のスペクトルを観測すると，ごく近くの銀河を除いて，スペクトル線が波長の長い方にずれる現象を赤方偏移という。

イ　銀河の後退速度vとその銀河までの距離rの2乗の間に比例関係が存在する。これをハッブルの法則という。

ウ　通常の銀河に比べて非常に強い電波を出している銀河を電波銀河という。

エ　宇宙のあらゆる方向からやってくるほぼ同じ強さの電波を3K宇宙背景放射という。

2024年度　長野県　難易度

【3】次の問に答えよ。

問1　図1は，典型的な乾湿計を表したものである。表1を用いて，このときの湿度(%)を答えよ。

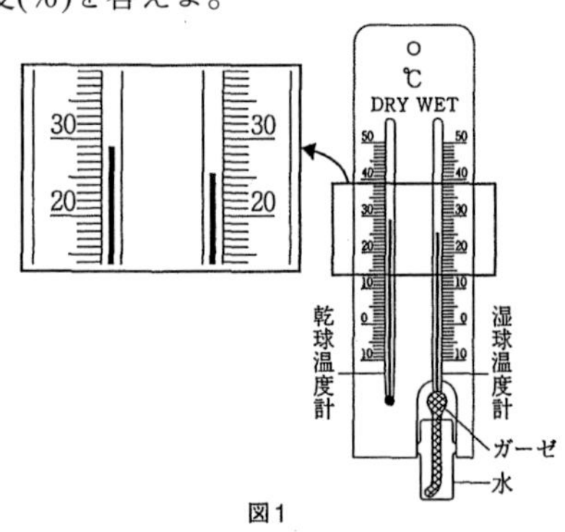

図1

表1

		乾球と湿球との目盛りの読みの差［℃］								
		0	0.5	1	1.5	2	2.5	3	3.5	4.0
乾球の読み［℃］	33	100	96	93	89	86	83	80	76	73
	32	100	96	93	89	86	82	79	76	73
	31	100	96	93	89	86	82	79	75	72
	30	100	96	92	89	85	82	78	75	72
	29	100	96	92	89	85	81	78	74	71
	28	100	96	92	88	85	81	77	74	70
	27	100	96	92	88	84	81	77	73	70

問2　金属製のコップを用いて【実験】を行った。以下の(1)，(2)に答えよ。

【実験】

図2のように金属製のコップに実験を行っている部屋のくみ置きの水を入れて温度をはかると，水の温度は19℃であった。次に図3のように氷を入れた試験管で水の温度を下げていった。水の温度が9℃になったとき，金属製のコップの表面がくもり始めた。

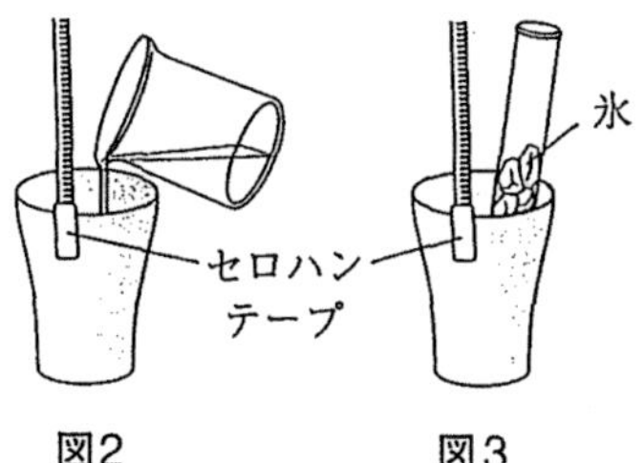

図2　　図3

表2

気温［℃］	飽和水蒸気量［g/m³］	気温［℃］	飽和水蒸気量［g/m³］
8	8.3	15	12.8
9	8.8	16	13.6
10	9.4	17	14.5
11	10.0	18	15.4
12	10.7	19	16.3
13	11.4	20	17.3
14	12.1	21	18.3

(1) 表2をもとに，この実験室の湿度(%)を答えよ。ただし，小数第二位を四捨五入するものとする。

(2) 【実験】において，下線部「実験を行っている部屋のくみ置きの水」を用いる理由を説明せよ。

問3 日本列島では，夏や冬に特徴的な季節風が生じる。A～Dは日本列島における夏や冬の季節風について説明した文である。夏の季節風について説明している文をA～Dから二つ選び，記号で答えよ。

A ユーラシア大陸から太平洋へ向かって吹く季節風である。

B 太平洋からユーラシア大陸へ向かって吹く南寄りの季節風である。

C ユーラシア大陸が冷え，太平洋のほうがあたたかくなる。その結果として，ユーラシア大陸上の気圧が高く，太平洋上の気圧が低くなることで吹く季節風である。

D ユーラシア大陸があたためられ，太平洋よりもあたたかくなる。その結果，ユーラシア大陸上の気圧が低く，太平洋上の気圧が高くなることで吹く季節風である。

問4 次の文は，赤道太平洋上の広い海域における特徴的な2つの現象について説明したものである。以下の(1)，(2)に答えよ。

図4のように，平年の状態で，赤道太平洋では，貿易風によって表面付近の暖かい海水が西方に吹き寄せられている。このため，西部では海面水温が5℃以上も高く，湿った空気があたためられて上昇し，積乱雲が発達して，大量の雨を降らせている。

ところが，数年に1度，図5のように貿易風が弱まり，表層の暖水が東方にまで広がる状態が1年程度続くことがある。このとき，雲ができて，雨が降る場所も東へ移動する。これをエルニーニョ現象という。

これとは反対に貿易風が異常に強まることで起こるラニーニャ現象がある。このとき，赤道太平洋の東部の冷水の範囲は平年の状態よりも[ア]なり，雨が降る場所は[イ]側に移動する。

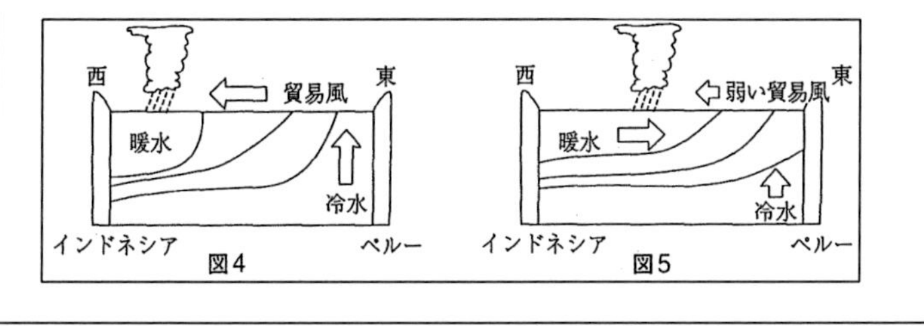

(1)　文中の[　ア　]，[　イ　]にあてはまることばを答えよ。

(2)　エルニーニョ現象が起こっているときの，日本付近の夏の天気の特徴を，理由とともに説明せよ。

▌2024年度 ▌島根県 ▌難易度

【4】次の1・2に答えなさい。

1　大気の運動についての記述として適切なものを，次の①～⑤のうちから全て選び，その番号を答えなさい。

①　熱帯収束帯では，雲ができる際に放出される凝結熱によって大気はさらに暖められ，大規模な上昇気流が生じる。

②　亜熱帯高圧帯では，東西に連なった積乱雲の群れができ，多量の雨が降る。

③　低緯度地域には，熱帯収束帯と亜熱帯高圧帯を結ぶ大規模な対流活動であるハドレー循環がある。

④　ジェット気流は季節によって南北に移動し，夏は低緯度側を，冬は高緯度側を吹く。

⑤　極偏東風は，南極大陸の沖合に停滞する大規模な低気圧に吹き込んでいる。

2　次の文章は，大気にはたらく力と風の吹き方について述べたものです。以下の(1)・(2)に答えなさい。

　地球の[　ア　]により生じる見かけの力を[　イ　]という。高度が約1kmを超えると，[　イ　]と[　ウ　]がつり合い，[　エ　]が吹く。北半球における[　エ　]の風向を矢印で示した図として適切なものは(　a　)である。
　高度約1kmまでの地表付近では，[　イ　]と[　ウ　]の他に，地表と空気の間に[　オ　]がはたらくため，風は，[　イ　]，

[　ウ　], [　オ　]がつり合うように吹く。このときの北半球における風向を矢印で示した図として適切なものは(　b　)である。

(1) 文章中の空欄[　ア　]~[　オ　]に当てはまる語句として適切なものを，次の①~⑧のうちからそれぞれ1つずつ選び，その番号を答えなさい。なお，同じ記号の空欄には同じ語句が入るものとします。

①　自転　　②　公転　　③　摩擦力　　④　転向力

⑤　気圧傾度力　　⑥　傾度風　　⑦　地衡風　　⑧　旋衡風

(2) 文章中の空欄(　a　)・(　b　)に当てはまる図として最も適切なものを，次の①~⑧のうちからそれぞれ1つずつ選び，その番号を答えなさい。なお，各図中の実線は等圧線を示しています。

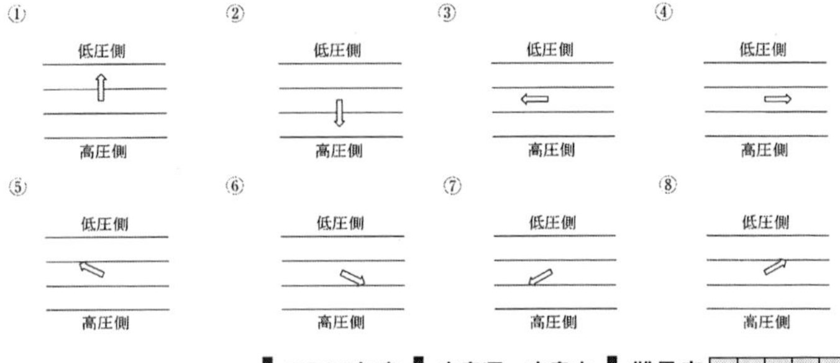

▌2024年度 ▌広島県・広島市 ▌難易度

【5】図1は，水を入れたコップのようすを，図2は，やかんに入れた水が沸騰するようすをそれぞれ示したものである。また，表は気温と飽和水蒸気量の関係を示したものである。あとの(1)~(6)の問いに答えよ。

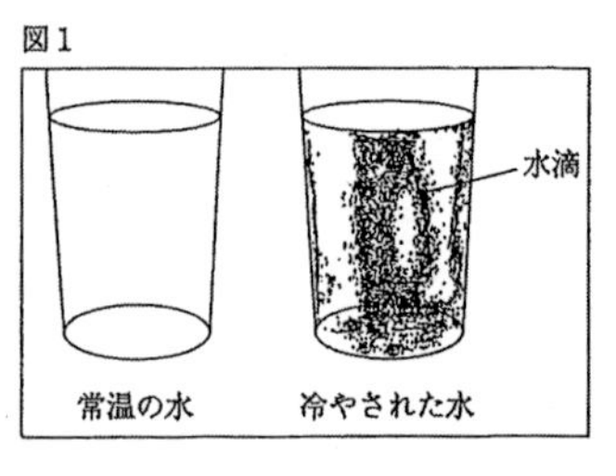

表

気温〔℃〕	飽和水蒸気量〔g/m³〕
35	39.6
30	30.4
25	23.1
20	17.3
15	12.8
10	9.4
5	6.8
0	4.8
−5	3.4
−10	2.1

(1)　水蒸気と湯気のちがいは何か。それぞれの「状態」と「見え方」のちがいを簡潔に書け。

(2)　次の文は，図1の冷やされた水の入ったコップの表面についた水滴がどのようにして現れたかを示そうとしたものである。文中の(　①　)，(　②　)にあてはまる最も適切な語句をそれぞれ書け。

> コップ周辺の(　①　)が冷やされたことによって(　①　)中の(　②　)が水滴に変化した。

(3)　気温が25℃の空気1m³に12.8gの水蒸気が含まれていたとすると，湿度は何％か。その数値を書け。ただし，端数処理が必要な場合は小数第1位まで求めることとする。

(4)　(3)の空気が冷やされて，水滴ができはじめる温度は何℃か。その数値を書け。

(5)　(3)の空気が，5℃まで気温が下がると，1m³あたり何gの水滴ができるか。その数値を書け。

(6)　(5)のときの湿度は何％か。その数値を書け。

▌2024年度▌香川県▌難易度■■■□□

【6】火山活動と地震について，次の(1)～(4)の問いに答えよ。

(1) 次の文の(　ア　)～(　エ　)に入る語句の組合せとして最も適切なものを以下のA～Dから一つ選び，その記号を書け。

> 地球上で火山のできる場所は，中央海嶺やその一部であるアイスランド島のような(　ア　)，日本列島のような沈み込み帯を含む(　イ　)，ハワイ島のような(　ウ　)にほぼ限られる。また，日本列島のようなプレート沈み込み帯では，火山は(　エ　)に密集していて，そこから内陸側に離れるほどその分布はまばらになる。

	A	B	C	D
ア	プレート発散境界	プレート発散境界	プレート収束境界	プレート収束境界
イ	プレート収束境界	プレート収束境界	プレート発散境界	プレート発散境界
ウ	ホットスポット	火山フロント	ホットスポット	火山フロント
エ	火山フロント	ホットスポット	火山フロント	ホットスポット

(2) マグマの性質や火山の噴火に関する説明として最も適切なものを次のA～Dから一つ選び，その記号を書け。

A　同じ火口から間に休止期を挟みながら繰り返し噴火してできる火山を単成火山という。

B　マグマに含まれるSiO_2の量が少ないと粘性が高くなり，マグマは流れにくくなる。

C　粘性の低い溶岩が繰り返し大量に流れると，盾状火山や溶岩台地が形成される。

D　粘性が高いマグマが激しく発泡し，連続的に噴出されても，火山灰や軽石は放出されない。

(3) 次の文の(　ア　)，(　イ　)に入る数字の組合せとして最も適切なものを以下のA～Dから一つ選び，その記号を書け。

> 地震の揺れの大きさは震度で，地震が発するエネルギーの大きさはマグニチュードで示される。震度は日本では気象庁震度階級が用いられ，(　ア　)段階に分けられている。また，マグニチュードは1大きくなると，地震のエネルギーは約(　イ　)倍になる。

	A	B	C	D
ア	7	7	10	10
イ	100	32	100	32

(4)　ある地域で地表付近を震源とする地震が起こり，その初動をもたらした地震波の走時曲線をかいたところ，図のようになった。

図と以下の式より求められる，この地域の地殻の厚さdは何kmか。最も適切なものをあとのA～Dから一つ選び，その記号を書け。ただし，図中の折れ曲がり地点の震央距離をx，180kmよりも震央に近い地域に到達した地震波の速度をv_1，遠い地域に到達した地震波の速度をv_2とする。

図

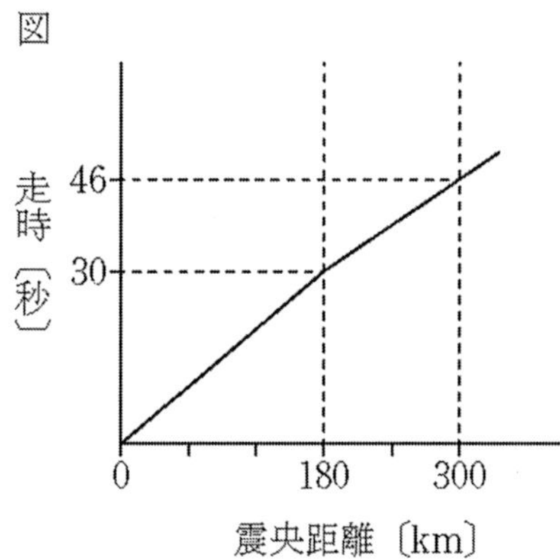

式

$$d=\frac{x}{2}\sqrt{\frac{v_2-v_1}{v_2+v_1}}$$

A　10　　B　20　　C　30　　D　40

2024年度　愛媛県　難易度

【7】ももこさんは野外調査を行い，露頭を観察しました。次の図は，地層や岩石のようすをまとめた観察記録です。以下の各問いに答えなさい。

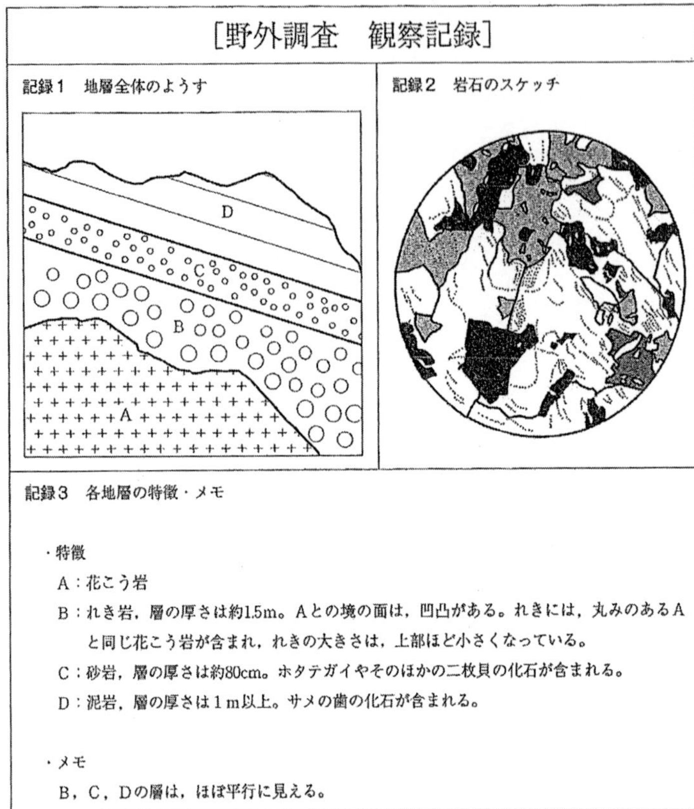

[野外調査　観察記録]
記録1　地層全体のようす
D
C
B
A
記録2　岩石のスケッチ
記録3　各地層の特徴・メモ
・特徴
A：花こう岩
B：れき岩，層の厚さは約1.5m。Aとの境の面は，凹凸がある。れきには，丸みのあるAと同じ花こう岩が含まれ，れきの大きさは，上部ほど小さくなっている。
C：砂岩，層の厚さは約80cm。ホタテガイやそのほかの二枚貝の化石が含まれる。
D：泥岩，層の厚さは1m以上。サメの歯の化石が含まれる。
・メモ
B，C，Dの層は，ほぼ平行に見える。

図（観察記録）

問1　図中の記録2は，記録1で示したAの層から採取した花こう岩をルーペで観察し，スケッチしたものです。このような岩石のつくりを何といいますか。次の1～4のうちから1つ選びなさい。

1　鉱物　　2　マグマ　　3　斑状組織　　4　等粒状組織

問2　花こう岩について説明した次の文章中の[　a　]～[　c　]にあてはまる語句の組合せとして正しいものを，以下の1～8のうちから1つ選びなさい。

花こう岩は，[　a　]が[　b　]で[　c　]固まってできたものである。

	a	b	c
1	マグマ	地表や地表付近	長時間かけて
2	マグマ	地表や地表付近	短時間に
3	マグマ	地下深く	長時間かけて
4	マグマ	地下深く	短時間に
5	れきや砂や泥	海底や湖底	長時間かけて
6	れきや砂や泥	海底や湖底	短時間に
7	れきや砂や泥	地表や地表付近	長時間かけて
8	れきや砂や泥	地表や地表付近	短時間に

問3　Cの層にホタテガイの化石が含まれていたことから，当時の環境が冷たい海であったことが推定できます。このように当時の環境を推定することができる化石を何といいますか。次の1～4のうちから1つ選びなさい。

1　斜交層理　　2　級化層理　　3　示相化石　　4　示準化石

問4　B，C，Dの層の考察として最も適切なものを，次の1～4のうちから1つ選びなさい。

1　B，C，Dの層は，陸地から遠い深い海で連続的に積み重なったと考えられる。

2　B，C，Dの層は，陸地に近い浅い海で連続的に積み重なったと考えられる。

3　B，C，Dの層は，海底で地震活動を受けて積み重なったと考えられる。

4　B，C，Dの層は，海底で火山活動を受けて積み重なったと考えられる。

■2024年度■宮城県・仙台市■難易度■■■■□□

【８】気象について，次の(1)～(5)の各問いに答えよ。

(1)　図1のような乾湿計を用いると，気温と湿度を調べることができる。湿球は先端が湿ったガーゼで包まれている。以下の①，②の各問いに答えよ。

図1

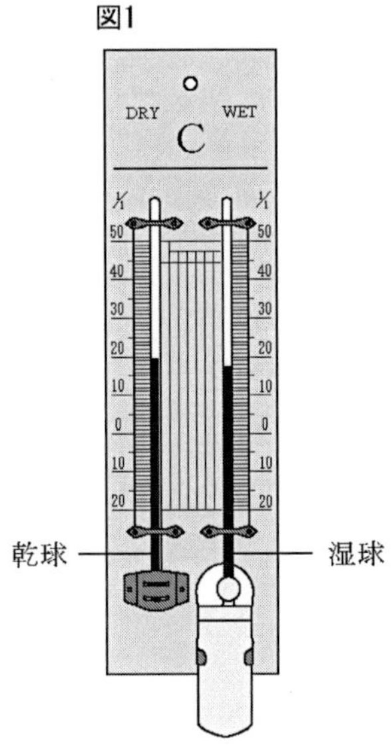

①　図1のように，乾球と比べて湿球の示度が低くなる理由を簡潔に説明せよ。

②　湿度が低いとき，乾球と湿球の示度の差が大きくなる理由を簡潔に説明せよ。

(2)　ある日の気温は20℃，湿球の示度は17℃であった。表1は湿度表，表2は温度と飽和水蒸気量との関係をまとめたものである。以下の①，②の各問いに答えよ。

表1　湿度表

乾球の示度〔℃〕	乾球と湿球の示度の差〔℃〕																				
	0.0	0.5	1.0	1.5	2.0	2.5	3.0	3.5	4.0	4.5	5.0	5.5	6.0	6.5	7.0	7.5	8.0	8.5	9.0	9.5	10.0
35	100	97	93	90	87	83	80	77	74	71	68	65	63	60	57	54	52	49	47	44	42
34	100	96	93	90	86	83	80	77	74	71	68	65	62	59	56	54	51	48	46	43	41
33	100	96	93	89	86	83	80	76	73	70	67	64	61	58	56	53	50	47	45	42	40
32	100	96	93	89	86	82	79	76	73	70	66	63	60	58	55	52	49	46	44	41	39
31	100	96	93	89	86	82	79	75	72	69	66	63	60	57	54	51	48	45	43	40	37
30	100	96	92	89	85	82	78	75	72	68	65	62	59	56	53	50	47	44	41	39	36
29	100	96	92	89	85	81	78	74	71	68	64	61	58	55	52	49	46	43	40	37	35
28	100	96	92	88	85	81	77	74	70	67	64	60	57	54	51	48	45	42	39	36	33
27	100	96	92	88	84	81	77	73	70	66	63	59	56	53	50	47	43	40	37	34	32
26	100	96	92	88	84	80	76	73	69	65	62	58	55	52	48	45	42	39	36	33	30
25	100	96	92	88	84	80	76	72	68	65	61	57	54	51	47	44	41	37	34	31	28
24	100	96	91	87	83	79	75	71	67	64	60	56	53	49	46	43	39	36	33	29	26
23	100	96	91	87	83	79	75	71	67	63	59	55	52	48	45	41	38	34	31	28	24
22	100	95	91	87	82	78	74	70	66	62	58	54	50	47	43	39	36	32	29	26	22
21	100	95	91	86	82	77	73	69	65	61	57	53	49	45	41	38	34	31	27	24	20
20	100	95	90	86	81	77	72	68	64	60	56	52	48	44	40	36	32	29	25	21	18
19	100	95	90	85	81	76	72	67	63	59	54	50	46	42	38	34	30	26	23	19	15
18	100	95	90	85	80	75	71	66	62	57	53	49	44	40	36	32	28	24	20	16	13
17	100	95	90	85	80	75	70	65	61	56	51	47	43	38	34	30	26	22	18	14	10
16	100	95	89	84	79	74	69	64	59	55	50	45	41	36	32	28	23	19	15	11	7
15	100	94	89	84	78	73	68	63	58	53	48	43	39	34	30	25	21	16	12	8	4
14	100	94	89	83	78	72	67	62	56	51	46	42	37	32	27	22	18	13	9	5	
13	100	94	88	82	77	71	66	60	55	50	45	39	34	29	25	20	15	10	6	1	
12	100	94	88	82	76	70	64	59	53	48	42	37	32	27	22	17	12	7	2		
11	100	94	87	81	75	69	63	57	52	46	40	35	29	24	19	13	8	3			
10	100	93	87	80	74	68	62	56	50	44	38	32	27	21	15	10	5				
9	100	93	86	80	73	67	60	54	48	42	36	30	24	18	12	6	1				
8	100	93	86	79	72	65	59	52	46	39	33	27	20	14	8	2					
7	100	93	85	78	71	64	57	50	43	37	30	23	17	11	4						
6	100	92	85	77	70	62	55	48	41	34	27	20	13	7							

表2　温度と飽和水蒸気量

温度〔℃〕	飽和水蒸気量〔g/m³〕	温度〔℃〕	飽和水蒸気量〔g/m³〕
0	4.8	16	13.6
2	5.6	18	15.4
4	6.4	20	17.3
6	7.3	22	19.4
8	8.3	24	21.8
10	9.4	26	24.4
12	10.7	28	27.2
14	12.1	30	30.4

①　このときの湿度を表2の湿度表を用いて求める方法を説明せよ。

②　このときの空気1m³に含まれる水蒸気量は何gか。小数第二位を四捨五入して答えよ。

(3)　ある場所で，気象観測を行ったところ，降雨はなく，雲量は8，風向きは北西の風，風力は4であった。この観測結果を天気図の記号を用いて，次の図の中にかけ。

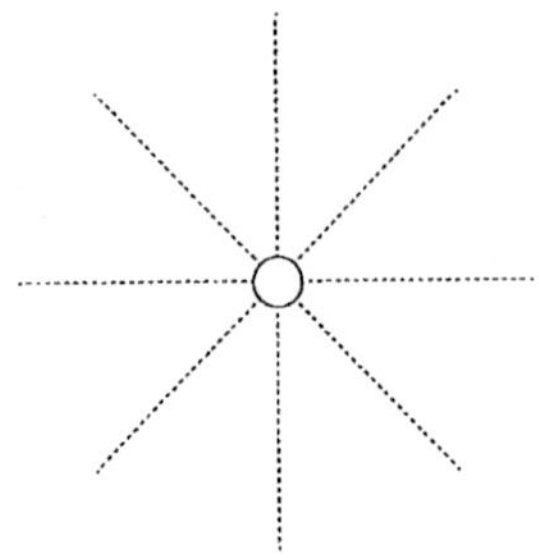

(4)　図2は，日本のある場所における5月17日から19日までの気温，気圧，湿度，天気，風向・風力を記録したものである。以下の①，②の各問いに答えよ。

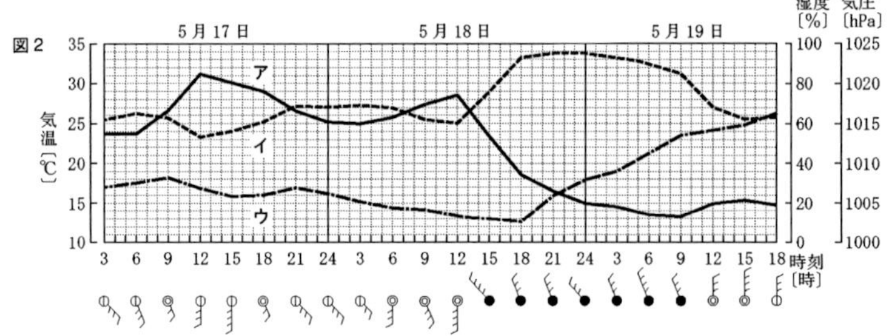

①　図2で気圧を表しているものを，図中のア～ウから一つ選び，記号で答えよ。

②　図2の3日間でこの地点を寒冷前線が通過したと考えられる日時を，次のA～Dのうちから一つ選び，記号で答えよ。また，そのように判断した理由を答えよ。

A　5月17日6時　　B　5月17日12時　　C　5月18日12時

D　5月19日9時

(5)　図3は前線付近の大気の様子を模式的に表したものである。温暖前線を示しているものを，a～eから一つ選び，記号で答えよ。

図3

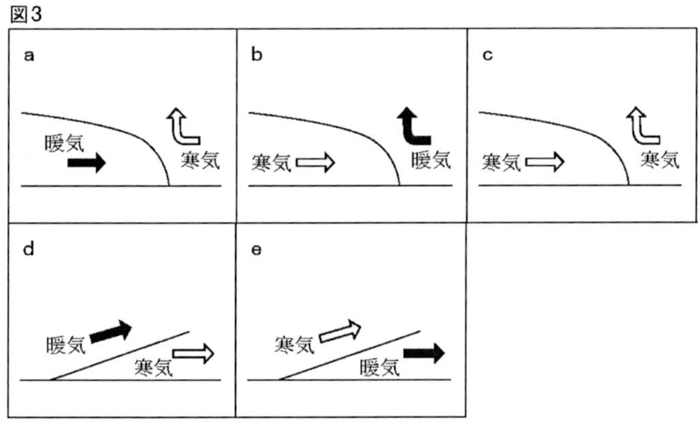

■2024年度 ■山口県 ■難易度

【9】図1は，岡山県のある地点Xで，春分の日の太陽の日周運動を透明半球に記録したものである。ただし，図1のAは，太陽が南中した位置，Bは天頂を示している。また，透明半球上における太陽の移動距離は1時間当たり3cmであり，地点Xでの南中高度は55°であった。各問いに答えよ。

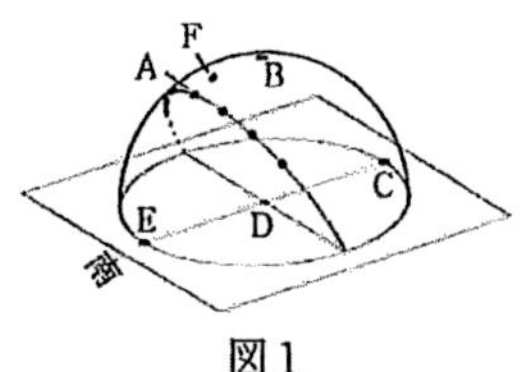

図1

1　図1における南中高度を表したものを次の(ア)～(エ)から一つ選び，記号で答えよ。

(ア)　∠BDA　　(イ)　∠EDA　　(ウ)　∠ECA　　(エ)　∠CEA

2　経度がXと同じ岡山県の別の地点Yで，同じ日に太陽の日周運動を記録したところ，南中高度は55.5°であった。地図で測ると地点XとYは55km離れていた。地球を球体と考えたとき，地球の全周は何kmになるか答えよ。

3　図2は地球の公転の様子を示している。春分の日の位置を示しているものを(ア)～(エ)から一つ選び，記号で答えよ。

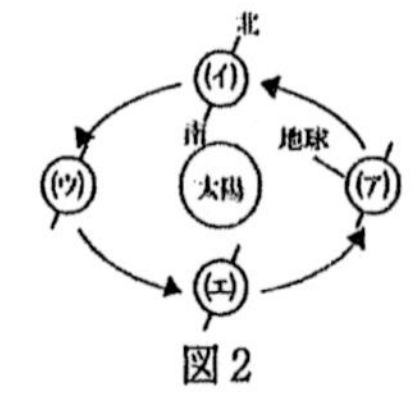

図2

4　別の日に地点Xで太陽の日周運動を記録したところ，Fの位置で南中した。この日の太陽の日周運動を次の透明半球に図示せよ。

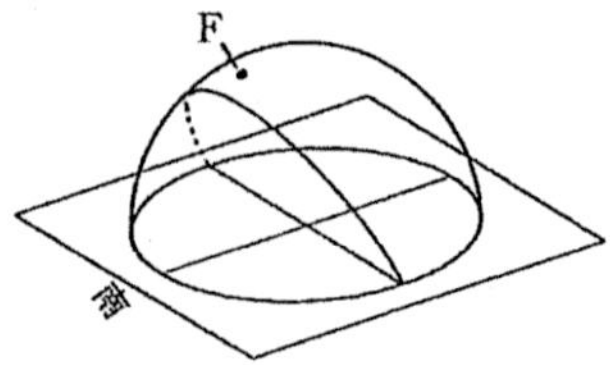

5　冬至の日に地点Xで太陽の日周運動を記録したとき，透明半球上における太陽の移動距離は1時間当たり何cmか答えよ。

▌2024年度 ▌岡山県 ▌難易度

【10】図1は太陽・地球の位置と，地球の公転軌道，天球上の太陽の通り道付近にある星座の位置を模式的に示したものであり，A～Dは約3ヶ月ごとの地球の位置である。

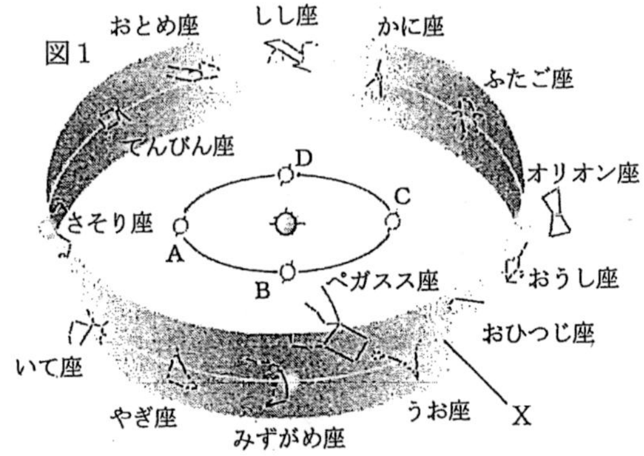

(1)　図1のXは天球上の太陽の見かけの通り道である。何というか書きなさい。

(2)　地球がAの位置にある時，真夜中0時に真南の空に見える星座の名称を，図1から1つ選び書きなさい。

(3)　おとめ座が真夜中の0時に真南の空に見えたとき，西の方角の地平線近くに見える星座は何か。最も適切なものを次のア～オから選び，記号で書きなさい。

ア　いて座　　イ　てんびん座　　ウ　しし座　　エ　うお座

オ　ふたご座

(4)　(3)の後も南の空の観察を続けたところ，同日の2時間後にはてんびん座が真南の空に見えた。これは地球の何という運動によって起こるものか書きなさい。

(5)　(3)から2週間後，おとめ座が(3)と同じ位置にくるのは何時頃か，次のア～カから選び，記号で書きなさい。

ア　22時　　イ　23時　　ウ　0時　　エ　1時　　オ　2時

カ　3時

(6)　おとめ座は9月や10月の夜間にはほとんど見ることができない。その理由を書きなさい。

(7)　図2の星座が真夜中0時頃に天頂に見えるのは，図1の地球A～Dのどの位置の頃か，記号で書きなさい。

図2

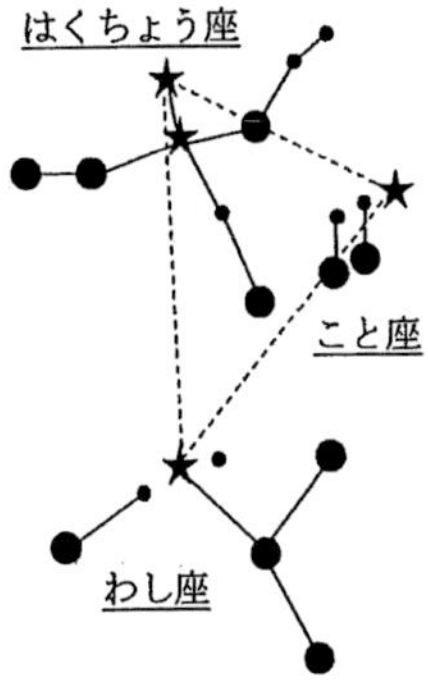

(8)　次の文は，太陽の見かけの動きについて述べたものである。正しい文になるように，①，②にはそれぞれ方角を，③には当てはまる数値を整数で書きなさい。

> 地球が太陽のまわりを公転することにより，地球から見た太陽は，星座の星の位置を基準にすると，星座の星の間を(①)から(②)へゆっくり移動しているように見える。太陽が星座の間を1日に動く角度は約(③)度である。

(9) 次のア～ウの文章が正しければ○，間違っていれば×を書きなさい。

ア 赤道上では，毎日太陽は天頂を通過する。

イ 日本では見えるが，オーストラリアでは見えない星座がある。

ウ 赤道上では年間を通じて昼と夜の長さがほぼ等しい。

(10) 東経135度の地方標準時を示す正確な時計を持った人が，都市Yへ旅行し，太陽が南中した時，その時計は13時20分を示していた。またこの日，都市Yでの北極星の高度を計測したところ，48度だった。都市Yの緯度と経度を書きなさい。

▌2024年度 ▌静岡県・静岡市・浜松市 ▌難易度 ■■■□□

【11】次の図は，ある日の太陽，金星，地球の位置関係を模式的に表したものである。この日から3ヶ月後に日本で金星を観察した。金星が見えた時間帯と方位の組合せとして最も適切なものを，以下の①～④のうちから選びなさい。

ただし，地球の公転周期を1.00年，金星の公転周期を0.62年とする。

図

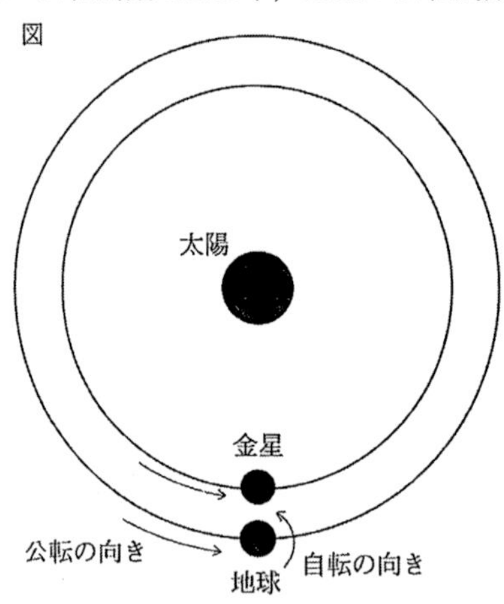

	時間帯	方　位
①	明け方	東
②	明け方	西
③	夕　方	東
④	夕　方	西

2024年度 ▍神奈川県・横浜市・川崎市・相模原市 ▍難易度

【12】次の問いに答えよ。

(1)　次のアからウの岩石の観察文に該当する岩石名の組み合わせとして最も適当なものを，以下の①から⑥までの中から一つ選び，記号で答えよ。

アの岩石は，結晶質である。くぎで傷がつく。塩酸をかけると発泡した。

イの岩石は角閃石，輝石，斜長石やガラスの角張ったかけらが見られた。稀ではあるが化石を含むことがある。

ウの岩石は肉眼でカンラン石，輝石，斜長石が見られ，ルーペで見ると間を埋める物質の中に同じ小さな結晶も見られた。

	ア	イ	ウ
①	花崗岩	砂岩	凝灰岩
②	石灰岩	安山岩	ハンレイ岩
③	大理石	凝灰岩	玄武岩
④	石灰岩	凝灰岩	安山岩
⑤	大理石	安山岩	玄武岩
⑥	花崗岩	砂岩	玄武岩

(2)　堆積構造や化石から，地層ができた環境を推定することができる。堆積したときの環境を示さないものを，次の①から⑥までの中から一つ選び，記号で答えよ。

①　非常に厚い凝灰岩の地層がある。

②　あさりの化石が見つかる。

③　波のような模様が見られた。

④ 礫岩，砂岩，泥岩などの粒度の違い。

⑤ しゅう曲が見られる。

⑥ ブナの化石が見つかる。

(3) 次の図は，世界のプレートの分布を示すものである。プレートについて書かれた以下の文章中の[ア]から[エ]にあてはまるものの組み合わせとして最も適当なものを，以下の①から⑥までの中から一つ選び，記号で答えよ。

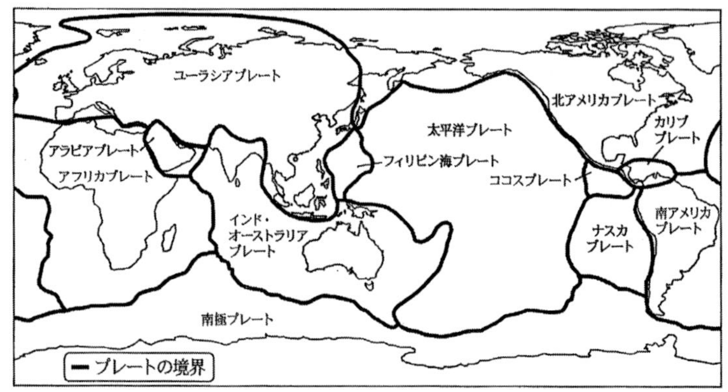

> プレートどうしが接する境界があり，沈み込んだり，拡大したりしている。プレートには海洋プレートと大陸プレートがある。
>
> インド・オーストラリアプレートとユーラシアプレートは大陸プレートが大陸プレートに沈み込んでいる。
>
> 他に，大陸プレートに海洋プレートが沈み込んでいる境界もあり，日本では，大陸プレートの[ア]プレートに海洋プレートが沈み込んでいる。
>
> また，プレートが沈み込むのでなく，プレートが新しくつくりだされている[イ]がある。
>
> ハワイ列島の火山は太平洋プレートの上にあるが，マグマがプレートの[ウ]から供給されるためマグマが吹きだしている位置は変わらない。天皇海山とハワイ列島の配列からプレートが動く方向は[エ]ことがわかる。

	ア	イ	ウ	エ
①	太平洋	海溝	下	変わらない
②	フィリピン海	海嶺	中	変わる
③	太平洋	ホットスポット	上	変わらない
④	北アメリカ	海嶺	下	変わる
⑤	フィリピン海	海溝	中	変わらない
⑥	北アメリカ	ホットスポット	上	変わる

(4)　次の文章は，日本の冬の気象について述べたものである。文章中の[　ア　]から[　ウ　]にあてはまるものの組み合わせとして最も適当なものを，以下の①から⑥までの中から一つ選び，記号で答えよ。

冬の季節風は陸風・海風の関係に似ている。冬，冷やされると大陸に[　ア　]ができるため[　イ　]の季節風が吹く。この季節風が日本海を通るとき，海面から水蒸気を含んで暖められ上昇し，筋状の雲をつくる。日本列島の中央部の山脈を越えるとき，多量の雪を降らす。山脈を越えた太平洋側では冷たい[　イ　]の風が吹いて，[　ウ　]の天気が続くことが多い。

	ア	イ	ウ
①	高気圧	北	曇り
②	低気圧	北	晴れ
③	高気圧	南東	雪
④	低気圧	南東	曇り
⑤	高気圧	北西	晴れ
⑥	低気圧	北西	雪

(5)　次の図の曲線は，気温と飽和水蒸気量を示したものである。A点の湿度として最も適当なものを，以下の①から⑥の中から一つ選び，記号で答えよ。

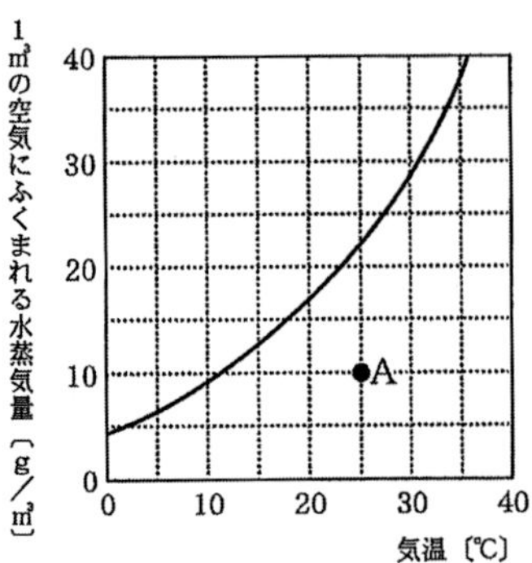

① 35%　　② 45%　　③ 55%
④ 65%　　⑤ 75%　　⑥ 85%

(6) 次の図は，3日間の気象要素の気温，気圧，湿度を表したものである。10月26日12時，10月27日0時，21時，10月28日12時の天気の組み合わせとして最も適当なものを，以下の①から⑥までの中から一つ選び，記号で答えよ。

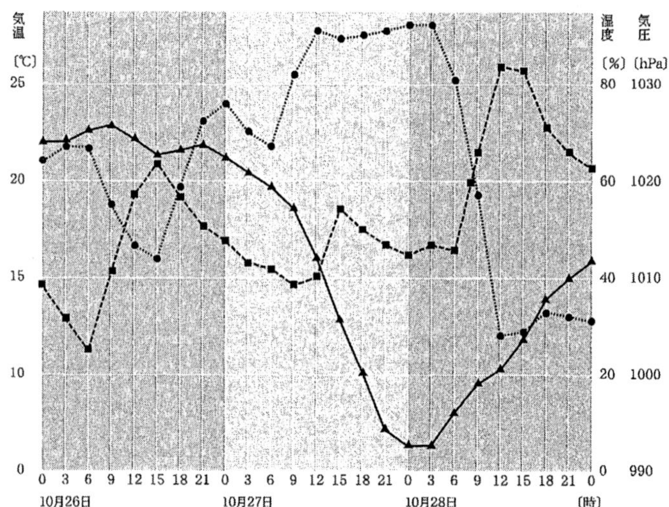

	10月26日12時	10月27日 0時	10月27日21時	10月28日12時
①	晴れ	くもり	雨	晴れ
②	雨	くもり	晴れ	雨
③	晴れ	雨	くもり	晴れ
④	雨	雨	晴れ	くもり
⑤	晴れ	雨	くもり	くもり
⑥	雨	くもり	雨	晴れ

(7)　ある日，金星は太陽から30°離れた，次図のような位置にあった。このとき，金星と太陽の関係を述べた文として正しいものを，以下の①から⑥までの中から一つ選び，記号で答えよ。

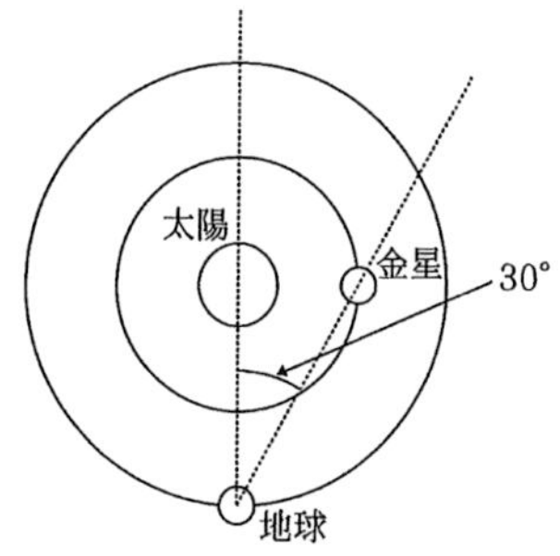

①　太陽が昇って2時間後に金星が昇った。
②　太陽が昇った3時間後に金星が昇った。
③　金星が昇って2時間後に太陽が昇った。
④　金星が昇った3時間後に太陽が昇った。
⑤　太陽が沈んだ3時間後に金星が沈んだ。
⑥　金星が沈んで2時間後に太陽が昇った。

(8)　次のaからeのグラフは，各緯度で1年間の日の出と日の入りの時刻を表したものである。赤道上と北緯66.6度の日の出と日の入りの時刻の年間変化の組み合わせとして最も適当なものを，①から⑥までの中から一つ選び，記号で答えよ。

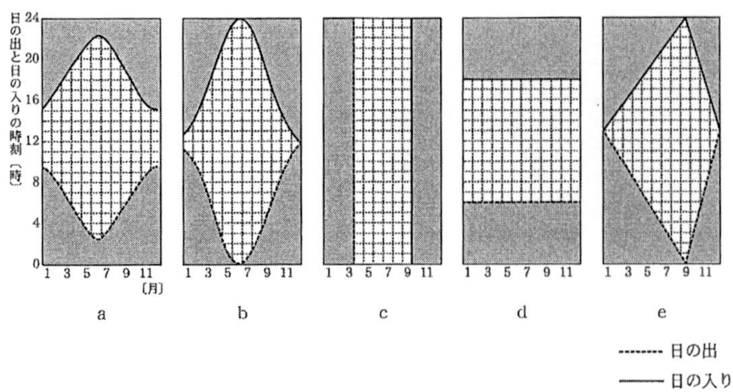

	赤道上	北緯66.6度
①	a	e
②	e	c
③	b	d
④	d	b
⑤	c	a
⑥	d	a

(9) 天体の動きを述べた文として最も適当なものを，次の①から⑥までの中から一つ選び，記号で答えよ。

① 地軸の傾きは四季で変化している。

② 地軸の傾きは約26000年後では反対方向となる。

③ 月食は満月のとき，必ず起こる。

④ 同時刻にオリオン座の見える方向は1か月後では変わらない。

⑤ 金環日食と皆既日食の違いは地球と月の距離が一定でないために起こる。

⑥ 金星の満月は真夜中に観測できる。

▌2024年度 ▌沖縄県 ▌難易度

【13】次の観測について，問1，問2に答えなさい。

【観測】 図のような山で，空気塊が地点A(標高500m)から斜面に沿って上昇し，地点B，山頂を経て地点C，地点D(標高0m)へ移動したとき，地点A～Dの気象を調べた。地点Aの気温は25.0℃，湿度は84.0%であった。地点Bから地点Cまでは，雲がかかり雨が降っていた。地点Cから地点Dの間は晴れていた。地点Dの気温は37.5℃，空気は乾燥していた。

図

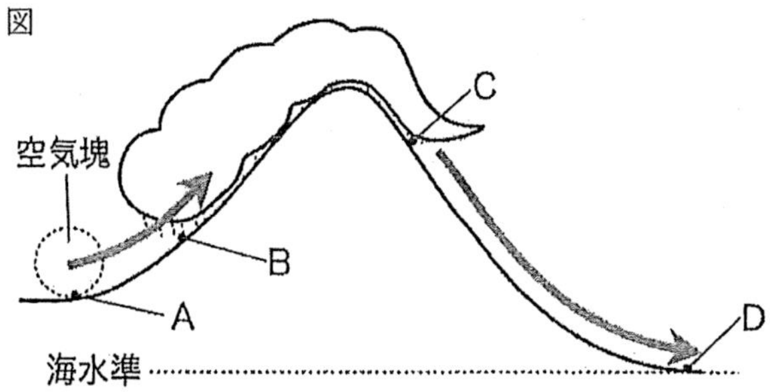

問1　この観測時の気象のように，空気塊が山を越えることで，風下側の山麓の気温が急に上がり乾燥する現象として，正しいものを選びなさい。

ア　エルニーニョ現象　　イ　フェーン現象　　ウ　温室効果

エ　ラニーニャ現象　　オ　ヒートアイランド現象

問2　地点Cの標高として，適当なものを選びなさい。ただし，乾燥断熱減率は1.0℃/100m，湿潤断熱減率は0.5℃/100m，気圧の変化による断熱減率の変化はないものとし，飽和水蒸気量は表の値を用いるものとする。

表

気温 (℃)	飽和水蒸気量 (g/m³)	気温 (℃)	飽和水蒸気量 (g/m³)
11.0	10.0	21.0	18.4
12.0	10.7	22.0	19.4
13.0	11.4	23.0	20.6
14.0	12.1	24.0	21.8
15.0	12.9	25.0	23.1
16.0	13.7	26.0	24.4
17.0	14.5	27.0	25.8
18.0	15.4	28.0	27.2
19.0	16.3	29.0	28.8
20.0	17.3	30.0	30.4

ア　1900m　　イ　2000m　　ウ　2100m　　エ　2200m

オ　2300m

▌2024年度 ▌北海道・札幌市 ▌難易度

【14】マグマと岩石について，(1)～(3)の問いに答えよ。

(1)　次の文は，火山岩について述べたものである。文中の(　ア　)～(　ウ　)に当てはまる語句として最も適当な組合せを，以下の1～6のうちから一つ選べ。

火山岩には，比較的大きい鉱物である(　ア　)が細かい粒などでできた(　イ　)の間にちらばる(　ウ　)が見られる。

	ア	イ	ウ
1	斑晶	石基	等粒状組織
2	石基	斑晶	斑状組織
3	斑晶	石基	柵状組織
4	石基	斑晶	等粒状組織
5	斑晶	石基	斑状組織
6	石基	斑晶	柵状組織

(2)　地表に噴出するとドーム状の火山をつくるマグマが，地下深くで非常にゆっくり冷えて固まったとき，できた岩石の名称として最も適当なものを，次の1～6のうちから一つ選べ。

1　流紋岩　　2　安山岩　　3　玄武岩　　4　花こう岩

5　せん緑岩　　6　斑れい岩

(3)　ある地域に3つの火山ア～ウがある。火山アでは流紋岩，火山イでは安山岩，火山ウでは玄武岩が観察された。この地域の地層を調べたところ，3層の火山灰の層が見つかった。地層の下部から上部に向かってa層，b層，c層とし，それぞれの火山灰の層を観察したところ，次のことがわかった。

・a層からは，主に輝石，角閃石，長石が見つかった。

・b層からは，主に石英，長石が見つかった。

・c層からは，主に長石とカンラン石が見つかった。

a～c層は，火山ア～ウの大規模な噴火によるものとし，それぞれの火山は過去に1度しか大規模な噴火はなかったものとする。また，この地域の地層の逆転はないものとする。火山ア～ウの噴火した順番を古いものから順に並べるとどうなるか。最も適当なものを，次の1～6のうちから一つ選べ。

	古い	──→	新しい
1	ア	イ	ウ
2	ア	ウ	イ
3	イ	ア	ウ
4	イ	ウ	ア
5	ウ	ア	イ
6	ウ	イ	ア

2024年度 大分県 難易度

【15】次の古生代に関する記述ア～オについて，その内容の正誤の組合せとして最も適切なものを，以下の①～⑧のうちから選びなさい。

ア　カンブリア紀になると，多様な動物が一斉に出現した。当時の動物群の化石が見つかっており，先カンブリア時代のバージェス動物群には見られないかたい殻をもつ生物や原始的な脊椎動物につながる生物など多様な形態の生物群は，エディアカラ生物群とよばれている。

イ　オルドビス紀には，温暖な気候のもと，海中にサンゴやフデイシが繁栄した。海の中で光合成をおこなう藻類が繁栄し，大気中の二酸化炭素濃度が上昇した。その結果，成層圏にオゾン層が形成されたことによって，生物が陸上へ進出し始めた。

ウ　シルル紀になると，維管束のある植物が現れ，陸上での生活に適応していった。動物では，節足動物のヤスデなどが陸上に現れた。海の中では，無顎類の一部が顎を発達させ，原始的な魚類へと進化した。

エ　石炭紀が終わりデボン紀に入ると，ロボクやリンボクなどの大型のシダ植物が繁栄し，大森林を形成した。デボン紀には，大気中の酸素濃度は急激に上昇しており，一方で二酸化炭素の濃度は低下している。

オ　ペルム紀には，大陸が集合して超大陸パンゲアが形成された。海では，フズリナやサンゴなど多くの動物が繁栄した。ペルム紀末には，地球環境の激変が起こり，多くの生物群が大量に絶滅した。

	ア	イ	ウ	エ	オ
①	正	誤	誤	誤	誤
②	正	正	正	誤	誤
③	誤	正	誤	誤	誤
④	誤	正	正	正	誤
⑤	誤	誤	正	誤	誤
⑥	誤	誤	正	誤	正
⑦	誤	誤	誤	正	誤
⑧	誤	誤	誤	正	正

▍2024年度 ▍神奈川県・横浜市・川崎市・相模原市 ▍難易度 ■■■■□

解答・解説

【1】① ウ　② エ　③ カ　④ オ　⑤ ク　⑥ イ　⑦ キ　⑧ コ　⑨ シ　⑩ ス

○**解説**○ ①～⑤は地球温暖化に関する記述である。地球大気は赤外線を蓄積・再放射することで，地球の表面温度を一定範囲に保っている。この現象を温室効果といい，この働きをもつ気体を温室効果ガスと呼ぶ。温室効果ガスがなければ地球の平均気温はマイナス19℃にも下がり，生命活動は維持できないとされる。しかし，近年は人類が放出する温室効果ガスが急増し温暖化が深刻な問題になっている。温室効果ガスには二酸化炭素，メタン，フロンガスなどがあり，大部分を二酸化炭素が占めている。海面上昇による陸地面積の減少や生態系への影響などが懸念されている。⑥～⑩はオゾン層破壊に関する記述である。酸素分子(O_2)は紫外線を吸収し2個の酸素原子(O)に解離する。生成された酸素原子(O)は周りの酸素分子(O_2)と結合してオゾン分子(O_3)を形成する。成層圏に存在するオゾン濃度の高い層をオゾン層という。一方で，フロンなどの人工の化学物質は，分解しづらく成層圏まで到達する。そして紫外線により分解され塩素を放出する。塩素原子(Cl)はオゾン分子(O_3)を分解し，一酸化塩素(ClO)と酸素分子(O_2)を生成する。成層圏のオゾン層は，生物に有害な紫外線を吸収し地表への到達を防いでいる。オゾン層は古生代・シルル紀までに形成され，生物の地上進出を可能にしたと考えられている。南極上空では南半球の春に相当する8～9月ごろにオゾン層が極端に少なくなる現象が毎年観測されている。この現象をオゾンホールという。オゾン層の破壊がもたらす紫外線の増加が，生物に与える影響が懸念されている。

【2】Ⅰ　(1)　東方最大離角　(2)　6月ごろ　(3)　ウ　(4)　二酸化炭素の量が多く，強い温室効果が起こっているため

Ⅱ　(1)　①　イ　②　0.25〔倍〕　③　エ　(2)　イ

○**解説**○　Ⅰ　(1)　内惑星が夕方に西の空に見え，太陽から東に最も離れて見えるときを東方最大離角という。　(2)　内惑星の会合周期をSとすると，$\frac{1}{0.62}-\frac{1}{1.0}=\frac{1}{S}$より，$S=\frac{0.62}{0.38}$〔年〕，つまり$\frac{0.62}{0.38}\times 12=19.57$…〔か月〕となる。よって，この年の11月1日からおよそ19か月と半月後なので，再来年の6月ごろに同様の位置関係となる。　(3)「会合周期」ではなく「公転周期」である。　(4)　解答参照。

Ⅱ　(1)　①　HR図の右上の領域は巨星，左上から右下にかけての対角線の領域は主系列星，左下の領域は白色わい星を示す。　②　恒星の光度をL〔W〕，半径をR〔m〕，表面温度をT〔K〕，シュテファン・ボルツマン定数をσ〔$W/(m^2 \cdot K^4)$〕とすると，$L=4\pi\sigma R^2T^4$の関係がある。太陽と恒星Yの光度は等しいので，それぞれの半径をR_1〔m〕，R_2〔m〕とすると，$4\pi\sigma R_1{}^2\times(6000)^4=4\pi\sigma R_2{}^2\times(12000)^4$より，$\frac{R_2}{R_1}=\frac{6000^2}{12000^2}=$ 0.25となる。よって，恒星Yの半径は太陽の半径の0.25倍となる。

③　A，B　恒星の進化は原始星→主系列星→巨星→白色わい星の順なので，若い恒星の集まりである散開星団は主系列星，古い恒星の集まりである球状星団は巨星が多い。　C，D　ヘリウムより重い元素を多く含むのは種族Ⅰの星，少ないのは種族Ⅱの星，全く含まないのは種族Ⅲの星である。　(2)　銀河の後退速度vとその銀河までの距離rの間に比例関係が存在する。

【3】問1　74〔%〕　　問2　(1)　54.0〔%〕　　(2)　理科における「実験を行っている部屋のくみ置きの水」は，部屋の温度と同じ温度になっている水である。このくみ置きの水の温度を測定することにより，水と金属製のコップの表面の空気をほぼ同じ温度として実験を行うことができるからである。　　問3　B，D　　問4　(1)　ア　広く　イ　西　　(2)　エルニーニョ現象が発生しているときの日本の夏は，太平洋高気圧の張り出しが弱くなり，冷夏になる。

○**解説**○　問1　図1より乾球は29.0℃，湿球は25.5℃と読み取れ，乾球と湿球との目盛りの読みの差は3.5℃なので，表1の湿度表よりこのときの湿度は74%と読み取れる。　問2　実験室の温度は19℃なので，表2より飽和水蒸気量は16.3g/m^{3}である。また，水の温度が9℃で金属製のコップの表面がくもり始めたので露点は9℃であり，実験室の水蒸気量は8.8g/m^{3}なので，湿度は$\frac{8.8}{16.3}\times 100 = 53.98\cdots \fallingdotseq 54.0$〔%〕となる。問3　夏は大陸の方があたたまりやすく，上昇気流が発生するため低気圧となる。反対に，海洋では高気圧となるので，夏の季節風は海洋から大陸に向かって吹く。　問4　ラニーニャ現象では，通常よりも貿易風が強く吹くため，エルニーニョ現象とは逆の影響が出る。

【4】1　①，③，⑤　　2　(1)　ア　①　　イ　④　　ウ　⑤　　エ　⑦　　オ　③　　(2)　a　④　　b　⑧

○**解説**○　1　②　亜熱帯高圧帯は，下降気流が発生しているので雲はできにくく雨は少ない。　④　ジェット気流は，夏は高緯度側を，冬は低緯度側を吹く。　2　(1)　解答参照。　(2)　a　気圧傾度力は高圧側から低圧側へ向かってはたらく力であり，転向力は北半球では風に対して直角右向きにはたらく。地衡風では，気圧傾度力と転向力が反対向きなので，風向は④となる。　b　摩擦力と転向力の合力が気圧傾度力とつり合い，摩擦力は風向と反対向きにはたらくので，風向は⑧となる。

【5】(1)　湯気は，水蒸気が水滴に変化したものである。湯気は細かい水滴で液体であり目に見えるが，水蒸気は気体であり目に見えない。
(2)　①　空気　　②　水蒸気　　(3)　55.4〔%〕　　(4)　15〔℃〕

(5)　6.0〔g〕　　(6)　100〔%〕

○**解説**○ (1)　解答参照。　(2)　空気1m^{3}の中に含むことができる水蒸気の最大質量のことを，飽和水蒸気量という。表より，気温が低いほど飽和水蒸気量は小さくなるので，空気が冷えると含むことができない分の水蒸気が水滴に変化する。　(3)　表より，25℃での飽和水蒸気量は23.1〔g/m^3〕なので，12.8〔g/m^3〕のときの湿度は，$\frac{12.8}{23.1}\times100=$ 55.41…≒55.4〔%〕となる。　(4)　表より，飽和水蒸気量が12.8〔g/m^3〕となる気温は15℃なので，この温度で水滴ができはじめる。(5)　表より，5℃での飽和水蒸気量は6.8〔g/m^3〕なので，水滴になる質量は1m^{3}あたり12.8－6.8＝6.0〔g〕となる。　(6)　水滴ができるときの湿度は100%である。

【6】(1)　A　　(2)　C　　(3)　D　　(4)　C

○**解説**○ (1)　ア　プレート発散境界は，プレートが互いに遠ざかる方向に移動する地域を指し，海底にある海嶺という地形では新しいプレートが形成される。　イ　プレート収束境界は，プレートが互いに近づく方向に移動する地域を指し，海溝の形成などが起こる。　ウ　ホットスポットは，マントルの深部から高温のマグマが上昇する場所を指す。　エ　火山フロントは，プレート収束境界で沈み込んだプレートの岩石が融解し，マグマを形成する地域に分布する。　(2)　A　単成火山では，同じ火口から繰り返し噴火することは少ない。　B　SiO_2の含有量が多いマグマほど，粘性が高い。　D　粘性が高いマグマは，爆発的な噴火を引き起こしやすく，火山灰や軽石などの火山噴出物が放出される。　(3)　ア　気象庁の震度階級は震度0～7で，5と6には強弱があるため10階級である。　イ　地震のエネルギーが約100倍になるのは，マグニチュードが2大きくなるときである。　(4)　走時曲線の折れ曲がり地点はx＝180〔km〕であり，これより震央に近い地域では地表を伝わる地震波が先に到達するので，$v_1=\frac{180}{30}=6.0$〔km/s〕である。一方，これより震央から遠い地域では，マントルを通って伝わる屈折波が先に到達するので，$v_2=\frac{300-180}{46-30}=7.5$〔km/s〕となる。

よって，$d=\frac{180}{2}\sqrt{\frac{7.5-6.0}{7.5+6.0}}=30$〔km〕となる。

【7】問1　4　　問2　3　　問3　3　　問4　2

○**解説**○ 問1　ほとんどの結晶が同じ大きさなので，等粒状組織である。 問2　花こう岩は，マグマが地下深くでゆっくりと固まって形成された深成岩の一種である。 問3　解答参照。 問4　B層のれきは上部ほど小さく，その上のC層は砂岩，さらに上のD層は泥岩からなるので，これらは連続的に積み重なったと考えられる。また，ホタテガイの化石から，当時この場所は浅くて冷たい海であったことが推定できるので，陸地に近く浅い海であったと考えられる。

【8】(1)　①　湿球にある水が蒸発する時に気化熱を奪い温度が下がるから。　②　湿度が低いと水の蒸発量が増えることで気化熱が大きくなり，湿球の示度が下がる。このため示度の差が大きくなるから。 (2)　①　乾球と湿球の差は20－17＝3　乾球の示度20℃の行と，乾球と湿球の示度の差3.0℃の列の交わるところの数値を読みとると，湿度72%と求めることができる。　②　12.5〔g〕

(3)

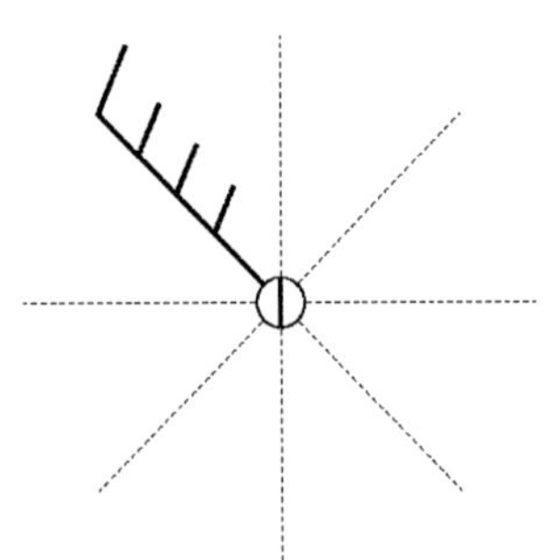

(4)　①　ウ　　②　C　　判断した理由…気温が急に下がり，風向が北寄りに変わったため。　(5)　d

○**解説**○ (1)　解答参照。 (2)　①　解答参照。　②　気温は20℃なので，表3より飽和水蒸気量は17.3g/m³である。湿度が72%なので，求める水蒸気量は，17.3×0.72＝12.456≒12.5〔g〕となる。 (3)　雲量8は晴れであり，風向は吹いて来る方向に線を引き，右側から風力の分だけ矢ばねをかく。 (4)　①　アは気温，イは湿度，ウは気圧を表す。 ②　寒冷前線が通過する際には，激しい雨が降る。 (5)　温暖前線付近では，暖気が寒気の上を緩やかに上昇している。

【9】1　(イ)　　2　39600〔km〕　　3　(イ)

4

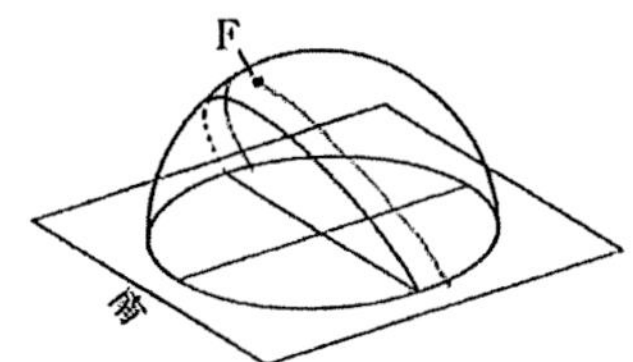

5　3〔cm〕

○解説○ 1　太陽の南中高度は，太陽の高度が最も高くなるとき(真南にあるとき)の位置A・観測者D・地平線Eを結んだ角度である。　2　南中高度の差は緯度の差に等しいので，地点Xと地点Yの緯度差は0.5°となる。地点Xと地点Yは経度が同じなので，両地点間の距離55kmは，緯度差0.5°の経線の長さに等しいので，地球の全周は$55\times\frac{360}{0.5}=39600$〔km〕となる。　3　(ア)は地軸が太陽と反対側に傾いているので冬至，(ウ)は地軸が太陽の方に傾いているので夏至である。地球は反時計回りに公転しているので，(イ)が春分，(エ)が秋分である。　4　AよりFの方が南中高度は高いので，太陽はより北側からのぼってきて，より北側に沈んでいく。　5　太陽の日周運動は地球の自転による太陽の見かけの動きなので，移動距離は季節にかかわらず一定である。よって，透明半球上における1時間当たりの移動距離も一定となる。

【10】(1)　黄道(こうどう)　　(2)　さそり座　　(3)　オ　　(4)　自転

(5)　イ　　(6)　おとめ座は地球から見て太陽と同じ方向にあるため。

(7)　A　　(8)　①　西　　②　東　　③　1　　(9)　ア　×

イ　○　　ウ　○　　(10)　緯度…北緯48度　　経度…東経115度

○解説○ (1)　解答参照。　(2)　Aの位置に地球があるとき，地球に対し太陽と反対方向にある星座が真夜中に南中するので，さそり座である。(3)　地球は北極の上から見ると反時計回りに自転しているので，おとめ座が真夜中に見える位置の地球から西の方角は図の右側なので，選択肢のうちふたご座が該当する。　(4)　地球は1日に1回転(360度)反時計回りに自転しているので，2時間後には反時計回りに30度の空にある星座が見える。　(5)　2週間で地球は約14度反時計回りに太陽の周りを公転している。そのため，おとめ座が南中する時刻は，2週間前より約14度回る分早くなる。地球は1時間で15度反時計回りに自転しているので，おとめ座が南中するのは2週間前より約1時間早くなる。よって，真夜中の0時より1時間早い23時となる。　(6)　地球から見て，太陽と同じ方向にある星座は見ることができない。　(7)　図2には夏の大三角が見られるので，このときの地球の位置は夏の星座が真夜中に南中するところである。北半球の地軸が太陽の方向に向いているAが，夏の地球の位置である。　(8)　太陽は，天球上の星座の間を西から東へ1年間で1周するように見える。よって，1日に動く角度は約1度である。　(9)　ア　赤道上では，春分と秋分に太陽が天頂を通過する。イ　北極星は南半球では地平線の下にあるので見ることはできない。逆に，南半球の南十字星は日本で見ることはできない。　ウ　解答参照。　(10)　北極星の高度はその位置の緯度を表すので，都市Yの緯度は48度である。また，都市Yでは東経135度の日本より南中が80分遅れているので，経度は日本より$\frac{360}{24}\times\frac{80}{60}=20$〔度〕西へずれているので，東経115度である。

【11】①

○**解説**○　金星が太陽の周りを一周するのに要する日数は，365×0.62≒226〔日〕である。そのため，3ヶ月後(約90日後)の金星の位置は，図の位置から反時計回りに$360^\circ\times\frac{90}{226}\fallingdotseq143^\circ$回転したところである。一方，地球の位置は図の位置から反時計回りに$360^\circ\times\frac{90}{365}\fallingdotseq89^\circ$回転したところなので，地球から見て金星は東の方角にある。金星が東の空で明るく見えるのは，明け方である(明けの明星)。

【12】(1)　③　　(2)　⑤　　(3)　④　　(4)　⑤　　(5)　②　　(6)　①
(7)　③　　(8)　④　　(9)　⑤

○**解説**○ (1)　ア　大理石は結晶質石灰岩ともいい，塩酸を作用させると二酸化炭素が生じる。　イ　角張った鉱物が見られるのは，凝灰岩の特徴である。　ウ　斑状組織をもつので火山岩であり，カンラン石が含まれるので玄武岩である。　(2)　しゅう曲は地層が堆積した後にその土地に圧縮力がかかると形成される構造なので，堆積したときの環境とは関係がない。　(3)　ア　日本列島の周辺では，海洋プレートである太平洋プレートやフィリピン海プレートが，大陸プレートである北アメリカプレートやユーラシアプレートに沈み込んでいる。
イ　プレートが新しくつくられるところは，海嶺である。　ウ　例えば，ハワイ列島は地下深部のホットスポットから供給されたマグマによって形成された。　エ　天皇海山列は北北西，ハワイ列島は西北西に並んでいることから，プレートが動く方向が変わっていることがわかる。　(4)　ア　冬に陸地が冷やされると，上空の空気も冷やされ下降気流が生じ高気圧が形成される。　イ，ウ　日本の冬には，シベリア高気圧からの北西の季節風が吹いてくる。季節風が日本海を渡るときに水蒸気が供給され，日本の脊梁山脈を越える際に日本海側に雪をもたらす。水蒸気が少ない乾いた風は，そのまま風下の太平洋側へ吹きおろし，太平洋側は晴れになる。　(5)　図より，A点の水蒸気量は10.0g/cm³，25℃での飽和水蒸気量は22.0g/cm³と読み取れるので，湿度は$\frac{10.0}{22.0}\times 100 = 45.4\cdots \fallingdotseq 45$〔%〕となる。　(6)　10月26日12時は，湿度が低く気温が高いため晴れている。10月27日0時は湿度が上がり気温が下がっているためくもりで，21時には気圧も下がり湿度が100%に近いので雨が降っている。10月28日12時には湿度が急激に下がり，気温が上昇しているため晴れている。　(7)　地球は反時計回りに自転しているので，図の位置に見える金星は明けの明星である。地球は1時間で15°自転しており，太陽と金星は30°離れているので，金星が昇った2時間後に太陽が昇ることになる。　(8)　赤道上では，1年を通して日の入りと日の出の時間は変化しないため，dのグラフが該当する。北緯66.6度の地点では，夏至に白夜，冬至に極夜となるため，bのグラフが該当する。　(9)　①　地軸の傾きは季節により変化しない。
②　地軸の傾きは，公転面に垂直な方向に対して23.4°であり，この傾きを保ったまま約26000年周期で変化する。　③　月の公転軌道は地球の公転軌道に対し約5°傾いているため，満月のときに必ず月食が起こるわけではない。　④　星座が見える位置は，同じ時刻では1か月後には約30°ずれる。　⑥　金星は内惑星なので，真夜中に観測するこ

とはできない。

【13】問1　イ　　問2　オ

○解説○ 問1　ア　エルニーニョ現象は東太平洋赤道域の表面水温が通常よりも高くなる現象である。　ウ　温室効果は地球大気が太陽からの熱エネルギーの一部を吸収し保持することで，地球の表面温度を生物圏が持続するために適切な温度範囲に維持している現象である。
エ　ラニーニャ現象はエルニーニョ現象の反対の現象で，東太平洋赤道域の表面水温が通常よりも低くなる現象である。　オ　ヒートアイランド現象は都市や人口密集地域で見られる現象で，都市部の気温が周辺地域よりも高くなる現象である。　問2　地点Aの気温25℃の飽和水蒸気量は表から23.1g，よって湿度84%の水蒸気量は23.1〔g〕$\times\frac{84}{100}$≒19.4〔g〕である。地点Bは水蒸気量19.4gで湿度100%なので表から気温22.0℃，地点Aとの温度差3℃なので標高は500＋300＝800〔m〕である。地点Dが37.5℃なので地点D側の斜面の標高800m地点をB′とすると，地点B′の気温は乾燥断熱減率から37.5－(1.0×8)＝29.5〔℃〕である。地点Bと地点B′の気温差は7.5℃，この差は乾燥断熱減率と湿潤断熱減率の差で生じるので地点Cとの標高差は$\frac{7.5}{1.0-0.5}\times100$〔m〕＝1500〔m〕　よって，地点Cの標高は2300m

【14】(1)　5　　(2)　4　　(3)　3

○解説○ (1)　火山岩は地表で急冷されたため，マグマだまりで晶出していた結晶である斑晶のまわりに結晶化していないガラス質の石基が取り囲んでいる斑状組織を示す。　(2)　ドーム状の火山を作るマグマは流紋岩質である。そのマグマが地下深くで固まった深成岩は花こう岩である。　(3)　鉱物からa層の岩石は安山岩である。同様にb層の岩石は流紋岩である。c層の岩石は玄武岩である。よって，一番下からa→b→cなので，安山岩(イ)→流紋岩(ア)→玄武岩(ウ)の順になる。

【15】⑥

○**解説**○ ア　バージェス動物群とエディアカラ生物群が逆である。

イ　光合成生物が繁栄することで大気中に増えるのは，酸素である。

エ　デボン紀は石炭紀の前の時代である。

中学校理科 学習指導要領

実施問題

【1】次の文は，中学校学習指導要領(平成29年3月告示)「理科」に示されている第1分野の内容の取扱いの一部である。文中の(　①　)，(　②　)に当てはまる言葉を以下のA～Dから一つずつ選び，その記号を書け。

> ○　第1分野
>
> ・　アの(イ)の㋐については，ばねに加える力の大きさとばねの伸びとの関係も扱うこと。また，重さと質量との違いにも触れること。力の単位としては「(　①　)」を用いること。
>
> ※アの(イ)の㋐とは「力の働き」のことである。
>
> ・　アの(ア)の㋑の「様々な物質」については，天然の物質や人工的につくられた物質のうち代表的なものを扱うこと。その際，(　②　)の性質にも触れること。
>
> ※アの(ア)の㋑とは「様々な物質とその利用」のことである。

①　A　グラム　　B　キログラム　　C　ニュートン
　　D　パスカル

②　A　プラスチック　　B　木材　　C　ガラス
　　D　金属

2024年度 ｜ 愛媛県 ｜ 難易度 ■■□□□

【2】次の文は，平成29年告示の中学校学習指導要領「理科」における「第2　各分野の目標及び内容〔第1分野〕」の目標の一部である。(　①　)～(　③　)に当てはまる語句を書け。

> (2)　物質やエネルギーに関する事物・現象に関わり，それらの中に問題を見いだし見通しをもって観察，実験などを行い，その結果を分析して解釈し表現するなど，科学的に探究する

活動を通して，(　①　)を見いだしたり(　②　)を解決したりする力を養う。

(3)　物質やエネルギーに関する事物・現象に進んで関わり，科学的に探究しようとする態度を養うとともに，自然を(　③　)に見ることができるようにする。

2024年度　岡山市　難易度

【3】中学校学習指導要領(平成29年3月告示)の「第2章　第4節　理科」に関して，次の(1)，(2)の問いに答えよ。

(1)　次の文は，「第1　目標」を示そうとしたものである。文中の(　①　)，(　②　)にあてはまる語句を，それぞれ書け。

自然の事物・現象に関わり，理科の(　①　)を働かせ，見通しをもって観察，実験を行うことなどを通して，自然の事物・現象を(　②　)するために必要な資質・能力を次のとおり育成することを目指す。

(1)　自然の事物・現象についての理解を深め，(　②　)するために必要な観察，実験などに関する基本的な技能を身に付けるようにする。

(2)　観察，実験などを行い，(　②　)する力を養う。

(3)　自然の事物・現象に進んで関わり，(　②　)しようとする態度を養う。

(2)　次の文は，「第3　指導計画の作成と内容の取扱い」の一部を示そうとしたものである。文中の(　①　)～(　③　)にあてはまる語句を，それぞれ書け。

2　第2の内容の取扱いについては，次の事項に配慮するものとする。

(2)　(　①　)を尊重し，(　②　)の保全に寄与する態度を養うようにすること。

(10)　(　③　)が日常生活や社会を豊かにしていることや安全性の向上に役立っていることに触れること。また，理科で学習することが様々な職業などと関係していることにも触れること。

▌2024年度 ▌香川県 ▌難易度 ■■■□□□

【4】次の文章は，「中学校学習指導要領(平成29年告示)解説　理科編(平成29年7月)」の「第2章　理科の目標及び内容　第2節　各分野の目標及び内容　〔第1分野〕　1　第1分野の目標」に関する解説の一部である。文章を読んで，以下の問いに答えよ。

> (2)　物質やエネルギーに関する事物・現象に関わり，それらの中に問題を見いだし見通しをもって観察，実験などを行い，その結果を分析して解釈し表現するなど，科学的に探究する活動を通して，[　　　]を養う。

文章中の[　　　]にあてはまるものを，次の①から⑥までの中から一つ選び，記号で答えよ。

①　科学的に考察して判断する力
②　自然や科学技術を総合的に考察する力
③　科学技術の発展と人間生活の関わりを理解する力
④　規則性や関係性を見いだし解決する力
⑤　規則性を見いだしたり課題を解決したりする力
⑥　科学技術の未来を考察する力

▌2024年度 ▌沖縄県 ▌難易度 ■■■□□□

【5】中学校学習指導要領理科の「各分野の目標及び内容」の〔第1分野〕の「目標」に関する記述として適切なものは，次の1～4のうちのどれか。

1　生命や地球に関する事物・現象に関わり，それらの中に問題を見いだし見通しをもって観察，実験などを行い，その結果を分析して解釈し表現するなど，科学的に探究する活動を通して，多様性に気付くとともに規則性を見いだしたり課題を解決したりする力を養う。

2　物質やエネルギーに関する事物・現象に進んで関わり，科学的に探究しようとする態度を養うとともに，自然を総合的に見ることができるようにする。

3　物質やエネルギーに関する事物・現象に進んでかかわり，その中に問題を見いだし意欲的に探究する活動を通して，規則性を発見したり課題を解決したりする方法を習得させる。

4　物理的な事物・現象についての観察，実験を行い，観察・実験技能を習得させ，観察，実験の結果を分析して解釈し表現する能力を育てるとともに，身近な物理現象，電流とその利用，運動とエネルギーなどについて理解させ，これらの事物・現象に対する科学的な見方や考え方を養う。

2024年度　東京都　難易度

【6】次の文は，平成29年3月告示の中学校学習指導要領に示されている，理科第1分野の「目標」である。文中の〔　①　〕～〔　④　〕に適する語句を以下のa～hからそれぞれ一つ選び，記号で答えなさい。

物質やエネルギーに関する事物・現象を科学的に探究するために必要な資質・能力を次のとおり育成することを目指す。

(1)　物質やエネルギーに関する事物・現象についての観察，実験などを行い，身近な物理現象，電流とその利用，運動とエネルギー，〔　①　〕，化学変化と原子・分子，化学変化とイオンなどについて理解するとともに，科学技術の発展と人間生活との関わりについて認識を深めるようにする。また，それらを科学的に探究するために必要な観察，実験などに関する〔　②　〕を身に付けるようにする。

(2)　物質やエネルギーに関する事物・現象に関わり，それらの中に問題を見いだし見通しをもって観察，実験などを行い，その結果を分析して解釈し表現するなど，科学的に探究する活動を通して，〔　③　〕を見いだしたり課題を解決したりする力を養う。

(3)　物質やエネルギーに関する事物・現象に進んで関わり，科学的に探究しようとする〔　④　〕を養うとともに，自然を総合的に見ることができるようにする。

a　物質の状態変化　　b　規則性　　c　知識・技能

d　態度　　　　　　　e　思考・表現力　　f　身の回り物質
g　基本的な技能　　　h　関連性

▌2024年度 ▌佐賀県 ▌難易度 ■■■□□□

【7】次の文章は,「中学校学習指導要領解説　理科編」(平成29年7月)第1章　総説　3　理科改訂の要点　からの抜粋である。以下の各問いに答えなさい。

(3) 「理科の見方・考え方」

理科における「見方(様々な事象等を捉える各教科等ならではの視点)」については,理科を構成する領域ごとの特徴を見いだすことが可能であり,「エネルギー」を柱とする領域では,自然の事物・現象を主として(　①　)な視点で捉えることが,「粒子」を柱とする領域では,自然の事物・現象を主として(　②　)な視点で捉えることが,「生命」を柱とする領域では,生命に関する自然の事物・現象を主として(　③　)の視点で捉えることが,「地球」を柱とする領域では,地球や宇宙に関する自然の事物・現象を主として(　④　)な視点で捉えることが,それぞれの領域における特徴的な視点として整理することができる。

ただし,これらの特徴的な視点はそれぞれの領域固有のものではなく,その強弱はあるものの他の領域において用いられる視点でもあり,また,これら以外の視点もあることについて留意することが必要である。また,探究の過程において,これらの視点を必要に応じて組み合わせて用いることも大切である。

理科における「考え方」については,(中略)　探究の過程を通した学習活動の中で,例えば,(　⑤　)したり,(　⑥　)たりするなどの科学的に探究する方法を用いて考えることとして整理することができる。なお,この「考え方」は,物事をどのように考えていくのかということであり,資質・能力としての思考力や態度とは異なることに留意が必要である。

以上を踏まえ,中学校における「理科の見方・考え方」については,「自然の事物・現象を,質的・量的な関係や時間的・空間的な関係などの科学的な視点で捉え,(　⑤　)したり,

(⑥)たりするなどの科学的に探究する方法を用いて考えること」と整理することができる。

例えば，(⑤)することで問題を見いだしたり，既習の内容などと(⑥)て根拠を示すことで課題の解決につなげたり，原因と結果の関係といった観点から探究の過程を振り返ったりすることなどが考えられる。そして，このような探究の過程全体を生徒が主体的に遂行できるようにすることを目指すとともに，生徒が常に知的好奇心をもって身の回りの自然の事物・現象に関わるようになることや，その中で得た気付きから課題を設定することができるようになることを重視すべきである。

理科の学習においては，「理科の見方・考え方」を働かせながら，知識及び技能を習得したり，思考，判断，表現したりしていくものであると同時に，学習を通して，「理科の見方・考え方」が豊かで確かなものとなっていくと考えられる。なお，「見方・考え方」は，まず「見方」があって，次に「考え方」があるといった順序性のあるものではない。

(1) 空欄(①)～(④)に当てはまる語句を，次のア～エからそれぞれ1つずつ選び，記号で答えなさい。

ア 時間的・空間的　　イ 共通性・多様性　　ウ 質的・実体的
エ 量的・関係的

(2) 空欄(⑤)・(⑥)に当てはまる語句をそれぞれ答えなさい。

▌2024年度 ▌京都府 ▌難易度 ■■■□□

【8】中学校学習指導要領(平成29年3月)「理科」の一部を読んで，問1，問2に答えなさい。

第2 各分野の目標及び内容

〔第1分野〕

1 目標

(略)

2 内容

(1) 身近な物理現象

> 身近な物理現象についての観察，実験などを通して，次の事項を身に付けることができるよう指導する。
> ア　身近な物理現象を日常生活や社会と関連付けながら，次のことを理解するとともに，それらの観察，実験などに関する技能を身に付けること。
>
> (略)
>
> (イ)　力の働き
> ㋐　力の働き

問1　＿＿部について，中学校学習指導要領解説(平成29年7月)「理科編」に示されているねらいとして，正しいものを選びなさい。

ア　運動の様子を記録する方法を習得させるとともに，物体に力が働くときの運動と働かないときの運動についての規則性を見いだして理解させること

イ　力の合成と分解についての実験を行い，その結果を分析して解釈し，力の合成と分解の規則性を理解させること

ウ　力学的エネルギーに関する実験を行い，運動エネルギーと位置エネルギーが相互に移り変わることを見いださせ，摩擦力が働かない場合には力学的エネルギーの総量が保存されることを理解させること

エ　物体に力を働かせる実験を行い，その結果を分析して解釈することを通して力の働きやその規則性を見いださせ，力は大きさと向きによって表されること，物体に働く2力のつり合う条件など，力に関する基礎的な性質やその働きを理解させること

問2　＿＿部について，中学校学習指導要領解説(平成29年7月)「理科編」に示されている実験の例として，正しい組合せを選びなさい。

a　動いている物体に力を加える実験

b　ゴム膜を張った円筒を水中に沈める実験

c　水平面上を動く物体の衝突実験

d　2本のばねばかりを用いて，一つの物体を引く実験

ア　a・b　　イ　a・c　　ウ　a・d　　エ　b・c　　オ　b・d

2024年度 ｜ 北海道・札幌市 ｜ 難易度

【9】次の(1)，(2)の問いに答えよ。

(1) 次の文章は，中学校学習指導要領(平成29年告示)解説　理科編の記述を抜き出したものである。文中の(　ア　)～(　ウ　)に当てはまる語句の組合せとして最も適当なものを，以下の1～5のうちから一つ選べ。

①教育課程の示し方の改善

i) 資質・能力を育成する学びの過程についての考え方

理科においては，課題の(　ア　)，課題の探究(追究)，課題の解決という探究の過程を通じた学習活動を行い，それぞれの過程において，資質・能力が育成されるよう指導の改善を図ることが必要である。そして，このような探究の過程全体を生徒が主体的に遂行できるようにすることを目指すとともに，生徒が常に(　イ　)を持って身の回りの自然の事物・現象に関わるようになることや，その中で得た気付きから疑問を形成し，課題として設定することができるようになることを重視すべきである。

その際，学習過程については，必ずしも一方向の流れではなく，(　ウ　)戻ったり，繰り返したりする場合があること，授業においては全ての学習過程を実施するのではなく，その一部を取り扱う場合があること，意見交換や議論など対話的な学びを適宜取り入れていく際，あらかじめ自己の考えを形成した上で行うようにすることが求められる。

	ア	イ	ウ
1	把握（発見）	課題意識	習熟度に応じて
2	設定（分析）	知的好奇心	必要に応じて
3	設定（分析）	知的好奇心	習熟度に応じて
4	把握（発見）	知的好奇心	必要に応じて
5	設定（分析）	課題意識	習熟度に応じて

(2) 次の文章は，中学校学習指導要領(平成29年告示)解説　理科編の記述を抜き出したものである。文中の(　ア　)～(　ウ　)に当てはまる語句の組合せとして最も適当なものを，以下の1～5のうちから一つ選べ。

[第1分野の目標]

物質やエネルギーに関する事物・現象を科学的に探究するために必要な資質・能力を次のとおり育成することを目指す。

(1) 物質やエネルギーに関する事物・現象についての観察，実験などを行い，身近な物理現象，電流とその利用，運動とエネルギー，身の回りの物質，化学変化と原子・分子，化学変化とイオンなどについて理解するとともに，科学技術の発展と人間生活との関わりについて(　ア　)ようにする。また，それらを科学的に探究するために必要な観察，実験などに関する基本的な技能を身に付けるようにする。

(2) 物質やエネルギーに関する事物・現象に関わり，それらの中に問題を見いだし見通しをもって観察，実験などを行い，その結果を分析して解釈し表現するなど，(　イ　)を通して，規則性を見いだしたり課題を解決したりする力を養う。

(3) 物質やエネルギーに関する事物・現象に進んで関わり，科学的に探究しようとする態度を養うとともに，自然を(　ウ　)に見ることができるようにする。

	ア	イ	ウ
1	探究する	総合的に考察したり対話したりする活動	多面的
2	認識を深める	科学的に探究する活動	総合的
3	認識を深める	総合的に考察したり対話したりする活動	多面的
4	探究する	科学的に探究する活動	多面的
5	探究する	科学的に探究する活動	総合的

▌2024年度 ▌大分県 ▌難易度 ■■■■□□

【10】平成29年3月告示の中学校学習指導要領　理科　について，次の1・2に答えなさい。

1　目標　には，「自然の事物・現象に関わり，理科の見方・考え方を働かせ，見通しをもって観察，実験を行うことなどを通して，自然の事物・現象を科学的に探究するために必要な資質・能力を次のとおり育成することを目指す。」と示されています。理科における「見方」とはどのようなことですか。また，理科における「考え方」とはどのようなことですか。それぞれについて書きなさい。

2　指導計画の作成と内容の取扱い　2　(7)には，「継続的な観察や季節を変えての定点観測を，各内容の特質に応じて適宜行うようにすること。」と示されています。継続的な観察や季節を変えての定点観測を行わせる際の指導における留意点として，どのようなことが考えられますか。書きなさい。

2024年度　広島県・広島市　難易度

解答・解説

【1】①　C　　②　A

○**解説**○ ①　この単元では，1Nの力とは，質量が約100gの物体に働く重力と同じ大きさであることに触れる。　②　この単元では，プラスチックに関して，その性質，用途などについて触れる。例えば，ポリエチレン(PE)ではつくりに触れ，ポリエチレンテレフタラート(PET)では有効な利用について触れることなどが考えられる。

【2】①　規則性　　②　課題　　③　総合的

○**解説**○ 第1分野の目標は，教科の目標を受けて示しているものであり，第1分野の特質に即して，ねらいをより具体的に述べている。目標(2)は，教科の目標の「観察，実験などを行い，科学的に探究する力を養う」を受けて，小学校で身に付けた問題を見いだす力や根拠のある予想や仮説を発想する力などを発展させ，物質やエネルギーに関する事物・現象について規則性を見いだしたり，課題を解決したりする方法を身に付け，思考力，判断力，表現力等を養うというねらいを示している。また，目標(3)は，教科の目標の「自然の事物・現象に進んで関わり，科学的に探究しようとする態度を養う」を受けて，物質やエネルギーに関する事物・現象に進んで関わり，自然を科学的に探究する活動を行い，科学的に探究しようとする態度を養うとともに，自然を総合的に見ることができるようにするというねらいを示している。

【3】(1) ① 見方・考え方 ② 科学的に探究 (2) ① 生命 ② 自然環境 ③ 科学技術

○**解説**○ (1) この目標は，中学校理科においてどのような資質・能力の育成を目指しているのかを簡潔に示したものである。初めに，どのような学習の過程を通してねらいを達成するかを示し，(1)では育成を目指す資質・能力のうち「知識及び技能」を，(2)では「思考力，判断力，表現力等」を，(3)では「学びに向かう力，人間性等」をそれぞれ示し，三つの柱に沿って明確化している。 (2) それぞれ「(2) 生命の尊重と自然環境の保全」と「(10) 科学技術と日常生活や社会との関連」に関する事項を示している。

【4】⑤

○**解説**○ 第1分野の特徴は，観察，実験が比較的行いやすく，分析的な手法によって規則性を見いだしやすいことである。実際の指導に当たっては，生徒自身が問題を見いだし，自ら進んで探究する活動を行い，分析して解釈することを通して，規則性を見いだしたり，課題を解決したりするように方向付けることが大切である。

【5】2

○**解説**○ 1 これは[第2分野]の「目標」に関する記述である。

3，4 これらは平成20・21年改訂の中学校学習指導要領理科の「第2章 各教科 第4節 理科 第2 各分野の目標及び内容 [第1分野]」の「目標」に関する記述である。

【6】① f ② g ③ b ④ d

○**解説**○ 第1分野の目標は，教科の目標を受けて示しているものであり，第1分野の特質に即して，ねらいをより具体的に述べている。第1分野の特徴は，観察，実験が比較的行いやすく，分析的な手法によって規則性を見いだしやすいことである。

【7】(1) ① エ　② ウ　③ イ　④ ア　(2) ⑤ 比較　⑥ 関係付け

○解説○ (1) 各教科等の「見方・考え方」は，「どのような視点で物事を捉え，どのような考え方で思考していくのか」というその教科等ならではの物事を捉える視点や考え方のことである。中学校学習指導要領における理科では，自然の事物・現象について「エネルギー」，「粒子」，「生命」，「地球」の4つを柱とする領域で構成している。理科における「見方」では，これらの領域ごとに特徴的な科学的な視点を捉えられることが示されており，また，探求の過程においてはこれらを組み合わせて使うことも大切であるとしている。 (2) 理科における「考え方」とは，自然の事物・現象について，比較し問題や課題を見つけたり日常や社会，既習の内容と関係付けし理解したり，新たな課題を発見することである。よって，理科における働かせる「見方・考え方」とは，科学的な視点で捉えた事物・現象について，比較し，関係付け等することで科学的な探究法によって考えることである。

【8】問1 エ　問2 ウ

○解説○ 問1「(1) 身近な物理現象 ア(イ) 力の働き ㋐ 力の働き」では，力に関する基礎的な性質やその働きを理解させることがねらいである。なお，正答以外の選択肢はそれぞれ，(5) 運動とエネルギーからの引用文である。 問2 問1より，「㋐ 力の働き」では，力の向き，大きさ，2つの力がつり合う条件など力の基本的な性質を理解することがねらいであり，これに該当する実験はa・dである。なお，正答以外の選択肢はそれぞれ，(5) 運動とエネルギーに関連する実験である。

【9】(1) 4　(2) 2

○解説○ (1) 問題は中央教育審議会答申における理科の教育課程の示し方の改善に関する要旨である。理科における学習の過程は，課題の把握(発見)，課題の探求(追究)，課題の解決の探求の過程を通じた学習活動の中で資質・能力を育成できるような指導改善を行う必要があり，生徒が常に知的好奇心をもって身の回りの自然の事物・現象に関わるようになることや，その中で得た気付きから課題を設定することができるようになることを重視すべきであるとされている。また，この学習の過程は一方通行ではなく必要に応じ見通しと振り返りを行うことが大切であると示している。この資質・能力を育成する学びの過程についての考え方は，中学理科における目標および内容に深く関わっている。　(2)　各分野の目標は，育成すべき資質・能力の3つの柱で構成されている。第1分野では物質やエネルギーに関する事物・現象についての知識，科学的に探究するために必要な技能について身に付け，科学技術の発展と人間生活と関わっている認識を深めさせ，科学的に探究する活動を通して，仮説を発想する力などを高めながら，観察，実験の結果を分析して解釈するなどの資質・能力の育成を図り，自然の事物・現象を見たり考えたりしようとする態度を養うことが重要であると示している。

【10】1 【理科における「見方」】自然の事物・現象を，質的・量的な関係や時間的・空間的な関係などの科学的な視点で捉えること。(他に，関係的な視点，実体的な視点，共通性・多様性の視点等)　【理科における「考え方」】比較したり，関係付けたりするなどの科学的に探究する方法を用いて考えること。(他に，条件を制御したり，多面的に考えたりする)　2　・生徒の意欲を持続させるために，事前に興味・関心を十分喚起し，目的を明確にして取り組ませる。　・記録の際には，変化の様子が分かるように映像を活用して記録させるなど，観察記録の取り方を工夫させる。　・実施に際しては，急な天候の変化や夜間の観察などに対する安全上の配慮を十分に行う。

○**解説**○ 1　中学校学習指導要領(平成29年告示)解説　理科編の「第1章　総説　3　理科改訂の要点」を参照。　2　中学校学習指導要領(平成29年告示)解説　理科編の「第3章　指導計画の作成と内容の取扱い　2　内容の取扱いについての配慮事項　(7)　継続的な観察などの充実」を参照。

中高・高校
物理

要点整理

物理（力学）

①運動方程式

・質量mの物体について，これにはたらく力の合力をF，加速度をaとすると，$ma=F$

・運動方程式を立てる物体が，他の物体に接触していたり連結されていたとしても，質量はその物体だけを考える。

②運動形態

(1) 等速直線運動

一直線上を一定速度v〔m/s〕で進む物体が，時間t〔s〕だけ経過した後の位置x〔m〕は，$x=vt$

(2) 等加速度直線運動

一直線上を一定の加速度a〔m/s²〕で進む物体について，初速度v_0〔m/s〕，t〔s〕後の速度v〔m/s〕，その間に移動した距離x〔m〕とすると，$v=v_0+at$，$x=v_0t+\frac{1}{2}at^2$，$v^2-v_0^2=2ax$

(3) 単振動

(a) 質量mの物体がばね定数kのばねに取り付けられ，変位がxのとき，フックの法則より，物体にはたらくばねの弾性力Fは，

$F=-kx$

(b) 物体の単振動の角振動数をω，加速度をa，周期をTとすると，

$F=ma=-m\omega^2x$，$k=m\omega^2$，$\omega=\sqrt{\frac{k}{m}}$，$T=\frac{2\pi}{\omega}=2\pi\sqrt{\frac{m}{k}}$

(c) 弾性力による位置エネルギーは，$\frac{1}{2}kx^2$

(4) 等速円運動

(a) 半径r，角振動数ωで等速円運動する物体の速さvは，$v=r\omega$

(b) 円運動の加速度は回転の中心を向き，その大きさaは，

$a=\frac{v^2}{r}=r\omega^2$

(c) 円運動をするために円の中心に向かう力(向心力)Fは，

$F=ma=m\frac{v^2}{r}=mr\omega^2$

(5)　不等速円運動

(a)　鉛直面内での円運動であり，物体の速さは一定ではない。

(b)　円運動の運動方程式と，力学的エネルギー保存の法則を用いる。

(6)　衝突(分裂)

(a)　運動量保存則

2つの物体1，2の衝突前後において，両物体の運動量の和が保存されるので，

$m_1\vec{v_1}+m_2\vec{v_2}=m_1\vec{v_1'}+m_2\vec{v_2'}$

(b)　はね返り係数e

$e=\frac{遠ざかる速度}{近づく速度}=-\frac{v_2'-v_1'}{v_2-v_1}$

・$e=1$の(完全)弾性衝突のとき，力学的エネルギーは保存される。

・$0<e<1$の非弾性衝突のとき，一般に力学的エネルギーは減少する。

(7)　剛体の回転運動

(a)　剛体にはたらく力をF，剛体の支点から力Fまでの距離(うでの長さ)をLとすると，力のモーメントMは，$M=FL$

(b)　回転の向きが逆のとき，符号も逆となる。

(c)　剛体がつり合っているとき，力のモーメントの和は0となる。

物理（熱と気体）

①気体の状態方程式

気体の圧力をp〔Pa〕，体積をV〔m^3〕，絶対温度をT〔K〕，物質量をn〔mol〕，気体定数をR〔J/mol・K〕とすると，$pV=nRT$

②気体分子の熱運動

(1)　圧力は，質量mの気体分子N個の衝突により，壁が受ける平均の力であり，速度の2乗平均値$\overline{v^2}$を用いて，$p=\frac{Nm\overline{v^2}}{3V}$

(2)　分子1個の運動エネルギーの平均値は，ボルツマン定数k〔J/K〕を用いて，

$$\frac{1}{2}m\overline{v^2}=\frac{3}{2}kT$$

③熱力学第1法則

気体に熱Q〔J〕を与え，温度がΔT上昇し，体積がΔV膨張すると，

(1) 気体の内部エネルギーの増加量は，$\Delta U=\frac{3}{2}nR\Delta T$〔J〕

(2) 気体が外部にする仕事は，$W=p\Delta V$〔J〕

(気体が外部からされる仕事をWとする場合，Wの符号は正負反対)

(3) 熱力学第1法則が成り立つとき，$Q=\Delta U+W$

④モル熱容量

(1) マイヤーの関係

定積モル熱容量$C_V=\frac{3}{2}R$，定圧モル熱容量$C_p=\frac{5}{2}R$，$C_p-C_V=R$

(4) ポアソンの法則

断熱変化では，比熱比$\gamma=\frac{C_p}{C_V}$とすると，$pV^{\gamma}=$(一定)

物理（波動）

①波の公式

速さv，波長λ，周期T，振動数fとすると，$v=f\lambda=\frac{\lambda}{T}$，$f=\frac{1}{T}$

②ドップラー効果

音速V，音源の速さv，観測者の速さu，音源の振動数f_0，観測者が聞く音の振動数fとすると，

$f=\frac{V-u}{V-v}f_0$ (v，uは，音源→観測者の向きを正)

(1) 観測者が音源から遠ざかるとき，$u>0$，$f<f_0$

(2) 観測者が音源に近づくとき，$u<0$，$f>f_0$

(3) 音源が観測者から遠ざかるとき，$v<0$，$f<f_0$

(4) 音源が観測者に近づくとき，$v>0$，$f>f_0$

つまり，

音源と観測者が相対的に近づくとき，$f>f_0$ (高い音が聞こえる)

音源と観測者が相対的に遠ざかるとき，$f<f_0$ (低い音が聞こえる)

③干渉

(1) 強め合いと弱め合いの条件

2つの波が同位相，同振幅，波長λで等しいとき，これらの光路

差について，

(a)　強め合う条件(明線)　⇒　(光路差)$=m\lambda$

(b)　弱め合う条件(暗線)　⇒　(光路差)$=\left(m+\frac{1}{2}\right)\lambda$

・ただし，$m=1$，2，3，…

・(光路)=(絶対屈折率)×(距離)

(2)　位相がずれる場合

・位相が半波長ずれる場合，強め合いと弱め合いの条件は(1)の逆

・位相が半波長ずれるのは，屈折率が大→小の媒質の境界で光が反射するとき

物理（電磁気）

①キルヒホッフの法則

(1)　第1法則

回路中の任意の1点に流れ込む電流の和($I_1+I_2+\cdots$)は，流れ出す電流の和($i_1+i_2+\cdots$)に等しい。

$I_1+I_2+\cdots=i_1+i_2+\cdots$

(2)　第2法則

1つの閉回路において，起電力の和($E_1+E_2+\cdots$)と電圧降下の和($R_1I_1+R_2I_2+\cdots$)は等しい。

$E_1+E_2+\cdots=R_1I_1+R_2I_2+\cdots$

(3)　複雑な直流回路の考え方

・各分路の電流の方向を決める。

・1つの分岐点において，キルヒホッフの第1法則を用いて立式する。

・閉回路ごとに，キルヒホッフの第2法則を用いて立式する。

・連立方程式より，未知の電流や電圧を求める。

②変圧器

一次コイルに加えた電圧V_1と二次コイルで発生した電圧V_2の比は，それぞれのコイルの巻き数N_1，N_2の比に等しく，$V_1:V_2=N_1:N_2$

物理（原子）

①放射線の性質

(1) 電離作用の強さ ⇒ α線 ＞ β線 ＞ γ線

(2) 透過力 ⇒ α線 ＜ β線 ＜ γ線

②水素原子のモデル

(1) 水素原子核のまわりの電子の運動

電子は水素原子核から静電気力を受け，そのまわりを等速円運動すると考える。電子の質量m，電気素量e，速度v，軌道半径r，比例定数k_0とすると，$m\frac{v^2}{r}=k_0\frac{e^2}{r^2}$

(2) 量子条件

電子波が定常状態となり安定化するとき，軌道の長さが波長の整数倍$n(=1,\ 2,\ \cdots)$となるので，プランク定数hを用いて，

$2\pi r=n\frac{h}{mv}=n\lambda$

(3) 振動数条件

電子が高いエネルギー準位E_1から低いエネルギー準位E_2に遷移するとき，放出される光子のエネルギーは，振動数をνとすると，

$E_1-E_2=h\nu$

③原子核の結合エネルギー

(1) エネルギーと質量の等価性

静止している質量mの物質のエネルギーEは，光速cを用いると，

$E=mc^2$

(2) 質量欠損

質量欠損Δmは，原子核の質量と，それぞれの核子の質量の総和の差

(3) 結合エネルギー

原子核の結合エネルギーは，質量欠損に対応するエネルギーΔmc^2

中高・高校　物理

実施問題

【1】 高等学校学習指導要領理科の「各科目」の「物理基礎」の「内容」において，身に付けることができるよう指導するとされている事項に関する記述として適切なものは，次の1～4のうちのどれか。

1 「物体の運動とエネルギー」の「力のつり合い」については，大きさのある物体のつり合いに関する実験などを行い，剛体のつり合う条件を見いだして理解すること。

2 「物体の運動とエネルギー」の「力学的エネルギーの保存」については，力学的エネルギーに関する実験などを行い，力学的エネルギー保存の法則を仕事と関連付けて理解すること。

3 「様々な物理現象とエネルギーの利用」の「波の性質」については，波の干渉と回折について理解すること。

4 「様々な物理現象とエネルギーの利用」の「物質と電気抵抗」については，電気回路に関する実験などを行い，電気回路における基本的な法則を理解すること。

▌2024年度 ▌東京都 ▌難易度

【2】単原子分子からなる理想気体を容器に入れ，気体の圧力Pと体積Vを図に示すようなA→B→C→D→Aの経路に沿ってゆっくり変化させた。なお，A→B，C→Dは定積変化，B→C，D→Aは定圧変化である。以下の問いに答えよ。

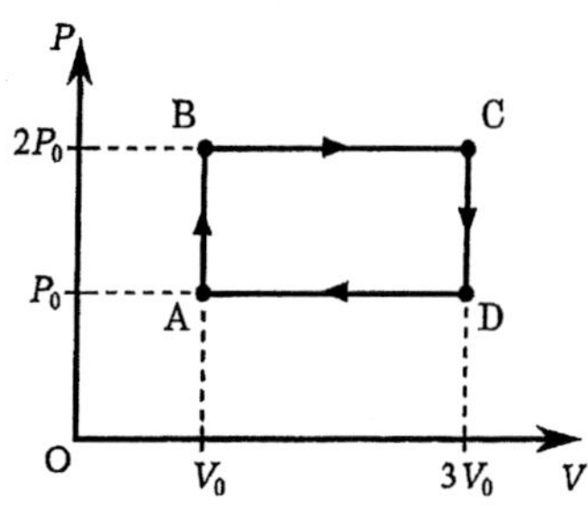

(1) A→Bにおいて，気体が吸収した熱量はいくらか。最も適当なものを解答群より一つ選び，番号で答えよ。

【解答群】

番号	1	2	3	4	5	6
解答	$\frac{1}{2}P_0V_0$	P_0V_0	$\frac{3}{2}P_0V_0$	$2P_0V_0$	$\frac{5}{2}P_0V_0$	$3P_0V_0$

(2) B→Cにおいて，気体がした仕事はいくらか。最も適当なものを解答群より一つ選び，番号で答えよ。

【解答群】

番号	1	2	3	4	5	6
解答	P_0V_0	$2P_0V_0$	$4P_0V_0$	$-P_0V_0$	$-2P_0V_0$	$-4P_0V_0$

(3) A→B→C→D→Aを1サイクルとしたとき，このサイクルの熱効率はいくらか。最も適当なものを解答群より一つ選び，番号で答えよ。

【解答群】

番号	1	2	3	4	5	6
解答	$\frac{2}{23}$	$\frac{2}{17}$	$\frac{2}{5}$	$\frac{4}{23}$	$\frac{4}{17}$	$\frac{8}{23}$

2024年度 愛知県 難易度

【3】次の図のように，$C_1=6.0\mu$F，$C_2=2.0\mu$F，$C_3=4.0\mu$Fの平行板コンデンサー，$E=12$Vの直流電源及びスイッチS_1，S_2を接続した。最初，S_1，S_2はいずれも開いており，各コンデンサーに電荷は蓄えられていないとする。また，導線の抵抗及び直流電源の内部抵抗は無視できるものとする。以下の各問に答えよ。

図

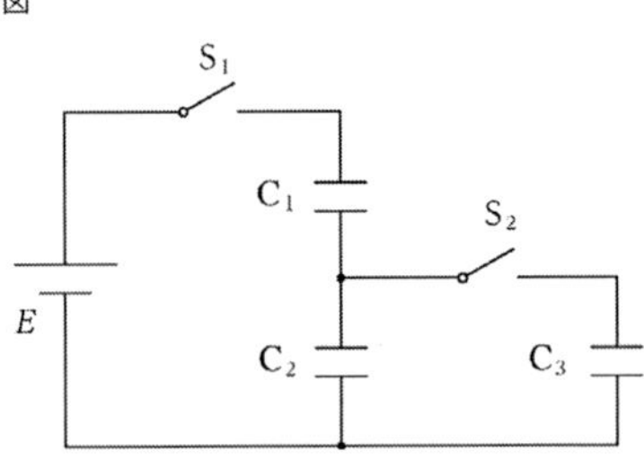

〔問1〕 S_2は開いたまま，S_1を閉じた後，十分時間が経過した。このとき，C_1に蓄えられる電気量〔C〕として最も適切なものは，次の1～4のうちではどれか。

1　8.0×10^{-6}　　2　9.6×10^{-6}　　3　1.8×10^{-5}　　4　8.0×10^{-5}

〔問2〕〔問1〕に続いて，S_1を開き，S_2を閉じた後，十分時間が経過した。このとき，C_3に蓄えられる静電エネルギー〔J〕として最も適切なものは，次の1～4のうちではどれか。

1　3.6×10^{-6}　　2　5.1×10^{-6}　　3　6.0×10^{-6}　　4　1.8×10^{-5}

〔問3〕〔問2〕に続いて，S_2を閉じたまま，S_1を閉じた後，十分時間が経過した。このとき，C_2に蓄えられる電気量〔C〕として最も適切なものは，次の1～4のうちではどれか。

1　6.0×10^{-6}　　2　1.2×10^{-5}　　3　3.6×10^{-5}　　4　9.6×10^{-5}

2024年度 東京都 難易度

【4】次の(1)～(8)の問いに答えよ。

(1)　小球Aを地上から鉛直上向きに投げ上げると同時に，小球Bをある高さから自由落下させた。小球Aを投げ上げてからの時刻tと，小球Bに対する小球Aの相対速度v_{AB}との関係を表したグラフはどのようなものになるか。次の①～④のグラフのうち最も適切なものを一つ選び，その番号を書け。

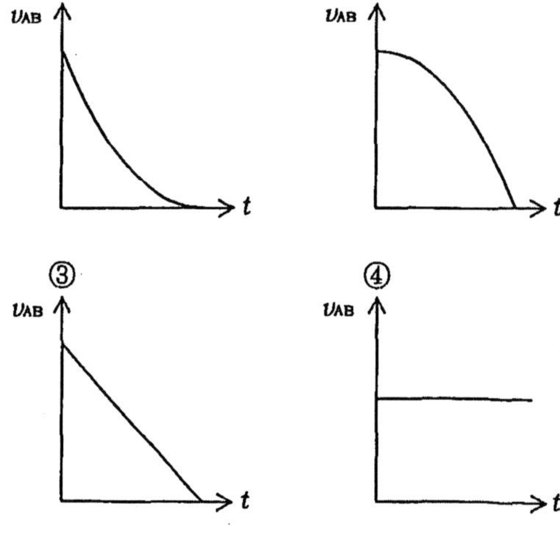

(2) 図1のように，一様な板の点A，点Bに同じ質量のおもりを取り付けた。点A，点Bの中点は板の重心Gとなっており，重心Gに糸を取り付け天井にぶら下げた。その後，図2のように板をゆっくりと傾けた後，しずかに手をはなすとこの板はどのようなるか。理由を含めて，簡潔に書け。

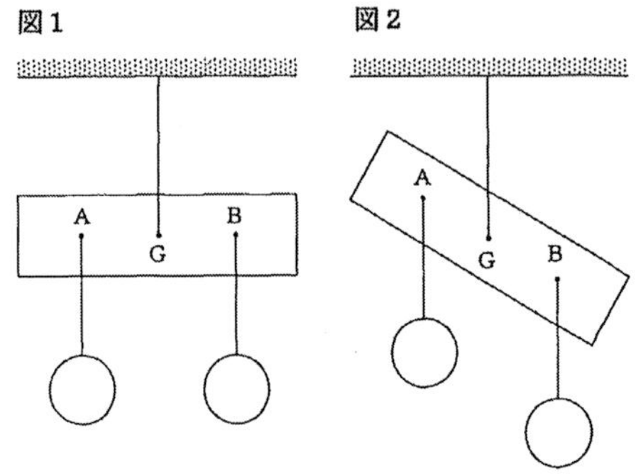

(3) 図3の装置を用いて，気柱共鳴の実験を行った。管口から水面を下げていったところ，水面が管口から9.5cmと31.0cmのところで共鳴がおこった。音速を344m/sとして，スピーカーから出る音の振動数を求めよ。

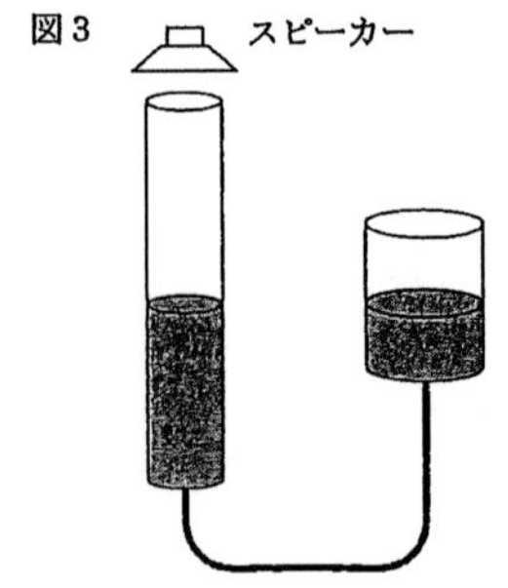

(4) 100gの物体に1.8×10^3Jの熱量を与えたところ，物体の温度が40K上昇した。この物体の比熱を求めよ。

(5) なめらかに動くピストンを備えたシリンダー内に理想気体を入れ，次のア～カの操作を行う。このとき，シリンダー内の気体が吸収する熱が正であるものを，ア～カからすべて選び，その記号を書け。

ア　体積を一定に保ったまま，圧力を小さくする。

イ　体積を一定に保ったまま，圧力を大きくする。

ウ　温度を一定に保ったまま，圧力を小さくする。

エ　温度を一定に保ったまま，圧力を大きくする。

オ　圧力を一定に保ったまま，体積を小さくする。

カ　圧力を一定に保ったまま，体積を大きくする。

(6)　図4のように，同じ電球を電源に直列に接続していく。電源電圧を一定に保ったまま，接続していく電球の数を増やしていくと，電球の明るさと，全電球の消費電力の和はどうなるか。明るさについて①～③より一つ，消費電力について④～⑥より一つ，最も適当な記述をそれぞれ選び，その番号を書け。

図4

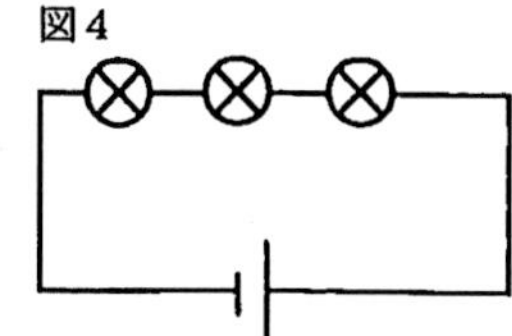

【明るさについて】

①　電球の数を増やすと，暗くなる。

②　電球の数を増やしても，明るさは変わらない。

③　電球の数を増やすと，明るくなる。

【消費電力について】

④　電球の数を増やすと，全電球の消費電力の和は小さくなる。

⑤　電球の数を増やしても，全電球の消費電力の和は変化しない。

⑥　電球の数を増やすと，全電球の消費電力の和は大きくなる。

(7)　図5のように，鉛直上向きで磁束密度Bの一様な磁場の中に，左端が抵抗値Rの抵抗でつながれている平行な2本の金属レールが水平に置かれている。金属レール上には，金属棒が置かれており，金属棒の長さはlでレールの間隔と等しい。金属棒を，レール上で一定の速さvで右向きに移動させたときに，単位時間あたりに抵抗で生じるジュール熱はいくらか。ただし，レールや金属棒の電気抵抗は無視できるものとする。

図5

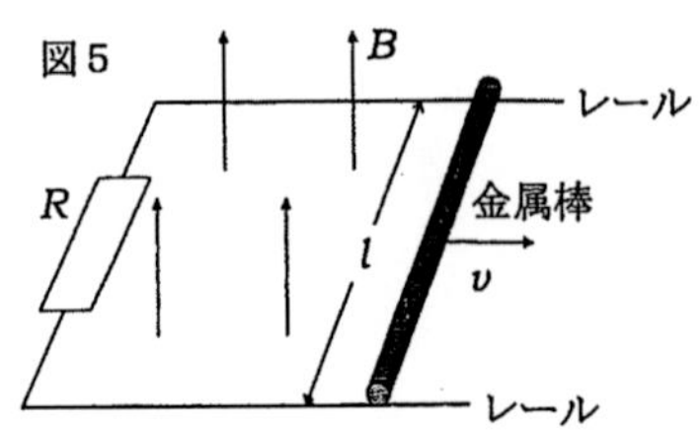

(8) 病院のレントゲン検査では，撮影する部位によって電子の加速電圧を変化させることで，発生するX線を変化させている。加速電圧を2倍にすると，発生するX線はどのように変化するか。簡潔に書け。

2024年度 香川県 難易度

【5】次の問いに答えよ。

(1) 電流と電圧の関係が図1のようになっている3個の抵抗A，B，Cを接続して，図2のような回路を作った。この回路について，以下の問いに答えよ。

図1

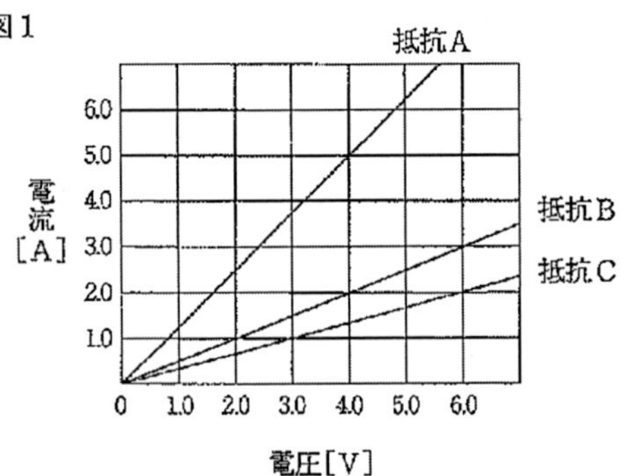

図2

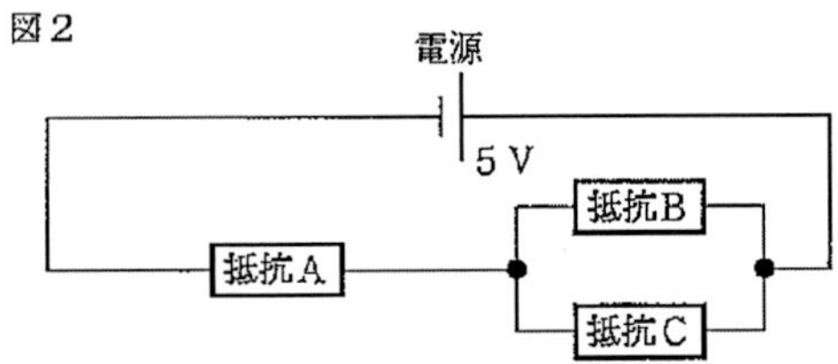

① 抵抗Aに加わる電圧の大きさは[ア].[イ]Vである。

② 抵抗Aに流れる電流の大きさは[ウ].[エ]Aである。

③　抵抗Bに流れる電流の大きさは[　オ　].[　カ　]Aである。

④　抵抗Cで消費する電力の大きさは[　キ　].[　ク　]Wである。

(2)　質量10kgの台車に，質量50kgの荷物をのせてある。この台車を次図のように，斜面を使って高さ5mの台の上までゆっくりと押し上げた。斜面と台車の間には摩擦はない。重力加速度を9.8m/s²とし，以下の問いに答えよ。

図

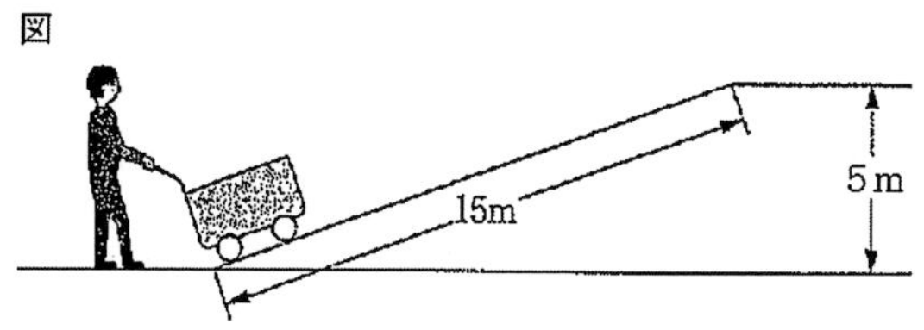

①　台車を押すために必要な力の大きさは[　ケ　][　コ　][　サ　]Nである。

②　台車を斜面を使って高さ5mの台の上までゆっくり押し上げるときの仕事量は[　シ　][　ス　][　セ　][　ソ　]Jである。

③　この仕事を60秒間で行った。このときの仕事率は[　タ　][　チ　]Wである。

(3)　小球をレール上で運動させる実験を行った。あとの問いに答えよ。

【実験1】

図1のように，2本の直線なレールを点Pでつなぎ斜面と水平面をつくる。小球の移動距離を以下の(a)～(d)の手順で測定し，結果を表にまとめた。小球とレールの間に摩擦はなく，点Pをなめらかに通過できるものとする。

図1

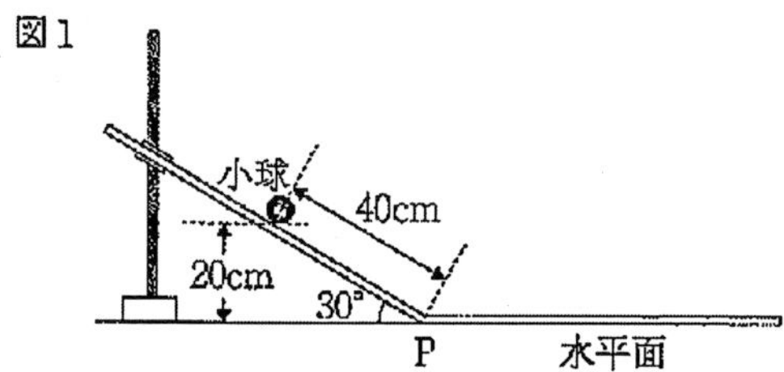

(a)　図1のように，斜面のレール上で，水平面からの高さが20cmの位置にしずかに小球を置いた。

(b)　ストロボ装置を使って小球の運動のようすを発光間隔0.1秒で

撮影した。

(c) 小球の移動が確認できる最初のストロボ写真の番号を1とし，そのあとのストロボ写真に，順に番号をつけた。

(d) 小球がはじめの位置からレール上を移動した距離を測定し，表1にまとめた。

表1

	撮影されたストロボ写真の番号										
	1	2	3	4	5	6	7	8	9	10	11
小球の移動距離〔cm〕	3.00	8.06	15.57	25.53	37.94	52.80	70.11	89.58	109.38	129.18	148.98

【実験2】

実験1のあと，図2のように，斜面のレールと水平面レールとの角度を小さくした。斜面のレール上で，水平面からの高さが20cmの位置に小球を置き，実験1と同じ方法で測定した。小球のはじめの位置と点Pの距離は80cmであった。また，点Aは水平面のレール上にあり，点Pと点Aの距離は80cmである。

図2

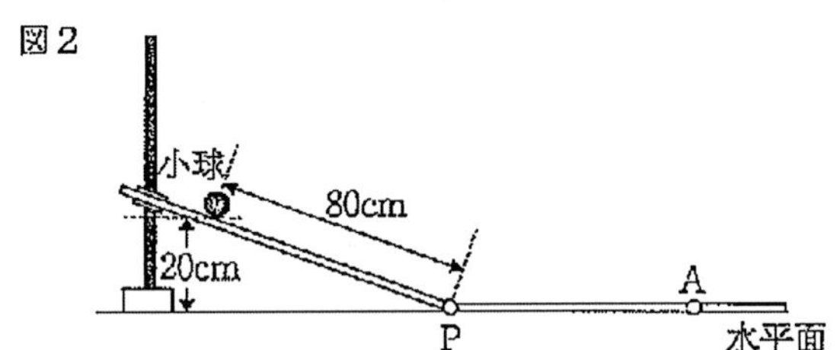

ア 実験1と実験2において，小球の速さと時間の関係を表したグラフとして適切なものを①～⑧から選び，番号で答えよ。

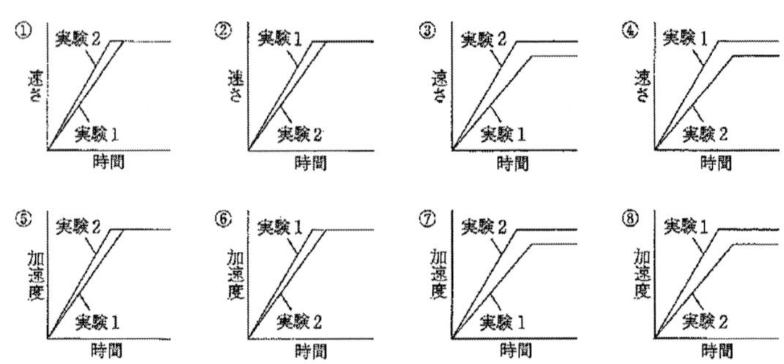

イ 実験2において，小球が動きだしてから点Aを通過するまでにか

かる時間は[　ツ　].[　テ　][　ト　]秒である。ただし，四捨五入して小数第2位まで求めなさい。

▌2024年度 ▌神戸市 ▌難易度

【6】生徒たちが自由研究で，各地点の緯度と重力加速度の関係を調べたところ，表1のような結果を得て，各自がグラフを作成した。ただし，北極での重力加速度をg_0とし，必要であれば図1のグラフ用紙を用いなさい。

表1　各地の緯度と重力加速度の関係

地点	緯度θ〔°〕	重力加速度g〔m/s²〕	$\cos^2\theta$	$\sin^2\theta$
北極	90	9.832	0	1
稚内	45.2	9.806	0.497	0.503
青森	40.5	9.803	0.578	0.422
羽田	35.3	9.798	0.666	0.334
鹿児島	31.3	9.795	0.730	0.270
石垣島	24.2	9.790	0.832	0.168

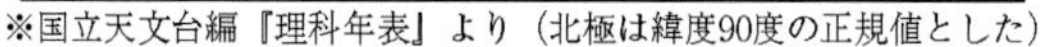
※国立天文台編『理科年表』より（北極は緯度90度の正規値とした）

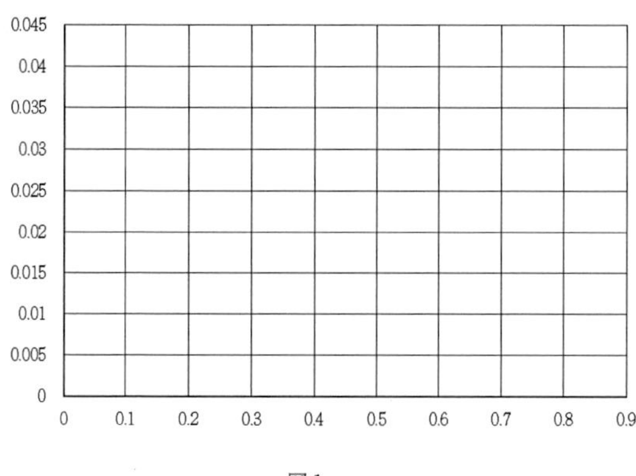

図1

問1　生徒たちは全員が縦軸に$\Delta g = g_0 - g$をとったが，横軸には$\cos^2\theta$をとった生徒と，$\sin^2\theta$をとった生徒がいた。生徒が作成したグラフから言えることとして最も適切なものを，次のa～eから一つ選びなさい。

a　緯度θが小さくなると重力加速度の大きさgは大きくなり，Δgは$\cos^2\theta$に比例する。

b　緯度θが大きくなると重力加速度の大きさgは小さくなり，Δgは$\sin^2\theta$に比例する。

c　緯度θが小さくなると重力加速度の大きさgは小さくなり，Δgは$\cos^2\theta$に比例する。

d　緯度θが小さくなると重力加速度の大きさgは小さくなり，Δgは$\cos^2\theta$に反比例する。

e　緯度θが小さくなると重力加速度の大きさgは小さくなり，Δgは$\sin^2\theta$に反比例する。

問2　問1の結果から推定した赤道上の重力加速度g_1の値として最も適切なものを，次のa～eから一つ選びなさい。

a　9.78　　b　9.70　　c　9.62　　d　9.58　　e　9.52

問3　地球が半径Rの均質な球体であり，角速度ωで極軸を中心に自転していると考える。図2のように，緯度θの点Pに質量mで大きさの無視できる物体がある。この物体が受ける遠心力の大きさとして最も適切なものを，以下のa～eから一つ選びなさい。

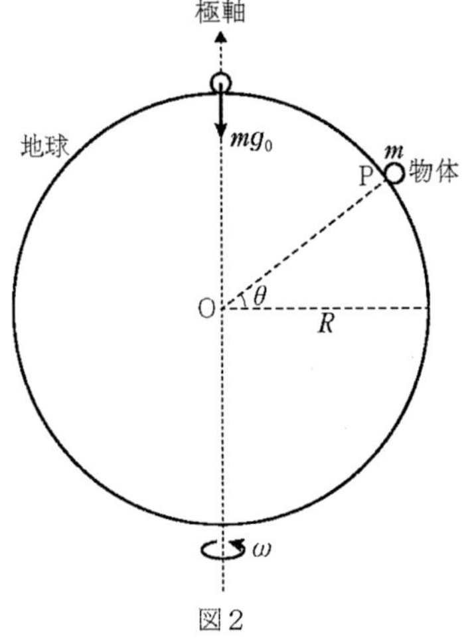

図2

a　$mR\omega^2\cos^2\theta$　　b　$mR\omega\cos\theta$　　c　$mR\omega^2\cos\theta$

d　$R\omega^2\cos\theta$　　e　$mR\omega\sin\theta$

問4　図2のように，地球の中心をOとしたとき，点Pにある質量mの物体が受ける万有引力と遠心力の合力の向きはPOから微小角度だけずれることが予想される。この微小角度はあまりに小さいので，遠心力のPOに垂直な成分を無視するとき，この物体が受ける重力の大きさとして最も適切なものを，次のa～eから一つ選びなさい。

a　$mg_0+mR\omega^2\cos^2\theta$　　b　$mg_0-mR\omega^2\cos^2\theta$

c　$mg_0-mR\omega^2\cos\theta$　　d　$mg_0-mR\omega\cos\theta$

e　$mg_0-mR\omega\cos^2\theta$

2024年度　茨城県　難易度

【7】次のⅠ，Ⅱについて，後の問に答えよ。

Ⅰ　図のように，水平面ABとそれとなめらかにつながる半径rの半円筒面BCがある。Oは半円筒面の中心である。水平面で質量mの小球を速さv_0ですべらせ，円筒面をすべり上がらせた。円筒面のある点をPとし，∠BOPをθとする。ただし，小球は同一鉛直面内で運動するものとし，すべての面と小球の間には摩擦はなく，重力加速度の大きさをgとし，小球の大きさは無視できるものとする。

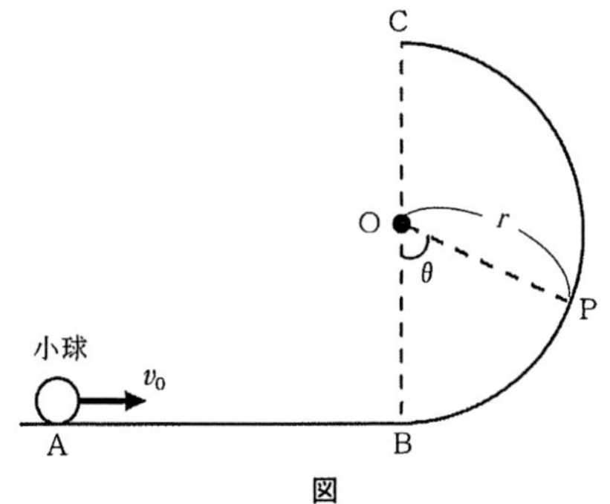

図

問1　小球が点Bを通過した直後で円筒面から受ける垂直抗力の大きさはいくらか。

問2　小球が点Pを通過するときの速さはいくらか。

問3　小球が点Pを通過するとき，円筒面から受ける垂直抗力の大きさはいくらか。

問4　小球が最高点Cに到達するためのv_0の条件を求めよ。

問5　小球が$\theta=120°$となる位置で円筒面から離れた後，放物運動をして水平面ABに落下した。水平面ABに落下する直前の小球の速さをg，rを用いて求めよ。

Ⅱ　図1のように，磁束密度Bの一様な磁場の中に，質量m，電気量qの荷電粒子を磁場に垂直に速さvで入射させたところ，荷電粒子は，磁場から常に速度に垂直な向きにローレンツ力を受け，等速円運動を行った。ただし，荷電粒子にはたらく重力は無視でき，円周率をπとする。

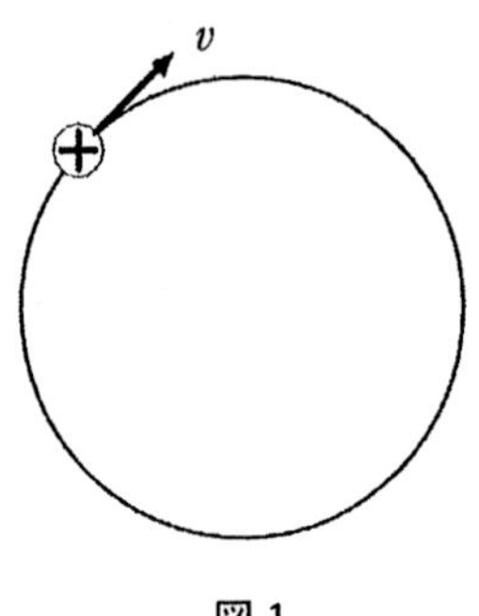

図 1

問1　磁場の向きを答えよ。

問2　等速円運動の半径はいくらか。

問3　等速円運動の周期はいくらか。

次に，図2のように磁束密度Bの一様な磁場と平行にx軸をとり，x軸の原点Oから質量m，電気量qの荷電粒子をx軸と角θをなす向きに速さvで打ち出した。ただし，荷電粒子にはたらく重力は無視でき，円周率をπとする。

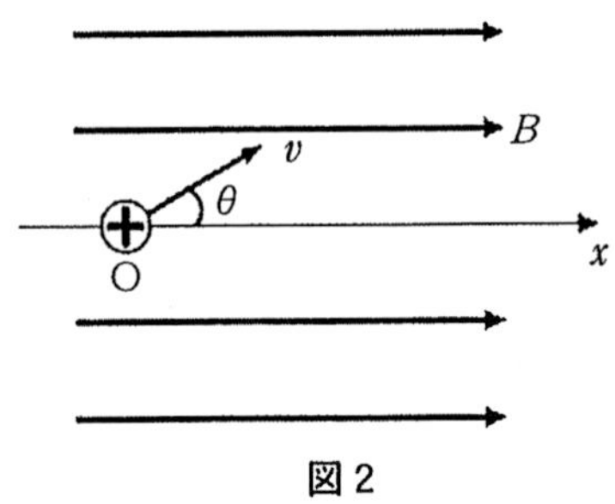

図 2

問4　荷電粒子はどのような運動をするか説明せよ。

問5　荷電粒子が原点Oを出てから，初めてx軸に戻ってくるまでの時間はいくらか。

問6　荷電粒子が原点Oを出てから，初めてx軸に戻ってきた位置をP

としたとき，距離OPはいくらか。

■2024年度 ■鹿児島県 ■難易度

【8】磁束密度Bの一様な磁場がある。図のように，磁場の方向にx軸をとり，それと直交するy，z軸をとる。原点Oに質量m，電気量$-e$の電子を置き，xy平面内でx軸と角度θ $(0^\circ < \theta < 90^\circ)$を成す方向に，速さ$v$で射出した。その後の電子の運動に関して，以下の問いに答えよ。

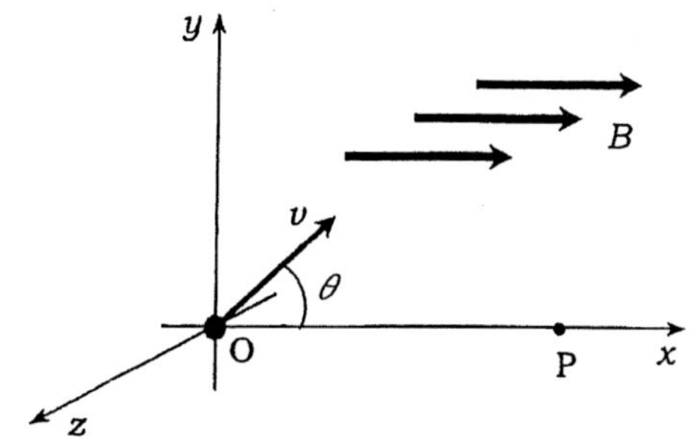

(1) 電子が射出されたとき，電子の受けるローレンツ力の向きと大きさの組合せとして，最も適当なものを解答群より一つ選び，番号で答えよ。

【解答群】

番号		1	2	3	4	5	6
解答	向き	z軸の正の向き	z軸の正の向き	z軸の正の向き	z軸の負の向き	z軸の負の向き	z軸の負の向き
	大きさ	evB	$evB\cos\theta$	$evB\sin\theta$	evB	$evB\cos\theta$	$evB\sin\theta$

(2) 射出後の電子の運動を，x軸の正の方向からyz平面に向かって見ると，等速円運動をしていることが確認できる。この円運動の半径と周期の組合せとして，最も適当なものを解答群より一つ選び，番号で答えよ。

【解答群】

番号		1	2	3	4	5	6
解答	半径	$\frac{mv}{eB}$	$\frac{mv\cos\theta}{eB}$	$\frac{mv\sin\theta}{eB}$	$\frac{mv}{eB}$	$\frac{mv\cos\theta}{eB}$	$\frac{mv\sin\theta}{eB}$
	周期	$\frac{\pi m}{eB}$	$\frac{\pi m}{eB}$	$\frac{\pi m}{eB}$	$\frac{2\pi m}{eB}$	$\frac{2\pi m}{eB}$	$\frac{2\pi m}{eB}$

(3) 電子が原点Oを出てから初めてx軸上を通過する点をPとする。OP間の距離として，最も適当なものを解答群より一つ選び，番号で答えよ。

【解答群】

番号	1	2	3	4	5	6
解答	$\frac{\pi mv}{eB}$	$\frac{2\pi mv}{eB}$	$\frac{\pi mv\cos\theta}{eB}$	$\frac{2\pi mv\cos\theta}{eB}$	$\frac{\pi mv\sin\theta}{eB}$	$\frac{2\pi mv\sin\theta}{eB}$

▌2024年度 ▌愛知県 ▌難易度

【9】図1のように，ともに滑らかな水平面ABと斜面BCがつながっており，Aにばね定数が32〔N/m〕の長いばねが付けてあります。ある長さまで縮めたばねに質量2.0〔kg〕の小球を接して置き，ばねののびる力によって小球を運動させました。

その結果，小球は水平面ABから小球の最下点までの高さが2.5〔m〕となる位置まで上り，静止した後，斜面BCを下り始めました。以下の(1)～(4)の各問いに答えなさい。

ただし，重力加速度の大きさを9.8〔m/s²〕，空気抵抗は無視できるものとし，水平面ABの高さを基準にします。

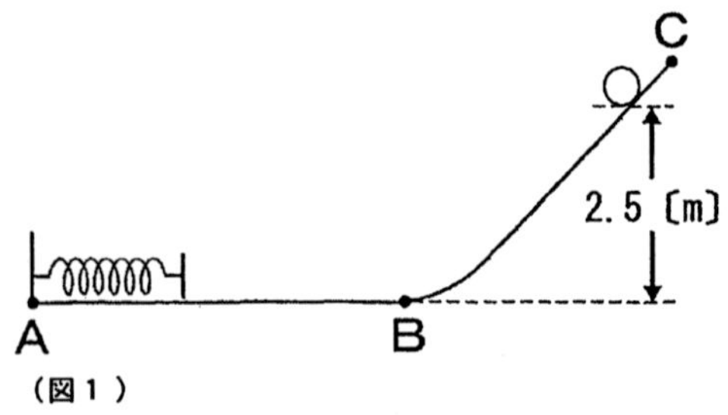

（図1）

(1) 斜面BCで小球が静止したときの，小球のもつ力学的エネルギー〔J〕を答えなさい。

(2) 斜面を上り始める直前の小球の速さ〔m/s〕を答えなさい。

(3) 小球を運動させる直前のばねに蓄えられていた弾性エネルギー〔J〕を答えなさい。

(4) (3)のときのばねの縮み〔m〕を答えなさい。

【10】次の問に答えよ。

問1　原子や分子の運動と温度の関係，及びそれを観察する手段を説明したものとして最も適切なものを，A～Dから一つ選び，記号で答えよ。

A　原子や分子の運動が小さいほど温度は高くなり，それはブラウン運動として観察できる。

B　原子や分子の運動が大きいほど温度は高くなり，それはブラウン運動として観察できる。

C　原子や分子の運動が小さいほど温度は高くなり，それはチンダル現象として観察できる。

D　原子や分子の運動が大きいほど温度は高くなり，それはチンダル現象として観察できる。

問2　絶対温度T〔K〕のときにn〔mol〕の単原子分子理想気体がもつ内部エネルギーU〔J〕を，導出過程を記して，n，T及び気体定数R〔J/(mol・K)〕を用いて答えよ。なお，気体の圧力をp〔Pa〕，気体の体積をV〔m^3〕，気体分子の数をN〔個〕，気体分子1個の質量をm〔kg〕，気体分子の速さの二乗の平均を$\overline{v^2}$〔m^2/s^2〕としたときに，$pV=\dfrac{Nm\overline{v^2}}{3}$が成り立つものとする。

問3　図1は，空気中の熱を利用して湯をわかすヒートポンプのしくみである。このヒートポンプは，装置内の熱媒体が圧縮・膨張によって温度を変えることを利用して，空気中から熱エネルギーを受け取る。このヒートポンプについて，以下の(1)～(3)に答えよ。

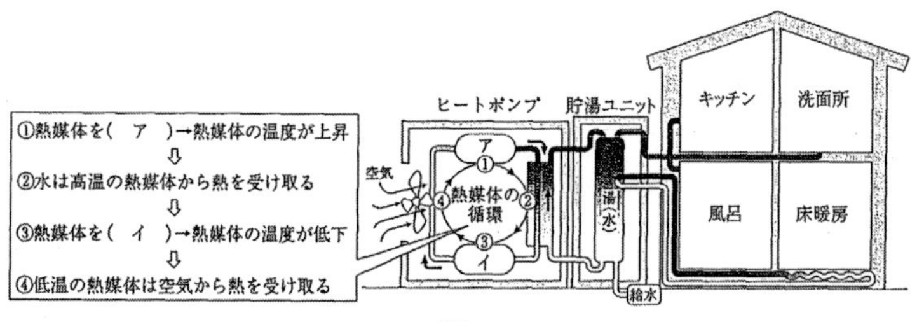

図1

(1) 熱媒体の循環の過程①～④において，④で空気から熱を取り入れ，②で熱を放出する。その際の熱媒体の状態変化を説明した図2中の(　ア　)，(　イ　)にあてはまる語の組合せとして最も適切なものを，A～Dから一つ選び，記号で答えよ。

	ア	イ
A	圧縮	圧縮
B	圧縮	膨張
C	膨張	圧縮
D	膨張	膨張

(2) ヒートポンプの熱媒体を断熱圧縮したとき，気体がする仕事と温度変化はどのようになるか，増加の場合は「＋」，減少の場合は「－」，変化がない場合は「0」を記せ。

(3) ヒートポンプの熱媒体が①→②→③→④→①と変化したとき，空気から取り込む熱Q_{in}，水へ放出される熱Q_{out}，熱媒体が一連の過程でする正味の仕事W，熱媒体の内部エネルギーの変化ΔUの関係はどのようになるか，導出過程を記して，答えよ。

▌2024年度 ▌島根県 ▌難易度 ■■■□□

【11】次の1～3に答えなさい。

1 次の文章は，電流計について述べたものです。文章中の空欄[　ア　]～[　ウ　]に当てはまる語句や式の組合せとして適切なものを，以下の①～⑧のうちから選び，その番号を答えなさい。

> 回路のある部分に流れる電流を測定したいときは，電流計を測定したい部分と[　ア　]に接続すればよい。また，内部抵抗がr_A〔Ω〕の電流計の測定範囲をn倍に広げたいときは，抵抗値が[　イ　]〔Ω〕の抵抗器を電流計と[　ウ　]に接続すればよい。

	ア	イ	ウ
①	直列	$(n-1)r_A$	直列
②	直列	$(n-1)r_A$	並列
③	直列	$\frac{r_A}{n-1}$	直列
④	直列	$\frac{r_A}{n-1}$	並列
⑤	並列	$(n-1)r_A$	直列
⑥	並列	$(n-1)r_A$	並列
⑦	並列	$\frac{r_A}{n-1}$	直列
⑧	並列	$\frac{r_A}{n-1}$	並列

2　次の文章は，自由電子の移動について述べたものです。文章中の空欄[　ア　]～[　ウ　]に当てはまる式の組合せとして適切なものを，以下の①～⑧のうちから選び，その番号を答えなさい。

図1のように，断面積S〔m^2〕の導体において，電気量$-e$〔C〕の自由電子が，1m^{3}当たりにn個あり，それらの自由電子が，平均して速さv〔m/s〕で移動しているとする。このとき，導体のある断面をt〔s〕間に通過する電子の数と電気量の大きさから，電流の大きさは，[　ア　]〔A〕となる。

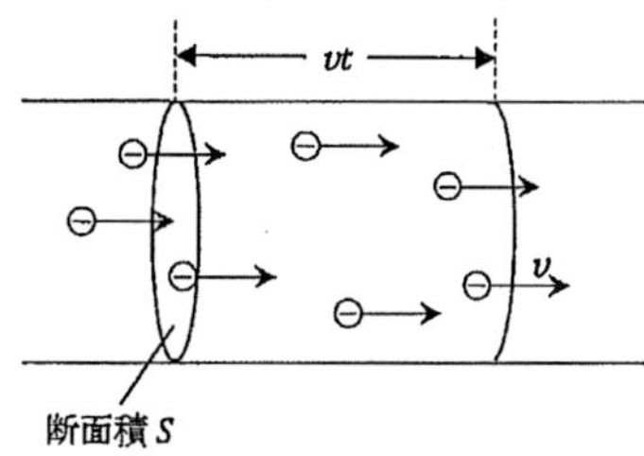

図1

また，図2のように，長さl〔m〕，断面積S〔m^2〕の導体の両端に電圧V〔V〕を加えると，導体内部に電場が生じる。導体中の自由電子はこの電場から静電気力を受けて，陽イオンと衝突しながら移動するが，自由電子全体を平均すると，一定の速さv〔m/s〕で移動するようになる。このとき，自由電子は陽イオンから速さvに比例した抵抗力kv〔N〕(kは比例定数)を受けているとすると，この抵抗力と電場から受ける力のつり合いにより，電流の大きさは，[　イ　]〔A〕となる。このことから，この導体の抵抗率は，[　ウ　]〔Ω・m〕となる。

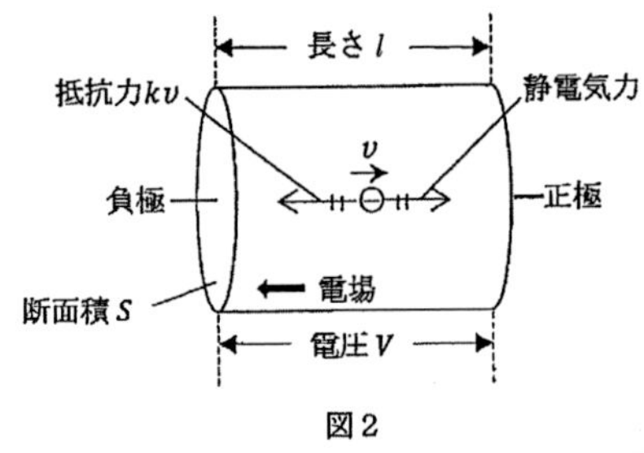

図2

	ア	イ	ウ
①	$envtS$	$\frac{entS}{kl}V$	$\frac{kt}{en}$
②	$envtS$	$\frac{entS}{kl}V$	$\frac{kt}{e^2n}$
③	$envtS$	$\frac{e^2ntS}{kl}V$	$\frac{kt}{en}$
④	$envtS$	$\frac{e^2ntS}{kl}V$	$\frac{kt}{e^2n}$
⑤	$envS$	$\frac{enS}{kl}V$	$\frac{k}{en}$
⑥	$envS$	$\frac{enS}{kl}V$	$\frac{k}{e^2n}$
⑦	$envS$	$\frac{e^2nS}{kl}V$	$\frac{k}{en}$
⑧	$envS$	$\frac{e^2nS}{kl}V$	$\frac{k}{e^2n}$

3　次の文章は，導体の抵抗率の温度による変化について述べたものです。文章中の空欄[　ア　]に当てはまる数値として最も適切なものを，以下の【アの選択肢】①～⑨のうちから選び，その番号を答えなさい。また，文章中の空欄[　イ　]に当てはまる語句として最も適切なものを，あとの【イの選択肢】の①～⑤のうちから選び，その番号を答えなさい。

一般に，導体に電流が流れるとジュール熱が発生し，導体の温度が上昇する。そのため，導体内の陽イオンの熱運動が活発になって，自由電子の進行を妨げるようになり，抵抗値が増加する。0℃，t〔℃〕における抵抗率をそれぞれρ_0〔Ω・m〕，ρ_t〔Ω・m〕，抵抗率の温度係数をα〔/K〕とするとき，導体の抵抗率の温度係数α〔/K〕は導体の材質によって表1のように決まり，あまり広くない温度範囲では，$\rho_t = \rho_0 (1 + \alpha t)$という関係式が成り立つ。

表1

導体	抵抗率の温度係数α〔/K〕
アルミニウム	4.2×10^{-3}
タングステン	4.9×10^{-3}
鉄	6.5×10^{-3}
銅	4.4×10^{-3}
ニクロム	9.3×10^{-5}

断面積1.0×10^{-6}m^2，長さ1.0×10^{-1}mのある導体の両端に1.0×10^{-2}Aの電流を流し，導体の温度t〔℃〕を変えて導体の両端にかかる電圧V〔V〕を測定したところ，各温度における電圧V〔V〕は表2のようになった。このとき，温度0℃における抵抗率ρ_0〔Ω・m〕を求めると，[　ア　]Ω・mとなり，この導体の材質は[　イ　]であると考えられる。

表2

温度t〔℃〕	電圧V〔V〕
20	$9.44\times10^{\ 5}$
60	1.16×10^{-4}

【アの選択肢】

① 2.7×10^{-9}　② 8.4×10^{-8}　③ 2.7×10^{-6}

④ 8.4×10^{-4}　⑤ 2.7×10^{-3}　⑥ 8.4×10^{-2}

⑦ 2.7　⑧ 8.4×10^{2}　⑨ 2.7×10^{3}

【イの選択肢】

① アルミニウム　② タングステン　③ 鉄　④ 銅

⑤ ニクロム

2024年度　広島県・広島市　難易度

【12】図1のように，同じ種類の金属球を質量の無視できる袋にびっしりと詰めたものを落下させる実験を行う。金属球の質量の合計は1.0kgである。この袋の重心から床までの高さが1.0mの位置から繰り返し落下させる。袋を100回落として，金属球の温度上昇を測定したところ，元の温度から3.0℃上昇していた。次の(1)～(5)の各問いに答えよ。ただし，金属球の温度はどれも同じとする。また，金属の比熱は0.24J/g･K，重力加速度の大きさは9.8m/s^2とする。

図1

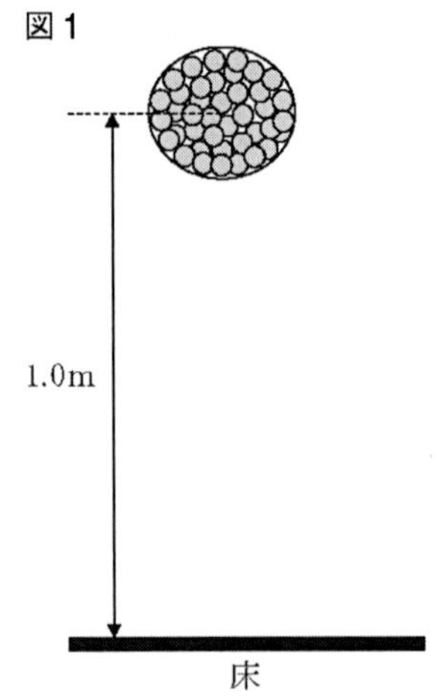

(1) 床を基準としたときの袋の中の金属球全体のもつ重力による位置エネルギーを求めよ。

(2) 100回落とす間，袋の中の金属球全体に重力がした全仕事を求めよ。

(3)　測定後の金属球全体が得た熱量を求めよ。

(4)　(2)で求めた仕事と，(3)で求めた熱量について，両者が等しくならない理由として考えられることを，発生したエネルギーの変換に関する観点，及び熱の移動に関する観点からそれぞれ具体的に1つずつ挙げよ。

(5)　生徒から袋の中身を金属球ではなく，水にかえて，この実験を行ってはいけないのかとの質問があった。生徒に水を使うのは不適切であることを，熱の観点から説明するとしたら，どのような説明となるか。その説明をかけ。

2024年度　山口県　難易度

【13】放射線と力学に関する次の問いに答えなさい。

問1　放射線には，主なものとしてα線，β線，γ線がある。表1は，α線，β線，γ線の正体と性質を示したものである。表1の空欄(　ア　)～(　エ　)に入る語句の組み合わせとして最も適切なものを，以下の①～⑨から1つ選び，記号で答えなさい。

表1

放射線	正体	電離作用	透過力
α線	(ア)	大	(ウ)
β線	(イ)	中	中
γ線	電磁波	小	(エ)

	ア	イ	ウ	エ
①	電子	Heの原子核	大	小
②	電子	中性子	小	大
③	電子	中性子	大	小
④	中性子	電子	小	大
⑤	中性子	Heの原子核	大	小
⑥	中性子	Heの原子核	小	大
⑦	Heの原子核	中性子	大	小
⑧	Heの原子核	電子	小	大
⑨	Heの原子核	電子	大	小

問2　軽い糸の一端を天井に固定し，他端におもりを取りつけて単振り子をつくり，振れ角を小さくして，おもりを左右に振った。この

単振り子の周期を長くする方法として適切なものを，次のア～エからすべて選び，記号で答えなさい。

ア　おもりの質量を大きくする。

イ　おもりの質量を小さくする。

ウ　糸の長さを長くする。

エ　糸の長さを短くする。

問3　ケプラーの法則に関する次の文章の空欄(　ア　)～(　エ　)に適切な語句や数値を入れなさい。

ドイツの天文学者ケプラーは，惑星の運行に関して以下の3つの法則を発見した。

第1法則　惑星は，太陽を1つの焦点とする(　ア　)軌道上を運動する。

第2法則　太陽と惑星とを結ぶ線分が，単位時間に描く(　イ　)は，それぞれの惑星について一定である。

第3法則　惑星の公転周期の(　ウ　)乗と，軌道の半長軸の(　エ　)乗の比の値はすべての惑星について同じ値である。

問4　自動車Aと自動車Bが直線コースの同じ位置から同じ方向に同時に走り出す。図1は，AとBがスタートした時刻を$t=0$として，時刻tと速さvの関係を表したものである。なお，自動車Aは，$t=10$sと$t=30$sに加速度の大きさを変化させており，$t=30$s以降，AとBは等加速度直線運動をし続ける。以下の問いに答えなさい。

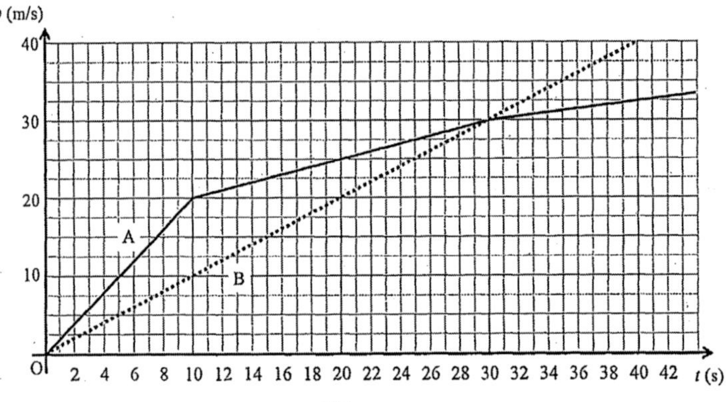

図1

(1)　時刻t＝10sにおけるAとBの移動距離をそれぞれ求めなさい。

(2)　スタートしてからt＝40sまでの間で，AとBの移動距離の差が最も大きくなる時刻を求めなさい。また，そのように考えた理由を，簡単に書きなさい。

(3)　AとBがちょうど横に並ぶ時刻を求めなさい。ただし，t＝0sを除く。

次に，自動車Aを5.0m/sの一定の速さで水平に走らせる。このとき，自動車Aの窓から外を眺めてみると，雨滴が鉛直方向に対して30°の角をなして前方から降ってくるように見えた。

(4)　風がなく，雨滴が鉛直下向きに降っているとき，地上に対して雨滴が落下する速さを求めなさい。ただし，$\sqrt{3}$ ＝1.73とし，有効数字2桁で答えなさい。

問5　図2のように，なめらかな水平面上で，球Pに初速度v_0を与え，静止している球Qに衝突させた。衝突後の球Pと球Qの速度をそれぞれ求めなさい。ただし，球Pの質量をm，球Qの質量を$5m$，球Pと球Qの間の反発係数をeとし，初速度v_0の向きを正の向きとする。

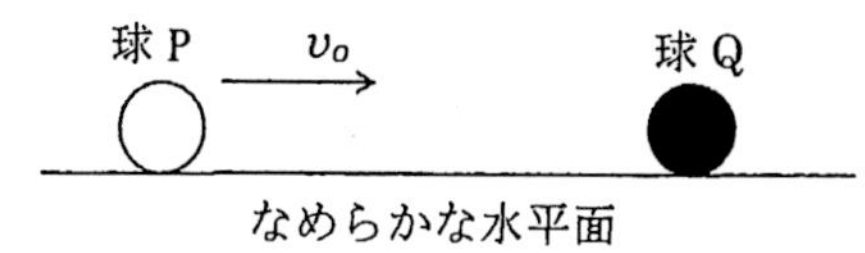

図２

問6　図3のように，質量Mの一様な直方体の容器がある。この容器の底面は一辺がaの正方形で，高さは$4a$である。この容器の蓋を開け，質量mの液体を入れ，蓋を閉じた。このとき，液体の高さは$2a$であった。図4は，図3の容器を真横から見た図であり，底面の中心を原点Oとし，そこから鉛直上向きにy軸をとる。液体の入った容器全体の重心のy座標を，M，m，aを用いて表しなさい。

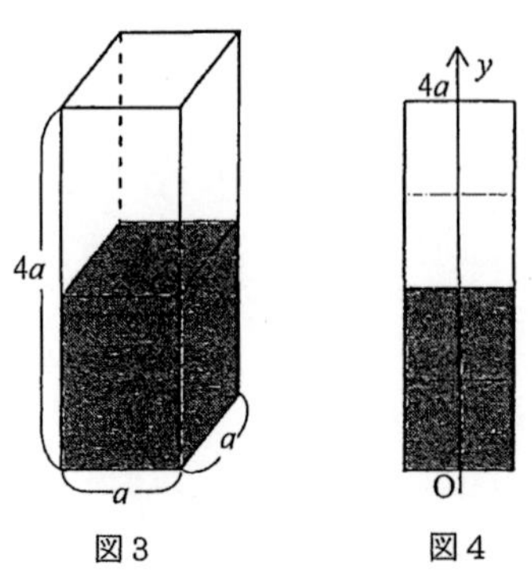

図 3　　図 4

▌2024年度 ▌静岡県・静岡市・浜松市 ▌難易度

【14】 次の文章を読んで，以下の(1)～(7)の問いに答えよ。

図のように，半径R，質量Mの地球から，質量mの人工衛星を地球上の点Pから打ち上げ楕円軌道に乗せた。この楕円軌道は，線分PQが長軸であり，その距離は$4R$である。この軌道は(　ア　)の第1法則によると，地球の中心が1つの焦点になる楕円軌道になっている。次に，点Qで瞬間的に加速し，半径$3R$の円軌道に移行した。万有引力定数をGとし，人工衛星が楕円軌道上を動くときの点Pでの速さをv_P，点Qでの速さをv_Q，半径$3R$の円軌道上を動くときの速さをv_Rとする。

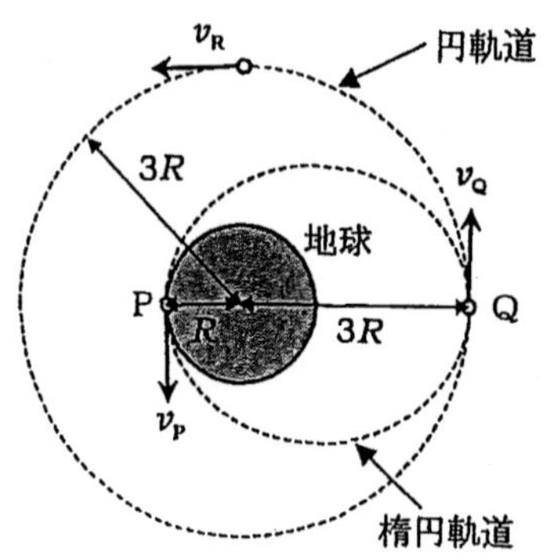

(1)　文中の(　ア　)にあてはまる人物名を答えよ。

(2)　地表での重力加速度の大きさをG，M，Rを用いて表せ。

(3)　(　ア　)の第2法則から，v_Pをv_Qを用いて表せ。

(4)　人工衛星が点Qにあるときの万有引力による位置エネルギーをG, M, m, Rを用いて表せ。ただし，無限遠の万有引力の位置エネルギーを0とする。

(5)　v_QをG, M, m, Rのうち必要なものを用いて表せ。

(6)　v_Pとv_Qとv_Rの大小関係を表せ。

(7)　(　ア　)の第3法則から，人工衛星の円軌道での周期は，楕円軌道での周期の何倍か求めよ。

2024年度 ｜ 香川県 ｜ 難易度

【15】力学に関するⅠ，Ⅱの問いに答えなさい。

Ⅰ　形と大きさの等しいプラスチック球と鉄球を用いて，2種類の実験を行う。鉄球の質量は，プラスチック球の質量の5倍である。次の実験1，2に関する以下の問いに答えなさい。

実験1…図1のように，同じ高さにあるプラスチック球と鉄球を，初速度0で同時に落下させる。

図1

問1　実験1において，空気中を落下する物体は空気抵抗を受ける。空気中を落下する物体の運動に関する次の文章の空欄(　ア　)，(　イ　)に適切な語句を入れなさい。

空気中を落下する物体が，速さに比例する空気抵抗を受ける場合を考える。物体が落下し始めてから十分に時間が経過すると，空気抵抗と重力がつりあって物体の速度が一定になる。この一定になった速度を(　ア　)と呼ぶ。形と大きさが等しく，質量の異なる物体の場合，(　ア　)の大きさは，質量の大きい物体の方が

(イ)なる。

実験2…図2のように，水槽に水を張り，同じ深さにあるプラスチック球と鉄球を，初速度0で同時に落下させる。ただし，プラスチック球の比重は1より大きいものとする。

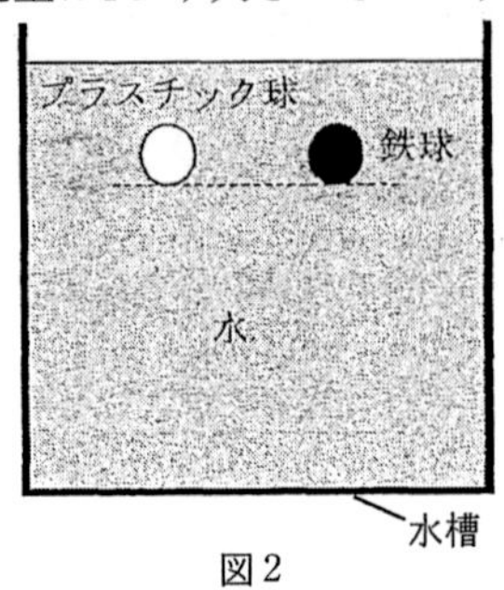

図2

問2 実験2の結果として最も適切なものを，次のア～ウから1つ選び，記号で答えなさい。また，そのように判断した理由を，簡単に書きなさい。

ア 鉄球の方が先に底につく。

イ プラスチック球の方が先に底につく。

ウ 両方同時に底につく。

Ⅱ 図3のように，水平面の左側に斜面，右側に半径rの半円筒面がなめらかに接続されている。水平面からの高さが$2r$の斜面上の点Aから，質量mの小球を静かにはなした。重力加速度の大きさをgとして，以下の問いに答えなさい。ただし，斜面，水平面，半円筒面と小球との間にはたらく摩擦及び空気抵抗は考えないものとし，小球の大きさは無視できるものとする。また，図3の半円筒面の中心をO，半円筒面の最高点をCとしたとき，OCとOBのなす角度をθとする。

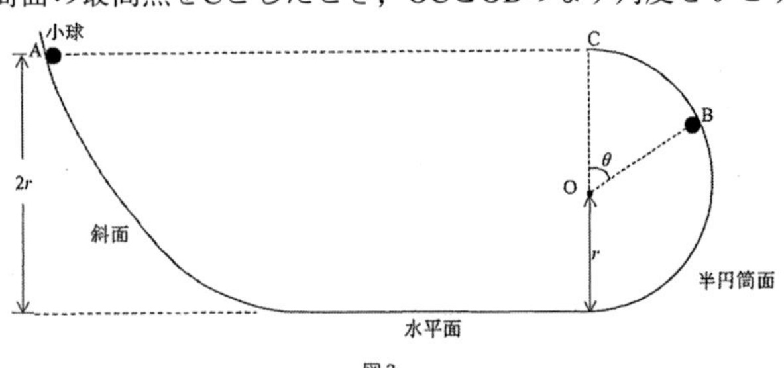

図3

問3　小球は，斜面を下って水平面上に達した。小球が水平面に達したときの速さを，g，rを用いて表しなさい。

問4　小球が点Bを通過するときの速さを，g，r，θを用いて表しなさい。

問5　小球が点Bを通過するときの面から受ける垂直抗力の大きさを，m，g，θを用いて表しなさい。

問6　やがて，小球はある点で半円筒面から離れた。その点の水平面からの高さを，rを用いて表しなさい。

2024年度 ▍静岡県・静岡市・浜松市 ▍難易度

【16】次の文章を読んで，以下の(1)～(3)の問いに答えよ。

図1を用いて，レンズの式を生徒に説明しようとしている。この図は，焦点距離fの凸レンズから前方の距離aの位置に物体AA′を置いたところ，後方の距離bの位置に像BB′ができることを表しており，レンズの前方の焦点をF，後方の焦点をF′，レンズの中心をO，A′から光軸に平行に引いた線とレンズの中心を通る線の交点をO′としている。AA′とOO′の距離は等しい。

図1

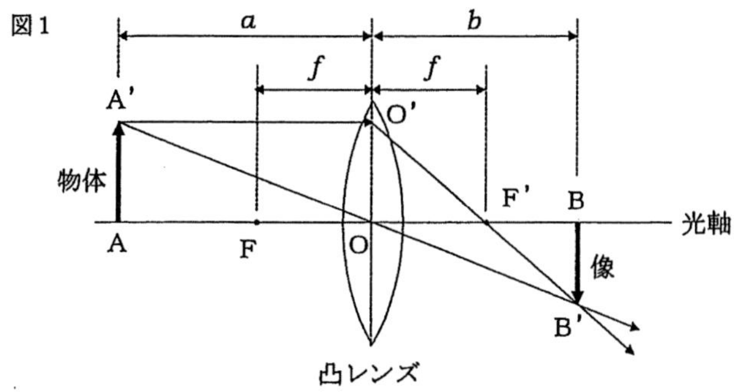

(1)　図1を用いて，レンズの式$\dfrac{1}{a}+\dfrac{1}{b}=\dfrac{1}{f}$を求める過程を書きなさい。

(2)　次の文は，人間が物体を見るときに，どのようにピントを合わせているかを説明しようとしたものである。文中の(　　)内にあてはまる適切な語句を①，②から一つ，③，④から一つ，それぞれ選び，その番号を書け。

人間が，遠くを見ようとするとき，レンズの式の(①　b　　②

f)を変化させ，ピントを合わせる。また，近視の人は(③　凸レンズ　④　凹レンズ)のコンタクトレンズを入れるとピントを合わせやすくなる。

(3)　図2のように，焦点距離1.0cmの対物レンズと焦点距離5.0cmの接眼レンズを10cmはなして，顕微鏡を作った。対物レンズの前方1.2cmに物体を置き，接眼レンズをのぞくと，像が見えた。次の文は，この像についてまとめようとしたものである。文中の(　　)内にあてはまる適切な語句を①，②から一つ，③，④から一つ，⑤，⑥から一つ，それぞれ選び，その番号を書け。またア，イの[　　]内にあてはまる数値をそれぞれ答えよ。

この顕微鏡で見える像は，(①　正立　　②　倒立)の(③　実像　④　虚像)であり，接眼レンズの(⑤　前方　　⑥　後方)の[　ア　]cmのところに，物体の大きさの[　イ　]倍の大きさの像が見える。

図2

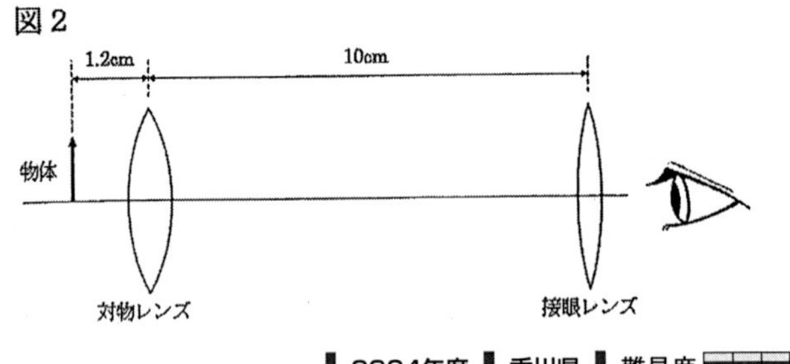

▌2024年度 ▌香川県 ▌難易度

【17】熱力学に関するⅠ，Ⅱの問いに答えなさい。

Ⅰ　図1のように，なめらかに動くピストンがついた円筒の容器が水平に置かれている。ピストンには，ばね定数kのばねが付いており，そのばねの他端は壁に固定されている。これらは断熱材で作られていて，容器の断面積はSである。容器内には加熱装置があり，容器内の気体を加熱することができる。加熱装置の体積と熱容量は小さく，無視できるものとする。容器内に単原子分子の理想気体を入れたところ，容器内の気体の圧力は大気圧と同じp_0で，ばねは自然長の状態であった(状態A)。次に，容器内の気体に熱を加えていくと，ピストンはゆっくりと動き，ばねが距離xだけ縮んで静止した(状態B)。以下の問いに答えなさい。

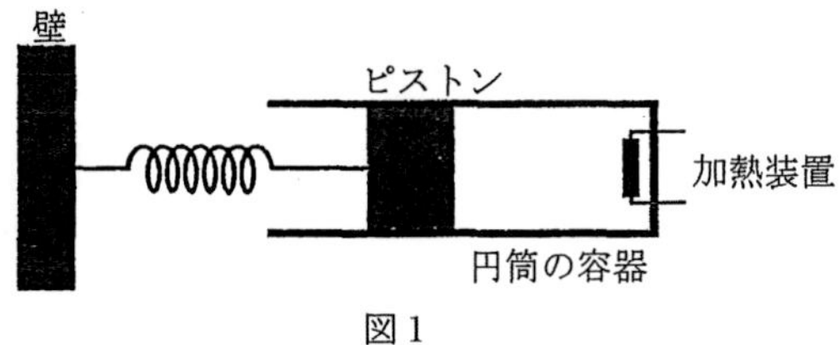

図1

問1　状態Bのときの気体の圧力をp_Bとする。p_Bを，S，k，p_0，xを用いて表しなさい。

問2　状態Aから状態Bまでの，容器内の気体の圧力と体積の関係を表したグラフとして最も適切なものを，次のア～エから1つ選び，記号で答えなさい。ただし，状態A，状態Bの気体の体積をそれぞれV_A，V_Bとする。

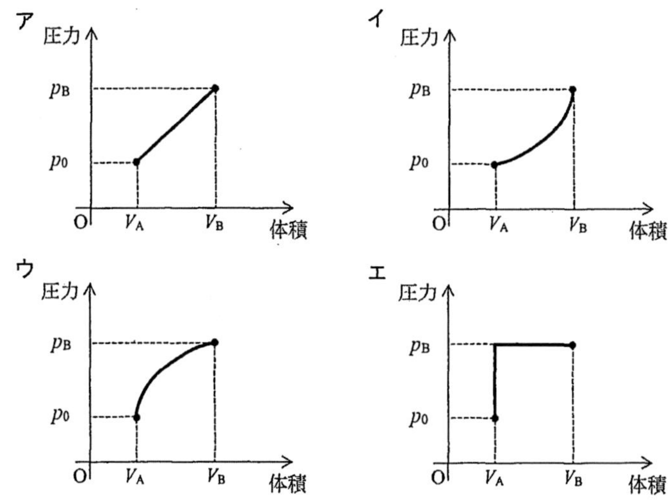

問3　状態Aから状態Bまでの間に，容器内の気体が外部にした仕事を，S，k，p_0，xを用いて表しなさい。

Ⅱ　内半径rの球状の容器の中に，質量mの分子N個からなる理想気体を入れる。気体分子は，さまざまな方向に運動しているが，図2のように，内壁の法線方向とθのなす角度で，内壁に速さvで衝突する分子について考える。内壁と分子の衝突は弾性衝突で，容器内の分子の速さはすべてvであるとして，以下の問いに答えなさい。ただし，円周率をπとする。

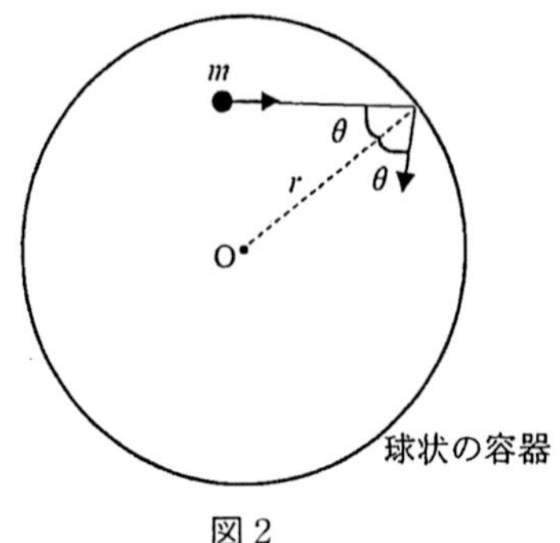

図2

問4　1回の衝突で1個の分子が内壁に与える力積の大きさを，m，v，θを用いて表しなさい。

問5　1個の分子が単位時間に内壁に衝突する回数を，r，v，θを用いて表しなさい。

問6　容器内の気体の圧力を，r，m，v，N，πを用いて表しなさい。

▌2024年度 ▌静岡県・静岡市・浜松市 ▌難易度 ■■■□□

【18】波動について，次の(1)～(3)の問いに答えなさい。

(1)　パルス波(孤立波)がx軸の正の向きに進んでいる。図1は時刻$t=0$sにおける媒質の変位yと位置xの関係を表すグラフである。点Pでの変位yと時刻tの関係を表すグラフとして最も適当なものを，以下の①～④のうちから一つ選びなさい。ただし，グラフは模式図とする。

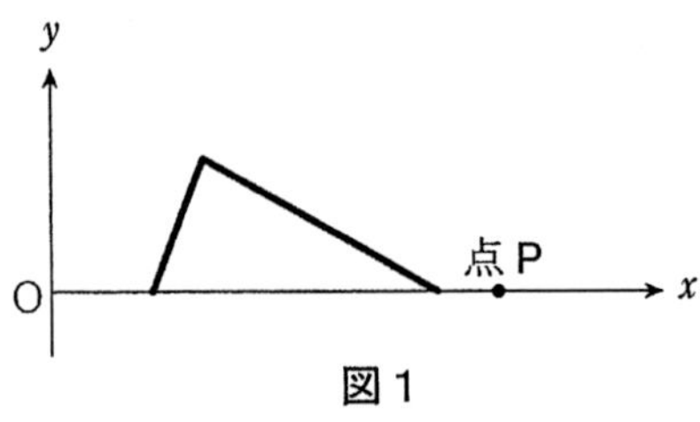

図1

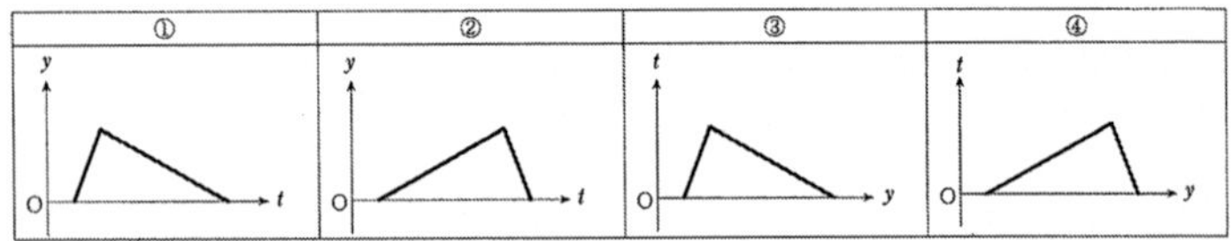

(2)　x軸の正の向きに進む正弦波とx軸の負の向きに進む正弦波がある。図2は，ある時刻における媒質の変位yと位置xの関係を表すグラフである。時間が経過して，定在波(定常波)ができた。「点Qにおける媒質の様子」と「定在波の腹の振幅」の組合せとして最も適当なものを，以下の①～⑥のうちから一つ選びなさい。ただし，正弦波は連続波とし，二つの正弦波の振幅と波長と周期は等しいものとする。また，正弦波の振幅は1.0cmとする。

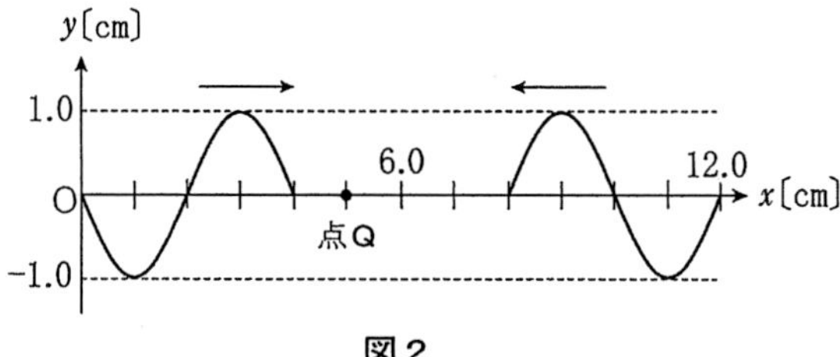

図2

「点Qにおける媒質の様子」の選択肢

(ア)　大きく振動する腹になっている。

(イ)　全く振動しない節になっている。

(ウ)　腹にも節にもなっていない。

	①	②	③	④	⑤	⑥
点Qにおける媒質の様子	(ア)	(イ)	(ウ)	(ア)	(イ)	(ウ)
定在波の腹の振幅〔cm〕	1.0	1.0	1.0	2.0	2.0	2.0

(3)　腹の振幅が1.0cm，媒質の振動の周期が4.0sの横波の定在波(定常波)がある。図3は，時刻0sにおける媒質の変位yと位置xの関係を表すグラフである。時刻3.0sにおける「媒質の変位の様子」と「x＝5.0cmの媒質の速度についての説明」の組合せとして最も適当なものを，以下の①～⑨のうちから一つ選びなさい。

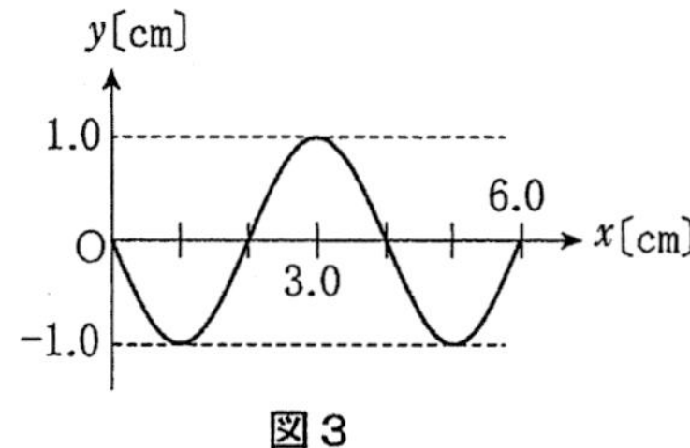

図3

「媒質の変位の様子」の選択肢

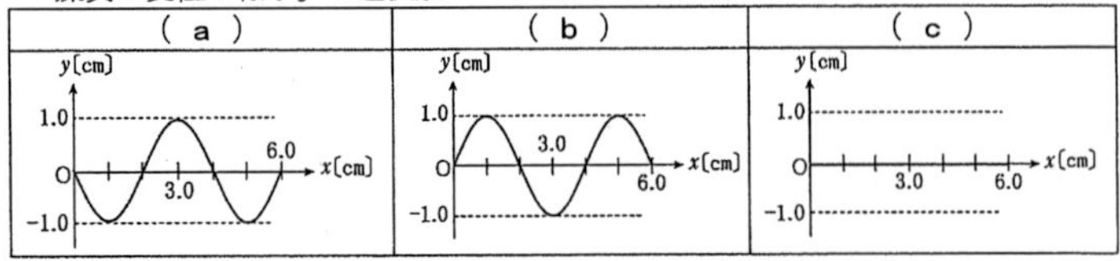

「x＝5.0cmの媒質の速度についての説明」の選択肢

(ア) 速度はy軸の正の向きになっている。

(イ) 速度はy軸の負の向きになっている。

(ウ) 速度は0(ゼロ)である。

	①	②	③	④	⑤	⑥	⑦	⑧	⑨
媒質の変位の様子	(a)	(a)	(a)	(b)	(b)	(b)	(c)	(c)	(c)
x＝5.0 cm の媒質の速度についての説明	(ア)	(イ)	(ウ)	(ア)	(イ)	(ウ)	(ア)	(イ)	(ウ)

2024年度 千葉県・千葉市 難易度

【19】次の(1)～(5)の問いに答えよ。

内部抵抗が無視できる起電力Eの電池，抵抗値Rの抵抗，電気容量Cと$2C$のコンデンサー，自己インダクタンスLのコイルおよびスイッチS_1～S_4を用いて，図のような回路をつくった。はじめ，すべてのスイッチは開いており，2つのコンデンサーにはともに電荷が蓄えられていなかった。この回路を用いて【操作Ⅰ～Ⅲ】をおこなった。

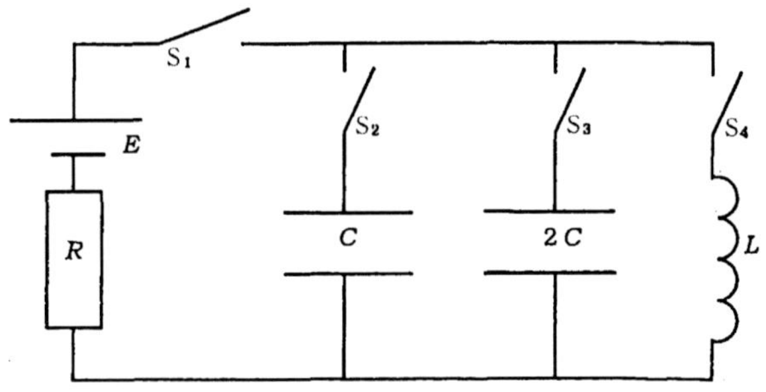

【操作Ⅰ】スイッチS_2のみを閉じてから，スイッチS_1を閉じた。

(1) スイッチS_1を閉じた直後に抵抗に流れる電流を求めよ。

(2) スイッチS_1を閉じて十分に時間が経過したとき，電気容量Cのコンデンサーに蓄えられている電気量を求めよ。

【操作Ⅱ】【操作Ⅰ】で電気容量Cのコンデンサーの充電が完了した状

況から，スイッチS_1を開き，その後スイッチS_3を閉じた。

(3)　スイッチS_3を閉じて十分に時間が経過したとき，電気容量Cのコンデンサーに蓄えられている電気量を求めよ。

【操作Ⅲ】すべてのスイッチが開いた状態にしてから，再び，【操作Ⅰ】と同じ操作で電気容量Cのコンデンサーの充電を完了させて，スイッチS_1を開き，その後スイッチS_4を閉じると振動電流が流れた。

(4)　このとき流れる振動電流の周期と最大値をそれぞれ求めよ。

ある生徒が，「【操作Ⅲ】でスイッチS_1を開くのと，スイッチS_4を閉じる順番を逆にすると，流れる振動電流は異なるのですか？」と質問してきた。生徒の質問での操作を次の【操作Ⅳ】とする。

【操作Ⅳ】【操作Ⅰ】に続き，スイッチS_4を閉じて十分時間が経過してから，スイッチS_1を開く。

(5)　この【操作Ⅳ】をおこなったときの振動電流の周期と最大値は，【操作Ⅲ】での値と比べてそれぞれどうなるか。ただし，【操作Ⅲ】での値と異なる場合は，【操作Ⅳ】での値を表せ。

▌2024年度 ▌香川県 ▌難易度

【20】電気回路に関して，次の(1)～(5)の問いに答えよ。

白熱電球と発光ダイオード(以下，LED)を用いて，回路を作成した。LEDは順方向に電圧を加えたときのみ電流が流れる。白熱電球およびLEDの電流－電圧特性は，図1のとおりである。

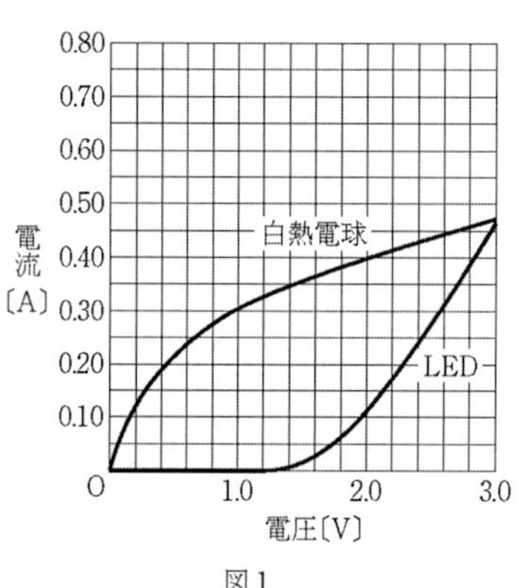

図1

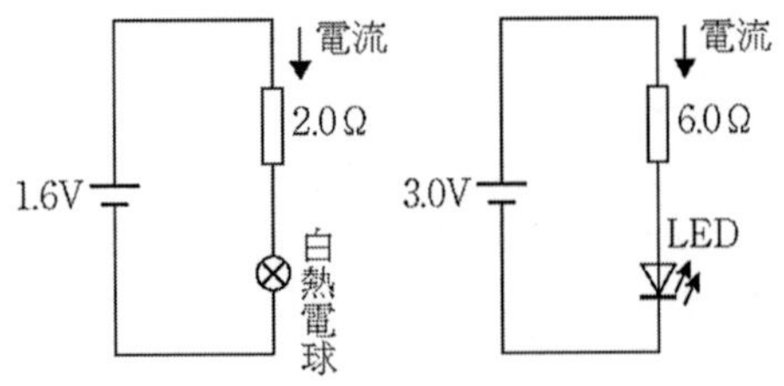

図2　　　　　図3

(1)　図2のように，白熱電球と2.0Ωの抵抗を接続して1.6Vの電圧を加えた。白熱電球に流れる電流〔A〕はいくらか。最も適当なものを，次の1～6のうちから一つ選べ。

1　0A　　2　0.10A　　3　0.15A　　4　0.20A　　5　0.25A
6　0.30A

(2)　図3のように，LEDと6.0Ωの抵抗を接続して3.0Vの電圧を加えた。LEDに流れる電流〔A〕はいくらか。最も適当なものを，次の1～6のうちから一つ選べ。

1　0A　　2　0.10A　　3　0.15A　　4　0.20A　　5　0.25A
6　0.30A

図4のように，2.0Ωの抵抗と白熱電球とLEDを接続して3.0Vの電圧を加えた。

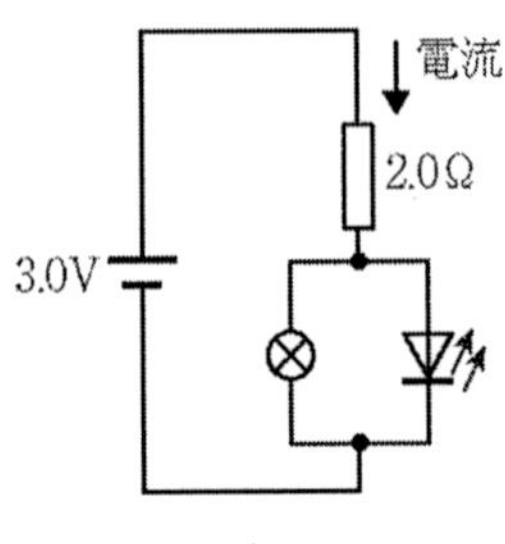

図4

(3)　白熱電球に流れる電流〔A〕はいくらか。最も適当なものを，次の1～6のうちから一つ選べ。

1　0A　　2　0.10A　　3　0.20A　　4　0.30A　　5　0.40A
6　0.50A

(4)　LEDに流れる電流〔A〕はいくらか。最も適当なものを，次の1～

6のうちから一つ選べ。

1　0A　　2　0.10A　　3　0.20A　　4　0.30A　　5　0.40A

6　0.50A

(5)　図5のように，2.0Ωの抵抗と白熱電球とLEDを接続した。LEDに0.10Aの電流が流れるようにするためには，電源の電圧〔V〕をいくらにする必要があるか。最も適当なものを，次の1～5のうちから一つ選べ。

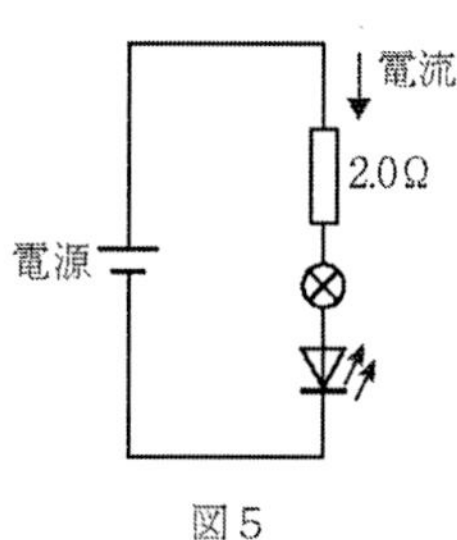

図5

1　2.0V　　2　2.4V　　3　2.8V　　4　3.2V　　5　3.6V

2024年度　大分県　難易度

【21】次の問に答えよ。

問1　図1のように，1巻の円形コイルに磁石のN極を近づけたとき，コイルを貫く磁束の変化とコイルに流れる誘導電流の向きの組合せを，A～Dから一つ選び，記号で答えよ。

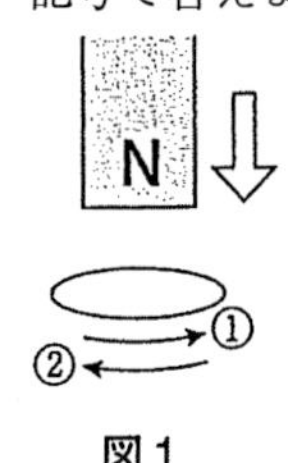

図1

	コイルを貫く磁束の変化	誘導電流の向き
A	下向きの磁束が増える	①
B	上向きの磁束が増える	①
C	下向きの磁束が増える	②
D	上向きの磁束が増える	②

問2　図2のように，磁束密度が水平方向右向きに3.0×10^{-2}Tの一様な

磁界内で，磁界と30°の角をなす向きに長さ0.10mの導線PQを置く。P→Qの向きに0.40Aの電流を流すとき，導体棒PQが磁界から受ける力の向きと大きさをそれぞれ求めよ。なお，磁界と導線PQは同じ水平面内にある。

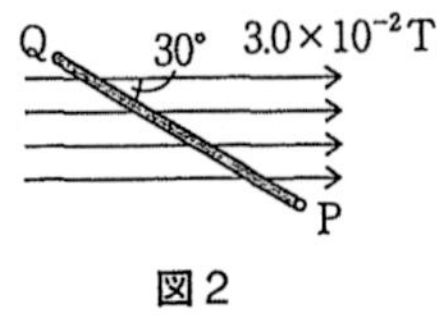

図2

問3　図3のように，銅製パイプ中をネオジム磁石が落下するときの磁石の運動の様子について考える。以下の(1)～(3)に答えよ。

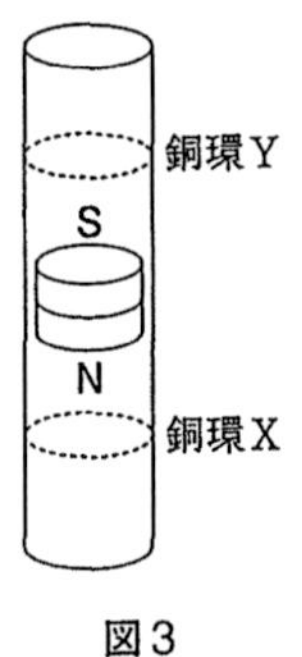

図3

(1)　銅製パイプ中をネオジム磁石が落下するとき，磁石より下にある銅環Xには誘導電流が流れる。この誘導電流が落下する磁石から受ける力の向きを，導出過程を記して，答えよ。なお，導出する際に必要な物理量は各自で定義してもよい。また，次の図を利用してもよい。

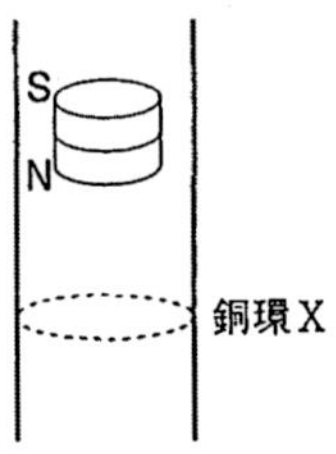

(2)　銅製パイプ中をネオジム磁石が落下するとき，磁石より上にある銅環Yを流れる誘導電流によって磁石は力を受ける。この磁石

が受ける力の向きを次の図に矢印で記せ。なお，矢印の長さは問わないものとする。

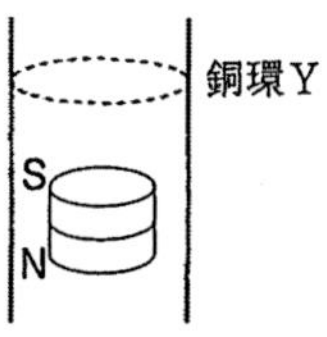

(3)　銅製パイプ中を落下するネオジム磁石には(1)の反作用や(2)の力がはたらくことを，自由落下に近い運動と比較することで確かめる実験を行いたい。どのような落下実験を行えばよいか，記せ。

2024年度 ▌島根県 ▌難易度

【22】次の各問いに答えなさい。

図のように台の水平面上に質量$3m$の板を置き，その上に質量mの小物体を置きます。板と質量Mのおもりは，台の端に取り付けた滑車を通して，伸び縮みしないひもでつながっています。小物体と板との間の静止摩擦係数をμ_1，板と台との間の静止摩擦係数をμ_2，動摩擦係数をμ_2'とします。ただし，静止摩擦係数及び動摩擦係数の大きさは1未満とし，重力加速度の大きさをg，滑車は軽くてなめらかに回転できるものとします。

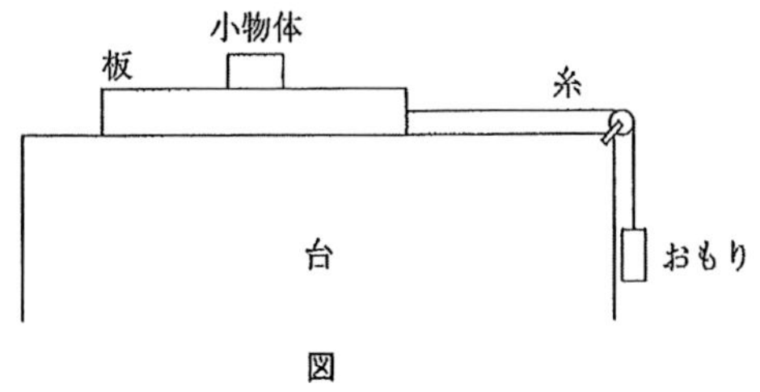

図

初めにおもりが静止している場合を考えます。

問1　糸の張力の大きさとして正しいものを，次の1～4のうちから1つ選びなさい。

1　Mg　　2　mg　　3　$3mg$　　4　$4mg$

問2　小物体，板，おもりが静止しているための条件として正しいものを，次の1～4のうちから1つ選びなさい。

1　$M \leqq 3\mu_1 m$　　2　$M \leqq 4\mu_1 m$　　3　$M \leqq 3\mu_2 m$　　4　$M \leqq 4\mu_2 m$

次におもりが鉛直下向きに運動する場合を考えます。

問3　小物体が板の上を滑らないとき，糸の張力の最大値として正しいものを，次の1～4のうちから1つ選びなさい。ただし，おもりが地面にぶつかったり，板が滑車にぶつかったりする前の運動を考えることとします。

1　$(1-\mu_1)Mg$　　2　$(1+\mu_1)Mg$　　3　$4(\mu_1-\mu_2')mg$

4　$4(\mu_2'-\mu_1)mg$

▌2024年度 ▌宮城県・仙台市 ▌難易度

【23】電磁誘導に関して，次の(1)～(5)の問いに答えよ。

水平面と角度θをなす斜面があり，斜面に沿って，導体でできた2本のレールをたがいに平行に敷いた。レールの間隔はL〔m〕である。レールの上端にはスイッチがあり，P側に入れるとR〔Ω〕の抵抗に接続され，Q側に入れると可変抵抗と起電力E〔V〕の電源に接続されるようになっている。斜面には，磁束密度B〔Wb/m^2〕の一様な磁場が，鉛直上向きに生じている。重力加速度の大きさをg〔m/s^2〕とする。導体棒やレールの内部抵抗，導体棒とレールとの摩擦，導体棒に生じる空気抵抗はすべて無視できるものとする。

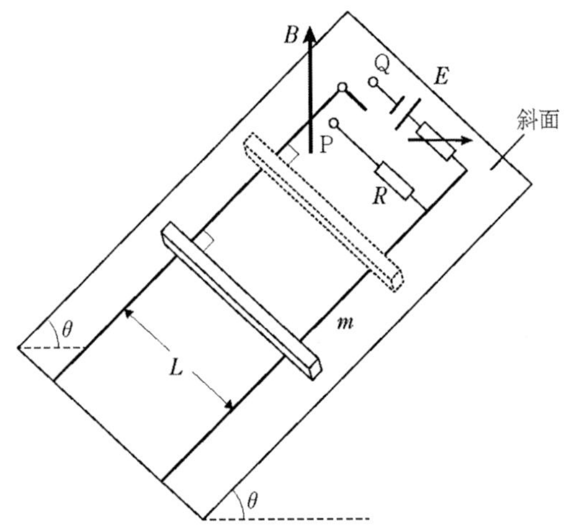

最初，スイッチをP側に入れ，レールと導通する質量m〔kg〕の導体棒を図のようにレールに垂直に置くと，導体棒は運動を始め，やがて

一定の速さv〔m/s〕になった。

(1)　誘導電流の大きさ〔A〕はいくらか。最も適当なものを，次の1～7のうちから一つ選べ。

1　$\dfrac{BLv\sin\theta}{R}$〔A〕　2　$\dfrac{BLv\cos\theta}{R}$〔A〕　3　$\dfrac{BLv\tan\theta}{R}$〔A〕

4　$\dfrac{BLv}{R\sin\theta}$　5　$\dfrac{BLv}{R\cos\theta}$〔A〕　6　$\dfrac{BLv}{R\tan\theta}$〔A〕

7　$\dfrac{BLv}{R}$〔A〕

(2)　導体棒が等速になった後，導体棒が単位時間当たりに失う力学的エネルギー〔J/s〕はいくらか。最も適当なものを，次の1～5のうちから一つ選べ。

1　$mgv\sin\theta$〔J/s〕　2　$mgv\cos\theta$〔J/s〕　3　$mgv\tan\theta$〔J/s〕

4　$\dfrac{mgv}{\tan\theta}$〔J/s〕　5　mgv〔J/s〕

(3)　導体棒が等速になった後，抵抗での消費電力〔W〕はいくらか。最も適当なものを，次の1～5のうちから一つ選べ。

1　$\dfrac{(BLv\sin\theta)^2}{R}$〔W〕　2　$\dfrac{(BLv\cos\theta)^2}{R}$〔W〕

3　$\dfrac{(BLv\tan\theta)^2}{R}$〔W〕　4　$\dfrac{(BLv)^2}{R\tan\theta}$〔W〕

5　$\dfrac{(BLv)^2}{R}$〔W〕

次に，導体棒をレールから離した後に，スイッチをQ側に入れ，可変抵抗の値を調整して導体棒をレールに垂直に置く実験を繰り返した。

(4)　可変抵抗がある値のときに導体棒はレールの上に置いても動かなかった。このとき，回路に流れている電流〔A〕はいくらか。最も適当なものを，次の1～7のうちから一つ選べ。

1　$\dfrac{mg\sin\theta}{BL}$〔A〕　2　$\dfrac{mg\cos\theta}{BL}$〔A〕　3　$\dfrac{mg\tan\theta}{BL}$〔A〕

4　$\dfrac{mg}{BL}$〔A〕　5　$\dfrac{mg}{BL\sin\theta}$〔A〕　6　$\dfrac{mg}{BL\cos\theta}$〔A〕

7　$\dfrac{mg}{BL\tan\theta}$〔A〕

(5) 可変抵抗の値をさらに調整すると，ある値のとき，導体棒が上昇した後，やがて一定の速度v'〔m/s〕になった。このとき，可変抵抗の抵抗値〔Ω〕はいくらか。最も適当なものを，次の1～8のうちから一つ選べ。

1 $\dfrac{BL(E-BLv')}{mg}$〔Ω〕　2 $\dfrac{BL(E-BLv')}{mg\sin\theta}$〔Ω〕

3 $\dfrac{BL(E-BLv')}{mg\cos\theta}$〔Ω〕　4 $\dfrac{BL(E-BLv')}{mg\tan\theta}$〔Ω〕

5 $\dfrac{BL(E-BLv'\sin\theta)}{mg\tan\theta}$〔Ω〕　6 $\dfrac{BL(E-BLv'\tan\theta)}{mg\sin\theta}$〔Ω〕

7 $\dfrac{BL(E-BLv'\cos\theta)}{mg\tan\theta}$〔Ω〕　8 $\dfrac{BL(E-BLv'\tan\theta)}{mg\cos\theta}$〔Ω〕

2024年度 | 大分県 | 難易度 ■■■□□

【24】次の問いに答えよ。

(1) 凸レンズの光軸上の前方60cmの位置に，高さ2.0cmの物体を光軸に対して垂直に設置したところ，凸レンズ後方30cmの位置に，物体の実像ができた。この凸レンズの焦点距離と，像の大きさの組み合わせとして最も適当なものを，次の①から⑥までの中から一つ選び，記号で答えよ。

	焦点距離	像の大きさ
①	20 cm	1.0 cm
②	20 cm	4.0 cm
③	30 cm	1.0 cm
④	30 cm	4.0 cm
⑤	90 cm	1.0 cm
⑥	90 cm	4.0 cm

(2) 平面上において，振動数f_0の音源を，点Oを中心とする半径rの円周上で等速円運動させた。同じ平面上で点Oから$2r$離れた点において，観測者Pが聞こえる音を観測した。音源の振動数f_0＝576Hzのとき，最も大きい振動数は612Hzであった。等速円運動する音源の速さと，最も大きい振動数を観測してから最も小さい振動数を観測するまでの最小時間の組み合わせとして最も適当なものを，以下の

①から⑥までの中から一つ選び，記号で答えよ。なお，空気中の音速を340m/sとする。

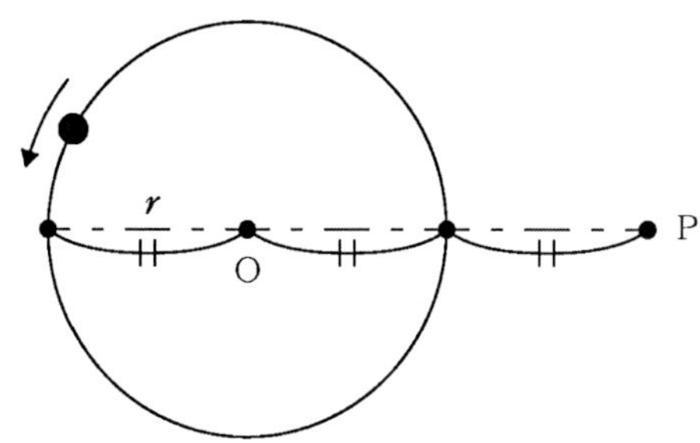

	音源の速さ	最大振動数から最小振動数までの最小時間
①	10 m/s	$\dfrac{\pi r}{5}$〔s〕
②	10 m/s	$\dfrac{\pi r}{15}$〔s〕
③	10 m/s	$\dfrac{2\pi r}{15}$〔s〕
④	20 m/s	$\dfrac{\pi r}{10}$〔s〕
⑤	20 m/s	$\dfrac{\pi r}{30}$〔s〕
⑥	20 m/s	$\dfrac{\pi r}{15}$〔s〕

(3)　地球のまわりを周回している人工衛星がある。地球の中心からの距離は，最も近いところでr，最も遠いところで$2r$である。地球の半径をRとすると，$r>R$である。最も近いところの速度vはいくらか。最も適当なものを，以下の①から⑤までの中から一つ選び，記号で答えよ。なお，地上での重力加速度の大きさをgとする。また，人工衛星の面積速度は一定，地球の万有引力による位置エネルギーは，無限遠を基準とする。

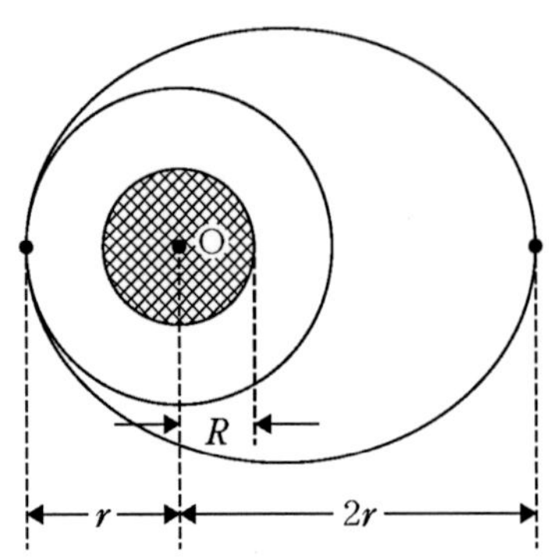

① $\sqrt{gr}$　② $R\sqrt{\frac{g}{r}}$　③ $2R\sqrt{\frac{g}{3r}}$　④ $R\sqrt{\frac{2g}{r}}$

⑤ $2R\sqrt{\frac{g}{r}}$

(4) 次図のように，起電力がそれぞれ3.0V，9.5Vの内部抵抗の無視できる電池と，抵抗値3.0Ω，5.0Ω，9.0Ωの抵抗を接続した。9.0Ωに流れる電流の大きさと向きの組み合わせとして最も適当なものを，以下の①から⑥までの中から一つ選び，記号で答えよ。

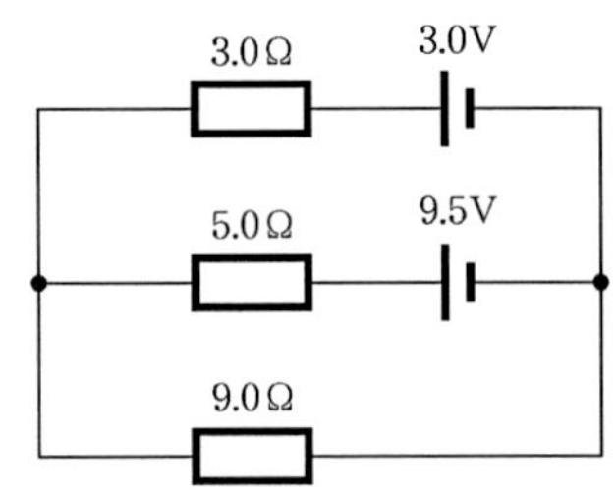

	電流の大きさ	電流の向き
①	0.50A	図の右向き
②	0.50A	図の左向き
③	1.0A	図の右向き
④	1.0A	図の左向き
⑤	1.5A	図の右向き
⑥	1.5A	図の左向き

▌2024年度 ▌沖縄県 ▌難易度

【25】次の各問いに答えなさい。

(1)　図1のように，十分に長くて丈夫な導線abとcdを間隔L〔m〕で平行に並べてレールをつくり，水平面に対して傾斜角θ〔rad〕で設置した。ac間には，抵抗値R〔Ω〕の抵抗Rと起電力E〔V〕の電池が接続されている。一様な磁束密度B〔T〕の磁場を鉛直下向きにかけた状態で，質量m〔kg〕の金属棒をレールの上に水平に静かに置いた。はじめ，棒は固定されている。R以外の抵抗と棒とレールとの摩擦は無視でき，棒はレールに対して常に直交しているものとする。また，重力加速度の大きさをg〔m/s^2〕とする。

図1

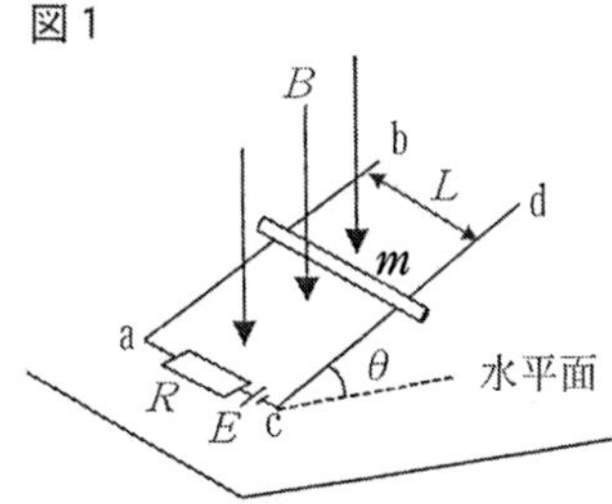

①　棒が固定されているとき，棒が磁場から受ける斜面と平行な方向の力の大きさは何Nか，求めなさい。

②　棒の固定をはずすと，棒はレールに沿って斜面上方に滑り出した。十分に時間が経過した後の棒の速さは何m/sか，求めなさい。このとき，棒はレール上にあるものとする。

③　②の状態のとき，電池が1秒間あたりにする仕事量は何Jか，求めなさい。また，電池のエネルギーはどのように消費されているか，その内訳を30字程度で説明しなさい。

(2)　図2のように，大きい曲率半径R_1〔m〕をもつ平凸レンズを曲率半径R_2〔m〕($R_1 < R_2$)をもつ平凹レンズの上にのせ，上から波長λ〔m〕の単色光をあてて上から見ると，2つのレンズの接点Cを中心とする明暗の輪が同心円状に並んでいるのが見えた。

図 2

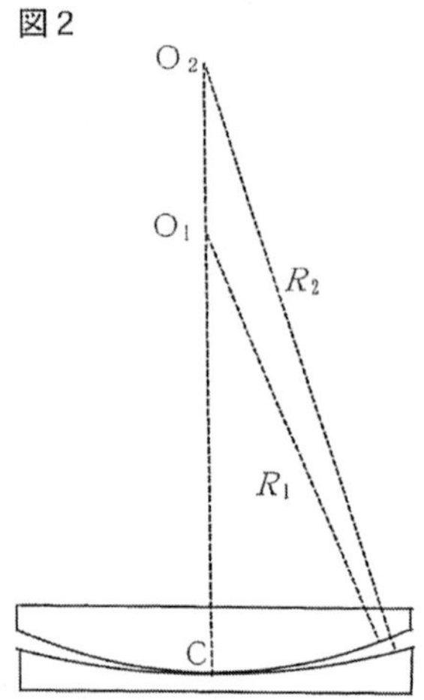

① 内側からm番目の明輪の半径は，青色の光と赤色の光では，どちらが大きいか。また，そのように判断した理由を，内側から1番目の明輪の半径を表す数式を導出して説明しなさい。ただし，レンズにはさまれる空気層の厚さは，レンズの曲率半径に比べて十分に小さいものとする。

② 平凸レンズと平凹レンズの間に，ある液体を満たしたところ，これまで内側から3番目の明輪のあった位置に4番目の明輪が見えるようになった。その液体の屈折率はいくらか，求めなさい。ただし，平凸レンズと平凹レンズの屈折率は等しいものとする。

▌2024年度 ▌長野県 ▌難易度 ■■■□□

【26】次の文章を読み，[1]～[4]に当てはまる最も適切な式を，それぞれ以下のa～eから一つずつ選びなさい。

水素の気体を真空放電管に入れ，放電させると特有の光を放つ。これを分光計を通してどのような波長の光が出ているかを調べると，ある規則をもったとびとびの波長の光が観測される。これを水素原子の線スペクトルと呼ぶ。水素原子では，可視光領域，紫外光領域，赤外光領域などにいくつかのスペクトルの系列が見つかっている。これらの各系列のスペクトル線の波長λは，リュードベリ定数をR，二つの正の整数をn_1，n_2 (ただし，$n_1 < n_2$)として

$$\frac{1}{\lambda}=R\left(\frac{1}{{n_1}^2}-\frac{1}{{n_2}^2}\right) \qquad (1)$$

と表される。

ボーアはこれを，「原子中の電子は，その原子に固有なとびとびのエネルギー値をもつときだけ安定な定常状態にあり光を放出しない」こと，及び「原子が光の放出や吸収を行うのは，電子が一つの定常状態から別の定常状態に移るときだけである」という仮説により説明した。この原子中の電子の定常状態の物理的意味を説明したのはド・ブロイによる物質波の考え方である。

いま，電子は陽子のまわりを半径a，速さvの等速円運動をしているものとする。電子の運動を表すド・ブロイ波の波長をλ'とすると，円周の長さ$2\pi a$が波長λ'の整数倍のとき円周に沿って進む波は滑らかにつながり，定常波として存在する。

滑らかにつながらない場合には円周上を進む波は干渉によって打ち消しあってしまい安定して存在できない。したがって，定常状態となるための条件はnを正の整数として

$$2\pi a=n\lambda' \qquad (2)$$

と表される。電子のド・ブロイ波の波長は質量をm，プランク定数をhとすると

$$\lambda'=\frac{h}{mv} \qquad (3)$$

となる。(2)式，(3)式からλ'を消去すると

$$2\pi a=n\frac{h}{mv} \qquad (4)$$

となり，量子条件が導ける。

電子を粒子と考えたとき，陽子のまわりを等速円運動する電子の全エネルギーEは，その運動エネルギーと，静電気力による位置エネルギー(ただし，無限遠を基準点とし，その値を0とする)との和として表される。また，このとき，陽子と電子の間にはクーロン力が働いている。静電気力に関するクーロンの法則の比例定数をk，電気素量をeとすると，電子の運動方程式から，Eを表すことができ，

E=[　1　]　　　　(5)

となる。これらの結果から，円運動の半径aは

$a=[\ 2\ ]$　　(6)

となる。この結果を(5)式に代入すると

$E=[\ 3\ ]$　　(7)

となり，全エネルギーはnの関数として表されることがわかる。このnを量子数と呼ぶ。

さて，ボーアはエネルギーが，$n=n_2$で表される状態から$n=n_1$で表される状態に移ったときに光が放出されると考えた。したがって，放出される光のエネルギーは二つの状態のエネルギーの差として表される。エネルギーの差ΔEを光の波長λ，真空中の光の速さc，hを用いて表すと，$\Delta E=h\frac{c}{\lambda}$なので，リュードベリ定数$R$は

$R=[\ 4\ ]$　　(8)

となる。

[1] a $-k\frac{e^2}{2a}$　b $-k\frac{e^2}{a}$　c $-k\frac{e^2}{a^2}$　d $-k\frac{e^2}{4a^2}$

e $-k\frac{e}{2a}$

[2] a $\frac{n^2h^2}{\pi^2kme^2}$　b $\frac{n^2h^2}{4\pi kme^2}$　c $\frac{n^2h^2}{2\pi^2kme^2}$　d $\frac{n^2h^2}{4\pi^2kme^2}$

e $\frac{n^2h^2}{2\pi kme^2}$

[3] a $-\frac{\pi^2k^2me^4}{h^2}\cdot\frac{1}{n^2}$　b $-\frac{4\pi k^2me^4}{h^2}\cdot\frac{1}{n^2}$

c $-\frac{2\pi^2k^2me^4}{h^2}\cdot\frac{1}{n^2}$　d $-\frac{4\pi^2k^2me^4}{h^2}\cdot\frac{1}{n^2}$

e $-\frac{2\pi k^2me^4}{h^2}\cdot\frac{1}{n^2}$

[4] a $\frac{2\pi^2k^2me^4}{h^2c}$　b $\frac{2\pi^2k^2me^4}{h^3c}$　c $\frac{2\pi^2k^2me^2}{h^3c}$

d $\frac{2\pi^2k^2me^4}{h^3}$　e $\frac{2\pi^2k^2me^4}{hc}$

▌2024年度 ▌茨城県 ▌難易度 ■■■□□

【27】交流に関するⅠ，Ⅱの問いに答えなさい。

Ⅰ　私たちが一般的な家庭で使用している電気は100Vの交流で，発電所から送電線によって送られている。次の文章を読んで，以下の問

いに答えなさい。

2011年，福島における原子力発電所の事故により，東日本の電力が不足し，計画停電とともに，他地域の電力会社からの電力供給を実施した。しかし，西日本の電力会社からの電力供給は容易ではなかった。それは，日本においては静岡県の富士川を境界として東西で交流の[　ア　]が異なるためである。

問1　[　ア　]に入る最も適切な語句を次の①～④から1つ選び，記号で答えなさい。

①　電圧　　②　電流　　③　周波数　　④　電力

問2　交流で送電するメリットを，簡単に説明しなさい。

問3　一般的な家庭で使用している100Vの交流電圧の最大値は何Vか。ただし，$\sqrt{2}=1.41$とする。

問4　図1は，ノートパソコン用のACアダプターであり，ACアダプターはノートパソコンの本体と電源の差し込みプラグの間にある。ACアダプターの役割について，簡単に説明しなさい。

図1

Ⅱ　図2は，磁場中でコイルを回転させて交流を発生させる装置である。磁束密度Bの一様な磁場の中で，長さLの辺abと辺cd，長さ$2r$の辺bcと辺daの長方形の一巻きコイルを，磁場に垂直な軸のまわりに，一定の角速度ωで回転させた。図3のようにコイルの面が磁場に垂直な位置にあるときの時刻を$t=0$とする。なお，図2，図3中の矢印(⇨)は，コイルの面に垂直な方向を示すもので，図3の矢印(⇨)の向きに磁束線が貫く場合の磁束を正，逆向きに貫く場合の磁束を負とする。ただし，誘導起電力は，コイルのcdabの向きに電流が流れるときを正とする。

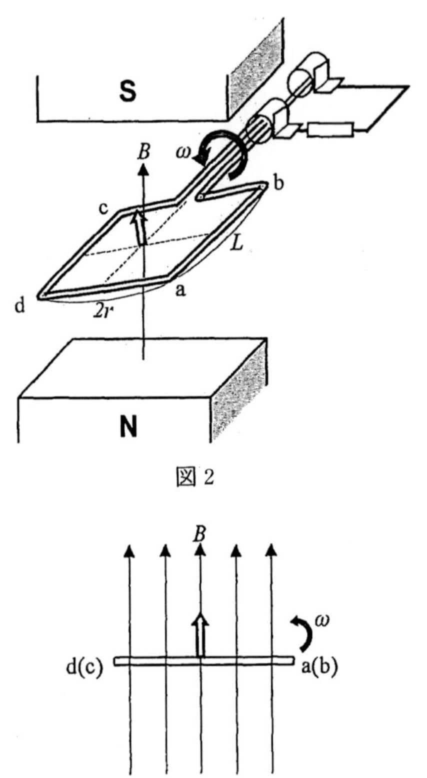

図 2

図 3

問5　$t=0$のときのコイルを貫く磁束Φ_0を，B，L，r，ω，tの中から必要なものを用いて表しなさい。

問6　コイルを貫く磁束Φと時刻tの関係を表したグラフとして適切なものを，次のア～エから1つ選び，記号で答えなさい。

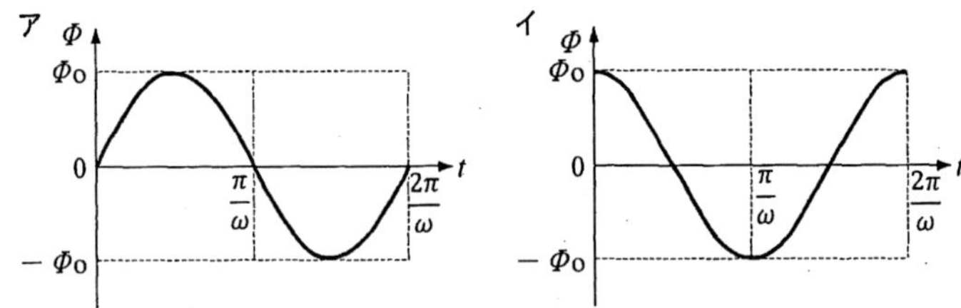

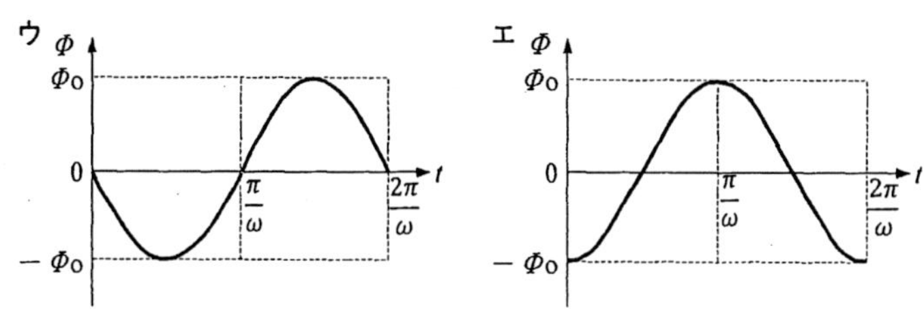

問7　コイルを貫く磁束の単位時間当たりの変化量$\frac{\Delta\Phi}{\Delta t}$と時刻$t$の関係を表したグラフとして適切なものを，次のア～エから1つ選び，記号で答えなさい。

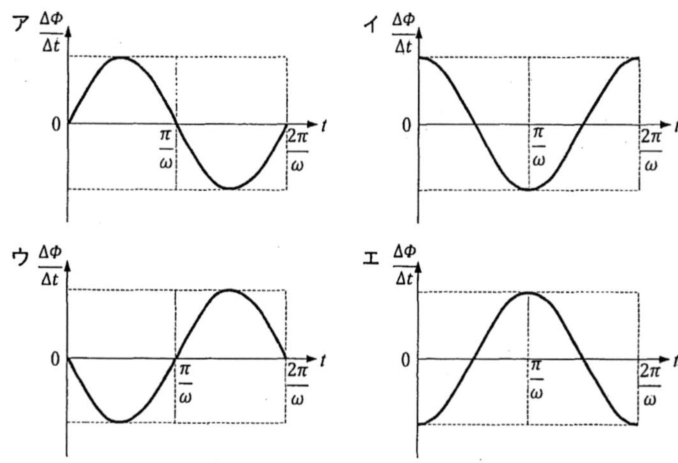

問8　コイルに発生する誘導起電力Vと時刻tの関係を表したグラフとして適切なものを，次のア～エから1つ選び，記号で答えなさい。

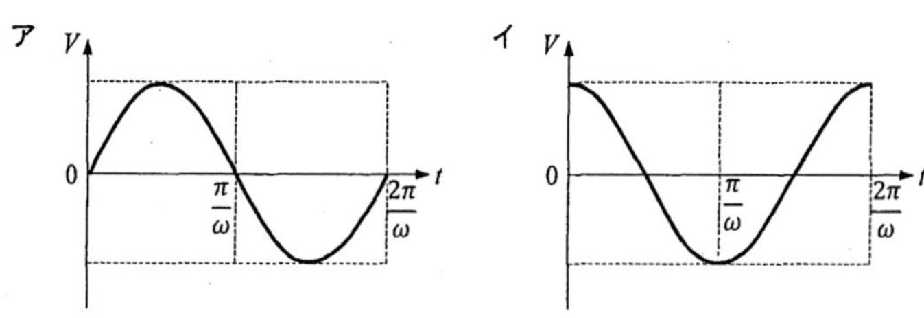

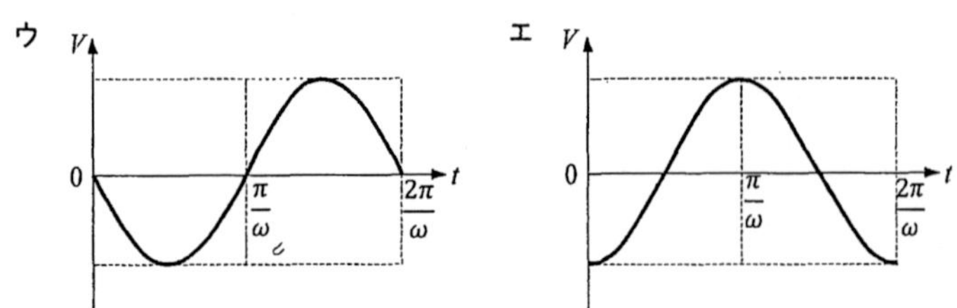

問9　誘導起電力Vの最大値V_0を，B，L，r，ω，tの中から必要なものを用いて表しなさい。

2024年度　静岡県・静岡市・浜松市　難易度

【28】図1のように，交流電源装置につながれた，巻き数Nの空芯ソレノイドC_1の一方の端面は$x=0$に固定され，他端面は$x=d$の位置にある。$x=d$の面には半径rの1巻きコイルC_2が，C_1とC_2それぞれの中心が一致するように設置されている。なお，両端面を支えている板の厚さは無視できるものとする。C_1は，自己インダクタンスLのコイルであり，C_2の両端PとQはオシロスコープにつながれている。電圧の最大値をV_0，周波数をf，時刻をtとして，C_1に交流電圧$V=V_0\sin 2\pi ft$を加える。ただし，二つのコイルの銅線の抵抗は，無視できるものとする。

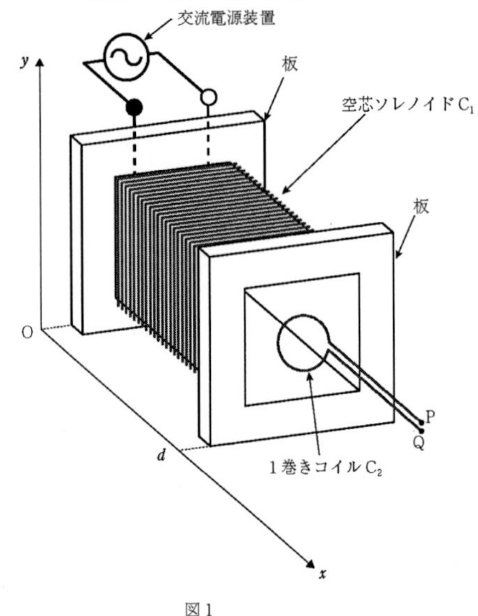

図1

問1　C_1にかかる電圧Vが，図2のように変化した。C_1を流れる電流Iのグラフとして最も適切なものを，以下のa～eから一つ選びなさい。

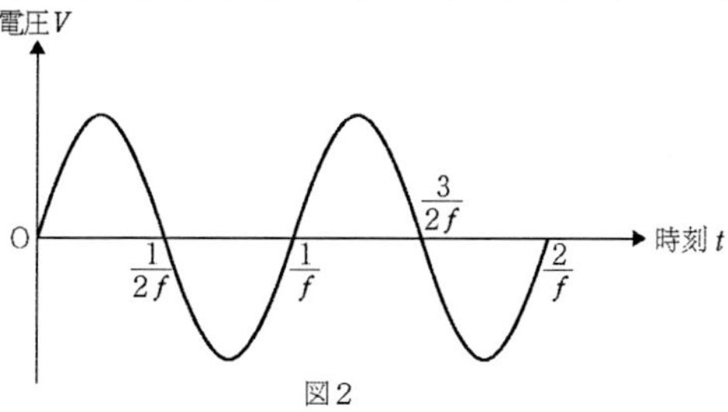

図2

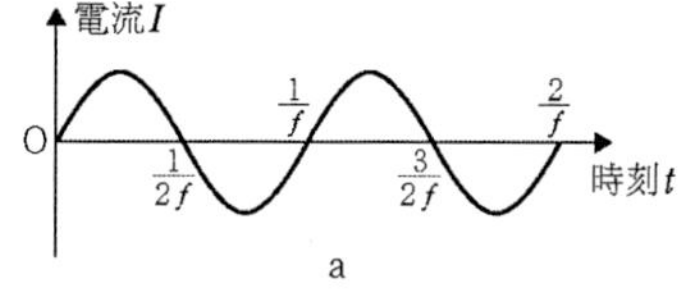

a

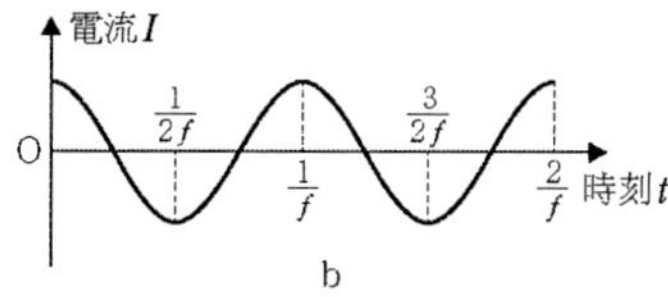

b

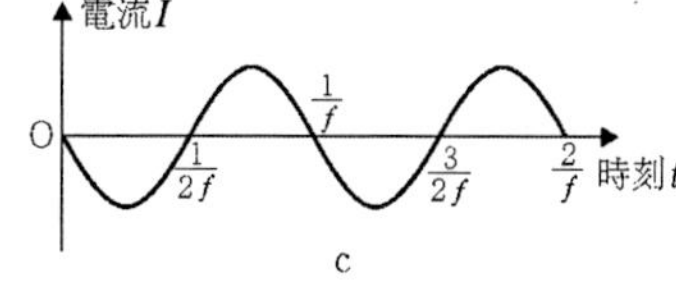

c

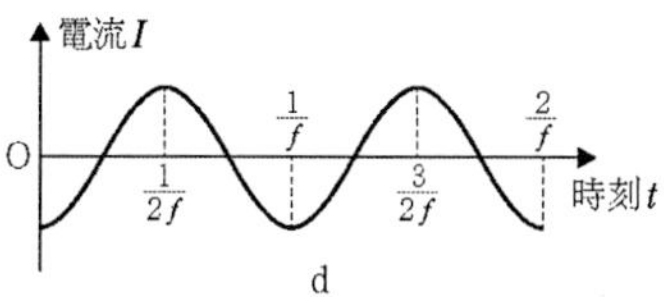

d

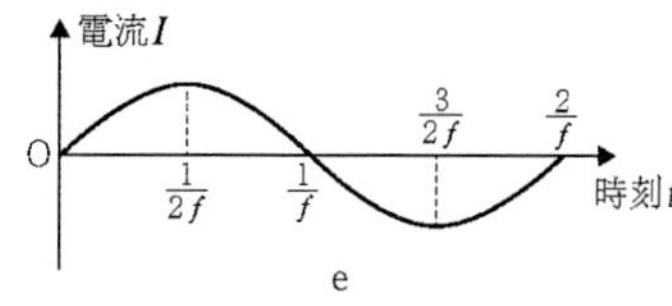

e

問2　C_1に流れる電流Iの微小時間Δt内の変化をΔIとすると，電流変化率$\frac{\Delta I}{\Delta t}$と$C_1$に加えた交流電圧との関係式として最も適切なものを，次のa～eから一つ選びなさい。

a　$V_0 \sin 2\pi ft - L\frac{\Delta I}{\Delta t} > 0$　　b　$V_0 \sin 2\pi ft + L\frac{\Delta I}{\Delta t} = 0$

c　$V_0 \sin 2\pi ft - L\frac{\Delta I}{\Delta t} < 0$　　d　$V_0 \sin 2\pi ft + L\frac{\Delta I}{\Delta t} > 0$

e　$V_0 \sin 2\pi ft - L\frac{\Delta I}{\Delta t} = 0$

問3　C_1を流れる電流IによってC_1の内部に生じた磁束密度として最も適切なものを，次のa～eから一つ選びなさい。ただし，透磁率をμ_0とする。

a $\dfrac{\mu_0 N}{d^2}I$　b $\mu_0 NI$　c NI　d $\dfrac{\mu_0 N}{d}I^2$　e $\dfrac{\mu_0 N}{d}I$

問4　C_1で生じた磁束がC_2を一様に貫くとみなすとき，C_2に生じる誘導起電力として最も適切なものを，次のa～eから一つ選びなさい。ただし，C_2に流れる電流による磁束の変化は無視できるものとする。

a $-\dfrac{\pi r^2 \mu_0 NV_0}{dL}\sin 2\pi ft$　b $-\dfrac{r^2 NV_0}{dL}\sin 2\pi ft$

c $-\dfrac{2\pi r \mu_0 NV_0}{dL}\sin 2\pi ft$　d $-\dfrac{\pi r^2 \mu_0 V_0}{dL}\sin 2\pi ft$

e $-\dfrac{\pi r^2 V_0}{dL}\sin 2\pi ft$

▌2024年度 ▌茨城県 ▌難易度

【29】あとの各問いに答えなさい。

図1のように，xy平面の$x\geqq 0$の領域には紙面に垂直で表から裏に向かう磁束密度Bの一様な磁場があり，$x<0$の領域からx軸の正の方向に一定の速さv_0で運動してきた一辺の長さaの細い金属線でできた正方形のコイルKLMNの辺KLが磁場の中に進入しようとしています。コイルの辺LMはx軸と平行を保ったままxy平面内を運動し，辺KLが磁場に進入するときの時刻を$t=0$，辺KLが$x=a$の位置を通過する時刻を$t=T$とします。ただし，コイルは変形せず，コイルの抵抗値はRで，$x<0$の領域には磁場はなく，重力やコイルを流れる電流がつくる磁場の影響もないものとします。

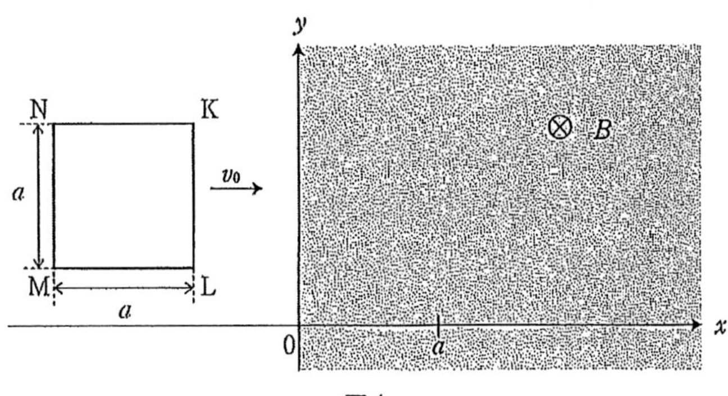

図1

問1　次の文章を読み，[　a　]，[　b　]にあてはまる式と語句との組合せとして正しいものを，あと1～4のうちから1つ選びなさい。

> 図2のように，コイルの辺KLの位置が$b(0<b<a)$のとき，コイルを貫く磁束の大きさは［　a　］である。このとき，辺KLには［　b　］に誘導電流が流れる。

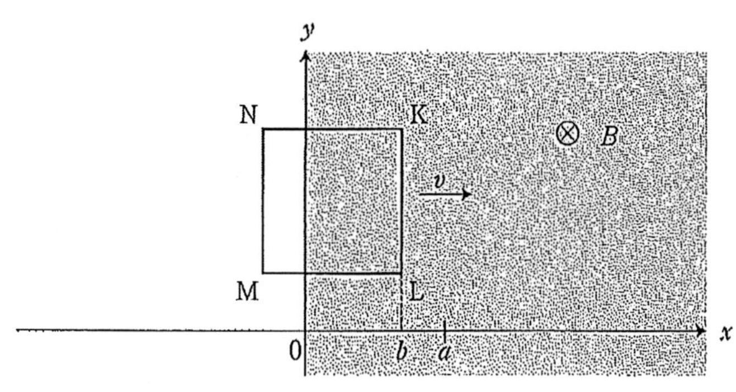

図2

	a	b
1	Ba^2	KからLの向き
2	Ba^2	LからKの向き
3	Bab	KからLの向き
4	Bab	LからKの向き

問2　コイルの速さと時刻の関係を表すグラフとして最も適切なものを，次の1～4のうちから1つ選びなさい。

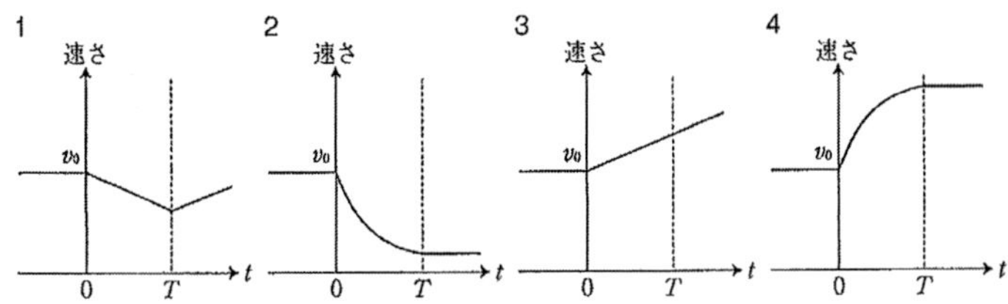

問3　コイルのすべてが磁場中に進入しているときの，ある時刻t $(t>T)$におけるコイルの速さをvとします。このとき，誘導電流によってコイルの抵抗で消費される電力として正しいものを，次の1～4の

うちから1つ選びなさい。

1　$\dfrac{vB^2a^2}{R}$　　2　$\dfrac{2vB^2a^2}{R}$　　3　$\dfrac{3vB^2a^2}{R}$　　4　0

▌2024年度 ▌宮城県・仙台市 ▌難易度 ■■■■□□

【30】次の図のように，なめらかな平面ABと曲面BCからなる面がある。3点A，B，Cの地面からの高さはそれぞれh〔m〕，h〔m〕，0であり，曲面BCの断面は半径h〔m〕の円弧となっている。質量m〔kg〕の小物体を速さv〔m/s〕で点Aから点Bに向かって打ち出したところ，曲面BC上の点Dを通過し，点Eで曲面から離れた。直線ODとOEは，直線OBとそれぞれ角ϕ，ϕ_0 ($0^\circ < \phi < \phi_0 < 90^\circ$)をなす。重力加速度の大きさを$g$〔m/s²〕として，以下の各問いに答えなさい。

図

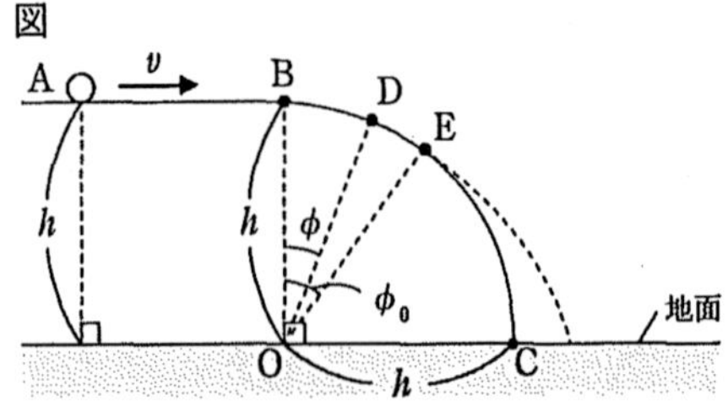

(1)　点Dに到達したときの小物体の速さv_D〔m/s〕を，g，v，h，ϕを用いて表しなさい。

(2)　点Dで小物体が曲面から受ける垂直抗力の大きさN〔N〕を，m，g，v，h，ϕを用いて表しなさい。

(3)　$\cos\phi_0$を，g，v，hを用いて表しなさい。

(4)　点Eで曲面を飛び出すときの小物体の運動エネルギーK〔J〕を，m，g，v，hを用いて表しなさい。

▌2024年度 ▌京都府 ▌難易度 ■■■■□□

【31】静止状態の電子を電位差Vで加速し，次図のように結晶面の間隔がdである結晶に，結晶面と角度θをなす方向から入射させた。電子の質量をm，電子の電気量の絶対値をe，プランク定数をhとして，以下の設問(1)，(2)に答えよ。

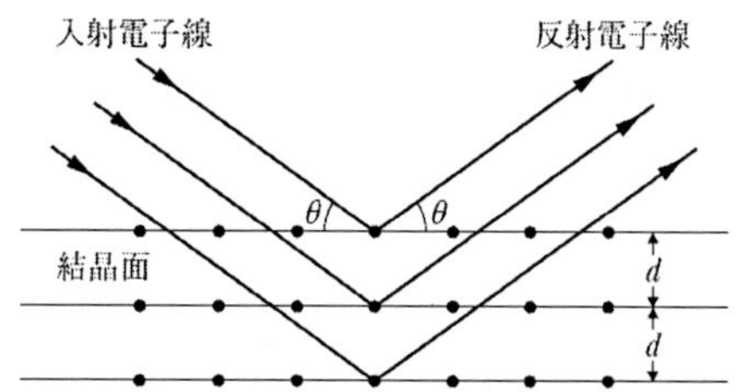

(1)　電子を波と見たときの波長λを，m，e，V，hのうち必要なものを用いて表すとどのようになるか。最も適切なものを，次の①～⑤の中から一つ選べ。

①　$\dfrac{h}{mV}$　②　$\dfrac{h}{eV}$　③　$\dfrac{h}{\sqrt{2meV}}$　④　$\dfrac{h}{\sqrt{meV}}$

⑤　$\dfrac{h}{2\sqrt{meV}}$

(2)　θを0°からだんだんと大きくしたとき，反射した電子線の強度が最初に極大になる角度をθ_0とする。結晶面の間隔dとして最も適切なものを，次の①～⑤の中から一つ選べ。

①　$\dfrac{\lambda}{2}$　②　$\dfrac{\lambda}{\cos\theta_0}$　③　$\dfrac{\lambda}{\sin\theta_0}$　④　$\dfrac{\lambda}{2\cos\theta_0}$

⑤　$\dfrac{\lambda}{2\sin\theta_0}$

2024年度　岐阜県　難易度

【32】内部抵抗の無視できる起電力Eの電池，電気容量がそれぞれC_1とC_2のコンデンサーからなる図のような直流回路がある。この回路を使って，以下のア～エの順に操作した。あとの各問いに答えなさい。ただし，はじめはスイッチS_1とS_2は開かれており，2つのコンデンサーには電荷はたくわえられていないものとする。

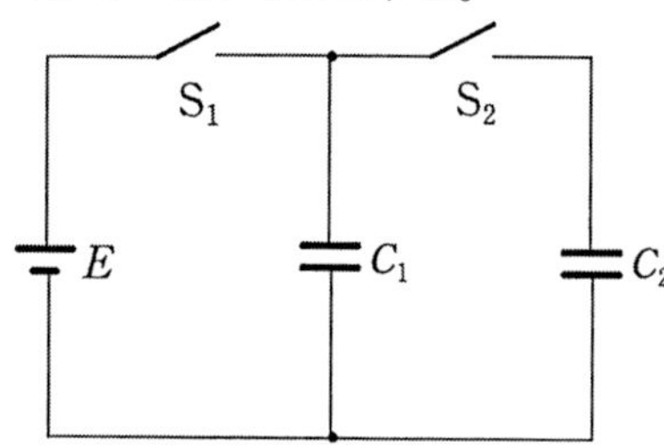

【操作】 ア　スイッチS_2を開いたまま，スイッチS_1を閉じ，しばらく放置した。

イ　スイッチS_1を開いた後にスイッチS_2を閉じ，しばらく放置した。

ウ　スイッチS_2を開いた後にスイッチS_1を閉じ，しばらく放置した。

エ　スイッチS_1を開き，スイッチS_2を閉じた。

1　アの操作の後，電気容量C_1のコンデンサーにたくわえられている電気量として最も適切なものを①～④の中から一つ選びなさい。

①　C_1E　②　$\frac{1}{2}C_1E$　③　$\frac{1}{2}C_1E^2$　④　C_1E^2

2　イの操作の後，電気容量C_2のコンデンサーの極板間の電圧として最も適切なものを①～④の中から一つ選びなさい。

①　$\frac{C_1E}{C_2}$　②　$\frac{C_1C_2E}{C_1+C_2}$　③　$\frac{C_1E}{C_1+C_2}$　④　$\frac{(C_1+C_2)E}{C_2}$

3　エの操作の後，電気容量C_2のコンデンサーの極板間の電圧として最も適切なものを①～④の中から一つ選びなさい。

①　$\frac{C_1(C_1+C_2)}{2C_1+C_2}E$　②　$\frac{C_1(C_1+2C_2)}{(C_1+C_2)^2}E$　③　$\frac{C_1C_2(C_1+C_2)}{(C_1+2C_2)^2}E$

④　$\frac{C_2(2C_1+C_2)}{C_1+C_2}E$

2024年度　三重県　難易度■■■■■

【33】図のように，質量$2m$の小球Aと質量$3m$の小球Bをばね定数k，自然の長さLの軽いばねの両端につないだ。このA，Bをなめらかな床において静止させ，このときのAの位置を原点Oとするx座標をとる。x座標の負の領域から質量mの小球Cがある速さで，時刻$t=0$でAと瞬間的に弾性衝突したところ，Aはx軸正の向きに速さvで運動をはじめた。以下の(1)～(8)の各問いに答えなさい。ただし，A，B，Cの大きさは無視でき，すべての運動は同一直線上で起こり，速度の正の向きはx軸正の向きと同じであり，円周率をπとする。

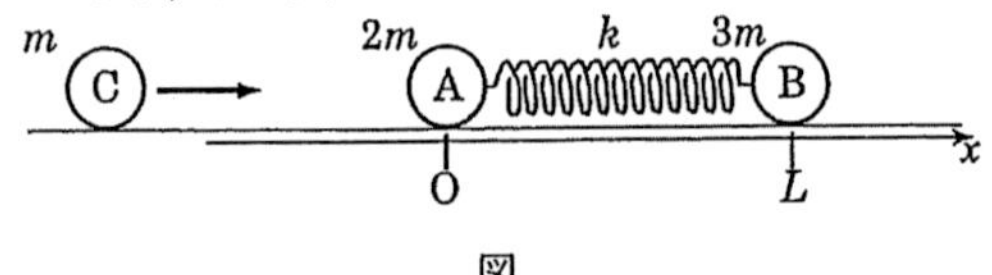

図

(1)　CがAに衝突した直後のCの速度を求めよ。

(2)　AとCの衝突後，はじめてばねの縮みが最大になったとき，AとBの速度をそれぞれ求めよ。

(3)　(2)におけるばねの縮みの最大値を求めよ。

AとCの衝突後のA，Bの運動をAとBの重心から見た運動に着目して考えていく。このAとBの重心をGとする。

(4)　$t=0$におけるGのx座標を求めよ。

(5)　衝突後，床から見たGはどのような運動をするか。最も適当なものを次のア～エから1つ選び，その記号で答えよ。

ア　静止　　イ　等速直線運動　　ウ　等加速度直線運動

エ　単振動

(6)　衝突直後のAとBをGに対する相対速度をそれぞれ求めよ。

(7)　AとBをGから観測したとき，単振動しているように見える。この単振動のそれぞれの周期をT_A，T_Bとして求めよ。

(8)　AとGの運動のようすについて，位置と時刻の関係を次のx-t図にかけ。ただし，Aについては実線(—)，Gのグラフについては破線(---)で，同一のx-t図に表し，時刻$t=3T_A$までかき，縦軸の数値は記入しなくてよい。

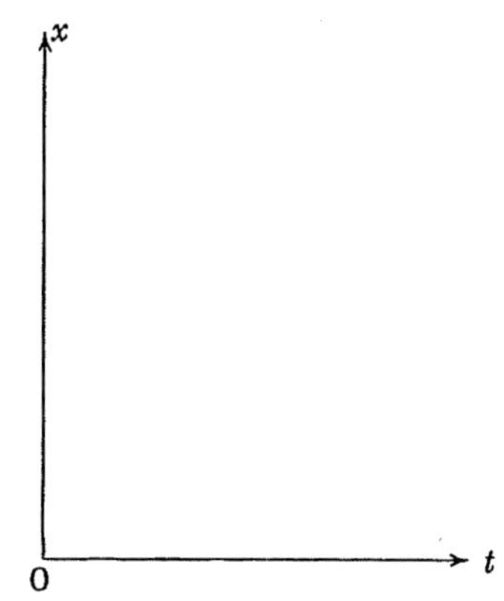

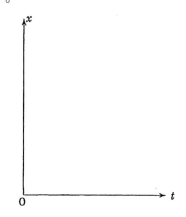

2024年度　佐賀県　難易度

【34】次の問に答えよ。

問1　ギターをチューニングするときに，弦の張り方を変えると音の高さが変わることから，次のような仮説を立てて実験計画を立案した。以下の(1)～(4)に答えよ。

【実験計画】

〔仮説〕

弦の張り方を強くすると，弦を伝わる波の速さが増加する。

〔手順〕

① 図のように，弦の一端を振動源につなぎ，弦が水平になるようにして，他端を定滑車に通しておもりを1個つける。

② 振動源と定滑車の間に定在波の腹が2個できるように振動源の振動数を調整し，このときの振動数を読み取る。

③ おもりの数を変えて，同様な測定をくり返す。

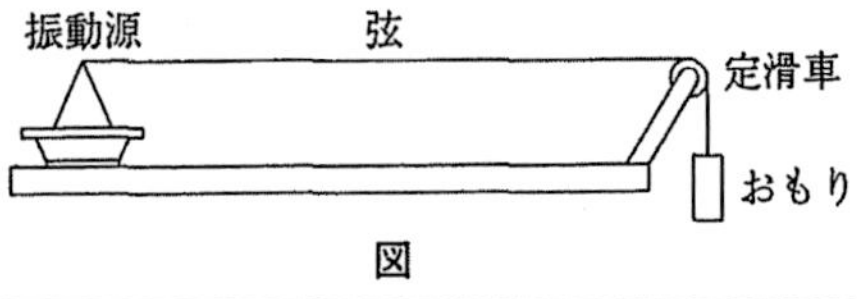

図

(1) 振動源を振動させる前に，水平に張られた弦の中央付近を指ではじくと，振動源と定滑車の間に定在波が生じた。弦に定在波が生じる理由を説明せよ。

(2) 振動源と定滑車の間の糸の長さが1.0m，振動数が60Hzのときに2倍振動が生じた。定在波の波長と波の伝わる速さをそれぞれ求めよ。

(3) この実験の根拠となる弦を伝わる波の速さv〔m/s〕と弦の張力S〔N〕との関係を表した式とグラフの組合せを，A～Hから一つ選び，記号で答えよ。なお，kは比例定数を表している。

<式>

(あ) $v=kS$　　(い) $v=k\sqrt{S}$　　(う) $v=kS^2$

(え) $v=\frac{k}{S^2}$　　(お) $v=\frac{k}{S}$　　(か) $v=\frac{k}{\sqrt{S}}$

<グラフ>

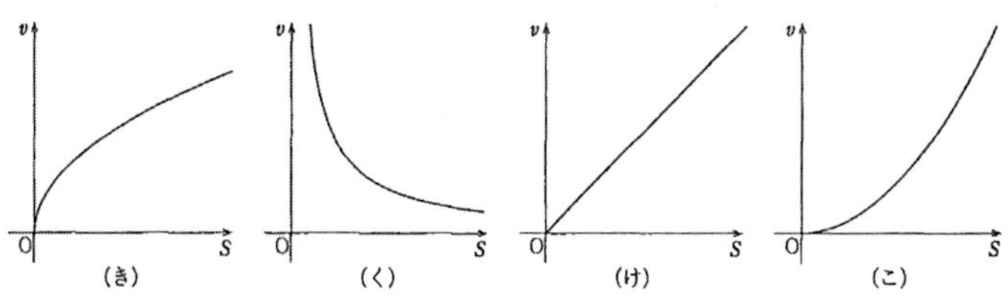

A　(あ)−(け)　　B　(い)−(き)　　C　(い)−(こ)
D　(う)−(き)　　E　(う)−(こ)　　F　(え)−(く)
G　(お)−(く)　　H　(か)−(く)

(4)　この実験における，変化させる量とそれに伴って変化する量，変えてはいけない条件の組合せを，A～Dから一つ選び，記号で答えよ。

	変化させる量	変化する量	変えてはいけない条件
A	おもりの個数	弦を伝わる波の速さ	振動源の振幅
B	おもりの個数	弦を伝わる波の速さ	弦の線密度
C	弦を伝わる波の速さ	おもりの個数	振動源の振幅
D	弦を伝わる波の速さ	おもりの個数	弦の線密度

問2　図のように，線密度が異なる2本の弦を点Bで連結し，一本の弦とした。この連結した弦の一端を振動源につなぎ(点A)，他端は定滑車(点C)に通しておもり1個をつけた。AB間の長さとBC間の長さが等しくなるように設置し，振動源の振動数を調整したところ，A，B，C以外にもBC間に1個節がある定在波が生じた。BC間の弦の線密度はAB間の弦の線密度の何倍か，導出過程を記して，答えよ。なお，導出する際に必要な物理量は各自が定義してもよい。

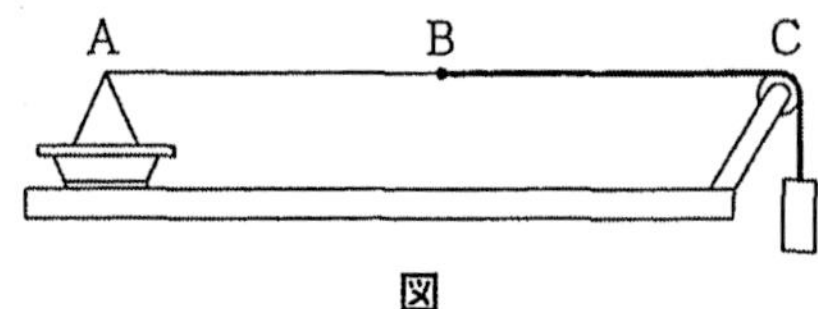

図

■2024年度■島根県■難易度

【35】以下の問いに答えよ。

なめらかな床の上に，角度θのなめらかな斜面をもつ質量Mの台を置く。台にはストッパーを取り付けることができ，台を床に固定することができる。斜面の長さをLとし，重力加速度の大きさをgとする。

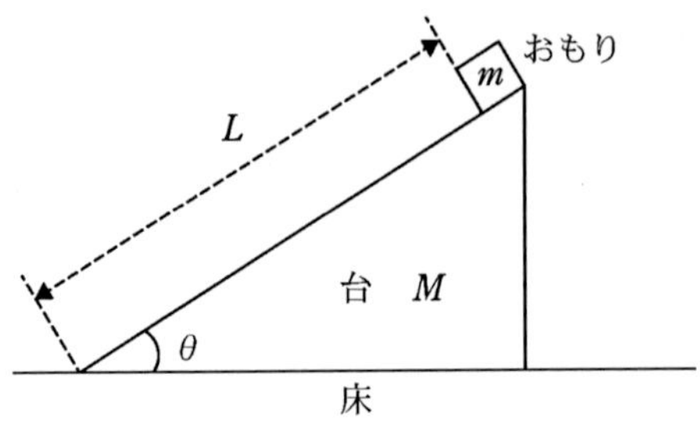

(1) ストッパーを取り付けた状態で，斜面の最上部に質量mのおもりを置き，手で支えた後，静かに手を離した。おもりが床に到達するまでの時間はいくらか。最も適当なものを，次の①から⑥までの中から一つ選び，記号で答えよ。

① $\sqrt{\dfrac{L}{g}}$　② $\sqrt{\dfrac{L}{g\cos\theta}}$　③ $\sqrt{\dfrac{L}{g\sin\theta}}$　④ $\sqrt{\dfrac{2L}{g}}$

⑤ $\sqrt{\dfrac{2L}{g\cos\theta}}$　⑥ $\sqrt{\dfrac{2L}{g\sin\theta}}$

(2) ストッパーを外した状態で，斜面の最上部に質量mのおもりを置き，おもりと台の両方を手で支えた後，静かに両方の手を離した。台とおもりの間にはたらく垂直抗力をNとすると，台の水平方向にはたらく力はいくらか。最も適当なものを，次の①から⑥までの中から一つ選び，記号で答えよ。

① $N\sin\theta$　② $N\cos\theta$　③ $N\tan\theta$　④ $\dfrac{N}{\sin\theta}$

⑤ $\dfrac{N}{\cos\theta}$　⑥ $\dfrac{N}{\tan\theta}$

(3) 台上から観測した場合，おもりの加速度はいくらか。最も適当なものを，次の①から⑤までの中から一つ選び，記号で答えよ。

① $\dfrac{mg\sin\theta\cos\theta}{M+m}$　② $\dfrac{mg\sin\theta\cos\theta}{M+m\sin\theta}$　③ $\dfrac{mg\sin\theta\cos\theta}{M+m\sin^2\theta}$

④ $\dfrac{(M+m\sin\theta+m\cos^2\theta)g\sin\theta}{M+m\sin\theta}$　⑤ $\dfrac{(M+m)g\sin\theta}{M+m\sin^2\theta}$

(4)　おもりが斜面を滑りきって床に到達するまでに，台は最初の位置からどれだけ移動したか。最も適当なものを，次の①から⑥までの中から一つ選び，記号で答えよ。

①　$\dfrac{M}{M+m}L$　　②　$\dfrac{m}{M+m}L$　　③　$\dfrac{M}{M+m}L\cos\theta$

④　$\dfrac{m}{M+m}L\cos\theta$　　⑤　$\dfrac{M}{M+m}L\sin\theta$　　⑥　$\dfrac{m}{M+m}L\sin\theta$

▌2024年度▌沖縄県▌難易度

解答・解説

【1】2

○**解説**○　1，3，4　いずれも「物理基礎」ではなく，「物理」の「内容」に記されている記述である。

【2】(1)　3　　(2)　3　　(3)　4

○**解説**○　(1)　気体の物質量をn，気体定数をRとする。A→Bの過程は定積変化なので，気体が吸収した熱量はすべて気体の内部エネルギーの増加ΔUに使われ，$\Delta U=\dfrac{3}{2}nR\Delta T$となる。また，点Aでの温度$T_A$と点Bでの温度$T_B$は，気体の状態方程式より，$T_A=\dfrac{P_0V_0}{nR}$，$T_B=\dfrac{2P_0V_0}{nR}$となる。よって，$\Delta U=\dfrac{3}{2}nR(T_B-T_A)=\dfrac{3}{2}nR\times\dfrac{P_0V_0}{nR}=\dfrac{3}{2}P_0V_0$となり，これが求める熱量に等しい。　(2)　B→Cの過程では一定の圧力$2P_0$で体積が$\Delta V=3V_0-V_0=2V_0$増加しているので，気体が外部へした仕事Wは，$W=2P_0\Delta V=4P_0V_0$となる。　(3)　(1)より，A→Bの過程では，$\dfrac{3}{2}P_0V_0$の熱量を受け取る。B→Cの過程では気体が外部へした仕事$4P_0V_0$と内部エネルギーの変化$\Delta U=\dfrac{3}{2}nR(T_C-T_B)=\dfrac{3}{2}nR\left(\dfrac{6P_0V_0}{nR}-\dfrac{2P_0V_0}{nR}\right)=6P_0V_0$の

合計$10P_0V_0$の熱量を受け取る。したがって，1サイクルで気体が受け取った熱量Q_{in}は，$Q_{in}=\frac{3}{2}P_0V_0+10P_0V_0=\frac{23}{2}P_0V_0$となる。一方，気体が外部へした正味の仕事は，B→Cの過程で気体が外部へした仕事$4P_0V_0$，D→Aの過程で気体が外部へした仕事$-2P_0V_0$の合計$2P_0V_0$となる。よって，このサイクルの熱効率は，$\frac{2P_0V_0}{\frac{23}{2}P_0V_0}=\frac{4}{23}$となる。

【3】〔問1〕 3　　〔問2〕 4　　〔問3〕 2

○**解説**○ 〔問1〕 スイッチS_2を開くと，電源と2つのコンデンサーC_1，C_2を直列につないだ回路と等価になる。C_1の負極に電気量$-Q_1$，C_2の正極に電気量Q_2が蓄えられたとすると，電気量の保存より，$-Q_1+Q_2=0$が成り立つ。また，各コンデンサーに加わる電圧をV_1，V_2とすると，直列回路の性質から，$V_1+V_2=12$〔V〕が成り立つ。コンデンサーに蓄えられる電気量Q，コンデンサーの電気容量C，コンデンサーに加わる電圧Vの間には$Q=CV$が成り立つので，$-C_1V_1+C_2V_2=0$　より，$-(6.0\times10^{-6})V_1+(2.0\times10^{-6})V_2=0$〔V〕となる。これらを連立して，$V_1=3$〔V〕，$V_2=9$〔V〕となる。よって，コンデンサー$C_1$に蓄えられる電気量は，$Q_1=(6.0\times10^{-6})\times3=1.8\times10^{-5}$〔C〕となる。　〔問2〕 スイッチ$S_1$を開きスイッチ$S_2$を閉じると，2つのコンデンサー$C_2$，$C_3$を並列につないだ回路と等価になる。$C_2$の正極に電気量$Q_2'$，$C_3$の正極に電気量$Q_3'$が蓄えられ，$C_2$，$C_3$に加わる電圧を$V_2'$，$V_3'$とする。電気量の保存より，$Q_2'+Q_3'=1.8\times10^{-5}$〔C〕が成り立つ。また，並列回路の性質から$V_2'=V_3'$が成り立つ。〔問1〕と同様に，$Q=CV$より，$(2.0\times10^{-6})V_2'+(4.0\times10^{-6})V_3'=1.8\times10^{-5}$となる。これらを連立して，$V_2'=V_3'=3$〔V〕となる。よって，コンデンサー$C_3$に蓄えられる静電エネルギーは，$\frac{1}{2}C_3(V_3')^2=\frac{1}{2}\times(4.0\times10^{-6})\times3^2=1.8\times10^{-5}$〔J〕となる。　〔問3〕 スイッチ$S_2$を閉じた後，各コンデンサーに加わる電圧を$V_1''$，$V_2''$，$V_3''(=V_2'')$とする。また，電気量の保存より，$C_1$の負極および$C_2$，$C_3$の正極に蓄えられる電気量の総和が0なので，$-C_1V_1''+(C_2+C_3)V_2''=0$が成り立つ。ここで，$-(6.0\times10^{-6})V_1''+\{(2.0\times10^{-6})+(4.0\times10^{-6})\}V_2''=0$より，

$V_1''=V_2''$となる。よって，$V_1''=V_2'=6$〔V〕となり，C_2に蓄えられる電気量は，$(2.0\times10^{-6})\times6=1.2\times10^{-5}$〔C〕となる。

【4】(1)　④　　(2)　力のモーメントがつりあっているため，板は回転しない。　　(3)　800〔Hz〕　　(4)　0.45〔J/(g・K)〕　　(5)　イ，ウ，カ　　(6)　明るさ…①　　消費電力…④　　(7)　$\dfrac{v^2B^2l^2}{R}$
(8)　発生するX線の最短波長が$\dfrac{1}{2}$倍になる。

○**解説**○ (1)　鉛直上向きを正の方向とし，重力加速度の大きさをg，小球Aの初速度をv_0とすると，時刻tにおける小球Aの速度v_Aは$v_A=v_0-gt$，小球Bの速度v_Bは$v_B=-gt$，小球Bに対する小球Aの相対速度は，$v_{AB}=v_A-v_B=v_0$となる。よって，v_{AB}はtによらず一定なので，④のグラフが該当する。　(2)　点Aと点Bの中点が重心Gなのでうでの長さは等しく，力の大きさも等しいので，重心Gのまわりの力のモーメントはつりあっている。　(3)　閉管内で1回目と2回目の共鳴がおこったとき，管口から水面までの距離の差が定常波の半波長に相当するので，この定常波の波長は$(31.0-9.5)\times2=43$〔cm〕$=0.43$〔m〕となる。よって，振動数は波の基本式より$\dfrac{344}{0.43}=800$〔Hz〕となる。　(4)　質量m〔g〕の物質に熱量Q〔J〕を与えたときの温度変化を$\varDelta T$〔K〕とすると，比熱c〔J/(g・K)〕は$c=\dfrac{Q}{m\varDelta T}=\dfrac{1.8\times10^3}{100\times40}=0.45$〔J/(g・K)〕となる。
(5)　ア，イ　圧力をp，体積をV，物質量をn，気体定数をR，絶対温度をTとすると，気体の状態方程式より，$pV=nRT$が成り立つ。したがって，Vを一定に保ったままpを大きくすると，Tは大きくなる。また，気体が吸収した熱量をQ，内部エネルギーの変化を$\varDelta U$，気体が外部にした仕事をWとすると，熱力学第一法則より，$Q=\varDelta U+W$が成り立つ。よって，Vを一定に保つと$W=p\varDelta V=0$であり，$Q=\varDelta U=\dfrac{3}{2}nR\varDelta T$であり，$\varDelta T>0$より，$Q>0$となる。　ウ，エ　Tを一定に保ったままpを小さくすると，Vは大きくなるので$W>0$となる。また，$\varDelta U=\dfrac{3}{2}nR\varDelta T=0$より，$Q>0$となる。　オ，カ　pを一定に保ったままVを大きくすると，Tは大きくなるので，$W=p\varDelta V>0$であり，$\varDelta U=\dfrac{3}{2}nR\varDelta T>0$より，$Q>0$となる。　(6)　電球を直列に接続すると合成抵抗が大きくなるので，回路全体に流れる電流は小さくなる。このため，電球は暗くなり，全電球の消費電力の和は小さくなる。

(7) 金属棒が右向きに移動すると，誘導起電力$V=vBl$が発生する。このとき単位時間あたりに抵抗で生じるジュール熱Qは，$Q=\frac{V^2}{R}=\frac{v^2B^2l^2}{R}$となる。 (8) 加速電圧$V$，電荷$e$，プランク定数$h$，光速$c$のもとで発生するX線の最短波長$\lambda_0$は$\lambda_0=\frac{hc}{eV}$と表せるので，最短波長は加速電圧に反比例する。よって，加速電圧を2倍にすると，最短波長は$\frac{1}{2}$倍になる。

【5】(1) ① 2.0〔V〕 ② 2.5〔A〕 ③ 1.5〔A〕
④ 3.0〔W〕 (2) ① 196〔N〕 ② 2940〔J〕
③ 49〔W〕 (3) ア ② イ 1.21〔s〕

○解説○ (1) ① 抵抗A，B，Cの抵抗値をそれぞれR_A，R_B，R_Cとすると，図1の電圧と電流の値を用いてオームの法則より，$R_A=\frac{4.0}{5.0}=0.80$〔Ω〕，$R_B=\frac{6.0}{3.0}=2.0$〔Ω〕，$R_C=\frac{3.0}{1.0}=3.0$〔Ω〕となる。並列に接続された抵抗B，Cの合成抵抗をR_{BC}とすると，$\frac{1}{R_{BC}}=\frac{1}{2.0}+\frac{1}{3.0}=\frac{5}{6}$〔Ω〕より，$R_{BC}=1.2$〔Ω〕となる。したがって，抵抗Aに加わる電圧の大きさV_Aは，電源電圧の大きさ5.0Vの$\frac{R_A}{R_A+R_{BC}}=\frac{0.80}{0.80+1.2}=0.40$〔倍〕となる。よって，$V_A=5.0\times0.40=2.0$〔V〕となる。 ② 抵抗Aに流れる電流の大きさを$I_A$とすると，①の結果より$I_A=\frac{V_A}{R_A}=\frac{2.0}{0.80}=2.5$〔A〕となる。 ③ 並列に接続されている抵抗B，Cに加わる電圧は，①の結果より$5.0-2.0=3.0$〔V〕となる。よって，抵抗Bに流れる電流の大きさをI_Bとすると，$I_B=\frac{3.0}{2.0}=1.5$〔A〕となる。 ④ 抵抗Cに流れる電流の大きさをI_Cとすると，$I_C=2.5-1.5=1.0$〔A〕であり，抵抗Cに加わる電圧は3.0〔V〕なので，抵抗Cで消費する電力の大きさは$3.0\times1.0=3.0$〔W〕となる。 (2) ① 斜面の角度をθとすると，斜面と平行な方向に台車を押すので，その力は台車と荷物に加わる重力の斜面と平行な成分と等しく，$(10+50)\times 9.8\times \sin\theta = 60\times 9.8\times \frac{5}{15} = 196$〔N〕となる。　②　60kgの物体を高さ5mの地点まで押し上げるので，求める仕事量は$60\times 5\times 9.8 = 2940$〔J〕となる。　③　求める仕事率は，②の結果より$2940\div 60 = 49$〔W〕となる。　(3)　ア　⑤～⑧のグラフは，縦軸が加速度なので不適。また，実験1と2で同じ小球を同じ高さから運動させたので，力学的エネルギー保存の法則より，水平面での小球の速さは等しくなるので，③と④のグラフは不適。さらに，斜面のレールと水平面のレールの角度は実験1の方が実験2より大きいため，速さの変化の割合は実験1の方が大きいので，①のグラフは不適。イ　公式解答では，実験2において，小球が動きだしてから点Aを通過するまでにかかる時間は1.21秒となっているが，この解答にたどり着くためには，重力加速度の値が必要となる。(2)のリード文で「重力加速度を9.8m/s²とし」とあり，これを用いた解法を以下に示す。実験2において，小球が動きだしてから点Pに到達するまでにかかる時間をt_1，点Pを通過してから点Aを通過するまでにかかる時間をt_2，重力加速度をg〔m/s²〕，斜面のレールと水平面のレールの角度をθとすると，$\frac{1}{2}\times g\sin\theta\times t_1^2 = 0.80$より，$t_1 = \sqrt{\frac{0.80\times 2}{g\sin\theta}} = \sqrt{\frac{0.80\times 2}{9.8\times\frac{0.20}{0.80}}} = \frac{4\sqrt{2}}{7}$〔s〕となる。また，力学的エネルギー保存の法則より，小球の質量をm〔kg〕，高さをh〔m〕，点Pを通過したときの速さをv〔m/s〕とすると，$\frac{1}{2}mv^2 = mgh$より，$v = \sqrt{2gh} = \sqrt{2\times 9.8\times 0.20} = 1.4\sqrt{2}$〔m/s〕となる。したがって，$vt_2 = 0.80$より，$t_2 = \frac{0.80}{v} = \frac{0.80}{1.4\sqrt{2}} = \frac{2\sqrt{2}}{7}$〔s〕となる。求める時間はこれらの合計なので，$t_1 + t_2 = \frac{4\sqrt{2}}{7} + \frac{2\sqrt{2}}{7} = \frac{6\sqrt{2}}{7} \fallingdotseq 1.21$〔s〕となる。　(参考)　本問の出題意図は，表1で与えられた実験1の結果から重力加速度を導出するものと考えられる。しかしながら，表1のデータをもとに，小球の移動距離の差や区間ごとの速さを求めると，小球が動きだしてからの移動距離が70.11cm(ストロボ写真の番号1～7)までが等加速度直線運動，それ以降のストロボ写真の番号8～11の区間で等速直線運動をしていると考えられる。すると，図1より，実験1では小球のはじめの位置から点Pまでの距離が40cmなので，等加速度直線運動できる距離は40cmとなり，表1の結果と矛盾する。このことから，表1のデータを利用することは困難と考えられる。

【6】問1　c　　問2　a　　問3　c　　問4　b

○**解説**○ 問1　表1より，緯度θが小さくなるほど重力加速度gは小さくなることがわかる。したがって，選択肢の前半部分の記述からa，bは不適。また，Δgは北極の重力加速度g_0を基準とした各地点の重力加速度の値なので，$\theta=90°$のとき$\Delta g=0$，つまり$g_0=9.832$〔m/s^2〕である。これを用いて各地点でのΔgを求め，表1の$\cos^2\theta$と$\sin^2\theta$の値を用いてグラフを作成すると，Δgは$\cos^2\theta$に比例することがわかる。

問2　縦軸をΔg，横軸を$\cos^2\theta$として，表1の値をプロットし，原点を通る近似直線を描くと，およそ$\Delta g=0.05\cos^2\theta$となる。よって，$\theta=0°$のとき$\cos^2\theta=1$，$\Delta g=0.05$より，赤道上の重力加速度$g_1$の推定値は，$g_1=g_0-\Delta g=9.832-0.05=9.782$〔m/s^2〕　問3　遠心力は回転軸(図2の極軸)に垂直な平面と平行な方向にはたらき，その大きさは回転軸からの距離r，回転の角速度ω，遠心力を受ける物体の質量mを用いて$mr\omega^2$と表せる。点Pでは$r=R\cos\theta$より，物体が受ける遠心力の大きさは$mR\omega^2\cos\theta$となる。　問4　遠心力のPOに垂直な成分が無視できるとき，物体が受ける重力は物体が極軸上で受ける重力mg_0と，遠心力のうちPO方向の成分$mR\omega^2\cos\theta\times\cos\theta=mR\omega^2\cos^2\theta$の合力となる。これらは逆向きなので，この物体が受ける重力は$mg_0mR\omega^2\cos^2\theta$

【7】Ⅰ　問1　$mg+m\frac{v_0^2}{r}$　　問2　$\sqrt{v_0^2-2gr(1-\cos\theta)}$

問3　$m\frac{v_0^2}{r}+mg(3\cos\theta-2)$　　問4　$v_0\geqq\sqrt{5gr}$　　問5　$\sqrt{\frac{7}{2}gr}$

Ⅱ　問1　紙面に垂直に裏から表向き　　問2　$\dfrac{mv}{qB}$　　問3　$\dfrac{2\pi m}{qB}$

問4　磁場と垂直な面内では等速円運動をし，磁場の方向には等速直線運動をする。この2つの運動を合成すると荷電粒子の運動は，らせん運動となる。　　問5　$\dfrac{2\pi m}{qB}$　　問6　$\dfrac{2\pi mv\cos\theta}{qB}$

○解説○　Ⅰ　問1　小球は点Bを通過した直後に円運動を行い，重力mgと遠心力$m\dfrac{v_0^2}{r}$の合計が円筒面から受ける垂直抗力Nとつり合うので，求める垂直抗力の大きさは$N=mg+m\dfrac{v_0^2}{r}$となる。　問2　求める小球の点Pを通過するときの速さをv'とすると，力学的エネルギー保存の法則より，$\dfrac{1}{2}mv_0^2=\dfrac{1}{2}mv'^2+mgr(1-\cos\theta)$が成り立つので，$v'=\sqrt{v_0^2-2gr(1-\cos\theta)}$となる。　問3　点Pにおいて小球が受ける垂直抗力の大きさをN'とすると，小球は円筒面から離れていないので，問1と同様に$N'=mg\cos\theta+m\dfrac{v'^2}{r}$が成り立つ。これと問2の結果より，$N'=m\dfrac{v_0^2}{r}+mg(3\cos\theta-2)$となる。　問4　最高点Cに到達するためには，最高点C($\theta=180^\circ$)において小球にはたらく重力よりも遠心力の方が大きければよいので，そのときの速さを$v'_{\theta=180^\circ}$とすると，$m\dfrac{(v'_{\theta=180^\circ})^2}{r}\geqq mg$となる。問2の結果より，$m\dfrac{v_0^2-2gr(1-\cos180^\circ)}{r}\geqq mg$なので，$v_0\geqq\sqrt{5gr}$となる。　問5　小球が$\theta=120^\circ$となる地点で円筒面から離れたので，円筒面から受ける垂直抗力が0になり，その瞬間に小球にはたらく重力と遠心力がつり合う。そのときの速さを$v'_{\theta=120^\circ}$とすると，$m\dfrac{(v'_{\theta=120^\circ})^2}{r}=mg\sin30^\circ$が成り立ち，$v'_{\theta=120^\circ}=\sqrt{\dfrac{gr}{2}}$となる。さらに，求める小球が水平面ABに落下する直前の速さをv''とすると，力学的エネルギー保存の法則より，$\dfrac{1}{2}m(v'_{\theta=180^\circ})^2+mg\left(r+\dfrac{1}{2}r\right)=\dfrac{1}{2}mv''^2$が成り立つので，$v''=\sqrt{\dfrac{7}{2}gr}$となる。　Ⅱ　問1　図1より，正の電荷をもつ荷電粒子が時計回りに等速円運動をしており，向心力は円の中心方向なので，磁場の向きは紙面に垂直に裏から表へ向いている。　問2　荷電粒子はローレンツ力qvBを向心力とする等速円運動を行っているので，その半径をrとすると，運動方程式は$qvB=m\frac{v^2}{r}$より，$r=\frac{mv}{qB}$となる。
問3　等速円運動の周期Tは，1周するのに要する時間に等しいので，$T=\frac{2\pi r}{v}=\frac{2\pi m}{qB}$となる。　問4　解答参照。　問5　荷電粒子が初めてx軸に戻ってくるのは，等速円運動の1周期後なので，問3で求めた周期$T=\frac{2\pi m}{qB}$に等しい。　問6　荷電粒子のらせん運動において，磁場の方向には速さ$v\cos\theta$で移動しているので，求める距離OPは$T\times v\cos\theta=\frac{2\pi mv\cos\theta}{qB}$となる。

【8】(1)　3　　(2)　6　　(3)　4

○解説○ (1)　射出したのは負の電荷をもつ電子なので，フレミングの左手の法則より，この電子が受けるローレンツ力の向きは，z軸の正の向きとなる。また，このローレンツ力Fの大きさは，$F=evB\sin\theta$と表せる。　(2)　この電子は，yz平面内で大きさFの向心力を受けて等速円運動を行う。この等速円運動の速さは$v\sin\theta$なので，半径をrとすると，運動方程式は$F=m\frac{(v\sin\theta)^2}{r}$であり，(1)より，$evB\sin\theta=m\frac{(v\sin\theta)^2}{r}$なので，$r=\frac{mv\sin\theta}{eB}$となる。また，この円運動の周期$T$は，$T=\frac{2\pi r}{v\sin\theta}=\frac{2\pi}{v\sin\theta}\times\frac{mv\sin\theta}{eB}=\frac{2\pi m}{eB}$となる。　(3)　この電子は，$yz$平面内で円運動をしながら$x$軸方向へ進む，らせん運動をしている。この電子が原点Oを出てから初めてx軸上を通過するのに要する時間は，円運動の1周期に等しく，x軸方向への速さは初速度のx軸方向の成分$v\cos\theta$で一定なので，求めるOP間の距離は$T\times v\cos\theta=\frac{2\pi m}{eB}\times v\cos\theta=\frac{2\pi mv\cos\theta}{eB}$となる。

【9】(1)　49〔J〕　　(2)　7.0〔m/s〕　　(3)　49〔J〕　　(4)　1.75〔m〕

○解説○ (1)　このとき小球がもつ力学的エネルギーは，位置エネルギーだけなので，2.0×9.8×2.5＝49〔J〕となる。　(2)　求める速さをv〔m/s〕とすると，力学的エネルギー保存の法則より，$49=\frac{1}{2}\times2.0\times v^2$が成り立つので，$v=7.0$〔m/s〕となる。　(3)　力学的エネルギーが保存しているので，49Jである。　(4)　求めるばねの縮みをx〔m〕とすると，$\frac{1}{2}\times32\times x^2=49$より，$x=1.75$〔m〕となる(有効数字2桁で1.8mとしてもよいと考えられる)。

【10】問1　B　　問2　$pV=\frac{Nm\overline{v^2}}{3}$と，気体の状態方程式$pV=nRT$を比較すると，$\frac{Nm\overline{v^2}}{3}=nRT$　　一方，単原子分子理想気体の内部エネルギーは，1分子あたり$\frac{1}{2}m\overline{v^2}$であり，$N$個の分子ではその$N$倍になるから，求める内部エネルギーは，$N\times\frac{1}{2}m\overline{v^2}=\frac{3}{2}\times\frac{Nm\overline{v^2}}{3}=\frac{3}{2}nRT$
問3　(1)　B　　(2)　気体がする仕事…－　　温度変化…＋
(3)　一連の過程で，温度変化$\Delta T=0$より$\Delta U=0$である。熱力学第一法則$Q=\Delta U+W$より$Q_{in}-Q_{out}=W$である。

○**解説**○ 問1　原子や分子は，熱運動により不規則な運動をしている。問2　解答参照。　問3　(1)(2)　気体が断熱圧縮されると，気体は外部から仕事をされるため，気体がする仕事は負の値となり，温度は上昇する。反対に気体が断熱膨張すると，気体が外部に仕事をするので気体自身の温度は低下する。　(3)　熱媒体が取り込む熱Q_{in}と熱媒体から放出される熱Q_{out}の差は，熱媒体の内部エネルギーの変化ΔUと，その過程で外部へする仕事Wの和になるので，$Q_{in}-Q_{out}=\Delta U+W$が成り立つ。ここで，1サイクルを経てはじめの状態に戻るとき，熱媒体の温度が等しいとすると$\Delta U=0$なので，$Q_{in}-Q_{out}=W$となる。

【11】1　④　　2　⑧　　3　ア　②　　イ　③

○**解説**○ 1　ア　電流計は，電流を測定したい部分と直列に接続する。イ，ウ　内部抵抗r_A〔Ω〕の電流計の測定範囲がI〔A〕のとき，この測定範囲をnI〔A〕とする場合，測定できない$(n-1)I$〔A〕の電流を並列に接続した抵抗に流せばよい。この抵抗の抵抗値をR〔Ω〕とすると，電流計と抵抗の電圧は等しいので，オームの法則を用いて$r_A\times I=R\times(n-1)I$より，$R=\frac{r_A}{n-1}$〔Ω〕となる。　2　ア　ある断面を$t$〔s〕間に通過する電子の数は，断面から$vt$〔m〕までの範囲内にある電子の数に等しい。したがって，t〔s〕間に断面を通過する電子の数は，$nSvt$〔個〕である。電子のもつ電気量の絶対値はe〔C〕であり，電流の大きさは1秒あたりに断面を通過する電気量なので，求める電流の大きさIは，$I=\frac{enSvt}{t}=envS$〔A〕となる。　イ　導体の両端の電圧V〔V〕と導体の長さl〔m〕から，導体内の電場をE〔V/m〕とすると，$E=\frac{V}{l}$〔V/m〕であり，静電気力の大きさは$eE=\frac{eV}{l}$〔N〕となる。

したがって，力のつり合いの式は$\frac{eV}{l}=kv$より，$v=\frac{eV}{kl}$となる。これをアの結果に代入すると，求める電流の大きさは$I=enS\times\frac{eV}{kl}=\frac{e^2nS}{kl}V$となる。　ウ　イの結果は，$\frac{e^2n}{k}\times\frac{S}{l}\times V$と変形できるので，抵抗の大きさを$R$とすると，オームの法則の$V=RI$を変形した$I=\frac{V}{R}$と比較して，$R=\frac{k}{e^2n}\times\frac{l}{S}$〔Ω〕と表せる。よって，求める抵抗率を$\rho$〔Ω・m〕とすると，$R=\rho\times\frac{l}{S}$と表せるので，$\rho=\frac{k}{e^2n}$〔Ω・m〕となる。

3　この導体の抵抗値は，抵抗率ρを用いて，$\rho\times\frac{1.0\times10^{-1}}{1.0\times10^{-6}}=\rho\times(1.0\times10^{5})$と表せる。オームの法則より，$V=\rho\times(1.0\times10^{5})\times(1.0\times10^{-2})=\rho\times(1.0\times10^{3})$となるので，$\rho=V\times(1.0\times10^{-3})$となる。ここで，表2より20℃での抵抗率$\rho_{20}$は$\rho_{20}=(9.44\times10^{-5})\times(1.0\times10^{-3})=9.44\times10^{-8}$〔Ω・m〕，60℃での抵抗率$\rho_{60}$は$\rho_{60}=(1.16\times10^{-4})\times(1.0\times10^{-3})=1.16\times10^{-7}$〔Ω・m〕であり，これらの差は$\rho=\rho_0(1+\alpha t)=\rho_0+\rho_0\alpha t$を用いて，$\rho_0\alpha\times(60-20)=(1.16\times10^{-7})-(9.44\times10^{-8})$より，$\rho_0\alpha=5.4\times10^{-10}$となる。これは，$\rho_0\alpha\times20=1.08\times10^{-8}$と変形できるので，$\rho_{20}=\rho_0+\rho_0\alpha\times20=9.44\times10^{-8}$より，$\rho_0=(9.44\times10^{-8})-(1.08\times10^{-8})=8.36\times10^{-8}$〔Ω・m〕となる。よって，$\alpha=\frac{5.4\times10^{-10}}{8.36\times10^{-8}}\fallingdotseq6.5\times10^{-3}$〔/K〕となり，表1からこの導体の材質は鉄と考えられる。

【12】(1)　9.8〔J〕　　(2)　9.8×10^{2}〔J〕　　(3)　7.2×10^{2}〔J〕

(4)　エネルギーの変換に関する観点…床に衝突する際に発生する音のエネルギーに変換されるため。　熱の移動に関する観点…実験中に熱が空気や床へ逃げるため。　(5)　この実験で用いた金属の比熱にくらべて，水の比熱は非常に大きく，実験によって測定できるほどの温度上昇が見込めないため不適切である。

○**解説**○ (1)　求める位置エネルギーは，1.0×1.0×9.8＝9.8〔J〕となる。 (2)　金属球の入った袋が床に落ちた際の袋の重心を床面(位置エネルギーの基準点)とみなすと，袋を9.8Jの位置エネルギーをもつ高さから100回落としたので，重力がした全仕事は，9.8×100＝9.8×10^2〔J〕となる。 (3)　金属球の温度が3.0℃上昇したことから，その際に金属球全体が得た熱量は，金属の比熱が0.24〔J/g･K〕なので，0.24×1000×3.0＝7.2×10^2〔J〕となる。 (4)　金属球が得た熱量は，重力が金属球にした全仕事より小さいのは，位置エネルギーが熱エネルギー以外の形態に変換したからと考えられる。 (5)　水の比熱は約4.2〔J/g･K〕なので，本実験の金属球と同程度まで温度上昇させるには，落下回数をもっと増やさなければならない。

【13】問1　⑧　　問2　ウ　　問3　ア　楕円　　イ　面積(面積速度)　ウ　2　　エ　3　　問4　(1)　A　100〔m〕　　B　50〔m〕

(2)　時刻…30〔s〕　　理由…30sまでは常にAの方が速く，AとBの差が開いていくが，30sで初めてBの速さがAの速さと等しくなり，以降Bの方が常に速くなるから。　(3)　50〔s〕　(4)　8.7〔m/s〕

問5　球P…$\dfrac{1-5e}{6}v_0$　　球Q…$\dfrac{1+e}{6}v_0$　　問6　$\dfrac{(2M+m)a}{M+m}$

○**解説**○ 問1　α線はHe原子核(陽子2個と中性子2個)，β線は原子核から出る電子，γ線は短い波長(高エネルギー)の電磁波である。したがって，透過力が最も強いのは高エネルギーのγ線，最も小さいのはα線である。　問2　単振り子の周期Tは，振り子の長さlと重力加速度gのみで決まり，$T=\sqrt{\dfrac{l}{g}}$の関係がある。　問3　解答参照。

問4　(1)　$v-t$グラフとt軸で囲まれた面積が移動距離となるので，自動車Aでは$\dfrac{1}{2}\times10\times20=100$〔m〕，自動車Bでは$\dfrac{1}{2}\times10\times10=50$〔m〕となる。　(2)　Bから見たAの相対速度は，$t=30$〔s〕までは正であるから，Bから見るとAは$t=0\sim30$〔s〕までの間，遠ざかることになる。$t=30$〔s〕以降は，Bから見るとAは近づいてくる。　(3)　$t=10\sim30$〔s〕までの間，Aの移動距離は$\dfrac{1}{2}\times(20+30)\times20=500$〔m〕，Bの移動距離は$\dfrac{1}{2}\times(10+30)\times20=400$〔m〕なので，$t=30$〔s〕のとき，Aの

移動距離は100＋500＝600〔m〕，Bの移動距離は50＋400＝450〔m〕となる。したがって，AはBよりも150mだけ前方にいることになる。ここで，グラフの傾きより$t=30$〔s〕以降のAの加速度は0.25m/s²，Bの加速度は1.0m/s²であり，$t=30+T$〔s〕でAとBがちょうど横に並ぶとすると，$t=30$〔s〕でのAとBの速さが同じなので，$\frac{1}{2}\times1.0\times T^2-\frac{1}{2}\times0.25\times T^2=150$より，$T=20$〔s〕となる。よって，求める時刻は30＋20＝50〔s〕となる。　(4)　次図より，求める速さをv〔m/s〕とすると，$v\tan30^\circ=5.0$より，$v=5.0\times\sqrt{3}=5.0\times1.73\fallingdotseq8.7$〔m/s〕となる。

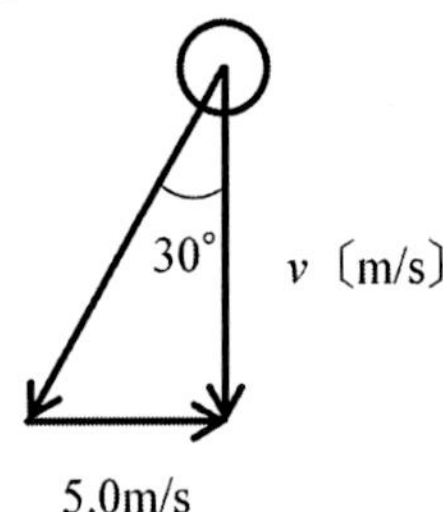

問5　求める球Pの速度と球Qの速度をそれぞれv_1，v_2とすると，運動量保存則より$mv_0+0=mv_1+5mv_2$より，$v_0=v_1+5v_2$となる。また，反発係数の式より$e=-\frac{v_1-v_2}{v_0-0}$より，$ev_0=v_2-v_1$となる。これらより，$v_1=\frac{1-5e}{6}v_0$，$v_2=\frac{1+e}{6}v_0$となる。　問6　y軸上で$y=2a$の位置に質量M，$y=a$の位置に質量mの物体があると考えてよいので，求める座標は，$\frac{M\times2a+m\times a}{M+m}=\frac{(2M+m)a}{M+m}$となる。

【14】(1)　ケプラー　(2)　$\frac{GM}{R^2}$　(3)　$v_P=3v_Q$　(4)　$-\frac{GMm}{3R}$

(5)　$v_Q=\sqrt{\frac{GM}{6R}}$　(6)　$v_P>v_R>v_Q$　(7)　$\frac{3\sqrt{6}}{4}$〔倍〕

○**解説**○ (1)　解答参照。　(2)　地表にある質量m'の物体が地球から受ける万有引力の大きさは$\frac{GMm'}{R^2}$であり，これがこの物体にはたらく重力の大きさ$m'g$と等しいので，$\frac{GMm'}{R^2}=m'g$より，$g=\frac{GM}{R^2}$となる。

(3)　ケプラーの第2法則より，$\frac{1}{2}Rv_P=\frac{1}{2}\times 3Rv_Q$が成り立つので，$v_P=3v_Q$となる。　(4)　質量$m$の人工衛星は質量$M$の地球から距離$3R$の位置にあるので，無限遠を基準にした万有引力による位置エネルギーUは，$U=-\frac{GMm}{3R}$となる。　(5)　力学的エネルギー保存の法則より，$\frac{1}{2}mv_P{}^2+\left(-\frac{GMm}{R}\right)=\frac{1}{2}mv_Q{}^2+\left(-\frac{GMm}{3R}\right)$が成り立つ。また，(3)より$v_P=3v_Q$を代入して整理すると，$v_Q=\sqrt{\frac{GM}{6R}}$となる。　(6)　人工衛星が円軌道上を動くとき，円運動の運動方程式より$m\frac{v_R{}^2}{3R}=\frac{GMm}{(3R)^2}$が成り立つので，$v_R=\sqrt{\frac{GM}{3R}}$となる。よって，$v_P=3v_Q=\sqrt{\frac{3GM}{2R}}$，$v_Q=\sqrt{\frac{GM}{6R}}$，$v_R=\sqrt{\frac{GM}{3R}}$より，$v_P>v_R>v_Q$となる。　(7)　円軌道の半径は$3R$，楕円軌道の半長軸は$2R$であり，それぞれの周期を$T$，$T'$とすると，ケプラーの第3法則より，$\frac{T^2}{(3R)^3}=\frac{T'^2}{(2R)^3}$が成り立つので，$T=\frac{3\sqrt{6}}{4}T'$より，$\frac{3\sqrt{6}}{4}$〔倍〕となる。

【15】Ⅰ　問1　ア　終端速度　　イ　大きく(速く)　　問2　記号…ア　理由…球にはたらく力は重力，水の浮力，水の抗力である。鉄球とプラスチック球は形と体積が同じで浮力は等しい。重力のみ物体の質量に依存している。そのため運動方程式を立てると，鉄球の加速度の方が大きくなる。　Ⅱ　問3　$2\sqrt{gr}$　　問4　$\sqrt{2gr(1-\cos\theta)}$
問5　$mg(2-3\cos\theta)$　　問6　$\frac{5}{3}r$

○**解説**○　Ⅰ　問1，2　解答参照。　Ⅱ　問3　求める速さをv_0とすると，力学的エネルギー保存の法則より，$mg\times 2r=\frac{1}{2}\times m\times v_0{}^2$より，$v_0=2\sqrt{gr}$となる。　問4　求める速さを$v_B$とすると，力学的エネルギー保存の法則より，$mg\times 2r=mg\times r(1+\cos\theta)+\frac{1}{2}\times m\times v_B{}^2$より，$v_B=\sqrt{2gr(1-\cos\theta)}$となる。　問5　小球は円運動をしているので，求める

垂直抗力の大きさをNとすると，運動方程式は，$\frac{mv_B{}^2}{r}=N+mg\cos\theta$ より，$N=mg(2-3\cos\theta)$となる。　問6　小球が半円筒面から離れる条件は$N=0$なので，$2-3\cos\theta=0$より，$\cos\theta=\frac{2}{3}$のときである。よって，求める高さは$r+\frac{2}{3}r=\frac{5}{3}r$となる。

【16】(1)　△OAA′と△OBB′は相似なので，AA′：BB′＝OA：OB＝a：b　…　①　　△F′OO′と△F′BB′は相似なので，OO′：BB′＝AA′：BB′＝F′O：F′B＝f：$b-f$　…　②　　①と②よりa：b=f：$b-f$　したがって　$\frac{f}{a}=\frac{b-f}{b}$　を整理すると　$\frac{1}{a}+\frac{1}{b}=\frac{1}{f}$　となる。　(2)　②，④　(3)　②，④，⑤　ア　20〔cm〕　イ　25〔倍〕

○**解説**○ (1)　解答参照。　(2)　人間は水晶体の厚みを変えることで，焦点距離fを合わせている。また，近視の人は角膜や水晶体の屈折率が大きく遠くを見ることが困難なので，凹レンズで屈折率を小さくする。(3)　顕微鏡では，対物レンズがつくる像を接眼レンズで拡大して観察できる。対物レンズにおいて，対物レンズから像までの距離をb〔cm〕とすると，写像公式より，$\frac{1}{1.2}+\frac{1}{b}=\frac{1}{1.0}$より，$b=6.0$〔cm〕となる。よって，対物レンズの後方6cmのところに倒立実像ができる。この倒立実像は，接眼レンズの焦点距離の内側で，接眼レンズの前方10－6.0＝4.0〔cm〕のところにあり，これが接眼レンズでの光源となる。次に，接眼レンズにおいて，接眼レンズから拡大した像までの距離をb'〔cm〕とすると，$\frac{1}{4.0}+\frac{1}{b'}=\frac{1}{5.0}$となるので$b'=-20$〔cm〕となる。したがって，接眼レンズの前方20cmのところに倒立虚像ができる。この像の倍率は，対物レンズの倍率が$\left|\frac{6.0}{1.2}\right|=5$〔倍〕，接眼レンズの倍率が$\left|\frac{-20}{4.0}\right|=5$〔倍〕より，25倍となる。

【17】Ⅰ　問1　$p_0+\frac{kx}{S}$　問2　ア　問3　$p_0Sx+\frac{1}{2}kx^2$
Ⅱ　問4　$2mv\cos\theta$　問5　$\frac{v}{2r\cos\theta}$　問6　$\frac{Nmv^2}{4\pi r^3}$

○**解説**○ Ⅰ　問1　ピストンについての力のつり合いより，$p_BS=p_0S+$

kxより，$p_B=p_0+\frac{kx}{S}$となる。　問2　状態Bのときの体積は，$V_B=V_A+Sx$なので，$x=\frac{V_B-V_A}{S}$となる。これを問1の結果に代入すると，$p_B=p_0+\frac{k(V_B-V_A)}{S^2}$より，$\frac{p_B-p_0}{V_B-V_A}=\frac{k}{S^2}=$(一定)なので，圧力が体積の1次関数になることを意味しており，アのグラフが該当する。　問3　問2の$p-V$図で囲まれた面積が求める仕事を表すので，$\frac{1}{2}\times(p_0+p_B)\times(V_B-V_A)$であり，問1，2より，$\frac{1}{2}\times\left(2p_0+\frac{kx}{S}\right)\times Sx=p_0Sx+\frac{1}{2}kx^2$となる。
Ⅱ　問4　気体分子の運動量のうち，内壁に垂直な成分の変化量が力積に相当するので，$-mv\cos\theta-mv\cos\theta=-2mv\cos\theta$となり，求める力積の大きさは$2mv\cos\theta$である。　問5　ある衝突位置から次の衝突位置までの距離は$2r\cos\theta$なので，ある衝突から次の衝突までに要する時間は$\frac{2r\cos\theta}{v}$となる。よって，気体分子が単位時間に内壁に衝突する回数は，$\frac{1}{\frac{2r\cos\theta}{v}}=\frac{v}{2r\cos\theta}$となる。　問6　単位時間に内壁に与える力積が，1個の気体分子が内壁に与える力なので，この力の大きさは$2mv\cos\theta\times\frac{v}{2r\cos\theta}=\frac{mv^2}{r}$となる。よって，$N$個の気体分子が内壁に及ぼす力の大きさは，$\frac{Nmv^2}{r}$となる。容器の表面積は$4\pi r^2$なので，求める圧力は$\frac{Nmv^2}{4\pi r^3}$となる。

【18】(1)　②　　(2)　⑤　　(3)　⑧

○**解説**○ (1)　図1は時刻$t=0$〔s〕における媒質の変位yと位置xの関係を表すグラフなので，点Pでは$t=0$のとき$y=0$なので，③と④は不適。また，図1のパルス波はx軸の正方向(右向き)に進んでいるので，点Pではまずはゆるやかに変位yが上昇し，変位が最大となった後は急激に下降する。　(2)　正の向きに進む正弦波をA波，負の向きに進む正弦波をB波とし，図2から時刻を進めて考えると，点Qは節の位置になるので，媒質は全く振動しない。また，定在波の腹の振幅は，もとの正弦波の振幅の2倍となるので，2.0cmである。　(3)　腹の振幅が1.0sなので，

図3は媒質の最大振幅の様子を示すと考えられる。また，周期が4.0sの横波の定在波なので，時刻4.0sで図3と全く同じ波形になり，時刻3.0sは周期の$\frac{3}{4}$〔倍〕なので，媒質の振幅が見られないことになる。一方，$x=5.0$〔cm〕の媒質について，時刻0sから1.0sごとの定在波の腹の振幅の変位は，$-1.0\to0\to1.0\to0$となるので，媒質の速度はy軸の負の向きである。

【19】(1) $\frac{E}{R}$　(2) CE　(3) $\frac{CE}{3}$　(4) 振動電流の周期…$2\pi\sqrt{LC}$　振動電流の最大値…$\sqrt{\frac{C}{L}}E$　(5) 振動電流の周期…【操作Ⅲ】での値と同じ　振動電流の最大値…$\frac{E}{R}$

○**解説**○ (1) この回路の起電力はE，抵抗値はRなので，オームの法則より，求める電流は$\frac{E}{R}$となる。 (2) このコンデンサーの極板間の電圧はEなので，求める電気量はCEとなる。 (3) 電気容量Cと$2C$のコンデンサーに蓄えられる電気量をそれぞれQ_1，Q_2とすると，電気量保存の法則より，$Q_1+Q_2=CE$となる。また，これらの極板間の電圧は等しくこれをE'とすると，$Q_1=CE'$，$Q_2=2CE'$なので，これら3式より，$E'=\frac{E}{3}$となる。よって，求める電気量は$Q_1=\frac{CE}{3}$となる。 (4) この回路の周波数fは$f=\frac{1}{2\pi\sqrt{LC}}$であり，周期はその逆数なので，$2\pi\sqrt{LC}$となる。また，振動電流の最大値$I_0$とコンデンサーの極板間の電圧の最大値$E$の間には，エネルギー保存則より$\frac{1}{2}LI_0^2=\frac{1}{2}CE^2$が成り立つので，$I_0=\sqrt{\frac{C}{L}}E$となる。 (5)【操作Ⅳ】では，$S_1$を閉じる前にコンデンサーとコイルが並列に接続されている点が，【操作Ⅲ】と異なる。したがって，振動電流の最大値は(1)の電池，抵抗，コンデンサーからなる回路と同様$\frac{E}{R}$になると考えられる。なお，周波数は変わらないので，振動電流の周期も変わらない。

【20】(1)　6　　(2)　3　　(3)　5　　(4)　2　　(5)　2

○**解説**○ (1)　白熱電球に流れる電流をI，白熱電球に加わる電圧をVとすると，$1.6-2.0I=V$　∴　$I=-\frac{1}{2}V+0.80$　グラフとの交点を探して，$I=0.30$〔A〕　(2)　発光ダイオードに流れる電流をI，発光ダイオードに加わる電圧をVとすると，$3.0-6.0I=V$　∴　$I=-\frac{1}{6}V+0.50$

グラフとの交点を探して，$I=0.15$〔A〕

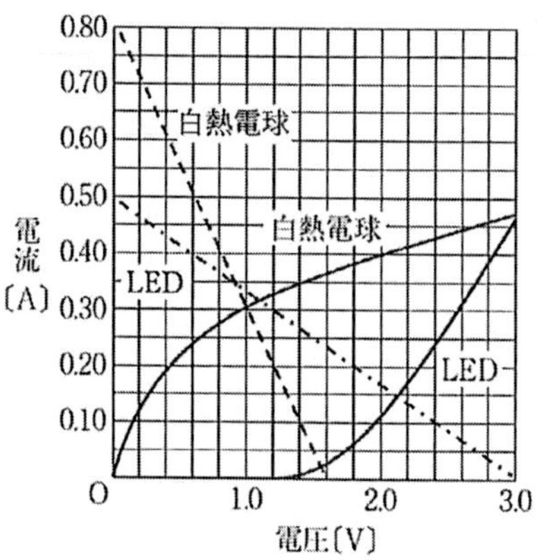

(3)(4)　白熱電球と発光ダイオードに流れる電流の和をI，発光ダイオードに加わる電圧をVとすると，$3.0-2.0I=V$　∴　$I=-\frac{1}{2}V+1.5$

電流の和（下図の$V \geqq 1.4$における太線）との交点を探すと，$I=0.50$〔A〕　このうち，白熱電球を流れる電流は0.40A，発光ダイオードを流れる電流は0.10A

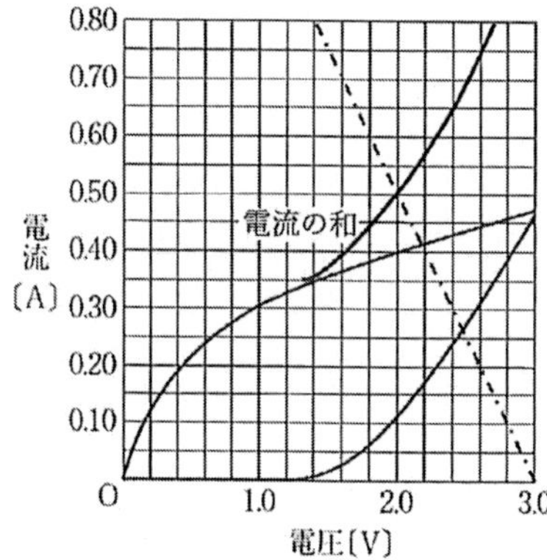

(5)　条件から，発光ダイオードに加わる電圧は2.0V。同様に，白熱電球にも100〔mA〕=0.10〔A〕の電流が流れるから，電圧は0.2V，抵抗による電圧降下は，0.20Vであるから，足して，約2.4Vである。

【21】問1　A　　問2　向き…鉛直に下向き　　大きさ…6.0×10^{-4}〔N〕

問3　(1)　銅環Xを流れる誘導電流が受ける力について，銅環の微小部分$\Delta\ell$を流れる電流が受ける力の合力$\vec{F}$と考えることができる。微小部分$\Delta\ell_1$，$\Delta\ell_2$が受ける力$\vec{f_1}$，$\vec{f_2}$はフレミングの左手の法則より，図の向きとなる。よって，合力$\vec{F}$の向きは，$\vec{F}=\vec{f_1}+\vec{f_2}+\cdots$より，下向き

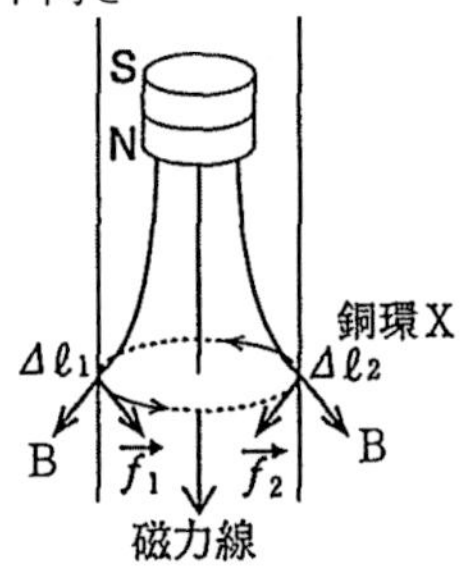

(2)

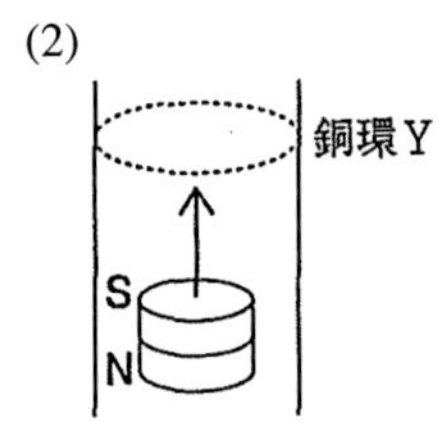

(3)　同じ内径で同じ長さの銅製パイプと不導体のパイプ，同じ大きさのネオジム磁石と非磁石の物体を用意して，落下時間を比較する。

○**解説**○ 問1　磁束は磁石のN極から図1の下方へ向かうので，コイルを貫く下向きの磁束が増える。一方，コイルに流れる誘導電流は，コイルを上向きに貫く磁束を発生させる方向，つまり①の方向に流れる。
問2　磁界中を流れる電流にはたらく力の向きは，フレミングの左手の法則で求められる。また，その大きさは，$0.40\times(3.0\times10^{-2}\times\sin30^\circ)\times0.10=6.0\times10^{-4}$〔N〕となる。　問3　(1)　銅環Xと落下する磁石の関係は，問1のコイルに磁石のN極を近づける場合と同様なので，

誘導電流が流れる向きは図1の①のようになる。この誘導電流による磁石の磁束の向きは解答の図のようになる。　(2)　銅環Yに作用する磁束の向きは，銅環外側から銅環内側下向きに磁石のS極へ向かう。磁石の落下に伴いその磁束は減少するため，誘導電流の流れる方向はその磁束を増やす方向，つまり図1の②の向きとなる。したがって，この誘導電流にはたらく力は，磁石を上に引き上げる向きとなる。(3)　自由落下に近い運動と比較するので，パイプに電流が流れないこと，落下させる物体が磁石以外であることが必要である。自由落下させた場合の方が，落下速度が大きいことが確認できる。

【22】問1　1　　問2　4　　問3　1

○**解説**○ 問1　おもりにはたらく重力の大きさはMgであり，おもりは静止しているので，これとつり合う大きさの糸の張力Mgがはたらいている。　問2　問1の糸の張力に対して，板と台の間の静止摩擦力がつり合っている。つまり，糸の張力が板と台の間の最大摩擦力$4\mu_2 mg$を超えなければよいので，$Mg \leqq 4\mu_2 mg$より，$M \leqq 4\mu_2 m$となる。　問3　小物体が板の上を滑らず，糸の張力が最大値となるとき，おもり・小物体・板が一体となって加速度aで運動しているとする。このとき，小物体について板の運動と逆方向の慣性力maと，小物体と板の間にはたらく最大摩擦力$\mu_1 mg$がつり合っているので，$ma=\mu_1 mg$より，$a=\mu_1 g$となる。一方，求める糸の張力の最大値をTとすると，おもりの運動方程式は$Ma=Mg-T$となるので，$T=Mg-Ma=Mg-\mu_1 Mg=(1-\mu_1)Mg$となる。

【23】(1)　2　　(2)　1　　(3)　2　　(4)　3　　(5)　7

○**解説**○ (1)　導体棒が磁束を横切る向きに注意すると誘導起電力は$BLv\cos\theta$であるから，求める誘導電流Iは，$\dfrac{BLv\cos\theta}{R}$　(2)　運動エネルギーは変わらないが，位置エネルギーは1秒当たり$v\sin\theta$だけ下がるので，$mgv\sin\theta$　(3)　消費電力は，$RI^2=\dfrac{(BLv\cos\theta)^2}{R}$　(4)　導体棒にはたらく力がつり合っているので，$mg\sin\theta=I_0BL\cos\theta$

$\therefore\ I_0=\dfrac{mg\tan\theta}{BL}$　(5)　等速で上昇することから，力のつり合いは成

り立っているので，電流の値はI_0である。キルヒホッフの法則から，
$E-BLv'\cos\theta=R'I_0$　∴　$R'=\dfrac{BL(E-BLv'\cos\theta)}{mg\tan\theta}$

【24】(1)　①　　(2)　⑤　　(3)　③　　(4)　①

○**解説**○ (1)　焦点距離をf〔cm〕とすると，$\dfrac{1}{f}=\dfrac{1}{60}+\dfrac{1}{30}$より，$f=20$〔cm〕となる。また，倍率は$\dfrac{30}{60}=\dfrac{1}{2}$より，実像の高さは$2.0\times\dfrac{1}{2}=1.0$〔cm〕となる。　(2)　観測者が聞く音の振動数が最大で612Hzとなるのは，音源が観測者に向かって近づいていく速さが最大となるときであり，図より点Oから円軌跡に引いた2本の接線のうち下側の接線と円軌道の接点の位置となる。この位置での音源の速さをv〔m/s〕とすると，ドップラー効果の式より，$\dfrac{340}{340-v}\times576=612$より，$v=20$〔m/s〕となる。また，最も小さい振動数の音を観測する位置は上側の線線と円軌道の接点の位置なので，これらの2点間は120°離れている。よって，円軌道の半径をr〔m〕とすると，求める時間は音源がこの円周の$\dfrac{1}{3}$だけ移動する時間なので，$\dfrac{\frac{2\pi r}{3}}{20}=\dfrac{\pi r}{30}$〔s〕となる。　(3)　重力加速度$g$と万有引力定数$G$の関係を半径$R$，質量$M$の地球の表面にある質量$m$との間にはたらく万有引力から求めると，$mg=G\dfrac{Mm}{R^2}$より，$G=\dfrac{R^2}{M}g$となる。人工衛星が最も近い位置にあるときの速度を$v$とし，最も遠い位置にあるときの速度を$v'$とすると，面積速度が一定なので，$v'=\dfrac{v}{2}$となる。ここで，人工衛星が最も近い位置にあるときと最も遠い位置にあるときについて，力学的エネルギー保存の法則より，$\dfrac{1}{2}mv^2-\dfrac{GMm}{r}=\dfrac{1}{2}m\left(\dfrac{v}{2}\right)^2-\dfrac{GMm}{2r}$が成り立つので，$v=2\sqrt{\dfrac{GM}{3r}}=2\sqrt{\dfrac{R^2}{M}g\times\dfrac{M}{3r}}=2R\sqrt{\dfrac{g}{3r}}$となる。　(4)　それぞれの抵抗を流れる電流の大きさと向きを，3.0Ωの抵抗は左向きにI_1〔A〕，5.0Ωの抵抗は左向きにI_2〔A〕，9.0Ωの抵抗は右向きにI_1+I_2〔A〕とする。キルヒホッフの第2法則より，上側の閉回路について$3.0-3.0I_1+5.0I_2-9.5=0$，下側の閉回路について$9.5-5.0I_2-9.0(I_1+I_2)=0$となるので，2式より$I_2=1.0$〔A〕，

$I_1=-0.5$〔A〕となる。よって，9.0Ωの抵抗を流れる電流の大きさは，$I_1+I_2=0.5$〔A〕であり，右向きを正の値としているので，電流の向きは右向きとなる。

【25】(1)　①　$\dfrac{EBL\cos\theta}{R}$〔N〕　　②　$\dfrac{EBL\cos\theta-mgR\sin\theta}{(BL\cos\theta)^2}$〔m/s〕

③　1秒間あたりの仕事量…$\dfrac{Emg\sin\theta}{BL\cos\theta}$〔J〕　　内訳…棒を斜面上方に持ち上げる仕事とRでのジュール熱として消費された。(32字)

(2)　①　赤色の光

(理由)

曲率半径をR，明輪の半径をrとしたとき，θが十分小さいときは，

$\cos\theta\cong1-\dfrac{\theta^2}{2}\cong1-\dfrac{\tan^2\theta}{2}\cong1-\dfrac{1}{2}\left(\dfrac{r}{R}\right)^2$　…(*)である。

2つのレンズにはさまれる空気の層の厚さをd，水平位置がrのときの鉛直線からのひらきの角度をθ_1，θ_2とすると，

$d=R_1(1-\cos\theta_1)-R_2(1-\cos\theta_2)$

なので，(*)の式を使うと，上式は，

$d=\dfrac{r^2}{2}\left(\dfrac{1}{R_1}-\dfrac{1}{R_2}\right)$

明輪の条件は，$2d=\left(m+\dfrac{1}{2}\right)\lambda$　($m=0$，1，2，…)であり，一番内側は$m=0$のとき。

$\therefore 2d=r^2\left(\dfrac{1}{R_1}-\dfrac{1}{R_2}\right)=\dfrac{\lambda}{2}$　$\therefore r=\sqrt{\dfrac{\lambda R_1R_2}{2(R_2-R_1)}}$

rは$\sqrt{\lambda}$に比例し，$\lambda_{赤色}>\lambda_{青色}$なので，赤色の方が半径が大きい。

②　1.4

○**解説**○ (1)　①　磁束密度Bの磁場内を大きさIの電流が流れるとき，長さLの棒の部分が受ける力の大きさはIBLとなる。このとき流れる電流の大きさは$I=\dfrac{E}{R}$なので，棒が磁場から受ける斜面に平行な方向の力の大きさは，$\dfrac{EBL}{R}\cos\theta$〔N〕となる。　②　十分時間が経過した後，磁場から受ける力と重力がつり合うことで棒は一定速度v〔m/s〕で動くので，このとき回路に流れる電流をI'とすると，$I'BL\cos\theta=mg\sin\theta$となる。また，回路に生じる誘導起電力は$vBL\cos\theta$〔V〕より，$E-$

$RI'-vBL\cos\theta=0$となる。これら2式より，$v=\dfrac{EBL\cos\theta-mgR\sin\theta}{(BL\cos\theta)^2}$〔m/s〕となる。　③　電池が1秒間当たりにする仕事量Pは，$P=EI'=\dfrac{Emg\sin\theta}{BL\cos\theta}$〔J〕となる。また，電磁誘導においてエネルギー保存則が成り立っているため，電気エネルギーと力学的エネルギーの間でエネルギーが変換される。　(2)　①　光の干渉を考える際は干渉する2つの光の光路差を求める。本問では平凸レンズと空気の境界で反射した位相変化なしの光と，空気と平凹レンズの境界で反射した位相変化πの光による干渉である。これら2つの光は空気層の厚さdの2倍だけ光路差を生じる。解答の前半はdを求めている。位相がπだけずれた光の強め合う条件(明輪の条件)は，光路差が光の波長の半整数倍となるので，この条件からリングの半径と光の波長の関係が求められる。赤色の光の方が青色の光に比べて波長が長いため，リングの半径が大きい光は赤色の光である。　②　平凸レンズと平凹レンズの間に屈折率$n(>1)$の液体を満たすと，光路差はn倍になるため，明輪の条件は$2nd=\left(m+\dfrac{1}{2}\right)\lambda$となる($m=0,\ 1,\ 2,\ \cdots$)。液体で満たす前に内側から3番目($m=2$)の明輪のあった位置の半径$r$は，$r=\sqrt{\dfrac{R_1R_2}{R_2-R_1}\left(2+\dfrac{1}{2}\right)\lambda}$となる。一方，液体で満たした後に内側から4番目($m=3$)の明輪の位置の半径$r'$は，$r'=\sqrt{\dfrac{R_1R_2}{R_2-R_1}\left(3+\dfrac{1}{2}\right)\dfrac{\lambda}{n}}$となる。これらが等しいので，$\sqrt{\dfrac{R_1R_2}{R_2-R_1}\left(2+\dfrac{1}{2}\right)\lambda}=\sqrt{\dfrac{R_1R_2}{R_2-R_1}\left(3+\dfrac{1}{2}\right)\dfrac{\lambda}{n}}$より，$n=1.4$となる。

【26】1　a　　2　d　　3　c　　4　b

○**解説**○ 1　電子の全エネルギーは$E=\dfrac{1}{2}mv^2-k\dfrac{e^2}{a}$　ここで，電子は原子核のまわりで，クーロン力を向心力とした円運動をしていることから，$m\dfrac{v^2}{a}=k\dfrac{e^2}{a^2}$　2式からvを消去すると，$E=\dfrac{1}{2}m\left(\dfrac{a}{m}k\dfrac{e^2}{a^2}\right)-k\dfrac{e^2}{a}=-k\dfrac{e^2}{2a}$
2　問題文(4)式を$m\dfrac{v^2}{a}=k\dfrac{e^2}{a^2}$に代入して$v$を消去すると，$\dfrac{m}{a}\left(\dfrac{nh}{2\pi am}\right)^2=k\dfrac{e^2}{a^2}$　∴　$a=\dfrac{n^2h^2}{4\pi^2kme^2}$　3　1，2より，$E=-k\dfrac{e^2}{2}\times\dfrac{4\pi^2kme^2}{n^2h^2}$

$=-\dfrac{2\pi^2k^2me^4}{h^2}\cdot\dfrac{1}{n^2}$　4　3で求めたエネルギーの式において，$n=n_1$，n_2として，$\Delta E=-\dfrac{2\pi^2k^2me^4}{h^2}\left(\dfrac{1}{n_2{}^2}-\dfrac{1}{n_1{}^2}\right)$となり，これが$\Delta E=\dfrac{c}{\lambda}$に等しいとすると，$h\dfrac{c}{\lambda}=-\dfrac{2\pi^2k^2me^4}{h^2}\left(\dfrac{1}{n_2{}^2}-\dfrac{1}{n_1{}^2}\right)$　∴　$\dfrac{1}{\lambda}=\dfrac{1}{hc}\times\dfrac{2\pi^2k^2me^4}{h^2}\left(\dfrac{1}{n_2{}^2}-\dfrac{1}{n_1{}^2}\right)=\dfrac{2\pi^2k^2me^4}{h^3c}\left(\dfrac{1}{n_2{}^2}-\dfrac{1}{n_1{}^2}\right)$　これを問題文(1)式と比較すると，リュードベリ定数は$R=\dfrac{2\pi^2k^2me^4}{h^3c}$

【27】Ⅰ　問1　③　　問2　・送電による電力損失が抑えることができる。・変圧できる。　　・電圧を高くすることで電流が小さくなり，ジュール熱を下げることができる。　　問3　141〔V〕
問4　交流を直流に変換する。　　Ⅱ　問5　$2BrL$　　問6　イ
問7　ウ　　問8　ア　　問9　$2BrL\omega$

○**解説**○　Ⅰ　問1　東日本では50Hz，西日本では60Hzである。
問2　解答参照。　問3　交流電圧の実効値V_eは，最大値V_0の$\dfrac{1}{\sqrt{2}}$〔倍〕なので，$V_e=100$〔V〕のとき$V_0=100\times\sqrt{2}=100\times1.41=141$〔V〕となる。　問4　解答参照。　Ⅱ　問5　$t=0$のとき，磁場と垂直な部分のコイルの面積は$2rL$なので，$\Phi_0=2BrL$となる。　問6　図18の後，コイルを貫く磁束は最大であったところから徐々に減少し，これが0になるのはコイルの面が磁束と平行になるとき，つまり$\omega t=\dfrac{\pi}{2}$，$\dfrac{3\pi}{2}$のときである。これらを満たすのは，イのグラフである。　問7　問6のイのグラフの傾きをとると，ウのグラフが該当する。　問8　$V=-\dfrac{\Delta\Phi}{\Delta t}$なので，問7のグラフの正負が逆転した，アのグラフが該当する。　問9　問6の結果より，$\Phi=2BrL\cos\omega t$となるので，$V=-\dfrac{\Delta\Phi}{\Delta t}=2BrL\omega\sin\omega t$となる。よって，誘導起電力$V$の最大値$V_0$は$2BrL\omega$となる。

【28】問1　d　　問2　e　　問3　e　　問4　a

○**解説**○　問1　コイルに電圧が加わり始めると，コイルにはその変化を打ち消す方向に電流が流れる。また，電圧が減少し始めるとその変化を打ち消すように電流の符号は反転する。よって，電圧が加わり始めた

時刻で電流は負の値を示し，電圧が最大値となる時刻で電流は0となる。これら両方を満たすグラフはdのみである。　問2　キルヒホッフの法則より，空芯ソレノイドC_1にかかる電圧は，コイルの自己インダクタンスLと電流の時間変化率$\frac{\Delta I}{\Delta t}$の積に等しいので，$V_0\sin 2\pi ft=L\frac{\Delta I}{\Delta t}$より，$V_0\sin 2\pi ft-L\frac{\Delta I}{\Delta t}=0$　問3　単位長さあたりn回巻かれているコイルに強さIの電流を流すとき，コイルの内部に生じる磁束密度Bの大きさは$B=\mu_0 nI$　長さd，巻き数Nのソレノイドでは，$n=\frac{N}{d}$より，$B=\frac{\mu_0 N}{d}I$　問4　C_1で生じた磁束密度が全てC_2を貫くとき，C_2を貫く磁束ΦはC_2の半径rを用いて$\Phi=\pi r^2\times B=\frac{\pi r^2\mu_0 NI}{d}$　C_2に生じる誘導起電力は，それを貫く磁束の時間変化率にマイナスをかけることで得られる。電流が時間的に変化することで，C_2を貫く磁束も時間変化するので，誘導起電力vは$v=-\frac{\Delta\Phi}{\Delta t}=-\frac{\pi r^2\mu_0 N}{d}\frac{\Delta I}{\Delta t}=-\frac{\pi r^2\mu_0 NV_0}{dL}\sin 2\pi ft$

【29】問1　4　　問2　2　　問3　4

○**解説**○ 問1　磁束は，磁束密度Bと磁束密度に垂直な断面積の積なので，Babと表せる。また，コイルを貫く紙面に垂直で表から裏に向かう磁束密度が増加するので，誘導電流はその逆向きの磁場を発生させる方向に流れるので，LからKの向きである。　問2　$t=0$から$t=T$までの間，コイルを貫く磁束密度は増加するためコイルに誘導電流が流れ，フレミングの左手の法則より，x軸の負の向きに力がはたらくので，コイルがx軸の正の向きへ移動する速さは減少する。一方，$t>T$ではこのような力ははたらかないので，速さは一定となる。　問3　コイルのすべてが磁場中に進入してからは，コイルを貫く磁束密度は変化しないので，誘導電流は流れない。つまり，誘導電流によってコイルの抵抗で消費される電力は0となる。

【30】(1)　$\sqrt{v^2+2gh(1-\cos\phi)}$〔m/s〕　(2)　$mg(3\cos\phi-2)-\frac{mv^2}{h}$〔N〕

(3)　$\frac{2}{3}+\frac{v^2}{3gh}$　(4)　$m\left(\frac{gh}{3}+\frac{v^2}{6}\right)$〔J〕

○解説○ (1)　点Bと点Dの間の力学的エネルギー保存を考える。点Bを位置エネルギーの基準とすると$\frac{1}{2}mv^2=\frac{1}{2}mv_D{}^2-mgh(1-\cos\phi)$が成り立つ。これを$v_D>0$について解いて$v_D=\sqrt{v^2+2gh(1-\cos\phi)}$〔m/s〕

(2)　点Dでは小物体は曲面から離れていない。そのため小物体と共に動く観測者から見ると小物体にはたらく局面からの垂直抗力N，重力の曲面に垂直な分力$mg\cos\phi$，遠心力$m\frac{v_D{}^2}{h}$がつりあっており，$N+m\frac{v_D{}^2}{h}=mg\cos\phi$となる。(1)の結果を$v_D$に代入して整理すれば垂直抗力の大きさ$N=mg(3\cos\phi-2)-\frac{mv^2}{h}$〔N〕　(3)　点Eで物体が離れたとき(2)で求めた垂直抗力Nがゼロになる。この条件から$0=mg(3\cos\phi_0-2)-\frac{mv^2}{h}$が得られる。これより$\cos\phi_0=\frac{2}{3}+\frac{v^2}{3gh}$　(4)　(1)と同様に点Bと点Eの間の力学的エネルギー保存を考える。点Bを位置エネルギーの基準とすると$\frac{1}{2}mv^2=K-mgh(1-\cos\phi_0)$が成り立つ。(3)の結果を代入すれば点Eでの運動エネルギーはK$=\frac{1}{3}mgh+\frac{1}{6}mv^2$よって，$K=m\left(\frac{gh}{3}+\frac{v^2}{6}\right)$〔J〕となる。

【31】(1)　③　(2)　⑤

○解説○ (1)　電子の速さをvとすると，エネルギー保存則より，$\frac{1}{2}mv^2=eV$が成り立つので，$v=\sqrt{\frac{2eV}{m}}$となる。また，電子の運動量は$mv=\frac{h}{\lambda}$より，$\lambda=\frac{h}{mv}=\frac{h}{\sqrt{2meV}}$となる。　(2)　ブラッグの条件$2d\sin\theta=n\lambda$ ($n=1$，2，3，…)において，$\theta=\theta_0$で$n=1$の場合なので，$d=\frac{\lambda}{2\sin\theta_0}$となる。

●中高・高校

【32】1 ① 2 ③ 3 ②

○解説○ 1 コンデンサーにたくわえられる電気量は，電気容量と電圧の積で表せるので，C_1Eとなる。 2 電気容量C_1のコンデンサーとC_2のコンデンサーにたくわえられた電気量をそれぞれQ_1，Q_2とすると，電気量保存の法則より，$Q_1+Q_2=C_1E$となる。また，これらの極板間の電圧は等しくこれをVとすると，$Q_1=C_1V$，$Q_2=C_2V$より，$C_1V+C_2V=C_1E$なので，$V=\dfrac{C_1E}{C_1+C_2}$となり，これが求める電圧である。 3 2の状態では，コンデンサーC_2にたくわえられている電気量は$Q_2=\dfrac{C_1C_2}{C_1+C_2}E$である。その後，操作ウにより電気量$C_1$のコンデンサーに電気量$C_1E$がたくわえられる。さらに，操作エにより，2と同様に電気容量C_1のコンデンサーとC_2のコンデンサーにたくわえられた電気量をそれぞれQ_1'，Q_2'とすると，$Q_1'+Q_2'=C_1E+\dfrac{C_1C_2}{C_1+C_2}E=\dfrac{C_1(C_1+2C_2)}{C_1+C_2}E$，これらの極板間の電圧を$V'$とすると，$Q_1'=C_1V'$，$Q_2'=C_2V'$より，$C_1V'+C_2V'=\dfrac{C_1(C_1+2C_2)}{C_1+C_2}E$より，$V'=\dfrac{C_1(C_1+2C_2)}{(C_1+C_2)^2}E$となり，これが求める電圧である。

【33】(1) $-\dfrac{1}{2}v$ (2) A $\dfrac{2}{5}v$ B $\dfrac{2}{5}v$ (3) $v\sqrt{\dfrac{6m}{5k}}$

(4) $\dfrac{3}{5}L$ (5) イ (6) A $\dfrac{3}{5}v$ B $-\dfrac{2}{5}v$

(7) T_A…$2\pi\sqrt{\dfrac{6m}{5k}}$ T_B…$2\pi\sqrt{\dfrac{6m}{5k}}$

(8)

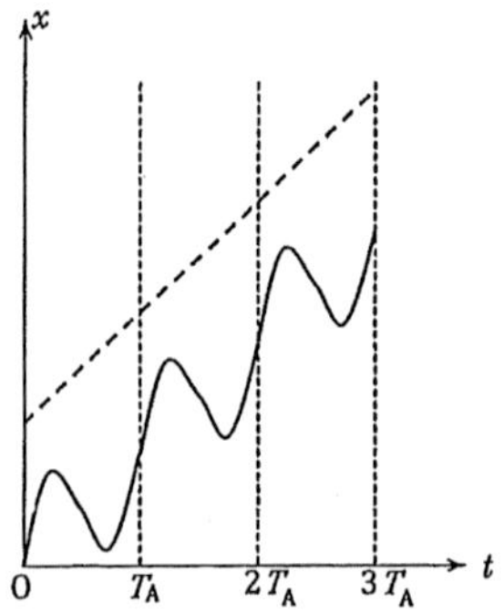

x

0 T_A $2T_A$ $3T_A$ t

○**解説**○ (1)　Cについて，衝突前の速度をv_C，衝突後の速度をv_C'とすると，衝突前後でのCとAのエネルギー保存則より$\frac{1}{2}mv_C{}^2=\frac{1}{2}mv_C'^2+\frac{1}{2}\times 2mv^2$，運動量保存則より$mv_C=mv_C'+2mv$が成り立つ。これら2式より，$v_C'=-\frac{1}{2}v$となる。　(2)　衝突した瞬間Bは静止しており，その後Aの速度がBの速度より大きい間にばねは縮み，AとBの速度が等しいときばねの縮みは最大となる。このときのAとBの速度をv_0とすると，運動量保存則より，$2mv=(2m+3m)v_0$が成り立つので，$v_0=\frac{2}{5}v$となる。(3)　ばねの縮みの最大値をlとすると，エネルギー保存則より，$\frac{1}{2}(2m)v^2=\frac{1}{2}(2m+3m)\left(\frac{2}{5}v\right)^2+\frac{1}{2}kl^2$が成り立つので，$l=v\sqrt{\frac{6m}{5k}}$となる。　(4)　$t=0$のとき，質量$2m$のAが$x=0$，質量$3m$のBが$x=L$なので，Gのx座標は$x=\frac{2m\times 0+3m\times L}{2m+3m}=\frac{3}{5}L$となる。　(5)　なめらかな床の上での運動なので，AとBの系の重心Gは等速直線運動をする。

(6)　等速直線運動するGの速度をVとすると，(2)より$V=\frac{2}{5}v$となる。よって，衝突直後のAのGに対する相対速度は$v-V=\frac{3}{5}v$，BのGに対する相対速度は$0-V=-\frac{2}{5}v$となる。　(7)　Gから観測したAとBの単振動を考える。それぞれの振幅をA，Bとし，Aの変位$x_A=A\sin\frac{2\pi}{T_A}t$，Bの変位$x_B=-B\sin\frac{2\pi}{T_B}t$とおく。$t=0$でのAの速度は$\frac{3}{5}v$より，変位の式を時間で微分すると，$\frac{3}{5}v=A\frac{2\pi}{T_A}$なので，$T_A=\frac{10\pi}{3v}A$となる。同様に，Bの速度は$-\frac{2}{5}v$より，$-\frac{2}{5}v=-B\frac{2\pi}{T_B}$なので，$T_B=\frac{5\pi}{v}B$となる。

ここで，(3)よりばねの縮みが最大値$v\sqrt{\frac{6m}{5k}}$のとき，AとBの単振動の最大振幅となるが，AとBの重心の位置を考慮すると，$A=\frac{3}{5}v\sqrt{\frac{6m}{5k}}$，$B=\frac{2}{5}v\sqrt{\frac{6m}{5k}}$より，$T_A=\frac{10\pi}{3v}\times\frac{3}{5}v\sqrt{\frac{6m}{5k}}=2\pi\sqrt{\frac{6m}{5k}}$，$T_B=\frac{5\pi}{v}\times\frac{2}{5}v\sqrt{\frac{6m}{5k}}=2\pi\sqrt{\frac{6m}{5k}}$となる。　(8)　Gのグラフは，等速直線運動するので，$t=0$のとき$x=\frac{3}{5}L$であり，(6)より傾きが$\frac{2}{5}v$の直線となる。Aの

グラフは，$t=0$のとき$x=0$であり，変位は周期的に変化するが，$t=0$，T_A，$2T_A$，$3T_A$における点は傾き$\frac{2}{5}v$の直線上を通る。

【34】問1　(1)　弦のある点で振動が発生すると，波は両端に向けて進んでいき，端で反射する。この反射波同士が，波の重ね合わせの原理によって重なると，合成波が生じる。端で反射する際には固定端反射となるから，弦の両端が節となるような条件が満たされる場合に，弦に定在波が生じる。

(2)　波長…1.0〔m〕　　速さ…60〔m/s〕　　(3)　B　　(4)　B

問2

A　ℓ　B　ℓ　C

ρ　ρ'

弦AB，BCの長さをℓ，弦AB，BCを伝わる波の速さをv，v'，おもりの質量をm，重力加速度をg，弦の振動数をf，弦AB，BCの線密度をρ，ρ'とする。

$v=\sqrt{\frac{mg}{\rho}}$，$v'=\sqrt{\frac{mg}{\rho'}}$

fは弦ABも弦BCも同じとなるから，弦AB，弦BCに生じる定在波の波長λ，λ'は，

$\lambda=\frac{v}{f}=\frac{1}{f}\sqrt{\frac{mg}{\rho}}$，$\lambda'=\frac{v'}{f}=\frac{1}{f}\sqrt{\frac{mg}{\rho'}}$　となる。

よって，題意より，弦ABは基本振動，弦BCは2倍振動となり，$\lambda'=\frac{1}{2}\lambda$　となる。

$\lambda'=\frac{1}{f}\sqrt{\frac{mg}{\rho'}}=\frac{1}{2}\lambda=\frac{1}{2f}\sqrt{\frac{mg}{\rho}}$

$\sqrt{\frac{\rho}{\rho'}}=\frac{1}{2}$

$\rho'=4\rho$　∴　4倍

○解説○　問1　(1)　解答参照。　(2)　2倍振動では，糸の長さが1波長となるので，この定在波の波長は1.0mである。また，波の基本式より，波の伝わる速さは60×1.0＝60〔m/s〕となる。　(3)(4)　波の速さをv

〔m/s〕，弦の張力をS〔N〕，弦の線密度をρ〔kg/m〕としたとき，$v=\sqrt{\frac{S}{\rho}}$という関係がある。この実験計画では，おもりの数を変えることで張力を変化させているが，弦は変えていないため線密度が一定なので，波の速度は張力の平方根に比例すると考えられる。

問2　解答参照。

【35】(1)　⑥　　(2)　①　　(3)　⑤　　(4)　④

○**解説**○ (1)　質量mのおもりが摩擦のない斜面を滑り下りるとき，おもりにはたらく力は重力mgの斜面に平行な成分$mg\sin\theta$なので，加速度をaとすると運動方程式は，$ma=mg\sin\theta$より，$a=g\sin\theta$となる。よって，求める時間をtとすると，等加速度直線運動の式より，$L=\frac{1}{2}\times g\sin\theta\times t^2$より，$t=\sqrt{\frac{2L}{g\sin\theta}}$である。　(2)　ストッパーを外すと，質量$M$の台が図の右方向へ移動し，質量$m$のおもりが左方向へ滑り下りる。台の水平方向にはたらく力は，台とおもりの間にはたらく垂直抗力Nの水平方向の分力なので$N\sin\theta$となる。　(3)　台の右方向への加速度をa_Mとすると，台上からおもりを観測するので，おもりには重力mgと慣性力$-ma_M$がはたらく。このとき，(2)の垂直抗力Nは$N=mg\cos\theta-ma_M\sin\theta$となるので，台の水平方向の運動方程式は，$Ma_M=N\sin\theta=(mg\cos\theta-ma_M\sin\theta)\sin\theta$となり，$a_M=\frac{mg\cos\theta\sin\theta}{M+m\sin^2\theta}$となる。一方，おもりが斜面を滑り下りる方向の加速度をa_mとすると，$ma_m=mg\sin\theta+ma_M\cos\theta=mg\sin\theta+m\times\frac{mg\cos\theta\sin\theta}{\mathrm{M}+m\sin^2\theta}\cos\theta$より，$a_m=\frac{(M+m)g\sin\theta}{M+m\sin^2\theta}$となる。　(4)　摩擦を無視できるので，おもりと台の系の重心が不変であることに注目する。おもりが台の斜面に沿ってLだけ移動する間に，台が図の右方向へXだけ移動したとき，台の重心の移動は右方向へMXとなる。一方，おもりは左向きに水平方向に$L\cos\theta-X$移動したことになり，おもりの重心の移動は左方向へ$m(L\cos\theta-X)$となる。運動量保存則より，$MX-m(L\cos\theta-X)=0$なので，$X=\frac{m}{M+m}L\cos\theta$となる。

中高・高校
化学

要点整理

化学（原子の構造と周期律・化学結合と結晶）

①金属結晶

	体心立方格子	面心立方格子	六方最密構造
単位格子中の原子数	2個	4個	2個
配位数	8	12	12
充填率	68%	74%	74%
例	Na，K，Fe	Al，Cu，Ag，Au	Mg，Zn

②イオン結晶

	NaCl型	CsCl型
単位格子中の イオンの数	陽イオン：4個 陰イオン：4個	陽イオン：1個 陰イオン：1個
配位数	6	8
例	NaCl	CsCl

化学（気体・溶液）

①理想気体と実在気体

(1)　理想気体　⇒　分子自身の体積がない，分子間力がはたらかない

(2)　実在気体　⇒　分子自身の体積がある，分子間力がはたらく

(3)　実在気体を理想気体に近づける条件　⇒　高温，低圧にする

②凝固点降下

純溶媒と希薄溶液の冷却曲線は，次のようになる。

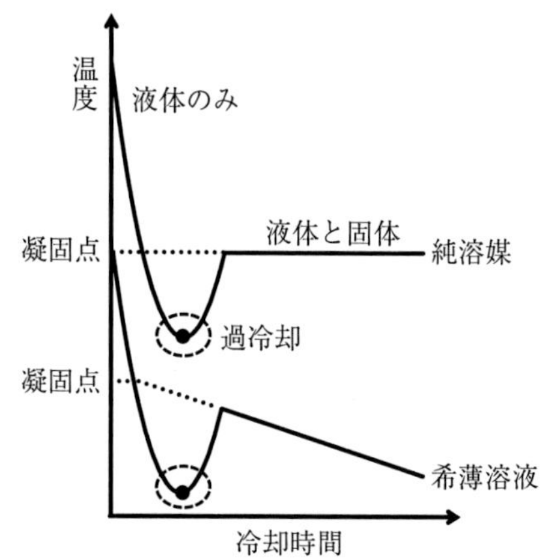

化学（反応速度と化学平衡）

①一価の弱酸(酢酸など)の電離平衡

モル濃度をc，電離度をα，電離定数をK_aとすると，$K_a=\dfrac{c\alpha^2}{1-\alpha}$

(1)　$\alpha \ll 1$のとき，$K_a \fallingdotseq c\alpha^2$，$\alpha=\sqrt{\dfrac{K_a}{c}}$，$[H^+]=c\alpha=\sqrt{cK_a}$

(2)　(a)の近似ができないとき，αの2次方程式として解く

②一価の弱塩基(アンモニアなど)の電離平衡

電離定数をK_bとすると，(1)の近似が成り立つとき，

$K_b \fallingdotseq c\alpha^2$，$\alpha=\sqrt{\dfrac{K_b}{c}}$，$[OH^-]=c\alpha=\sqrt{cK_b}$

化学（気体の製法と陽イオンの沈殿反応）

①気体の性質

性質	気体
水に溶けにくいもの	NO，CO，H_2，O_2，N_2
有色のもの	F_2(淡黄色)，Cl_2(黄緑色)，NO_2(赤褐色)，O_3(淡青色)
臭い	刺激臭：Cl_2，HCl，NH_3，NO_2，SO_2 腐乱臭：H_2S 特異臭：O_3

②金属イオンの沈殿

陰イオン	沈殿
Cl^-との沈殿	AgCl(白)，$PbCl_2$(白，熱水に溶ける)
S^{2-}との沈殿	ZnS(白)，FeS(黒)，MnS(淡赤)…酸性では沈殿しない PbS(黒)，CuS(黒)，Ag_2S(黒)
OH^-との沈殿	$Zn(OH)_2$(白)，$Cu(OH)_2$(青白)，Ag_2O(褐)…NH_3aq過剰で溶ける $Al(OH)_3$(白)，$Zn(OH)_2$(白)…NaOHaq過剰で溶ける
CO_3^{2-}との沈殿	$CaCO_3$(白)，$BaCO_3$(白)，$MgCO_3$(白)
SO_4^{2-}との沈殿	$CaSO_4$(白)，$BaSO_4$(白)，$PbSO_4$(白)

化学（脂肪族炭化水素・芳香族化合物）

①有機化合物の検出法

検出法	有機化合物，構造など
臭素を付加	不飽和結合
ヨードホルム反応	$CH_3CH(OH)-R$，CH_3CO-R
フェーリング反応，銀鏡反応	アルデヒド基
$FeCl_3$水溶液	フェノール類
さらし粉水溶液	アニリン
ヨウ素デンプン反応	デンプン

②芳香族化合物の分離

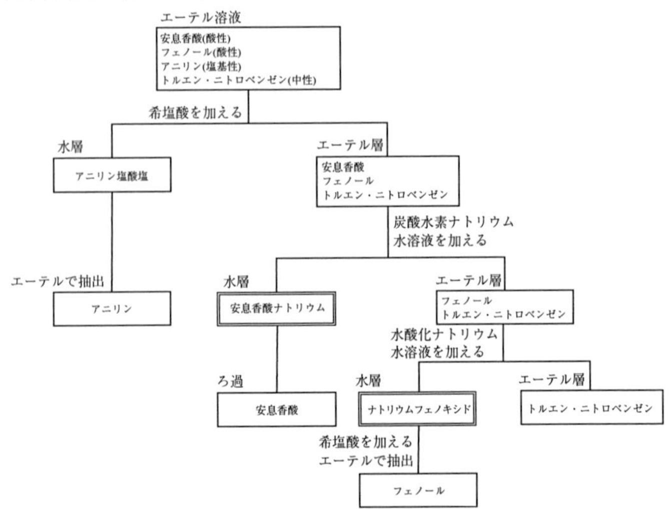

実施問題

【1】高等学校学習指導要領理科の「各科目」の「化学基礎」の「内容」において，身に付けることができるよう指導するとされている事項に関する記述として適切なものは，次の1～4のうちのどれか。

1 「化学と人間生活」の「化学の特徴」については，溶液とその性質に関する実験などを行い，身近な現象を通して溶媒と溶液の性質の違いを理解すること。

2 「化学と人間生活」の「熱運動と物質の三態」については，物質の沸点，融点を分子間力や化学結合と関連付けて理解すること。また，状態変化に伴うエネルギーの出入り及び状態間の平衡と温度や圧力との関係について理解すること。

3 「物質の変化とその利用」の「化学反応式」については，化学反応に関する実験などを行い，化学反応式が化学反応に関与する物質とその量的関係を表すことを見いだして理解すること。

4 「物質の変化とその利用」の「酸化と還元」については，外部から加えた電気エネルギーによって電気分解が起こることを，酸化還元反応と関連付けて理解すること。

2024年度 東京都 難易度 ■■□□□

【2】次の各問いに答えよ。ただし，必要であれば，原子量H＝1.0，C＝12，O＝16，Na＝23，Mg＝24，Cl＝35.5を用いよ。

(1) 次の各物質をそれぞれ1kgの水に溶かした溶液のうち，沸点が最も高い溶液を，解答群より一つ選び，番号で答えよ。ただし，電解質は完全に電離したとする。

【解答群】

番号	1	2	3	4
解答	グルコース 90g	スクロース 0.40mol	塩化ナトリウム 23.4g	塩化マグネシウム 19g

(2) ベンゼン(凝固点5.53℃)200gに非電解質A1.5gを溶かした溶液の凝固点は4.89℃であった。Aの分子量として，最も適当なものを解答

群より一つ選び，番号で答えよ。ただし，ベンゼンのモル凝固点降下は5.12K・kg/molとする。

【解答群】

番号	1	2	3	4	5
解答	30	60	120	180	342

(3) ベンゼン環を含む芳香族炭化水素に関する記述として，最も適当なものを解答群より一つ選び，番号で答えよ。

【解答群】

番号	解答
1	ナフタレンに触媒として酸化バナジウム(V)を加えて高温で空気酸化すると，無水フタル酸を生成する。
2	ベンゼンに水素を加えると，容易に付加反応が起こり，シクロヘキサンを生成する。
3	*p*−キシレンに過マンガン酸カリウム水溶液を加えて反応させると，フタル酸が生成する。
4	ベンゼンに紫外線を当てながら塩素を反応させると，クロロベンゼンが生成する。
5	エチレンを赤熱した鉄に触れさせると，ベンゼンが生成する。

2024年度 愛知県 難易度

【3】酸化還元反応に関する以下の(1)〜(3)の各問いに答えよ。

(1) 次の文を読んで，以下のア〜オの各問いに答えよ。

> ヨウ化カリウムKI水溶液は(①)色であるが，ヨウ化物イオンI^-が酸化されるとI_2が遊離し水溶液は(②)色を示す。逆にI_2を還元すればI^-が生成し(①)色になる。この色の変化を利用して，試料の濃度や物質量を調べる酸化還元滴定を(③)という。
>
> 濃度未知の過酸化水素H_2O_2水の濃度を調べるため，硫酸を加え酸性としたのち，過剰量のKIと反応させると，I^-が酸化されI_2が遊離する。
>
> 濃度が正確に分かっているチオ硫酸ナトリウム $Na_2S_2O_3$水溶液を上記の反応液に滴下すると，水溶液の色は(④)なる。

この反応は，以下に示すイオン反応式で表される。
$I_2 + 2S_2O_3^{2-} \rightarrow 2I^- + S_4O_6^{2-}$
　滴定の終点を見極めるためには，指示薬としてデンプン水溶液を加えるとよい。

ア　(　①　)～(　③　)に入る適切な語句をそれぞれ答えよ。
イ　(　④　)に入る適切な語句として正しいものを，次の1～5から一つ選び，記号で答えよ。
　1　青紫色に　　2　緑色に　　3　白色に　　4　濃く
　5　薄く
ウ　滴定の終点を調べるために，指示薬としてデンプン水溶液を加える理由を説明せよ。
エ　生徒に上記の酸化還元反応の概要を次の流れで説明しようとしたとき，(　　)に入る適切な語句として正しいものを，以下の1～5から一つ選び，記号で答えよ。

濃度未知のH_2O_2水　→　(　　)で置き換え　→　チオ硫酸ナトリウム水溶液で滴定　→　デンプン水溶液で終点判断→H_2O_2水の濃度判明

　1　同濃度のI_2　　2　同物質量のI_2　　3　同体積のI_2
　4　同濃度のI^-　　5　同物質量のI^-
オ　濃度未知の過酸化水素水を正確にコニカルビーカーにa〔mL〕量りとり，硫酸を加えて酸性にしたのち，過剰量のKIを加えて色の変化を確認した。次に，指示薬としてデンプン水溶液を加えたのち，濃度c〔mol/L〕のチオ硫酸ナトリウム水溶液を滴下しながら，終点を調べた。その結果，チオ硫酸ナトリウムの滴定値はb〔mL〕であった。濃度未知の過酸化水素水のモル濃度をa，b，cを用いてあらわせ。

(2)　次の文を読んで，以下のア，イの各問いに答えよ。

　酸化還元滴定を利用して湖沼や海水中に酸化可能な物質(被酸化性物質)がどのくらい存在するかを示すことができ，これを化学的酸素要求量(COD)と呼ぶ。以下は，COD計測実験の一部を示したものである。

300mLビーカーに河川水を100mL入れ，硫酸を加え，さらに5.00×10^{-3}mol/L過マンガン酸カリウム水溶液を10.0mL加えて，温浴上で加温した。溶液が熱いうちに，12.5×10^{-3}mol/Lシュウ酸水溶液で滴定し過マンガン酸カリウムの赤紫色が消失したところを終点とした。終点に至るまでに滴下したシュウ酸水溶液の滴下量は3.00mLであった。過マンガン酸カリウムおよびシュウ酸は以下のようにはたらくものとする。

$MnO_4^- + 8H^+ + 5e^- \rightarrow Mn^{2+} + 4H_2O$

$H_2C_2O_4 \rightarrow 2CO_2 + 2H^+ + 2e^-$

ア　上記の酸化還元滴定実験では，ビュレットを用いる。溶液の入ったビュレットの目盛りを読むときに注意すべき点を生徒に説明する。「メニスカスの底」，「$\frac{1}{10}$」という語句と数値を用いて簡潔に説明せよ。

イ　被酸化性物質の酸化で使用された過マンガン酸カリウムの物質量は何molか，有効数字3桁で答えよ。

(3)　濃度未知の二酸化硫黄水溶液10.0mLに，2.00mol/Lのヨウ素溶液を滴下したところ，35.0mLで反応が終点に達した。この反応で生成した硫酸の物質量は何molか，有効数字3桁で答えよ。

▌2024年度 ▌山口県 ▌難易度 ■■■■□□

【4】次の問に答えよ。

問1　化学反応とエネルギーに関して，次の(1)，(2)に答えよ。

(1)　次の文のうち，誤っているものをa～eから一つ選び，記号で答えよ。

a　化合物1molが，その成分元素の単体から生成するときに発生または吸収する反応エンタルピーを生成エンタルピーという。

b　単体の生成エンタルピーは，0である。

c　溶質1molが多量の溶媒に溶解したときに発生または吸収する反応エンタルピーを溶解エンタルピーという。

d　酸と塩基が中和反応して，水1molが生成するときに吸収する反応エンタルピーを中和エンタルピーという。

e　強酸と強塩基の薄い水溶液の中和エンタルピーは，その種類によらず一定の値となる。

(2)　次の文のうち，誤っているものをa～eから一つ選び，記号で答えよ。

a　反応エンタルピーの総和は，反応の経路によらず，変化の前後の物質の種類と状態で決まる。

b　気体分子の共有結合を切る際に放出されるエネルギーを，その共有結合の結合エネルギーといい，結合1molあたりの値で示される。

c　反応エンタルピーは，(反応物の結合エネルギーの和)－(生成物の結合エネルギーの和)で求められる。

d　化学反応によってエネルギーが光の波長領域の電磁波となって放出される際に観測される発光を，化学発光という。

e　化学発光は，反応により高エネルギー状態の分子または原子が生成し，光を放出して低エネルギー状態に変わるために生じる。

問2　図1の実験装置を用いて，塩化ナトリウム水溶液をイオン交換膜法により電気分解した。以下の(1)～(3)に答えよ。

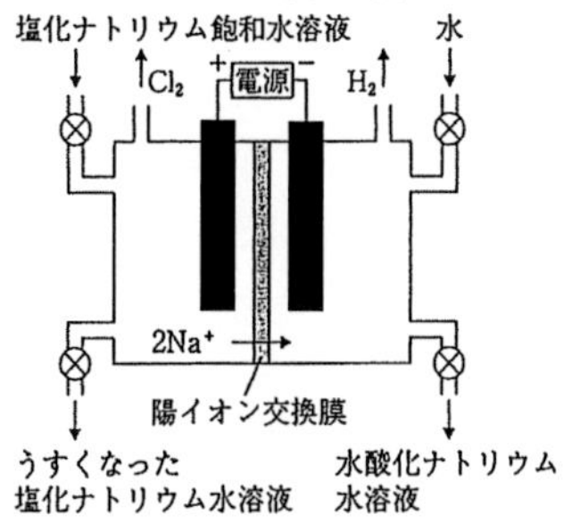

図1

(1)　陽極，陰極で起こる変化を，それぞれ電子e^-を用いたイオン反応式で表せ。

(2)　一定電流を1時間流したところ，陰極側に2.00gの水酸化ナトリウムが生成した。両極から発生した気体の体積の合計は標準状態で何Lか，有効数字3桁で答えよ。ただし，発生した気体が水に溶解した体積は無視できるものとする。

(3) 工業的には，水酸化ナトリウムは両極を多孔質の隔膜で仕切って塩化ナトリウム水溶液を電気分解し，製造している。しかし，工業的な製造法と比較して，イオン交換膜法の方が利点がある。その利点について説明せよ。

問3 反応速度と化学平衡に関して，次の(1)，(2)に答えよ。

(1) 平衡状態にある可逆反応$2CO+O_2 \rightleftarrows 2CO_2$に関する次の文のうち，誤っているものをa～eから一つ選び，記号で答えよ。

a 温度が下がると分子の熱運動が弱くなり，活性化エネルギーを上回るエネルギーをもつ分子が減るため，反応速度は小さくなる。

b 濃度が大きくなると，一定時間あたりの粒子の衝突回数が増加するため，反応速度は大きくなる。

c 触媒を添加しても，反応の活性化エネルギーは小さくなるが，反応速度は変わらない。

d 温度と体積を一定に保ち，希ガスを加えても，平衡に関与する気体の分圧は変化せず，反応速度は変わらない。

e 温度と圧力を一定に保ち，希ガスを加えると，体積が増加するため，平衡に関与する分子どうしの衝突回数が減り，反応速度は小さくなる。

(2) 平衡状態にある可逆反応$2NO_2 \rightleftarrows N_2O_4$に関して，次の文のうち，誤っているものをa～eから一つ選び，記号で答えよ。ただし，各操作において温度は一定に保たれているものとする。

a 加圧して，容器の体積を小さくするとNO_2とN_2O_4の濃度はともに増加する。正反応の反応速度はNO_2のモル濃度〔mol/L〕の2乗に比例し，逆反応はN_2O_4のモル濃度〔mol/L〕の1乗に比例するので，正反応の反応速度が逆反応よりも大きくなり，右向きに平衡は移動する。

b 体積一定の状態でNeを加えても，それぞれの反応に関与する物質の分圧に変化が起こらないため，平衡の移動は起こらない。

c 全圧一定の状態でNeを加えると，気体全体の体積が増加する。

このため，それぞれの成分の分圧は減少し，全体の圧力が増加する方向，左向きに平衡は移動する。

d　触媒を添加したとき，平衡に達するまでの時間は短縮されるが，平衡定数Kは変化しないので，平衡の移動は起こらない。

e　平衡状態にある混合気体を注射器に入れ，ピストンを引き減圧すると，注射器内の気体の色がはじめ濃くなるが，しだいに薄くなる。

問4　指示薬の変色域に関して，以下の(1)，(2)に答えよ。

> 中和滴定に使用する指示薬は，一般に弱酸または弱塩基としてはたらく有機化合物が用いられる。ここに弱酸型の指示薬HAが存在する。弱酸HAは水溶液中で電離し，化学平衡の状態を生じる。指示薬HAの電離定数K_aを2.0×10^{-4}mol/Lとする。

(1)　指示薬HAは，$HA \rightleftarrows H^+ + A^-$のように電離し，$0.1 \leqq \dfrac{[A^-]}{[HA]} \leqq 10$の範囲にあるとき変色し，このときのpHの範囲が指示薬の変色範囲(pH)となる。指示薬HAの変色範囲(pH)を答えよ。ただし，答は小数第二位を四捨五入し，小数第一位まで求めよ。なお，$[A^-]$，$[HA]$はそれぞれA^-，HAのモル濃度〔mol/L〕を表し，$\log_{10}2=0.3$とする。

(2)　ある酸と塩基を用いて中和滴定を行ったところ，図2のような滴定曲線が得られた。指示薬HAはこの中和滴定の指示薬として適しているかどうかを，その理由を説明し，答えよ。

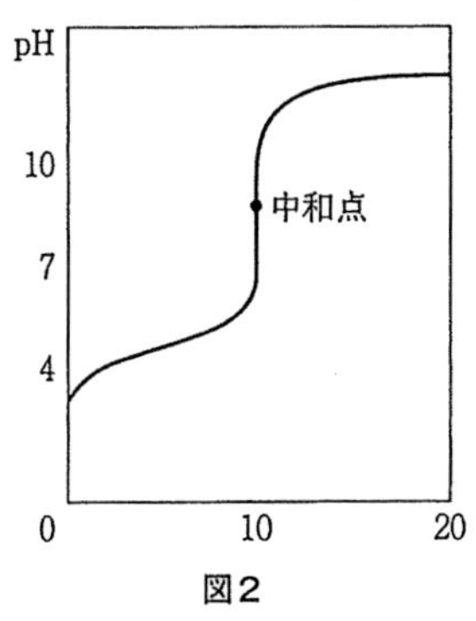

図2

▌2024年度 ▌島根県 ▌難易度

【5】気体の性質に関する以下の(1)～(7)の各問いに答えよ。ただし，気体定数R＝8.31×10^{3}Pa・L/(K・mol)，原子量はH＝1.0，He＝4.0，C＝12，O＝16とする。

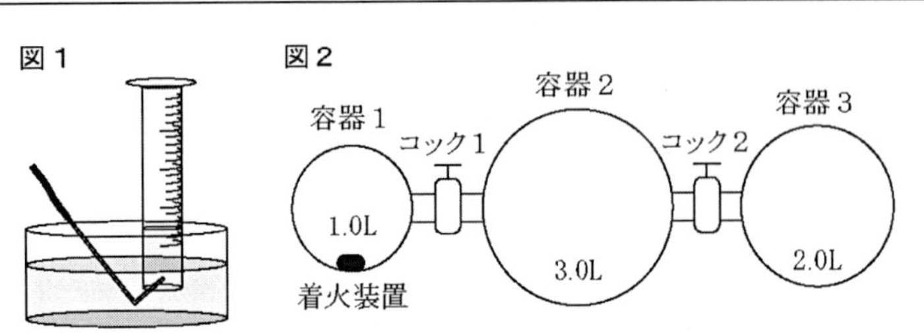

実験1：図1の実験装置を用いて，ある気体を水上置換で捕集し，メスシリンダー内の水位と水槽の水位を一致させて体積を測定したところ，気体の温度27℃，大気圧9.96×10^{4}Paで0.90Lであった。なお，27℃での水の飽和水蒸気圧は3.6×10^{3}Paである。

実験2：図2のように，温度によって体積が変化しない3つの耐圧容器が2つのコックで連結されている実験装置を用意した。容器1，2，3の体積はそれぞれ1.0L，3.0L，2.0Lで，容器1には着火装置がついている。ただし，コック部の容積は無視する。

操作1：容器1，2，3の温度を27℃に保ち，コック1，2を閉じた状態で，容器1にメタンを0.20mol，容器2にヘリウムを0.30mol，容器3に酸素を0.40molをそれぞれ封入したのち，コック2を開けてしばらく放置した。

操作2：次に，コック1を開けてしばらく放置したのち，着火装置を作動させたところ，容器内の気体は完全燃焼し，全てのメタンと酸素が反応した。その後，容器1，2，3の温度を27℃に保った。

操作3：操作2終了後に，容器1，2，3内の温度を27℃から127℃に上げてしばらく放置した。

操作4：操作3終了後に，容器1，2，3内の温度を27℃に戻してしばらく放置した。

ただし，本実験において，ヘリウムは酸素とは反応せず，気体は全て理想気体と見なす。

(1)　下線部の操作を行う理由を説明せよ。

(2)　次の文は，実験1で捕集した気体の物質量を有効数字2桁で求める方法を説明したものである。(　ア　)～(　エ　)に入る適切な語句や数値をそれぞれ答えよ。

メスシリンダー内は，捕集した気体と(　ア　)との混合気体になっているので，

$P=9.96\times10^4-$(　イ　)$=$(　ウ　)〔Pa〕

気体の状態方程式から，

$PV=nRT$

(　ウ　)〔Pa〕$\times0.90$〔L〕

$=n$〔mol〕$\times8.31\times10^3$〔Pa・L/(K・mol)〕$\times(273+27)$〔K〕

$n=$(　エ　)〔mol〕

(3)　実験2の操作1終了後の容器2，3の全圧は何Paか，有効数字2桁で答えよ。

(4)　操作3終了後の容器1，2，3の全圧は何Paか，有効数字2桁で答えよ。ただし，127℃での水蒸気圧は2.5×10^5Paとする。

(5)　操作3終了後の容器1，2，3内の二酸化炭素のモル分率はいくらか。有効数字2桁で答えよ。

(6)　操作3終了後の容器1，2，3内の混合気体の平均分子量として最も適切なものを，次のア～オから一つ選び，記号で答えよ。

ア　18　　イ　19　　ウ　20　　エ　21　　オ　22

(7)　操作4終了後の容器1，2，3の全圧は何Paか，有効数字2桁で答えよ。

2024年度　山口県　難易度

【6】次の1～3に答えなさい。

1　物質についての記述として適切なものを，次の①～⑤のうちから全て選び，その番号を答えなさい。

① 原油の分留では，精留塔の内部の温度が上部ほど高いので，軽油とナフサでは，沸点が高い軽油の方が，精留塔の上部で得られる。

② 分液ろうとにヨウ素ヨウ化カリウム水溶液(ヨウ素液)とヘキサンを入れ，よく振り混ぜてから静置すると，ヨウ素は水よりもヘキサンに溶けやすいので，ヨウ素がヘキサンに抽出される。

③ 硝酸カリウムに少量の硫酸銅(Ⅱ)五水和物が混合した混合物を適量の熱水に溶かし，ゆっくりと冷却していくと，ほぼ純粋な硝酸カリウムを結晶として取り出すことができる。

④ 酸素の同素体には，無色・無臭の気体である酸素と，淡青色で特異臭をもつ有毒な気体であるオゾンがある。

⑤ 硫黄の同素体である斜方硫黄，単斜硫黄，ゴム状硫黄のうち，単斜硫黄が常温で最も安定である。

2 次の表は，水素と酸素の同位体の質量数及び自然界における存在比を示したものです。また，以下の文章は，水素と酸素の同位体を含む水分子について述べたものです。文章中の空欄[ア]に当てはまる分子式として適切なものを，あとの【アの選択肢】の①～⑨のうちから選び，その番号を答えなさい。また，文章中の空欄[イ]～[エ]に当てはまる数字として適切なものを，あとの【イ～エの選択肢】の①～⑩のうちからそれぞれ1つずつ選び，その番号を答えなさい。ただし，同じものを繰り返し選んでもよいこととします。

元素名	同位体	質量数	存在比〔%〕
水素	^{1}H	1	99.9885
	^{2}H	2	0.0115
酸素	^{16}O	16	99.757
	^{17}O	17	0.038
	^{18}O	18	0.205

^{1}H原子1個，^{2}H原子1個，^{16}O原子1個が結合してできた水分子の分子式を$^{1}H^{2}H^{16}O$と示すとき，^{1}H原子，^{2}H原子，^{16}O原子，^{17}O原子，^{18}O原子からなる水分子の分子式は，$^{1}H^{1}H^{16}O$，$^{1}H^{1}H^{17}O$，$^{1}H^{1}H^{18}O$，$^{1}H^{2}H^{16}O$，$^{1}H^{2}H^{17}O$，$^{1}H^{2}H^{18}O$，$^{2}H^{2}H^{16}O$，$^{2}H^{2}H^{17}O$，$^{2}H^{2}H^{18}O$の9通りが考えられる。このうち，自然界における存在比が大きい方から6番目である水分子の分子式は　[　ア　]である。また，この水分子の自然界における存在比を有効数字2桁で表すと，[　イ　].[　ウ　]×10$^{-[\ エ\ ]}$%である。

【アの選択肢】

① $^{1}H^{1}H^{16}O$　② $^{1}H^{1}H^{17}O$　③ $^{1}H^{1}H^{18}O$　④ $^{1}H^{2}H^{16}O$
⑤ $^{1}H^{2}H^{17}O$　⑥ $^{1}H^{2}H^{18}O$　⑦ $^{2}H^{2}H^{16}O$　⑧ $^{2}H^{2}H^{17}O$
⑨ $^{2}H^{2}H^{18}O$

【イ～エの選択肢】

①　1　②　2　③　3　④　4　⑤　5　⑥　6　⑦　7
⑧　8　⑨　9　⑩　0

3　次の文章は，同位体の存在比を，自然界における存在比とは異なる存在比に人工的に変えた鉄について述べたものです。文章中の空欄[　ア　]～[　ウ　]に当てはまる数字として適切なものを，以下の①～⑩のうちからそれぞれ1つずつ選び，その番号を答えなさい。ただし，同じものを繰り返し選んでもよいこととします。なお，Cuの原子量を63.5，Oの原子量を16.0とします。

同位体の存在比を，自然界における存在比とは異なる存在比に人工的に変えた鉄2.26gに十分な量の希硫酸を加え，発生した気体を全て捕集した。この気体を，酸素のない状態で，加熱した酸化銅4.98gと完全に反応させたところ，酸化銅と銅の混合物が4.34g残った。この実験結果を基に，同位体の存在比を人工的に変えた鉄の相対質量の平均値を求め，有効数字3桁で表すと，[　ア　][　イ　].[　ウ　]となる。

①　1　②　2　③　3　④　4　⑤　5　⑥　6　⑦　7
⑧　8　⑨　9　⑩　0

2024年度　広島県・広島市　難易度

【7】実験などで科学的に探究することで，様々な化合物の性質や化学反応について内容の理解を深めることができる。次のⅠ～Ⅲについて，以下の問いに答えなさい。

Ⅰ　4種類の陽イオンAg^{+}，Al^{3+}，Ca^{2+}，Zn^{2+}を含む水溶液に，図1のような実験を行った。

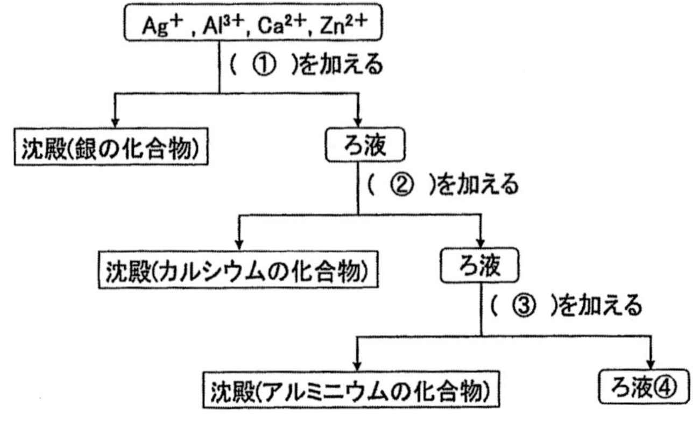

図1

問1　(　①　)～(　③　)に当てはまる最も適切な試薬を，次のア～オから1つずつ選び，それぞれ記号で答えなさい。

ア　希塩酸

イ　希硝酸

ウ　硫酸アンモニウム水溶液

エ　アンモニア水

オ　水酸化ナトリウム水溶液

問2　試薬(　①　)～(　③　)を加えた後の「ろ液④」には，亜鉛が錯イオンとなった状態で存在している。その錯イオンの名称を答えなさい。

Ⅱ　温度T〔K〕，圧力p〔Pa〕において，窒素と水素を密閉容器に入れてアンモニアを合成する実験を行った。

問1　アンモニアの生成熱は46kJ/molである。このことを示す熱化学方程式を表しなさい。

問2　次の(1)～(3)のように反応条件を変えた場合，反応速度とアンモニアの生成量はどのように変化するか。反応速度については以下のア～ウから，生成量については以下のエ～カから，1つずつ選び，それぞれ記号で答えなさい。

(1)　温度T〔K〕，圧力p'〔Pa〕，ただし，$p'>p$

(2)　温度T'〔K〕，圧力p〔Pa〕，ただし，$T>T'$

(3)　温度T〔K〕，圧力p〔Pa〕で触媒を加えた場合

[反応速度]　ア　大きくなる　　イ　変わらない
　　　　　　ウ　小さくなる

[生成量]　エ　増加する　　オ　変わらない
　　　　　カ　減少する

問3　アンモニアは工業的には四酸化三鉄を主成分とした触媒を用いて高圧下で窒素と水素を加熱して合成する。この製法を何というか。

Ⅲ　次の文を読んで，以下の問いに答えなさい。

酢酸と水酸化ナトリウムを完全に中和させると，水と酢酸ナトリウムが生じる。酢酸ナトリウムは水溶液中で完全に電離し，酢酸イオンを生じる。<u>酢酸イオンの一部は水と反応して(　①　)イオンを生じる</u>ため，酢酸ナトリウム水溶液は(　②　)性である。このように酸の陰イオンや塩基の陽イオンの一部が水と反応する変化を塩の(　③　)という。

問1　文中の空欄(　①　)～(　③　)に当てはまる最も適切な語句をそれぞれ答えなさい。

問2　文中の下線部の反応をイオン反応式で表しなさい。

問3　食酢中の酢酸の濃度を求めるために，食酢を10倍に希釈したもの10mLをコニカルビーカーに入れ，フェノールフタレインを指示薬として加え0.10mol/L水酸化ナトリウム水溶液で滴定したところ，7.6mL滴下した時点で中和が完了した。希釈前の食酢中の酢酸の質量パーセント濃度〔%〕を有効数字2桁で答えなさい。ただし，食酢の密度は1.0g/cm^{3}とし，酢酸の分子量は60とする。また，食酢中の酸はすべて酢酸とする。

2024年度　静岡県・静岡市・浜松市　難易度

【8】次の(1)～(4)の問いに答えよ。

水酸化ナトリウムと炭酸ナトリウムを含む混合水溶液がある。この水溶液10.0mLに指示薬A(変色域：pH8.0～9.8)を加えて，0.10mol/Lの塩酸で滴定すると，終点までに20.0mLを要した。この滴定後の水溶液にさらに指示薬B(変色域：pH3.1～4.4)を加えて，0.10mol/Lの塩酸で滴定し続けると，終点までに5.0mLを要した。

(1) 指示薬A，Bの組合せとして最も適当なものを，次の1～5のうちから一つ選べ。

	指示薬A	指示薬B
1	フェノールフタレイン	メチルオレンジ
2	メチルオレンジ	フェノールフタレイン
3	フェノールフタレイン	ブロモチモールブルー
4	ブロモチモールブルー	メチルオレンジ
5	ブロモチモールブルー	フェノールフタレイン

(2) 水溶液中の水酸化ナトリウムの濃度〔mol/L〕はいくらか。最も適当なものを，次の1～5のうちから一つ選べ。

1 1.2×10^{-1}　2 1.5×10^{-1}　3 1.9×10^{-1}　4 2.4×10^{-1}

5 2.9×10^{-1}

(3) 水溶液中の炭酸ナトリウムの濃度〔mol/L〕はいくらか。最も適当なものを，次の1～5のうちから一つ選べ。

1 1.5×10^{-2}　2 2.0×10^{-2}　3 2.5×10^{-2}　4 5.0×10^{-2}

5 5.5×10^{-2}

(4) 中和滴定に使用する指示薬は，一般に弱酸又は弱塩基としてはたらく有機化合物が用いられる。ここに，弱酸型の指示薬HBが存在する。弱酸HBは水溶液中で$HB \rightleftarrows H^+ + B^-$のように電離し，化学平衡の状態を生じる。HBは，電離定数K_aが4.0×10^{-4}mol/Lで，$0.1 \leqq \frac{[B^-]}{[HB]} \leqq 10$の範囲にあるとき変色する。指示薬HBの変色域として最も適当なものを，次の1～5のうちから一つ選べ。

1 $1.4 \leqq pH \leqq 3.4$　2 $2.4 \leqq pH \leqq 4.4$　3 $3.4 \leqq pH \leqq 5.4$

4 $2.1 \leqq pH \leqq 4.1$　5 $3.1 \leqq pH \leqq 5.1$

▌2024年度 ▌大分県 ▌難易度

【9】イオン結晶では陽イオンと陰イオンが規則正しく配列している。結晶中の規則正しい粒子の配列を結晶格子という。結晶格子は基本となる構造が積み重なってできており，この構造を単位格子という。単位格子は立方体や直方体などで表される。

図は塩化ナトリウムの単位格子である。以下の問いに答えなさい。

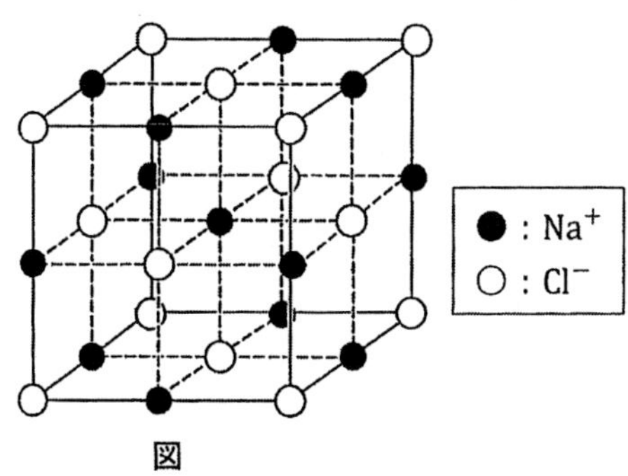

図

問1　単位格子中のNa^+，Cl^-はそれぞれ何個あるか答えなさい。

問2　1個のCl^-に最も近いNa^+は何個あるか答えなさい。

問3　1個のNa^+に最も近いNa^+は何個あるか答えなさい。

問4　単位格子の1辺の長さをa〔cm〕，アボガドロ定数をN_A〔/mol〕とし，結晶の密度d〔g/cm^3〕をa，N_Aを用いて表しなさい。ただし，原子量はNa＝23，Cl＝35.5とする。

▌2024年度 ▌静岡県・静岡市・浜松市 ▌難易度 ■■■□□

【10】メタンハイドレートは，永久凍土や深海底の堆積物中に存在することが知られている。日本近海にも多く存在していることが確認されており，その埋蔵量は日本で消費される天然ガスの100年分以上とも言われ，将来のエネルギー資源の一つとして期待されている。静岡県沖から和歌山県沖の南海トラフにも多く存在しており，2013年に世界で初めて海底からメタンハイドレートを採取し，生産に成功した。メタンに関する次の問いに答えなさい。

問1　メタンの電子式を表しなさい。

問2　メタンの分子の形状を答えなさい。

問3　メタンは無極性分子である。次のア～オの分子から，無極性分子をすべて選び，記号で答えなさい。

ア　二酸化炭素

イ　水

ウ　アンモニア

エ　塩化水素

オ　窒素

問4　容積2.0Lの容器に0.020molのメタンと，0.060molの酸素を入れ，点火して完全燃焼させた。ただし，気体定数は$R=8.3\times10^3$Pa・L/(mol・K)，27℃における水蒸気圧は3.6×10^3Paであり，液体の体積，および液体への気体の溶解は無視できるものとする。また，容器の容積は実験の途中で変化しないものとする。

(1)　メタンの完全燃焼を化学反応式で表しなさい。

(2)　燃焼前の27℃における容器内の全圧〔Pa〕を，有効数字2桁で答えなさい。

(3)　燃焼後に容器内に存在する物質および物質量〔mol〕を，有効数字2桁で[例]に従ってすべて答えなさい。

[例]　水素が0.20mol，塩素が0.10mol

(4)　燃焼後，27℃まで冷やしたときの容器内の全圧〔Pa〕を，有効数字2桁で答えなさい。

(5)　(4)のとき，容器内で凝縮している水の物質量〔mol〕を，有効数字2桁で答えなさい。

2024年度 ｜ 静岡県・静岡市・浜松市 ｜ 難易度

【11】次の(1)，(2)の問いに答えよ。

(1)　次のA～Dの4種類の金属について，①～④の問いに答えよ。

①　金属Aは，常温の水と反応して水素を発生した。金属Aのイオンを含む水溶液に炭酸ナトリウム水溶液を加えると，白色沈殿を生じた。また，金属Aのイオンを含む水溶液にクロム酸カリウム水溶液を加えると，黄色沈殿を生じた。この黄色沈殿の化学式とその名称を答えよ。

②　金属Bは，水酸化ナトリウム水溶液と反応して水素を発生した。金属Bのイオンを含む水溶液にアンモニア水を加えると白色沈殿

を生じ，過剰のアンモニア水を加えると，この沈殿は錯イオンを生じて溶けた。この錯イオンの化学式とその名称を答えよ。

③　金属Cは，空気中で加熱すると黒色の化合物を生じ，湿った空気中では緑色の化合物を生じた。また，金属Cに，濃硝酸を加えると，刺激臭をもつ赤褐色の気体を生成した。下線部の反応を化学反応式で表せ。

④　金属Dは，希硫酸には溶けないが，濃硝酸には気体を発生して溶けた。この水溶液に希塩酸を加えると，白色の沈殿を生成した。下線部の反応をイオンを含む反応式で表せ。

(2)　K^{+}，Fe^{3+}，Cu^{2+}，Pb^{2+}を含む水溶液からそれぞれのイオンを分離するために，次のような操作を行った。以下の①，②の問いに答えよ。

【操作1】この水溶液に希塩酸を加えると，沈殿Aが生じた。これをろ過して沈殿Aとろ液1を分離した。

【操作2】ろ液1に硫化水素を通じると，沈殿Bが生じた。これをろ過して沈殿Bとろ液2を分離した。

【操作3】ろ液2を十分に煮沸した後に，希硝酸を加えた。続いて，過剰のアンモニア水を加えると，沈殿Cが生じた。これをろ過して沈殿Cとろ液3を分離した。

【操作4】ろ液3中に残っている金属イオンを確認するために，ある方法をとった。

①　沈殿A，沈殿B，沈殿Cの化学式を書け。

②　操作4の具体的な方法と結果を，確認された金属イオンの名称を含めて答えよ。

■2024年度 ■香川県 ■難易度 ■■■□□

【12】次の(1)～(4)の問いに答えよ。

> 【実験】
> 体積一定の密閉容器に水素1.0mol，ヨウ素0.70molを入れて温度をt_1〔℃〕に保ったところ，ヨウ化水素が1.2mol生じて，次の可逆反応が平衡状態になった。ただし，水素，ヨウ素，ヨウ化水素は全て気体である。
> H_2(気)＋I_2(気) ⇄ 2HI(気)

(1) ヨウ化水素の生成反応の速さをv_1，分解反応の速さをv_2としたとき，平衡状態におけるv_1とv_2の関係として最も適当なものを，次の1～6のうちから一つ選べ。

1 $v_1>v_2$　2 $v_1<v_2$　3 $v_1\gg v_2$　4 $v_1\ll v_2$　5 $v_1=v_2=0$
6 $v_1=v_2\neq 0$

(2) この反応の温度t_1〔℃〕における平衡定数Kとして最も適当なものを，次の1～5のうちから一つ選べ。

1 2.1　2 14　3 21　4 36　5 48

(3) 容器の温度をt_1〔℃〕に保ったまま，【実験】の後の容器内にヨウ素を0.30mol追加した。新たな平衡状態に達したときに存在するヨウ化水素の物質量〔mol〕として最も適当なものを，次の1～5のうちから一つ選べ。

1 0.75　2 0.90　3 1.5　4 1.8　5 3.0

(4) 【実験】において，触媒である白金粉末を入れた場合，平衡状態に達する時間は白金粉末がない場合と比べて，どのようになるか。また，平衡状態でのヨウ化水素の生成量は，1.2molと比べてどのようになるか。最も適当な組合せを，次の1～5のうちから一つ選べ。

	平衡状態に達する時間	ヨウ化水素の生成量
1	短くなる	変わらない
2	短くなる	多くなる
3	長くなる	少なくなる
4	長くなる	変わらない
5	変わらない	多くなる

▌2024年度 ▌大分県 ▌難易度 ■■■■□□

【13】次の文章を読み，各問いに答えよ。なお，原子量は必要に応じて次の値を用いること。Cu　63.5

沸騰した蒸留水にc〔mol/L〕の塩化鉄(Ⅲ)のみを含む水溶液5.0mLを加え，全量50mLの水酸化鉄(Ⅲ)コロイド溶液Aを得た。次に，(a)Aをセロハン袋に入れて糸で縛り，蒸留水を入れたビーカーに吊るし，長時間精製したコロイド溶液Bを得た。Bの一部をU字管に取り直流電圧を加えると，コロイド粒子は陰極へ向かって移動した。

(b)Bに少量の電解質溶液を加えると沈殿を生じた。また，(c)Bにタンパク質の水溶液を一定量以上加えると，少量の電解質溶液を加えても沈殿を生じなかった。

1　下線部(a)のコロイド溶液を精製する操作を何というか答えよ。

2　下線部(a)の操作後，ビーカー中の液体に硝酸銀水溶液を加えると白濁した。この反応を，イオンを含む化学反応式で表せ。

3　下線部(b)について，水酸化鉄(Ⅲ)コロイドを最も沈殿させやすいと考えられる物質を次の(ア)～(オ)から一つ選び，記号で答えよ。

(ア)　$NaCl$　(イ)　$CaCl_2$　(ウ)　Na_2SO_4　(エ)　Na_3PO_4

(オ)　$Al_2(SO_4)_3$

4　コロイドでないものを次の(ア)～(オ)から一つ選び，記号で答えよ。

(ア)　マヨネーズ　(イ)　泥水　(ウ)　牛乳

(エ)　マシュマロ　(オ)　石灰水

5　下線部(c)について，沈殿を生じない理由を説明せよ。

6　コロイド溶液Bの浸透圧は，T〔K〕においてP〔Pa〕であった。浸透圧に寄与する物質が水酸化鉄(Ⅲ)コロイドのみで，操作途中に鉄(Ⅲ)イオンの損失がないものとすると，このコロイド粒子1個には，平均何個の鉄(Ⅲ)イオンが含まれるか答えよ。ただし，気体定数をR〔Pa・L/(mol・K)〕とする。

▌2024年度▐ 岡山県▐ 難易度■■■■■□□

【14】エタノールと純水の混合液の蒸留について，次の実験を行った。以下の(1)～(3)の問いに答えなさい。

実験

操作1　図1のように，装置を組み，枝付きフラスコにエタノール5.00g，純水15.0gと沸騰石を入れた。

操作2　リービッヒ冷却器に水を流し，枝付きフラスコをガスバーナーで加熱した。

操作3　しばらくしてアダプターから流れ出た液体3.00mLを試験管に集めた。

操作4　操作3を繰り返し，合計3本の試験管に液体を集め，集めた液体の質量を測定した。

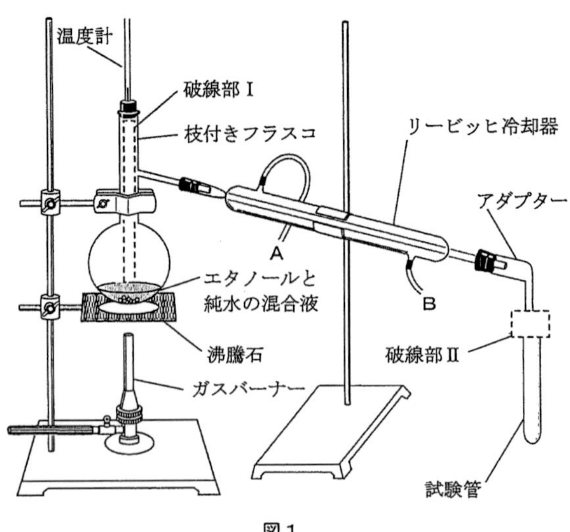

図1

集めた液体の質量を測定した結果をまとめると，表のようになった。

表

試験管	1本目	2本目	3本目
質量〔g〕	2.41	2.61	2.91

(1)　次の文章は，図1の実験装置について述べたものである。文章中の(　ア　)～(　ウ　)にあてはまるものの組合せとして最も適当な

ものを，以下の①～⑧のうちから一つ選びなさい。

> 図1の破線部Ⅰについて，温度計の球部は(　ア　)の位置に合わせる。また冷却水はリービッヒ冷却器内を(　イ　)の方向に流れるように注入する。破線部Ⅱについてアダプターと液体を集める試験管の間は密閉(　ウ　)。

	①	②	③	④	⑤	⑥	⑦	⑧
ア	枝の付け根	枝の付け根	枝の付け根	枝の付け根	液　面	液　面	液　面	液　面
イ	AからB	AからB	BからA	BからA	AからB	AからB	BからA	BからA
ウ	す　る	しない	す　る	しない	す　る	しない	す　る	しない

(2)　エタノールと純水の混合液の加熱時間と温度の変化について模式的に示したグラフとして最も適当なものを，次の①～⑤のうちから一つ選びなさい。

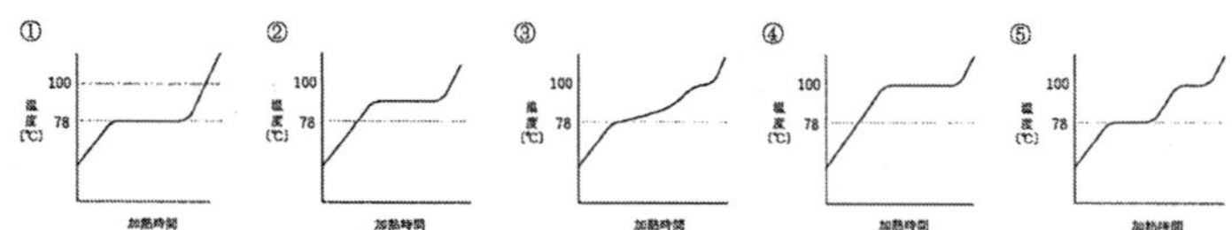

(3)　図2はエタノールと純水の混合液におけるエタノールの質量パーセント濃度とその濃度における混合液の密度の関係を示したグラフである。操作4で2本目の試験管に集めた液体のエタノールのモル濃度として最も適当なものを，以下の①～⑥のうちから一つ選びなさい。ただし，エタノールの分子量を46とする。なお，解答に使用している値については，有効数字3桁で表記している。

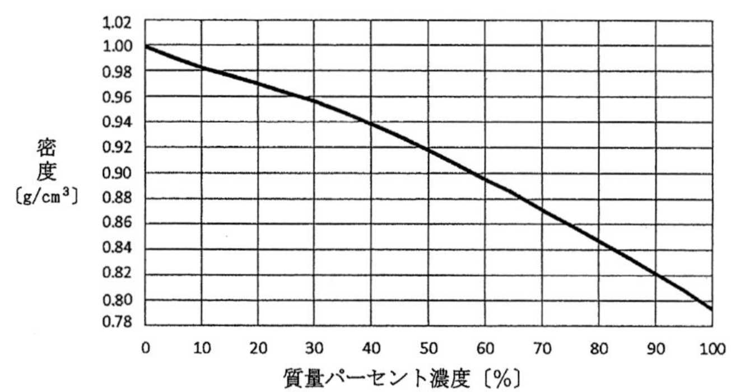

図2

① 3.79mol/L　② 4.73mol/L　③ 7.90mol/L　④ 10.6mol/L
⑤ 13.2mol/L　⑥ 16.5mol/L

▌2024年度 ▌千葉県・千葉市 ▌難易度 ■■■■□□

【15】次の文章を読んで，問1，問2に答えなさい。

硫酸酸性の過酸化水素水にヨウ化カリウム水溶液を加えると，ヨウ素が生じて[①]となる。このとき，過酸化水素は[②]としてはたらく。また，硫酸酸性の過マンガン酸カリウム水溶液に過酸化水素水を加えると，[③]が発生し赤紫色の水溶液はほぼ無色となる。このとき，過酸化水素は[④]としてはたらく。酸化還元反応を利用した酸化還元滴定により，濃度がわからない還元剤または酸化剤の濃度を求めることができる。

問1 [①]~[④]に当てはまるものの組合せとして，最も適当なものを選びなさい。

	①	②	③	④
ア	黒紫色	酸化剤	酸素	還元剤
イ	黒紫色	還元剤	水素	還元剤
ウ	褐色	酸化剤	酸素	還元剤
エ	褐色	還元剤	酸素	酸化剤
オ	褐色	酸化剤	水素	酸化剤

問2 下線部について，濃度不明の過マンガン酸カリウム水溶液の酸化還元滴定を行った。0.0500mol/Lシュウ酸水溶液20.0mLをコニカルビーカーにとり，硫酸を加えて酸性にした。これを約70℃に温めたのち，濃度不明の過マンガン酸カリウム水溶液を滴下したところ，16.0mL加えたところで終点に達した。過マンガン酸カリウム水溶液のモル濃度として，最も適当なものを選びなさい。ただし，このとき過マンガン酸カリウム及びシュウ酸は次のようにはたらいている。

$MnO_4^- + 8H^+ + 5e^- \rightarrow Mn^{2+} + 4H_2O$

$(COOH)_2 \rightarrow 2CO_2 + 2H^+ + 2e^-$

ア 0.0125mol/L　イ 0.0250mol/L　ウ 0.0625mol/L
エ 0.125mol/L　オ 0.156mol/L

▌2024年度 ▌東京都 ▌難易度 ■■■■□□

【16】図1のように，マイクロプレートの縦の列に同じ種類の金属板，横の列に同じ種類の水溶液を入れて金属板付近のようすを観察しました。表1はその結果の一部です。なお，金属A，金属B，金属Cは，マグネシウム，亜鉛，銅のいずれかです。以下の(1)～(4)の各問いに答えなさい。

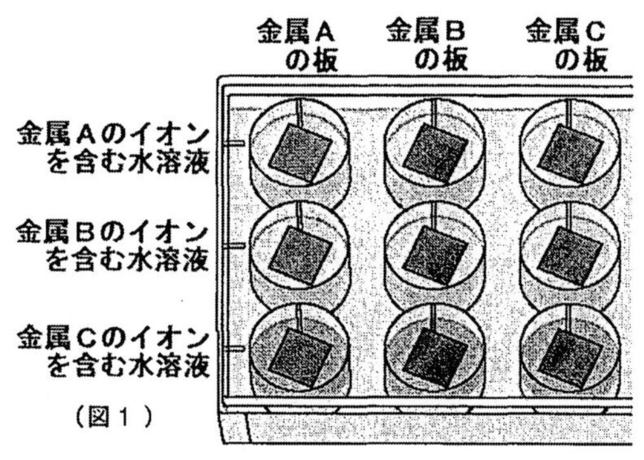

（図１）

（表１）

	金属Aの板	金属Bの板	金属Cの板
金属Aのイオンを含む水溶液	変化なし	金属Bの板の厚さはうすくなり、別の物質が付着した。	ア
金属Bのイオンを含む水溶液	変化なし	変化なし	イ
金属Cのイオンを含む水溶液	金属Aの板の厚さはうすくなり、別の物質が付着した。	ウ	エ

(1)　この実験のように，ごく少量の薬品と小さな器具を使った実験を何というか答えなさい。

(2)　表1のア～エの中で，金属板付近に変化があったのはどれですか。1つ選び，記号で答えなさい。

(3)　金属A，金属B，金属Cをイオン化傾向の大きいものから順に左から並べたものを次のア～カから1つ選び，記号で答えなさい。

ア　金属A，金属B，金属C　　イ　金属A，金属C，金属B
ウ　金属B，金属A，金属C　　エ　金属B，金属C，金属A
オ　金属C，金属A，金属B　　カ　金属C，金属B，金属A

(4)　表1の下線部＿＿のように金属Aの板の厚さがうすくなる反応を，電子の記号e^-を用いて，次の例のように化学反応式で表しなさい。

例：M → M^+ ＋ e^- (Mは金属の原子の記号の例として使用している)

▌2024年度 ▌名古屋市 ▌難易度

【17】次の(1)，(2)の問いに答えよ。

(1) 炭素，水素，酸素のみからなる化合物Aがある。化合物Aの分子式を求めるために，次のような操作を行った。以下の①～④の問いに答えよ。

【操作1】図のように，有機化合物の元素分析装置を準備した。

図

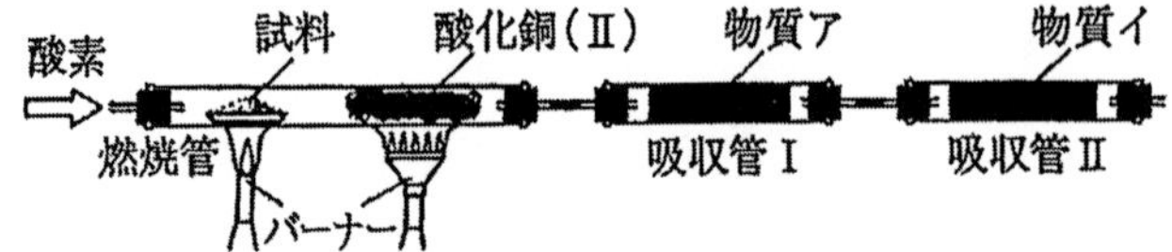

【操作2】操作1の元素分析装置を用いて，29.6mgの化合物Aを完全燃焼させたところ，水36.0mgと二酸化炭素70.4mgが得られた。

【操作3】148mgの化合物Aを気化させて，1.0×10^5Pa，127℃での体積を求めたところ，66.4mLであった。

① 操作1の元素分析装置における，物質アと物質イの名称とその役割を簡潔に書け。

② 化合物Aの分子式を書け。

③ 化合物Aと同じ分子式をもつ異性体のうち，不斉炭素原子をもつ異性体の名称と構造式を書け。ただし，不斉炭素原子には＊印をつけること。

④ 化合物Aと同じ分子式をもつ異性体のうち，金属ナトリウムと反応しない異性体Bは，1価アルコールCに濃硫酸を加えて，130～140℃で加熱することによって得られる。異性体Bの構造式とアルコールCの名称を書け。

(2) 4種類の芳香族化合物(ニトロベンゼン，アニリン，安息香酸，フェノール)を含むジエチルエーテル溶液を，図の流れに従って分離した。以下の①，②の問いに答えよ。

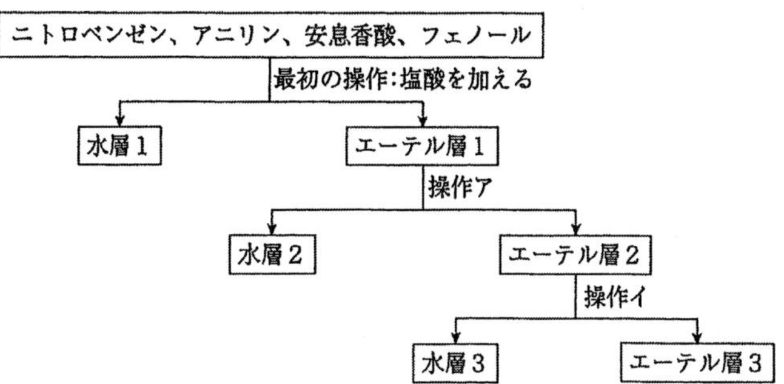

① 図の流れに従って分離すると，4種類の芳香族化合物を，水層1，水層2，水層3，エーテル層3にそれぞれ分けることができた。操作ア，イとして適当なものを，次のⓐ～ⓓのうちから一つ選んで，それぞれ記号を書け。また，その操作で分離したときに，水層1，水層2，水層3，エーテル層3の各層に含まれる化合物の構造式を書け。

ⓐ　水酸化ナトリウム水溶液を加える

ⓑ　塩酸を加える

ⓒ　炭酸水素ナトリウム水溶液を加える

ⓓ　二酸化炭素をふきこむ

② この混合溶液に対して，最初の操作として水酸化ナトリウム水溶液を加えても，4種類の芳香族化合物を分離することができる。図中に，操作を書き足し，分離されたそれぞれの層に含まれる化合物の構造式を書け。

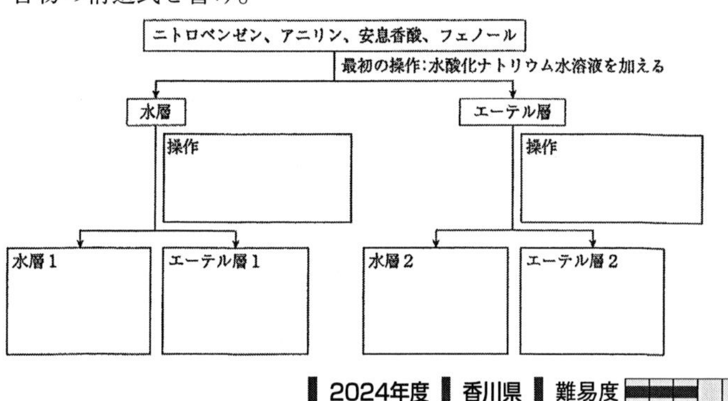

2024年度　香川県　難易度

【18】図1のような電解装置を組み立て，電解槽Ⅰに硫酸銅(Ⅱ)水溶液，電解槽Ⅱに水酸化ナトリウム水溶液を入れた。この装置を用いて，一定電圧で電流を1.0Aに保ちながら電気分解を行うと，電解槽Ⅰでは気体が発生せず，電解槽Ⅱでは図2のような結果が得られた。各問いに答えよ。ただし，ファラデー定数$F=9.65\times10^4$C/molとする。

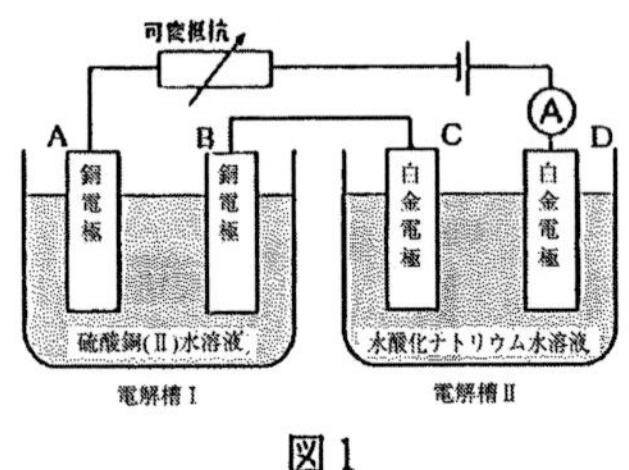

図1

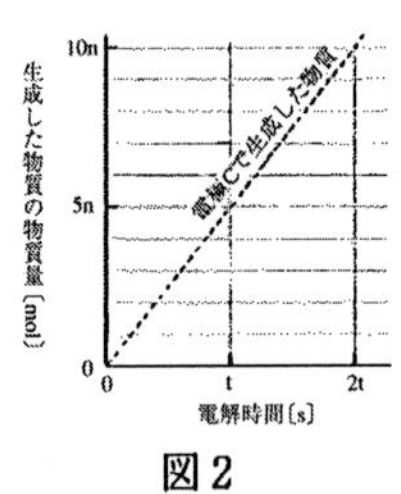

図2

1　30分間に流れた電子の物質量は何molか，有効数字2桁で答えよ。

2　電極AとBのうち，質量が減少する電極はどちらか記号で答えよ。また，30分間の減少量は何gか，有効数字2桁で答えよ。

3　電極Cでの変化を電子e^-を用いた化学反応式で表せ。

4　電解槽Ⅰの電極と電解液の異なる組合せを探究した。気体が発生しない組合せを次の(ア)～(エ)から一つ選び，記号で答えよ。

	電極A	電極B	電解液
(ア)	白金	白金	硫酸銅(Ⅱ)水溶液
(イ)	炭素	炭素	塩化銅(Ⅱ)水溶液
(ウ)	鉄	炭素	塩化ナトリウム水溶液
(エ)	白金	銅	硫酸銅(Ⅱ)水溶液

5　図2は，電解時間と電極Cで生成した物質の物質量の関係を破線で示している。電解時間と電極Dで生成した物質の物質量の関係を実線で示せ。

▌2024年度 ▌岡山県 ▌難易度

【19】あるタンパク質の水溶液に，次の(ア)と(イ)の各操作を行うと呈色した。(ア)と(イ)の反応の名称の組み合わせとして最も適切なものを①～⑥の中から一つ選びなさい。

(ア)　濃硝酸を加えて加熱，冷却後，アンモニア水を加える。

(イ)　水酸化ナトリウム水溶液を加え，薄い硫酸銅(Ⅱ)水溶液を少量加える。

	(ア)	(イ)
①	ニンヒドリン反応	キサントプロテイン反応
②	ニンヒドリン反応	ビウレット反応
③	キサントプロテイン反応	ニンヒドリン反応
④	キサントプロテイン反応	ビウレット反応
⑤	ビウレット反応	ニンヒドリン反応
⑥	ビウレット反応	キサントプロテイン反応

2024年度　三重県　難易度

【20】次の問に答えよ。

問1　物質の構造に関して，次の(1)，(2)に答えよ。

(1)　物質の構成粒子の性質として誤っているものをa～eから二つ選び，記号で答えよ。

a　O原子は2組の非共有電子対をもつ。

b　H_3O^+イオンはH_2O分子にH^+が配位結合したものである。

c　CO_2分子中のC＝O結合には極性がない。

d　Zn^{2+}にNH_3分子が4個配位したテトラアンミン亜鉛(Ⅱ)イオンは，正四面体構造である。

e　NH_4^+イオンはN原子の非共有電子対により，金属イオンと配位結合する。

(2)　次の分子のうち，非共有電子対と共有電子対の数が等しいものをa～eから一つ選び，記号で答えよ。

a　NH_3　　b　HCl　　c　Cl_2　　d　CO_2　　e　H_2O_2

問2　金属の単位格子に関して，以下の(1)～(3)に答えよ。

X線を用いてある金属結晶を調べたところ，単位格子の一辺がa〔cm〕の体心立方格子をつくっていることが分かった。なお，この金属の密度はd〔g/cm^3〕，アボガドロ定数はN_A〔/mol〕とする。

(1)　単位格子中に含まれる金属原子の数はいくつか，答えよ。

(2)　金属原子の半径r〔cm〕を，単位格子一辺の長さaを用いて表せ。

(3)　金属の原子量Mを，a，d，N_Aを用いて表せ。

問3　気体の燃焼に関して，以下の(1)～(3)に答えよ。

容積8.30Lの容器内に，27℃で2.00×10^4Paのメタンと酸素の混合気体が封入されている。容器内のメタンをすべて完全燃焼させた後，残った気体の温度を27℃まで少しずつ下げたところ，容器に取り付けた圧力計が1.46×10^4Paを示し，容器内には水滴が生じていた。27℃の飽和水蒸気圧は3.60×10^3Paとする。

なお，実験では容器内にメタンの完全燃焼に必要な酸素が入っており，生成した水滴の体積は無視できるものとする。

(1)　メタンが完全燃焼する際の反応を化学反応式で表せ。

(2)　燃焼前のメタンと酸素の分圧をそれぞれ有効数字2桁で答えよ。

(3)　燃焼後に生じた水の質量は何gか，計算過程を記し，有効数字2桁で答えよ。

問4　硫酸銅(Ⅱ)五水和物に関して，次の(1)，(2)に答えよ。ただし，硫酸銅(Ⅱ)の60℃の溶解度(水100gに溶解する溶質の質量〔g〕)は40，20℃の溶解度は20とする。

(1)　60℃の水100gに硫酸銅(Ⅱ)五水和物を溶かして，飽和水溶液をつくりたい。必要な硫酸銅(Ⅱ)五水和物の質量は何gか，有効数字2桁で答えよ。

(2)　(1)で調製した60℃の飽和水溶液を20℃まで冷却したとき，析出する硫酸銅(Ⅱ)五水和物の質量は何gか，計算過程を記し，有効数字2桁で答えよ。

▍2024年度 ▍島根県 ▍難易度 ■■■■□

【21】次の【Ⅰ】,【Ⅱ】の文を読み，以下の(1)～(7)の各問いに答えなさい。ただし，27℃および60℃での水の蒸気圧をそれぞれ3.5×10^3Pa，2.0×10^4Paとする。

【Ⅰ】大気圧下(1.0×10^5Pa)で，体積と温度を自由に変えることができるピストン付きの容器を準備した。その後，27℃で容器内に液体の水のみを封入して，気層部分の体積が10Lになるようにピストンを固定し長時間放置した(図1)。なお，ピストン可動部の質量は無視できるものとする。

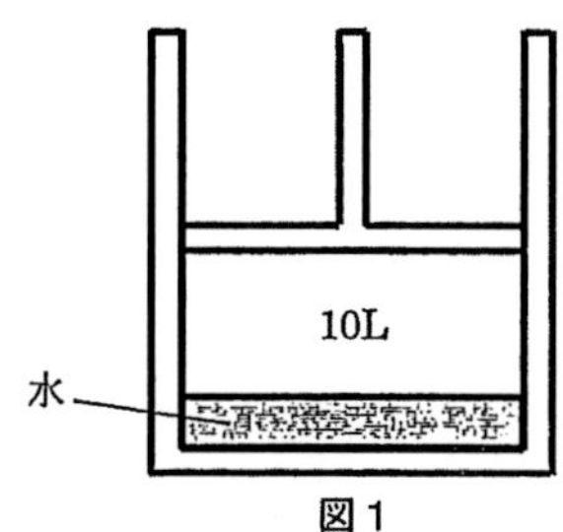

図1

(1) 容器内の気体の圧力は何Paか，答えよ。

(2) ピストンの固定位置を動かして容器内の気層部分の体積を半分にし，長時間放置したとき，容器内の気体の圧力は何Paになるか，答えよ。

(3) ピストンの固定を外して放置したとき，気層部分の体積は何Lになるか，答えよ。

【Ⅱ】【Ⅰ】と同じ容器に大気圧下(1.0×10^5Pa)で，メタン0.10molと酸素0.30molを封入し，体積が10Lになるようにピストンを固定した。その後，混合気体に点火して，メタンを完全燃焼させたのち，容器内の温度を27℃にした。ただし，生成する液体の体積や気体成分の液体への溶解は無視できるものとする。

(4) 反応後に存在する酸素の物質量は何molか，有効数字2桁で答えよ。

(5) 反応後の容器内の全圧は何Paか，有効数字2桁で答えよ。

(6) 反応後の容器内の温度を変化させたとき，全圧と温度の関係を表すグラフとして最も適当なものを，次のア～エから1つ選び，その記号で答えよ。なお，点線は水の蒸気圧曲線を表している。

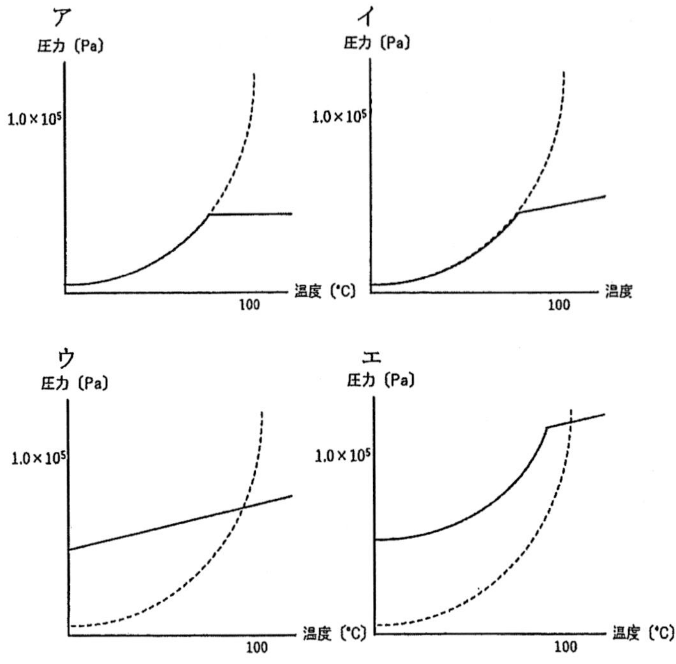

(7) 反応後の容器内の温度を60℃に変えて，ピストンの固定を外した。このときの容器内の気層部分の体積は何Lか，有効数字2桁で答えよ。

▌2024年度 ▌佐賀県 ▌難易度 ■■■■

【22】次の【Ⅰ】，【Ⅱ】の文を読み，以下の(1)～(8)の各問いに答えなさい。ただし，$\log_{10}2=0.30$とする。

【Ⅰ】図1のように陽イオン交換膜で仕切った装置を用いて塩化ナトリウム水溶液の電気分解を行った。電気分解の結果，陰極では水が(　a　)される反応が，陽極では塩化物イオンが(　b　)される反応が起こった。これらの反応の結果，陰極側は，電気分解によってOH^-濃度が増加するため，陽極側から陰極側へ(　c　)の移動が起こった。陰極側の水溶液を集めて濃縮することで(　d　)が得られる。

(1) 文中の(　a　)，(　b　)に適する語句を答えよ。

(2) 文中の(　c　)に入るイオン式，および(　d　)に入る物質の化学式を答えよ。

(3)　図1の装置の活栓を閉じて，2.00Aで32分10秒間電気分解を行った。電気分解後の陰極側水溶液のpHはいくらか，有効数字3桁で答えよ。ただし，陰極側水溶液の体積を500mLとし，電気分解によって水溶液の体積は変化しないものとする。

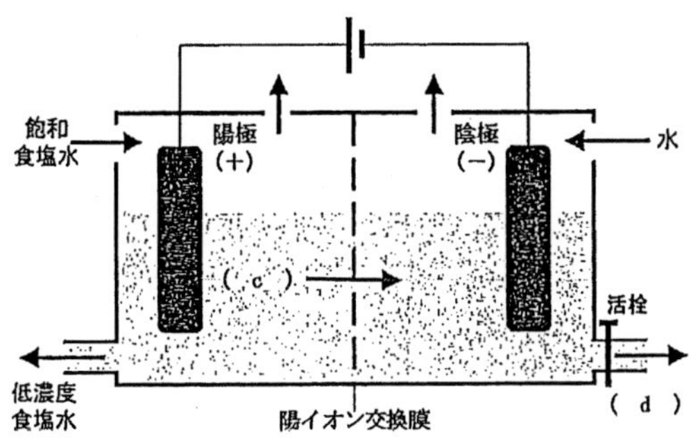

図1

(4)　図2のように陰イオン交換膜と陽イオン交換膜で交互に仕切った装置で，電解液に塩化ナトリウム水溶液を用いて電気分解を行ったところ，塩化ナトリウムが濃縮された電解槽と薄くなった電解槽ができた。電解槽①～⑤において，塩化ナトリウムが濃縮された電解槽をすべて選び，その番号で答えよ。

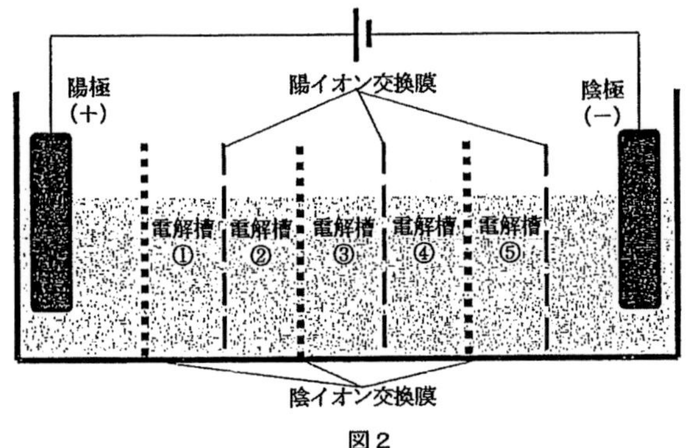

図2

【Ⅱ】 電気分解を利用すると，不純物を含む金属から純粋な金属を取り出すことができる。この方法を電解精錬という。不純物として鉄と銀のみを含む粗銅を陽極に，純銅を陰極として電解液に1.00mol/L

硫酸銅(Ⅱ)水溶液2.00Lを用いて電気分解を行った。電気分解後，陰極板の質量は73.60g増加し，陽極板の質量は73.49g減少していた。また，硫酸銅(Ⅱ)水溶液の濃度は0.990mol/Lとなり，陽極板の下には沈殿が0.050g生じていた。

(5) 電気分解によって陽極，陰極で起こる変化をそれぞれe^-を含むイオン反応式で答えよ。ただし，各極板において複数の反応が起こる場合は，最も多く起こる反応の式を書くこと。

(6) 下線部の沈殿を一般に何というか。

(7) この電気分解で流れた電子は何molか，有効数字3桁で答えよ。

(8) この電気分解に用いた粗銅中の銅の質量の割合は何％か，有効数字3桁で答えよ。

▌2024年度 ▌佐賀県 ▌難易度 ■■■■□

【23】次の1～3に答えなさい。

1 平衡移動についての記述として適切なものを，次の①～⑤のうちから全て選び，その番号を答えなさい。

① 可逆反応N_2(気)＋$3H_2$(気) $\rightleftarrows$ $2NH_3$(気)が平衡状態にあるとき，温度と体積を一定に保ったままヘリウムガスを加えると，平衡は左に移動し，温度と全圧を一定に保ったままヘリウムガスを加えると，平衡は移動しない。

② H_2＋I_2 $\rightleftarrows$ 2HIのように，反応の前後で気体分子の総数が変化しない反応では，圧力変化による平衡の移動は起こらない。

③ 吸熱反応である四酸化二窒素から二酸化窒素が生成する反応が，密閉容器内で平衡状態にあるとき，圧力一定で温度を上げると，平衡が移動して気体の色が薄くなる。

④ 可逆反応で触媒を用いると，活性化エネルギーは正反応，逆反応ともに小さくなるため，反応速度は正反応，逆反応ともに大きくなるが，平衡は移動しない。

⑤ C(固)＋CO_2(気) $\rightleftarrows$ 2CO(気)が平衡状態にあるとき，温度一定で圧力を高めると，左向きに平衡が作動する。

2 次の文章は，平衡移動と平衡定数について述べたものです。文章中の空欄[　ア　]～[　エ　]に当てはまる数字として適切なものを，以下の【ア～エの選択肢】の①～⑩のうちからそれぞれ1つずつ選び，その番号を答えなさい。ただし，同じものを繰り返し選んでもよいこととします。また，文章中の空欄[　オ　]に当てはまる語句として適切なものを，あとの【オの選択肢】の①・②のうちから選び，その番号を答えなさい。

> 一定容積の真空密閉容器に，水素12mol，ヨウ素7.5molを入れ，ある温度に保つと，ヨウ化水素12molを生じて平衡状態に達した。このときの反応は，次に示す式①で表される。
>
> 式①　$H_2+I_2 \rightleftarrows 2HI$
>
> このとき，平衡定数Kは[　ア　][　イ　]である。この容器にさらにヨウ素を4.5mol加えて同じ温度に保ち，新しい平衡状態に達したとき，ヨウ化水素の物質量は[　ウ　][　エ　]molになる。
>
> また，別の真空密閉容器に水素1.5mol，ヨウ素3.0mol，ヨウ化水素9.0molを入れて同じ温度に保つと，式①の反応は，[　オ　]の向きに反応が進んで平衡状態に達する。

【ア～エの選択肢】

①　1　②　2　③　3　④　4　⑤　5　⑥　6　⑦　7
⑧　8　⑨　9　⑩　0

【オの選択肢】

①　正反応　②　逆反応

3　次の文章は，電離平衡と溶解度積について述べたものです。文章中の空欄[　ア　]に当てはまる語句として適切なものを，以下の【アの選択肢】の①・②のうちから選び，その番号を答えなさい。また，文章中の空欄[　イ　]～[　チ　]に当てはまる数字として適切なものを，あとの【イ～チの選択肢】の①～⑩のうちからそれぞれ1つずつ選び，その番号を答えなさい。ただし，同じものを繰り返し選んでもよいこととします。また，文章中の空欄[　ツ　]に当てはまる語句として適切なものを，あとの【ツの選択肢】の①～④のうちから選び，その番号を答えなさい。なお，温度は一定であることとし，数値は全て有効数字2桁で表すこととします。

硫化水素は，水溶液中で次のように二段階で電離する。また，それぞれの電離定数K_1，K_2は次のようになる。

一段階目　$H_2S \rightleftarrows H^+ + HS^-$

$$K_1 = \frac{[H^+][HS^-]}{[H_2S]} = 9.5\times10^{-8}\text{mol/L}$$

二段階目　$HS^- \rightleftarrows H^+ + S^{2-}$

$$K_2 = \frac{[H^+][S^{2-}]}{[HS^-]} = 1.3\times10^{-14}\text{mol/L}$$

K_1とK_2の値から，水溶液のpHは，ほぼ[　ア　]の反応で決まることが分かる。

また，一段階目と二段階目を合わせた反応は，$H_2S \rightleftarrows 2H^+ + S^{2-}$の式で表され，この反応の平衡定数$K$は，

K＝[　イ　].[　ウ　]×$10^{-[エ][オ]}$mol^2/L^{2}となる。

水に硫化水素を通じてつくった硫化水素の飽和水溶液中の$[H_2S]$を0.10mol/Lとすると，pH2の硫化水素の飽和水溶液の$[S^{2-}]$は，

$[S^{2-}]$＝[　カ　].[　キ　]×$10^{-[ク][ケ]}$mol/Lとなる。

また，硫化銅の溶解度積$K_{sp(CuS)}$と硫化亜鉛の溶解度積$K_{sp(ZnS)}$は，次の式で表されるとする。

$K_{sp(CuS)} = [Cu^{2+}][S^{2-}] = 6.5\times10^{-30}\text{mol}^2/\text{L}^2$

$K_{sp(ZnS)} = [Zn^{2+}]$と$[S^{2-}] = 2.2\times10^{-18}\text{mol}^2/\text{L}^2$

このことから，$[Cu^{2+}]$と$[Zn^{2+}]$がともに0.10mol/L含まれ，pH2に調整された水溶液に，硫化水素を通じて硫化水素の飽和水溶液としたとき，この水溶液において，硫化銅の沈殿が生じる$[S^{2-}]$の条件は，

$[S^{2-}]$＞[　コ　].[　サ　]×$10^{-[シ][ス]}$mol/Lとなり，

硫化亜鉛の沈殿が生じる$[S^{2-}]$の条件は，

$[S^{2-}]$＞[　セ　].[　ソ　]×$10^{-[タ][チ]}$mol/Lとなる。

したがって，$[Cu^{2+}]$と$[Zn^{2+}]$がともに0.10mol/L含まれ，pH2に調整された水溶液に，硫化水素を通じて硫化水素の飽和水溶液としたとき，この水溶液では，[　ツ　]

【アの選択肢】

①　一段階目　　②　二段階目

【イ～チの選択肢】

①　1　②　2　③　3　④　4　⑤　5　⑥　6　⑦　7
⑧　8　⑨　9　⑩　0

【ツの選択肢】

①　硫化銅の沈殿も硫化亜鉛の沈殿も生じる。

②　硫化銅の沈殿は生じるが，硫化亜鉛の沈殿は生じない。

③　硫化銅の沈殿は生じないが，硫化亜鉛の沈殿は生じる。

④　硫化銅の沈殿も硫化亜鉛の沈殿も生じない。

▌2024年度▌広島県・広島市▌難易度

【24】次の問に答えよ。

問1　有機化合物の性質や反応に関して，次の(1)～(3)に答えよ。

(1)　有機化合物の構造式を決定するための成分元素の確認方法として誤っているものをa～eのうちから一つ選び，記号で答えよ。

a　Nは，水酸化ナトリウムとともに加熱し，発生した気体を濃塩酸に近づけると白煙が生じる。

b　Hは，完全燃焼させて生じた液体を塩化コバルト紙にかけると赤色に変化させる。

c　Clは，加熱した銅線につけて赤熱させると，赤紫色の炎色反応が見られる。

d　Cは，完全燃焼させて発生した気体を石灰水に通じると白濁する。

e　Sは，水酸化ナトリウムとともに加熱した後，水に溶かし，酢酸鉛(Ⅱ)水溶液を加えると黒色沈殿が生じる。

(2)　有機化合物の特徴として誤っているものをa～eから一つ選び，記号で答えよ。

a　加熱しても融解する前に分解するものは少ない。

b　構成元素の種類は少ないが化合物の種類は多い。

c　水には溶解しにくく，有機溶媒に溶解しやすいものが多い。

d　分子でできているものが多く，無機化合物に比べて融点や沸点が低い。

e　分子式が同じであっても構造が異なる化合物が存在することがあり，これらを互いに異性体であるという。

(3)　芳香族化合物の特徴として正しいものをa～eから一つ選び，記号で答えよ。

a　ベンゼンは，6個の炭素原子が正六角形の環状に結合し，それぞれの炭素原子に水素原子が結合している。ベンゼンの炭素原子はすべて同一平面上にあるが，水素原子は同一平面上にあるとは限らない。

b　ベンゼン環は単結合と二重結合が交互に並んでおり，炭素原子間の結合は単結合と二重結合が交互に存在する状態と同様になっている。

c　芳香族炭化水素の多くは有色で，特有の臭いをもつ可燃性の化合物であり，水に溶けにくい。

d　ベンゼン環の2つの水素原子をカルボキシ基で置換した化合物をキシレンといい，2つのカルボキシ基の位置により，3つの異性体が存在する。

e　ベンゼン環は不飽和結合をもつが，構造が安定しているため，付加反応を起こしにくい。一方で，ベンゼン環に結合した水素原子が他の原子や原子団と置き換わる置換反応は起こしやすい。

問2　分子式$C_8H_8O_2$で表される5種類の芳香族化合物A，B，C，D，Eがある。A，B，Cはベンゼン環に2個の置換基をもち，いずれもp-置換体である。DとEはベンゼン環に1個の置換基をもっている。これらの化合物の構造を決定するため，次の実験を行った。以下の(1)～(5)に答えよ。

【実験1】　A～Eに炭酸水素ナトリウム水溶液を加えたところ，CとEからは気体が発生した。

【実験2】　A～Eをそれぞれ試験管にとり，アンモニア性硝酸銀水溶液を加えて加熱したところ，Aのみ試験管壁が鏡のようになった。

【実験3】　A～Eに塩化鉄(Ⅲ)水溶液を加えると，Bのみ呈色した。

【実験4】　A～Eにヨウ素と水酸化ナトリウム水溶液を加え，おだやかに加熱すると，Bのみ黄色の沈殿が生成した。

【実験5】　A，Cにそれぞれ過マンガン酸カリウム水溶液を加えて加熱したところ，同一の二価の芳香族カルボン酸Fが得られた。Fはエチレングリコールと縮合重合し，ポリエチレンテレフタラートになった。

【実験6】　Dに水酸化ナトリウム水溶液を加えて加熱したところ，けん化が起こった。けん化後に生じた芳香族化合物を酸性にするとGが生じた。Gに【実験3】と同じ操作を行ったところ，呈色した。

(1)　【実験1】で炭酸水素ナトリウム水溶液を加えて発生した気体の化学式を答えよ。また，CとEに共通する官能基名を答えよ。

(2)　【実験2】の結果から，芳香族化合物Aはどのような官能基をもつと考えられるか，官能基の構造を答えよ。

(3)　【実験5】の結果から，生成した芳香族化合物Fの名称を答えよ。

(4)　【実験6】で生じたGの構造式を答えよ。また，呈色した色をa～eから一つ選び，記号で答えよ。

a　白色　　b　深青色　　c　黄色　　d　紫色　　e　血赤色

(5)　芳香族化合物A～Eの構造式を答えよ。

問3　高分子化合物の性質や反応に関して，次の(1)～(3)に答えよ。

(1)　高分子化合物の説明として誤っているものをa～eから一つ選び，記号で答えよ。

a　特定の繰り返し単位が多数繰り返され，それらが共有結合でつながっている。

b　分子量は各分子の分子量の平均値で表される。

c　規則正しい部分(結晶部分)と無秩序な部分(無定形部分)とが入り交じり，一定の融点を示さない。

d　温度の上昇と共に軟化して変形を始める温度を臨界点といい，重合度により変化する。

e　溶媒に溶けにくいものが多く，適切な溶媒に溶かすとコロイド溶液になる。

(2)　α－アミノ酸の説明として誤っているものをa～eから一つ選び，記号で答えよ。

a　水に溶けやすく，有機溶媒に溶けにくいものが多い。

b　分子内の側鎖に$-NH_2$をもつものを塩基性アミノ酸という。

c　すべてのα－アミノ酸に不斉炭素原子が存在するため，鏡像異性体が存在する。

d　タンパク質を構成する主要成分であり，タンパク質を加水分解すると生じる。

e　生体内で合成されないか，または合成されにくいものを必須アミノ酸という。

(3)　タンパク質の説明として誤っているものをa～eから一つ選び，記号で答えよ。

a　タンパク質は，それぞれの立体構造に基づいた特有の性質や生理的な機能をもっている。

b　タンパク質は水に溶かすと親水コロイドになるが，多量の電解質を加えると水和して水が取り除かれ沈殿する。この現象を塩析という。

c　タンパク質に，熱，酸，塩基，アルコール，重金属イオンなどを作用させると，立体構造が変化し，凝固や沈殿が生じる。この現象をタンパク質の変性という。

d　タンパク質水溶液に，濃硝酸を加えて加熱すると，ベンゼン環がニトロ化されて黄色になる。さらに冷却して塩基性にすると橙黄色になることから，ベンゼン環をもつアミノ酸の検出ができる。

e　タンパク質水溶液に，ニンヒドリン水溶液を加えて加熱すると赤紫色になることから，カルボキシ基の検出ができる。

▌2024年度 ▌島根県 ▌難易度 ■■■■□

【25】化学平衡とその移動について，次の1・2の問いに答えなさい。

1　次の反応C_2H_4(気)＋H_2(気)$\rightleftarrows$$C_2H_6$(気)　$\Delta H=-137$kJが平衡に達し

ている。平衡が右に移動する操作として最も適切なものを，次のa～eから一つ選びなさい。

a　温度・圧力を一定に保ったまま，エタンを加える。

b　温度・圧力を一定に保ったまま，窒素を加える。

c　温度・体積を一定に保ったまま，窒素を加える。

d　圧力を一定に保ったまま，温度を下げる。

e　圧力を一定に保ったまま，触媒を加える。

2　ヨウ化水素の生成と平衡について，あとの(1)～(3)の問いに答えなさい。

同じ物質量の水素とヨウ素を10Lの真空容器に封入して，温度を373℃，全圧を1.0×10^5Paに保って反応させたところ，ヨウ化水素が生成し，平衡に達した。このとき反応時間とヨウ化水素の分圧の関係は，次図のように変化した。

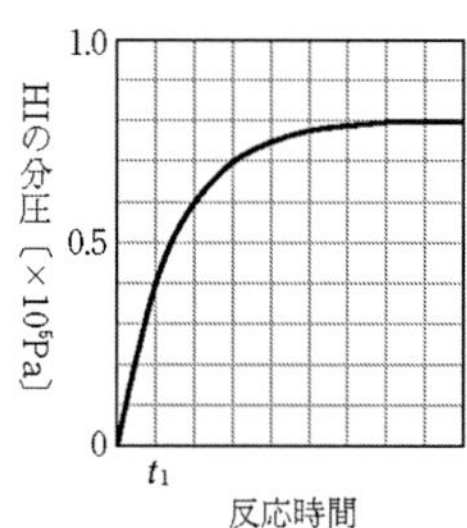

(1)　373℃における平衡定数として最も適切なものを，次のa～eから一つ選びなさい。

a　3.1×10^{-2}　　b　0.13　　c　8　　d　16　　e　64

(2)　反応時間t_1におけるヨウ化水素の生成反応と分解反応の速度の比として最も適切なものを，次のa～eから一つ選びなさい。

a　1：8　　b　1：36　　c　16：1　　d　36：1　　e　64：1

(3)　容器を10Lに保ったまま，45℃に冷却したところ，固体のヨウ素が析出し，容器内の圧力は3.02×10^4Paとなり，平衡状態になった。このとき，ヨウ化水素の分圧は，水素の4倍であった。45℃における圧平衡定数として最も適当なものを，次のa～eから一つ選びなさい。ただし，45℃におけるヨウ素の昇華圧は，2.00×10^2Paとする。

a　2.0×10^{-2}　　b　21　　c　48　　d　1.2×10^{2}　　e　4.8×10^{2}

▌2024年度 ▌茨城県 ▌難易度

【26】以下の文を読み，あとの(1)～(5)の各問いに答えなさい。ただし，構造式は(例)にならって書きなさい。

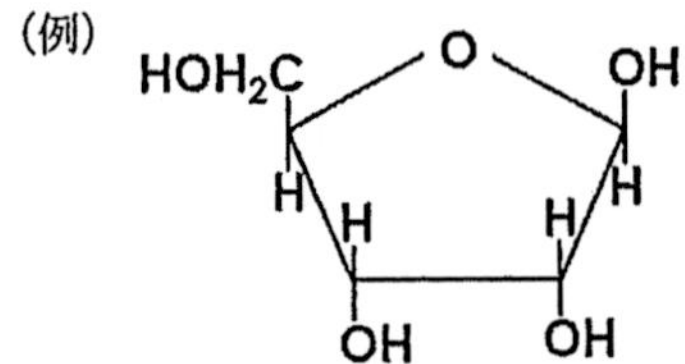

セルロース$(C_6H_{10}O_5)_n$は植物の細胞壁の主成分であり，自然界に多量に存在する有機化合物である。

セルロースは多量のβ－グルコースが縮合重合してできた高分子化合物であり，分子量は数百万から数千万に達する。セルロース分子は，隣り合うグルコース単位が交互に環平面の上下の向きを変えながらヒドロキシ基どうしから脱水することによって生じたエーテル結合でできており，このような結合を特に(　a　)結合という。

セルロースのような天然高分子を化学的に処理し，官能基の一部を変化させてできた繊維を(　b　)繊維という。(　b　)繊維のうち，アセテート繊維は次のようにしてつくられる。

セルロース内のヒドロキシ基を無水酢酸と反応させて，全てのヒドロキシ基をアセチル化したトリアセチルセルロースを生成する。トリアセチルセルロースはほとんどの溶媒に溶けないため，紡績には不向きであるが，エステル結合の一部を加水分解することでアセトンに可溶な状態になる。このアセトン溶液を細孔から押し出して乾燥させると，絹に似た光沢を持つアセテート繊維が得られる。

(1)　文中の(　a　)，(　b　)に適する語句をそれぞれ答えよ。

(2)　次のア～カの文章のうち，セルロースの説明として正しいものをすべて選び，その記号で答えよ。

ア　デンプンと同じ分子式(一般式)で表される。

イ　ヨウ素ヨウ化カリウム水溶液を加えると青紫色を呈する。

ウ　単量体であるグルコース6個で1回転するらせん構造をとる。

エ　熱水中でも溶けにくい。

オ　アミラーゼとマルターゼによって加水分解され，最終的にグルコースが得られる。

カ　水酸化銅(Ⅱ)に濃アンモニア水を加えた溶液にはコロイド溶液となって溶ける。

(3)　セルロースの単量体である，β－グルコースの構造式を答えよ。

(4)　セルロース81.0gを無水酢酸と反応させて生じるトリアセチルセルロースは何gか，有効数字3桁で答えよ。

(5)　360.0gのトリアセチルセルロースを加水分解したところ，エステル結合の一部が加水分解された物質が307.5g得られた。この操作によって，エステル結合の何％が加水分解されたか，四捨五入により整数で答えよ。

2024年度 佐賀県 難易度

【27】ナイロンはアメリカの化学者カロザースが1935年に開発した合成繊維で，現在でも2番目に生産量が多い素材である。ナイロンを始めとした合成繊維と静岡県との関わりは深く，三島市内近くにある企業では独自の技術でナイロンの合成に成功した。現在でも三島市内に繊維研究所が存在し，新しい合成繊維の創出など技術革新を続けている。ナイロンに関する次の文を読んで，以下の問いに答えなさい。

ナイロンは，分子内に多数のアミド結合を持つポリアミド系合成繊維である。代表的なナイロン66は，炭素が6個の二価アミンの(　①　)と炭素が6個の二価カルボン酸の(　②　)の(　③　)重合によって合成した重合体である。また，ナイロン6は(　④　)を(　⑤　)重合させて合成した重合体である。ナイロンは分子間に(　⑥　)結合を形成することから強い強度を持ち，ストッキングやスポーツウェアなどに用いられている。

問1　文中の空欄(　①　)～(　⑥　)に当てはまる最も適当な語句，化合物名をそれぞれ答えなさい

問2　下線部について，アミド結合の構造式を次の構造式の記入例にならって答えなさい。

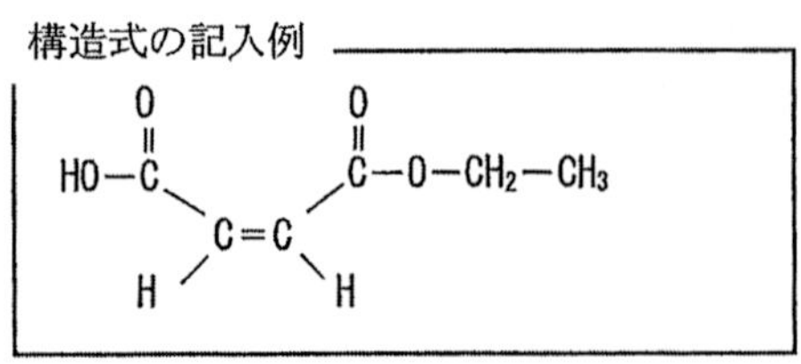

問3　下線部について，アミド結合を有する化合物を次のア～オから1つ選び，記号で答えなさい。

ア　ポリエチレンテレフタラート

イ　アクリル繊維

ウ　ビニロン

エ　アラミド繊維

オ　ビスコースレーヨン

問4　あるナイロン66に含まれているアミノ基の量を調べたところ，113gのナイロン66に5.0×10^{-3}molのアミノ基の存在が確認できた。このナイロン66について，1分子に含まれるアミド結合の数を有効数字2桁で答えなさい。ただし，ナイロン66は，1分子中に1個のアミノ基を有し，すべて同一の分子量の分子からなるものとする。また，原子量はH＝1.0，C＝12，N＝14，O＝16とする。

▌2024年度 ▌静岡県・静岡市・浜松市 ▌難易度 ■■■■□

【28】次の問いに答えよ。

(1)　ケイ素の単体と化合物に関する記述として下線部が適当でないものを，次の①から⑥までの中から一つ選び，記号で答えよ。

①　ケイ素の融点，硬度は，ダイヤモンドより<u>低い</u>。

②　ケイ素の結晶に，リンやホウ素などをわずかに加えると<u>半導体</u>として有用な材料となる。

③　二酸化ケイ素は，塩酸には溶けないが，<u>フッ化水素酸</u>には反応する。

④　二酸化ケイ素は，<u>塩基性酸化物</u>であるので，塩基や炭酸ナトリウムと加熱すると塩を生じる。

⑤　二酸化ケイ素やケイ酸塩を含む粘土などを原料として，<u>ガラス</u>などが作られている。

⑥　シリカゲルは，表面が多孔質になっているため，吸着剤として利用されている。

(2)　マグネシウムとバリウムの両方にあてはまる性質として最も適当なものを，次の①から⑥までの中から一つ選び，記号で答えよ。

①　炎色反応を示す。

②　単体は常温で水と反応する。

③　水酸化物は，水によく溶ける。

④　硫酸塩は，水に溶けにくい。

⑤　炭酸塩は，水に溶けにくいが，塩酸には溶ける。

⑥　塩化物は，水に溶けにくい。

(3)　鉄に関する記述として適当でないものを，次の①から⑥までの中から一つ選び，記号で答えよ。

①　8属に属する元素で，酸化数が＋2，＋3の状態をとる。

②　単体は，溶鉱炉で，赤鉄鉱や磁鉄鉱などの酸化物を，コークスと一酸化炭素によって還元して製造する。

③　溶鉱炉で得られる，炭素を約4%含む鉄のことを銑鉄という。

④　濃硝酸には不動態となるが，塩酸や希硫酸には溶ける。

⑤　Fe^{2+}を含む水溶液にアンモニア水を加えると，赤褐色の沈殿が生じる。

⑥　Fe^{3+}を含む水溶液にチオシアン酸カリウムを加えると，血赤色の溶液に変化する。

(4)　銅に関する記述として適当でないものを，次の①から⑥までの中から一つ選び，記号で答えよ。

①　希硫酸や塩酸とは反応しないが，硝酸や熱濃硫酸には反応して溶ける。

②　銅の電解精錬では，陰極に純銅，陽極に粗銅を取りつける。

③　水酸化銅(Ⅱ)は，加熱すると黒色の酸化銅(Ⅰ)に変化する。

④　水溶液中では，Cu^{2+}に4個のH_2Oが配位して青色の錯イオンとなっている。

⑤　無水硫酸銅(Ⅱ)は，水分に触れると青色になるので，水分の検出に利用される。

⑥　硫酸銅(Ⅱ)水溶液にアンモニア水を過剰に加えると，深青色の

水溶液になる。

(5) 100mLのビーカーに0.1mol/Lの濃度の硝酸銀水溶液，硝酸銅(Ⅱ)水溶液，硝酸鉄(Ⅲ)水溶液，硝酸亜鉛水溶液を10mLずつ混合した溶液がある。この溶液を，次の手順を通して陽イオンの分離を行った。

ア　希塩酸を加え，ろ過する。

イ　H_2Sを十分通じて，ろ過する。

ウ　加熱して煮沸後，硝酸を加える。

エ　アンモニア水を過剰に加える。

この実験では，ア～エを用いて5回の手順ですべての陽イオンを沈殿させて分離した。そのときの実験操作の順番として最も適当なものを，次の①から⑥までの中から一つ選び，記号で答えよ。

① ア → イ → ウ → エ → イ

② ア → イ → エ → ウ → イ

③ イ → ウ → ア → エ → イ

④ イ → ウ → エ → ア → イ

⑤ エ → イ → ア → ウ → イ

⑥ エ → イ → ウ → ア → イ

▌2024年度 ▌沖縄県 ▌難易度

【29】次の問いに答えよ。

(1) 炭化水素に関する記述として最も適当なものを，次の①から⑥までの中から一つ選び，記号で答えよ。

① アルカンの分子式は，C_nH_{2n}で表される。

② エタン，エチレン，アセチレンの炭素原子間の結合の長さは同じである。

③ エタン分子の水素原子を塩素原子で置換した化合物には，不斉炭素原子をもつものが存在する。

④ 分子式C_3H_6で示される炭化水素には，異性体が存在しない。

⑤ ブタンには，幾何異性体が存在する。

⑥ アセチレンは炭化カルシウムに水を作用させて作られる。

(2) 官能基をもつ化合物に関する記述として最も適当なものを，次の①から⑥までの中から一つ選び，記号で答えよ。ただし，H＝1.0,

C＝12，O＝16とする。

① エタノールは，塩基性溶液中でヨウ素と反応してヨードホルムの黄色沈殿を生じる。

② エタノールとジエチルエーテルは，いずれも水によく溶ける。

③ 1－プロパノール12gをナトリウムと十分に反応させると，標準状態で1.12Lの水素が発生する。

④ 2－ブタノールは，硫酸酸性の二クロム酸カリウム水溶液で酸化すると，アセトンが生成する。

⑤ 酢酸は，アセトアルデヒドの加水分解によって得られる。

⑥ セッケンを水に溶かすと，その水溶液は弱酸性を示す。

(3) サリチル酸メチルの合成について，A～Cにあてはまる操作の組み合わせとして最も適当なものを，あとの①から⑥までの中から一つ選び，記号で答えよ。

$C_6H_5ONa \xrightarrow{A} C_6H_4(OH)COONa \xrightarrow{B} C_6H_4(OH)COOH \xrightarrow{C} C_6H_4(OH)COOCH_3$

〔実験操作〕

ア 硫酸を加える。

イ 水溶液にして，二酸化炭素を通じる。

ウ 無水酢酸を加える。

エ 高温・高圧で二酸化炭素と反応させる。

オ 濃硫酸の存在下でメタノールと反応させる。

	A	B	C
①	イ	ア	オ
②	イ	エ	オ
③	イ	ア	ウ
④	エ	ア	オ
⑤	エ	イ	ウ
⑥	エ	ア	ウ

(4) 合成高分子化合物に関する記述として適当でないものを，次の①から⑥までの中から一つ選び，記号で答えよ。

① ポリスチレンとフェノール樹脂は，ともに縮合重合によってつくられる。

② フェノール樹脂と尿素樹脂(ユリア樹脂)は，ともに熱硬化性樹脂である。

③ テレフタル酸は，ポリエチレンテレフタラートの原料である。

④ ポリ酢酸ビニルの原料である酢酸ビニルは，アセチレンに酢酸を付加して得られる。

⑤ アクリル繊維は，アクリロニトリルを付加重合させてつくられ，毛布やカーペットに使われる。

⑥ 天然ゴムを乾留すると，おもにイソプレンが生成する。

(5) 天然高分子化合物に関する記述として最も適当なものを，次の①から⑥までの中から一つ選び，記号で答えよ。

① グルコースとフルクトースはともに還元性を示し，その鎖状構造はアルデヒド基をもつ。

② セルロースを希硫酸で加水分解すると，マルトースを経て，グルコースを生じる。

③ セルロースをシュバイツァー試薬に溶解させ，希硫酸中に押し出してつくられる繊維をキュプラという。

④ アミノ酸は分子内に，塩基性のアミノ基と酸性のカルボキシ基をもつので，アミノ酸の水溶液は，すべて中性である。

⑤ デンプンの一種であるアミロースは，α－グルコースが枝分かれ状に結合した構造をもつ。

⑥ DNA中では，リン酸の3つのヒドロキシ基は，いずれもリン酸エステル結合をしている。

2024年度 沖縄県 難易度

【30】次の文を読み，(1)～(5)の問いに答えよ。ただし，酢酸の電離定数は2.7×10^{-5}mol/L，$\log_{10}2=0.30$，$\log_{10}3=0.48$とする。

緩衝液に少量の強塩基を加えたときのpHの変化を，次のi～iiiの手順で調べた。

i 0.100mol/L酢酸水溶液をビーカーに1.00L取り，pHを測定した。

ii iのビーカーに酢酸ナトリウムの結晶4.10gを加えて溶かし混合水溶液をつくり(体積は1.00Lで変わらないものとする。)，その混合水溶液のpHを測定した。

iii　iiのビーカーに，4.00×10^{-2}molの水酸化ナトリウムを加えてよく混ぜ(体積は1.00Lで変わらないものとする。)，pHを測定した。

(1)　iで測定した，0.100mol/L酢酸水溶液のpHはいくらか。次のA～Fのうち，最も適当なものを一つ選び，その記号を書け。

A　2.28　　B　2.78　　C　3.28　　D　4.56　　E　5.56

F　6.56

(2)　iiで測定した，酢酸と酢酸ナトリウムの混合水溶液のpHはいくらか。次のA～Fのうち，最も適当なものを一つ選び，その記号を書け。

A　2.26　　B　2.56　　C　3.56　　D　4.26　　E　4.56

F　6.26

(3)　iiiで測定した，混合水溶液のpHの値はいくらか。次のA～Fのうち，最も適当なものを一つ選び，その記号を書け。

A　3.26　　B　3.74　　C　4.26　　D　4.56　　E　4.74

F　5.04

(4)　iiの酢酸と酢酸ナトリウムの混合水溶液に，水酸化ナトリウムを加えてpHを1.0大きくしたとき(体積は1.00Lで変わらないものとする。)，酢酸と酢酸イオンの濃度比$\left(\frac{[CH_3COOH]}{[CH_3COO^-]}\right)$は，iiのときの酢酸と酢酸イオンの濃度比と比べてどうなるか。次のA～Fのうち，最も適当なものを一つ選び，その記号を書け。

A　$\frac{1}{10}$倍　　B　$\frac{1}{5}$倍　　C　$\frac{1}{2}$倍　　D　2倍　　E　5倍

F　10倍

(5)　次のA～Fのうち，混合させると緩衝液となる，酸または塩基の水溶液と塩の組み合わせとして最も適当なものを一つ選び，その記号を書け。

	酸または塩基	塩
A	塩酸	塩化カリウム
B	アンモニア	塩化アンモニウム
C	硫酸	硫酸ナトリウム
D	水酸化ナトリウム	酢酸ナトリウム
E	硝酸	硝酸アンモニウム
F	水酸化カリウム	硝酸カリウム

2024年度　愛媛県　難易度

【31】次の各問いに答えなさい。

問1　次の文章を読み，a，bに入る語句として最も適切なものを，以下の1～4のうちから1つ選びなさい。

> 一般に，ある溶媒に不揮発性物質を溶かした溶液の沸点は，もとの溶媒の沸点よりも[　a　]なる。これは，同じ温度では，純溶媒に比べて溶液の蒸気圧が[　b　]からである。

	a	b
1	低く	低くなる
2	低く	高くなる
3	高く	低くなる
4	高く	高くなる

問2　分子量不明の不揮発性の非電解質20gを1.3×10^2gの水に溶かした溶液の凝固点を測定すると，質量モル濃度0.15mol/kgの塩化マグネシウム水溶液の凝固点と一致した。この非電解質の分子量として最も適切なものを，次の1～4のうちから1つ選びなさい。

1　1.2×10^2　　2　1.8×10^2　　3　2.2×10^2　　4　3.4×10^2

問3　次の文章を読み，以下の各問いに答えなさい。

> (a)<u>酢酸分子</u>はベンゼン中では(b)<u>水素結合</u>により一部が二量体として存在する。酢酸2.4gをベンゼン2.0×10^2gに溶かした溶液の凝固点は4.89℃であった。このとき，すべての酢酸分子の約[　c　]%が二量体を形成している。ただし，ベンゼンの凝固点は5.50℃，モル凝固点降下は5.1K・kg/molである。

(1)　非共有電子対の数が，下線部(a)の酢酸分子よりも多い分子として最も適切なものを，次の1～4のうちから1つ選びなさい。

1　乳酸　　2　プロピオン酸　　3　ギ酸　　4　酪酸

(2)　下線部(b)の水素結合に関する文として誤りを含むものを，次の1～4のうちから1つ選びなさい。

1　電気陰性度の差は，酸素原子と水素原子の差より窒素原子と水素原子の差の方が大きい。

2　14族元素の水素化合物は，分子間に水素結合を生じない。
3　水素結合は，ナイロンの強度や耐久性に関係している。
4　DNAの4種類の核酸塩基の相補性は，形成する水素結合の数が関係している。

(3)　文章中の空欄[　c　]の値として最も適切なものを，次の1～4のうちから1つ選びなさい。ただし，原子量はH＝1.0，C＝12，O＝16とします。

1　20　　2　40　　3　60　　4　80

2024年度 ｜ 宮城県・仙台市 ｜ 難易度

【32】自宅にあった金属たわしには，どのような金属が含まれているかを確認するため，次のような操作①～⑪を行った。以下の各問いに答えなさい。ただし，分離操作はいずれも完全に行われたものとする。

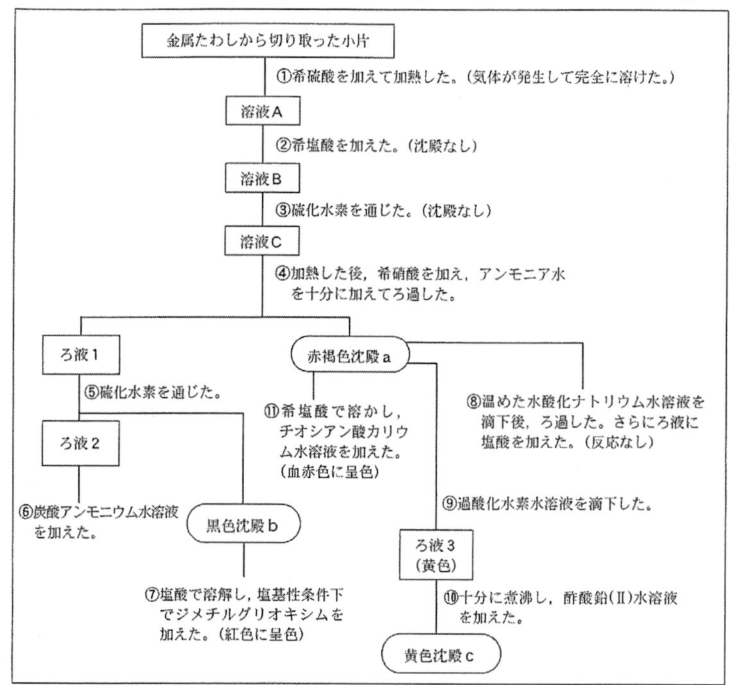

(1)　溶液Aの色として最も適切なものを，次のア～オから1つ選び，記号を書きなさい。

ア　赤橙色　　イ　青緑色　　ウ　黒色　　エ　白色　　オ　黄色

(2)　④において，加熱する目的と希硝酸を加える目的をそれぞれ簡潔に説明しなさい。

(3)　⑥の操作について，カルシウムイオンが含まれていた場合，どのような結果となるか，簡潔に説明しなさい。

(4)　⑦，⑩，⑪で検出された金属を，それぞれ元素記号で書きなさい。

(5)　実験で用いた金属たわしには，銀，銅，アルミニウムは含まれていなかったと考えられる。含まれていないと考えられる理由を，次の条件に従って説明しなさい。

・操作の番号を示すこと。

・操作の結果を元に，判断した根拠を説明すること。

2024年度　長野県　難易度■■■■■

【33】次のⅠ，Ⅱについて，以下の問に答えよ。ただし，原子量はH＝1.0，C＝12，O＝16，S＝32，Cl＝35.5，Cu＝64，Pb＝207，気体定数は8.3×10^3Pa・L/(K・mol)，ファラデー定数は9.65×10^4C/molとする。

Ⅰ　気体と電気分解について，次の問に答えよ。

問1　図1のように，27℃で，2.0Lの容器Aと，6.0Lの容器Bが連結管とコックで接続されている。コックを閉じた状態で容器Aに2.0×10^5Paの水素を，容器Bに8.0×10^4Paの酸素を入れた。ただし，気体はすべて理想気体とし，コックおよび連結部分の容積は無視できるものとする。

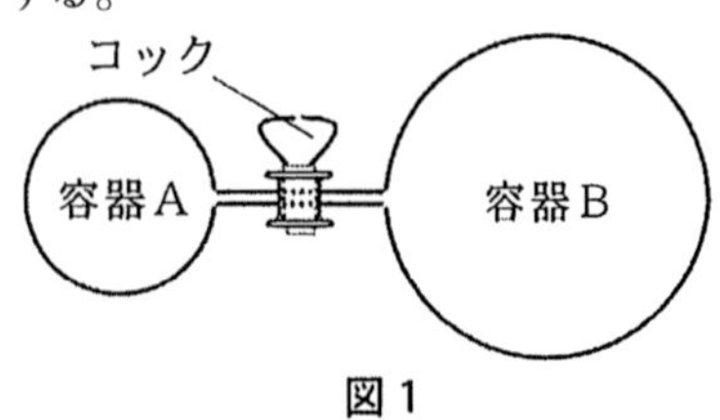

図1

(1)　コックを開き，十分な時間が経った。このときの容器内の水素の分圧および混合気体の全圧はそれぞれ何Paか。有効数字2桁で答えよ。

(2)　(1)のときの酸素のモル分率はいくらか。有効数字2桁で答えよ。

(3)　混合気体を点火して水素を完全燃焼させ，その後27℃に戻したところ，容器内には水滴が見られた。このときの混合気体の全圧は何Paか。有効数字2桁で答えよ。ただし，27℃での水蒸気圧は3.6×10^3Paとし，気体の水への溶解や水滴の体積は無視できるものとする。

問2　図2のような装置で，鉛蓄電池を電源として，塩化銅(Ⅱ)水溶液を0.20Aの一定電流で1時間20分25秒間電気分解を行った。ただし，電気分解の電極として陽極，陰極ともに白金を用いた。

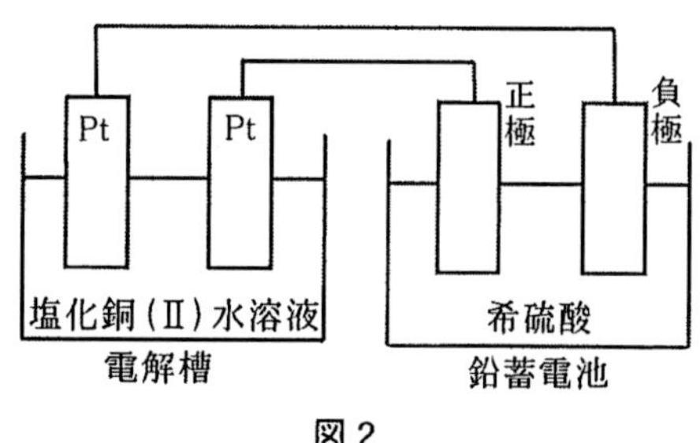

図2

(1)　電解槽の陰極で生じる物質を化学式でかけ。また，鉛蓄電池の正極で起こっている変化を電子e^-を用いたイオン反応式で表せ。

(2)　電解槽の陽極で生じた物質の物質量は何molか。有効数字2桁で答えよ。

(3)　電気分解を行った後，鉛蓄電池の負極では電気分解前と比較して，何gの質量変化があったか。増加の場合は＋，減少の場合は－をつけて有効数字2桁で答えよ。

Ⅱ　有機化合物について，次の問に答えよ。

問1　図の装置を用いて，炭素，水素，酸素からなる化合物A16.2mgを完全燃焼させたところ，水10.8mgと二酸化炭素46.2mgを得た。また，化合物Aの分子量は108であった。

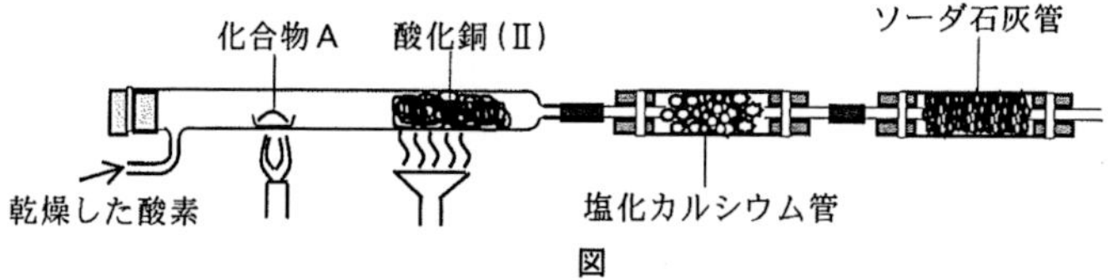

図

(1) 図の塩化カルシウム管とソーダ石灰管の順番を入れ替えると，正確な元素分析が行えなくなる。その理由を説明せよ。

(2) 化合物Aの組成式をかけ。

(3) 化合物Aに水酸化ナトリウム水溶液を加えると，化合物Bが生じた。また，化合物Aを過マンガン酸カリウムと反応させると，様々な医薬品の原料となっている化合物Cが得られた。化合物Cを無水酢酸でアセチル化した化合物Dは，解熱鎮痛剤として利用されている。化合物B，Dの化学式をそれぞれ例にならってかけ。

例

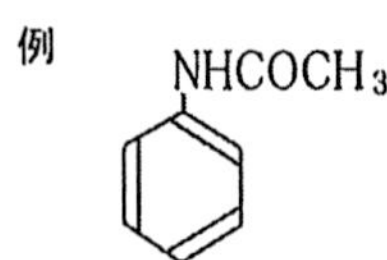

問2 デンプンを酵素Xで加水分解するとマルトースが生じた。さらに，生じたマルトースをマルターゼで加水分解すると，グルコースが生じた。

(1) 酵素Xの名称を答えよ。

(2) グルコースにチマーゼを作用させると，アルコール発酵が起こる。この変化を化学反応式で表せ。

(3) デンプン32.4gを酵素Xで完全に加水分解して得られるマルトースの質量は何gか。

▌2024年度 ▌鹿児島県 ▌難易度 ■■■■■

【34】次の文を読んで，以下の各問いに答えなさい。ただし原子量はH＝1.00，C＝12.0，O＝16.0とする。

常温で液体の$_{a}$<u>芳香族化合物</u>Aがある。Aは炭素，水素，酸素を含み，分子量200以下で，元素組成は炭素が78.68％，水素が8.200％であった。

$_{b}$<u>Aを加熱した酸化銅(Ⅱ)上に通じると，化合物Bが得られた</u>。Bは空気中で酸化され，アンモニア性硝酸銀水溶液を還元した。

Aを水酸化ナトリウムと水酸化カリウムの混合物上で140℃に加熱すると，化合物Cが生成した。Cは臭素を含んだ四塩化炭素水溶液を脱色した。Cを重合開始剤で重合すると，無色透明の熱可塑性樹脂を生成した。また，Cに塩化水素を反応させると，化合物C'が生成した。これを水酸化ナトリウム水溶液とともに加熱すると，化合物Dと副生成物が生成した。DはAの構造異性体であり，不斉炭素原子をもつ。Dを濃硫酸とともに加熱するとCが生成した。

Cを合成するために，c化合物Eに塩化アルミニウム触媒の存在下でエチレンを反応させて化合物Fを合成した。さらに，Fを触媒と水蒸気の存在下で，600℃に加熱するとCが生成した。

(1)　下線部aについて，芳香族化合物の特徴を簡潔に書きなさい。

(2)　Aの分子量を求め，有効数字3桁で書きなさい。

(3)　下線部bにおいて，酸化銅(Ⅱ)はどのようなはたらきをしているか書きなさい。

(4)　Aの構造式を書きなさい。

(5)　Cの構造式を書きなさい。

(6)　Dの構造式を書きなさい。

(7)　下線部cの反応を，化学反応式で書きなさい。

(8)　A，B，D，E，Fの化合物のうち，すべての炭素原子が常に同一平面状にないものをすべて選び，記号を書きなさい。

2024年度　長野県　難易度

【35】次の文を読み，以下の問いに答えよ。

分子式$C_4H_{10}O$で表される化合物A，Bがある。これらの化合物の構造を決定するために次の実験Ⅰ～Ⅲを行った。

実験Ⅰ　化合物A，Bにそれぞれ金属ナトリウムを加えると，どちらも水素が発生した。

実験Ⅱ　化合物Aを硫酸酸性の二クロム酸カリウム水溶液と反応させたところ，化合物Cが得られた。化合物Cにフェーリング液を加えて加熱したが，変化は見られなかった。また，化合物Cに炭酸水素ナトリウム水溶液を加えたが，反応は見られなかった。

実験Ⅲ　化合物AとBの沸点を比較すると，化合物Bの方が低かった。

(1) 分子式$C_4H_{10}O$で表される化合物の構造異性体は何種類あるか。最も適当なものを解答群より一つ選び，番号で答えよ。

【解答群】

番号	1	2	3	4	5
解答	4種類	5種類	6種類	7種類	8種類

(2) 化合物Cがもつ特徴として，最も適当なものを解答群より一つ選び，番号で答えよ。

【解答群】

番号	解答
1	鏡像異性体（光学異性体）をもつ。
2	ヨードホルム反応を示す。
3	銀鏡反応を示す。
4	水酸化ナトリウム水溶液を加えて加熱すると、けん化を起こす。
5	さらし粉水溶液を加えると、赤紫色に呈色する。

(3) 化合物Bの名称として，最も適当なものを解答群より一つ選び，番号で答えよ。

【解答群】

番号	解答
1	1−ブタノール
2	2−ブタノール
3	2−メチル−1−プロパノール
4	2−メチル−2−プロパノール
5	2−メチル−1−ブタノール
6	ジメチルエーテル
7	ジエチルエーテル

▌2024年度 ▌愛知県 ▌難易度 ■■■■■

解答・解説

【1】3

○**解説**○ 1，2，4　いずれも「化学基礎」ではなく「化学」の「内容」に記されている記述である。

【2】(1)　3　　(2)　　2　　(3)　1

○**解説**○ (1)　希薄溶液の沸点は，溶質粒子の質量モル濃度が大きいほど上昇する。それぞれの溶液では，溶媒が水1kgで一定なので，物質量で比較する。グルコース(分子量180)の物質量は$\frac{90}{180}$＝0.50〔mol〕，スクロースの物質量は0.40molである。一方，塩化ナトリウム(式量58.5)の粒子の物質量は$NaCl \rightarrow Na^{+}+Cl^{-}$と電離するので$2\times\frac{23.4}{58.5}=0.80$〔mol〕，塩化マグネシウム(式量95)の粒子の物質量は$MgCl_2 \rightarrow Mg^{2+}+2Cl^{-}$と電離するので$3\times\frac{19}{95}=0.60$〔mol〕である。よって，物質量が最も大きい塩化ナトリウム水溶液の沸点が最も高い。　(2)　非電解質Aの分子量をMとすると，200〔g〕＝0.200〔kg〕より，$5.53-4.89=5.12\times\frac{\frac{1.5}{M}}{0.200}$が成り立ち，$M=60$となる。　(3)　2　ベンゼンに水素を付加してシクロヘキサンを生成するには，触媒として白金やニッケルを用い，加圧する必要がある。　3　この方法では，テレフタル酸が生成する。　4　この方法では，ヘキサクロロシクロヘキサンが生成する。　5　アセチレンを赤熱した鉄に触れさせると，ベンゼンが生成する。

【3】(1)　ア　①　無　　②　褐　　③　ヨウ素滴定　　イ　5

ウ　溶液中にI_2があれば，デンプン水溶液を加えると青紫色を呈するが，I_2がなくなると無色になるため。　　エ　2　　オ　$\frac{cb}{2a}$〔mol/L〕

(2)　ア　メニスカスの底に目の高さをそろえ，液面の値を目盛の$\frac{1}{10}$まで読み取る。　　イ　3.50×10^{-5}〔mol〕　　(3)　7.00×10^{-2}〔mol〕

○**解説**○ (1)　ア　解答参照。　イ　チオ硫酸ナトリウムは還元剤であり，ヨウ素を還元してヨウ化物イオンに変えるので，水溶液の色は薄くなる。　ウ　ヨウ素デンプン反応が起きると，青紫色を呈する。
エ　$H_2O_2+2KI+H_2SO_4 \rightarrow K_2SO_4+I_2+2H_2O$より，反応する過酸化水素と生成するヨウ素の物質量は等しい。　オ　ヨウ素とチオ硫酸ナトリウムの反応式は，$I_2+2Na_2S_2O_3 \rightarrow 2NaI+Na_2S_4O_6$より，ヨウ素とチオ硫酸ナトリウムは1：2の物質量比で反応する。ヨウ素のモル濃度をx〔mol/L〕とし，ヨウ素とチオ硫酸ナトリウムの物質量を比較すると，$x\times\frac{a}{1000}:c\times\frac{b}{1000}=1:2$より，$x=\frac{cb}{2a}$〔mol/L〕である。反応する過酸化水素と生成するヨウ素の物質量は等しいので，過酸化水素水のモル濃度は$\frac{cb}{2a}$〔mol/L〕である。　(2)　ア　表面張力により曲がった液面の一番底の目盛を$\frac{1}{10}$まで読み取る。　イ　過マンガン酸カリウムとシュウ酸の反応式は，$2KMnO_4+3H_2SO_4+5H_2C_2O_4 \rightarrow K_2SO_4+2MnSO_4+10CO_2+8H_2O$より，過マンガン酸カリウムとシュウ酸は2：5の物質量比で反応する。シュウ酸と反応した過マンガン酸カリウムの体積をx〔mL〕として，過マンガン酸カリウムとシュウ酸の物質量を比較すると，$\left(5.00\times10^{-3}\times\frac{x}{1000}\right):\left(12.5\times10^{-3}\times\frac{3.00}{1000}\right)=2:5$より，$x=3.00$〔mL〕である。よって，被酸化性物質の酸化で使用された過マンガン酸カリウムの物質量は，$(5.00\times10^{-3})\times\frac{10.0-3.00}{1000}=3.50\times10^{-5}$〔mol〕である。
(3)　$SO_2+I_2+2H_2O \rightarrow H_2SO_4+2HI$より，反応するヨウ素と生成する硫酸の物質量は等しい。よって，ヨウ素の物質量は$2.00\times\frac{35.0}{1000}=7.00\times10^{-2}$〔mol〕より，生成した硫酸の物質量は$7.00\times10^{-2}$〔mol〕である。

【4】問1　(1)　d　　(2)　b　　問2　(1)　陽極…$2Cl^- \rightarrow Cl_2+2e^-$　　陰極…$2H_2O+2e^- \rightarrow H_2+2OH^-$　　(2)　1.12〔L〕　　(3)　工業的に製造するNaOHには不純物として原料のNaClが混入することがある。しかし，両電極間に陽イオン(Na^+)だけが通過できる膜(陽イオン交換膜)を用いることにより，陰極側へのCl^-の侵入を防ぐことができ，純度の高いNaOHが得られる。　　問3　(1)　c　　(2)　e
問4　(1)　2.7≦pH≦4.7　　(2)　滴定曲線を見ると中和点がpH9付近にある。中和点付近での急激なpH変化は6→11であり，指示薬HAの変色範囲は2.7≦pH≦4.7であるため，この滴定には適していない。
○**解説**○ 問1　(1)　吸収ではなく放出する反応エンタルピーである。

(2)　結合エネルギーは，共有結合を切るために必要なエネルギーである。　問2　(1)　解答参照。　(2)　塩化ナトリウムは$NaCl \rightarrow Na^{+}+Cl^{-}$と電離するので，全体の反応式は$2NaCl+2H_2O \rightarrow 2NaOH+H_2+Cl_2$となる。生成した水酸化ナトリウム(式量40)は2.00g$\left(\frac{2.00}{40}=0.0500\ \text{〔mol〕}\right)$なので，水素と塩素はいずれも$\frac{0.0500}{2}=0.0250$〔mol〕発生したことになり，求める体積は$22.4 \times 0.0250 \times 2=1.12$〔L〕。　(3)　解答参照。

問3　(1)　反応の活性化エネルギーが小さくなれば，反応速度は大きくなる。　(2)　減圧した瞬間はNO_2の濃度が小さくなるため気体の色は薄くなるが，やがて平衡移動によりNO_2が増加するので色が濃くなる。

問4　(1)　電離平衡$K_a=\frac{[H^+][A^-]}{[HA]}$より，$[H^+]=K_a \times \frac{[HA]}{[A^-]}$である。$\frac{[A^-]}{[HA]}=0.1$のとき，$[H^+]=(2.0 \times 10^{-4}) \times \frac{1}{0.1}=2.0 \times 10^{-3}$〔mol/L〕より，$pH=-\log_{10}[H^+]=-\log_{10}(2.0 \times 10^{-3})=3-\log_{10}2=3-0.3=2.7$となる。一方，$\frac{[A^-]}{[HA]}=10$のとき，$[H^+]=(2.0 \times 10^{-4}) \times \frac{1}{10}=2.0 \times 10^{-5}$〔mol/L〕より，$pH=-\log_{10}[H^+]=-\log_{10}(2.0 \times 10^{-5})=5-\log_{10}2=5-0.3=4.7$となる。　(2)　解答参照。

【5】(1)　メスシリンダー内の圧力を大気圧と一致させるため。

(2)　ア　水蒸気　　イ　3.6×10^3　　ウ　9.60×10^4　　エ　3.5×10^{-2}

(3)　3.5×10^5〔Pa〕　　(4)　5.0×10^5〔Pa〕　　(5)　0.22　　(6)　イ

(7)　2.1×10^5〔Pa〕

○**解説**○ (1)　解答参照。　(2)　ア～ウ　メスシリンダー内には水蒸気も含まれるので，大気圧から飽和水蒸気圧を引くと捕集した気体の圧力になる。　エ　捕集した気体の物質量をn〔mol〕として気体の状態方程式$PV=nRT$に代入すると，$(9.60 \times 10^4) \times 0.90=n \times (8.31 \times 10^3) \times (273+27)$より，$n \fallingdotseq 3.5 \times 10^{-2}$〔mol〕である。　(3)　容器2と3の体積は$3.0+2.0=5.0$〔L〕，気体の物質量は$0.30+0.40=0.70$〔mol〕である。よって，全圧を$x$〔Pa〕とすると，$x \times 5.0=0.70 \times (8.31 \times 10^3) \times (273+27)$より，$x \fallingdotseq 3.5 \times 10^5$〔Pa〕である。　(4)　メタンの燃焼の反応式は$CH_4+2O_2 \rightarrow CO_2+2H_2O$より，反応するメタンと生成する二酸化炭素の

物質量は等しい。よって，水蒸気を除いた二酸化炭素とヘリウムの物質量は0.20＋0.30＝0.50〔mol〕である。これらの気体の圧力の合計をy〔Pa〕とすると，$y\times(1.0+3.0+2.0)=0.50\times(8.31\times10^3)\times(273+127)$より，$y=277000$〔Pa〕である。一方，生成した水がすべて水蒸気になったと仮定し，その圧力をz〔Pa〕とすると，$z\times(1.0+3.0+2.0)=0.40\times(8.31\times10^3)\times(273+127)$より，$z=221600$〔Pa〕となり，これは127℃での水蒸気圧より小さいので，生成した水はすべて水蒸気になっているとわかる。よって，求める全圧は，$277000+221600=498600\fallingdotseq5.0\times10^5$〔Pa〕である。　(5)　操作3終了後のそれぞれの気体の物質量は，二酸化炭素が0.20mol，水が0.40mol，ヘリウムが0.30molである。よって，二酸化炭素のモル分率は$\frac{0.20}{0.20+0.40+0.30}\fallingdotseq0.22$である。

(6)　それぞれの気体の分子量や原子量は，二酸化炭素が44，水蒸気が18，ヘリウムが4.0なので，求める平均分子量は$44\times\frac{0.20}{0.20+0.40+0.30}+18\times\frac{0.40}{0.20+0.40+0.30}+4.0\times\frac{0.30}{0.20+0.40+0.30}=\frac{8.8+7.2+1.2}{0.90}\fallingdotseq19$である。　(7)　二酸化炭素とヘリウムの圧力の合計をy'〔Pa〕とすると，$y'\times6.0=0.50\times(8.31\times10^3)\times(273+27)$より，$y'=207750$〔Pa〕である。これに27℃での飽和水蒸気圧を加えると，$207750+3600\fallingdotseq2.1\times10^5$〔Pa〕である。

【6】1　②，③，④　　2　ア　⑤　　イ，ウ，エ　8.7×10^{-6}　　3　ア，イ，ウ　56.5

○**解説**○ 1　①　精留塔の内部の温度は下部ほど高い。　⑤　硫黄の同素体のうち，常温で最も安定なのは斜方硫黄である。　2　ア　存在比の大きな順から，$^1H^1H^{16}O>{}^1H^1H^{18}O>{}^1H^1H^{17}O>{}^1H^2H^{16}O>{}^1H^2H^{18}O>{}^1H^2H^{17}O>{}^2H^2H^{16}O>{}^2H^2H^{18}O>{}^2H^2H^{17}O$なので，6番目に存在比が大きいのは$^1H^2H^{17}O$である。　イ～エ　求める存在比は，$^1H^2H^{17}O$と$^2H^1H^{17}O$の2種類を考慮するため，$(99.9885\times10^{-2})\times(0.0115\times10^{-2})\times(0.038\times10^{-2})\times100\times2\fallingdotseq8.7\times10^{-6}$〔%〕となる。　3　問題文には酸化銅(Ⅰ)$CuO_2$か酸化銅(Ⅱ)CuOか明確に記されていないが，酸化銅を水素で還元する反応を用いるので，酸化銅(Ⅱ)として考える。同位体の存在比を人工的に変えた鉄の相対質量の平均値をxとおくと，2.26gのとき物質量は$\frac{2.26}{x}$〔mol〕と表せる。この鉄に希硫酸を加えたときの反応式は，$Fe+H_2SO_4 \rightarrow FeSO_4+H_2$より，発生した水素の物質量も$\frac{2.26}{x}$〔mol〕となる。この水素と酸化銅(Ⅱ)(式量79.5)の反応式は$CuO+H_2 \rightarrow Cu+H_2O$より，$79.5\times\frac{2.26}{x}$〔g〕のCuOが反応して$63.5\times\frac{2.26}{x}$〔g〕のCuが生じる。未反応のCuOも存在するため，$4.98-79.5\times\frac{2.26}{x}+63.5\times\frac{2.26}{x}=4.34$が成り立つので，$x=56.5$となる。

【7】Ⅰ　問1　①　ア　　②　ウ　　③　エ　　問2　テトラアンミン亜鉛(Ⅱ)イオン　　Ⅱ　問1　$\frac{1}{2}N_2$(気)$+\frac{3}{2}H_2$(気)$=NH_3$(気)$+46$kJ　問2　(1)　反応速度…ア　　生成量…エ　　(2)　反応速度…ウ　生成量…エ　　(3)　反応速度…ア　　生成量…オ　　問3　ハーバー・ボッシュ法　　Ⅲ　問1　①　水酸化物　　②　(弱)塩基，(弱)アルカリ　　③　加水分解　　問2　$CH_3COO^-+H_2O \rightleftarrows CH_3COOH+OH^-$　問3　4.6〔%〕

○**解説**○　Ⅰ　問1　①　Ag^+と希塩酸中のCl^-により$AgCl$の沈殿が生じる。　②　Ca^{2+}と硫酸アンモニウム水溶液中のSO_4^{2-}により$CaSO_4$の沈殿が生じる。　③　Al^{3+}とアンモニア水中のOH^-により$Al(OH)_3$の沈殿が生じる。　問2　Zn^{2+}に少量のアンモニア水を加えると$Zn(OH)_2$の沈殿が生じるが，過剰に加えるとテトラアンミン亜鉛(Ⅱ)イオン$[Zn(NH_3)_4]^{2+}$となる。　Ⅱ　問1　熱化学方程式は，ある物質1molがもつエネルギーを表し，左辺と右辺は等号で結ぶ。　問2　(1)　圧力を高くしたので気体分子の運動が激しくなり，反応速度は大きくなる。また，気体分子の総数が減少する右側へ平衡が移動するので，アンモニアの生成量は増加する。　(2)　温度を低くしたので，反応速度は小さくなる。また，発熱反応が進む右側へ平衡が移動するので，アンモニアの生成量は増加する。　(3)　触媒は反応速度を大きくするが，平衡の移動には影響を与えないので，アンモニアの生成量は変わらない。問3　解答参照。　Ⅲ　問1，2　酢酸ナトリウムは，弱酸と強塩基からなる塩なので，加水分解すると弱塩基性を示す。　問3　10倍に希釈した食酢のモル濃度をx〔mol/L〕とすると，$1\times x\times\frac{10}{1000}=1\times 0.10\times\frac{7.6}{1000}$より，$x=0.076$〔mol/L〕となる。したがって，希釈前の食酢中の酢酸のモル濃度は0.076×10＝0.76〔mol/L〕である。次に，この食酢1L(1000cm^3)を考えると，質量は1.0×1000＝1000〔g〕であり，これに含まれる酢酸(分子量60)の物質量は0.76molなので，酢酸分子の質量は60×0.76＝45.6〔g〕となる。よって，この食酢中の酢酸の質量パーセント濃度は，$\frac{45.6}{1000}\times 100\fallingdotseq 4.6$〔%〕となる。

【8】(1)　1　　(2)　2　　(3)　4　　(4)　2

○**解説**○ (1)　変色域から指示薬Aはフェノールフタレインで，指示薬Bはメチルオレンジである。　(2)　この操作は二段階滴定であり，一段階目では，$NaOH+HCl\rightarrow NaCl+H_2O$　…①と$Na_2CO_3+HCl\rightarrow NaHCO_3+NaCl$　…②の反応が進み，二段階目では，$NaHCO_3+HCl\rightarrow H_2O+CO_2+NaCl$　…③の反応が進む。このとき②と③のHClは等量であるので①に使用したHClは20－5＝15〔mL〕である。よって，求める濃度x〔mol/L〕は，$x\times\frac{10}{1000}=0.1\times\frac{15}{1000}$より，$x=0.15=1.5\times 10^{-1}$〔mol/L〕　(3)　求める濃度$x'$は，$x'\times\frac{10}{1000}=0.1\times\frac{5}{1000}$より，$x'=0.05=5.0\times 10^{-2}$〔mol/L〕　(4)　指示薬HBの電離定数が$K_a=\frac{[H^+][B^-]}{[HB]}$であることから，$\frac{[B^-]}{[HB]}=0.1$のとき，$[H^+]=\frac{4.0\times 10^{-4}}{0.1}=4.0\times 10^{-3}$〔mol/L〕である。このときpHは，$pH=-\log[H^+]=-\log(4.0\times 10^{-3})=3-2\times 0.3=2.4$である。$\frac{[B^-]}{[HB]}=10$のとき，$[H^+]=\frac{4.0\times 10^{-4}}{10}=4.0\times 10^{-5}$〔mol/L〕となる。このときpHは，$pH=-\log[H^+]=-\log(4.0\times 10^{-5})=5-2\times 0.3=4.4$である。よって，指示薬HBの変色域は$2.4\leqq pH\leqq 4.4$である。

【9】問1　Na^+…4〔個〕　　Cl^-…4〔個〕　　問2　6〔個〕

問3　12〔個〕　　問4　$\frac{234}{a^3N_A}$〔g/cm^3〕

○**解説**○ 問1　Na^+の数は$\frac{1}{4}\times12+1=4$〔個〕であり，Cl^-の数は$\frac{1}{8}\times8+\frac{1}{2}\times6=4$〔個〕である。　問2　図の単位格子を2つ並べ，中心にCl^-が位置するように見ると，6個のNa^+に囲まれていることがわかる。　問3　図の単位格子の中心にNa^+が位置しており，12個のNa^+に囲まれていることがわかる。　問4　NaCl(式量58.5)1個の質量は$\frac{58.5}{N_A}$〔g〕，単位格子の体積はa^3〔cm^3〕，単位格子中にはNa^+とCl^-がそれぞれ4個ずつ含まれるので，密度$d=\frac{\frac{58.5}{N_A}\times4}{a^3}=\frac{234}{a^3N_A}$〔g/cm^3〕となる。

【10】問1

```
   H
   ••
H • C • H
   ••
   H
```

問2　正四面体(形)　　問3　ア，オ　　問4　(1)　$CH_4+2O_2\rightarrow CO_2+2H_2O$　　(2)　1.0×10^5〔Pa〕　　(3)　酸素が0.020mol，二酸化炭素が0.020mol，水が0.040mol　　(4)　5.3×10^4〔Pa〕　　(5)　3.7×10^{-2}〔mol〕

○**解説**○ 問1，2　メタンの構造では，中心の炭素原子が4つの水素原子との間で単結合を形成しており，分子全体としては正四面体形である。　問3　二酸化炭素は，中心の炭素原子と2つの酸素原子の間で電気陰性度に差があるが，分子全体としては直線形の構造をしており無極性分子である。　オ　窒素は2つの窒素原子から構成され，電気陰性度の差がないため無極性分子である。　問4　(1)　メタンが燃焼すると，二酸化炭素と水が生成する。　(2)　求める全圧をP〔Pa〕とすると，気体の状態方程式より，$P\times2.0=(0.020+0.060)\times(8.3\times10^3)\times(273+27)$より，$P=99600\fallingdotseq1.0\times10^5$〔Pa〕となる。　(3)　0.020molのメタンが燃焼すると，二酸化炭素が0.020mol，水が$0.020\times2=0.040$〔mol〕生成し，酸素が$0.060-0.020\times2=0.020$〔mol〕残る。 (4) 燃焼後に生成した水がすべて水蒸気であると仮定すると，その分圧は$\frac{0.040\times(8.3\times10^3)\times(273+27)}{2.0}=49800$〔Pa〕となる。これは27℃における水蒸気圧$3.6\times10^3$〔Pa〕を上回るため，一部が液体となっており水蒸気の分圧は3.6×10^3〔Pa〕である。よって，求める全圧は，

$$\frac{(0.020+0.020)\times(8.3\times10^3)\times(273+27)}{2.0}+(3.6\times10^3)=53400\fallingdotseq5.3\times10^4$$

〔Pa〕となる。 (5) 水蒸気の物質量は$\frac{(3.6\times10^3)\times2.0}{(8.3\times10^3)\times(273+27)}$〔mol〕より，凝縮している水の物質量は，$0.040-\frac{(3.6\times10^3)\times2.0}{(8.3\times10^3)\times(273+27)}\fallingdotseq3.7\times10^{-2}$〔mol〕となる。

【11】(1) ① 化学式…$BaCrO_4$ 名称…クロム酸バリウム

② 化学式…$[Zn(NH_3)_4]^{2+}$ 名称…テトラアンミン亜鉛(Ⅱ)イオン

③ $Cu+4HNO_3\rightarrow Cu(NO_3)_2+2H_2O+2NO_2$ ④ $Ag^++Cl^-\rightarrow AgCl$

(2) ① 沈殿A…$PbCl_2$ 沈殿B…CuS 沈殿C…$Fe(OH)_3$

② ろ液を無色の高温の炎に入れて，元素特有の炎色を確認する(炎色反応)。カリウムイオンが含まれていると考えられ，赤紫色を呈すると予想される。

○**解説**○ (1) ① 金属Aは常温の水と反応して水素が発生するので，アルカリ金属またはアルカリ土類金属である。また，クロム酸イオンを加えると沈殿を生じるのはBa^{2+}，Pb^{2+}，Ag^+である。よって，この黄色沈殿は$BaCrO_4$である。 ② 金属Bは水酸化ナトリウムと反応して水素を発生するので，両性元素である。また，水酸化物が過剰のアンモニア水に溶けるので，金属BはZnである。このときの反応は，$Zn(OH)_2+4NH_3\rightarrow[Zn(NH_3)_4]^{2+}+2OH^-$と表せる。 ③ 金属Cは空気中で緑青という緑色のさびを生じるので，銅である。また，刺激臭をもつ赤褐色の気体は二酸化窒素であり，これは銅と濃硝酸が反応することで生成する。 ④ 希塩酸を加えると白色沈殿を生成するのは，Ag^+またはPb^{2+}である。このうちPbは濃硝酸には溶けないので，金属Dは銀である。 (2) 【操作1】では，(1)の④より$PbCl_2$の白色沈殿が生じ

る。【操作2】では，酸性条件下で硫化水素を加えるとCuSの黒色沈殿が生じる。【操作3】では，煮沸によりH_2Sを除去し，希硝酸を加えてFe^{2+}を酸化してFe^{3+}とし，過剰のアンモニア水を加えると$Fe(OH)_3$の赤褐色沈殿が生じる。　②　これらの操作では，アルカリ金属のイオンは沈殿を生じないので，ろ液3に残っているのはK^+となる。

【12】(1)　6　　(2)　4　　(3)　3　　(4)　1

○**解説**○ (1)　平衡状態は正反応の速度と逆反応の速度が等しいため，見かけ上反応が停止したように見える状態である。　(2)　平衡状態ではH_2が，1.0－0.6＝0.4〔mol〕，I_2が，0.7－0.6＝0.1〔mol〕，HIが，1.2mol存在している。よって，体積をV〔L〕とすると，$K=\frac{[HI]^2}{[H_2][I_2]}=\frac{\left(\frac{1.2}{V}\right)^2}{\frac{0.4}{V}\cdot\frac{0.1}{V}}=36$　(3)　ヨウ素を0.3mol追加したことで，水素とヨウ素は同量となる。平衡時の水素とヨウ素の物質量をx〔mol〕とすると，ヨウ化水素の物質量は$1.2+2(0.4-x)=2-2x$〔mol〕となる。温度が一定なので$K=36$であることから$36=\frac{\left(\frac{2-2x}{V}\right)^2}{\frac{x}{V}\cdot\frac{x}{V}}$の関係が成り立つ。この二次方程式$8x^2+2x-1=0$を解くと$x=-0.5$と$x=0.25$，$-0.5$は不適なので，$2-2\times0.25=1.5$〔mol〕である。　(4)　触媒は，自身は変化せず化学反応の速度を変化させる物質であり，化学反応による生成量には変化が生じない。白金粉末はヨウ化水素の生成反応を促進するはたらきをもつ。

【13】1　透析　　2　$Ag^+ + Cl^- \rightarrow AgCl$　　3　(エ)　　4　(オ)　　5　疎水コロイドである水酸化鉄(Ⅲ)コロイド粒子に，親水コロイドであるタンパク質の粒子が保護コロイドとして作用し，安定化するため。
6　$\frac{cRT}{10P}$〔個〕

○**解説**○　1　コロイド粒子はセロハン膜などの半透膜を通過できないので，他のイオンや分子を除去することができる。　2　塩化鉄(Ⅲ)$FeCl_3$が水酸化鉄(Ⅲ)$Fe(OH)_3$のコロイド溶液になるので，水溶液中にはCl^-

が存在し，これが硝酸銀水溶液中のAg^+と反応すると塩化銀AgClの白色沈殿を生じる。 3 水酸化鉄(Ⅲ)は正の電荷をもつコロイドなので，これを沈殿させやすいのは，電離すると大きな負の電荷をもつイオンを生じる物質である。それぞれの物質が電離すると，$NaCl \rightarrow Na^+ + Cl^-$，$CaCl_2 \rightarrow Ca^{2+} + 2Cl^-$，$Na_2SO_4 \rightarrow 2Na^+ + SO_4^{2-}$，$Na_3PO_4 \rightarrow 3Na^+ + PO_4^{3-}$，$Al_2(SO_4)_3 \rightarrow 2Al^{3+} + 3SO_4^{2-}$なので，$Na_3PO_4$が該当する。 4 コロイドとは，例えば液体中に固体が分散したものであるが，石灰水は水中に炭酸カルシウムが沈殿したものの上澄み部分の水溶液である。
5 解答参照。 6 はじめの塩化鉄(Ⅲ)の物質量は，$c \times \frac{5.0}{1000}$〔mol〕である。また，水酸化鉄(Ⅲ)コロイドの物質量をn〔mol〕とすると，ファントホッフの法則より，$P \times \frac{5.0}{1000} = nRT$が成り立つので，

$n = \frac{0.050P}{RT}$〔mol〕となる。よって，コロイド粒子1個に含まれる鉄(Ⅲ)イオンの数は，$\dfrac{c \times \frac{5.0}{1000}}{\frac{0.050P}{RT}} = \frac{cRT}{10P}$〔個〕となる。

【14】(1) ④ (2) ③ (3) ⑤
○**解説**○ (1) (ア) 枝付きフラスコの枝管から出ていく気体の温度を測定するので，温度計の球部は枝の付け根の位置に合わせる。
(イ) 高温の気体はリービッヒ冷却器内を上から下へ移動するので，効率よく冷却するには，冷却水をBからAへ流して冷却器に水をためる。
(ウ) 圧力が上がり危険なので，アダプターと試験管は密閉しない。
(2) エタノールの沸点は78℃，水の沸点は100℃である。これらの混合液の温度は，78℃までは加熱時間に比例して上昇するが，その後エタノールのみが沸騰するため混合液の組成が変化し，沸点が一定ではなくなるため，温度変化が一定ではなくなる。さらに加熱し100℃になっても，大部分の水と一部のエタノールが残るため，これらが沸騰しても温度は一定にならない。 (3) 表より，2本目の混合液3.00mLの質量は2.61gより，密度は$\frac{2.61}{3.00} = 0.87$〔g/mL〕である。したがって，図2よりこの混合液に含まれるエタノールの質量パーセント濃度は70%と読み取れるので，溶液1mL中に含まれるエタノール(分子量46)

の物質量は，$\frac{0.87\times0.70}{46}$〔mol〕より，モル濃度は$\frac{\frac{0.87\times0.70}{46}}{0.001}\fallingdotseq13.2$〔mol/L〕である。

【15】問1　ウ　　問2　イ

○**解説**○ 問1　①　過酸化水素水にヨウ化カリウム水溶液を加えると，褐色のヨウ素が発生する。　②　ヨードイオンから電子が奪われてヨウ素に酸化しているので，このときの過酸化水素水は酸化剤としてはたらいている。　③　過マンガン酸カリウムは強い酸化剤であるため，過酸化水素水は酸化を受ける。半反応式は$H_2O_2 \rightarrow O_2 + 2H^+ + 2e^-$と書くことができる。したがって，酸素が発生する。　④　③より，過酸化水素水は還元剤として働く。　問2　酸化還元反応なのでH^+ではなく，電子の数に注目する。Mn^{2+}は還元され5個の電子を受け取り，$(COOH)_2$ 1分子は酸化し2個の電子を失う。したがって，過マンガン酸カリウムの濃度をxとすると，$5\times x\times0.0160=2\times0.0500\times0.0200$という式が成り立つ。$x=0.0250$〔mol/L〕

【16】(1)　マイクロスケール実験　　(2)　ウ　　(3)　ウ　　(4)　$Zn \rightarrow Zn^{2+} + 2e^-$

○**解説**○ (1)　解答参照。　(2)(3)　イオンになりやすい金属板と，イオンになりにくい金属イオンを含む水溶液の組合せのとき，イオンになりやすい金属板が溶け，イオンになりにくい金属が金属板に付着する。表1より，金属Aのイオンを含む水溶液と金属Bの板の組合せで変化があったので，金属Bの方が金属Aよりイオンになりやすい。同様に，金属Aの方が金属Cよりイオンになりやすい。したがって，イオンになりやすい順に，金属B＞金属A＞金属Cとなる。よって，表1のウの組合せでは金属Bの板の厚さがうすくなり，金属Cが付着する。　(4)　3種類の金属をイオン化傾向の大きい順に並べると，マグネシウムMg＞亜鉛Zn＞銅Cuなので，金属AはZn，金属BはMg，金属CはCuである。

【17】(1)　①　物質ア　名称…塩化カルシウム　　役割…発生した水を吸収する。　　物質イ　名称…ソーダ石灰　　役割…発生した二酸化

炭素を吸収する。　② $C_4H_{10}O$

③　名称…2−ブタノール　　構造式…

```
  H   H   H   H
  |   |   |   |
H−C − C − C*− C−H
  |   |   |   |
  H   H   OH  H
```

④　異性体B…　　　　　　アルコールC…エタノール

```
  H   H       H   H
  |   |       |   |
H−C − C − O − C − C−H
  |   |       |   |
  H   H       H   H
```

(2)　①　操作ア…ⓒ　　操作イ…ⓐ

水層1…　　水層2…　　水層3…　　エーテル層3…

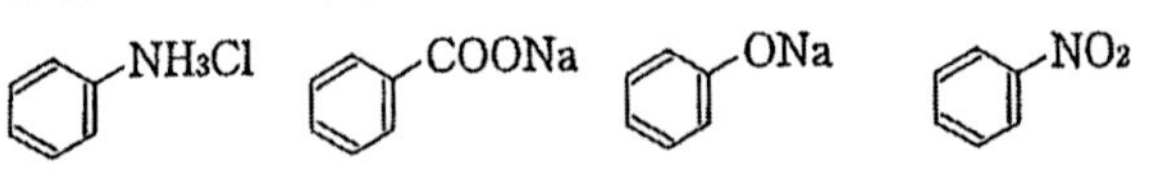

②

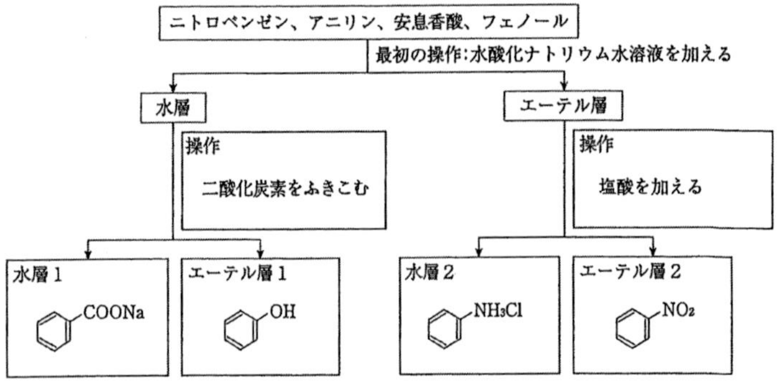

○**解説**○ (1)　①　解答参照。　②　二酸化炭素の分子量は44，水の分子量は18なので，それぞれの原子の質量は，炭素原子が$70.4\times\frac{12}{44}=19.2$〔mg〕，水素原子が$36.0\times\frac{2.0}{18}=4.0$〔mg〕，酸素原子が$29.6-(19.2+4.0)=6.4$〔mg〕となる。したがって，原子数の比はC：H：O＝$\frac{19.2}{12}:\frac{4.0}{1.0}:\frac{6.4}{16}=4:10:1$なので，化合物Aの組成式は$C_4H_{10}O$となる。また，化合物Aの分子式は$(C_4H_{10}O)_n$と表せ，分子量を$M$とすると$M=74n$であり，気体の状態方程式より，$M=\frac{0.148\times(8.3\times10^3)\times400}{(1.0\times10^5)\times0.0664}=74$となる。よって，$n=1$なので，分子式は$C_4H_{10}O$となる。　③　化合物Aの異性

体には，アルコールが4種類，エーテルが3種類存在するが，これらのうち不斉炭素原子をもつのは2－ブタノールだけである。
④　金属ナトリウムと反応しないのは，エーテルである。アルコールに濃硫酸を加えて130～140℃で加熱すると，分子間脱水によりエーテルが生じる。エタノール2分子が分子間脱水すると，ジエチルエーテルが生じる。　(2)　①　最初の操作では，塩基性であるアニリンの塩酸塩が生じて水層1に含まれる。操作アでは，エーテル層に存在する安息香酸とフェノールのうち，炭酸より強い酸である安息香酸のナトリウム塩が生じて水層2に含まれる。操作イでは，酸性のフェノールのナトリウム塩が生じて水層3に含まれ，中性のニトロベンゼンがエーテル層3に含まれる。　②　最初の操作では，水層に安息香酸とフェノールのナトリウム塩が生じるが，これに二酸化炭素をふき込むと炭酸より弱い酸であるフェノールが遊離してエーテル層1に含まれる。また，エーテル層には中性のニトロベンゼンと塩基性のアニリンが存在するので，①の最初の操作と同様に塩酸を加えて分離する。

【18】1　0.019〔mol〕　　2　電極…B　　減少量…0.59〔g〕

3　$2H_2O+2e^- \rightarrow H_2+2OH^-$　　4　(エ)

5

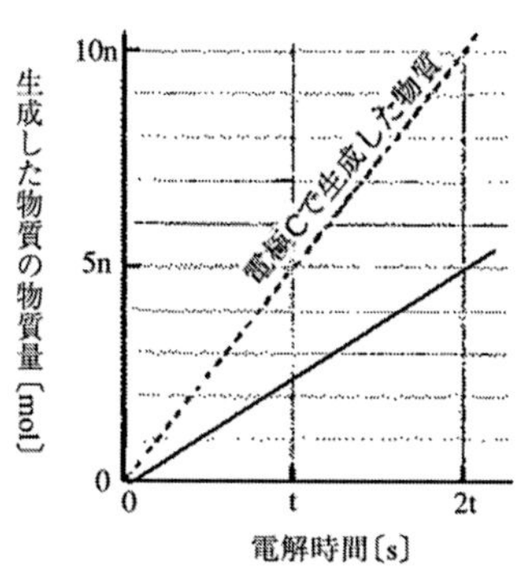

○解説○　1　流れた電気量は1.0×(30×60)＝1800〔C〕なので，電子の物質量は$\frac{1800}{9.65\times10^4}$≒0.019〔mol〕となる。　2　電極Aは電源の－極側につながれているため陰極なので$Cu^{2+}+2e^- \rightarrow Cu$，電極Bは陽極なのでCu

→Cu^{2+}＋$2e^-$の反応が生じるので，質量が減少するのは電極Bである。2molの電子が流れると1molの銅がイオンとなり溶け出すので，電子が$\frac{1800}{9.65\times10^4}$〔mol〕流れたときの質量の減少量は，$63.5\times\frac{1800}{9.65\times10^4}\times\frac{1}{2}\fallingdotseq0.59$〔g〕となる。　3　電解槽Ⅱでは水の電気分解が生じ，電極Cは陰極なので$2H_2O+2e^-\rightarrow H_2+2OH^-$，電極Dは陽極なので$4OH^-\rightarrow 2H_2O+O_2+4e^-$の反応が生じる。　4　陽極(電極B)を銅，陰極(電極A)を白金，電解液を硫酸銅(Ⅱ)水溶液とすると，電極Bでは銅がCu^{2+}となって溶け出し，電極AではCu^{2+}が銅となって析出するので，気体は発生しない。　5　3の解説より，電極Cでは2molの電子が流れると1molの水素が生成し，電極Dでは4molの電子が流れると1molの酸素が生成する。よって，電解時間が同じで流れる電子の物質量が同じ場合，電極Dで生成する物質の物質量は，電極Cの半分となる。

【19】④

○**解説**○ (ア)　この反応では，アミノ酸がもつベンゼン環がニトロ化されるため，橙黄色を呈する。　(イ)　この反応では，2つ以上のペプチド結合をもつ化合物があると赤紫色を呈する。

【20】問1　(1)　c，e　　(2)　d　　問2　(1)　2〔個〕　　(2)　$\frac{\sqrt{3}}{4}a$

(3)　$\frac{a^3dN_A}{2}$　　問3　(1)　$CH_4+2O_2\rightarrow CO_2+2H_2O$

(2)　メタンの分圧…4.5×10^3〔Pa〕　　酸素の分圧…1.6×10^4〔Pa〕

(3)　メタンの分圧をX〔Pa〕とおくと，もし，すべてのH_2Oが水蒸気になっていたら，蒸気圧は$2X=2\times4.5\times10^3=9.0\times10^3$〔Pa〕

27℃の飽和水蒸気圧が，3.6×10^3〔Pa〕なので，液体の水になった分の蒸気圧は，$9.0\times10^3-3.6\times10^3=5.4\times10^3$〔Pa〕となる。

理想気体の状態方程式$PV=nRT$に当てはめると，液体の水になった分の物質量nは，$5.4\times10^3\times8.3=n\times8.3\times10^3\times(273+27)$

$n=0.018$〔mol〕　よって，容器内に存在する液体の水の質量は，

0.018〔mol〕×18〔g/mol〕＝0.324〔g〕　0.32〔g〕

問4　(1)　81〔g〕　(2)　(1)で調製した飽和水溶液中の溶質の質量は，

$200\times\frac{25}{62}\times\frac{160}{250}$〔g〕　溶媒の質量は，$100+200\times\frac{25}{62}\times\frac{90}{250}$〔g〕

20℃で，Y〔g〕の硫酸銅(Ⅱ)五水和物が析出するとき，(溶質の質量)：(溶媒の質量)＝20：100　したがって，

$$\left(200\times\frac{25}{62}\times\frac{160}{250}-Y\times\frac{160}{250}\right):\left(100+200\times\frac{25}{62}\times\frac{90}{250}-Y\times\frac{90}{250}\right)=20:100=1:5$$

$$\left\{\frac{160}{250}\times\left(200\times\frac{25}{62}-Y\right)\right\}:\left\{100+\frac{90}{250}\left(200\times\frac{25}{62}-Y\right)\right\}=1:5$$

$$80\times\left(200\times\frac{25}{62}-Y\right)=2500+9\left(200\times\frac{25}{62}-Y\right)$$

$$71\times\left(200\times\frac{25}{62}-Y\right)=2500$$

$Y=45.4\cdots\fallingdotseq45$〔g〕

(1)の解答である硫酸銅(Ⅱ)五水和物の質量81gを使って計算した場合，答えは46〔g〕

○**解説**○　問1　(1)　c　CO_2のC＝O結合では，O原子の方がC原子より電気陰性度が大きいので，共有電子対はO原子に引き付けられて極性が生じる。　e　NH_4^+ではなく，NH_3分子である。　(2)　非共有電子対の数は，aは1，bは3，cは6，dは4，eは4であり，共有電子対の数は，aは3，bは1，cは1，dは4，eは3である。　問2　(1)　体心立方格子の単位格子中に含まれる原子は，各頂点に$\frac{1}{8}$個分，中心に1個なので，合計$\frac{1}{8}\times8+1=2$〔個〕である。　(2)　体心立方格子の単位格子では，体対角線上に原子が並び，その長さは原子の半径の4倍となるので，$(4r)^2=a^2+(\sqrt{2}\,a)^2$より，$r=\frac{\sqrt{3}}{4}a$〔cm〕となる。　(3)　原子量が$M$のとき，原子1個の質量は$\frac{M}{N_A}$〔g〕と表せる。単位格子の体積は$a^3$〔$cm^3$〕であり，この中に2個の原子が含まれるので，密度$d=\frac{2\times\frac{M}{N_A}}{a^3}$より，$M=\frac{a^3dN_A}{2}$となる。　問3　(1)　解答参照。　(2)　(1)より，メタン1molと酸素2molが反応し，二酸化炭素1molと水2molが生成する。燃焼したメタンの物質量をx〔mol〕とすると，酸素は$2x$〔mol〕消費し，生成

した二酸化炭素はx〔mol〕，水は$2x$〔mol〕となる。気体の状態方程式より，燃焼前の混合気体の物質量の合計n_1〔mol〕は，$(2.00\times10^4)\times 8.30=n_1\times(8.3\times10^3)\times(273+27)$より，$n_1=\frac{1}{15}$〔mol〕となる。また，燃焼後に容器内には水滴が生じたので，生成した水蒸気については飽和水蒸気圧を考えるので，酸素と二酸化炭素の分圧の合計は$1.46\times10^4-3.60\times10^3=1.10\times10^4$〔Pa〕であり，これらの物質量の合計$n_2$は，$(1.10\times10^4)\times8.30=n_2\times(8.3\times10^3)\times(273+27)$より，$n_2=\frac{11}{300}$〔mol〕となる。したがって，$\frac{1}{15}-(x+2x)+x=\frac{11}{300}$より$x=0.015$〔mol〕なので，燃焼したメタンの物質量は0.015mol，燃焼前の酸素の物質量は，$\frac{1}{15}-0.015=\frac{31}{600}$〔mol〕である。よって，燃焼前のメタンの分圧$P_1$は$P_1\times 8.30=0.015\times(8.3\times10^3)\times(273+30)$より$P_1=4.5\times10^3$〔Pa〕，燃焼前の酸素の分圧$P_2$は$P_2\times8.30=\frac{31}{600}\times(8.3\times10^3)\times(273+30)$より，$P_2\fallingdotseq1.6\times10^4$〔Pa〕となる。　(3)　解答参照。　問4　(1)　必要な硫酸銅(Ⅱ)五水和物の質量をx〔g〕とすると，そのうちの水の質量は$\frac{90}{250}x$〔g〕，硫酸銅(Ⅱ)の質量は$\frac{160}{250}x$〔g〕となる。60℃の飽和水溶液中の水と硫酸銅(Ⅱ)の質量を比較すると，$\left(\frac{90}{250}x+100\right):\frac{160}{250}x=100:40$より，$x=200\times\frac{25}{62}\fallingdotseq81$〔g〕となる。　(2)　(1)の解答である硫酸銅(Ⅱ)五水和物の質量81gを使うと，溶質の質量は$81\times\frac{160}{250}$〔g〕

溶媒の質量は，$100+81\times\frac{90}{250}$〔g〕より，

$\left(81\times\frac{160}{250}-Y\times\frac{160}{250}\right):\left(100+81\times\frac{90}{250}-Y\times\frac{90}{250}\right)=1:5$

$\left\{\frac{160}{250}\times(81-Y)\right\}:\left\{100+\frac{90}{250}(81-Y)\right\}=1:5$

$80\times(81-Y)=2500+9(81-Y)$

$71\times(81-Y)=2500$

$Y=45.7\cdots\fallingdotseq46$〔g〕

【21】Ⅰ　(1)　3.5×10^{3}〔Pa〕　(2)　3.5×10^{3}〔Pa〕　(3)　0〔L〕
Ⅱ　(4)　0.10〔mol〕　(5)　5.3×10^{4}〔Pa〕　(6)　エ　(7)　6.9〔L〕

○**解説**○　Ⅰ　(1)　図1より，容器内では水の気液平衡が成り立っているので，容器内の圧力は27℃での水の蒸気圧となる。　(2)　温度一定で気層部分の体積を小さくすると容器内の圧力は大きくなるが，本問では水の気液平衡が成り立つので，圧力は27℃での水の蒸気圧となる。
(3)　大気圧1.0×10^{5}〔Pa〕の方が27℃での水の蒸気圧を上回るので，容器内の気層部分の体積は0Lとなる。　Ⅱ　(4)　メタンの燃焼の反応式は$CH_4+2O_2\rightarrow CO_2+2H_2O$より，0.10molのメタンと反応する酸素は0.20molなので，反応後に存在する酸素の物質量は$0.30-0.20=0.10$〔mol〕となる。　(5)　反応後に残った二酸化炭素と水の物質量は，それぞれ0.10mol，0.20molである。酸素と二酸化炭素の分圧の合計は，気体の状態方程式より，$\frac{(0.10+0.10)\times(8.3\times10^{3})\times300}{10}=4.98\times10^{4}$〔Pa〕となる。また，発生した水がすべて気体と仮定すると，その分圧は，$\frac{0.20\times(8.3\times10^{3})\times300}{10}=4.98\times10^{4}$〔Pa〕となり，27℃での水の蒸気圧を上回るため一部が液体となっている。よって，水の分圧は3.5×10^{3}〔Pa〕なので，反応後の容器内の全圧は，$(4.98\times10^{4})+(3.5\times10^{3})=5.33\times10^{4}\fallingdotseq5.3\times10^{4}$〔Pa〕となる。　(6)　水の蒸気圧と容器内の全圧は等しくならないので，アとイは不適。また，水の蒸気圧曲線より，水の分圧は温度と比例関係にはないので，すべての水分子が気体になるまでは容器内の全圧は直線的に増加することはないため，ウは不適。
(7)　ピストンの固定を外す前，60℃にすると水の分圧は60℃での蒸気圧2.0×10^{4}〔Pa〕となる。次に，ピストンの固定を外すと，容器内の圧力は大気圧と等しくなるが，その後水はすべて液化し酸素と二酸化炭素は水に溶解しないので，容器内の圧力は$1.0\times10^{5}-2.0\times10^{4}=8.0\times10^{4}$〔Pa〕となる。よって，求める体積は$\frac{(0.10+0.10)\times(8.3\times10^{3})\times333}{8.0\times10^{4}}\fallingdotseq$6.9〔L〕と考えられる。

【22】Ⅰ (1) a 還元 b 酸化 (2) c Na^+ d NaOH
(3) pH＝12.9 (4) ②，④ Ⅱ (5) 陽極…$Cu \rightarrow Cu^{2+}+2e^-$
陰極…$Cu^{2+}+2e^- \rightarrow Cu$ (6) 陽極泥 (7) 2.30〔mol〕
(8) 98.4〔%〕

○**解説**○ Ⅰ (1) 陰極では$H_2O+2e^- \rightarrow H_2+2OH^-$，陽極では$2Cl^- \rightarrow Cl_2+2e^-$という反応が起こるので，陰極では電子を受け取る還元反応，陽極では電子を失う酸化反応が起こる。 (2) 解答参照。 (3) 流れた電子の物質量は，$\dfrac{2.00\times(60\times32+10)}{9.65\times10^4}=4.00\times10^{-2}$〔mol〕となる。

$[OH^-]=\dfrac{4.00\times10^{-2}}{\dfrac{500}{1000}}=8.00\times10^{-2}$〔mol/L〕であり，水のイオン積より，

$[H^+]=\dfrac{K_w}{[OH^-]}=\dfrac{1.0\times10^{-14}}{8.00\times10^{-2}}=\dfrac{1}{8}\times10^{-12}$〔mol/L〕より，$pH=-\log_{10}\left(\dfrac{1}{8}\times10^{-12}\right)=12-(0-3\times0.30)=12.9$となる。 (4) Na^+は陰極側に移動して陽イオン交換膜だけを通過でき，Cl^-は陽極側に移動して陰イオン交換膜だけを通過できるので，塩化ナトリウムが濃縮されるのは，電解槽②と④である。 Ⅱ (5) 陽極に含まれる不純物の鉄も溶け出すが，最も多く起こる反応というわけではない。 (6) 不純物の銀が陽極泥に含まれる。 (7) 陰極では，流れた電子2molに対して銅が1mol析出して質量が増加するので，流れた電子の物質量は$2\times\dfrac{73.60}{64}=2.30$〔mol〕となる。 (8) 硫酸銅(Ⅱ)水溶液の濃度は，粗銅(陽極)から溶け出した銅(Ⅱ)イオンの分だけ増加し，陰極に析出した銅の分だけ減少する。つまり，陰極に析出した銅の質量と硫酸銅(Ⅱ)水溶液中の銅の質量の減少量の差より，粗銅から析出した銅の質量は$73.60-\dfrac{1.00-0.990}{\dfrac{1.00}{2.00}}\times64=72.32$〔g〕となる。よって，粗銅中の銅の質量の割合は，$\dfrac{72.32}{73.49}\times100\fallingdotseq98.4$〔%〕となる。

【23】1 ②，④，⑤ 2 ア，イ 16 ウ，エ 16 オ ②
3 ア ① イ～オ 1.2×10^{-21} カ～ケ 1.2×10^{-18}
コ～ス 6.5×10^{-29} セ～チ 2.2×10^{-17} ツ ②

○**解説**○ 1 ① 体積が一定のままヘリウムを加えても平衡は移動しな

いが，全圧が一定のままヘリウムを加えると気体の分圧が減少するので，平衡は左に移動する。　③　赤褐色の二酸化窒素が生成する方向に平衡が移動するので，気体の色は濃くなる。　2　ア，イ　平衡状態では，H_2の物質量は12－6＝6〔mol〕，I_2の物質量は7.5－6＝1.5〔mol〕，HIの物質量は6×2＝12〔mol〕となる。容器の体積をV〔L〕とすると，$K=\frac{[HI]^2}{[H_2][I_2]}=\frac{\left(\frac{12}{V}\right)^2}{\frac{6}{V}\times\frac{1.5}{V}}=16$となる。　ウ，エ　I_2を4.5mol加え，H_2とI_2がx〔mol〕反応したとすると($x>0$)，HIは$2x$〔mol〕生成する。同じ温度なので平衡定数は変わらないので，$\frac{\left(\frac{12+2x}{V}\right)^2}{\frac{6-x}{V}\times\frac{1.5+4.5-x}{V}}=16$より，$x=2$〔mol〕となる。よって，新しい平衡状態でのHIの物質量は，12＋2×2＝16〔mol〕となる。　オ　この条件を平衡定数の式に代入すると，$\frac{\left(\frac{9.0}{V}\right)^2}{\frac{1.5}{V}\times\frac{3.0}{V}}=18$となり，この温度での平衡定数16より大きくなる。よって，平衡定数16となって平衡状態に達するためには，分母が大きく，分子が小さくなるので，問題文の式①の平衡は左に移動する，つまり逆反応が進行する。　3　ア　二段階目の平衡定数は一段階目より極めて小さいので，二段階目の反応は水素イオン濃度にほとんど影響を及ぼさない。　イ～オ　$K=\frac{[H^+]^2[S^{2-}]}{[H_2S]}=\frac{[H^+][HS^-]}{[H_2S]}\times\frac{[H^+][S^{2-}]}{[HS^-]}$ $=K_1\times K_2=(9.5\times10^{-8})\times(1.3\times10^{-14})=1.235\times10^{-21}\fallingdotseq1.2\times10^{-21}$〔$mol^2/L^2$〕となる。　カ～ケ　$[S^{2-}]=\frac{K[H_2S]}{[H^+]^2}=\frac{(1.235\times10^{-21})\times0.10}{(1.0\times10^{-2})^2}\fallingdotseq1.2\times10^{-18}$〔mol/L〕となる。　コ～ス　$[Cu^{2+}][S^{2-}]>K_{sp(CuS)}$のとき沈殿が生じるので，求める条件は$[S^{2-}]>\frac{K_{sp(CuS)}}{[Cu^{2+}]}=\frac{6.5\times10^{-30}}{0.10}=6.5\times10^{-29}$〔mol/L〕となる。　セ～チ　$[Zn^{2+}][S^{2-}]>K_{sp(ZnS)}$のとき沈殿が生じるので，求める条件は$[S^{2-}]>\frac{K_{sp(ZnS)}}{[Zn^{2+}]}=\frac{2.2\times10^{-18}}{0.10}=2.2\times10^{-17}$〔mol/L〕となる。

ツ　カ～ケより，$[S^{2-}]\fallingdotseq1.2\times10^{-18}$〔mol/L〕なので，$[Cu^{2+}][S^{2-}]=(0.10)\times(1.2\times10^{-18})=1.2\times10^{-19}>K_{sp(CuS)}$となり，CuSの沈殿は生じる。

一方，$[Zn^{2+}][S^{2-}]=(0.10)\times(1.2\times10^{-18})=1.2\times10^{-19}<K_{sp(ZnS)}$より，ZnSの沈殿は生じない。

【24】問1　(1)　c　(2)　a　(3)　e　問2　(1)　気体の化学式…CO_2
官能基名…カルボキシ基　(2)　$-\underset{\underset{O}{\|}}{C}-H$　(3)　テレフタル酸

(4)　構造式…　OH　色…d

(5)

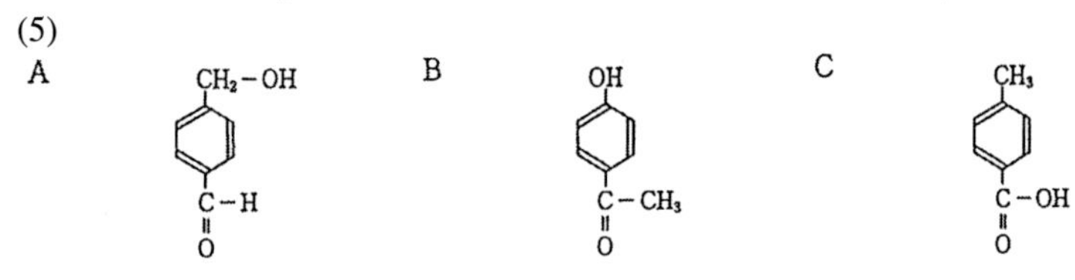

D　$O-\underset{\underset{O}{\|}}{C}-CH_3$　E　$CH_2-\underset{\underset{O}{\|}}{C}-OH$

問3　(1)　d　(2)　c　(3)　e

○解説○　問1　(1)　黄緑色の炎色反応が見られる。　(2)　加熱すると融解する前に分解するものが多い。　(3)　a　ベンゼンの水素原子は同一平面上にある。　b　ベンゼン環の炭素原子間の結合は，単結合と二重結合の中間的な状態にある。　c　芳香族炭化水素は無色のものが多い。　d　キシレンではなくフタル酸である。　問2　(1)　カルボキシ基をもつ有機化合物に炭酸水素ナトリウムを反応させると，弱い酸である二酸化炭素CO_2が遊離する。　(2)　銀鏡反応が起きたので，還元性をもつホルミル基(アルデヒド基)が該当する。　(3)　ポリエチレンテレフタラートの原料となるので，テレフタル酸が該当する。
(4)　けん化により生じた化合物を酸性条件下においたので，カルボン酸とヒドロキシ基をもつ化合物が生じる。これらのうち芳香族化合物の方が塩化鉄(Ⅲ)で呈色したのでフェノールであり，紫色を呈する。
(5)　【実験1】より，Cは芳香族化合物で，2個の置換基のうち1個はカルボキシ基なので，原子の種類と数から判断して残りの置換基は−

CH_3と決まる。また，Eは置換基を1個だけもつがその中にカルボキシ基を含むので，残ったCH_2はベンゼン環に結合する炭素鎖で$-CH_2-COOH$と決まる。【実験2】より，Aがもつ置換基のうち1個はホルミル基であり，【実験5】より残りの置換基を酸化するとカルボキシ基になるためヒドロキシ基を含むので，$-CH_2-OH$と決まる。【実験3】より，Bは塩化鉄(Ⅲ)水溶液により呈色したのでフェノール類であり，【実験4】よりヨードホルム反応を示すことから，2個の置換基は$-OH$と$-C-CO-CH_3$と決まる。Dがもつ置換基は1個で，含まれる原子は$C_2H_3O_2$であり，【実験6】よりけん化が起こるためエステル結合が含まれるので，$-O-CO-CH_3$と決まる。　問3　(1)　臨界点ではなく軟化点である。　(2)　グリシンには不斉炭素原子が存在しないので，鏡像異性体は存在しない。　(3)　カルボキシ基ではなくアミノ基である。

【25】1　d　　2　(1)　e　　(2)　d　　(3)　e

○解説○　1　a　エタンを加えると，その濃度が減少する方向の左に平衡が移動する。　b　窒素を加えると，それぞれの気体の分圧が小さくなるため，気体分子の総数が大きくなる方向の左に平衡が移動する。

c　気体分子の濃度や分圧は変化しないので，平衡は移動しない。

e　触媒は平衡の移動には影響を与えない。　2　(1)　反応式は$H_2+I_2 \rightleftarrows 2HI$と表せ，図より平衡時のHIの分圧が$p_{HI}=0.8\times10^5$〔Pa〕なので，$H_2$と$I_2$の分圧は$p_{H_2}=p_{I_2}=0.1\times10^5$〔Pa〕となる。気体定数を$R$，絶対温度を$T$とすると，気体の状態方程式より，$[H_2]=\dfrac{p_{H_2}}{RT}$，$[I_2]=\dfrac{p_{I_2}}{RT}$，

$[HI]=\dfrac{p_{HI}}{RT}$なので，平衡定数は$K=\dfrac{[HI]^2}{[H_2][I_2]}=\dfrac{\left(\dfrac{p_{HI}}{RT}\right)^2}{\dfrac{p_{H_2}}{RT}\times\dfrac{p_{I_2}}{RT}}=\dfrac{0.8^2}{0.1\times0.1}=64$

(2)　ヨウ化水素の生成反応速度v_1は$v_1=k_1[H_2][I_2]$，分解反応速度v_2は$v_2=k_2[HI]^2$と表せる(k_1およびk_2は反応速度定数)。平衡時では，$k_1[H_2][I_2]=k_2[HI]^2$なので平衡定数は$K=\dfrac{k_1}{k_2}$となる。よって，$\dfrac{v_1}{v_2}=\dfrac{k_1[H_2][I_2]}{k_2[HI]^2}=K\times\dfrac{[H_2][I_2]}{[HI]^2}$となる。図より，$t_1$秒後の分圧比は$H_2$：$I_2$：

HI＝0.3：0.3：0.4なので，$\frac{v_1}{v_2}=64\times\frac{0.3\times0.3}{(0.4)^2}=36$　よって，$v_1:v_2=36:1$　(3)　圧平衡定数は$K_p=\frac{p_{HI}^2}{p_{H_2}\times p_{I_2}}$と表せる。ヨウ素が昇華して固体となったので，$H_2$と$I_2$の分圧の和は，$3.02\times10^4-2.00\times10^2=3.00\times10^4$〔Pa〕である。したがって，$p_{HI}=3.00\times10^4\times\frac{4}{5}=2.40\times10^4$〔Pa〕，$p_{H_2}=3.00\times10^4\times\frac{1}{5}=6.00\times10^3$〔Pa〕，$p_{I_2}=2.00\times10^2$〔Pa〕となり，

$$K_p=\frac{(2.40\times10^4)^2}{(6.00\times10^3)(2.00\times10^2)}=4.8\times10^2$$

【26】(1)　a　グリコシド　　b　半合成　　(2)　ア，エ，カ

(3)

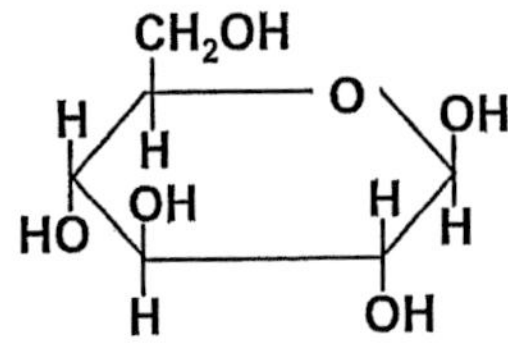

(4)　144〔g〕　　(5)　33〔%〕

○解説○ (1)　解答参照。　(2)　イ，ウ，オはデンプンの説明である。　(3)　解答参照。　(4)　重合度をnとすると，反応式は$[C_6H_7O_2(OH)_3]_n+n(CH_3CO)_2O\rightarrow[C_6H_7O_2(OCOCH_3)_3]_n+3nCH_3COOH$と表せる。セルロースの分子量は$162n$，トリアセチルセルロースの分子量は$288n$なので，反応させて生じるトリアセチルセルロースの質量をx〔g〕とすると，$162n:288n=81.0:x$より，$x=144$〔g〕となる。　(5)　トリアセチルセルロースがもつ3個のエステル結合のうち，y〔個〕だけ加水分解されたとすると，反応式は$[C_6H_7O_2(OCOCH_3)_3]_n+ynH_2O\rightarrow[C_6H_7O_2(OH)_y(OCOCH_3)_{3-y}]_n+ynCH_3COOH$となり，$[C_6H_7O_2(OH)_y(OCOCH_3)_{3-y}]_n$の分子量は$(288-42y)n$と表せる。反応したトリアセチルセルロースは360.0gなので，$\frac{360.0}{288n}=\frac{307.5}{(288-42y)n}$より，$y=1$となる。つまり，3個のエステル結合のうち1個だけが加水分解されたので，$\frac{1}{3}\times100\fallingdotseq33$〔%〕となる。

【27】問1　①　ヘキサメチレンジアミン　　②　アジピン酸　　③　縮合　　④　(ε－)カプロラクタム　　⑤　開環　　⑥　水素

問2

$$\begin{array}{cccc} - & N & - & C & - \\ & | & & \| & \\ & H & & O & \end{array}$$

問3　エ　　問4　2.0×10^2〔個〕

○**解説**○ 問1　解答参照。　問2　アミド結合は，アミノ基とカルボキシ基の間で脱水縮合が生じることで形成される。　問3　アラミド繊維は，芳香族化合物がアミド結合でつながったものである。　問4　ナイロン66は重合度をnとすると，$[-CO-(CH_2)_4-CO-NH-(CH_2)_6-NH-]_n$と表せ，繰り返し構造の式量は226なので，113gのとき物質量は$\frac{113}{226n}$〔mol〕となる。これに含まれるアミノ基が5.0×10^{-3}〔mol〕であり，1分子のナイロン66にはアミノ基が1個あるのでナイロン66とアミノ基の物質量は等しく，$\frac{113}{226n}=5.0\times10^{-3}$より，$n=100$となる。つまり，1分子のナイロン66には100個の繰り返し構造があり，繰り返し構造1つ当たりにアミド結合は2個あるので，1分子のナイロン66に含まれるアミド結合の数は$100\times2=2.0\times10^2$〔個〕となる。

【28】(1)　④　　(2)　⑤　　(3)　⑤　　(4)　③　　(5)　①

○**解説**○ (1)　二酸化ケイ素は酸性酸化物である。　(2)　①　マグネシウムは炎色反応を示さない。　②　マグネシウムは常温では水と反応しない。　③　マグネシウムの水酸化物は水に溶けない。　④　マグネシウムの硫酸塩は水に溶ける。　⑥　どちらの塩化物も水に溶けやすい。　(3)　Fe^{2+}を含む水溶液にアンモニア水を加えると，緑白色の沈殿$Fe(OH)_2$が生じる。　(4)　水酸化銅(Ⅱ)を加熱すると，$Cu(OH)_2\rightarrow CuO+H_2O$より，黒色の酸化銅(Ⅱ)に変化する。　(5)　まず，アの操作で$AgCl$を沈殿させてろ過する。次に，イの操作でCuSを沈殿させてろ過する。さらに，ウの操作でH_2Sを取り除き，硝酸でFe^{2+}を酸化してFe^{3+}にし，エの操作で$Fe(OH)_3$が沈殿する。最後に，イの操作でZnSが沈殿する。

【29】(1) ⑥　(2) ①　(3) ④　(4) ①　(5) ③

○解説○ (1) ① アルカンの分子式はC_nH_{2n+2}である。 ② エタン，エチレン，アセチレンの順に炭素原子間の結合の長さは短くなる。 ③ エタン分子の水素原子を塩素原子で置換しても，不斉炭素原子をもつものは存在しない。 ④ プロペンとシクロプロパンという2種類の異性体が存在する。 ⑤ ブタンには二重結合がないので，幾何異性体は存在しない。 (2) ② ジエチルエーテルは水に溶けない。 ③ 1－プロパノールとナトリウムの反応式は$2C_3H_7OH+2Na \rightarrow 2C_3H_7ONa+H_2$より，1－プロパノール1molから水素は0.5mol発生する。1－プロパノールの物質量は$\frac{12}{60}=0.20$〔mol〕なので，発生する水素の体積は標準状態で$22.4\times0.20\times0.5=2.24$〔L〕である。 ④ 2－ブタノールではなく，2－プロパノールである。 ⑤ 酢酸はアセトアルデヒドの酸化により得られる。 ⑥ セッケンを水に溶かすと，弱塩基性を示す。 (3) ナトリウムフェノキシドに高温・高圧で二酸化炭素を反応させると，サリチル酸ナトリウムが生成するので，Aはエが該当する。次に，サリチル酸ナトリウムに希硫酸を加えると，サリチル酸が遊離するので，Bはアが該当する。さらに，サリチル酸を濃硫酸の存在下でメタノールと反応させると，サリチル酸メチルが生成するので，Cはオが該当する。 (4) ポリスチレンは付加重合によってつくられる。 (5) ① フルクトースが還元性を示すのは，ヒドロキシケトン基による。 ② セルロースを希硫酸で加水分解すると，直接グルコールを生じる。 ④ 水溶液が酸性や塩基性を示すアミノ酸も存在する。 ⑤ アミロースは，α－グルコースが直鎖状に結合した構造をもつ。 ⑥ DNA中のリン酸がもつヒドロキシ基は，デオキシリボースとリン酸ジエステル結合をしている。

【30】(1) B　(2) D　(3) E　(4) A　(5) B

○解説○ (1) 酢酸の電離平衡は$CH_3COOH \rightleftarrows CH_3COO^- + H^+$より，電離定数は$K_a=\frac{[CH_3COO^-][H^+]}{[CH_3COOH]}$と表せる。酢酸の濃度を$c$〔mol/L〕，電離度を$\alpha$とすると，$K_a=\frac{(c\alpha)^2}{c(1-\alpha)}$であり，$1-\alpha \fallingdotseq 1$とすると，$K_a=c\alpha^2$より，

$[H^+]=c\alpha=\sqrt{cK_a}$となる。よって，$pH=-\log_{10}[H^+]=-\log_{10}\sqrt{cK_a}$ $=-\frac{1}{2}\log_{10}(0.100\times2.7\times10^{-5})=-\frac{1}{2}\log_{10}(27\times10^{-7})=\frac{1}{2}(7-3\times0.48)=$ 2.78となる。　(2)　酢酸ナトリウム(式量82)は完全に電離すると考えると，水溶液1.00Lでは$[CH_3COO^-]\fallingdotseq\frac{4.10}{82}=0.0500$〔mol/L〕となる。また，酢酸はほとんど電離していないと考えると，$[CH_3COOH]\fallingdotseq0.100$〔mol/L〕となる。したがって，$K_a=\frac{[CH_3COO^-][H^+]}{[CH_3COOH]}=\frac{0.0500\times[H^+]}{0.100}$ $=\frac{[H^+]}{2}=2.7\times10^{-5}$より，$[H^+]=5.4\times10^{-5}$〔mol/L〕となり，$pH=-\log_{10}(5.4\times10^{-5})=-\log_{10}(2\times3^3\times10^{-6})=6-(0.30+3\times0.48)=4.26$となる。(3)　iiiの混合水溶液中では，水の物質量を無視すると次のようになる。

	CH_3COOH	＋ OH^-	→	CH_3COO^-	＋	H_2O	
反応前	0.100	0.0400		0.0500			〔mol〕
変化量	−0.0400	−0.0400		＋0.0400			〔mol〕
平衡時	0.0600	0		0.0900			〔mol〕

したがって，$K_a=\frac{[CH_3COO^-][H^+]}{[CH_3COOH]}=\frac{0.0900\times[H^+]}{0.0600}=\frac{3[H^+]}{2}=2.7\times10^{-5}$より，$[H^+]=1.8\times10^{-5}$〔mol/L〕となる。よって，$pH=-\log_{10}(1.8\times10^{-5})$ $=-\log_{10}(2\times3^2\times10^{-6})=6-(0.30+2\times0.48)=4.74$となる。　(4)　pHを1.0大きくするためには，$[H^+]$が$\frac{1}{10}$〔倍〕になる必要がある。一方，K_aは一定なので，$\frac{[CH_3COO^-]}{[CH_3COOH]}$が10倍になる，つまり　$\frac{[CH_3COOH])}{[CH_3COO^-]}$は$\frac{1}{10}$〔倍〕になる。　(5)　緩衝液とは，弱酸または弱塩基とその塩の混合液である。A～Fのうち，弱酸または弱塩基なのは，Bのアンモニアだけである。

【31】問1　3　　問2　4　　問3　(1)　1　　(2)　1　　(3)　4

○**解説**○ 問1　蒸気圧降下や沸点上昇が起きる。　問2　非電解質水溶液，および塩化マグネシウム水溶液は，いずれも溶媒が水なのでモル凝固点降下K_fは等しく，凝固点も一致するので，溶質粒子の質量モル濃度は等しくなるはずである。ここで，塩化マグネシウムは$MgCl_2\rightarrow$

$Mg^{2+}+2Cl^-$と電離するので，求める非電解質の分子量をMとすると，

$$K_f\times\frac{\frac{20}{M}}{\frac{1.3\times10^2}{1000}}=3\times K_f\times0.15$$より，$M≒3.4\times10^2$となる。

問3　(1)　ヒドロキシ基，カルボキシ基，カルボニル基を構成する酸素原子は，それぞれ2つの非共有電子対をもっている。よって，酢酸より酸素原子を多くもつ乳酸は，酢酸より多くの非共有電子対をもっている。　(2)　電気陰性度の差は，酸素原子と水素原子の差より，窒素原子と水素原子の差の方が小さい。　(3)　この溶液の体積を1Lとして変化しないと考える。酢酸のモル濃度をc〔mol/L〕，会合率をβ〔%〕とすると，はじめの酢酸分子はc〔mol〕，会合した酢酸分子は$c\beta$〔mol〕，二量体となった酢酸分子は$\frac{1}{2}c\beta$〔mol〕と表せる。したがって，会合した後の全分子の物質量は，$c(1-\beta)+\frac{1}{2}c\beta=c\left(1-\frac{1}{2}\beta\right)$〔mol〕となる。ここで，凝固点降下はベンゼンの凝固点とこの溶液の凝固点の差なので，$5.50-4.89=5.1\times\frac{c\left(1-\frac{1}{2}\beta\right)}{\frac{2.0\times10^2}{1000}}$が成り立つ。酢酸の分子量は60なので，$c=\frac{2.4}{60}=0.040$〔mol〕より，$\beta≒0.80$となる。よって，二量体を形成する酢酸分子は，約80%である。

【32】(1)　イ　(2)　加熱…溶液内の硫化水素を除くため。　希硝酸…鉄(Ⅱ)イオンを，鉄(Ⅲ)イオンに酸化するため。　(3)　炭酸イオンとカルシウムイオンが反応して炭酸カルシウムの白色沈殿が生じる。　(4)　⑦　Ni　⑩　Cr　⑪　Fe　(5)　銀…①で，完全に溶けており，②で，AgClの沈殿が生じていないことから銀イオンが含まれていないと判断できるため。　銅…①で，完全に溶けており，③で，酸性条件下で硫化水素を通じても，CuSの沈殿が生じていないことから銅イオンが含まれていないと判断できるため。　アルミニウム…Alが含まれている場合，④の操作でAlは沈殿に含まれるはずである。しかし，④で生じた赤褐色沈殿aに，⑧で温めた水酸化ナトリウム水溶液を加え，ろ過したろ液に塩酸を加えても，$Al(OH)_3$の白い沈

殿が生じていないことからAlは含まれないと判断できるため。

○**解説**○ (1)　金属たわしの小片に希硫酸を加え加熱すると，完全に溶けてイオンになったので，水溶液を呈色する金属イオンを考える。(4)の解説より，この溶液に含まれる金属イオンとその色はNi^{2+}(緑色)，CrO_4^{2-}(黄色)，Fe^{3+}(黄褐色)(またはFe^{2+}(淡緑色))なので，これらを踏まえると青緑色が最も適切と考えられる。　(2)(3)　解答参照。

(4)　⑦　ジメチルグリオキシムを加えると紅色に呈色したので，Ni^{2+}が含まれる。　⑩　CrO_4^{2-}に酢酸鉛(Ⅱ)水溶液を加えると，$PbCrO_4$の黄色沈殿が生じる。　⑪　チオシアン酸カリウム水溶液を加えると血赤色の水溶液になるので，Fe^{3+}である。　(5)　解答参照。

【33】Ⅰ　問1　(1)　水素…5.0×10^4〔Pa〕　　全圧…1.1×10^5〔Pa〕

(2)　0.55　　(3)　3.9×10^4〔Pa〕　　問2　(1)　物質…Cu

イオン反応式…$PbO_2+SO_4^{2-}+4H^++2e^-\rightarrow PbSO_4+2H_2O$

(2)　5.0×10^{-3}〔mol〕　　(3)　$+0.48$〔g〕

Ⅱ　問1　(1)　ソーダ石灰に二酸化炭素CO_2と水H_2Oの両方が吸収されてしまい，それぞれの質量を正確に測定できなくなるため。

(2)　C_7H_8O

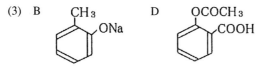

(3)　B　(ベンゼン環にCH_3とONaが隣接)　　D　(ベンゼン環に$OCOCH_3$と$COOH$が隣接)

CH₃ ONa

OCOCH₃ COOH

問2　(1)　アミラーゼ　　(2)　$C_6H_{12}O_6\rightarrow2C_2H_5OH+2CO_2$

(3)　34.2〔g〕

○**解説**○ Ⅰ　問1　(1)　ボイルの法則より，求める水素の分圧をp_{H_2}〔Pa〕とすると，$p_{H_2}=\frac{(2.0\times10^5)\times2.0}{2.0+6.0}=5.0\times10^4$〔Pa〕となる。同様に，酸素の分圧を$p_{O_2}$〔Pa〕とすると，$p_{O_2}=\frac{(8.0\times10^4)\times6.0}{2.0+6.0}=6.0\times10^4$〔Pa〕となるので，混合気体の全圧は$(5.0\times10^4)+(6.0\times10^4)=1.1\times10^5$〔Pa〕となる。　(2)　酸素のモル分率は，$\frac{6.0\times10^4}{(5.0\times10^4)+(6.0\times10^4)}\fallingdotseq0.55$となる。　(3)　水素を完全燃焼させたときの反応式は，$2H_2+O_2\rightarrow2H_2O$なので，燃焼により水素の半分の物質量の酸素が消費されたことになる。

したがって，気体の状態方程式より，未反応の酸素の物質量は，
$\dfrac{(8.0\times10^4)\times6.0}{(8.3\times10^3)\times300}-\dfrac{(2.0\times10^5)\times2.0}{(8.3\times10^3)\times300}\times\dfrac{1}{2}=\dfrac{2.8\times10^5}{(8.3\times10^3)\times300}$〔mol〕となる。ここで，この酸素の分圧を$x$〔Pa〕とおくと，

$x=\dfrac{\dfrac{2.8\times10^5}{(8.3\times10^3)\times300}\times(8.3\times10^3)\times300}{8.0}=3.5\times10^4$〔Pa〕となる。これに27℃での水蒸気圧を加えたものが求める混合気体の全圧なので，$(3.5\times10^4)+(3.6\times10^3)=3.86\times10^4\fallingdotseq3.9\times10^4$〔Pa〕となる。

問2　(1)　解答参照。　(2)　電解槽の陽極では，$2Cl^-\rightarrow Cl_2+2e^-$の反応が起きるので，塩素1molに対して電子2molが流れる。よって，発生した塩素の物質量は$\dfrac{0.20\times(60\times60+60\times20+25)}{9.65\times10^4}\times\dfrac{1}{2}=5.0\times10^{-3}$〔mol〕となる。　(3)　鉛蓄電池の負極では，$Pb+SO_4^{2-}\rightarrow PbSO_4+2e^-$の反応が起きている。つまり，反応したPb(原子量207)と生成した$PbSO_4$(式量303)の物質量は，流れた電子の物質量の半分なので，それぞれの物質量は5.0×10^{-3}〔mol〕となる。よって，求める質量変化は$(303-207)\times(5.0\times10^{-3})=+0.48$〔g〕となる。

Ⅱ　問1　(1)　解答参照。　(2)　二酸化炭素の分子量は44，水の分子量は18なので，化合物A中の炭素の質量は$46.2\times\dfrac{12}{44}=12.6$〔mg〕，水素の質量は$10.8\times\dfrac{2.0}{18}=1.2$〔mg〕，酸素の質量は$16.2-(12.6+1.2)=2.4$〔mg〕となる。よって，原子数の比はC：H：O$=\dfrac{12.6}{12}:\dfrac{1.2}{1.0}:\dfrac{2.4}{16}=7:8:1$より，組成式は$C_7H_8O$となる。　(3)　化合物Aの分子量は108なので，分子式はC_7H_8Oとなる。また，化合物Aは水酸化ナトリウム水溶液と反応するのでフェノール性のヒドロキシ基をもち，過マンガン酸カリウムで酸化するのでメチル基をもつことなどから，化合物Aは*o*－クレゾール，化合物Bは化合物Aのナトリウム塩，化合物Cはサリチル酸と推定できる。さらに，サリチル酸を無水酢酸でアセチル化した化合物Dは，アセチルサリチル酸である。　問2　(1)(2)　解答参照。

(3)　デンプンの加水分解の反応式は，$2(C_6H_{10}O_5)_n+nH_2O\rightarrow nC_{12}H_{22}O_{11}$と表せる。2molのデンプン(分子量$162n$)から$n$〔mol〕のマルトース(分子量342)が得られるので，求めるマルトースの質量をx〔g〕とおく

と，$\frac{32.4}{162n} \times \frac{n}{2} = \frac{x}{342}$より，$x=34.2$〔g〕となる。

【34】(1)　ベンゼン環等を含む芳香性をもつ化合物　　(2)　1.22×10^2

(3)　Aを酸化するはたらき

(4)　　　　(5)　　　　(6)

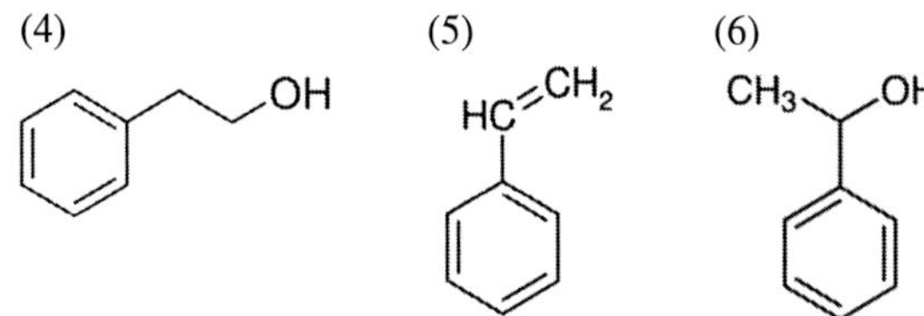

(7)　$C_6H_6 + C_2H_4 \rightarrow C_6H_5C_2H_5$　　(8)　A，B，D，F

〇**解説**〇 (1)　解答参照。　(2)　化合物Aは炭素，水素，酸素を含むので，酸素の割合は100−78.68−8.200＝13.12〔%〕である。したがって，原子数の比はC：H：O＝$\frac{78.68}{12.0} : \frac{8.2}{1.00} : \frac{13.12}{16.0} \fallingdotseq 8 : 10 : 1$となり，組成式は$C_8H_{10}O$となる。よって，$n$を整数とすると，分子式は$(C_8H_{10}O)_n$，分子量は122$n$と表せるが，問題文より分子量は200以下なので$n=1$，つまり分子量は$122 = 1.22 \times 10^2$となる。　(3)　酸化銅(Ⅱ)は酸化剤としてはたらく。　(4)(5)　化合物Aを酸化して得られた化合物Bは，還元性を示すのでホルミル基(アルデヒド基)をもつ。したがって，化合物Aは炭素末端にヒドロキシ基をもっている。また，化合物Aを脱水して得られる化合物Cはスチレンと考えられるので，その二重結合に水を付加したものが化合物Aの構造である。　(6)　化合物Dは化合物Aの構造異性体であり，不斉炭素原子をもつので，解答の構造式となる。

(7)　スチレンは，問題文の方法でエチルベンゼンを脱水素することで合成できるので，化合物Fはエチルベンゼンである。また，エチルベンゼンは問題文の方法でベンゼンをアルキル化することで合成できるので，化合物Eはベンゼンである。　(8)　同一平面上にあるのは，ベンゼン環を構成する炭素原子，これと直接結合する炭素原子，および二重結合を形成する炭素原子と考えられる。この条件を満たすのは，化合物Cのトルエンと化合物Eのベンゼンである。

【35】(1)　4　　(2)　2　　(3)　4

○**解説**○ (1)　分子式$C_4H_{10}O$で表される化合物の構造異性体は，アルコールが4種類，エーテルが3種類なので，合計7種類である(鏡像異性体は含まない)。　(2)　実験Ⅰより，化合物AとBは金属ナトリウムと反応するので，アルコールである。実験Ⅱより，化合物Aを酸化して得られた化合物Cは還元性をもたず，炭酸水素ナトリウムと反応しないので，化合物Cはアルデヒドやカルボン酸ではない，つまり化合物Aは第一級アルコールではない。実験Ⅲより，化合物Aの沸点は化合物Bより高いが，一般的に沸点が高い順に，第一級＞第二級＞第三級なので，化合物Aは第二級アルコールの2－ブタノール$CH_3CH(OH)CH_2CH_3$である。よって，化合物Cはエチルメチルケトン$CH_3COCH_2CH_3$であり，CH_3CO-Rの構造をもつので，ヨードホルム反応を示す。　(3)　化合物Bは化合物Aより沸点が低いので，第三級アルコールの2－メチル－2－プロパノールである。

中高・高校
生物

要点整理

生物（細胞・組織）

細胞分画法では，遠心分離により，細胞小器官などを大きさや密度の違いで，次のように分ける。

遠心力 遠心分離時間	小 短 ←		→		大 長
試料	沈殿①	沈殿②	沈殿③	沈殿④	上澄み液
細胞小器官など	細胞壁 核	葉緑体	ミトコンドリア	ミクロソーム ・小胞体 ・リボソーム ・細胞膜 ・ゴルジ体 などの断片	細胞質基質

生物（分裂・生殖・発生）

①細胞分裂の周期

(1)　間期(G_1期，S期，G_2期)

(2)　分裂期(M期)

各期の長さは，その時期の細胞数の割合に比例する。

$$(\text{各期の長さ})=(\text{細胞周期の長さ})\times\frac{(\text{各期の細胞数})}{(\text{全細胞数})}$$

②ショウジョウバエの発生

(1)　前後軸の形成

・母性効果遺伝子のmRNAである，ビコイドが卵の前方，ナノスが後方に局在

・上記のタンパク質が翻訳されて濃度勾配ができる

・上記が位置情報となり，前後軸が形成される

(2)　器官の形成

・前後軸の形成後，ホメオティック遺伝子が関与する

例　アンテナペディア遺伝子群　⇒　頭部や胸部の発生に関与

バイソラックス遺伝子群　⇒　胸部や腹部の発生に関与

・上記が突然変異すると，器官が正しく形成されない(ホメオティック突然変異)

(3)　(1)(2)の間の過程

・分節遺伝子がはたらいている

ギャップ遺伝子　→　ペア・ルール遺伝子　→　セグメント・ポラリティ遺伝子

生物（感覚・神経・行動）

(1)　神経筋標本上において，興奮が伝わる時間

(a)　(伝導時間)＝(神経上の2点間の距離)÷(反応時間の差)

(b)　(伝達時間)＝(軸索末端から筋肉に興奮が伝わる時間)

(c)　(筋肉が収縮するまでの時間)＝(筋肉を直接刺激したときの反応時間)

(2)　神経筋標本に刺激を与えてから筋肉が収縮するまでにかかる時間

(1)の(a)，(b)，(c)の合計時間

生物（恒常性）

腎臓のはたらきについて，それぞれの物質が血しょう，原尿，尿へと移動するとき，

(1)　$(\text{濃縮率〔倍〕})=\dfrac{(\text{尿中の濃度})}{(\text{血しょう中の濃度})}$

(2)　(原尿量)＝(尿量)×(イヌリンの濃縮率)

ただし，ヒトではイヌリンは再吸収されないと考える。

(3)　(物質の尿中の量)＝(尿量)×(その物質の尿中の濃度)

(4)　(物質の原尿中の量)＝(原尿量)×(その物質の尿中の濃度)

(5)　$(\text{再吸収率〔\%〕})=\dfrac{(\text{原尿中の量})-(\text{尿中の量})}{(\text{原尿中の量})}\times 100$

生物（植物の反応）

植物の主な光受容体を以下にまとめる。

光受容体	吸収する光	主なはたらき	例
フィトクロム	赤色光，遠赤色光	光発芽種子の発芽	レタス，タバコ，シソ，シロイヌナズナ
フォトトロンピン	青色光	光屈性	イネのなかま
クリプトクロム	青色光	伸長成長の抑制	イネのなかま

生物（遺伝）

①配偶子の種類の数

(1)　乗換えが起きないとき

n対の相同染色体をもつ個体から生じる配偶子の種類は，2^n〔通り〕

(2)　乗換えが起きるとき

n対の相同染色体をもつ個体から生じる配偶子の種類は，4^n〔通り〕

②組換え価

組換えが生じた配偶子の割合であり，調べたい個体を検定交雑した結果を用いて，

$$(\text{組換え価〔\%〕})=\frac{(\text{組換えが生じた個体数})}{(\text{全個体数})}\times 100$$ (50%を超えることはない)

生物（遺伝子）

①半保存的複製

DNAの半保存的複製を示す，メセルソンとスタールの実験内容を以下に示す。

・^{15}Nからなる2本鎖DNA(^{15}N－^{15}N：重いDNA)をもつ大腸菌を，^{14}Nの培地で培養する。

・上記より，一方は^{14}N，他方は^{15}Nからなる2本鎖DNA(^{14}N－^{15}N：中間のDNA)が生じる。

・さらに^{14}Nの培地で培養すると，^{14}Nのみからなる2本鎖DNA(^{14}N－^{14}N：軽いDNA)と中間のDNAが生じる。

このように大腸菌を培養してn回分裂させたとき，
(重いDNA)：(中間のDNA)：(軽いDNA)＝0：1：$2^{n-1}-1$

②PCR法

(1)　PCR法の操作をnサイクル繰り返すとき
　鋳型鎖が1分子であれば，操作後のDNAの量は，2^n〔倍〕

(2)　2つのプライマーを用いてPCR法の操作をnサイクル繰り返すとき
　鋳型鎖が2本鎖DNA1分子であれば，操作後の1本鎖DNAの量は，
　(a)　全部で$2^n\times2=2^{n+1}$〔本〕
　(b)　始めの鋳型鎖は2本
　(c)　合成された長い1本鎖は，$2n$〔本〕
　(d)　合成された短い1本鎖は，$2^{n+1}-2n-2$〔本〕

生物（呼吸・光合成）

①呼吸商

(1)　$(\text{呼吸商})=\dfrac{\{\text{放出した二酸化炭素の体積(物質量)}\}}{\{\text{吸収した酸素の体積(物質量)}\}}$

(2)　呼吸基質と呼吸商の関係
　炭水化物：1.0，タンパク質：0.8，脂質：0.7

②光合成

光合成の過程は，植物により次のように分けられる。

	CO_2から最初につくられるもの	反応系	役割	例
C_3植物	ホスホグリセリン酸	カルビン・ベンソン回路	有機物を合成	多数の植物
C_4植物	オキサロ酢酸	C_4回路(葉肉細胞)	CO_2を濃縮(リンゴ酸を蓄積)	サトウキビ，トウモロコシなど
		カルビン・ベンソン回路(維管束鞘細胞)	有機物を合成	

	反応系	役割	例
CAM植物	昼間：CAM回路	CO_2→リンゴ酸	サボテン，ベンケイソウ　など
	夜間：カルビン・ベンソン回路	リンゴ酸→CO_2→有機物	

中高・高校　生　物

実施問題

【1】高等学校学習指導要領理科の「各科目」の「生物基礎」の「内容」において，身に付けることができるよう指導するとされている事項に関する記述として適切なものは，次の1～4のうちのどれか。

1　「生物の特徴」の「遺伝情報とDNA」においては，生物の遺伝情報に関する資料に基づいて，生物の系統と塩基配列やアミノ酸配列との関係を見いだして理解すること。

2　「ヒトの体の調節」の「体内環境の維持の仕組み」においては，生命現象とタンパク質に関する観察，実験などを行い，タンパク質の機能を生命現象と関連付けて理解すること。

3　「ヒトの体の調節」の「免疫の働き」においては，免疫に関する資料に基づいて，異物を排除する防御機構が備わっていることを見いだして理解すること。

4　「生物の多様性と生態系」の「生態系のバランスと保全」においては，生態系における物質生産及びエネルギーの移動と生態系での物質循環とを関連付けて理解すること。

2024年度　東京都　難易度

【2】遺伝子発現について，次の(1)～(4)の各問いに答えなさい。

(1)　500個の塩基からなるmRNAがあるとき，合成されるタンパク質を構成するアミノ酸の数は何個か答えなさい。

ただし，mRNAの先頭に最も近い開始コドンAUGは，11番目から始まり，終止コドンは先頭から数えて491番目から始まるものとします。

(2)　DNA→RNA→タンパク質の順に一方向に遺伝情報が流れるという原則を何というか答えなさい。

(3)　細胞分化や遺伝子について説明した文として適するものを，次のア～ウから1つ選び，記号で答えなさい。

ア　からだを構成する皮膚の細胞と筋細胞は，異なる遺伝情報をもっている。

イ　相同染色体の一方は父親由来，もう一方は母親由来である。

ウ　ヒトのゲノムには約4400個の遺伝子があると推定されている。

(4)　ある動物において，遺伝子AとBは連鎖の関係にあり，またaとbはそれぞれAとBの劣性対立遺伝子です。遺伝子AとBの組換え価が雌では20%，雄では0%の場合，F_1(AaBb)どうしの交配で生じたF_2の表現型([AB]：[Ab]：[aB]：[ab])の分離比を簡単な整数比で答えなさい。

2024年度　名古屋市　難易度

【3】次の表は，動物1～動物4のヘモグロビンα鎖のアミノ酸配列を比較し，その違いをパーセント〔%〕で示したものである。系統図のうち，A及びBに当たる生物の組合せとして最も適切なものを，後の①～⑨のうちから選びなさい。

	動物1	動物2	動物3	動物4
動物1	――	49	51	51
動物2		――	25	19
動物3			――	29
動物4				――

〔系統図〕

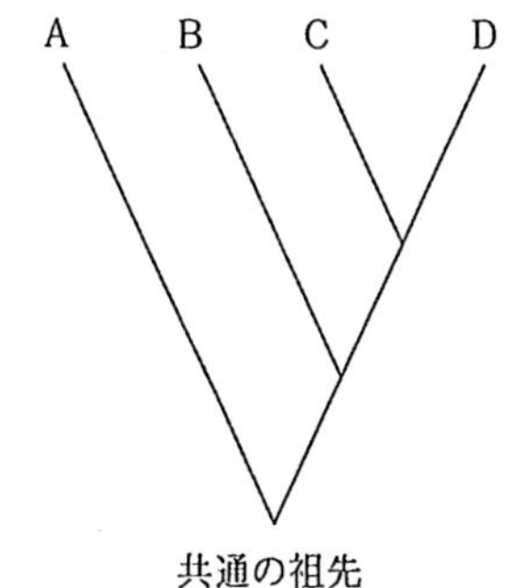

	A	B
①	動物1	動物2
②	動物2	動物3
③	動物3	動物1
④	動物4	動物1
⑤	動物1	動物3
⑥	動物2	動物4
⑦	動物3	動物2
⑧	動物4	動物2
⑨	動物4	動物3

▌2024年度 ▌神奈川県・横浜市・川崎市・相模原市 ▌難易度

【4】次のⅠ，Ⅱの文章を読み，(1)～(6)の問いに答えよ。

Ⅰ　乳酸脱水素酵素は，乳酸を基質とする反応においてピルビン酸を生成する。この酵素の性質を調べるために，(1)，(2)の実験を行ったところ，それぞれ図1，図2に示す結果が得られた。いずれの実験においても，まず酵素以外の成分を含む溶液を反応に使用する温度に保ち，それに10℃に維持していた少量の酵素液を加えて反応を開始させた。

(1)　反応速度と基質濃度の関係を40℃で調べたところ，図1のaで示す曲線が得られた。同じ反応液を新たに用意し，一定量の物質Aを加えて実験を行ったところ，bで示す曲線が得られた。物質Aが実験に影響を与えた理由として最も適当なものを，以下の1～6のうちから一つ選べ。

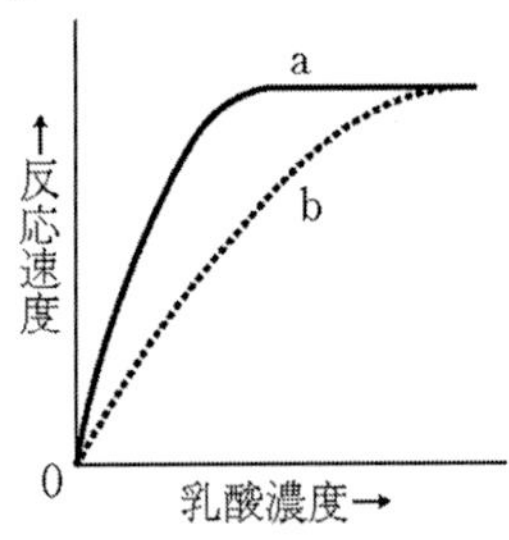

図1　反応速度と基質濃度の関係

1　活性部位に結合することによって，乳酸の活性部位への結合を妨げた。

2　活性部位に結合することによって，乳酸の活性部位への結合を促進した。

3　活性部位とは異なる部位に結合することによって，活性部位に結合している乳酸をピルビン酸に変える反応を妨げた。

4　活性部位とは異なる部位に結合することによって，活性部位に結合している乳酸をピルビン酸に変える反応を促進した。

5　活性部位とは異なる部位に結合することによって，乳酸の活性部位への結合を妨げた。

6　活性部位とは異なる部位に結合することによって，乳酸の活性部位への結合を促進した。

(2)　反応速度と基質濃度の関係を40℃で調べたところ，図2のcで示す曲線が得られた。同じ反応液を新たに用意し，一定量の物質Bを加えて実験を行ったところ，dで示す曲線が得られた。物質Bがこの実験に影響を与えた理由として最も適当なものを，以下の1～6のうちから一つ選べ。

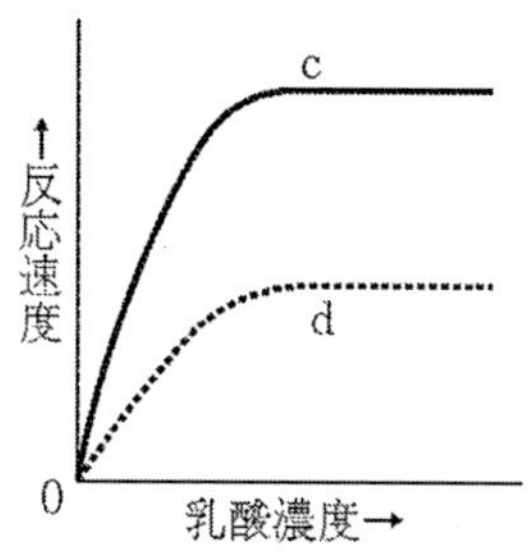

図２　反応速度と基質濃度の関係

1　活性部位に結合することによって，乳酸の活性部位への結合を妨げた。

2　活性部位に結合することによって，乳酸の活性部位への結合を促進した。

3　活性部位とは異なる部位に結合することによって，活性部位に結合している乳酸をピルビン酸に変える反応を妨げた。

4　活性部位とは異なる部位に結合することによって，活性部位に結合している乳酸をピルビン酸に変える反応を促進した。

5　活性部位とは異なる部位に結合することによって，乳酸の活性部位への結合を妨げた。

6　活性部位とは異なる部位に結合することによって，乳酸の活性部位への結合を促進した。

(3)　物質A，物質Bはどのような阻害剤といえるか。その組合せとして最も適当なものを，次の1～6のうちから一つ選べ。

	物質A	物質B
1	アロステリック阻害剤	非競争的阻害剤
2	アロステリック阻害剤	競争的阻害剤
3	非競争的阻害剤	アロステリック阻害剤
4	非競争的阻害剤	競争的阻害剤
5	競争的阻害剤	アロステリック阻害剤
6	競争的阻害剤	非競争的阻害剤

Ⅱ　多くの生物は，酸素存在下で呼吸を行う。グルコースなどの炭水化物を呼吸基質とした場合，解糖系，クエン酸回路および電子伝達系の3つの過程を経て，水と二酸化炭素にまで分解され，それに伴ってATPが合成される。一方，微生物が酸素を用いずに呼吸基質を分解し，その過程でATPを合成するはたらきを発酵という。酵母や乳酸菌はそれぞれアルコール発酵や乳酸発酵を行う。

呼吸には，グルコース以外の糖や脂肪，タンパク質なども利用することができる。脂肪は，モノグリセリドと脂肪酸に分解され，これらのうち①脂肪酸はさらにミトコンドリアにおいて活性酢酸となり，呼吸経路に取り込まれる。

(4)　呼吸における過程の中で，酸素を直接必要とするものはどれか。最も適当なものを，次の1～7のうちから一つ選べ。

1　解糖系とクエン酸回路と電子伝達系の全て

2　解糖系とクエン酸回路の2つ

3　クエン酸回路と電子伝達系の2つ

4　解糖系と電子伝達系の2つ

5　解糖系のみ

6　クエン酸回路のみ

7　電子伝達系のみ

(5)　ある酵母が酸素32mgを吸収し，二酸化炭素66mgを放出したとする。このとき消費したグルコースは何mgか。最も適当なものを，次の1～5のうちから一つ選べ。ただし，水素，酸素，炭素の原子量は，それぞれ，1.0，16，12とする。

1　30mg　　2　45mg　　3　60mg　　4　75mg　　5　90mg

(6)　下線部①の過程を示す語句として最も適当なものを，次の1～6のうちから一つ選べ。

1　オルニチン回路　　2　解糖　　3　乳酸発酵
4　β酸化　　5　酢酸発酵　　6　酪酸発酵

2024年度　大分県　難易度

【5】次のⅠ，Ⅱの文章を読み，(1)～(7)の問いに答えよ。

Ⅰ　原核生物では，一連の化学反応にはたらく複数の酵素の構造遺伝子が隣りあって存在し，オペロンとよばれる転写単位を構成している場合がある。オペロンを構成する構造遺伝子は，1つの(　a　)のもとでまとまって転写調節を受け，1本のmRNAとして転写される。

ラクトースオペロンの構造遺伝子は，βガラクトシダーゼなどのラクトースの代謝にはたらく3種類の酵素の遺伝子である。ラクトースがないとき，(　b　)とよばれる転写調節領域に(　c　)が結合しているため，(　d　)が(　a　)に結合できず，転写が妨げられて3種類の酵素は合成されない。

グルコースがなくラクトースがあるときには，(　c　)にラクトースの代謝産物が結合することで(　c　)はその立体構造が変化し，(　b　)に結合できなくなる。その結果，(　d　)が(　a　)に結合し，転写が始まって3種類の酵素が合成される。

このようにして，ラクトースオペロンでは(　c　)による負の調節が行われている。

(1)　文中の(　a　)～(　d　)に入る語句の組合せとして最も適当なものを，次の1～8のうちから一つ選べ。

	a	b	c	d
1	オペレーター	プロモーター	リプレッサー	DNAポリメラーゼ
2	オペレーター	プロモーター	リプレッサー	RNAポリメラーゼ
3	プロモーター	オペレーター	リプレッサー	DNAポリメラーゼ
4	プロモーター	オペレーター	リプレッサー	RNAポリメラーゼ
5	オペレーター	プロモーター	アクチベーター	DNAポリメラーゼ
6	オペレーター	プロモーター	アクチベーター	RNAポリメラーゼ
7	プロモーター	オペレーター	アクチベーター	DNAポリメラーゼ
8	プロモーター	オペレーター	アクチベーター	RNAポリメラーゼ

(2) 原核細胞の遺伝子発現調節を，大腸菌を使って調べ，オペロン説を発表した研究者の名前を，次の1～5のうちから一つ選べ。

1　ビードル，テータム
2　ワトソン，クリック
3　ジャコブ，モノー
4　ハーディー，ワインベルグ
5　フランクリン，ウィルキンス

(3) 図1は，架空の真核生物のある遺伝子のDNAの塩基配列を模式的に示したものである。この遺伝子をもとに合成されたタンパク質のアミノ酸配列は，MAYLRLKVASLQVLGHTQAKDSIであった。なお，アミノ酸は，表1中のカッコ内に示したアルファベットを用いて表している。この塩基配列中には，イントロンが存在しており，一つは図1に示した下線部①であった。この塩基配列中のイントロンについての説明として最も適当なものを，あとの1～4のうちから一つ選べ。

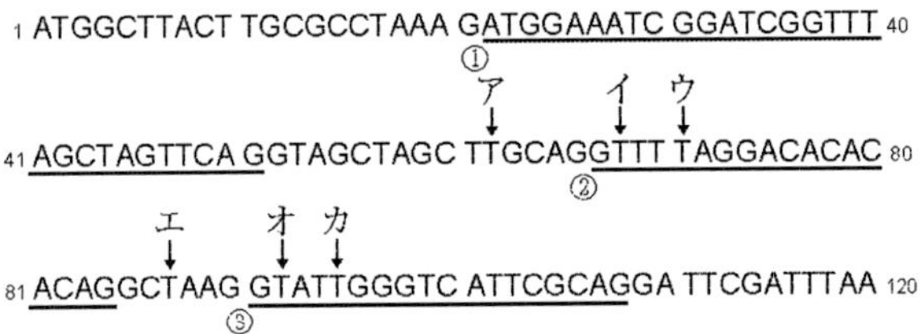

(注) 番号は最初のAを１とした場合のものであり、数えやすいように10塩基ごとにスペースを設けてある。

図１

表1

1番目の塩基	2番目の塩基								3番目の塩基
	U		C		A		G		
U（ウラシル）	UUU	フェニルアラニン(F)	UCU	セリン(S)	UAU	チロシン(Y)	UGU	システイン(C)	U
	UUC		UCC		UAC		UGC		C
	UUA	ロイシン(L)	UCA		UAA	(終止)	UGA	(終止)	A
	UUG		UCG		UAG		UGG	トリプトファン(W)	G
C（シトシン）	CUU	ロイシン(L)	CCU	プロリン(P)	CAU	ヒスチジン(H)	CGU	アルギニン(R)	U
	CUC		CCC		CAC		CGC		C
	CUA		CCA		CAA	グルタミン(Q)	CGA		A
	CUG		CCG		CAG		CGG		G
A（アラニン）	AUU	イソロイシン(I)	ACU	トレオニン(T)	AAU	アスパラギン(N)	AGU	セリン(S)	U
	AUC		ACC		AAC		AGC		C
	AUA		ACA		AAA	リシン(K)	AGA	アルギニン(R)	A
	AUG	メチオニン(M)(開始)	ACG		AAG		AGG		G
G（グアニン）	GUU	バリン(V)	GCU	アラニン(A)	GAU	アスパラギン酸(D)	GGU	グリシン(G)	U
	GUC		GCC		GAC		GGC		C
	GUA		GCA		GAA	グルタミン酸(E)	GGA		A
	GUG		GCG		GAG		GGG		G

1　①以外のイントロンは，②のみであった。

2　①以外のイントロンは，③のみであった。

3　①以外のイントロンは，②と③の両方であった。

4　①以外にイントロンは存在しなかった。

(4)　図1中のDNAに遺伝子突然変異が起こり，1箇所の塩基TがAに置換されたところ，最終的に合成されたタンパク質のアミノ酸配列は，MAYLRLKVASLQVであった。なお，アミノ酸は，表1中のカッコ内に示したアルファベットを用いて表している。矢印ア～カのうち，変異を起こした可能性のある塩基Tとして最も適当なものを，次の1～6のうちから一つ選べ。

1　ア　　2　イ　　3　ウ　　4　エ　　5　オ　　6　カ

Ⅱ　①インフルエンザウイルスはタンパク質の殻で外部と仕切られており，コロナウイルスも同様である。これらの②ウイルス内部には核酸が存在している。コロナウイルスやインフルエンザウイルスのように，③ウイルスには病気を引き起こすものもある。コロナウイルスなどの④ウイルスは生きている生物としての特徴を全て満たしているため、紙の上で⑤ウイルス自身が単独で自己増殖を行う可能性がある。

DNAは，半保存的複製によって増幅される。DNAの合成を担うDNA合成酵素は，鋳型の配列に相補的なヌクレオチドを既存の

DNA鎖に次々と付加していく重合反応の触媒活性しかもたないため，DNAの複製開始にはプライマーと呼ばれる1本鎖の短いヌクレオチド鎖が必要とされる。プライマーは鋳型となるDNA鎖の特異的な部位と相補的な塩基配列をもち，鋳型と水素結合することでDNA複製の起点となる。PCR法ではこのプライマーの配列特異性を利用して目的とするDNA領域の増幅を行う。

(5) 下線部①～⑤のうち，明らかに誤りであるものの組合せとして最も適当なものを，次の1～9のうちから一つ選べ。

1 ①・②　2 ①・③　3 ①・④　4 ①・⑤
5 ②・③　6 ②・④　7 ②・⑤　8 ③・④
9 ④・⑤

(6) ある任意の16塩基のプライマーと同一の配列がヒトゲノム中に何個存在するか。その期待値として最も適当なものを，次の1～6のうちから一つ選べ。ただし，ヒトゲノムは，30億塩基対とする。また，アデニン，シトシン、グアニン，チミンの各塩基はゲノム中に同じ確率で存在するとし，$4^5 \fallingdotseq 10^3$の近似値を用いて計算してよい。

1 0.9　2 1.2　3 1.5　4 1.8　5 2.1　6 2.3

(7) 図2のように，PCR反応を3サイクル行った後に，どのような長さのDNA分子が何分子存在することになるか。以下の1～6のうちから一つ選べ。ただし，PCR反応は理想的な条件で完全に行われるとし，DNA分子は1本鎖DNAを単位として解答するものとする。例えば，1サイクル後の状態は，1100塩基のDNAが2分子，1000塩基のDNAが1分子，800塩基のDNAが1分子と表す。

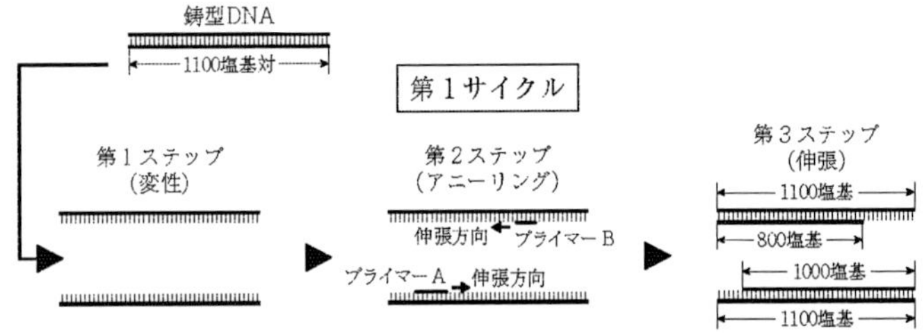

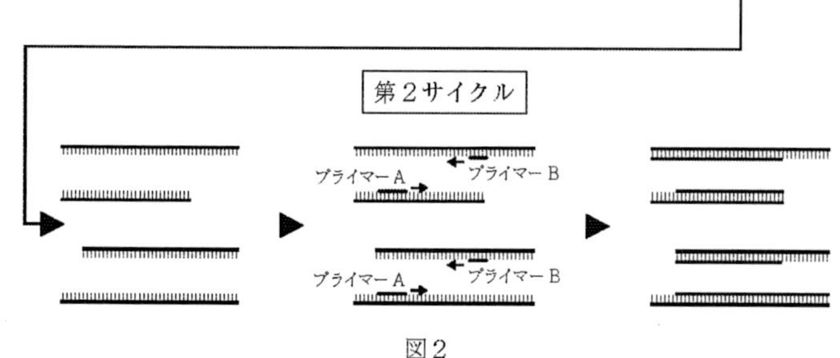

図2

	1100塩基のDNA	1000塩基のDNA	800塩基のDNA	700塩基のDNA
1	2	1	1	0
2	2	1	1	2
3	2	2	2	2
4	2	3	3	3
5	2	3	3	8
6	2	3	3	16

2024年度　大分県　難易度

【6】「生物基礎」の授業において，次の薬品・器具等の中から必要だと思われるものを使って，環境の異なる土壌に生息している土壌動物の種類数や個体数の違いを調べる方法を，生徒に立案させることとします。以下の1・2に答えなさい。

薬品・器具等	70％〔体積％〕エタノール水溶液，採集缶(底面積20cm^{2}の缶を深さ5cmに切る)，白色のバット，ピンセット，管ビン，ツルグレン装置，ビーカー，ペトリ皿，ルーペ，双眼実体顕微鏡，検鏡用具，軍手，図鑑，インターネットに接続できる機器

1　環境の異なる土壌に生息している土壌動物の種類数や個体数の違いを調べる方法として，どのような方法が考えられますか。その方法として適切なものを，具体的に書きなさい。

2　環境の異なる土壌に生息している土壌動物の種類数や個体数の違いを調べる方法を生徒に立案させる際の，指導における留意点として，どのようなことが考えられますか。具体例を挙げて書きなさい。

2024年度 ▌広島県・広島市 ▌難易度

【7】次の体細胞分裂の観察に関して以下の(1)～(3)の問いに答えなさい。

観察

ある植物の種子を発根させ，根端分裂組織に適切な処理をした上で，顕微鏡観察を行った。無作為に数えた総細胞数は1000個であり，細胞周期の各時期の細胞数は表のとおりであった。

表

時　期	間　期	前　期	中　期	後　期	終　期
細胞数〔個〕	933	20	11	13	23

(1)　この観察から，分裂期に要する時間として最も適当なものを，次の①～⑤のうちから一つ選びなさい。ただし，この植物の根端分裂組織の細胞周期を24時間とし，各時期の細胞数は，各時期に要する時間に比例するものとする。

①　約49分　　②　約1時間4分　　③　約1時間36分

④　約1時間56分　　⑤　約22時間23分

(2)　今回の観察では，様々な状態の細胞が観察された。図1は，体細胞分裂中の細胞一個あたりのDNA相対量を表したグラフであり，(あ)～(く)は体細胞分裂の各ステージを表している。また，図2は観察された細胞の様子，図3は細胞一個に含まれるDNAの状態の一部をそれぞれ模式的に表したものである。図1の(い)，(う)の各ステージについて，図2，図3から細胞の様子とDNAの状態を示したものの組合せとして最も適当なものを，以下の①～⑦のうちから一つ選びなさい。

図1

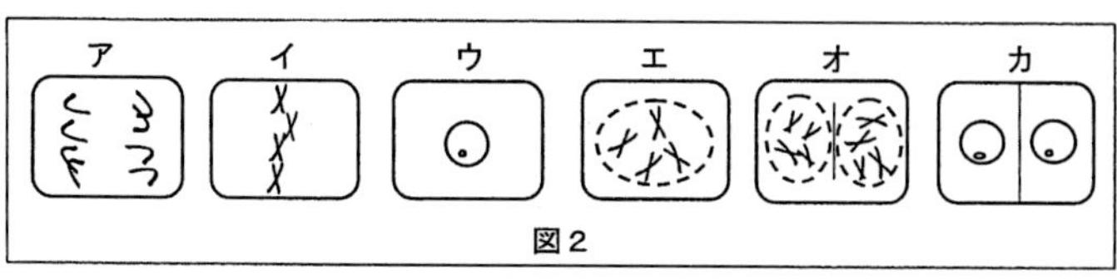

図2

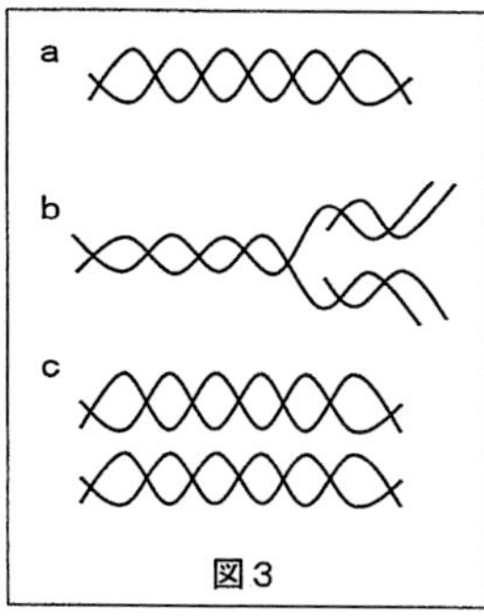

図3

	①		②		③		④		⑤		⑥		⑦	
	図2	図3	図2	図3	図2	図3	図2	図3	図2	図3	図2	図3	図2	図3
（い）	ア	a	イ	b	イ	b	ウ	b	ウ	a	エ	a	エ	a
（う）	オ	c	ア	c	イ	c	ウ	c	カ	c	エ	b	オ	b

(3)　体細胞分裂は，母細胞から娘細胞にDNAを分配することで全く同じ細胞を増やすものである。これに関連して，ヒトゲノムについて説明した次の文章中の(　ア　)～(　エ　)にあてはまるものの組合せとして最も適当なものを，以下の①～⑧のうちから一つ選びなさい。

> 生物はDNAの遺伝情報に基づいて作られている。ある生物がもつ自らを形成・維持するのに必要な一組の(　ア　)をゲノムという。ヒトゲノムについては2003年4月に全塩基配列の解読がほぼ完了している。ヒトゲノムを含む染色体数は(　イ　)本であるが，そこに含まれるDNAすべてが遺伝子として働くわけではなく，その遺伝子数は約(　ウ　)個程度であると考えられている。
>
> 現在では，個人の塩基配列の解読もできるようになっており，ヒトゲノムでは0.1%ほどの個人差があることが分かっている。この差によって病気へのかかりやすさや薬の効きやすさなどの違いがうまれていると考えられている。個人のゲノムを検査することで，その人にマッチした(　エ　)が実現可能となる。

① ア　遺伝子　　イ　23　　ウ　2000
エ　エピジェネティック制御

② ア　遺伝子　　イ　46　　ウ　20000
エ　エピジェネティック制御

③ ア　遺伝子　　イ　23　　ウ　20000
エ　オーダーメイド医療

④ ア　遺伝子　　イ　46　　ウ　2000
エ　オーダーメイド医療

⑤ ア　遺伝情報　　イ　23　　ウ　2000
エ　エピジェネティック制御

⑥ ア　遺伝情報　　イ　46　　ウ　20000
エ　エピジェネティック制御

⑦ ア　遺伝情報　　イ　23　　ウ　20000
エ　オーダーメイド医療

⑧ ア　遺伝情報　　イ　46　　ウ　2000
エ　オーダーメイド医療

2024年度　千葉県・千葉市　難易度

【8】次の文章中の(ア)，(イ)に当てはまる数値の組合せとして最も適切なものを，以下の①～⑥の中から一つ選べ。

ゲノムの大きさは，DNAの塩基対の数で表される。ヒトゲノムは大きさが約30億塩基対で，その中に約20000 個の遺伝子があると推定されている。つまり，ゲノム中では平均して約(　ア　)塩基対ごとに1つの遺伝子があることになる。しかし，ゲノム中のすべての塩基配列が遺伝子としてはたらいているわけではなく，遺伝子はゲノムのDNA中に飛び飛びに存在している。なお，タンパク質のアミノ酸配列を指定している部分(以後，翻訳領域と呼ぶ)は，ゲノム全体のわずか1.5％程度と推定されているので，ヒトゲノム中の個々の遺伝子の翻訳領域の長さは，平均して約(　イ　)塩基対だと考えられる。

	ア	イ
①	15万	1千
②	30万	1千
③	15万	2千
④	30万	2千
⑤	15万	5千
⑥	30万	5千

2024年度　岐阜県　難易度

【9】次の文を読んで，以下の各問いに答えなさい。

ある地域に生息する同種の集団がもつ遺伝子の全体を[　あ　]といい，[　あ　]における対立遺伝子が含まれる割合を[　い　]と呼ぶ。次のi～vのような5つの条件下では，[　い　]は世代を経ても変わることがなく，これは[　う　]の法則と呼ばれている。

i　[　え　]。
ii　[　お　]。
iii　自然選択がはたらかない。
iv　a突然変異が起こらない。
v　集団の大きさが十分に大きく，b遺伝的浮動の影響が無視できる。

イギリスに生息するオオシモフリエダシャクというガの一種には，体色が白っぽい明色型と体色が黒っぽい暗色型の2つの型がある。イギリスでは昔から林の木の幹には色の白っぽい地衣類が生えており，工業化が進む以前の19世紀中頃までは明色型がほとんどで，暗色型の個体数はごくわずかであった。しかし，c19世紀の後半から，工業地帯で暗色型が急激に増加した。この原因として，工業化が進むにつれて，都市近郊では大気汚染の影響で木の幹に白色の地衣類が生育しなくなり，さらに大気汚染によってガの生息場所である幹が黒ずんでいったためであることが考えられた。

オオシモフリエダシャクのはねの色の違いは，はねの色を暗色型にする対立遺伝子Dと明色型にする対立遺伝子dによって決まる。また，暗色型は明色型に対して優性であり，暗色型と明色型の個体は無差別に交配して子孫を残すことができる。子孫を残すことができた成虫の集団におけるDの頻度をp，dの頻度をqとする(ただし$p+q=1$)。このとき，この成虫集団の次世代で見られる暗色型と明色型の遺伝子型の頻度は，pとqを用いた数式で表すことができる。

(1) [　あ　]～[　う　]に当てはまる適切な語句をそれぞれ書きなさい。

(2) [　う　]の法則が成り立つために必要な，残り2つの条件[　え　]，[　お　]を書きなさい。

(3) 下線部aの原因のうち，染色体の逆位と転座について簡潔に説明しなさい。

(4) 下線部bについて，どのような現象か30字程度で説明しなさい。

(5) 下線部cについて，次の各問いに答えなさい。

① この現象を何というか，書きなさい。

② この現象が起きた理由として考えられることを，自然選択の観点から書きなさい。

(6) 暗色型の遺伝子型を，Dおよびdを用いてすべて書きなさい。また，暗色型の頻度を，pおよびqを用いた数式で書きなさい。

(7) [　う　]の法則が成立しているオオシモフリエダシャクのある集団において，全個体数のうち暗色型の個体数は84％であった。

① この集団におけるpおよびqの値を書きなさい。

② この集団からすべての明色型個体を取り除いた後に，無差別に交配が行われた場合，生じる次世代における暗色型と明色型の出現比はどのようになるか。最も簡単な整数比で書きなさい。

▌2024年度▌長野県▌難易度■■■□□

【10】次のⅠ，Ⅱについて，以下の問に答えよ。

Ⅰ　バイオテクノロジーは農業や医療など様々な分野で応用されている。バイオテクノロジーにおいて，遺伝子を操作するためには，生物由来のDNA分子を切断して新たな組合せでつなぎ合わせることで，自然界には存在しない組換えDNAをつくることができる。組換えDNAは，特定の塩基配列のところでDNAを切断する制限酵素と，<u>DNAを連結するための「のり」としてはたらく酵素</u>を用いてつくられる。これらの酵素の活用により遺伝子組換え技術は進歩してきた。例えば，ヒトの成長ホルモンの遺伝子を組みこんだプラスミドを大腸菌に導入することにより，ヒトの成長ホルモンを大量につくらせることができる。

問1　文章中の下線部について，このようなはたらきをする酵素を何というか。

問2　図1は2種類の制限酵素a，制限酵素bについて，特定の塩基配列と切断部位を示したものである。

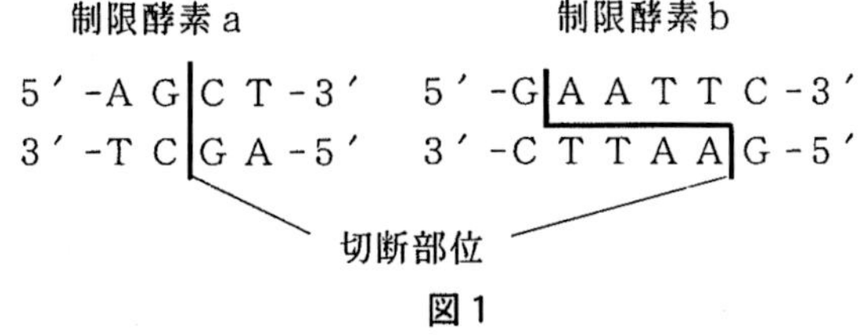

図1

(1)　図2に示す2本鎖DNAを，制限酵素a，制限酵素bを混合した酵素液で切断するとき，切断できる部位は何か所あるか。適当なものを，以下のア～カからすべて選び，記号で答えよ。ただし，解答の順序は問わない。

5′－AGGGGAATTCGAGCTTAAGCGCAGCGCCGAAGTTCAGCTAA－3′

3′－TCCCCTTAAGCTCGAATTCGCGTCGCGGCTTCAAGTCGATT－5′

図2

ア　制限酵素aで切断できる部位はない。

イ　制限酵素bで切断できる部位はない。

ウ　制限酵素aで切断できる部位は1か所ある。

エ　制限酵素bで切断できる部位は1か所ある。

オ　制限酵素aで切断できる部位は2か所ある。

カ　制限酵素bで切断できる部位は2か所ある。

(2)　制限酵素は，通常4～8塩基からなる特定の塩基配列を認識するので，DNA分子中には，この特定の塩基配列が一定の確率で存在する。ある長さの2本鎖DNAにおいて，4種類の塩基は同数ずつ存在し，塩基の並びに法則性がなく不規則であるものとすると，図1の制限酵素a，制限酵素bの特定の塩基配列が現れる頻度は，どちらが高いか，aまたはbで答えよ。また，その頻度はいくらか。最も簡単な分数で答えよ。

(3)　遺伝子組換え実験に用いられるプラスミドには，薬剤耐性遺伝子やGFP(緑色蛍光タンパク質)の遺伝子を組みこみ，実験を行う場合がある。その理由を「目的の遺伝子」という言葉を用いて説明せよ。

Ⅱ　多くの植物は，ある時点までは葉を茂らせて成長するが，ある特定の季節になると1日の明期の長さ(日長)と暗期の長さの変化を受容して花芽を形成し，花を咲かせて種子をつくる。図1は，異なる暗期の長さで生育させたときに植物Aおよび植物Bが花芽を形成し開花するまでにかかった日数を示したグラフである。

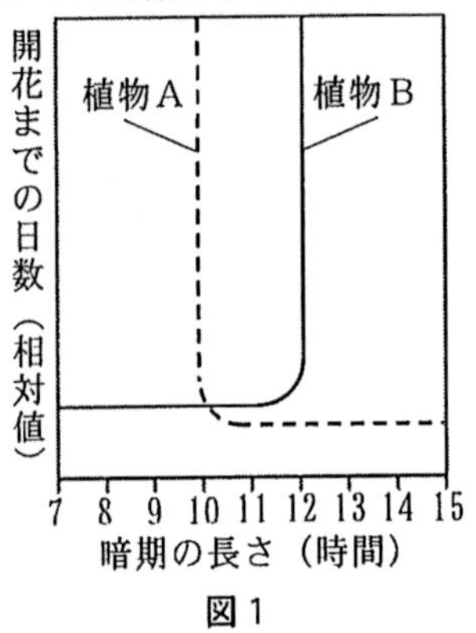

図1

問1　文章中の下線部のように日長の変化によって応答する性質を何というか。

問2　植物Aは，短日植物，長日植物，中性植物のどれか。判断した理由とともに書け。

問3　植物Bを図2に示すア～オの明暗条件で栽培した。植物Bが花芽を形成した明暗条件をア～オからすべて選び，記号で答えよ。ただし，明暗条件以外は，植物Bが花芽を形成するのに適した条件の下で栽培したものとする。

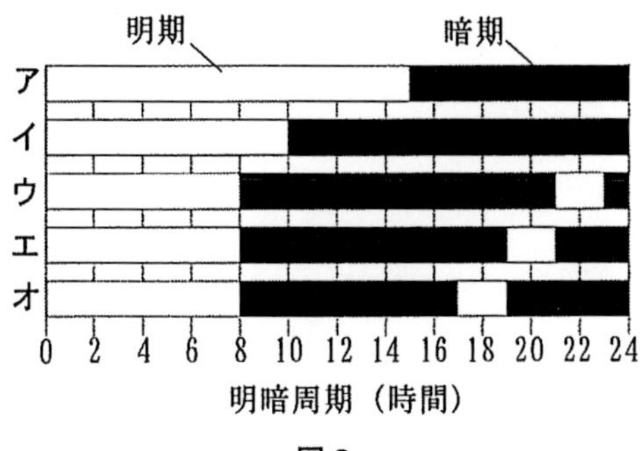

図2

問4　植物Bが花芽を形成したときと同じ明暗条件を与えても花芽を形成しない植物Cがある。植物Bに植物Cを図3のように接ぎ木し，植物Bが花芽を形成した時と同じ明暗条件においたところ，植物Cに花芽が形成された。その理由を説明せよ。

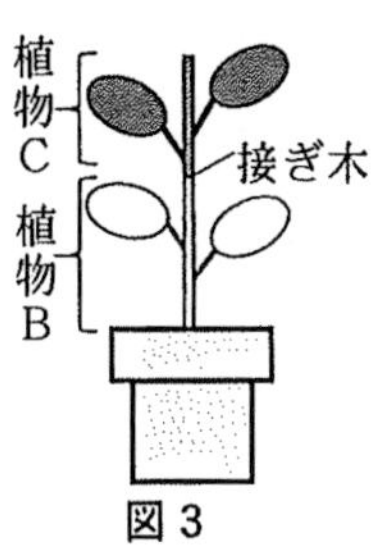

図3

問5　高緯度の寒冷地域でおもに生育している植物は，短日植物，長日植物，中性植物のどれか。理由とともに書け。

▌2024年度▌鹿児島県▌難易度

【11】神経に関する次の文章について，以下の各問いに答えなさい。

神経細胞に生じた電気的興奮は，軸索に沿って，その長さが1メートル以上に及ぶ場合でも減衰しないで伝わる。有髄神経繊維では，無髄神経繊維にはみられない(　①　)や(　②　)の構造によって，効果的な(　③　)伝導が生じる。この興奮の伝導は，軸索の外側に電極を置くことによって電位の変化として記録することができる。次の実験では動物の神経を用いて神経の伝導を測定した。

【実験】

イカから採取した1本の無髄神経軸索の外側に記録電極を置いて，2点間の電位差を記録した(図1)。A点にごく短時間の刺激を1回与えたところ，D点の電極を基準にして，B点の電極に現れる電位の変化は図2のように変化した。B－C間，C－D間はいずれも5.0cmであり，時間は刺激した時点を0としている。

図1

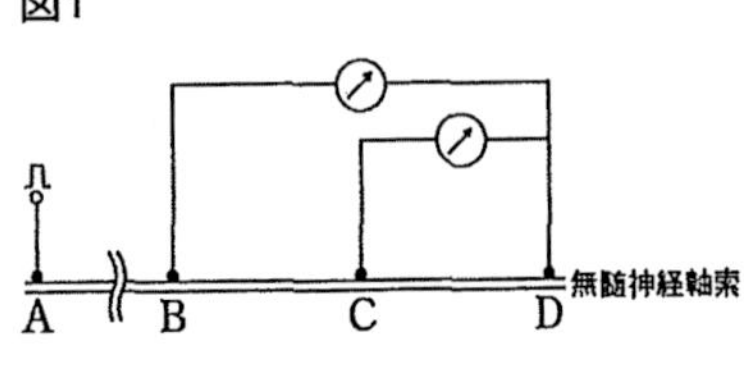

図2

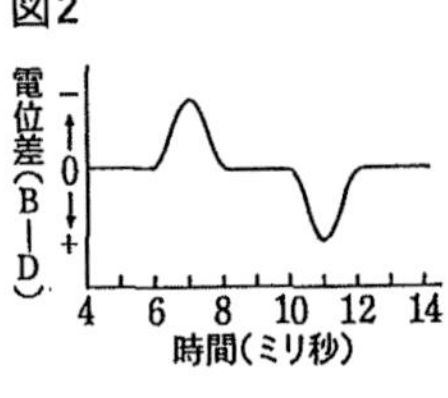

(1) 空欄(　①　)～(　③　)に当てはまる適当な語句をそれぞれ答えなさい。

(2) 【実験】について，この神経軸索の伝導速度は何〔m/秒〕か求めなさい。

(3)　【実験】におけるA－B間の距離は何〔cm〕か求めなさい。

(4)　【実験】においてD点の電極を基準にして，C点の電極に現れる電位の変化を計測した場合，波形はどうなるか，次のグラフに描き入れなさい。なお，グラフには参考として，B－D間の電位差の変化が破線で示してある。

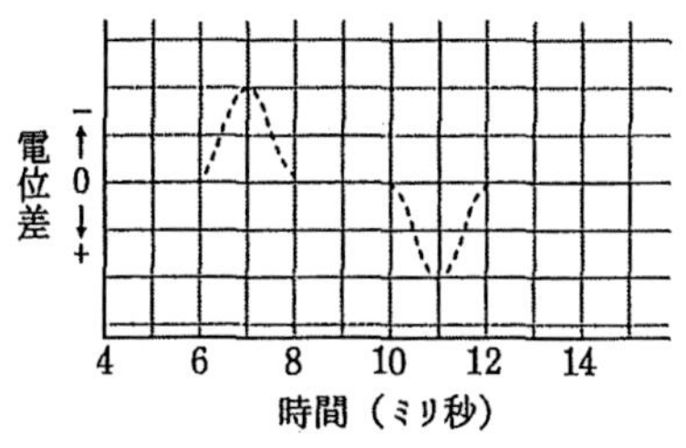

▌2024年度 ▌京都府 ▌難易度

【12】次の文はニューロンの興奮について説明したものである。以下の問いに答えよ。

> ニューロンなどの興奮性の細胞は，ある強さ以上の刺激で興奮する。興奮を生じさせる最小の刺激の強さは閾値と呼ばれ，(a)十分な強さの刺激がニューロンの一部に加えられると，その部分では細胞内外の電位が逆転し活動電位が発生する。興奮の伝導は，(b)細胞膜に存在する複数のイオンチャネルやナトリウムポンプがはたらき，細胞膜におけるナトリウムイオンとカリウムイオンの透過性が変化することによる。

(1)　下線部(a)に関して，図のようにオシロスコープの2つの電極を，それぞれニューロンの軸索の内側①・②(細胞内)に取り付け，◎の位置に電気刺激を与えて細胞膜内の電位変化を測定した。①の電極(★)を基準としたとき，②の電極(◆)ではどのような電位変化が観察されるか。観察される電位変化として，最も適当なものを解答群より一つ選び，番号で答えよ。

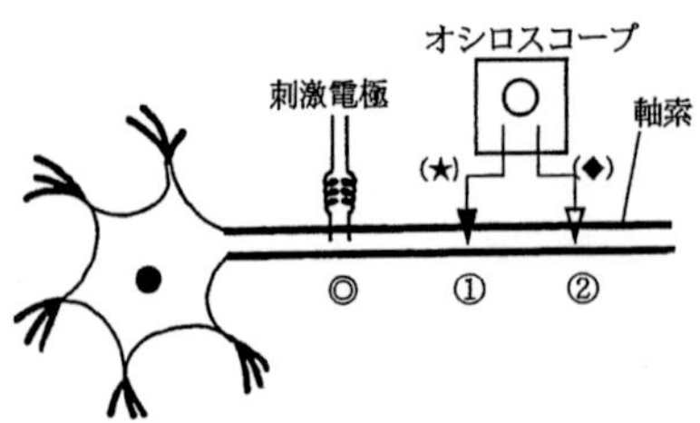

【解答群】

番号	解答	番号	解答
1	+ ↑ 電位 0 ↓ − 時間 →	2	+ ↑ 電位 0 ↓ − 時間 →
3	+ ↑ 電位 0 ↓ − 時間 →	4	+ ↑ 電位 0 ↓ − 時間 →
5	+ ↑ 電位 0 ↓ − 時間 →	6	+ ↑ 電位 0 ↓ − 時間 →
7	+ ↑ 電位 0 ↓ − 時間 →	8	+ ↑ 電位 0 ↓ − 時間 →

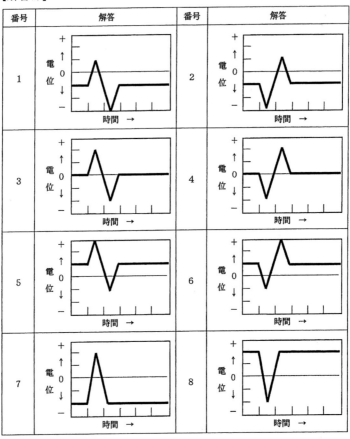

(2)　下線部(b)に関して，「イオンチャネル」と「ナトリウムポンプ」の説明として，最も適当なものを解答群より一つ選び，番号で答えよ。

【解答群】

番号	解答
1	イオンチャネルは，濃度勾配にしたがってイオンを透過させる膜タンパク質で，エネルギーを必要としない受動輸送を行う。 ナトリウムポンプは細胞内の Na^+ を細胞外に，細胞外の K^+ を細胞内に輸送する膜タンパク質で，エネルギーを必要とする能動輸送を行う。
2	イオンチャネルは，濃度勾配に逆らってイオンを透過させる膜タンパク質で，エネルギーを必要としない受動輸送を行う。 ナトリウムポンプは細胞外の Na^+ を細胞内に，細胞内の K^+ を細胞外に輸送する膜タンパク質で，エネルギーを必要とする能動輸送を行う。
3	イオンチャネルは，濃度勾配にしたがってイオンを透過させる膜タンパク質で，エネルギーを必要とする能動輸送を行う。 ナトリウムポンプは細胞内の Na^+ を細胞外に，細胞外の K^+ を細胞内に輸送する膜タンパク質で，エネルギーを必要としない受動輸送を行う。
4	イオンチャネルは，濃度勾配に逆らってイオンを透過させる膜タンパク質で，エネルギーを必要とする能動輸送を行う。 ナトリウムポンプは細胞外の Na^+ を細胞内に，細胞内の K^+ を細胞外に輸送する膜タンパク質で，エネルギーを必要としない受動輸送を行う。

(3)　カエルのふくらはぎの筋肉と，それにつながっている座骨神経を切り取り，神経および筋肉の収縮に関する実験を行った。神経と筋肉の接合部から10mm離れた座骨神経上の点Xと筋肉の接合部から30mm離れた点Yにそれぞれ閾値以上の刺激を与え，筋肉の収縮を調べた。その結果，点Xを刺激した場合は11.5ミリ秒後に，点Yを刺激した場合は12.5ミリ秒後に，それぞれ筋肉が収縮し始めた。興奮が座骨神経の末端(筋肉との接合部)に伝えられた後，筋肉が収縮するまでに要する時間として，最も適当なものを解答群より一つ選び，番号で答えよ。

【解答群】

番号	1	2	3	4	5	6
解答	1ミリ秒	1.5ミリ秒	2ミリ秒	10ミリ秒	10.5ミリ秒	11ミリ秒

2024年度　愛知県　難易度

【13】次の文は発生と形態形成について説明したものである。以下の問いに答えよ。

> シュペーマンは弟子のマンゴルドとともにイモリの原口背唇部移植実験を繰り返し，原口背唇部が神経などを誘導することを発見した。そして原口背唇部を形成体と名付けた。この時点では形成体こそが起点となり，周囲の細胞へはたらきかけることによって，表皮でなく，神経を誘導すると考えられていた。
>
> しかし，その後の研究により，新たなことが判明した。アフリカツメガエルの胞胚期には胚全体にBMPというタンパク質が発現する。また，原口背唇部からノギン，コーディンというタンパク質が分泌される。これらBMPとノギンとコーディンのはたらきによりさまざまな組織の分化が促されることがわかった。BMPのように，その濃度によって異なる発生の結果をもたらすような物質をモルフォゲンという。

(1) 下線部に関する記述のうち，最も適当なものを解答群より一つ選び，番号で答えよ。

【解答群】

番号	解答
1	原口背唇部から分泌されたノギンやコーディンは，BMP受容体と結合することでBMPの活性を失わせる。
2	原口背唇部から分泌されたノギンやコーディンのはたらきによって，細胞では表皮への分化を引き起こす遺伝子発現が誘導される。
3	原口背唇部から分泌されたノギンやコーディンのはたらきによって，BMPの活性は失われる。中胚葉の場合，ノギンやコーディンの濃度が最も高い原口背唇部付近では，細胞が脊索に分化する。
4	胚の中にBMPが存在すれば，ノギンやコーディンの濃度によらず，すべての細胞で必ず表皮が分化する。

(2) アフリカツメガエルの中胚葉組織の分化について，下線部のようにBMP，ノギン，コーディンの濃度勾配を想定した際，背側から腹側にかけての濃度勾配に応じてどのような組織が作られるか。記述のうち，最も適当なものを解答群より一つ選び，番号で答えよ。

【解答群】

番号	解答
1	背側から順に，脊索、筋肉（骨格筋），腎臓、血球が分化する。
2	背側から順に，筋肉（骨格筋），脊索、腎臓，血球が分化する。
3	背側から順に，脊索，筋肉（骨格筋），血球，腎臓が分化する。
4	背側から順に，筋肉（骨格筋），腎臓、脊索，血球が分化する。

(3)　ショウジョウバエの体節構造の形成においてもタンパク質の濃度勾配は必要不可欠といえる。図は未受精卵のmRNAの濃度勾配を表している。これに関する記述のうち，最も適当なものを解答群より一つ選び，番号で答えよ。

未受精卵の mRNA の濃度勾配

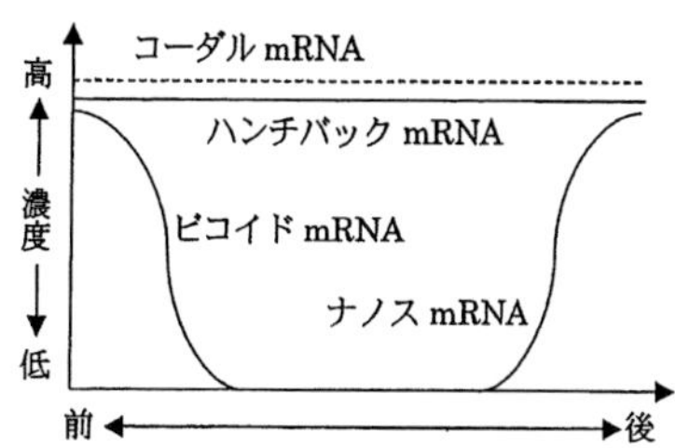

【解答群】

番号	解答
1	受精卵の中では前方のビコイド，後方のナノスといった２つのタンパク質の濃度勾配のみ生じ，それに基づいて体節が形成される。
2	受精卵の中では前方のハンチバック，後方のコーダルといった２つのタンパク質の濃度勾配のみ生じ，それに基づいて体節が形成される。
3	未受精卵では胚全体にコーダル mRNA が存在しているにもかかわらず，受精卵では前方にコーダルタンパク質の量が少なくなるのは，後方に多いナノスタンパク質がコーダル mRNA の翻訳を抑制したからである。
4	未受精卵では胚全体にコーダル mRNA が存在しているにもかかわらず，受精卵では前方にコーダルタンパク質の量が少なくなるのは，前方に多いビコイドタンパク質がコーダル mRNA の翻訳を抑制したからである。

▌2024年度 ▌愛知県 ▌難易度

【14】次の記述は，大腸菌における遺伝子発現調節について説明したものである。空欄[　ア　]〜[　エ　]に当てはまるものの組合せとして最も適切なものを，以下の①〜⑧のうちから選びなさい。

大腸菌は，生育に必要なグルコースが十分にある培地では，ラクトースを加えても利用することはないが，この大腸菌をラクトースしかない培地に移すと，ラクトースを分解して，グルコースを得るようになる。

グルコースがあってラクトースがない培地では，調節遺伝子*p*が転写，翻訳されることで生成される[　ア　]と呼ばれる調節タンパク質が，DNAの転写調節領域*q*である[　イ　]に結合することにより，RNAポリメラーゼのはたらきを阻害する。

一方，グルコースがなくラクトースがある培地では，ラクトース由来物質の作用により調節タンパク質がDNAの転写調節領域*q*に結合できなくなることから，ラクトース代謝に必要な[　ウ　]を合成する遺伝子*r*を含む遺伝子群の転写が開始される。

次の実験1〜実験4のとおり，突然変異により調節遺伝子*p*や遺伝子*r*の機能を失った大腸菌株を用いて，グルコース(*glu*)やラクトース(*lac*)の有無により異なる種類の培地(有：(+)，無：(−))で大腸菌が生育できるかを実験した。その結果，糖代謝を行うことができずに生育できなかったのは[　エ　]であった。

〔実験1〕調節遺伝子*p*欠損株を，*glu*(+)・*lac*（−)の培地にまいた。
〔実験2〕遺伝子*r*欠損株を，*glu*(+)・*lac*(−)の培地にまいた。
〔実験3〕調節遺伝子*p*欠損株を，*glu*(−)・*lac*(+)の培地にまいた。
〔実験4〕遺伝子*r*欠損株を，*glu*(−)・*lac*(+)の培地にまいた。

	ア	イ	ウ	エ
①	リプレッサー	オペレーター	β-ガラクトシダーゼ	実験1と実験4
②	リプレッサー	オペレーター	β-ガラクトシダーゼ	実験4
③	リプレッサー	オペレーター	マルターゼ	実験1と実験4
④	リプレッサー	オペレーター	マルターゼ	実験4
⑤	オペレーター	リプレッサー	β-ガラクトシダーゼ	実験2と実験3
⑥	オペレーター	リプレッサー	β-ガラクトシダーゼ	実験3
⑦	オペレーター	リプレッサー	マルターゼ	実験2と実験3
⑧	オペレーター	リプレッサー	マルターゼ	実験3

2024年度　神奈川県・横浜市・川崎市・相模原市　難易度 ■■■■□

【15】動物のニューロンに関する次の記述ア～オのうち，正しいものをすべて選んだ組合せとして最も適切なものを，以下の①～⑨のうちから選びなさい。

ア　刺激されていないときのニューロンでは，細胞内外のイオンの濃度差により細胞内の方が細胞外よりも電位が低い。

イ　ニューロンの細胞内に存在するカリウムイオンは，常に開いているカリウムチャネルから細胞外へ拡散しようとする。

ウ　刺激を受けると，ニューロンの細胞膜に存在する電位依存性のナトリウムチャネルが開き，ナトリウムイオンが細胞外へ流出する。

エ　活動電位を生じるのに必要な最小の刺激の強さはどのニューロンも同じであり，ニューロンのこのような性質を全か無かの法則という。

オ　刺激が強いときは活動電位の発生頻度が増加し，興奮するニューロンが多くなることで強い感覚が生じる。

①　ア，イ　　②　ア，オ　　③　イ，エ

④　ウ，エ　　⑤　ウ，オ　　⑥　ア，イ，オ

⑦　ア，エ，オ　⑧　イ，ウ，エ　⑨　イ，エ，オ

2024年度　神奈川県・横浜市・川崎市・相模原市　難易度 ■■■□□

【16】進化のしくみについて述べた文Ⅰ，Ⅱを読み，以下の(1)～(8)の各問いに答えなさい。

Ⅰ　進化は遺伝情報の変化によって起こる。遺伝情報の変化とは，DNAの塩基配列の変化や$_1$染色体の構造・数が変化することである。遺伝情報の変化により新しい遺伝子が生じた場合を考えると，新しい遺伝子のもたらす形質が生存や繁殖に有利なものであれば，集団内でより多く子孫を残す。その結果，$_2$集団内での対立遺伝子の割合は変化する。一方で，$_3$生存や繁殖に有利・不利をもたらさない遺伝子であっても，偶然の結果，対立遺伝子の割合が変化することがある。生物集団が$_4$海面上昇による島嶼化や山脈の隆起など空間的に分断されると，分断された各集団では進化の方向性に差異を生じるようになる。また，$_5$自然災害や疫病などにより集団が小型化することで，偶然による対立遺伝子の割合の変化への影響が大きくなる。長い時間の間，集団間の遺伝的な交流が断たれ，空間的な分断が解消されたとしても$_6$集団間での交配が不可能となる場合に種分化が起こる。

(1)　下線部1について，次の図1は，新口動物の共通祖先からウニ，ナメクジウオが進化する過程で，染色体上のHox遺伝子群がどのように変化したかを模式的に示したものである。以下の①～④の各問いに答えよ。ただし□はHox遺伝子の位置を，数字はHox遺伝子の番号を示している。また，図中の前方，後方は，染色体の前方，後方を示している。

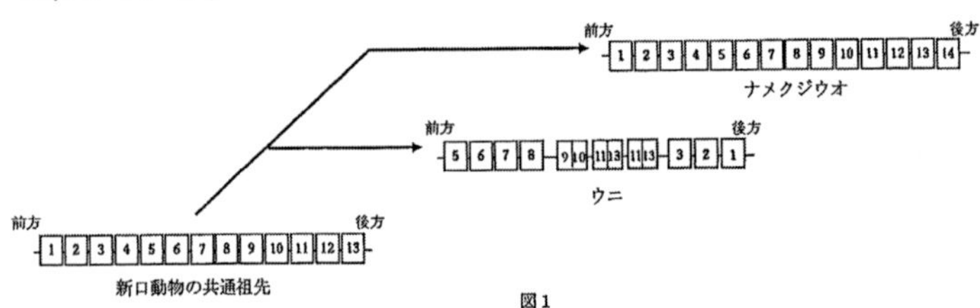

図1

①　Hox遺伝子について述べた次の文中の(　a　)，(　b　)に適する語句をそれぞれ答えよ。

『Hox遺伝子は，体の形態形成を制御する遺伝子である(　a　)遺伝子の一種である。動物の発生に関わる(　a　)遺伝子の多くのものは，180塩基対のよく似た塩基配列を含み，この配列を(b)とよぶ。』

② 共通の祖先からウニおよびナメクジウオが進化する過程において，どのようなことが起こったと考えられるか。

次の(i)～(iii)のうち，図1から判断して，ウニとナメクジウオのどちらにもあてはまる文はどれか。適当なものを過不足なく含む組合せを，以下のア～カから1つ選び，その記号で答えよ。

(i) 前方のHox遺伝子と，後方のHox遺伝子の位置が入れ替わっている。

(ii) Hox遺伝子の配列する方向(前後の方向)が変化している。

(iii) Hox遺伝子の数が変化している。

ア (i)　　イ (ii)　　ウ (iii)　　エ (i)と(ii)

オ (i)と(iii)　　カ (ii)と(iii)

③ 系統的な分類では，三胚葉動物は新口動物と旧口動物に分類される。新口動物と旧口動物の違いを，発生の過程における口の形成され方に注目して，簡潔に答えよ。

④ 旧口動物に分類される生物として適するものを，次のア～オから2つ選び，その記号で答えよ。

ア ミミズ　　イ カエル　　ウ ホヤ　　エ トンボ

オ ナマコ

(2) 下線部2について，次の①，②の各問いに答えよ。

① ある地域に生息する同種の生物集団が持つ遺伝子の集合全体を何というか。

② ①における対立遺伝子の割合を何というか。

(3) 下線部3について，次の①，②の各問いに答えよ。

① 偶然の結果，集団内の対立遺伝子の割合が変化することを何というか。

② ①により，生存に有利・不利をもたらさない遺伝子が集団内に広まり，進化の原因になるという学説を何というか。

(4) 下線部4について，この現象を何というか。

(5) 下線部5について，この現象を何というか。

(6) 下線部6について，次の①，②の各問いに答えよ。

① この状態を何というか。

② 交配が不可能になる形質の変化を1つ簡潔に答えよ。

Ⅱ 群れをつくる動物では，親以外の個体も子の世話をおこなうことがある。このような繁殖のしかたを(c)という。一部の鳥類や哺乳類では，自らは生殖をおこなわず，他個体の繁殖を手伝う個体が見られ，このような個体を(d)という。個体が自分の子をどれだけ残せたかを表す尺度を適応度というが，他個体の繁殖を手伝い自らは繁殖しない(d)では適応度の値は(e)になる。しかし，繁殖を手助けすることで兄弟姉妹が増えれば，結果的に自身と同じ遺伝子をもつ個体をふやすことにつながる。ハチやシロアリなどでは，血縁関係にある個体が集団で営巣し，明確な分業体制が見られる。このような昆虫を(f)という。ミツバチのワーカー(働きバチ)は生殖能力をもたない雌で，自身は子を産まずに姉妹の世話をして一生を終える。しかし，7<u>血縁個体が自分と同じ遺伝子を共有する確率を示す血縁度の考えを適用すると，利他的行動の進化を説明することができる</u>。

(7) 文中の(c)～(f)に適する語句や数値をそれぞれ答えよ。

(8) 下線部7について，次の文章を読み，あとの①，②の各問いに答えよ。

図2は二倍体の生物での生殖を模式的に示している。図2において，母親由来の遺伝子Aを$子_1$と共有する確率(母子間の血縁度)は，2本ある相同染色体のうち遺伝子Aを含む染色体が$子_1$に受け継がれれば共有できるので(g)となり，父子間でも同様である。次に，$子_1$，$子_2$の兄弟姉妹間では，母由来の遺伝子Aを共にもつ確率は1/4で，遺伝子Aが父由来の場合についても同じである。そのため，$子_1$，$子_2$の兄弟姉妹間で両親どちらかに由来する遺伝子Aを共有する確率(兄弟姉妹間の血縁度)は(h)となる。

一方，ミツバチの場合では図3のようになる。母親由来の遺伝子Aが子に受け継がれる確率は二倍体の生物と同じだが，父親は単相のため，父親由来の遺伝子Aが子に受け継がれる確率は(i)である。そのため，図3の$子_3$と$子_4$の姉妹の血縁度は(j)となる。つまり，$子_3$にとって，自分が子を産んだ時の母子間の血縁度と，子を産まず子$_4$を育てた時の姉妹間の血縁度は(　k　)なるため，ワーカーとして利他的な行動が進化したと考えられている。

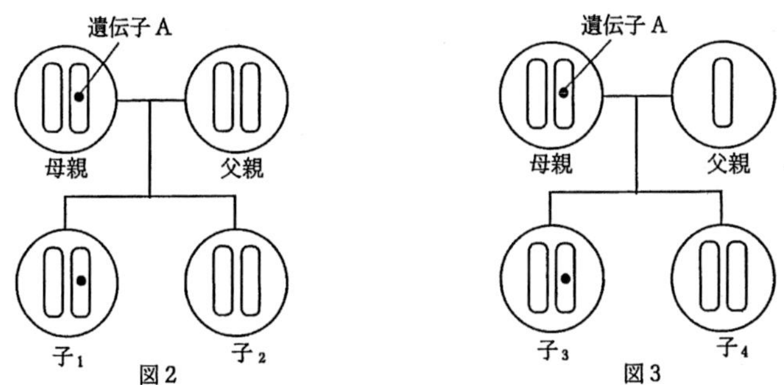

図2　　図3

①　文中の(　g　)～(　j　)に適する数値を，次のア～カからそれぞれ1つ選び，その記号で答えよ。ただし，同じものを何回選んでもよい。

ア　0　　イ　1　　ウ　$\frac{1}{2}$　　エ　$\frac{1}{4}$　　オ　$\frac{2}{3}$　　カ　$\frac{3}{4}$

②　文中の(　k　)に適する文を，次のア～ウから1つ選び，その記号で答えよ。

ア　母子間の方が大きく　　イ　姉妹間の方が大きく

ウ　どちらも等しく

▌2024年度▌佐賀県▌難易度■■■■□

【17】次の問に答えよ。

問1　ゲノムとは何か，「遺伝情報」と「生物の細胞」の二つの語句を用いて簡潔に説明せよ。

問2　だ腺染色体のパフの観察について，次の(1)，(2)に答えよ。

(1)　だ腺染色体をメチルグリーン・ピロニン染色液で染色したところ，だ腺染色体全体は青緑色に染色され，青いしま模様が観察された。パフの部分は，赤桃色に染色された。パフの部分では何が行われているか，答えよ。

(2)　発育段階の異なるユスリカの幼虫を用いて，だ腺染色体を顕微鏡の最高倍率で撮影し比較すると，パフの位置が異なっていた。このことからわかることを説明せよ。

問3　減数分裂の観察では，ムラサキツユクサがよく用いられる。観察では，どの部分を利用すればよいか，最も適当なものをA～Eから一つ選び，記号で答えよ。

A　直径2～3mm程度のつぼみ　　B　直径5～6mm程度のつぼみ

C　根の先端　　D　花びら

E　めしべ

問4　図1と表1は，ショウジョウバエの検定交雑とその結果を示したものである。以下の(1)～(3)に答えよ。

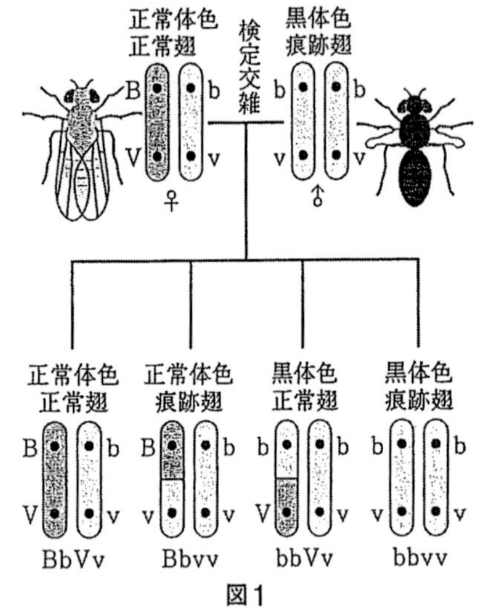

図1

表1

表現型	正常体色 正常翅	正常体色 痕跡翅	黒体色 正常翅	黒体色 痕跡翅
実験値	160	35	33	165
分離比	5	1	1	5

(1)　表1から求められる組換え価を答えよ。ただし，小数第二位を四捨五入するものとする。

(2)　(1)の組換え価をもとに，検定交雑で得られた正常体色・正常翅の雌雄を交雑した場合の子の表現型の分離比を答えよ。

(3)　組換え価を用いることによって，1つの連鎖群に属する3つの遺伝子の染色体上での相対的な位置を決めることができる。このような遺伝子の並び方を決定する方法を何というか，答えよ。

問5　図2は，ショウジョウバエの未受精卵のビコイド遺伝子のmRNAの分布を示している。以下の(1)，(2)に答えよ。

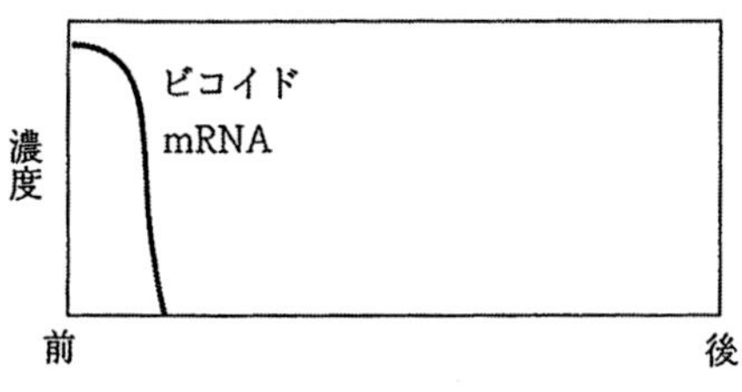

図2

(1)　卵形成の過程で，細胞質にmRNAが蓄えられる遺伝子がある。この遺伝子を何というか，答えよ。

(2)　ビコイドmRNAの分布がショウジョウバエの胚の前後軸の決定に果たしている役割を，「濃度勾配」「位置情報」「ビコイドタンパク質」の三つの語を用いて説明せよ。

▌2024年度▌島根県▌難易度

【18】細胞について，次の1～4の問いに答えなさい。

1　細胞の構造についての記述として最も適切なものを，次のa～eの中から一つ選びなさい。

a　液胞は動物細胞と植物細胞に見られるが，動物細胞で大きく発達している。

b　原核細胞には細胞膜がなく，細胞壁に包まれている。

c　光合成を行う真核生物は葉緑体をもつが，ミトコンドリアはもたない。

d　ユレモは細胞膜をもつが，細胞壁はもたない。

e　大腸菌や乳酸菌は細菌であり，核膜や葉緑体をもたない。

2　次の生物ア～オのうち，原核生物の組み合わせとして最も適切なものを，以下のa～eの中から一つ選びなさい。

ア　酵母菌　　イ　ゾウリムシ　　ウ　ネンジュモ
エ　コレラ菌　　オ　ツリガネムシ

a　ア・イ　　b　イ・ウ　　c　ウ・エ　　d　エ・オ
e　ア・エ

3　図1のA～Cに当てはまる事柄を①～⑤から選んだ場合，組み合わせとして最も適切なものを，あとのa～eの中から一つ選びなさい。

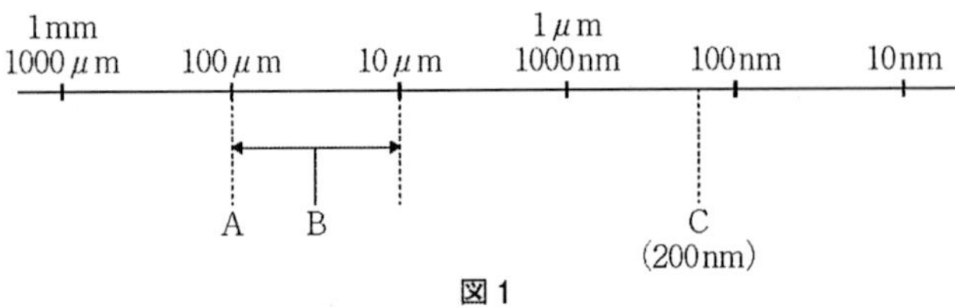

図1

①　多くの真核細胞はこのあたりに存在する。

②　肉眼で観察できる限界である。

③　光学顕微鏡で観察できる限界である。

④　電子顕微鏡で観察できる限界である。

⑤　多くの原核細胞はこのあたりに存在する。

	A	B	C
a	③	①	④
b	②	①	③
c	②	①	④
d	②	⑤	③
e	③	⑤	④

4　単細胞生物及び多細胞生物に関連する記述として最も適切なものを，次のa～eの中から一つ選びなさい。

a　ゾウリムシは4個の収縮胞をもつ。

b　単細胞生物でも多細胞生物でも，核の数は1個の細胞に1個である。

c　光合成を行う単細胞生物には，眼点をもつものが存在する。

d　単細胞生物には葉緑体をもつものは存在しない。

e　繊毛は単細胞生物に特有なもので，多細胞生物の細胞には存在しない。

2024年度 ▌茨城県 ▌難易度

【19】ビールの醸造過程に関する以下の(1)～(8)の問いに答えよ。

【手順1】オオムギの種子に水を与え，保温して発芽させる。

【手順2】発芽したオオムギに水を加えて磨砕し，65℃で3時間保温する。

【手順3】残存する磨砕かすをろ過して取り除く。

【手順4】ろ液を1時間煮沸し，ホップを加えて苦味と芳香をつける。

【手順5】手順4でできた液を冷却して沈殿物を取り除き，空気を吹きこむ。

【手順6】酵母菌を加えて密閉し，16～25℃で1週間以上保温する。

【手順7】酵母菌を取り除くと，ビールができあがる。

(1)【手順1】の発芽を促進する植物ホルモンは何か。名称を書け。

(2)【手順1】で種子を発芽させる理由は，発芽したオオムギでは，デンプンから酵母菌が利用できるマルトース(麦芽糖)がつくられるからである。このデンプンをマルトースに分解する酵素は何か。名称を書け。

(3)【手順4】の煮沸には，殺菌以外の重要な目的がある。この目的として最も適当なものを次の①～④のうちから一つ選び，その記号を書け。

①　酵素反応を促進させる。　　②　マルトースの分解を防ぐ。

③　ろ液の酸化を防ぐ。　　④　余分なデンプンを取り除く。

(4)【手順5】で生じた沈殿物にはおもに何が含まれるか。最も適当なものを次の①～④のうちから一つ選び，その記号を書け。

①　混入している細菌　　②　オオムギの細胞

③　オオムギのデンプン　　④　オオムギのタンパク質

(5)【手順6】で酵母菌の数とアルコールの濃度を毎日測定したところ次図のようになった。この溶液中の酸素量はどのように変化するか。酸素量の変化のグラフの概形を以下で示された図に実線で描け。

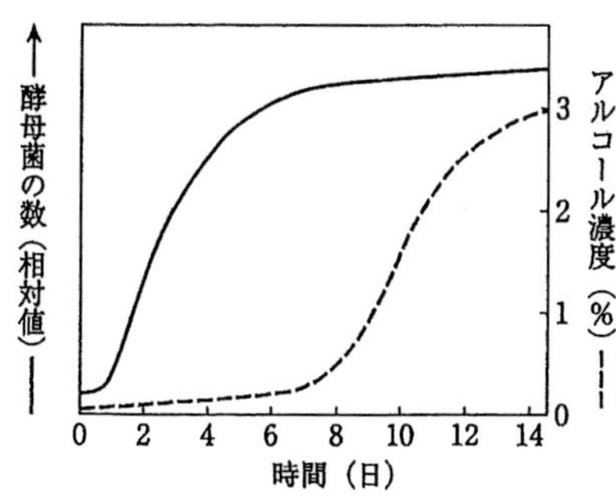

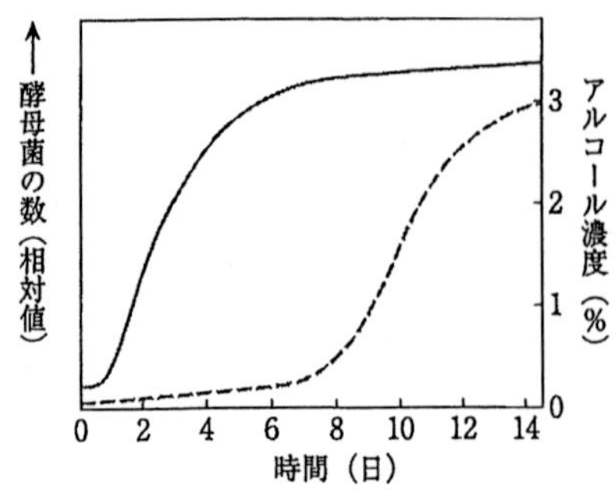

(6)　上の図で8日目以降には酵母菌はほとんど増殖しない理由を，次の①～④のうちから一つ選び，その記号を書け。

①　溶液中のマルトースがなくなるため。

②　二酸化炭素が増えて，溶液が酸性になるため。

③　合成されたアルコールが酵母菌の増殖を抑えるため。

④　アルコール発酵で得られるエネルギーが少ないため。

(7)　上の図の8日目までで，マルトースが分解されると最終的に二酸化炭素と何ができるか。物質の名称を書け。

(8)　酵母菌をある条件で培養すると，O_2吸収量が3.2g，CO_2放出量が13.2gであった。合計何gのグルコースが分解されたか書け。ただし，原子量はH＝1，C＝12，O＝16とする。解答は小数第2位を四捨五入して小数第1位まで求めよ。

▌2024年度 ▌香川県 ▌難易度 ■■■■□

【20】代謝について，以下の1～5の問いに答えなさい。

呼吸は，糖や脂肪，タンパク質を基質として利用する。脂肪は，モノグリセリド(グリセリン)と脂肪酸に分解され，(a)<u>脂肪酸はさらに，(　あ　)において骨格となっている炭素原子が2個ずつに切断されて(　い　)となり，</u>クエン酸回路に取り込まれる。タンパク質は，アミノ酸にまで加水分解された後，(　う　)が遊離して有機酸となり，呼吸経路に取り込まれる。ヒトでは，この過程で生じた(　う　)は主に(　え　)で(　お　)に変えられた後，排出される。

糖や脂肪，タンパク質に由来する有機酸はいずれも，酸素を用いて水と二酸化炭素に酸化できる。この際に必要となる酸素と生じる二酸化炭素の体積比は，呼吸でも燃焼でも同じである。完全酸化に必要な酸素の体積に対し，生じる二酸化炭素の体積は，グルコースをはじめとする炭水化物では1.0倍，脂肪では約0.7倍，タンパク質では約0.8倍となる。

(b)<u>呼吸や発酵で生じた二酸化炭素の体積を消費した酸素の体積で割った値を呼吸商(RQ)と呼ぶ。</u>

1　上の文の(　あ　)・(　い　)に当てはまる語句の組み合わせとして最も適切なものを，次のa～eの中から一つ選びなさい。

	あ	い
a	ミトコンドリア	アセチルCoA
b	細胞質基質（サイトゾル）	ピルビン酸
c	ミトコンドリア	ピルビン酸
d	細胞質基質（サイトゾル）	アセチルCoA
e	ミトコンドリア	オキサロ酢酸

2　上の文の(　う　)～(　お　)に当てはまる語句の組み合わせとして最も適切なものを，次のa～eの中から一つ選びなさい。ただし，(　　)の同じ記号には同じ語句が入るものとする。

	う	え	お
a	硝酸	肝臓	尿酸
b	硝酸	腎臓	尿酸
c	アンモニア	肝臓	尿素
d	アンモニア	腎臓	尿素
e	亜硝酸	腎臓	尿

3　下線部(a)の過程を示す語句として最も適切なものを，次のa～eの中から一つ選びなさい。

a　解糖　　b　β酸化　　c　酸化的リン酸化　　d　硝化

e　光リン酸化

4　下線部(b)に関する記述として誤っているものを，次のa～eの中から一つ選びなさい。

a　植物や微生物ではRQが1.0を超える場合がある。

b　動物は主にグリコーゲンを呼吸基質として利用するとRQはほぼ1になる。

c　RQがほぼ0.8の生物個体は主にタンパク質を呼吸基質として利用している。

d　同じ生物個体でもRQはその時々で変化する。

e　動物は主に脂肪を呼吸基質として利用するとRQは，ほぼ0.7になる。

5　グルコース60gが呼吸によって完全に分解されたとき，消費された酸素は何gになるか。次のa～eの中から一つ選びなさい。ただし，原子量は，H＝1.0，C＝12，O＝16とする。

a　44g　　b　88g　　c　16g　　d　32g　　e　64g

▌2024年度 ▌茨城県 ▌難易度

【21】次の問いに答えよ。

(1)　代々赤花だけを咲かせる種子aと代々白花だけを咲かせる種子bをそれぞれ育ててかけ合わせると，種子cができた。種子cを育てたら，赤花だけを咲かせた。次に，種子bと種子cをかけ合わせると種子dができた。種子dを育てたときの花の色の割合として適切なものを①～⑤から選び，番号で答えよ。

①　赤：白＝1：0　　②　赤：白＝0：1　　③　赤：白＝1：1

④　赤：白＝3：1　　⑤　赤：白＝1：3

(2)　無性生殖に関する説明として適切でないものを①～⑤から選び，番号で答えよ。

①　無性生殖では親と子の遺伝子型が同じクローンができる。

②　ヒドラは親個体がほぼ同じ大きさに分裂し，新しい個体が生じる。

③　ジャガイモの塊根を土の中に埋めると新しい個体が生じる。

④　酵母は親個体の一部に芽体が形成され，新しい個体ができる。

⑤　無性生殖は1個体で生殖可能なため，有性生殖より生殖効率がよい。

(3)　次図は，カエルの受精卵が変化していく様子を表したものである。受精卵の変化の順序が正しくなるようにア～オを並べたものとして適切なものを，①～⑤から選び，番号で答えよ。

図

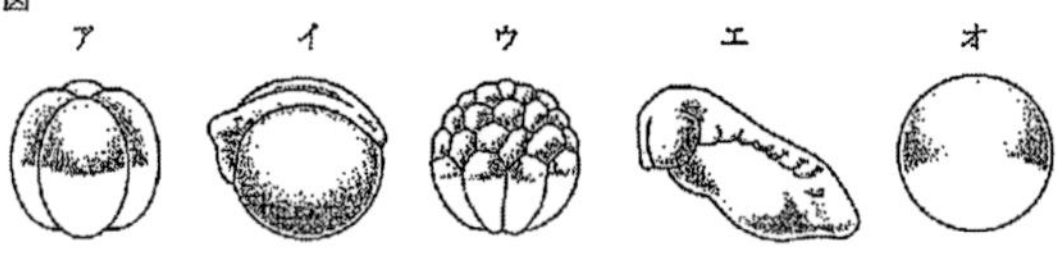

① オ → ア → ウ → エ → イ
② ア → オ → ウ → イ → エ
③ ア → ウ → オ → イ → エ
④ オ → ウ → ア → イ → エ
⑤ オ → ア → ウ → イ → エ

(4) 毛細血管の説明として適切なものを①～⑤から選び，番号で答えよ。

① 毛細血管はとても細いが，赤血球は毛細血管の中を流れている。毛細血管の壁はうすいが，すき間はないため，赤血球や血しょうが毛細血管の外へしみ出ていくことはない。

② 毛細血管はとても細く，血しょうは流れることができるが赤血球は流れることができない。このため赤血球は毛細血管の外に出て，組織液に酸素や栄養分をわたすはたらきをしている。

③ 毛細血管はとても細く，血しょうは流れることができるが赤血球は流れることができない。毛細血管の血しょうの一部は，毛細血管の外にしみ出して組織液となる。

④ 毛細血管はとても細いが，赤血球は毛細血管の中を流れている。毛細血管中の血しょうの一部は，毛細血管の外にしみ出して組織液となる。

⑤ 毛細血管はとても細いため，ほとんどの赤血球と白血球は毛細血管の中を流れることはできない。毛細血管中の赤血球の一部が，毛細血管の外にしみ出して組織液となる。

(5) 肺がふくらんだり，縮んだりするしくみを調べるため，モデルを使って実験をした。なお，このモデルでは，ゴム風船は肺，ガラス管は気管を表すものとする。

(ア) 図1のように，底を切ったプラスチックの容器を用意し，底にゴム膜をしっかりとはりつけ，ゴム風船を取り付けたガラス管をゴム栓とともに取り付けた。

(イ) 図2のように，ゴム膜を下に引くと，ゴム風船はふくらんだ。

(ウ) ゴム膜をもとに戻すと，ゴム風船は図1のようにしぼんだ。

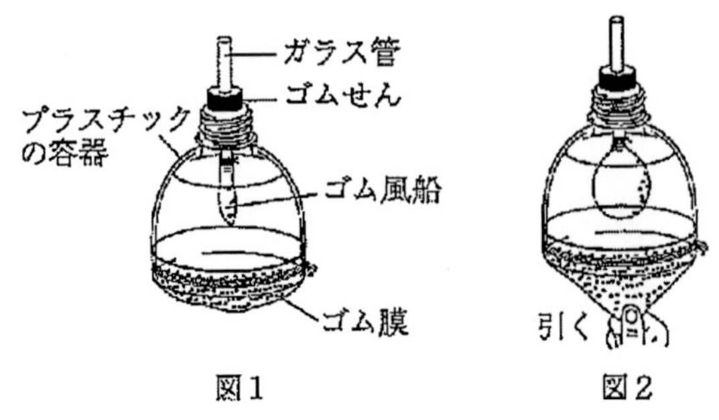

図1　　図2

また，図3，図4は，呼吸をしているときの胸の内部の様子を表している。図1，図2が，それぞれ図3，図4のいずれかにあたるものとしたとき，図2について説明した文として適切なものを①～⑤から選び，番号で答えよ。

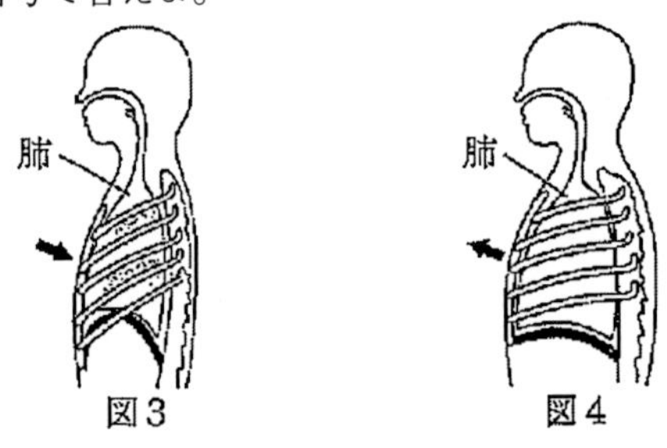

図3　　図4

① 図2は，図3にあたるもので，息を吸った状態を表している。
② 図2は，図3にあたるもので，息をはいた状態を表している。
③ 図2は，図4にあたるもので，息を吸った状態を表している。
④ 図2は，図4にあたるもので，息をはいた状態を表している。
⑤ 図2は，図3にあたるもので，息をはいた状態と吸った状態を表している。

(6) 次の図は，ヒトの排出器官を示している。図中のA～Eに関する記述ア～キのうち，適切なものの組合せを①～⑤から選び，番号で答えよ。ただし，図中の矢印は，血液の流れる向きを示している。

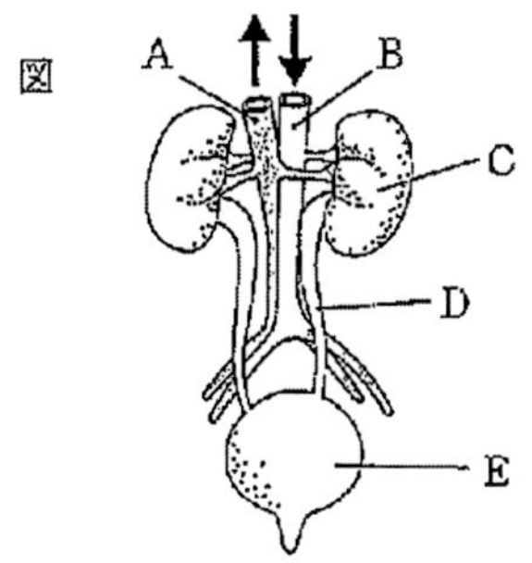

ア　AとBを流れる血液を比べると，尿素の量はAのほうが多い。

イ　Cでは，血液中の水分が常に一定の量だけ，尿中に排出される。

ウ　Cでは，血液中の様々な物質がろ過される。

エ　Cでは，タンパク質が分解されるときにできるアンモニアを尿素に変える。

オ　Cは，腹部の背中よりに1対ある。

カ　Dは，Cでこし出された物質の通り道である。

キ　Eに蓄えられた尿は体外に排出されるが，その成分は汗とよく似ていて濃度もほぼ等しい。

①　ア，イ，エ　　②　ア，ウ，キ　　③　イ，カ，キ

④　ウ，オ，カ　　⑤　エ，オ，カ

(7)　血しょう，原尿，尿に含まれる成分のおよその量を調べたところ，次表のようになった。表中のイヌリンは，腎臓の機能を調べる目的で静脈に注射された物質で，体内では利用されず，腎臓でこし出され，再び毛細血管に吸収されることなく，すべて尿に溶けて排出される。健康な大人は1日におよそ1500cm^3(1.5L)の尿を排出する。この場合，腎臓でこし出される血しょうの量(原尿の量)は1日におよそ[　ア　][　イ　][　ウ　]Lである。

表

成分	血しょう	原尿	尿
タンパク質〔%〕	8.00	0	0
ブドウ糖〔%〕	0.10	0.10	0
ナトリウム〔%〕	0.30	0.30	0.35
尿素〔%〕	0.03	0.03	2.00
イヌリン〔%〕	0.10	0.10	12.00

(8) 陽生植物と陰生植物を用いて実験を行った。植物Xと植物Yについて，二酸化炭素濃度と温度を一定にし，様々な光の強さで二酸化炭素の吸収・放出速度を調べたところ，次図のようになった。図に関する記述ア～オのうち，適切なものの組合せを①～⑤から選び，番号で答えよ。

図

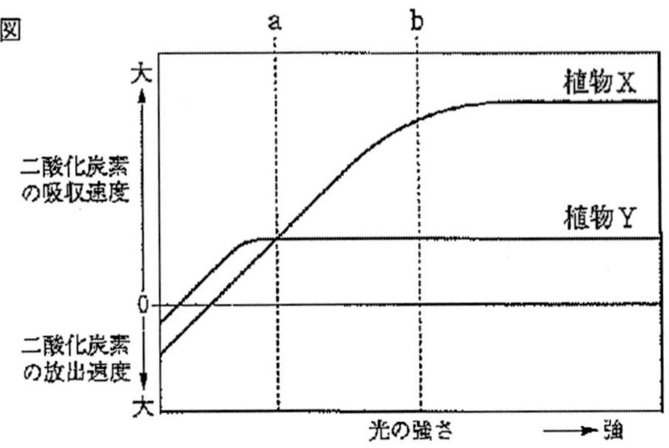

ア　aの光の強さを光補償点という。

イ　aの光の強さでは，光合成速度は植物Xと植物Yで等しい。

ウ　bの光の強さでは，植物Xのほうが植物Yよりも多くの酸素を放出する。

エ　さく状組織は，植物Yよりも植物Xのほうが発達しているものが多い。

オ　植物Xは陰生植物であり，植物Yは陽生植物である。

①　ア，ウ　　②　ア，エ　　③　イ，エ　　④　イ，オ

⑤　ウ，エ

(9) 次の図は，森林や湖の中にいる生物を，大型肉食動物，小型肉食動物，草食動物，緑色植物の4つの生物に分け，食うものと食われるものとの量的な関係を模式的に示したものである。図中のA～Dにあてはまる生物の組合せとして適切なものを①～⑤から選び，番号で答えよ。

図

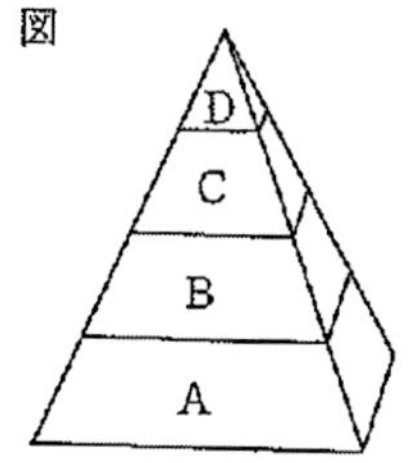

①

A：イネ，オオカナダモ
B：バッタ，ミジンコ
C：カエル，フナ
D：サギ，ナマズ

②

A：バッタ，ミジンコ
B：イネ，オオカナダモ
C：カエル，フナ
D：サギ，ナマズ

③

A：イネ，オオカナダモ
B：バッタ，ミジンコ
C：サギ，ナマズ
D：カエル，フナ

④

A：イネ，オオカナダモ
B：カエル，フナ
C：バッタ，ミジンコ
D：サギ，ナマズ

⑤

A：バッタ，ミジンコ
B：イネ，オオカナダモ
C：サギ，ナマズ
D：カエル，フナ

▌2024年度 ▌神戸市 ▌難易度

【22】次の文章を読み，各問いに答えよ。

真核生物の光合成において，光合成色素は葉緑体の(　①　)に存在する。光合成で合成された有機物は，葉緑体から細胞質基質に輸送され，(　②　)などに変えられて，(　③　)を通って転流され，根や種子などでデンプンとして貯蔵される。

1　文章中の(　①　)～(　③　)に当てはまる語句を答えよ。

2　植物や藻類から色素を抽出し，展開した結果，それぞれから表の色素が確認された。一部の色素Ⅰ，Ⅱ，Ⅴは，図の吸収スペクトルを示した。

表　○：確認された色素

色素	植物の葉	褐藻類	紅藻類	ニンジンの根
Ⅰ	○			
Ⅱ	○	○	○	
Ⅲ		○		
Ⅳ	○		○	
Ⅴ	○	○	○	○

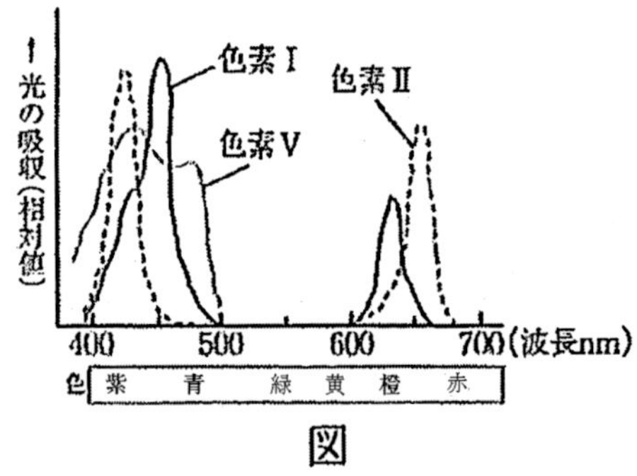

図

(1)　色素Ⅰ，Ⅱ，Ⅴの名称として最も適当なものを次の(ア)～(ウ)からそれぞれ一つ選び，記号で答えよ。

(ア)　クロロフィルa　　(イ)　クロロフィルb　　(ウ)　カロテン

(2)　同様の実験を行った場合，シアノバクテリアから確認できる色素をⅠ～Ⅴから全て選び，記号で答えよ。

(3)　抽出方法を変えると，紅藻類からはⅠ～Ⅴ以外に紅色の光合成色素であるフィコエリトリンが抽出できた。フィコエリトリンが主に吸収する光の波長として最も適当なものを，次の(ア)～(エ)から一つ選び，記号で答えよ。

(ア)　300～400nm　　(イ)　400～500nm　　(ウ)　500～600nm
(エ)　600～700nm

3　光合成細菌である緑色硫黄細菌や紅色硫黄細菌が共通してもつ光合成色素を答えよ。

4　紅色硫黄細菌が行う光合成を表す次の式の(　あ　)～(　え　)に当てはまる化学式を答えよ。

6(　あ　)＋12(　い　)＋(光エネルギー)→$C_6H_{12}O_6$＋6(　う　)＋12(　え　)

2024年度　岡山県　難易度

【23】次の文章を読んで，問1，問2に答えなさい。

私たちのからだには，物理的な防御や化学的な防御のしくみがあるが，それでも体内に異物が侵入した場合，異物は(a)自然免疫という反応によって攻撃・排除される。自然免疫は，動物が生まれながらにしてもっている(b)生体防御機構である。

問1　下線部(a)について述べた次の文a～cの正誤の組合せとして，正しいものを選びなさい。

a　細菌などの異物が体内に侵入すると，食細胞が食作用によって直接異物を取り込んで排除する。

b　からだの一部が病原体に感染したり損傷したりすると，組織中のマクロファージなどによって炎症が引き起こされる。

c　一度感染症にかかると，次から同じ感染症にかかりにくくなる。

	a	b	c
ア	正	正	正
イ	正	正	誤
ウ	正	誤	誤
エ	誤	正	正
オ	誤	正	誤

問2　下線部(b)について，図は，ヒトがあるウイルスに感染してからの日数と，免疫に関わる細胞や物質などの強さまたは量を示したグラフである。図のA～Cに当てはまるものの組合せとして，最も適当なものを選びなさい。

図

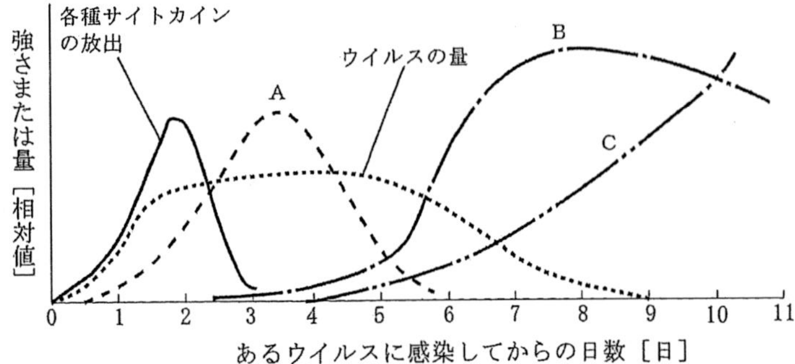

	A	B	C
ア	ＮＫ細胞による細胞傷害	キラーＴ細胞による細胞傷害	抗体
イ	ＮＫ細胞による細胞傷害	抗体	キラーＴ細胞による細胞傷害
ウ	キラーＴ細胞による細胞傷害	ＮＫ細胞による細胞傷害	抗体
エ	キラーＴ細胞による細胞傷害	抗体	ＮＫ細胞による細胞傷害
オ	抗体	キラーＴ細胞による細胞傷害	ＮＫ細胞による細胞傷害

▌2024年度 ▌北海道・札幌市 ▌難易度 ■■■■

【24】バイオテクノロジーに関して，次のⅠ・Ⅱの問いに答えなさい。

Ⅰ　次の(1)～(5)は，PCR法(ポリメラーゼ連鎖反応法)の手順を説明したものである。

(1)　増幅させたい塩基配列を含む二本鎖DNA，プライマー，A，T，G，Cの塩基をもつ4種類のヌクレオチド，DNAポリメラーゼを含む反応液を用意する。

(2)　反応液の温度を約95℃にする。

(3)　反応液の温度を約60℃にする。

(4)　反応液の温度を約72℃にする。

(5)　(2)～(4)を繰り返すと，目的の塩基配列の部分が新たなDNAとして増幅される。

1　(3)の操作を行ったとき二本鎖DNAと2種類のプライマーはそれぞれどのような状態になっているか。最も適切なものを，次のa～eの中から一つ選びなさい。ただし，図中の5'，3'は，それぞれDNAの5'末端，3'末端を表している。

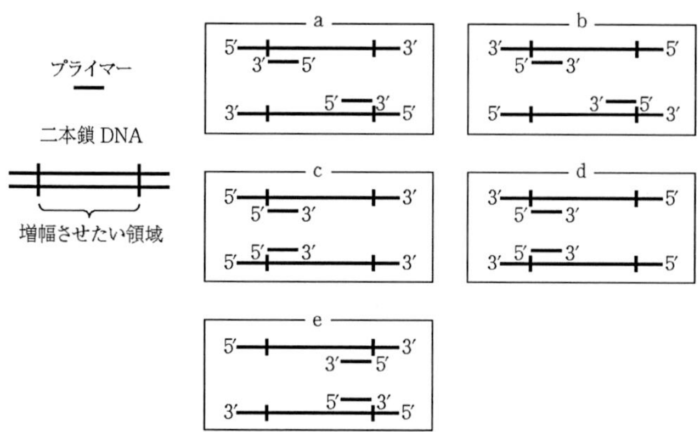

Ⅱ　農作物や家畜の生産では，優れた形質をもつものを安定して数多く生産することが重要である。そこで，(a)クローン植物やクローン動物を作成して増やす技術が研究されている。家畜の生産では，優良品種のクローン個体を得るのに(b)人工受精で得られた初期胚を(c)胚分割する技術が利用されている。さらに1996年，イギリスの研究グループは，図1のような操作手順でドリーという名のクローンヒツジをつくった。

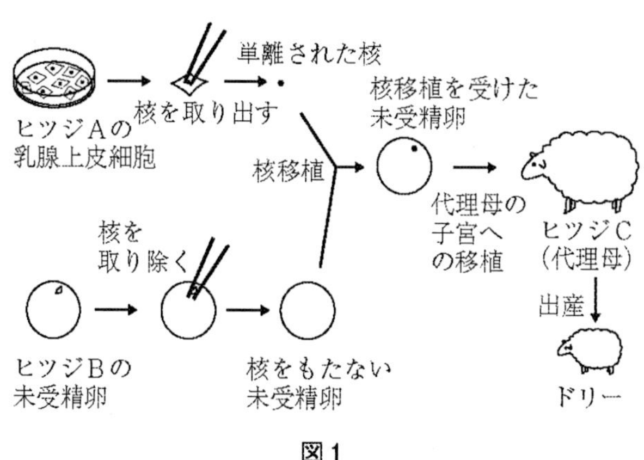

図1

1　下線部(a)に関する記述として適切でないものを，次のa～eの中から一つ選びなさい。

a　家畜分野では，受精卵クローンのウシが各国で数多く生まれている。

b　動物でも，体細胞の核の遺伝子を用いる方法でクローンができる。

c　アフリカツメガエルの野生個体の卵の核を不能化し，アルビノ個体の胞胚細胞の核を移植すると，クローン個体が作られる。

d　1個体の魚から得た多数の卵を受精させ，圧力を加えて極体放出を妨げることによってつくった三倍体魚は，互いにクローンの関係にある。

e　栽培品種の挿し木は，クローンの技術を使っている。

2　下線部(b)の技術の説明として最も適切なものを，次のa～eの中から一つ選びなさい。

a　雌から採取した卵に試験管の中で針を刺して刺激し，体内に戻すこと。

b　核を除去した精子を雌の体内へ注入すること。

c　雄から採取した精子と雌から採取した卵を試験管の中で受精させ，できた受精卵を雌の体内へ戻すこと。

d　精子から核だけを取り出し，試験管の中で核を除去した卵に注入すること。

e　優良な形質をもつ卵を採集する。

3　下線部(c)の技術の説明として最も適切なものを，次のa～eの中から一つ選びなさい。

a　母体から取り出した胚の細胞から細いガラス管を使って多数の核を取り出すこと。

b　母体から取り出した初期の胚を，微小なメスで二分割すること。

c　一定期間，受精卵から試験管の中で培養した胞胚を個々の細胞に分割すること。

d　受精卵を試験管の中で分割して，胚まで発生させること。

e　異なる遺伝子型の細胞が混在するように胚を融合すること。

4　胚分割によって得られたクローンとドリーに関する記述として適切でないものを，次のa～eの中から一つ選びなさい。

a　胚分割によって生まれた個体群は，卵を提供した個体とクローンである。

b　胚分割で複数の個体が生まれた場合，これらの個体は互いにクローンである。

c　ドリーが注目されたのは，「成獣の体細胞を使ったクローン」だったからである。

d　ドリーは，卵を提供した個体ではなく，核を提供した個体のクローンである。

e　ドリーは，有性生殖の過程を経ずにつくられたクローンである。

2024年度　茨城県　難易度

【25】次の文章を読み，以下の問いに答えなさい。

シヨウジョウバエの卵は，側方から見ると細長い楕円形であるが平らな側と湾曲した側があり，平らな側が将来の胚の背側になる。胚の体軸は，卵形成時に発現し未受精卵の前端にビコイドのmRNAが局在し，後端に(　ア　)のmRNAが局在する。これらのmRNAをはじめ，卵に蓄えられたmRNAやタンパク質のうち，発生過程に影響を及ぼすものを(　イ　)因子と呼び，このような遺伝子を(　イ　)効果遺伝子と呼ぶ。その後の初期発生では，受精卵から①卵割を経て多細胞の胞胚が生じ，やがて原腸形成が始まり，体節が作られていく。体節数の決定をするのが分節遺伝子である。分節遺伝子にはギャップ遺伝子群，ペアルール遺伝子群，セグメント・ポラリティ遺伝子群がある。これらの遺伝子がはたらいて最終的に14個の体節が決定される。体節をどのような構造にするかは，(　ウ　)遺伝子群によって決定される。

問1　文章中の(　ア　)～(　ウ　)に適する語句をそれぞれ答えなさい。

問2　下線部①について，ショウジョウバエ，ウニ及びカエルに見られる特徴をそれぞれ次のa～eからすべて選び，記号で答えなさい。なお，同じ記号をくり返し用いてもよい。

a　最初の細胞分裂は胚の動物極と植物極を通る面で起こる。

b　割球は動物極だけで分裂する。

c　核分裂をくり返して生じた多数の核が，胚の表面付近で細胞膜によって仕切られる。

d　3回目の細胞分裂で動物極側と植物極側にそれぞれ4個の割球が生じる。

e　3回目の細胞分裂で生じた割球は動物極側の方が植物極側より大きい。

問3　ビコイドをコードする遺伝子が機能を欠失した変異体を*bcd*変異体という。この変異体のホモ個体のメスは生殖能力があるが，それが産卵した卵は受精しても胚発生の途中で致死する。ビコイドの野生型遺伝子のmRNAを，*bcd*変異体または野生型個体が産卵した受精卵の多核体期に次の実験A～Eのように処理し，胚発生の結果形成される体節構造を観察した。なお，この結果は図に示すa～dのいずれかとなった。

【実験A】野生型の卵をそのまま発生させる。

【実験B】*bcd*変異体の卵をそのまま発生させる。

【実験C】野生型の卵の後端にビコイドの野生型遺伝子のmRNAを注射する。

【実験D】*bcd*変異体の前端部にビコイドの野生型遺伝子のmRNAを注射する。

【実験E】*bcd*変異体の卵の中央部にビコイドの野生型遺伝子のmRNAを注射する。

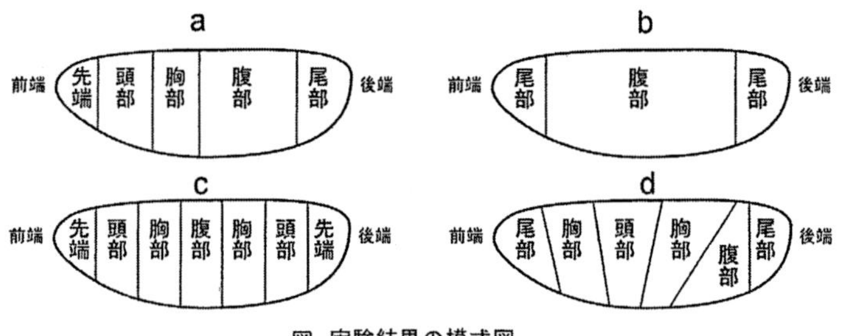

図　実験結果の模式図

【実験A】で発生した胚は図のaに，【実験B】で発生した胚は図のbに相当する形態となった。図のc，dの結果となったのは【実験C】～【実験E】のうちそれぞれどれか。それぞれC～Eの記号で答えなさい。なお，該当する実験が複数ある場合は，すべて答えること。

問4　アフリカツメガエルの背腹軸形成は受精時に始まる。次はアフリカツメガエルの背腹軸形成の説明文である。次の文章中の(a)～(c)に入る語句として正しい方を選びなさい。

受精の際，アフリカツメガエルの精子は(a)(　動物半球・植物半球　)から侵入する。受精後，卵の表層が細胞質に対して約30°回転し，精子の(b)(　侵入点側・侵入点と反対側　)に灰色三日月環が現れる。この部分は将来(c)(　腹側・背側　)になる。

▌2024年度 ▌静岡県・静岡市・浜松市 ▌難易度 ■■■■□

【26】次の図は，生態系における物質循環の一部を模式的に表したものである。各問いに答えよ。

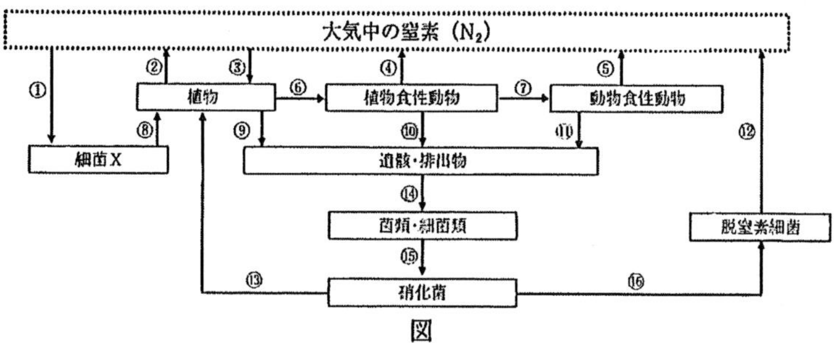

図

1　図の矢印①～⑯のうち，生態系では見られない窒素の移動経路を全て選び，記号で答えよ。

2　図の矢印①は，細菌Xが大気中の窒素(N_2)をアンモニウムイオン(NH_4^+)に変換するはたらきを表している。このはたらきを何というか答えよ。

3　窒素は生物にとって重要な元素であり，タンパク質などの有機窒素化合物の材料となる。有機窒素化合物を次の(ア)～(カ)から全て選び，記号で答えよ。

(ア)　DNA　　(イ)　グリコーゲン　　(ウ)　リン脂質

(エ)　ATP　　(オ)　クロロフィル　　(カ)　デンプン

4　硝化菌の一種である亜硝酸菌は，化学合成細菌である。亜硝酸菌は，炭酸同化に必要なエネルギーをどのようにして得ているかを説明せよ。

▌2024年度 ▌岡山県 ▌難易度 ■■■■□

【27】動物の発生について，次の1～5の問いに答えなさい。

図1は，核の位置および卵黄の分布が異なる4種類の動物卵の縦断面であり，図中の点は卵黄を表す。ただし，Dには卵黄は描かれていない。

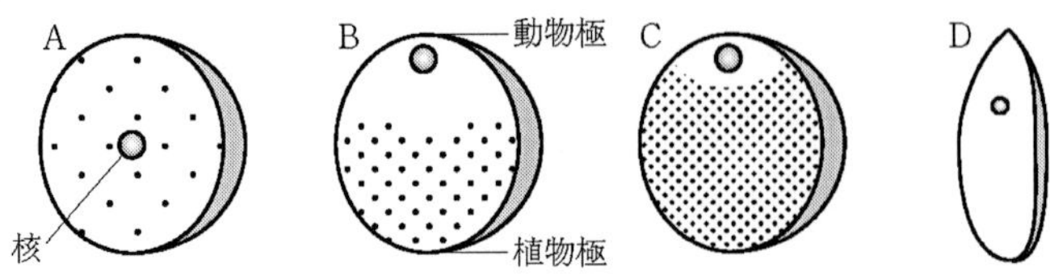

図1

1　Bの卵について，図の上部を動物極，下部を植物極とする。動物極とはどのようにして決定された位置か。最も適切なものを，次のa～eの中から一つ選びなさい。

a　卵黄が相対的に少ない部域

b　静置した際に上側(重力の反対方向)になる部域

c　卵割がよく進行する部域

d　卵割が進行しない部域

e　極体が生じる部域

2　発生初期に行われる卵割が一般にもつ特徴に関する記述として適切でないものを，次のa～eの中から一つ選びなさい。

a　細胞(割球)の成長がほとんどみられない。

b　特に初期は同調的な分裂を行う。

c　一般的な体細胞分裂に比較して分裂速度がかなり大きい。

d　間期が存在しないため，細胞周期が短い。

e　卵割ではG1期がほとんど存在しない。

3　AおよびBの卵の卵黄の分布と卵割の様式の組み合わせとして最も適切なものを，次のa～eの中から一つ選びなさい。

	Aの卵		Bの卵	
	卵黄の分布	卵割の様式	卵黄の分布	卵割の様式
a	等黄卵	全割	端黄卵	全割
b	端黄卵	全割	等黄卵	全割
c	等黄卵	全割	端黄卵	部分割
d	心黄卵	部分割	等黄卵	部分割
e	端黄卵	部分割	等黄卵	全割

4　Cの卵では，動物極付近のみで卵割が起きる。このような卵をもつ生物として最も適切なものを，次のa～eの中から一つ選びなさい。

a　カエル　　b　イモリ　　c　ニワトリ　　d　ウニ

e　マウス

5　Dの卵では，まず，中央付近で核分裂が進み，それらの核が卵の表面に移動すると細胞の仕切りができ，卵割が進行する。このような卵割をする卵では，卵黄はどのように分布しているか。最も適切なものを，次のa～eの中から一つ選びなさい。

a　卵全体に均一に分布

b　卵の表層付近にかたよって分布

c　卵長軸の上端付近にかたよって分布

d　卵の中央付近にかたよって分布

e　卵長軸の上端付近を除く全域に分布

2024年度　福井県茨城県　難易度

【28】次の文章を読み，各問いに答えよ。

生体触媒である酵素の主成分はタンパク質である。タンパク質は多数のアミノ酸が(　①　)結合で鎖状につながり，全体として複雑な立体構造をとる。それぞれの酵素が触媒作用を示すことができる基質はきわめて限られており，酵素のもつこの性質を(　②　)という。これは，酵素には特定の基質が結合するそれぞれ特有の立体構造をもつ(　③　)があるためである。基質とよく似た構造をもつ物質が共存すると，その酵素反応は阻害されることがあり，これを(　④　)阻害という。

1　文章中の(　①　)～(　④　)に当てはまる語句を答えよ。

2　酵素の中には補酵素を必要とするものがある。酵素と補酵素を半透膜を用いて分離する方法を次の(ア)～(エ)から一つ選び，記号で答えよ。

(ア)　遠心分離　　(イ)　ペーパークロマトグラフィー

(ウ)　蒸留　　(エ)　透析

3　図のaは，一定の酵素濃度のもとでの基質濃度と酵素反応速度との関係を示している。

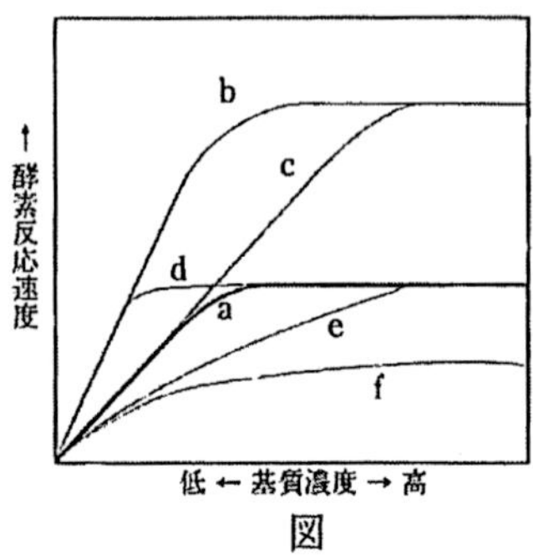

図

(1) 基質濃度が十分高いときには酵素反応速度は最大値となり，それ以上増加せず一定となる。その理由を説明せよ。

(2) 図において，基質とよく似た構造をもつ物質を，反応液に加えた場合の基質濃度と酵素反応速度との関係を示したグラフとして最も適当なものをb～fから一つ選び，記号で答えよ。

▌2024年度 ▌岡山県 ▌難易度

【29】植物生理について，次のⅠ・Ⅱの問いに答えなさい。

Ⅰ シロイヌナズナの変異株を用いた研究によって，花は葉が変化したものであることが示された。花は葉と同じ茎頂部の頂端分裂組織から分化することがわかっている。花は，図1に示すように，外側からがく，花弁，おしべ，めしべが配列しており，その器官形成には(a)<u>3種類の調節遺伝子(A，B，C遺伝子と呼ぶ)</u>の発現が重要である。図2に示すように，花の原基内の4つの領域1～4において，調節遺伝子*A*，*B*，*C*はそれぞれ決まった領域で発現する。また，その発現の組合せによって形成される構造が決まる。すなわち，*A*遺伝子だけが発現すると「がく」，*A*遺伝子と*B*遺伝子が発現すると「花弁」，*B*遺伝子と*C*遺伝子が発現すると「おしべ」，*C*遺伝子のみが発現すると「めしべ」が形成される。さらに，*A*遺伝子と*C*遺伝子は互いの発現を抑制し合うことによって，互いの発現する領域を限定し合っている。

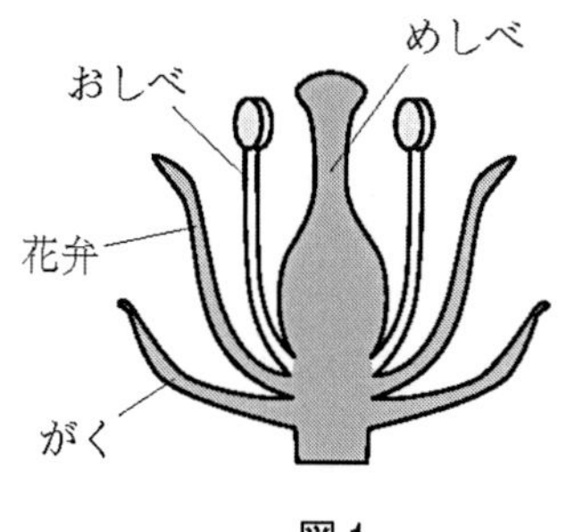

図1

花の外側 ←――――→ 花の内側

<table>
<tr><td>領域</td><td>1</td><td>2</td><td>3</td><td>4</td></tr>
<tr><td rowspan="2">発現する遺伝子</td><td></td><td colspan="2">B 遺伝子</td><td></td></tr>
<tr><td colspan="2">A 遺伝子</td><td colspan="2">C 遺伝子</td></tr>
<tr><td>構造</td><td>がく</td><td>花弁</td><td>おしべ</td><td>めしべ</td></tr>
</table>

図2

1　下線部(a)の調節遺伝子に突然変異が起こり，3種類の遺伝子のうちA遺伝子のみで機能が喪失した場合(A遺伝子変異株)，領域1～4に形成される構造の名称の組み合わせとして最も適切なものを，次のa～eの中から一つ選びなさい。

	領域1	領域2	領域3	領域4
a	がく	花弁	花弁	がく
b	がく	がく	めしべ	めしべ
c	めしべ	めしべ	がく	がく
d	めしべ	おしべ	おしべ	めしべ
e	おしべ	めしべ	めしべ	おしべ

2　下線部(a)の調節遺伝子に突然変異が起こり，3種類の遺伝子すべてにおいて機能が喪失した場合($A-B-C$遺伝子変異株)，領域1～4に形成される構造の名称の組み合わせとして最も適切なものを，次のa～eの中から一つ選びなさい。

	領域1	領域2	領域3	領域4
a	花弁	葉	花弁	花弁
b	葉	葉	葉	葉
c	葉	葉	おしべ	おしべ
d	おしべ	おしべ	葉	葉
e	花弁	花弁	花弁	花弁

3　シロイヌナズナのような生命現象の研究で一般的に用いられる生物を何というか。最も適切なものを，次のa～eの中から一つ選びなさい。

a　モデル生物　　b　アーキア　　c　ドメイン　　d　原生生物
e　指標生物

Ⅱ　(a)植物はさまざまな反応に太陽光を利用している。気孔の開閉運動もその反応のひとつであり，気孔の開口には青色光が有効で(　あ　)が光受容体として関わっている。気孔は光合成による二酸化炭素の吸収を行うと同時に水蒸気を放出する蒸散を行っている。気孔は環境条件の変化に応じた開閉運動を行っているため，光合成速度，蒸散速度とも気孔の開閉を支配する環境条件や植物ホルモンなどの要因に支配される。気孔を閉じさせるホルモンとしては(　い　)が知られている。

1　下線部(a)に関する記述として最も適切なものを，次のa～eの中から一つ選びなさい。

a　植物は遠赤色光と赤色光を利用することができる。
b　種子の発芽には光が必要で，温度は重要でない。
c　花芽形成を決定する日長条件としては，1日の明期の合計が重要である。
d　光屈性により，茎や根は光源の方に曲がる。
e　種子の発芽には温度が必要で，光は重要でない。

2　文中の(　あ　)・(　い　)に当てはまる語の組み合わせとして最も適切なものを，次のa～eの中から一つ選びなさい。

	あ	い
a	フィトクロム	アブシシン酸
b	フィトクロム	ジベレリン
c	フォトトロピン	アブシシン酸
d	フォトトロピン	ジベレリン
e	クリプトクロム	アブシシン酸

2024年度　茨城県　難易度

【30】次のⅠとⅡの文を読み，(1)～(6)の問いに答えよ。

Ⅰ　哺乳類は，新生代に入ると急速に多様化し，樹上生活に適応した霊長類が現れた。霊長類は，(　ア　)を持ち，親指は他の指と(　イ　)しているので，枝などをつかみやすい。また，両眼が顔の(　ウ　)に位置することで，立体視が可能になった。その後，霊長類の祖先から進化した類人猿の一部が，人類へと進化したと考えられている。

約700万年前のアフリカの地層から，最古の人類化石が見つかっており，その化石から，彼らは直立二足歩行をしていたと推定されている。初期の人類としては，440万～370万年前に出現したラミダス猿人や(　エ　)類などが知られており，約180万年前になると(　オ　)などの原人が出現した。原人の平均的な脳容積はおよそ1000cm^{3}で，猿人より飛躍的に大きくなった。100万～60万年ほど前には旧人が出現し，約30万年前にネアンデルタール人が出現した。ネアンデルタール人の脳容積はおよそ1500cm^{3}で，ある程度の文化を持っていたと考えられている。また，現生人類である(　カ　)が約30万年前にアフリカで誕生し，10万～5万年ほど前にアフリカを出た集団が世界中に広がっていった。

(1)　次のA～Hのうち，文中の(　ア　)～(　ウ　)に当てはまる語句の組み合わせとして最も適当なものを一つ選び，その記号を書け。

	ア	イ	ウ
A	平爪	対向	側面
B	平爪	対向	前面
C	平爪	並向	側面
D	平爪	並向	前面
E	かぎ爪	対向	側面
F	かぎ爪	対向	前面
G	かぎ爪	並向	側面
H	かぎ爪	並向	前面

(2) 次のA～Dのうち，文中の(　エ　)～(　カ　)に当てはまる語句の組み合わせとして最も適当なものを一つ選び，その記号を書け。

	エ	オ	カ
A	サヘラントロプス	ホモ・エレクトス	ホモ・サピエンス
B	サヘラントロプス	ホモ・サピエンス	ホモ・エレクトス
C	アウストラロピテクス	ホモ・サピエンス	ホモ・エレクトス
D	アウストラロピテクス	ホモ・エレクトス	ホモ・サピエンス

(3) 次のA～Eのうち，文中の下線部の直立二足歩行の根拠となる記述として誤っているものを一つ選び，その記号を書け。

A 骨盤は幅広く，丸みを帯びて上向きに開口している。

B 大後頭孔が頭部の斜め下向きに開口している。

C 土踏まずが発達している。

D 脊柱がS字状に湾曲している。

E 前肢が後肢に比べ短くなっている。

Ⅱ 次の表は，ヒト，種X，種Y，種Zのヘモグロビンα鎖のアミノ酸配列を2つの生物間で比較し，両者間で異なっていたアミノ酸の数(アミノ酸置換数)をまとめたものである。例えば，ヒトと種Xのヘモグロビンα鎖のアミノ酸置換数は37であり，ヒトと種Y，ヒトと種Zのアミノ酸置換数はそれぞれ79と17である。なお，ヘモグロビンα鎖のアミノ酸の置換は，生物種に関係なく一定の速度で起きるものとする。

表

	ヒト	種X	種Y	種Z
ヒト	0	—	—	—
種X	37	0	—	—
種Y	79	84	0	—
種Z	17	43	75	0

(4)　表をもとに，図のような分子系統樹を作成した。以下のA～Fのうち，図中のア～ウに当てはまる生物種の組み合わせとして最も適当なものを一つ選び，その記号を書け。

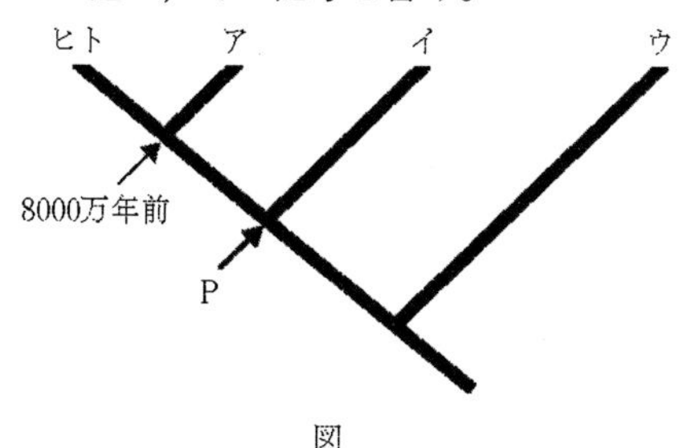

図

	ア	イ	ウ
A	種X	種Y	種Z
B	種X	種Z	種Y
C	種Y	種X	種Z
D	種Y	種Z	種X
E	種Z	種X	種Y
F	種Z	種Y	種X

(5)　ヒトと図14中のアが共通の祖先から分岐したのは，約8000万年前と考えられている。図14中の矢印Pの分岐点は約何年前か。次のA～Dのうち，最も適当なものを一つ選び，その記号を書け。

A　1.5億　　B　1.7億　　C　1.9億　　D　2.1億

(6)　ヒトとウマのヘモグロビンα鎖を比較すると，141のアミノ酸座位のうち，18ヶ所で違いが見られる。ヒトとウマが共通の祖先から約8000万年前に分岐したと考えると，ヘモグロビンα鎖のアミノ酸座位1個にアミノ酸置換が起こる率は1年当たりどれくらいになるか。次のA～Dのうち，最も適当なものを一つ選び，その記号を書け。

A　5.1×10^{-7}　　B　1.1×10^{-7}　　C　1.6×10^{-9}　　D　8.0×10^{-10}

2024年度　愛媛県　難易度

【31】発生に関する次の各問に答えよ。

〔問1〕 ウニの発生において，第三卵割直後の様子を表す模式図として適切なものは，次の1～4のうちのどれか。

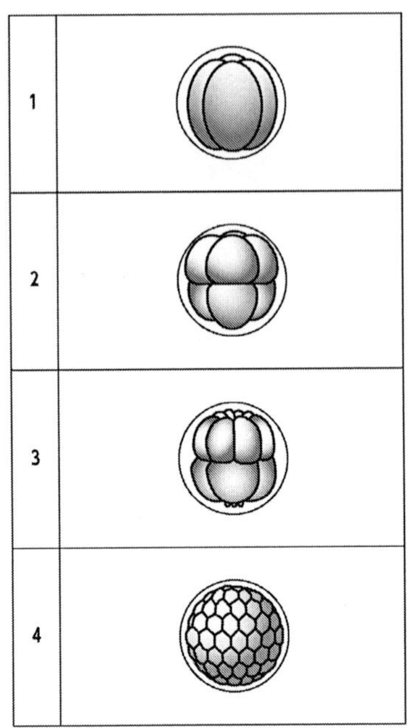

〔問2〕 カエルの発生のしくみに関する記述として適切なものは，次の1～4のうちのどれか。

1　受精後，卵の植物極側に局在するディシェベルドタンパク質は，精子進入点と逆側に移動し，βカテニンの分解を促進する。

2　受精後，卵の動物極側に局在するVegTタンパク質は，精子進入点と逆側に移動し，ノーダル遺伝子の発現を促進する。

3　BMPが受容体に結合した外胚葉の細胞は表皮に分化し，BMPが受容体に結合できなかった細胞は神経に分化する。

4　BMPに結合してその作用を阻害するナノスやビコイドの遺伝子は，原口背唇で発現し，神経誘導に関与する。

〔問3〕 被子植物の配偶子形成に関する記述として適切なものは，次の1～4のうちのどれか。

1　おしべの葯の中では，1個の花粉母細胞につき2回の体細胞分裂を行うことによって，4個の花粉四分子になる。

2　おしべの葯の中で成熟した花粉では，花粉1個の中に2個の雄原細胞が形成される。

3　めしべの子房の中では，1個の胚のう細胞が2回の連続した核分裂を行い，胚のうを形成する。

4　めしべの子房の中にある1個の胚のうの中には，珠孔とは反対側に3個の反足細胞がある。

■2024年度 ■東京都 ■難易度

【32】筋肉に関する次の文章について，以下の各問いに答えなさい。

> 骨格筋は多数の筋繊維からなり，さらにその筋繊維は多数の筋原繊維からなっている。筋原繊維は明るく見える明帯と，暗帯とが交互に配列しており，このしま模様から骨格筋は(　①　)ともよばれる。筋原繊維は，細い(　②　)と太い(　③　)から構成されている。明帯の中央には(　④　)とよばれる仕切りがあり，この左右に細い(　②　)が結合している。(　④　)と(　④　)で仕切られた間を(　⑤　)という。

(1)　空欄(　①　)～(　⑤　)に当てはまる最も適当な語句をそれぞれ答えなさい。

(2)　次の図は，し緩した状態の下線部を模式的に示したものである。この図の筋原繊維が収縮した状態を図示しなさい。なお，図中の記号は，文章中の空欄のものと一致している。

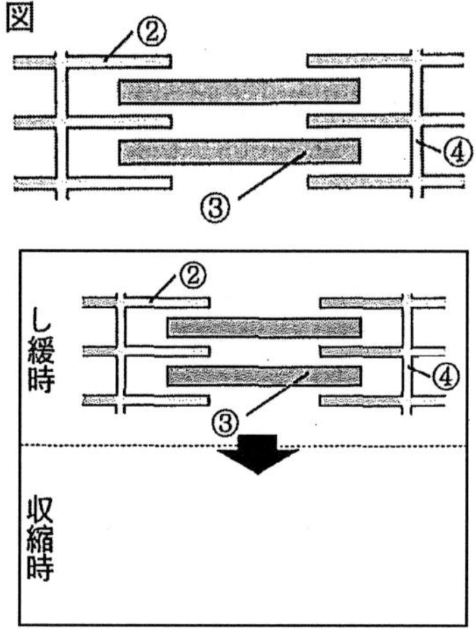

■2024年度 ■京都府 ■難易度

【33】次の各問に答えよ。

〔問1〕 健康なヒトの腎臓において，ボーマンのうへこし出された原尿が尿としてぼうこうに到達するまでの経路として適切なものは，次の1～4のうちのどれか。

1 細尿管 → 輸尿管 → 腎う → 集合管

2 細尿管 → 集合管 → 腎う → 輸尿管

3 腎う → 輸尿管 → 細尿管 → 集合管

4 腎う → 集合管 → 細尿管 → 輸尿管

〔問2〕 次の表は，ある健康なヒトの血しょう，原尿，尿の，それぞれのNa^+及びイヌリンの濃度を測定した結果である。このとき，Na^+の再吸収率〔%〕として最も適切なものは，以下の1～4のうちではどれか。ただし，ヒトが1分間に生成する尿を1mLであるとする。なお，イヌリンは，本来は体内には存在しない物質で，原尿中に完全にろ過され，再吸収されずにすべて排出される物質である。

表

成分	質量パーセント濃度〔%〕		
	血しょう	原尿	尿
Na^+	0.32	0.32	0.35
イヌリン	0.01	0.01	1.20

1 3.81　　2 29.2　　3 99.1　　4 109

〔問3〕 消化と吸収に関する記述として適切なものは，次の1～4のうちのどれか。

1 デンプンは，だ液中のアミラーゼなどのはたらきによってアミノ酸にまで分解される。

2 タンパク質は，胃液中のペプシンなどのはたらきによってブドウ糖にまで分解される。

3 脂肪は，すい液中のリパーゼなどのはたらきによって，脂肪酸とモノグリセリドに分解される。

4 ブドウ糖と脂肪酸は，柔毛の表面から吸収されて毛細血管に入り，肝臓を通って全身の細胞に行きわたる。

▌2024年度 ▌東京都 ▌難易度 ■■■■□

【34】生物の環境応答に関する文Ⅰ，Ⅱを読み，以下の(1)～(11)の各問いに答えなさい。

Ⅰ　図1はある被子植物の配偶子形成を示している。

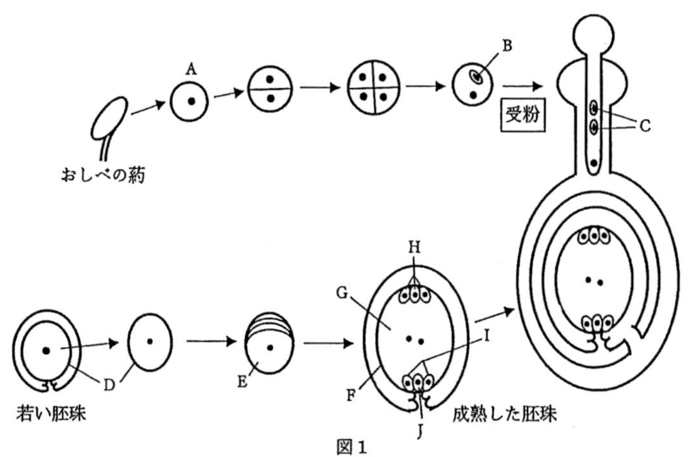

図1

(1)　図中のB，E，Fの名称をそれぞれ答えよ。ただし，Fは細胞G～Jの全てを含んでいる。

(2)　図中の細胞G～Iの名称の組合せとして，正しいものを次のア～カから1つ選び，その記号で答えよ。

	G	H	I
ア	反足細胞	中央細胞	助細胞
イ	反足細胞	助細胞	中央細胞
ウ	中央細胞	助細胞	反足細胞
エ	中央細胞	反足細胞	助細胞
オ	助細胞	中央細胞	反足細胞
カ	助細胞	反足細胞	中央細胞

(3)　図中の細胞Gに含まれる2つの核の名称を答えよ。

(4)　図中の細胞DからFができるまでに何回の核分裂が起こっているか。ただし，D～E間では減数分裂がおこなわれている。

(5)　被子植物では，ほぼ同時に2か所で受精が起こり，胚と胚乳が形成される。このことについて，次の①～③の各問いに答えよ。

①　胚と胚乳は，それぞれ図中A～Jのどの細胞とどの細胞が合体してできるか。それぞれ答えよ。

②　胚と胚乳の核相を，nを用いてそれぞれ答えよ。

③　被子植物に特有の受精を何と呼ぶか。

(6)　植物の生殖について述べた次の文を読み，以下の①～③の各問いに答えよ。

多くの被子植物では，一つの花器官におしべとめしべが存在するため，同一個体内での受粉が起こる。ある植物では同一個体内での受精を防ぐしくみ(自家不和合性)が存在し，それには自家不和合性遺伝子が関係している。この遺伝子にはS_1，S_2，S_3…と表記される複数の対立遺伝子があり，これらが発現すると物質S_1，S_2，S_3…が合成される。また，これらの遺伝子間には顕性，潜性がない。この遺伝子は花粉および柱頭に存在する物質の合成に関与し，受粉の際に花粉と柱頭に同じ物質が存在すると，花粉管の伸長が阻害され，その花粉は受精までには至らない。また，花粉側でのこの遺伝子の発現時期は植物により異なり，植物1では減数分裂前に，植物2では減数分裂後に発現する。

①　遺伝子型S_1S_2の個体の花粉に含まれる物質Sの組合せとして最も適当なものを，植物1の場合と植物2の場合のそれぞれについて，次のア～エから1つ選び，その記号で答えよ。

ア　S_1のみ　　イ　S_2のみ　　ウ　S_1もしくはS_2　　エ　S_1とS_2

②　遺伝子型S_1S_2の個体から得られた全ての花粉を，遺伝子型S_1S_2，S_1S_3，S_2S_3，S_2S_4，S_3S_4それぞれの個体のめしべに受粉させた。種子が形成されるものには「○」，種子が形成されないものには「×」を，植物1，植物2それぞれの場合について記入せよ。

③　自家不和合性をもつことは，その植物にとってどのような利点があるか。簡潔に書け。

(7)　植物の種子形成について述べた次の文のうち適当なものを，次のア～オから2つ選び，その記号で答えよ。

ア　胚からは胚球が，胚乳からは胚柄がそれぞれ生じる。

イ　胚球からは子葉と幼芽が，胚柄からは胚軸と幼根をそれぞれ生じる。

ウ　胚乳が発達しない種子では，栄養は子葉に蓄えられる。

エ　エンドウやイネの種子では胚乳が発達する。

オ　珠皮は種皮となる。

Ⅱ　神経細胞は，核を持つ(　a　)と，そこから伸びる多数の突起からなり，短く枝分かれした突起を(　b　)，長く伸びた突起を(　c　)という。神経細胞の細胞膜にはさまざまな輸送タンパク質が存在し，1刺激に対して興奮を発生させる。2発生した興奮は一ヵ所にとどまらず神経細胞内部を伝わっていく。また，神経終末部にも輸送タンパク質が存在し，3神経細胞間での興奮のやり取りでも重要な役割を果たす。

(8)　文中の(　a　)～(　c　)に適する語句をそれぞれ答えよ。

(9)　下線部1について，図2は神経細胞に単一のある大きさの刺激を与えた時の，膜電位の変化を示したグラフである。この図について，以下の①～⑤の各問いに答えよ。

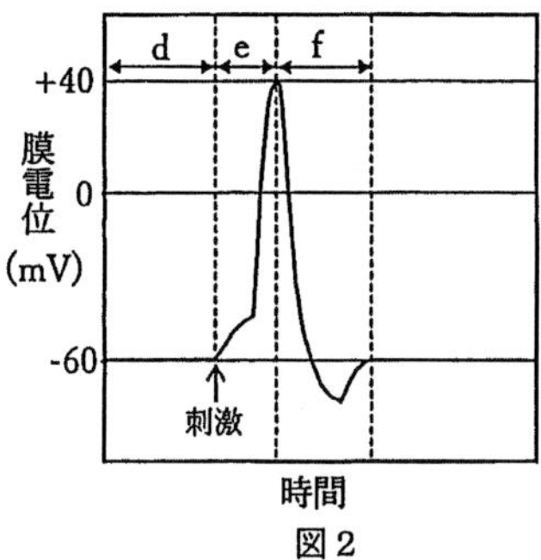

図2

①　神経細胞が興奮していない時の膜電位を何というか。

②　神経細胞が興奮した時の膜電位の変化を何というか。また，その最大値を図より求めよ。

③　図中のdの状態を説明した次の文(i)～(iii)について，適当なものを過不足なく含む組合せを，以下のア～カから1つ選び，その記号で答えよ。

(i)　ATPのエネルギーを利用し，Na^+を細胞内に，K^+を細胞外に輸送している。

(ii)　Na^+もK^+も濃度勾配に逆らってのみ輸送されている。

(ii)　K^+の輸送により，負の膜電位を生じている。

ア　(i)　　イ　(ii)　　ウ　(iii)　　エ　(i)と(ii)　　オ　(i)と(iii)
カ　(ii)と(iii)

④　図中のe，fでの電位変化の原因となる輸送タンパク質の組合せ

をア～エから，イオンの種類と移動方向の組合せをオ～ケから，それぞれ最も適当なものを1つ選び，その記号で答えよ。

	e	f
ア	伝達物質依存性チャネル	電位依存性チャネル
イ	伝達物質依存性チャネル	伝達物質依存性チャネル
ウ	電位依存性チャネル	電位依存性チャネル
エ	電位依存性チャネル	伝達物質依存性チャネル

	e	f
オ	K^+が細胞内に流入する	Na^+が細胞外に流出する
カ	Na^+が細胞内に流入する	K^+が細胞外に流出する
キ	K^+が細胞外に流出する	Na^+が細胞内に流入する
ク	Na^+が細胞外に流出する	K^+が細胞内に流入する
ケ	K^+が細胞内に流入する	K^+が細胞外に流出する

⑤　この神経細胞に対して，図2の時よりさらに強い刺激を1回与えるとどのようなグラフになるか。最も適当なものを，次のア～エから1つ選び，その記号で答えよ。

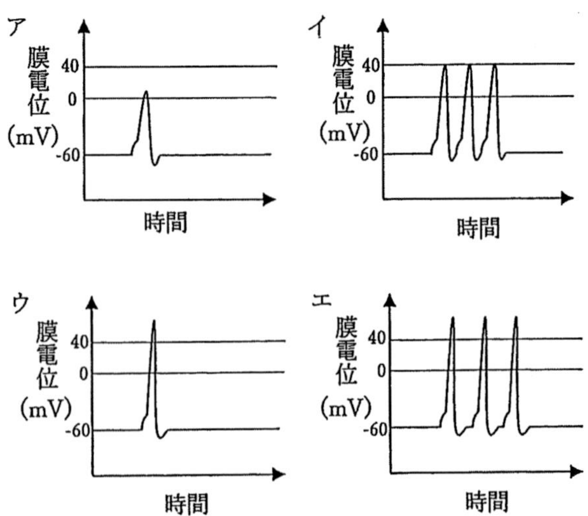

(10)　下線部2について，次の①～③の各問いに答えよ。

①　脊椎動物の大部分の神経細胞は髄鞘と呼ばれる構造を持つため，髄鞘を持たない細胞に比べると興奮を伝える速度が大きいことが知られている。このような髄鞘をもつ神経神胞で見られる興奮の伝わり方を何というか。

② ①で興奮が伝わるしくみを，髄鞘の電気的な性質に触れながら説明せよ。

③ カエルの神経筋標本の神経と筋肉の接合部から20mm離れた座骨神経上のA点と，接合部から60mm離れたB点に，それぞれ別々に閾値以上の単一の電気刺激を与え，筋肉の収縮を調べた。その結果，A点を刺激した場合は10ミリ秒後に，また，B点を刺激した場合は12ミリ秒後に，それぞれ筋肉が収縮をはじめた。実験結果から考えて，カエルの座骨神経を興奮が伝導する速さは何m/秒か。

(11) 下線部3について，次の①，②の各問いに答えよ。

① 神経終末に興奮が伝わると，細胞膜上の輸送タンパク質によりイオンが内部に流入する。この輸送タンパク質として最も適当なものを，次のア～カから1つ選び，その記号で答えよ。

ア 伝達物質依存性Ca^{2+}チャネル

イ 伝達物質依存性K^+チャネル

ウ 伝達物質依存性Na^+チャネル

エ 電位依存性Ca^{2+}チャネル

オ 電位依存性K^+チャネル

カ 電位依存性Na^+チャネル

② ①でのイオンの流入が刺激となり，神経終末内の小胞から化学物質が放出され，他の細胞がこの化学物質を受け取ることにより興奮が伝わる。ただし，それを受け取る細胞での反応は異なる場合がある。このことについて述べた次のア～クから，適当なものを2つ選び，その記号で答えよ。

ア 興奮性シナプスでは，伝達物質依存性K^+チャネルが開いて，K^+が流出する。

イ 興奮性シナプスでは，伝達物質依存性OH^-チャネルが開いて，OH^-が流出する。

ウ 抑制性シナプスでは，伝達物質依存性Na^+チャネルが開いて，Na^+が流入する。

エ 抑制性シナプスでは，伝達物質依存性Cl^-チャネルが開いて，Cl^-が流入する。

オ　興奮性シナプスでは，後細胞の静止電位がより浅く(より0mVに近づく)，抑制性シナプスでは後細胞の静止電位はより深くなる。

カ　興奮性シナプスでは後細胞の静止電位がより深くなり，抑制性シナプスでは後細胞の静止電位はより浅くなる。

キ　興奮性シナプスでも抑制性シナプスでも後細胞の静止電位はより浅くなるが，興奮性シナプスの方がその変化は大きい。

ク　興奮性シナプスでも抑制性シナプスでも後細胞の静止電位はより深くなるが，興奮性シナプスの方がその変化は大きい。

2024年度　佐賀県　難易度

【35】次の文章を読み，各問いに答えよ。

神経系は神経細胞(ニューロン)とそれを取り囲むシュワン細胞やオリゴデンドロサイトなどの(　①　)と総称される細胞などによって構成されている。(　①　)は神経組織の構造を支持したり，ニューロンに必要な栄養分を補給したりするなどのはたらきをもつ。脊椎動物のニューロンにみられる軸索には，シュワン細胞でできた神経鞘で包まれているものがある。神経鞘にはシュワン細胞などが何層にも巻きついた部分があり，これを髄鞘という。髄鞘をもつ軸索を(　②　)神経繊維と呼ぶ。髄鞘は電気を通し③[(a)　やすい・(b)　にくい]ため，髄鞘が欠けた部分に活動電流が流れる。その結果，興奮が伝わる速さは④[(a)　速く・(b)　遅く]なる。

1　文章中の(　①　)と(　②　)に当てはまる語句を答えよ。

2　文章中の③と④について，適当なのは(a)と(b)のどちらか，それぞれ記号で選び，正しい文を完成させよ。また，下線部のような伝導を何というか答えよ。

3　個々のニューロンは「全か無かの法則」に従い，活動電位の大きさは常に一定である。動物の体内で神経が刺激の強弱の情報を伝えるしくみについて説明せよ。

2024年度　岡山県　難易度

解答・解説

【1】3

○**解説**○ 1，2，4　いずれも「生物基礎」ではなく「生物」の「内容」に記されている記述である。

【2】(1)　160〔個〕　　(2)　セントラルドグマ　　(3)　イ

(4)　[AB]：[Ab]：[aB]：[ab]＝14：1：1：4

○**解説**○ (1)　終止コドンはアミノ酸を指定しないので，このmRNAのうちアミノ酸を指定するのは，先頭から11番目から490番目までの塩基である。この間には，490－11＋1＝480〔個〕の塩基があり，塩基3個でアミノ酸を1個指定するので，合成されるタンパク質を構成するアミノ酸の数は，$\frac{480}{3}$＝160〔個〕となる。　(2)　解答参照。

(3)　ア　体細胞は，皮膚と筋肉のように異なる組織を構成していても，同じ遺伝情報をもっている。　ウ　ヒトのゲノムには約2万個の遺伝子があると推定されている。　(4)　遺伝子AとBの組換え価が雌では20％なので，配偶子の遺伝子の比はAB：Ab：aB：ab＝4：1：1：4となる。雄では組換えが起こらないため，配偶子の遺伝子はAB：ab＝1：1となる。これらが交配するので，(4AB＋Ab＋aB＋4ab)×(AB＋ab)を展開して整理すると，F_2の表現型の分離比は[AB]：[Ab]：[aB]：[ab]＝14：1：1：4となる。

【3】⑤

○**解説**○ アミノ酸配列の違いが最大なのは，動物1と動物3，動物1と動物4の組合せである。また，その次にアミノ酸配列の違いが大きいのは，動物1と動物2の組合せなので，他の生物と系統的に最も離れているAは動物1である。一方，アミノ酸配列の違いが最小なのは，動物2と動物4の組合せなので，これらは系統的に最も近いCとDのいずれかと考えられる。よって，残ったBが動物3である。

【4】(1)　1　　(2)　3　　(3)　6　　(4)　7　　(5)　4　　(6)　4

○**解説**○ (1)　物質Aを加えると，乳酸濃度に対する反応速度が低下しているが，乳酸濃度を高くしたときの最終的な反応速度は変わらない。よって，物質Aは競争的阻害剤である。競争的阻害剤は酵素の活性部位に結合し基質と酵素の結合を妨げる。　(2)　物質Bを加えると，乳酸濃度を高くした場合でも反応速度が低く，阻害効果がみられる。よって，物質Bは非競争的阻害剤である。非競争的阻害剤は，酵素の活性部位と異なる部分に結合し酵素の構造を変化させて酵素反応を妨げる。　(3)　(1)(2)より，物質Aは競争的阻害剤，物質Bは非競争的阻害剤である。なお，アロステリック阻害剤による反応速度と基質濃度の関係のグラフはS字状のグラフを示す。　(4)　電子伝達系の反応式は，$10(NADH+H^+)+2FADH_2+6O_2 \rightarrow 12H_2O+10NAD^+ +2FAD+34ATP$であり，ATPを合成する過程で酸素が必要である。なお，解糖系の反応式は，$C_6H_{12}O_6+2NAD^+ \rightarrow 2C_3H_4O_3+2(NADH+H^+)+2ATP$，クエン酸回路の反応式は，$2C_3H_4O_3+6H_2O+8NAD^+ +2FAD \rightarrow 6CO_2 +8(NADH+H^+)+2FADH_2+2ATP$であり，酸素を直接は必要としない。　(5)　呼吸の反応式は，$C_6H_{12}O_6+6O_2+6H_2O \rightarrow 6CO_2+12H_2O$であるため，酸素32mgを呼吸で吸収した時に放出される二酸化炭素は44mg，消費されるグルコースは30mgである。二酸化炭素はこのほかに22mg放出されているので，これはアルコール発酵の分である。アルコール発酵の反応式は，$C_6H_{12}O_6 \rightarrow 2C_2H_5OH+2CO_2$であるため，二酸化炭素22mgを放出した時に消費されるグルコースは45mgである。よって，消費したグルコース量は75mg　(6)　脂肪酸はβ酸化によってアセチルCoAとなり，クエン酸回路に入る。モノグリセリドは解糖系の途中の反応経路に入る。

【5】(1)　4　　(2)　3　　(3)　2　　(4)　3　　(5)　9　　(6)　3
(7)　5

○**解説**○ (1)　オペレーターは，リプレッサーなどの調節タンパク質が結合する塩基配列である。RNAポリメラーゼがプロモーターに結合すると，ラクトースを分解する酵素の転写が開始され，ラクトースが分解される。　(2)　ビードルとテータムは一遺伝子一酵素説を提唱した。

ワトソンとクリックはアデニンとチミン，シトシンとグアニンが結合していることを明らかにした。ハーディーとワインベルグは集団遺伝学のハーディー・ワインベルクの法則で知られる。フランクリンとウィルキンスはDNAの立体構造の解析を行った。　(3)　③部分のアミノ配列はVLGHSQとなり，この遺伝子をもとに合成したアミノ酸配列と一致しない。　(4)　アミノ酸配列が短くなっているため，塩基置換によって終止コドンができたと考えられる。元のアミノ酸配列の14番目のアミノ酸であるLを指定している配列に塩基置換が起こった可能性があるため，ウである。　(5)　ウイルスは自己増殖能力がなく生物としての特徴を持っていないため，④⑤は誤り。　(6)　ヒトゲノムは二本鎖で，$4^5 \fallingdotseq 10^3$より，期待値は，$\frac{30 \times 10^8 \times 2}{4^6} \div \frac{30 \times 10^8 \times 2}{10^9 \times 4} = \frac{6}{4} = 1.5$
(7)　2サイクル目が終わった時点で，1100塩基のDNAが2分子，1000塩基のDNAが2分子，800塩基のDNAが2分子，700塩基のDNAが2分子である。3サイクル目では1100塩基のDNAは増えないため2分子のまま，1000塩基のDNAはプライマーAが1100塩基のDNAに結合した時にのみ増えるので，3分子になる。同様に800塩基のDNAも3分子となる。3サイクル目では分子数は2サイクル目の2倍になるため，全体で16分子である。残りはすべて700塩基のDNAなので，16－7＝8〔分子〕である。

【6】1　①調査場所をいくつか選び，軍手をして，採集缶を用いて土壌を採集する。その際，周囲に見られる植物や地表の状態を記録する。②採集した土壌を白色のバットに広げ，ピンセット等を用いて，比較的大きい土壌動物を採集する。採集した土壌動物は70％〔体積％〕エタノール水溶液の入った管ビンに入れる。　③②の作業後の土壌を，ツルグレン装置に約24時間かけて土壌動物を採集し，70％〔体積％〕エタノール水溶液の入った管ビンに入れる。　④ルーペと双眼実体顕微鏡を用いて②・③で採集した土壌動物を観察し，図鑑やインターネットに接続できる機器を利用して種類を調べる。　⑤調査場所ごとに観察できた土壌動物の種類数や個体数を調べ，環境によるそれらの違いについてまとめる。　　2　・実験を何のために行うか，実験ではどのような結果が予想されるかを考えさせるなど，見通しをもたせる。・調査場所の環境以外の，土壌を採集する方法や採集する土壌の量等

の条件をそろえる必要があることに気付かせる。　・土壌を採集する際には軍手をして，土壌動物を直接手で触らないようにするなど，安全に留意した計画にさせる。

○解説○ 解答参照。

【7】(1)　③　(2)　④　(3)　⑦

○解説○ (1)　表より，総細胞数1000個のうち分裂期の細胞は，20＋11＋13＋23＝67〔個〕である。各時期の細胞数は．各時期に要する時間に比例するので，分裂期に要する時間は，$24\times\frac{67}{1000}=1.608$〔時間〕，つまりおよそ1時間36分である。　(2)　図1の(い)は間期のS期(DNA合成期)であり，図2の細胞の様子はウ，図3のDNAの状態は複製されているのでbである。(う)は間期のG2期(分裂準備期)であり，細胞の様子はウで変わらず，DNAの状態は2倍になっているのでcである。
(3)　ヒトは23対の相同染色体，つまり46本の染色体をもっているが，ゲノムとは相同染色体のうち片方ずつ，つまり23本の染色体に含まれる遺伝情報を指す。

【8】③

○解説○ ア　(30億塩基対)÷(遺伝子数20000個)＝(15万塩基対/個)より，15万塩基対ごとに1つの遺伝子がある。　イ　30億塩基対のうち1.5%が翻訳領域なので，(30億塩基対)×0.015＝(4500万塩基対)が翻訳領域である。この中に20000個の遺伝子があるので，個々の遺伝子の翻訳領域の長さは，(4500万塩基対)÷(遺伝子数20000個)＝(2250塩基対/個)である。

【9】(1)　あ　遺伝子プール　い　遺伝子頻度　う　ハーディ・ワインベルグ　(2)　え　自由交配が行われる。　お　他の集団との移出入がない。　(3)　逆位は染色体の切れた断片が逆向きにつながり遺伝情報が変わること。転座は染色体の切れた断片が別の染色体につながり遺伝情報が変わること。　(4)　自然選択とは無関係に，遺伝子頻度が偶然によって変化すること。(30字)　(5)　①　工業暗化　②　明色型の個体は目立つようになって，鳥に捕食されやすくなり減

少した。暗色型の個体は捕食されにくくなって，その割合が増加した。
(6)　遺伝子型…DD，Dd　　頻度…p^2+2pq　　(7)　①　p…0.6
q…0.4　　②　暗色型：明色型＝45：4

○解説○　(1)(2)　解答参照。　(3)　染色体突然変異には，他にも欠損，重複，倍数体，異数体がある。　(4)　個体数が少ないほど，遺伝的浮動による影響は強くなる。　(5)　工業暗化では，もともと突然変異で生じていた暗色型は生存に不利なので個体数は少なく，環境が変わり生存に有利となったことで個体数が増えたと考えられ，これは自然選択がはたらいたことの一例である。　(6)　暗色型は明色型に対して優性(顕性)なので，暗色型の遺伝子型はDDとDdである。また，次世代で見られるそれぞれの遺伝子型の割合は，DD：Dd：dd＝p^2：$2pq$：q^2なので，暗色型の頻度はp^2+2pqと表せる。　(7)　①　全個体数のうち，暗色型の個体数は84％なので，明色型の個体数は16％であり，q^2＝0.16より，q＝0.4，$p+q$＝1より，p＝0.6となる。　②　はじめの個体数を100とすると，遺伝子型DDの個体数は$100\times p^2$＝36，遺伝子型Ddの個体数は$100\times 2pq$＝48となる。明色型を取り除いた後，この集団に存在する遺伝子Dの数は36×2＋48＝120，遺伝子dの数は48なので，遺伝子Dの頻度は$\frac{120}{120+48}=\frac{5}{7}$，遺伝子dの頻度は$\frac{48}{120+48}=\frac{2}{7}$となる。よって，次世代の暗色型と明色型の出現比は，(DD＋Dd)：(dd)＝$\left\{\left(\frac{5}{7}\right)^2+2\times\frac{5}{7}\times\frac{2}{7}\right\}:\left(\frac{2}{7}\right)^2$＝45：4となる。

【10】Ⅰ　問1　DNAリガーゼ　　問2　(1)　エ，オ　　(2)　制限酵素…a　頻度…$\frac{1}{256}$　　(3)　目的の遺伝子が導入された細胞を選択するため。
Ⅱ　問1　光周性　　問2　暗期の長さが限界暗期よりも長くなると花芽を形成するので短日植物である。　　問3　ア，エ，オ　　問4　植物Bの葉でつくられた花芽形成ホルモン(フロリゲン)が，師管を通って植物Cに移動したから。　　問5　高緯度の寒冷地域では，春から初夏にかけて日が非常に長くなるため，花芽を形成し，暖かい期間が短い条件であっても長日植物が繁殖する。

○解説○　Ⅰ　問1　解答参照。問2　(1)　制限酵素がはたらくためには，特定の塩基配列を認識する必要がある。図1より，制限酵素aは4塩基対，制限酵素bは6塩基対を認識する必要があるので，それぞれ図2の2か所と1か所切断できる。　(2)　塩基は4種類あるので，ある塩基が1つ現れる頻度は$\frac{1}{4}$と考える。制限酵素aは特定の4塩基配列を認識するので，その塩基配列が現れる頻度は$\frac{1}{4}\times\frac{1}{4}\times\frac{1}{4}\times\frac{1}{4}=\frac{1}{256}$となる。同様に，制限酵素bは特定の6塩基配列を認識するので，その塩基配列が現れる頻度は$\frac{1}{4}\times\frac{1}{4}\times\frac{1}{4}\times\frac{1}{4}\times\frac{1}{4}\times\frac{1}{4}=\frac{1}{4096}$となる。よって，制限酵素aの特定の塩基配列が現れる頻度の方が高い。　(3)　例えば，薬剤入り培地では，目的とする遺伝子の他に薬剤耐性遺伝子を組み込んだプラスミドを導入し，形質転換が起きた細胞のみが生育できるので，その細胞のみを利用することができる。

Ⅱ　問1，2　解答参照。　問3　図1より，植物Bは暗期の長さが限界暗期よりも短くなると花芽を形成するので長日植物であり，その限界暗期は12時間と読み取れる。よって，図2より，連続した暗期の長さが12時間を超えるイとウでは，花芽を形成しないと考えられる。

問4　フロリゲンは葉で合成され，師管を通って茎頂まで移動する性質があるので，植物Bで合成されたフロリゲンが接ぎ木した植物Cに移動し，植物Cの花芽形成を促進したと考えられる。　問5　長日植物は春頃，短日植物は夏から秋に花芽を形成して開花する。

【11】(1)　①　髄鞘(ミエリン鞘)　　②　ランビエ絞輪　　③　跳躍

(2)　25〔m/秒〕　　(3)　15〔cm〕

(4)

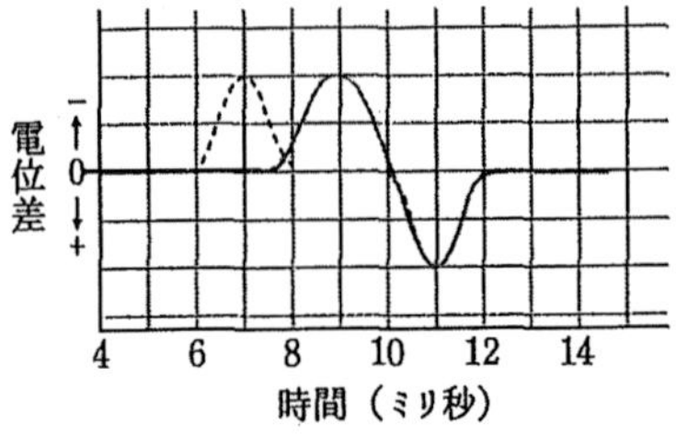

電位差　−　0　+

4　6　8　10　12　14

時間（ミリ秒）

○**解説**○ (1)　脊椎動物の多くのニューロン軸索は電気を通しにくい髄鞘が巻かれている。髄鞘に取り囲まれた部分にはイオンチャネルが少なく髄鞘のないランビエ絞輪に集まっているので，活動電位の発生は絞輪の部分だけで起こってとびとびに伝導する跳躍伝導になり，伝導速度は無髄神経よりずいぶん速い。　(2)　軸索の途中のある部位を刺激すると，その部位の膜電位は外側が−，内側が＋に逆転する。Aに刺激を与え，興奮がBまで伝導されたとき，Bの膜電位は外側で−，Dの膜電位は，＋である。さらにDまで伝導されたとき，Bの膜電位は外側で＋，Dの膜電位は，−である。図2は，D点の電極を基準としたB点の電極に現れる電位変化を示したもので，BからD間を伝導するのにかかる時間は4ミリ秒であると分かる。BからD間の距離は10cmより，この神経軸索の伝導速度は，$\frac{10\times10^{-2}〔\mathrm{m}〕}{4\times10^{-3}〔秒〕}$＝25〔m/秒〕　(3)　図2より，A点を刺激して，興奮がB点に伝わるまでの時間は6ミリ秒である。(2)より，この神経軸索の伝導速度は，25〔m/秒〕＝2.5〔cm/ミリ秒〕よって，AからB間の距離は，2.5×6＝15〔cm〕　(4)　B点からC点は5cm離れているため，電位の変化は，$\frac{5}{2.5}$＝2〔ミリ秒〕遅れて発生する。D点に興奮が伝導する時間は変わらないため，図2と同じ電位変化になる。

【12】(1)　4　　(2)　1　　(3)　6

○解説○　(1)　ニューロンの軸索の細胞膜内は−の電荷を帯びているが，電気刺激を与える前は①も②も−の電荷を帯びた状態なので，①を基準としたときの②の電位は0である。次に，電気刺激を与えて興奮が①に伝わると，①の部位で電位が逆転して＋の電荷を帯びるが，②の部位ではまだ興奮は伝わらず−の電荷を帯びているので，①を基準としたときの②の電位は−となる。次に，興奮が①の部位を通過すると①の部位は元の−の電荷を帯び，②の部位に興奮が伝わり＋の電荷を帯びるので，①を基準としたときの②の電位は＋となる。その後，興奮が②の部位を通過すると，①の部位も②の部位もはじめの負の電荷を帯びた状態なので，①を基準としたときの②の電位も0に戻る。これらより，4のグラフが該当する。　(2)　ナトリウムポンプのはたらきにより，Na^+は細胞外に多く，K^+は細胞内に多い。　(3)　点Xと点Yの間の距離は30−10＝20〔mm〕，刺激を与えてから筋肉が収縮し始めるまでの時間の差は12.5−11.5＝1.0〔ミリ秒〕なので，神経を興奮が伝わる速さは，$\frac{20}{1.0}$＝20〔mm/ミリ秒〕となる。したがって，点Xに刺激を与えてから興奮が座骨神経の末端に伝わるまでに要する時間は，$\frac{10}{20}=0.50$〔ミリ秒〕なので，筋肉が収縮するまでに要する時間は，$11.5-0.5=11$〔ミリ秒〕となる。

【13】(1) 3　(2) 1　(3) 4

○**解説**○ (1) 1 ノギンやコーディンがBMPに結合することで，BMPはBMP受容体に結合できなくなる。 2 ノギンやコーディンによってBMPのはたらきが抑制されると，細胞は神経に分化する。 4 BMPが存在していたとしても，ノギンやコーディンが高濃度で存在すればBMPのはたらきが抑制され，細胞は神経に分化する。 (2) 中胚葉組織は背側から腹部へ向かって，脊索，体節(骨格筋など)，腎節(腎臓など)，側板(血球など)に分化する。 (3) 1 コーダルmRNAとハンチバックmRNAは，それぞれビコイドタンパク質とナノスタンパク質により翻訳が抑制されるため，コーダルタンパク質やハンチバックタンパク質の濃度勾配が生じる。 2 ビコイドタンパク質やナノスタンパク質の濃度勾配も生じる。 3 コーダルmRNAの翻訳は，ビコイドタンパク質により抑制される。

【14】②

○**解説**○〔実験1〕では，リプレッサーが欠損しているためラクトースを代謝できるが，培地にはラクトースがない。ただし，グルコースがあるため大腸菌は生育できる。〔実験2〕では，βガラクトシダーゼが合成できないが，培地にはラクトースがなく，グルコースがあるため大腸菌は生育できる。〔実験3〕では，リプレッサーが欠損しているためラクトースを代謝でき，培地にはラクトースがあるため大腸菌は生育できる。〔実験4〕では，βガラクトシダーゼが合成できず，培地にあるラクトースを代謝できない。また，培地にはグルコースがないため大腸菌は生育できない。

【15】⑥

○**解説**○ ウ 刺激を受けると，細胞膜に存在するナトリウムチャネルが開き，Na^+が細胞内に流入する。 エ 全か無かの法則とは，ニューロンが閾値以上の刺激でなければ興奮せず，閾値以上であればどんな強さの刺激を与えても興奮の強さは変わらないことをいう。また，閾値はニューロンによって異なる。

【16】Ⅰ　(1)　①　a　ホメオティック　　b　ホメオボックス　②　ウ　　③　新口動物は新たに口が形成されるのに対し，旧口動物は原口が口になる。　　④　ア，エ　　(2)　①　遺伝子プール　　②　遺伝子頻度　　(3)　①　遺伝的浮動　　②　中立説　　(4)　地理的隔離　(5)　びん首効果　　(6)　①　生殖的隔離　　②　・生殖器の形状が変化し，生殖が不可能になる　　・繁殖期が変化し，生殖が不可能になるなど　　Ⅱ　(7)　c　共同繁殖　　d　ヘルパー　　e　0　　f　社会性昆虫　　(8)　①　g　ウ　　h　ウ　　i　イ　　j　カ　　②　イ

○**解説**○　Ⅰ　(1)　①　解答参照。　②　(i)　ウニでは共通祖先の前方のHox遺伝子1～3が後方に移動したが，後方のHox遺伝子が移動したとは考えづらいので，入れ替わったわけではない。また，ナメクジウオでは共通祖先からHox遺伝子の位置は変化していない。　(ii)　ウニでは共通祖先の前方のHox遺伝子1～3が，後方に逆向きに配列している。一方，ナメクジウオでは共通祖先からHox遺伝子の配列する方向は変化していない。　(iii)　ナメクジウオでは，共通祖先にはないHox遺伝子14が増えている。また，ウニではHox遺伝子4と12を失い，9と10，11と13が結合して1個になっており，合計10個になったと読み取れるので，共通祖先から3個減ったと考えられる。　③④　解答参照。(2)(3)(4)(5)(6)　解答参照。　Ⅱ　(7)　解答参照。　(8)　①　g　図2より，2本の遺伝子のうち遺伝子Aを含む1本を子に受け継ぐので，その確率は$\frac{1}{2}$である。　h　兄弟姉妹間で母親由来遺伝子Aを共にもつ確率$\frac{1}{4}$と，兄弟姉妹間で父親由来遺伝子Aを共にもつ確率$\frac{1}{4}$より，兄弟姉妹間で両親のどちらかに由来する遺伝子Aを共有する確率は$\frac{1}{4}+\frac{1}{4}=\frac{1}{2}$となる。　i　図3より，父親由来の遺伝子は子に必ず受け継がれ

るため，確率は1となる。　j　姉妹間で母親由来の遺伝子Aを共にもつ確率$\frac{1}{4}$と，兄弟姉妹間で父親由来の遺伝子をともにもつ確率$\frac{1}{2}$より，兄弟姉妹間で両親どちらかに由来する遺伝子をともにもつ確率は，$\frac{1}{4}+\frac{1}{2}=\frac{3}{4}$となる。　②　①のjより，姉妹間の血縁度は$\frac{3}{4}$であり，gより自分で産んだ子との血縁度$\frac{1}{2}$よりも大きくなる。

【17】問1　生物の細胞には，個体の形成や生命活動を営むのに必要な一通りの遺伝情報を持つDNAが含まれている。このDNAまたは遺伝情報の1組がゲノムである。　問2　(1)　RNAの合成　(2)　発生が進むにつれて，働く(発現する)遺伝子の種類が変化している。

問3　A　問4　(1)　17.3〔%〕

(2)　$\frac{\text{正常体色}}{\text{正常翅}}:\frac{\text{正常体色}}{\text{痕跡翅}}:\frac{\text{黒体色}}{\text{正常翅}}:\frac{\text{黒体色}}{\text{痕跡翅}}=97:11:11:25$

(3)　三点交雑　問5　(1)　母性効果遺伝子　(2)　ビコイド遺伝子のmRNAは卵細胞質の前端に蓄えられるため，翻訳が始まると調節タンパク質は胚の前方でつくられる。ビコイドタンパク質は，胚の前方から後方に向かって拡散し，多核性胞胚期に前後軸に沿ってビコイドタンパク質の濃度勾配が生じる。ビコイドタンパク質によって調節される遺伝子は，核が前後軸に沿ってどの位置にあるかによって発現量が異なり，ビコイドタンパク質は胚の前方を決める位置情報として中心的な役割を果たしている。

○**解説**○ 問1　解答参照。　問2　(1)　メチルグリーンによりDNAは青緑色，ピロニンによりRNAは赤桃色に染色される。パフの部分で赤桃色に染色されたのは，RNAが多量に存在しているからである。

(2)　パフの位置が異なるのは，転写される塩基配列の位置が変わるからであり，発現する遺伝子の種類が変化している。　問3　若いつぼみにある葯では，花粉母細胞が盛んに減数分裂を行っている。

問4　(1)　表1の実験値より，組換え価は$\frac{35+33}{160+35+33+165}\times100=17.30\cdots\fallingdotseq17.3$〔%〕となる。　(2)　表1より，分離比が与えられているため概数で考えると，交雑する個体の配偶子の遺伝子型の分離比は，BV：Bv：bV：bv≒5：1：1：5となる。よって，子の遺伝子型は

(5BV＋Bv＋bV＋5bv)2から求まり，これを整理すると表現型の分離比は[BV]：[Bv]：[bV]：[bv]＝97：11：11：25となる。　(3)　解答参照。
問5　解答参照。

【18】1　e　　2　c　　3　b　　4　c

○**解説**○　1　a　液胞は植物細胞で大きく発達している。　b　原核細胞には細胞壁と細胞膜があり，核膜がない。　c　真核生物はミトコンドリアをもっている。　d　ユレモは原核生物なので，細胞壁をもっている。　2　原核生物には，シアノバクテリア，大腸菌，乳酸菌，ユレモ，ネンジュモ，イシクラゲなどが含まれる。ゾウリムシや酵母菌は，真核細胞からなる単細胞生物である。　3　肉眼では100 μm，光学顕微鏡では200nm，電子顕微鏡では0.2nmまでが観察限界である。多くの原核細胞の大きさは直径1～10 μm，多くの真核細胞の大きさは直径約5～100 μmである。　4　a　ゾウリムシは2個の収縮胞をもつ。　b　多細胞生物の細胞には，骨格筋細胞などの多核細胞や，赤血球などの無核細胞がある。　d　ミドリムシは単細胞生物であるが，葉緑体をもつ。　e　例えば，ヒトの上皮細胞には繊毛をもつものがある。

【19】(1)　ジベレリン　　(2)　アミラーゼ　　(3)　②　　(4)　④

(5)

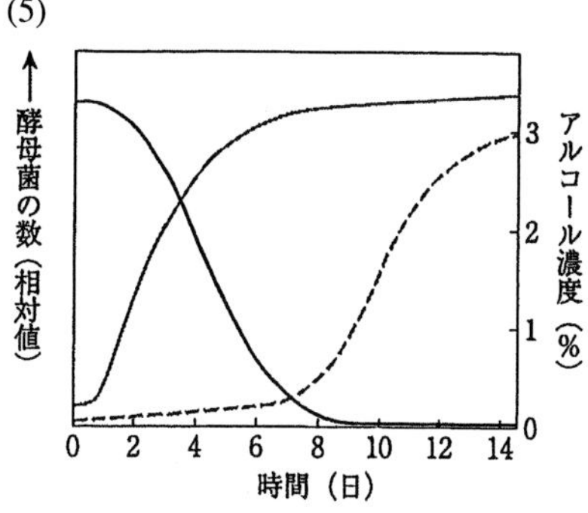

(6)　④　　(7)　水　　(8)　21.0〔g〕

○**解説**○　(1)(2)　ジベレリンは，オオムギの種子内でアミラーゼ遺伝子の発現を誘導し，これが胚乳中のデンプンを分解する。　(3)(4)　アミラーゼは酵素であり，タンパク質からなるので，煮沸させると熱変性してはたらきを失う。　(5)　パスツール効果により，はじめ酵母菌は呼吸を行うため酸素が減少し，酵母菌の数は増えていく。その後，酸素が不足すると酵母菌はアルコール発酵を行うため，アルコール濃度が増加する。　(6)　呼吸では，グルコース1分子あたり最大38分子のATPが生成するが，アルコール発酵では2分子のATPしか生成しない。(7)　呼吸が行われているため，グルコースから二酸化炭素と水が生成する。　(8)　O_2が吸収されるのは呼吸のみであり，$C_6H_{12}O_6+6H_2O+6O_2\rightarrow6CO_2+12H_2O$より，$O_2$(分子量32)吸収量が3.2g$\left(=\frac{3.2}{32}=0.10\right.$〔mol〕$\left.\right)$のとき，$CO_2$(分子量44)放出量は44×0.10＝4.4〔g〕，分解されたグルコース(分子量180)の質量は$180\times0.10\times\frac{1}{6}=3.0$〔g〕となる。したがって，残りの$CO_2$放出量13.2－4.4＝8.8〔g〕は，アルコール発酵によるものであり，$C_6H_{12}O_6\rightarrow2C_2H_5OH+2CO_2$より，$CO_2$放出量が8.8$\left(=\frac{8.8}{44}=0.20\right.$〔mol〕$\left.\right)$のとき，分解されたグルコースの質量は$180\times0.20\times\frac{1}{2}$＝18〔g〕となる。よって，合計3.0＋18＝21.0〔g〕のグルコースが分解されたことになる。

【20】1　a　　2　c　　3　b　　4　c　　5　e

○**解説**○　1～3　脂肪酸の代謝の過程はβ酸化，アンモニアが尿素に変えられる過程を尿素回路(オルニチン回路)という。　4　タンパク質のRQは0.8であるが，炭水化物・脂肪・タンパク質の組合せでRQが0.8になる場合も考えられる。　5　呼吸の反応式は，$C_6H_{12}O_6+6H_2O+6O_2\rightarrow6CO_2+12H_2O$である。グルコース(分子量180)60gは$\frac{60}{180}$〔mol〕であり，反応式よりグルコースの6倍の酸素(分子量32)が消費されるので，$\frac{60}{180}\times6\times32=64$〔g〕

【21】(1)　③　　(2)　②　　(3)　⑤　　(4)　④　　(5)　③　　(6)　④　　(7)　180〔L〕　　(8)　⑤　　(9)　①

○**解説**○ (1)　種子aの遺伝子型をRR，種子bの遺伝子型をrrとすると，種子cの遺伝子型はRrとなる。この種子cが赤花だけを咲かせたことから，赤花が顕性形質で遺伝子Rが顕性遺伝子，白花が潜性形質でrが潜性遺伝子である。次に．種子bと種子cをかけ合わせると，種子dの遺伝子型はRrとrrが同じ割合となるので，花の色の割合は(赤)：(白)＝1：1となる。　(2)　ヒドラは，出芽により親個体のからだの一部が分離して新しい個体が生じるので，親と新しい個体では大きさが異なる。
(3)　受精卵(オ)は，経割を2回経て4細胞期の(ア)になり，さらに卵割が進み桑実胚(ウ)となる。その後，原腸胚を経て神経胚(イ)となり，さらに尾芽胚(エ)となる。　(4)　解答参照。　(5)　図2のゴム膜は横隔膜を表しており，息を吸うときは横隔膜が下がることで肺の中に空気が入る。　(6)　ア　Aは腎静脈，Bは腎動脈であり，肝臓で合成された尿素はBから腎臓に入り排出されるため，Aのほうが尿素の量は少ない。　イ　Cは腎臓であり，水分の排出量はホルモンにより調節されているため，常に一定ではない。　エ　アンモニアを尿素に変えるのは肝臓である。　キ　尿を濃縮するなどして体液の組成を一定に保っているので，汗と尿の濃度は等しくない。　(7)　表より，イヌリンは$\frac{12.00}{0.10}$＝120〔倍〕に濃縮されているので，生成される原尿は尿の120倍となる。よって，1.5Lの尿をつくるために必要な原尿量は，1.5×120＝180〔L〕である。　(8)　ア　aは植物Yの光飽和点である。イ　aで等しいのは見かけの光合成速度である。植物XとYでは植物Xの方が呼吸速度は大きいので，光合成速度は植物Xの方が大きい。オ　光補償点・光飽和点・呼吸速度の大きな植物Xが陽生植物，これらが小さな植物Yが陰生植物である。　(9)　図の生態ピラミッドでは，Aが緑色植物，Bが草食動物，Cが小型肉食動物，Dが大型肉食動物である。Aについて②⑤は不適，Bについて④は不適，CとDではDの方が大型の動物なので③は不適である。

【22】1　①　チラコイド膜　②　スクロース　③　師管
2　(1)　Ⅰ　(イ)　Ⅱ　(ア)　Ⅴ　(ウ)　(2)　Ⅱ，Ⅴ
(3)　(ウ)　3　バクテリオクロロフィル　4　あ　CO_2　い　H_2S
う　H_2O　え　S

〇**解説**〇　1　植物は，光合成によって合成した有機物をデンプンとして貯蔵する。また，デンプンはスクロースに分解され，師管を通って各組織に運ばれる。　2　(1)　Ⅰ　植物の葉のみで見られるので，クロロフィルbである。 Ⅱ 植物の葉，褐藻類，紅藻類で見られるので，クロロフィルaである。 Ⅴ ニンジンの根にも見られるので，カロテンである。 (2) シアノバクテリアは，クロロフィルa，カロテン，フィコシアニン，フィコエリトリンをもつ。表のⅢはフコキサンチン，Ⅳはルテインである。 (3) 解答参照。 3，4 バクテリオクロロフィルを用いて行われる光合成では，植物の光合成とは異なり，水の代わりに硫化水素が用いられ，酸素の代わりに硫黄が発生する。

【23】問1 イ 問2 ア

○**解説**○ 問1 a 具体的には，マクロファージや好中球といった細胞が異物を食べる。自然免疫の中でもこのような食作用を持つ細胞のことを貪食細胞と呼ぶ。 b マクロファージが炎症性サイトカインを放出，血液中の好中球を集め，炎症が起こる。 c 同じ病原体の2回目の侵入では，感染はするが，免疫記憶により，潜伏期間の間に病原体の排除が始まり，発病しなかったり，発病しても軽症だったりする。また，同じ感染症でも病原体が変異を繰り返すことで免疫反応を回避する場合があるため，一度感染した感染病が二回目以降かかりにくくなるとは限らない。 問2 リンパ球のうちT細胞は，樹状細胞などからの攻撃指令を必要とし，感染して時間が経って作用する。それに対し，NK細胞は常に体内をパトロールし，ウイルス感染細胞を見つけると単独でいち早く攻撃，殺傷する。抗体は，感染してしばらくして，B細胞からつくられる。

【24】Ⅰ 1 b Ⅱ 1 d 2 c 3 b 4 a

○**解説**○ Ⅰ 1 温度変化の第1段階(2)で二本鎖DNAが熱変性して一本鎖となり，第2段階(3)でプライマーに一本鎖DNAが結合し，第3段階(4)で伸長反応が進む。これら1サイクルでDNA量は2倍になる。(3)の操作では，プライマーをもとにDNA鎖が5′末端から3′末端へ伸長する。 Ⅱ 1 三倍体魚は，受精卵に圧力をかけ，極体を放出させないまま発生を進めさせてつくる。 2 e ヒトに対する人工授精も含めると，適切な説明とは考えづらい。 3 胚分割は，クローンをつくる際に利用される。 4 卵と精子を受精した後，胚分割した個体同士がクローンである。つまり，生まれた個体と卵を提供した個体は，クローンの関係にはならない。

【25】問1　ア　ナノス　　イ　母性　　ウ　ホメオティック
問2　ショウジョウバエ…c　　ウニ…a，d　　カエル…a，d
問3　c　C　　d　E　　問4　(a)　動物半球　　(b)　侵入点と反対側
(c)　背側

○**解説**○ 問1　ショウジョウバエの発生において，ビコイド遺伝子とナノス遺伝子は前後軸の決定に関わる母性効果遺伝子である。また，ホメオティック遺伝子は，器官形成時にはたらく調節遺伝子である。
問2　ショウジョウバエは昆虫なので心黄卵であり，表割が起こる。ウニは等黄卵，カエルは両生類なので端黄卵であるが，最初の卵割は同じであり，3回目の卵割までで生じる割球の数は同じであるが，割球の大きさに違いが見られる。　問3 【実験A】の胚aより，ビコイドタンパク質の濃度が大きいと前端の構造ができ，濃度が小さいと後端の構造ができる。【実験B】の胚bより，ビコイド遺伝子が欠損すると前端の構造が形成されず，前端にも尾部が形成される。したがって，【実験C】では前端と後端の両方でビコイドタンパク質の濃度が大きくなるので，どちらにも先端や頭部ができるcの胚となる。また，【実験D】ではビコイド遺伝子が欠損したものの前端部にビコイドタンパク質がつくられ，胚aのようになると考えられるので，cやdは該当しない。さらに，【実験E】では胚の中央でビコイドタンパク質の濃度が大きくなり頭部ができると考えられるので，dの胚となる。　問4　解答参照。

【26】1　②，③，④，⑤　　2　窒素固定　　3　(ア)，(エ)，(オ)
4　アンモニウムイオンを亜硝酸イオンに酸化したときに生じるエネルギーを利用している。

○**解説**○ 1　植物や動物は，③のように大気中の窒素を直接取り込んだり，②④⑤のように体内の窒素を直接大気中に放出したりしているわけではない。　2　窒素固定を行う細菌としては，根粒菌，アゾトバクター，クロストリジウム，ネンジュモなどが挙げられる。　3　有機窒素化合物としては，アミノ酸，タンパク質，DNA，RNA，ATP，クロロフィルなどが挙げられる。 4 化学合成では，無機物を酸化した際に放出される化学エネルギーを利用して，ATPが合成される。

【27】1 e 2 d 3 a 4 c 5 d
○解説○ 1 極体の生じる部域が動物極，その反対側が植物極となる。 2 卵割にはG1期とG2期がないが，S期は存在するので，間期自体は存在する。 3 Aは等卵黄で卵黄は少なく，全体に均一に分布しており，卵全体で卵割が起こる(全割)。Bは端黄卵で植物極側に少量の卵黄が偏っているが，全割である。 4 Cは鳥類，は虫類，魚類の受精卵である。 5 Dは昆虫類の受精卵であり，このような卵割を表割という。

【28】1 ① ペプチド ② 基質特異性 ③ 活性部位 ④ 競争的 2 (エ) 3 (1) すべての酵素が基質と結合して酵素－基質複合体になっており，基質が反応して活性部位から離れるまで，新たな基質と結合することができないため。 (2) e
○解説○ 1 酵素の活性部位に結合する基質と似た構造をもつ物質により，活性部位への基質の結合が阻害されることを，競争的阻害という。 2 酵素はタンパク質でできておりセロハン膜を透過できないが，補酵素は小さな分子なのでセロハン膜を透過できる。 3 (1) 解答参照。 (2) 基質濃度が低いときは，活性部位を基質と基質とよく似た構造をもつ物質が競争的に奪い合うので，酵素－基質複合体を形成できる基質が少ないため酵素反応の速度は小さくなる。一方，基質濃度を高くすると，酵素の活性部位と結合できる基質が増え，やがてほとんどの基質が酵素－基質複合体を形成できるので，酵素反応の速度はaのグラフと等しくなる。これらの条件を満たすのは，eのグラフである。

【29】Ⅰ 1 d 2 b 3 a Ⅱ 1 a 2 c
○解説○ Ⅰ 1 *A*遺伝子変異株では，*A*遺伝子の発現する領域に*C*遺伝子が発現するため，図2より領域1，4では*C*遺伝子のみ，領域2，3では*B*遺伝子と*C*遺伝子が発現する。よって，領域1，4ではもとの領域4と

同じめしべ，領域2，3ではもとの領域3と同じおしべが形成される。　2「花は葉と同じ茎頂部の頂端分裂組織から分化する」ので，*A*，*B*，*C*遺伝子の機能がすべて喪失した場合，すべての領域で葉が形成される。　3　解答参照。　Ⅱ　1　b，e　種子が発芽する際には，水，空気，温度が必要であり，いずれが欠けても発芽しない。　c　日長条件として重要なのは，暗期の長さである。　d　根は光と反対の方向に曲がる。　2　気孔を開く際には，フォトトロピンという受容体による青色光の受容が関与する。気孔が閉じる際には，アブシシン酸というホルモンの増加が誘導される。

【30】Ⅰ　(1)　B　(2)　D　(3)　B　Ⅱ　(4)　E　(5)　C　(6)　D

○解説○　Ⅰ　(1)　ア　かぎ爪は，霊長類の祖先の原始食虫類が持っていた。　イ　親指と他の指が向かいあっていることを，拇指対向性という。　ウ　両目が顔の全面にある方が，立体視の範囲が広い。　(2)　アウストラロピテクスは猿人，ホモ・サピエンスは新人と呼ばれる。　(3)　大後頭孔は頭部の真下についている。　Ⅱ　(4)　アミノ酸の置換数が少ない生物同士ほど近縁と考えられるので，ヒトを基準にすると，種Z(アミノ酸置換数17)，種X(アミノ酸置換数37)，種Y(アミノ酸置換数79)の順に近縁となる。　(5)　ヒトと種Z(ア)ではアミノ酸置換数が17であるが，これは共通祖先からそれぞれ8.5個のアミノ酸が置換されたためと考えられ，これにかかった時間が8000万年とすると，アミノ酸が1個置換されるためにかかる時間は，$\frac{8000}{8.5}$〔万年〕となる。次に，ヒトと種X(イ)ではアミノ酸置換数が37，種Z(ア)と種X(イ)ではアミノ酸置換数が43なので，共通祖先から置換されたアミノ酸は平均して$\frac{37+43}{2} \div 2=20$〔個〕と考えると，これにかかった時間は$\frac{8000}{8.5} \times 20=18823\cdots$〔万年〕$\fallingdotseq 1.9$〔億年〕となる。　(6)　ヒトとウマが共通祖先から置換されたアミノ酸は，$\frac{18}{2}=9$〔個〕である。つまり，141個のアミノ酸のうち，9個変換されるためにかかる時間が8000万年なので，求める率は$\frac{9}{141} \div (8 \times 10^{7}) \fallingdotseq 8.0 \times 10^{-10}$となる。

【31】〔問1〕　2　〔問2〕　3　〔問3〕　4

○解説○　〔問1〕ウニの発生では，第一卵割は経割，第二卵割は経割，第三卵割は緯割で，すべて等割となる。〔問2〕1 ディシェベルドタンパク質は，βカテニンの分解を抑制するようにはたらく。
2 VegT遺伝子は植物極側で発現するので，VegTタンパク質は植物極側に局在する。 4 ナノス遺伝子やビコイド遺伝子は，ショウジョウバエの発生時に，前後軸の決定のためにはたらく母性効果遺伝子である。〔問3〕1 花粉母細胞から花粉四分子が生じるとき，減数分裂が2回行われる。 2 花粉1個の中には，雄原細胞と花粉管細胞が1個ずつある。 3 胚のう細胞は，3回の核分裂を経て胚のうを形成する。

【32】(1) ① 横紋筋　② アクチンフィラメント　③ ミオシンフィラメント　④ Z膜　⑤ サルコメア(筋節)

(2)

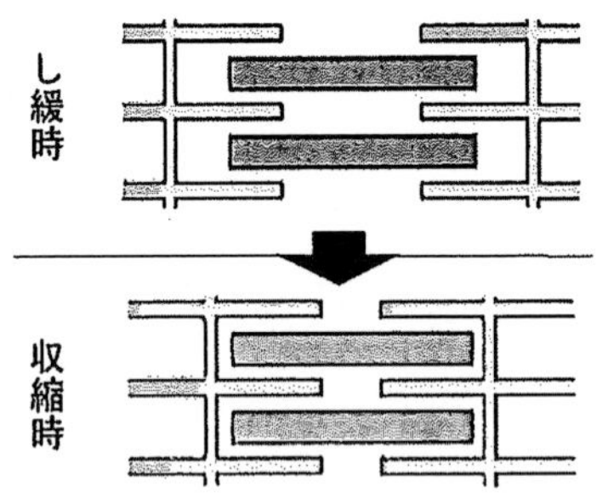

○解説○ (1) 横紋筋は，心筋と骨格筋からなり，平滑筋は，胃や腸，子宮など中空器官の壁にある筋肉である。筋原線維には明帯と暗帯があり，明帯の中央にZ線がある。Z線とZ線の間をサルコメア(筋節)といい筋原繊維の最小構成単位としている。明帯は，アクチンフィラメント部分で，収縮により長さが短くなる。暗帯は，ミオシンフィラメント部分である。 (2) ミオシンフィラメントは収縮によって長さが変わらないため，暗帯は長さが変わらない。収縮により，ミオシンフィラメントの間にアクチンフィラメントが滑り込むため，ミオシンフィラメントとアクチンフィラメントの重なっていない部分(明帯)は短くなる。

【33】〔問1〕 2　〔問2〕 3　〔問3〕 3

○**解説**○ 〔問1〕 腎動脈から送り込まれた血液は，糸球体でろ過され，血球やタンパク質以外の成分がボーマンのうにこし出され原尿になる。原尿は，細尿管や集合管を通過して尿となり，腎うである程度の尿が溜まると，輸尿管を通ってぼうこうに送られる。 〔問2〕 表のイヌリンのデータより，濃縮率は$\frac{1.20}{0.01}=120$〔倍〕となる。したがって，尿1mL中のNa^+量を0.35とすると，原尿120mL中のNa^+量は$120\times0.32=38.4$，再吸収されたNa^+量は$38.4-0.35=38.05$なので，再吸収率は$\frac{38.05}{38.4}\times100\fallingdotseq99.1$〔%〕である。 〔問3〕 1 デンプンは，アミラーゼなどによってブドウ糖にまで分解される。 2 タンパク質は，ペプシンなどによってアミノ酸にまで分解される。 4 ブドウ糖とアミノ酸は毛細血管に入るが，脂肪酸とモノグリセリドは脂肪に戻ってリンパ管に入る。

【34】Ⅰ (1) B 雄原細胞　E 胚のう細胞　F 胚のう (2) エ (3) 極核 (4) 5回 (5) ① 胚…CとJ　胚乳…CとG ② 胚…$2n$　胚乳…$3n$ ③ 重複受精 (6) ① 植物1…エ　植物2…ウ ② S_1S_2…植物1 ×，植物2 ×　S_1S_3…植物1 ×，植物2 ○　S_2S_3…植物1 ×，植物2 ○　S_2S_4…植物1 ×，植物2 ○　S_3S_4…植物1 ○，植物2 ○ ③ 遺伝的多様性を保つことができる。 (7) ウ，オ　Ⅱ (8) a 細胞体　b 樹状突起　c 軸索 (9) ① 静止電位 ② 電位変化…活動電位　最大値…100〔mV〕 ③ ウ ④ 輸送タンパク質…ウ　イオンの種類と移動方向…カ ⑤ イ (10) ① 跳躍伝導 ② 髄鞘は電気を通さないので，活動電流は髄鞘を跳び越すように流れる。 ③ 20〔m/秒〕 (11) ① エ ② エ，オ

○**解説**○ Ⅰ (1)(2)(3) 解答参照。 (4) Dの胚のう母細胞からEの胚のう細胞になる際に減数分裂が行われるので，核分裂が2回起きている。また，Fの胚のうになるまでに3回の核分裂が起きている。よって，核分裂は合計5回起こっている。 (5) 胚($2n$)は，Cの精細胞(n)とJの卵細胞(n)が受精してできる。胚乳($3n$)は，Cの精細胞(n)とGの中央細胞($n+n$)が融合してできる。 (6) ① 植物体1の場合は，減数分裂前

に対立遺伝子S_1とS_2が発現するので，両方の物質が含まれる。一方，植物体2の場合は，減数分裂により花粉は対立遺伝子S_1とS_2のうちどちらか一方しか受け継がないため，減数分裂後に発現して含まれる物質はどちらかとなる。 ② 植物体1では，花粉が物質S_1とS_2の両方をもつので，どちらの物質ももたない遺伝子型S_3S_4のめしべとのみ種子を形成できる。一方，植物体2では，花粉は物質S_1かS_2のどちらか一方しかもたないので，必ずどちらかをもつ遺伝子型S_1S_2のめしべ以外と種子を形成できる可能性がある。 ③ 解答参照。 (7) ア，イ 胚球が胚になり，胚柄は消失する。胚が発生すると子葉，胚軸，幼根などができる。 エ エンドウは無胚乳種子なので，胚乳は発達しない。Ⅱ (8) 解答参照。 (9) ① 解答参照。 ② 活動電位の最大値は，40－(－60)＝100〔mV〕となる。 ③ K^+が細胞内から細胞外へ輸送されるため，細胞内は細胞外に対して負の電位をもつ。 ④ 解答参照。 ⑤ 閾値以上であれば，刺激を大きくしても活動電位の大きさは変わらないが，活動電位の発生頻度が高くなる。 (10) ①② 解答参照。 ③ AB間の距離60－20＝40〔mm〕を，12－10＝2〔ミリ秒〕で伝導したので，求める速さは$\frac{40}{2}$＝20〔mm/ミリ秒〕＝20〔m/秒〕となる。 (11) ① 興奮が神経末端まで伝わると，電位依存性Ca^{2+}チャネルが開き，細胞外からCa^{2+}が流入する。 ② 興奮性シナプス後電位では，Na^+が流入するため静止電位がより浅く，抑制性シナプス後電位では，Cl^-が流入するため後細胞の静止電位がより深くなる。

【35】1 ① グリア細胞 ② 有髄 2 ③ (b) ④ (a) 伝導…跳躍伝導 3 興奮するニューロンの数と興奮の頻度の変化により，強弱を伝えている。

○**解説**○ 1 髄鞘をもたない神経繊維は，無髄神経繊維という。 2 有髄神経繊維では，髄鞘がないランビエ絞輪だけで活動電位が発生するので，伝導速度は無髄神経繊維より速い。 3 全か無かの法則より，ニューロンが興奮する閾値を超える刺激を与えたときに興奮が伝わる。この閾値はニューロンにより異なるので，刺激が大きいほど興奮するニューロンの数が増える。また，刺激の強さはそれぞれのニューロンの興奮の頻度にも影響する。

中高・高校
地学

要点整理

地学（地球の概観・太陽系）

①地球が球形であると考えられた理由

・港に入る船が，帆の先から水平線上に現われる。

・月食のときに見られる地球の形が，常に円形である。

・南北方向に移動すると，観察できる星の種類や位置が変わる。

②その他の地球の特徴

・実際には，地球の形は回転楕円体に近い。

・緯度が大きいほど，子午線の弧1°あたりの長さが短い。

地学（大気と海洋）

①風の要素

(1)　気圧傾度力　⇒　高気圧側から低気圧側に生じる

(2)　転向力　⇒　地球の自転によって生じ，北半球では風を右側にそらす

(3)　摩擦力　⇒　地表面と大気の摩擦により，風を減速させる

(4)　遠心力　⇒　回転運動をするとき，回転の中心と反対方向にはたらく

②風の吹き方

(1)　地衡風　⇒　地上1km以上で摩擦がない
(気圧傾度力)＝(転向力)

(2)　傾度風　⇒　上空で摩擦力がなく，等圧線が円形
高気圧では，(転向力)＝(気圧傾度力)＋(遠心力)
低気圧では，(気圧傾度力)＝(転向力)＋(遠心力)

(3)　地上付近の風　⇒　摩擦力がはたらく
(気圧傾度力)＝(転向力)＋(摩擦力)

地学（地球の内部）

主な変成岩のでき方は，次のようにまとめられる。

変成作用	もとの岩石	変成岩	性質
接触変性作用	泥岩，砂岩	ホルンフェルス	かたい，緻密
	石灰岩	結晶質石灰岩(大理石)	やわらかい，粗い
広域変成作用	様々な岩石	結晶片岩	光沢，片理が発達
	泥岩，砂岩(酸性の火成岩や長石を含む)	片麻岩	有色・無色鉱物の縞状

地学（地球の歴史）

地球は次のように誕生したと考えられている。

・約46億年前，太陽系が誕生
・原始太陽系星雲ができ，その中で微惑星が形成
・微惑星同士が衝突・合体して原始惑星が形成
・原始惑星同士が衝突・合体して原始地球が形成
・地層を覆っていたマグマオーシャンが冷え，長期間雨が降って原始海洋が形成

地学（宇宙の構成）

宇宙は次のように誕生したと考えられている。

・約138億年前，高温高密度な状態からビッグバンを起こして膨張した
・温度が冷えて，約38万年後に約3000Kとなった
・水素やヘリウム原子ができ，宇宙の晴れ上がりが起きた
・膨張し続けて，銀河や恒星ができた

中高・高校　地学

実施問題

【1】次の文は，「高等学校学習指導要領(平成30年告示)　第2章　第5節　理科　第2款　第9　地学　1　目標」である。以下の1・2の各問いに答えなさい。ただし，(　　)の同じ番号には同じ語句が入るものとする。

> 地球や地球を取り巻く環境に関わり，(　①　)の見方・考え方を働かせ，見通しをもって観察，実験を行うことなどを通して，地球や地球を取り巻く環境を(　②　)に探究するために必要な資質・能力を次のとおり育成することを目指す。
> (1)　地学の(　③　)な概念や原理・法則の理解を深め，(　②　)に探究するために必要な観察，実験などに関する(　③　)な技能を身に付けるようにする。
> (2)　観察，実験などを行い，(　②　)に探究する力を養う。
> (3)　地球や地球を取り巻く環境に(　④　)に関わり，(　②　)に探究しようとする態度と，(　⑤　)の保全に寄与する態度を養う。

1　文中の(　①　)・(　②　)に当てはまる語句として最も適切なものを，次のa～eからそれぞれ一つずつ選びなさい。

a　理科　　b　科学　　c　理科的　　d　科学的　　e　地学的

2　文中の(　③　)～(　⑤　)に当てはまる語句として最も適切なものを，次のa～eからそれぞれ一つずつ選びなさい。

a　基本的　　b　応用的　　c　主体的　　d　地球環境
e　自然環境

2024年度　茨城県　難易度

【2】地球の概観について，次の1～4の各問いに答えなさい。

1　次の文は，重力と重力異常に関するものである。文中の(　ア　)～(　ウ　)に当てはまる語句の組み合わせとして最も適切なものを，以下のa～eから一つ選びなさい。ただし，(　　)の同じ記号には同じ語句が入るものとする。

重力は地球の中心から離れるほど(　ア　)なる。この効果を取り除いてジオイドにおける重力値に変換する重力補正が(　イ　)補正である。ある測定点での重力の実測値を(　イ　)補正した値と，標準重力との差を(　ウ　)異常とよぶ。

	ア	イ	ウ
a	小さく	フリーエア	フリーエア
b	小さく	ブーゲー	ブーゲー
c	大きく	フリーエア	ブーゲー
d	大きく	ブーゲー	ブーゲー
e	大きく	フリーエア	フリーエア

2　次の図は，地磁気の水平分力と伏角の分布を示したものである。この図より，水平分力が0になる場所は(　ア　)である。また，伏角が90°Nとなるのは，(　イ　)である。

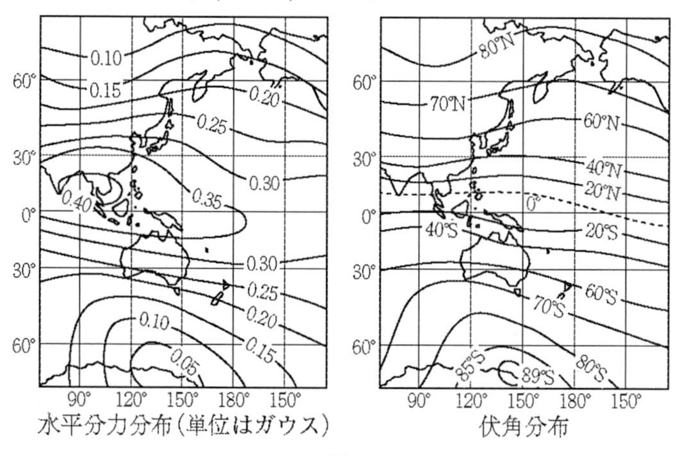

図

文中の(　ア　)・(　イ　)に当てはまる語句の組み合わせとして最も適切なものを，次のa～eから一つ選びなさい。

	ア	イ
a	北磁極のみ	北磁極のみ
b	北磁極と南磁極	北磁極のみ
c	北磁極のみ	南磁極のみ
d	北磁極と南磁極	南磁極のみ
e	南磁極のみ	北磁極と南磁極

3　スカンジナビア半島のある場所では，氷河時代の終わりには，1.1×10^3mの厚さの氷床が存在していたと考えられている。この氷床

が最近約1万年間に全て溶けたと考えた場合，この地域が隆起した量として最も適切なものを，次のa～eから一つ選びなさい。ただし，この地域ではアイソスタシーが成立しており，氷の密度を$0.90g/cm^3$，マントルの密度を$3.3g/cm^3$として計算しなさい。

a　3.0×10^2m　　b　5.0×10^2m　　c　7.0×10^2m　　d　9.0×10^2m

e　1.1×10^3m

4　次のア～オは磁気圏に関して説明したものである。正誤の組み合わせとして最も適切なものを，以下のa～eから一つ選びなさい。

ア　地球周辺の空間には，太陽風と呼ばれる，太陽から飛来する荷電粒子の集団の流れがあり，これは全体として電気的には中性である。

イ　磁気圏は高いエネルギーをもつ粒子が地球の表面に大量に進入することを妨げるため，太陽風から地球を守っていることになる。

ウ　磁気圏の大きさは，太陽に面した側でも，反対側でも同じであり，地球半径の10倍くらいである。

エ　磁気圏の上部(外側)には，陽子や電子が2つのドーナツ状に地球を取り巻いて，高速で飛びまわるバンアレン帯と呼ばれる帯がある。

オ　太陽風のプラズマが地球の磁力線にそって高緯度地域の大気に進入することがあり，このとき，オーロラと呼ばれる発光現象が起こる。

	ア	イ	ウ	エ	オ
a	正	誤	正	誤	誤
b	正	正	誤	誤	正
c	正	誤	誤	正	正
d	誤	正	誤	正	正
e	誤	誤	正	正	誤

2024年度　茨城県　難易度

【3】図1は，ある地域の火山や地下の火成岩体の模式断面図である。この地域の地質調査及びボーリング調査で採取した火成岩の薄片を作成した。薄片を顕微鏡で観察し，スケッチしたものが図2，図3である。火成岩に関する以下の(1)～(3)の問いに答えなさい。

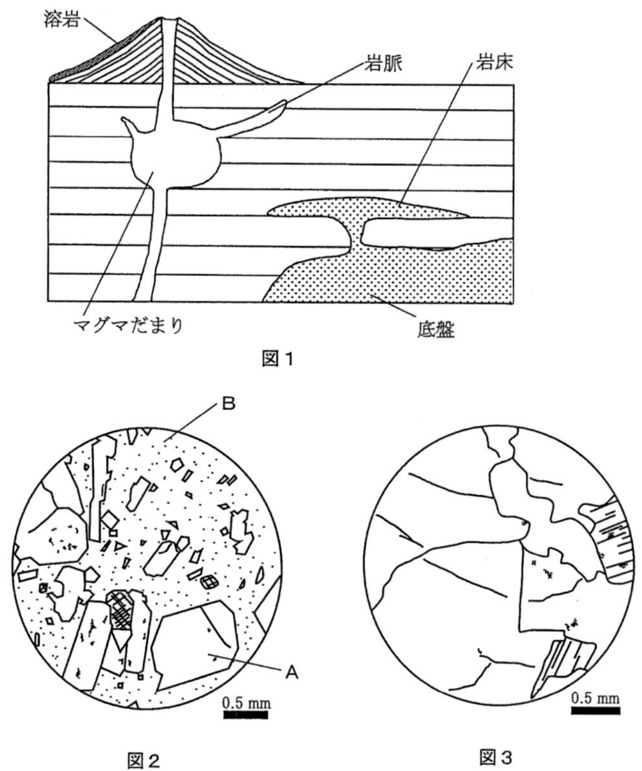

図1

図2　　図3

(1)　日本の昭和新山とハワイのキラウエア火山を比べたとき，キラウエア火山のマグマの温度，粘性，SiO_2の量の組合せとして最も適当なものを，次の①～⑧のうちから一つ選びなさい。

	①	②	③	④	⑤	⑥	⑦	⑧
温　度	低い	低い	低い	低い	高い	高い	高い	高い
粘　性	小さい	小さい	大きい	大きい	小さい	小さい	大きい	大きい
SiO_2の量	少ない	多い	少ない	多い	少ない	多い	少ない	多い

(2)　図2の火成岩について，Aは大きな鉱物，BはAの間を埋める小さな鉱物やガラスからできている部分である。Aの名称と晶出順序，図2の火成岩が形成された場所の組合せとして最も適当なものを，次の①～⑧のうちから一つ選びなさい。

	①	②	③	④	⑤	⑥	⑦	⑧
Aの名称	斑晶	斑晶	斑晶	斑晶	石基	石基	石基	石基
晶出順序	Bより前	Bより前	Bより後	Bより後	Bより前	Bより前	Bより後	Bより後
場　所	溶岩	底盤	溶岩	底盤	溶岩	底盤	溶岩	底盤

(3) 図3の火成岩について，含まれる主な鉱物の割合は表のとおりであった。この火成岩の色指数と岩石名の組合せとして最も適当なものを，以下の①～⑧のうちから一つ選びなさい。

表

鉱物種	割合〔体積%〕
石　英	36
黒雲母	7
斜長石	40
カリ長石	15
角閃石	2

	①	②	③	④	⑤	⑥	⑦	⑧
色指数	7	7	9	9	43	43	91	91
岩石名	花こう岩	斑れい岩	花こう岩	斑れい岩	花こう岩	斑れい岩	花こう岩	斑れい岩

▌2024年度 ▌千葉県・千葉市 ▌難易度

【4】地球の内部構造について，次の1～4の各問いに答えなさい。

1 次の図は，震源の浅い地震の初期微動継続時間と震源距離との関係を示したものである。この地震について，震源距離12kmの地点で地震発生から1.5秒後にP波が観測された。この地域のS波の速度として最も適切なものを，以下のa～eから一つ選びなさい。

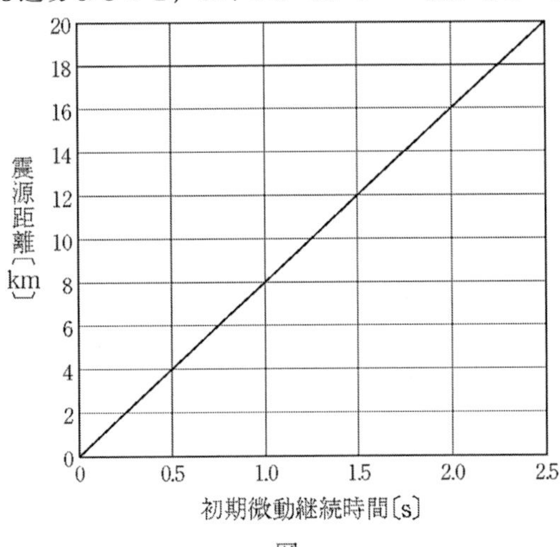

図

a　約1km/s　　b　約2km/s　　c　約4km/s　　d　約6km/s

e　約8km/s

2　次の図は，地球内部での地震の伝わる速さを示したものである。この図は，地球内部まで地震波が伝わっているから(　ア　)のものである。A層は(　イ　)からできている。B層の状態は(　ウ　)と考えられ，C層の状態は(　エ　)と考えられている。

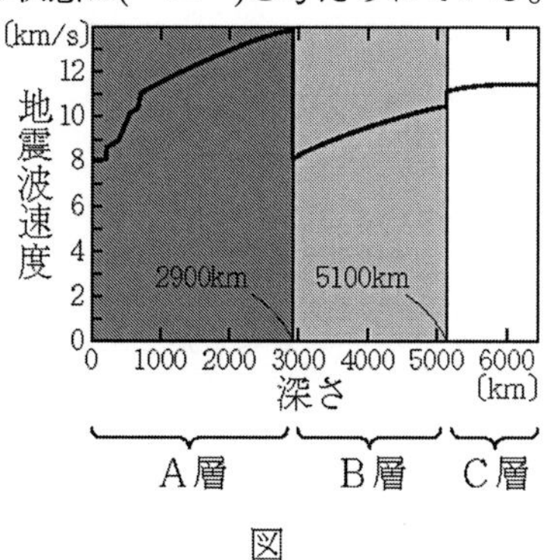

図

文中の(　ア　)～(　エ　)に当てはまる語句の組み合わせとして最も適切なものを，次のa～eから一つ選びなさい。

	ア	イ	ウ	エ
a	P波	岩石	液体	固体
b	P波	岩石	固体	固体
c	S波	岩石	固体	液体
d	S波	鉄	固体	液体
e	S波	鉄	液体	固体

3　次の文は，地殻熱流量に関するものである。文中の(　ア　)～(　エ　)に当てはまる語句の組み合わせとして最も適切なものを，以下のa～eから一つ選びなさい。

地殻熱流量は，単位面積を単位時間に流れ出る熱量で表し，単位は(　ア　)である。大陸地域の地殻熱流量と海洋地域の地殻熱流量を比べると(　イ　)の方が高い。海洋地域においても，地殻熱流量は中央海嶺付近で最も(　ウ　)。日本列島では，地殻熱流量は，日本海溝付近が最も(　エ　)。

	ア	イ	ウ	エ
a	J/m²	海洋地域	高い	低い
b	J/m²	大陸地域	高い	低い
c	W/m²	海洋地域	高い	低い
d	W/m²	大陸地域	低い	高い
e	W/m²	海洋地域	低い	高い

4　次の図は，地球の断面図を示したものである。この図で，マントルに見られる巨大な柱状の形態は，マントル物質の対流を示すと考えられている。これを(　ア　)という。アジア大陸の下にはマントルを下降する(　イ　)と呼ばれる巨大な流れがある。地球内部の大局的な運動は，これらマントルにおける2つの大規模な流れによって支配されていると考えられている。このような考えを(　ウ　)と呼ぶ。

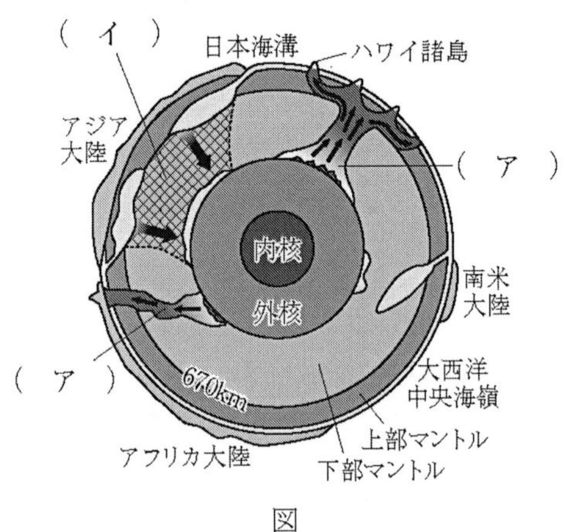

図

文および図中の(　ア　)～(　ウ　)に当てはまる語句の組み合わせとして最も適切なものを，次のa～dから一つ選びなさい。ただし，(　　)の同じ記号には同じ語句が入るものとする。

	ア	イ	ウ
a	プルーム	ホットプルーム	プルームテクトニクス
b	プレート	ホットプルーム	プレートテクトニクス
c	プレート	コールドプルーム	プレートテクトニクス
d	プルーム	コールドプルーム	プルームテクトニクス

▌2024年度 ▌茨城県 ▌難易度 ■■■■□□□

【5】地層について，以下の1～4の各問いに答えなさい。

次の図は，ある地域の地質図である。A～Fは，それぞれ地層や岩体を表している。なお，Gは花こう岩の貫入岩体である。この地域を調査してわかったことを，【調査結果】としてまとめた。

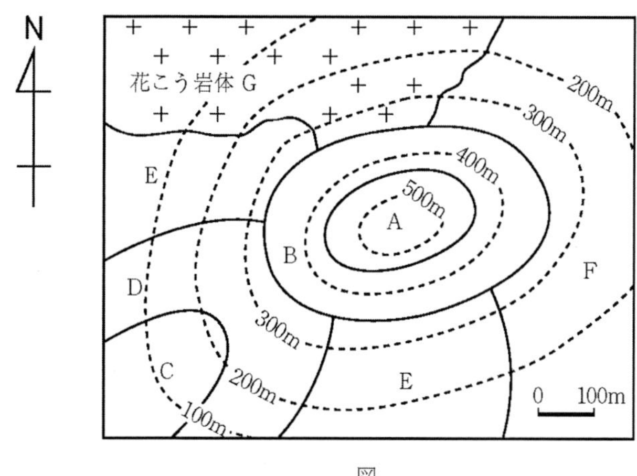

図

【調査結果】

A層：主に泥岩から構成されている。

B層：主に砂岩から構成されている。ビカリアの化石が見つかった。

C層：礫岩，砂岩から構成されている。

D層：主に石灰岩から構成されている。アンモナイトの化石が見つかった。

E層：主に砂岩から構成されている。三葉虫の化石が見つかった。

F層：主に礫岩から構成されている。

1　C層の走向・傾斜を表した組み合わせとして最も適切なものを，次のa～dから一つ選びなさい。

	走向	傾斜
a	N30° E	45° SE
b	N30° W	45° SW
c	N30° E	45° NW
d	N30° W	45° NE

2　B層とE層との関係として最も適切なものを，次のa～eから一つ選びなさい。

a　正断層　　b　逆断層　　c　不整合　　d　整合　　e　褶曲

3　B層の厚さとして最も適切なものを，次のa～eから一つ選びなさい。

a　10m　　b　50m　　c　100m　　d　200m　　e　300m

4　花こう岩の貫入岩体Gよりも古い地層の組み合わせとして最も適切なものを，次のa～eから一つ選びなさい。

a　AとBとC　　b　EとF　　c　AとBとE　　d　BとDとEとF　　e　BとCとE

2024年度　茨城県　難易度

【6】海水の構造と運動に関連して，以下の1～4の各問いに答えなさい。

図1は，地球を巡る海水の大規模な循環を示したものである。AとBは，特徴のある海水の流れを示している。Cは，冷たい海水が深海から浅い海へと湧き上がっているか，その逆で，沈み込んでいるかのどちらかの地域を示している。

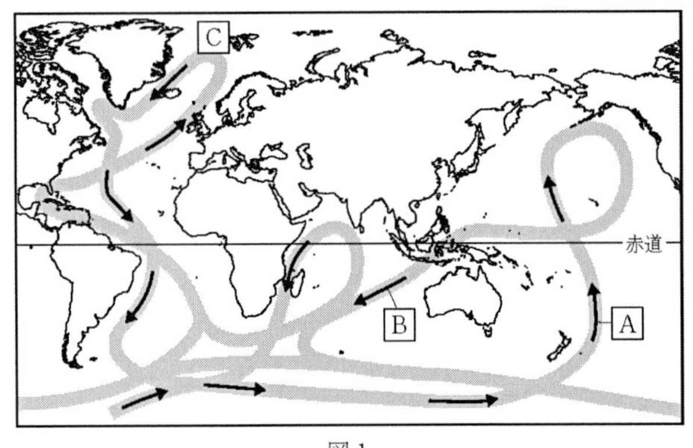

図1

1　図1のA～Cに当てはまる語句の組み合わせとして最も適切なものを，次のa～dから一つ選びなさい。

	A	B	C
a	深層の冷たい流れ	表層の暖かい流れ	海水がわきあがるところ
b	表層の暖かい流れ	深層の冷たい流れ	海水がわきあがるところ
c	深層の冷たい流れ	表層の暖かい流れ	海水が沈み込むところ
d	表層の暖かい流れ	深層の冷たい流れ	海水が沈み込むところ

2　図1における海水の深層循環は，海水の上下交換や熱や海水に溶け込む物質の輸送をしていると考えられている。この深層循環の周期

として最も適切なものを，次のa～dから一つ選びなさい。

a　約10年　　b　約100年　　c　約1000年　　d　約10000年

図2は，東北地方太平洋沖地震に伴う津波の伝播図である。数字は，地震発生からの津波の到達時間を表している。震源域からチリの地点Xまでの距離を約1万6500kmとする。

〔単位はh（時間）〕

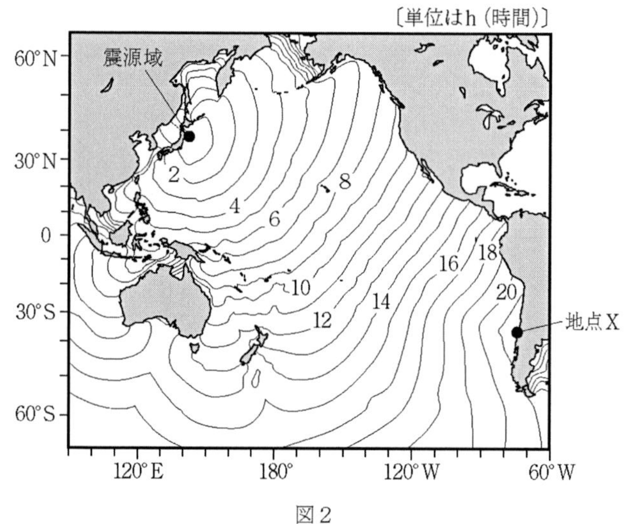

図2

3　図2から地点Xまでの到達時間を読み取り，津波の平均の伝播速度(km/h)として最も適切なものを，次のa～dから一つ選びなさい。

a　550　　b　650　　c　750　　d　850

4　津波の伝播の速度をv，重力加速度をg，海の深さをhとすると，次の関係式で表すことができる。

$$v=\sqrt{gh}$$

そうすると，3で得られた速度と，g=9.8m/s^{2}を当てはめることにより，日本から地点Xまでの平均の海底までの深さを得ることができる。その深さとして最も適切なものを，次のa～dから一つ選びなさい。

a　2900m　　b　3400m　　c　3900m　　d　4400m

2024年度　茨城県　難易度

【7】太陽と太陽系の天体に関連して，次の1～4の各問いに答えなさい。

1　次の図は，黒点の相対数の変化を示した図である。縦軸は黒点相対数，横軸は西暦を示している。図から，1700年から2000年までの間に出現した黒点相対数のピークを読みとることができる。そのピークの周期として最も適切なものを，以下のa～eから一つ選びなさい。

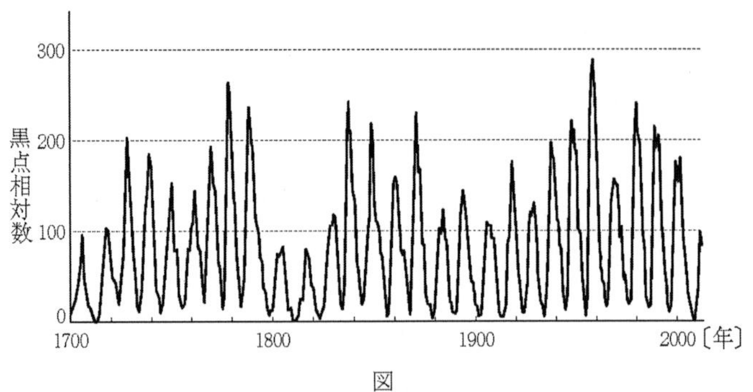

図

a　8　　b　9　　c　10　　d　11　　e　12

2　黒点が暗く見えるのは，まわりの光球より温度が低いからである。黒点は強い(　ア　)をもち，内部からのエネルギーの放出を妨げているので，まわりに比べて(　イ　)ほど温度が低くなっている。黒点の位置は観測により，(　ウ　)に移動していることがわかる。赤道に近づくにつれて自転速度が(　エ　)なっている。この現象は太陽の表面が気体であることを示している。

文中の(　ア　)～(　エ　)に当てはまるものの組み合わせとして最も適切なものを，次のa～dから一つ選びなさい。

	ア	イ	ウ	エ
a	高温ガス	4000K～4500K	東から西	遅く
b	磁場	4000K～4500K	西から東	速く
c	高温ガス	1500K～2000K	西から東	遅く
d	磁場	1500K～2000K	東から西	速く

3　次の図は，太陽の構造を模式化したものである。A～Cに当てはまる語句の組み合わせとして最も適切なものを，以下のa～eから一つ選びなさい。

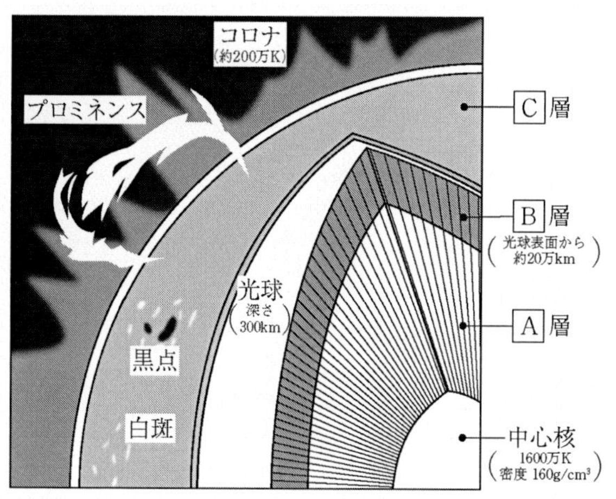

図

	A	B	C
a	放射	対流	彩
b	対流	放射	彩
c	彩	対流	放射
d	彩	放射	対流
e	放射	彩	対流

4　地球の重力に引き寄せられ，大気圏を通過して，地球の表面に落下した小さな天体を一般に隕石と呼んでいる。これらの隕石は大きく分類すると，石質隕石，鉄隕石，石鉄隕石に分けられる。これらのうち，石質隕石の中に特徴的な(　ア　)形をしたケイ酸塩鉱物を含んでいるものが多々見られる。このケイ酸塩鉱物は，(　イ　)と呼ばれ，(　ウ　)の状態で急に冷えたために形成されたとされる。

文中の(　ア　)～(　ウ　)に当てはまる語句の組み合わせとして最も適切なものを，次のa～eから一つ選びなさい。

	ア	イ	ウ
a	三角錐	オブシディアン	地球程度の重力
b	六角錐	コンドリュール	真空
c	球	コンドリュール	無重力
d	六角錐	高温石英	地球程度の重力
e	球	オブシディアン	無重力

▍2024年度 ▍茨城県 ▍難易度

【8】恒星に関連して，次の1～4の各問いに答えなさい。

1　次の図は，縦軸に絶対等級を，横軸にスペクトル型をとり，多数の恒星をプロットしたものである。この図は，HR図と呼ばれている。A～Dに当てはまる恒星の進化の段階の組み合わせとして最も適切なものを，以下のa～eから一つ選びなさい。

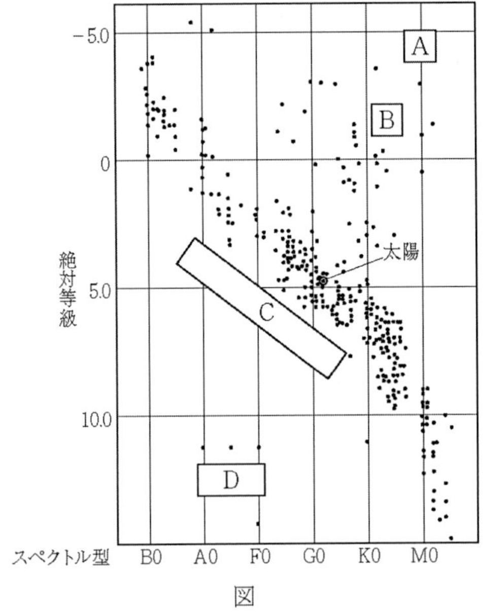

図

	A	B	C	D
a	白色矮星	主系列星	巨星	超巨星
b	超巨星	巨星	主系列星	白色矮星
c	巨星	主系列星	白色矮星	超巨星
d	巨星	超巨星	主系列星	白色矮星
e	超巨星	巨星	白色矮星	主系列星

2　太陽に近い恒星は，年周視差(p)を用いると，距離を計算できる。

シリウスは太陽に比較的近い恒星であり，年周視差が0.379″であると測定されている。シリウスまでの距離として最も適切なものを，次のa～dから一つ選びなさい。

a　8.1光年　　b　8.6光年　　c　9.1光年　　d　9.6光年

3　太陽の質量以上の恒星の中心部では，水素の核融合によって，へリウムが増加し，ヘリウムの核ができる。(　ア　)を超えるとヘリウムが核融合を始めて，(　イ　)に変わる。太陽の質量の10倍程度の恒星ではさらに核融合が進むと，中心部ではより重い元素が生まれ，最後には(　ウ　)までできる。

文中の(　ア　)～(　ウ　)に当てはまる語句の組み合わせとして最も適切なものを，次のa～eから一つ選びなさい。

	ア	イ	ウ
a	1000万K	炭素や酸素	銅
b	1000万K	ケイ素やマグネシウム	鉄
c	1億K	炭素や酸素	鉄
d	1億K	ケイ素やマグネシウム	銀
e	1億K	鉄	銅

4　次の図は，太陽光を分光器に通して得られる，連続スペクトルの白黒の図である。このとき，図のように縦に多くの黒い線が入っているが，この暗線が生じる理由として最も適切なものを，以下のa～dから一つ選びなさい。

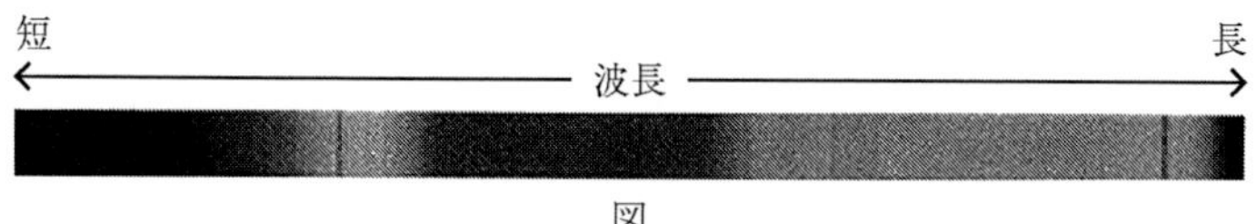

図

a　太陽と地球までの間の宇宙空間の物質による吸収。

b　地球の上空90km～150km付近の電離圏による吸収。

c　地球の電離圏のさらに上空6万km付近の地球磁気圏による吸収。

d　太陽の膨大な大気による吸収。

2024年度　茨城県　難易度

【9】次の1～3に答えなさい。

1　大気の運動についての記述として適切なものを，次の①～⑤のうちから全て選び，その番号を答えなさい。

①　熱帯収束帯では，雲ができる際に放出される凝結熱によって大気はさらに暖められ，大規模な上昇気流が生じる。

②　亜熱帯高圧帯では，東西に連なった積乱雲の群れができ，多量の雨が降る。

③　低緯度地域には，熱帯収束帯と亜熱帯高圧帯を結ぶ大規模な対

流活動であるハドレー循環がある。

④　ジェット気流は季節によって南北に移動し，夏は低緯度側を，冬は高緯度側を吹く。

⑤　極偏東風は，南極大陸の沖合に停滞する大規模な低気圧に吹き込んでいる。

2　次の文章は，大気にはたらく力と風の吹き方について述べたものです。以下の(1)・(2)に答えなさい。

> 地球の[　ア　]により生じる見かけの力を[　イ　]という。高度が約1kmを超えると，[　イ　]と[　ウ　]がつり合い，[　エ　]が吹く。北半球における[　エ　]の風向を矢印で示した図として適切なものは［　a　］である。
>
> 高度約1kmまでの地表付近では，[　イ　]と[　ウ　]の他に，地表と空気の間に[　オ　]がはたらくため，風は，[　イ　]，[　ウ　]，[　オ　]がつり合うように吹く。このときの北半球における風向を矢印で示した図として適切なものは［　b　］である。

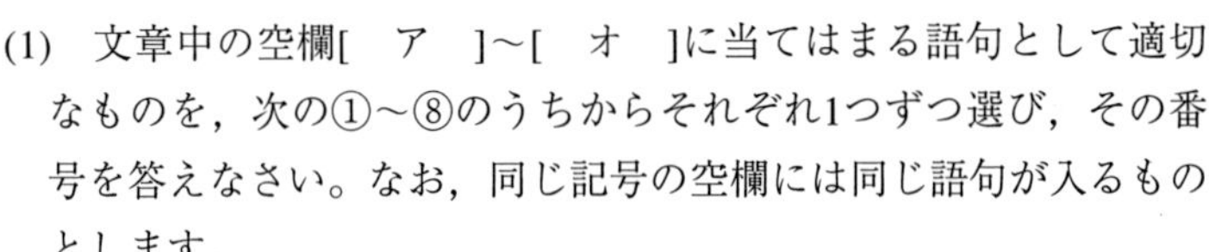

(1)　文章中の空欄[　ア　]～[　オ　]に当てはまる語句として適切なものを，次の①～⑧のうちからそれぞれ1つずつ選び，その番号を答えなさい。なお，同じ記号の空欄には同じ語句が入るものとします。

①　自転　　②　公転　　③　摩擦力
④　転向力　　⑤　気圧傾度力　　⑥　傾度風
⑦　地衡風　　⑧　旋衡風

(2)　文章中の空欄［　a　］・［　b　］に当てはまる図として最も適切なものを，次の①～⑧のうちからそれぞれ1つずつ選び，その番号を答えなさい。なお，各図中の実線は等圧線を示しています。

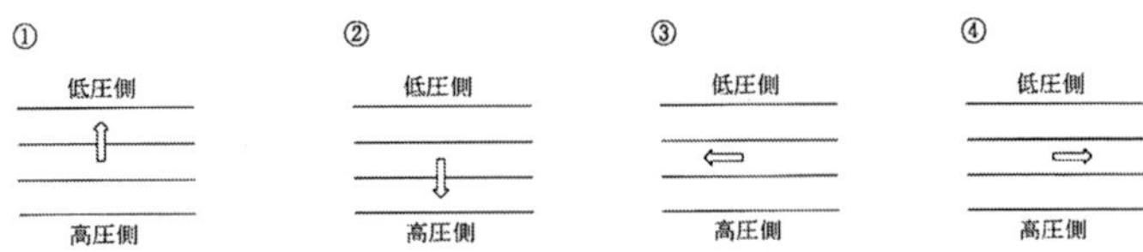

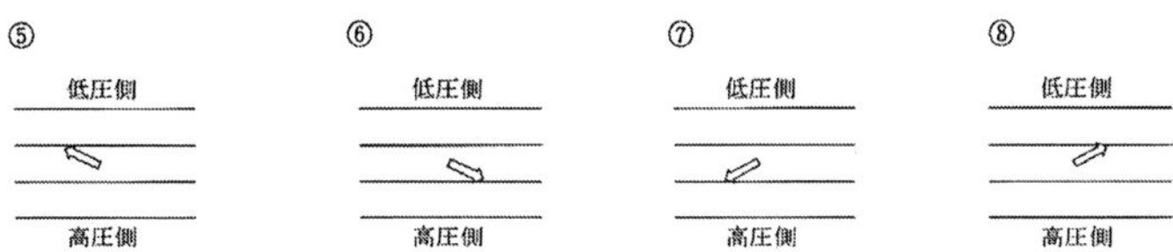

3　次の文章は，海水の運動について述べたものです。文章中の空欄[　ア　]に当てはまる式として適切なものを，以下の【アの選択肢】の①～⑥のうちから選び，その番号を答えなさい。また，文章中の空欄[　イ　]に当てはまる数字として最も適切なものを，以下の【イの選択肢】の①～⑨のうちから選び，その番号を答えなさい。

> 海面に波があるとき，深い海では，海水は円運動をしている。深い海の波は水深に比べて十分に波長が短い波である表面波である。この場合，波の進む速さvは，重力加速度g，周期T，波長Lとすると，次の式で表される。
>
> $v=\dfrac{gT}{2\pi}=$[　ア　]
>
> また，浅い海では，海水は楕円運動をしている。浅い海の波は水深に比べて十分に波長が長い波である長波である。
>
> 津波は，深い海を伝播するときでも水深に比べて十分に波長が長いため，長波としてふるまう。重力加速度の大きさを9.8m/s^{2}としたとき，水深が5000mのところでは，津波の進む速さは約[　イ　]m/sとなる。

【アの選択肢】

①　$\dfrac{gL}{2\pi}$　②　$\dfrac{gL^2}{2\pi}$　③　$\dfrac{g^2L}{2\pi}$　④　$\sqrt{\dfrac{gL}{2\pi}}$　⑤　$L\sqrt{\dfrac{g}{2\pi}}$

⑥　$g\sqrt{\dfrac{L}{2\pi}}$

【イの選択肢】

①　20　②　70　③　120　④　170　⑤　220

⑥　270　⑦　320　⑧　370　⑨　420

▌2024年度▌広島県・広島市▌難易度

【10】次の1～3に答えなさい。

1　次の文章は，地球の運動について述べたものです。以下の(1)・(2)に答えなさい。

> 地球の自転を実験的に証明したのはフーコーである。フーコーはフランスのパリで，振り子の振動面が時間とともに[　ア　]に回転することを示した。<u>地上から見た振り子の振動面の回転の速さは，緯度によって異なる</u>。
>
> 地球が運動していれば，恒星から届く光は運動の向きの前方からやってくるように見える。地球が公転していれば，恒星の見える方向は1年周期で変化するはずであり，この変化の大きさを[　イ　]という。[　イ　]を初めて観測したのは[　ウ　]である。

(1)　文章中の空欄[　ア　]～[　ウ　]に当てはまる語句の組合せとして適切なものを，次の①～⑧のうちから選び，その番号を答えなさい。なお，同じ記号の空欄には同じ語句が入るものとします。

	ア	イ	ウ
①	時計回り	年周視差	ベッセル
②	時計回り	年周視差	ブラッドレー
③	時計回り	年周光行差	ベッセル
④	時計回り	年周光行差	ブラッドレー
⑤	反時計回り	年周視差	ベッセル
⑥	反時計回り	年周視差	ブラッドレー
⑦	反時計回り	年周光行差	ベッセル
⑧	反時計回り	年周光行差	ブラッドレー

(2)　文章中の下線部について，北緯30°の地点で振り子の振動面が1日に回転して見える角度として最も適切なものを，次の①～⑨のうちから選び，その番号を答えなさい。

①　40°　　②　60°　　③　90°　　④　120°

⑤　135°　　⑥　180°　　⑦　225°　　⑧　240°

⑨　270°

2　次の文章は，太陽系の惑星の公転周期と会合周期について述べたものです。文章中の空欄[　ア　]～[　オ　]に当てはまる数値や式として適切なものを，以下の①～⑧のうちからそれぞれ1つずつ選び，その番号を答えなさい。なお，同じ記号の空欄には同じ数値や式が入るものとします。

> 地球の公転周期をE〔日〕，地球以外の惑星の公転周期をP〔日〕とすると，1日に公転する角度は，地球が$\frac{360°}{E}$，地球以外の惑星が$\frac{360°}{P}$となる。その差の合計が[　ア　]となる期間が会合周期であるため，会合周期をS〔日〕とすると，外惑星の場合は，次式が成り立つ。
>
> ([　イ　])×S＝[　ア　]
>
> ∴　[　ウ　]
>
> 同様に，内惑星の場合は，次式が成り立つ。
>
> ([　エ　])×S＝[　ア　]
>
> ∴　[　オ　]

① 180°　　② 360°

③ $\frac{360°}{E}-\frac{360°}{P}$　　④ $\frac{360°}{P}-\frac{360°}{E}$

⑤ $\frac{1}{E}-\frac{1}{P}=S$　　⑥ $\frac{1}{P}-\frac{1}{E}=S$

⑦ $\frac{1}{E}-\frac{1}{P}=\frac{1}{S}$　　⑧ $\frac{1}{P}-\frac{1}{E}=\frac{1}{S}$

3　次の図は，地球と火星の公転軌道を点線で，地球から火星へ向かう探査機の軌道を実線で模式的に示したものであり，矢印は，地球，火星，探査機の運動の向きを示しています。また，以下の文章は，この図について説明したものです。あとの(1)～(3)に答えなさい。

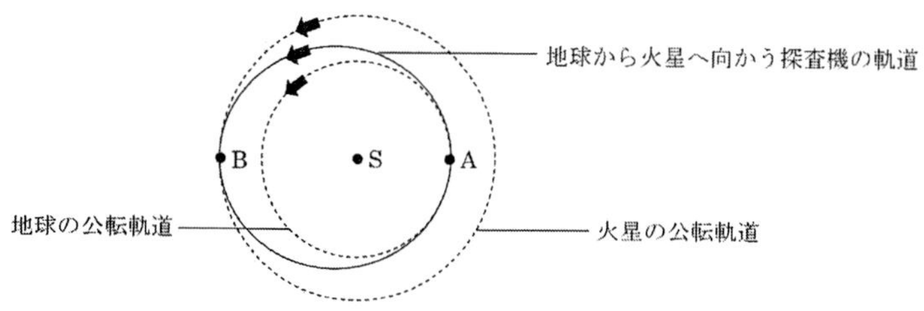

> 地球と火星の公転軌道は円で，地球の軌道半径は1.0天文単位，火星の軌道半径は1.5天文単位とする。探査機は，ケプラーの法則に従って，地球の公転軌道上の点Aが近日点，火星の公転軌道上の点Bが遠日点となる楕円軌道を回り，点Aで地球を出発して最初の遠日点である点Bで火星に到着するとする。そのとき，探査機が点Aを出発してから点Bに到着するまでの所要時間は，約[　ア　]年である。また，探査機が点Aを出発したとき，火星は公転軌道上の点Mにあるとすると，点A，火星の公転軌道の中心である点S，点Mがつくる∠ASMは約[　イ　]であり，探査機が点Bに到着するときの速さは，探査機が点Aを出発したときの速さの約[　ウ　]倍である。

(1)　文章中の[　ア　]に入る数値として最も適切なものを，次の①～⑨のうちから選び，その番号を答えなさい。

①　0.6　　②　0.7　　③　0.8　　④　0.9　　⑤　1.0
⑥　1.1　　⑦　1.2　　⑧　1.3　　⑨　1.4

(2)　文章中の[　イ　]に入る数値として最も適切なものを，次の①～⑨のうちから選び，その番号を答えなさい。ただし，火星の公転周期を1.9年とします。

①　17°　　②　27°　　③　37°　　④　47°　　⑤　57°
⑥　67°　　⑦　77°　　⑧　87°　　⑨　97°

(3)　文章中の[　ウ　]に入る数値として最も適切なものを，次の①～⑨のうちから選び，その番号を答えなさい。

①　0.47　　②　0.57　　③　0.67　　④　0.77　　⑤　0.87
⑥　0.97　　⑦　1.07　　⑧　1.17　　⑨　1.27

2024年度 ┃ 広島県・広島市 ┃ 難易度 ■■■□□

【11】次の(1)～(3)の問いに答えよ。

(1)　次の図1は，ある日の高層天気図を模式的に示したものである。これについて，以下の①～④の問いに答えよ。

図１

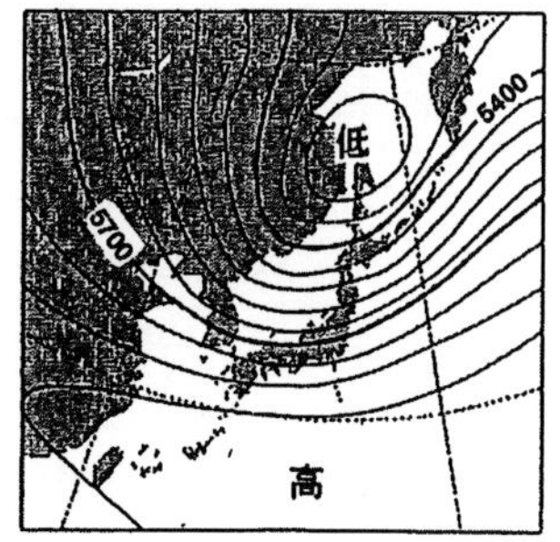

①　この天気図は次のどれにあたるか，最も適当なものを以下のア～エから一つ選んで，その記号を書け。

ア　850hPa等圧面天気図　　イ　700hPa等圧面天気図

ウ　500hPa等圧面天気図　　エ　300hPa等圧面天気図

②　図中の数字の単位を書け。

③　上の図中に上空の気圧の谷を═══で示せ。

④　上空の気圧の谷が近づいたときの地上付近の一般的な天気の変化およびその理由について，簡潔に書け。

(2)　次の図2は，北半球の温帯低気圧を模式的に表した地上天気図である。図2中の線分ABに沿った鉛直断面を南側から見たとき，断面の気温の分布として最も適当なものを，以下のア～エから一つ選んで，その記号を書け。

図２

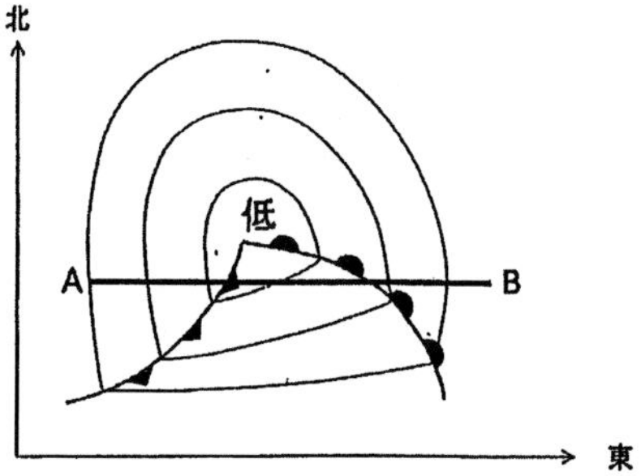

北
低
A
B
東

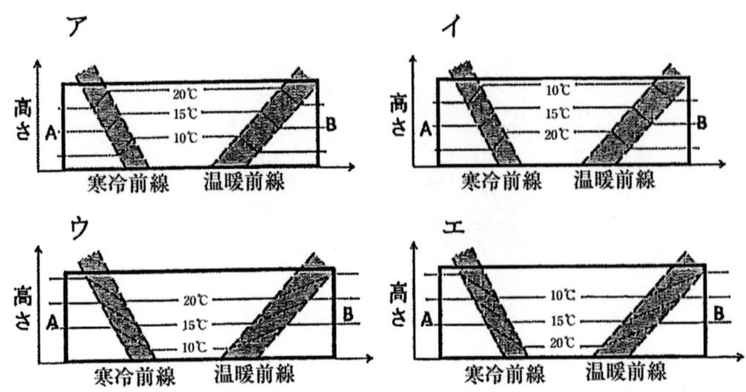

(3) 次の図3は，ある日における対流圏の大気の温度分布(実線)と，地上から上昇する空気塊が示す温度(破線)を表している。これについて，以下の①～③の問いに答えよ。

図3

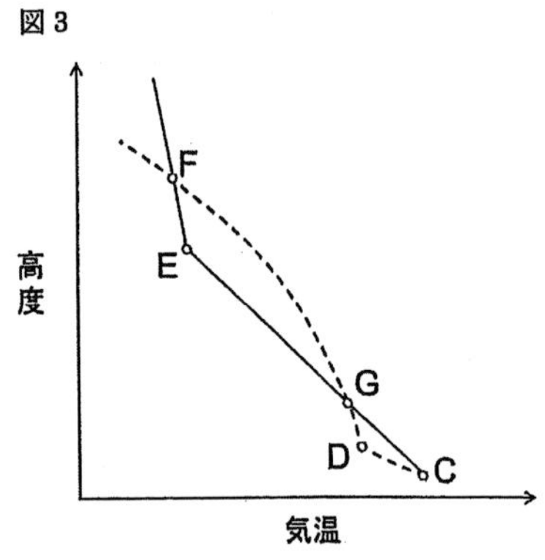

① 屈曲点Dを境に，C―D間よりD―F間の気温低下の割合のほうが小さくなる理由を簡潔に書け。

② D―F間の気温低下の割合が，高度とともに徐々に大きくなるのはなぜか。その理由を簡潔に書け。

③ 空気塊が，強制的に上昇させなくても自動的に上昇を始めるのは図中どの点で表される高度か，C～Gの記号で書け。また，その理由を簡潔に書け。

▌2024年度 ▌香川県 ▌難易度

【12】次の文を読み，以下の(1)～(5)の問いに答えよ。

地球の形はほぼ球形であるが，自転による[　ア　]がはたらくため，赤道方向に膨らんだ回転楕円体に近い形をしている。地球に近い形をした回転楕円体を地球楕円体とよんでいる。[　ア　]の大きさは回転半径に比例するため，赤道の方が極より大きくなる。そのため，重力の大きさも緯度によって異なる。

重力の大きさが場所によって異なることは，17世紀後半，場所によって振り子時計の進み方が異なることから明らかになった。単振り子の周期T〔s〕は，

$$T=2\pi\sqrt{\frac{l}{g}}$$ (l〔m〕は支点からおもりの重心までの長さ)

と表され，重力加速度gが大きいほど，単振り子の周期が短くなり，振り子時計は速く進む。

海水面の変化を長期にわたって平均した面を平均海水面といい，平均海水面で地球の全表面を覆った仮想の面をジオイドという。ジオイドと重力の分布には密接な関係があり，重力の分布がわかればジオイドの形を知ることができ，また，ジオイドから重力の分布を知ることができる。

地球の磁場は自転軸に対して約10°傾けて置かれた棒磁石の磁場に似ている。地球が磁場を持つ仕組みは[　イ　]理論で説明される。これは地球内部の[　ウ　]にある溶融した鉄が流動することで磁場をつくっているというものである。

(1)　文中の[　ア　]～[　ウ　]にあてはまる最も適切な語句を，それぞれ書け。

(2)　下線部に関連して，紀元前の古代ギリシャ人のエラトステネスは地球が球であるという仮定のもと，初めて地球の大きさを測定した。その方法は，2地点の距離と緯度差を求めて，弧の長さと円の中心角が比例するという関係を利用したものである。これと同じ方法で，地球の大きさを求める生徒実習をしたい。生徒が主体的かつ対話的に学びつつ，本時の目標を達成できるようにするために，どのような実習が考えられるか。生徒が主体的，対話的に取り組む場面を想定して簡潔に書け。

(3)　沖縄県で正確に動作していた振り子時計を北海道に持っていくと，振り子時計は進むか，遅れるか。また，正しく調整するにはど

うすればよいか。理由も示して書け。

(4)　次の図は世界のジオイドの高さを示している。これを説明する文として適切なものを以下の①～④から一つ選び，その番号を書け。

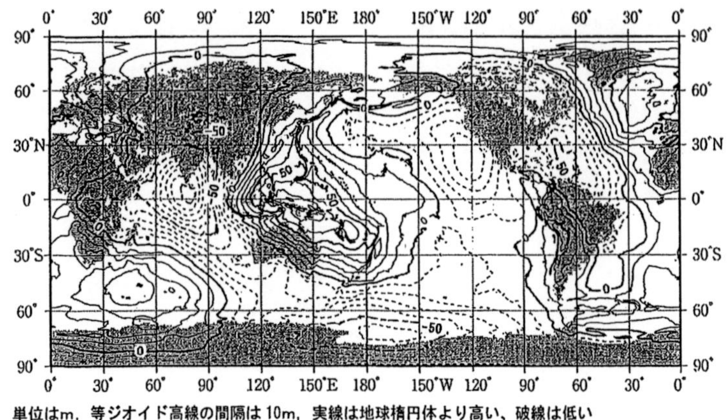

単位はm，等ジオイド高線の間隔は10m，実線は地球楕円体より高い、破線は低い

①　アンデス山脈とヒマラヤ山脈は，ともにジオイドの高さがプラスであり，地殻が厚いことがわかる。

②　西太平洋ではジオイドが高く，海溝で沈み込んだ低温の海のプレートがマントル中に存在することを反映している。

③　太平洋中央部でジオイドが低く，マントル深部の大規模な上昇流の存在を反映している。

④　世界の中央海嶺の位置はジオイドの高さが0の場所に一致する。

(5)　地球磁場の強さや向きはゆっくりと変化していることが知られている。その変化は岩石中の残留磁気を調べることでわかる。火成岩や堆積岩の残留磁気はどのようにしてできるか。それぞれ簡潔に書け。

▌2024年度 ▌香川県 ▌難易度 ■■■□□

【13】地球の活動について，次の1～4の各問いに答えなさい。

1　次の図は，マグマの発生を考えるために用いた，地下の温度分布とかんらん岩の融解温度を示したものである。A点の状態ではかんらん岩は(　ア　)ことがわかる。A点からかんらん岩の状態が変化するためには温度が(　イ　)するか，圧力が(　ウ　)するかが条件となる。なお，かんらん岩の融解曲線を用いたのは，(　エ　)を構成する主な岩石が，かんらん岩だからである。

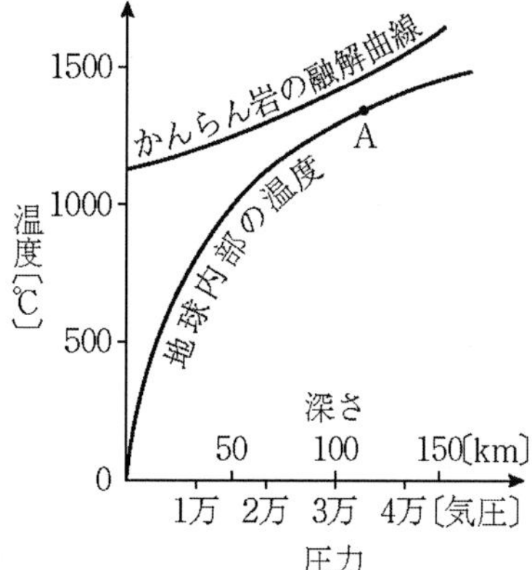

文中の(　ア　)～(　エ　)に当てはまる語句の組み合わせとして最も適切なものを，次のa～eから一つ選びなさい。

	ア	イ	ウ	エ
a	溶けていない	上昇	低下	マントル上部
b	溶けていない	低下	低下	地殻
c	溶けている	上昇	上昇	地殻
d	溶けている	低下	上昇	地殻
e	溶けている	低下	上昇	マントル上部

2　次の図は，マグマの結晶分化作用を示したものである。(　ア　)～(　エ　)に当てはまる語句の組み合わせとして最も適切なものを，以下のa～eから一つ選びなさい。

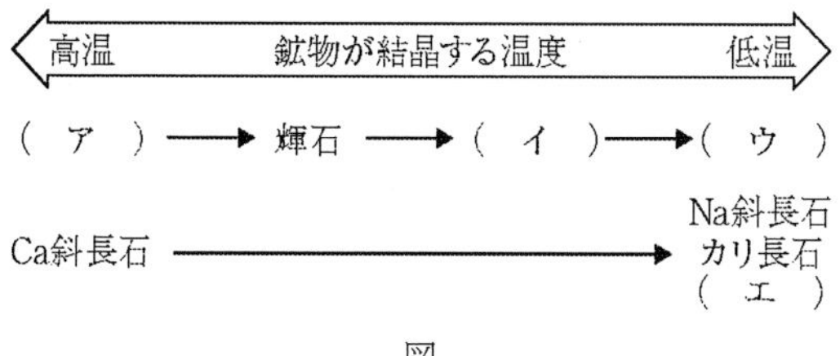

図

	ア	イ	ウ	エ
a	カンラン石	黒雲母	角閃石	石英
b	カンラン石	角閃石	黒雲母	石英
c	角閃石	カンラン石	石英	黒雲母
d	角閃石	石英	黒雲母	カンラン石
e	黒雲母	角閃石	石英	カンラン石

3 次のア～オは偏光顕微鏡による火成岩中の鉱物の観察に関して説明したものである。正誤の組合せとして最も適切なものを，以下のa～eから一つ選びなさい。

ア 無色鉱物は，直交ニコルで観察した方がわかりやすい。

イ 角閃石や輝石は，直交ニコルで載物台(回転ステージ)を回転させると干渉色が鮮やかな色として観察される。

ウ 斜長石は直交ニコルで，縞状または累帯状の特徴的な消光をする。

エ 長石や石英は平行ニコルで観察すると，灰色もしくは白色であることがわかる。

オ 黒雲母を平行ニコルで観察すると，直消光をすることがわかる。

	ア	イ	ウ	エ	オ
a	正	誤	正	誤	正
b	正	正	正	誤	誤
c	誤	誤	誤	正	正
d	正	正	誤	正	誤
e	誤	誤	正	正	正

4 鉱床について説明した文として最も適切なものを，次のa～eから一つ選びなさい。

a 流紋岩質のマグマから，クロムや白金を含む鉱物が晶出して火成岩体の底部に堆積すると，正マグマ鉱床が形成される。

b 花こう岩質マグマの固結末期に，マグマから分離した熱水から石英・長石・黒雲母などの巨晶によって，スカルン鉱床が形成される。

c マグマから分離した熱水などが地殻の炭酸塩岩と反応すると，特徴的な鉱物を含むペグマタイト鉱床が形成される。

d ボーキサイトは，寒冷な地域で，岩石の化学的風化によって水に溶けにくいアルミニウムが濃集したもので，風化残留鉱床の例である。

e　ウラン鉱石や砂金は比重が大きいため，これらを多く含む岩石が風化して河川で運搬される際に選択的に堆積し，漂砂鉱床を形成する。

2024年度 ｜ 茨城県 ｜ 難易度

【14】「地学基礎」の授業において，次の試料・器具等の中から必要だと思われるものを使って，地球内部を構成すると考えられている物質の密度を測定し，測定した密度と地球の層構造の成因との関係を見いだす方法を，生徒に立案させることとします。以下の1・2に答えなさい。

試料・器具等	花こう岩・かんらん岩(いずれも緻密で水がしみ込まないものとする)，鉄のボルト，ビーカー，電子天秤，糸，インターネットに接続できる機器

1　地球内部を構成すると考えられている物質の密度を測定し，測定した密度と地球の層構造の成因との関係を見いだす方法として，どのような方法が考えられますか。その方法として適切なものを，具体的に書きなさい。

2　地球内部を構成すると考えられている物質の密度を測定し，測定した密度と地球の層構造の成因との関係を見いだす方法を生徒に立案させる際の，指導における留意点として，どのようなことが考えられますか。具体例を挙げて書きなさい。

2024年度 ｜ 広島県・広島市 ｜ 難易度

【15】次の文を読み，以下の(1)～(5)の問いに答えよ。

太陽の中心部では水素の核融合反応でエネルギーが発生する。そのエネルギーは中心部から外側へと運ばれ，表面近くでは対流の渦が生じる。太陽表面の[　ア　]は，その対流の渦を上から見たものである。太陽表面の黒点付近の彩層が突然明るく輝く現象を[　イ　]という。このとき強いX線や紫外線，太陽風が宇宙空間に放射，放出されて地球に影響を及ぼす。

太陽は地球の近くにあるため，見かけの等級は－27等級で，他の恒星に比べて桁外れに明るいが，絶対等級は5等級で，それほど明るくはない標準的な恒星である。太陽のように水素の核融合反応が起こり，安定して輝いている恒星を[　ウ　]といい，恒星は一生のうちの大部分を[　ウ　]の段階で過ごし，終末の段階を迎えると，その多くは赤く大きく膨らみ巨星へと進化する。

(1)　文中の[　ア　]～[　ウ　]にあてはまる最も適切な語句を書け。

(2)　太陽の元素組成は太陽スペクトルを調べることで求めることができる。その仕組みを簡潔に書け。

(3)　ウィーンの変位則によると，恒星の放射エネルギーが波長λ〔μm〕で最大となるとき，その恒星の表面温度T〔K〕は，

$\lambda T = 2900$

と表される。太陽の表面温度が6000Kであるとすると，放射エネルギーが最大となる波長はいくらか。有効数字2桁で答えよ。また，その電磁波の種類は何か，書け。

(4)　ステファン・ボルツマンの法則によると，表面温度T〔K〕の恒星の単位表面積(1m^2)から毎秒放射されるエネルギーE〔J〕は，

$E = \sigma T^4$(σは比例定数)

と表される。恒星の光度はその恒星から毎秒放出される全エネルギーによって決まる。太陽半径をR〔m〕，太陽の表面温度をT〔K〕としたとき，太陽表面から単位時間(1秒間)に放射される全エネルギーを表す式を，R，Tを用いて書け。

(5)　太陽が巨星へと進化したとき，その表面温度が3000K，絶対等級が0等級になったとすると，半径は現在の何倍になるか。太陽の現在の表面温度は6000Kであるとして求めよ。

▌2024年度 ▌香川県 ▌難易度 ■■■■□□

【16】地球の歴史について，次の1～4の各問いに答えなさい。

1　次のア～エは地質年代に関して説明したものである。正誤の組み合わせとして最も適切なものを，以下のa～eから一つ選びなさい。

ア　地球の歴史を区分する時には2つの方法がある。1つは地質時代で表される放射年代であり，もう1つは何年前かを表す相対年代である。

イ　時代を特徴づける古生物を用いて地質時代を詳しく区分した時代を相対年代とよぶ。

ウ　先カンブリア時代(隠生累代)は，冥王代，始生代(太古代)，原生代に分けることができる。

エ　顕生累代は，古生代と中生代に分けることができる。

	ア	イ	ウ	エ
a	正	誤	正	誤
b	正	正	誤	誤
c	正	誤	誤	正
d	誤	正	誤	正
e	誤	正	正	誤

2　次のア～オは地球が誕生してから現在までの大気や気候の変遷について説明したものである。正誤の組み合わせとして最も適切なものを，以下のa～eから一つ選びなさい。

ア　約38億年前，生命活動が始まった当時は，大気組成は二酸化炭素が主体で酸素は約20%しか含まれていなかった。

イ　約23億年前の全球凍結以降に，大気中の酸素濃度が降下した。これは多量の有機物が堆積岩の中に保存され，海水や大気と触れなくなったことも原因である。

ウ　約7.5億年～6億年前に全球凍結が起きた直後では，大気中の酸素は急増し，現在の酸素濃度により近づいた。

エ　約3.5億年前，森林の発達と植物遺骸の堆積の結果，大気中の二酸化炭素濃度が大きく減少し，酸素濃度が上昇した。

オ　約5500万年前，メタンハイドレートが大量に溶け出し，大気中に濃集したメタンの強い影響によって，地球表層がきわめて寒冷化した。

	ア	イ	ウ	エ	オ
a	誤	誤	正	誤	正
b	正	正	誤	誤	誤
c	正	誤	誤	正	正
d	誤	誤	正	正	誤
e	誤	正	正	誤	誤

3　日本列島形成の歴史について述べた文として最も適切なものを，次のa～eから一つ選びなさい。

a　先カンブリア時代の最後に，超大陸パンゲアが分裂し，後に日本列島となる地域はその大陸縁に存在していた。

b　古生代後半から中生代にかけて，海のプレートの沈み込みによって形成された付加体は，西南日本に見られず北海道・東北地方のみに分布している。

c　現在の日本列島の表層の地殻は，ほとんどが中生代後半以降の付加体と当時の海溝の陸側で形成された白亜紀～新生代の花こう岩で構成されている。

d　古第三紀の中頃にアジア大陸の東縁の大陸地殻が裂けて広がり，日本海が成立し，同時に現在の日本列島が形成された。

e　新第三紀の終わり頃から，日本列島は南北方向に強く圧縮されるようになり山地の隆起・沈降や断層・褶曲運動が著しくなった。

4　次の文は，年代測定に用いられる放射性同位体とその半減期に関するものである。文中の(　ア　)～(　エ　)に当てはまるものの組み合わせとして最も適切なものを，以下のa～eから一つ選びなさい。

半減期の長いカリウム40(^{40}K)やウラン238(^{238}U)などは，(　ア　)地質時代の年代測定に用いられる。また，半減期の短い元素は比較的(　イ　)地質時代の年代測定に用いられ，これには(　ウ　)がある。ウラン238(^{238}U)がもとの量の16分の1になるには(　エ　)×10^{10}年かかる。

	ア	イ	ウ	エ
a	新しい	古い	ルビジウム―ストロンチウム法	1.0
b	新しい	古い	炭素14法	1.0
c	古い	新しい	炭素14法	1.8
d	新しい	古い	炭素14法	1.8
e	古い	新しい	ルビジウム―ストロンチウム法	1.8

▌2024年度 ▌茨城県 ▌難易度 ■■■□□

【17】銀河の分布について述べた次の文章を読み，以下の各問いに答えなさい。

銀河系の大きさを調べるためには，銀河系を構成する恒星の分布と距離を知る必要がある。しかし，(a)銀河面には星間物質が集中しているため，銀河面上で遠くにある恒星や星団からの光は観測できない。そこで，1910年代にシャプレーは，銀河系全域に広く分布すると考えられる球状星団に着目し，銀河面から離れた(b)球状星団までの距離を測定してその分布図をつくれば，その分布の中心が銀河系の中心と一致するはずであると考え，太陽は銀河系の中心からはずれた位置にあることをつきとめた。

銀河系の外に存在する銀河のスペクトルを観測すると，ごく近くの銀河を除いて，その中の線スペクトルが波長の長いほうにずれている。これを(　ア　)偏移という。ハッブルはこの(　ア　)偏移が(　イ　)によって生じると考え，ほとんどの銀河は，私たちから遠ざかっていると結論づけた。このことから宇宙空間が膨張していると考えることができ，膨張する宇宙を過去にさかのぼると，宇宙は1点に集中していたことになる。この点から，私たちの宇宙が始まったと考えられている。

宇宙の初期や宇宙の未来を含めた宇宙全体に関する情報を知るためには，宇宙の初期に発せられた3K宇宙背景放射の詳しい観測が役立つ。(c)2009年に打ち上げられたプランク衛星により，3K宇宙背景放射が高精度で観測された。その観測の結果と理論モデルを比較することで，宇宙にあるエネルギー密度やハッブル定数，宇宙空間がどのようにゆがんでいるのかなどが明らかになった。

問1　下線部(a)に関連して，波長の長い電波は，星間物質による吸収をほとんど受けないため，銀河系全体を見通すことができる。銀河系全体のガスの分布を調べるために利用されている電波の種類として最も適切なものを，次の1～4のうちから1つ選びなさい。

1　中性水素原子から放射される波長21μmの電波

2　中性水素原子から放射される波長21cmの電波

3　中性ヘリウム原子から放射される波長21μmの電波

4　中性ヘリウム原子から放射される波長21cmの電波

問2　下線部(b)に関連して，図1の脈動変光星の変光周期と絶対等級(1周期にわたっての平均値)の間の周期光度関係を利用して，球状星団までの距離を計算した。ある球状星団に，変光周期が10日のおとめ座W型変光星があり，その見かけの等級の平均は13.0等級であった。この球状星団までの距離は何パーセクか。最も適切なものを，以下の1～4のうちから1つ選びなさい。

ただし，絶対等級をM，見かけの等級をm，恒星までの距離をd(パーセク)とすると，$M=m+5-5\log_{10}d$が成り立つとする。

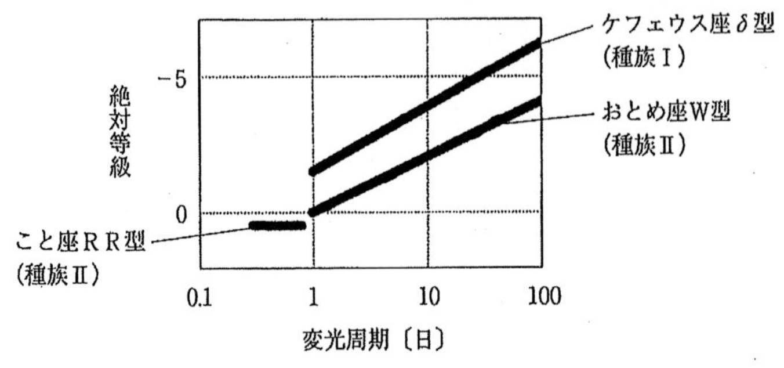

図1

1　10パーセク　　2　100パーセク　　3　1000パーセク

4　10000パーセク

問3　文章中の空欄(　ア　)，(　イ　)に入る語句の組合せとして最も適切なものを，次の1～4のうちから1つ選びなさい。

	ア	イ
1	赤方	ドップラー効果
2	赤方	ウィーンの変位則
3	青方	ドップラー効果
4	青方	ウィーンの変位則

問4　下線部(c)に関連して，図2は，プランク衛星によって明らかにされた宇宙の構成要素の割合を表したグラフである。グラフ中の空欄(　ウ　)～(　オ　)に入る語句の組合せとして最も適切なものを，以下の1～6のうちから1つ選びなさい。

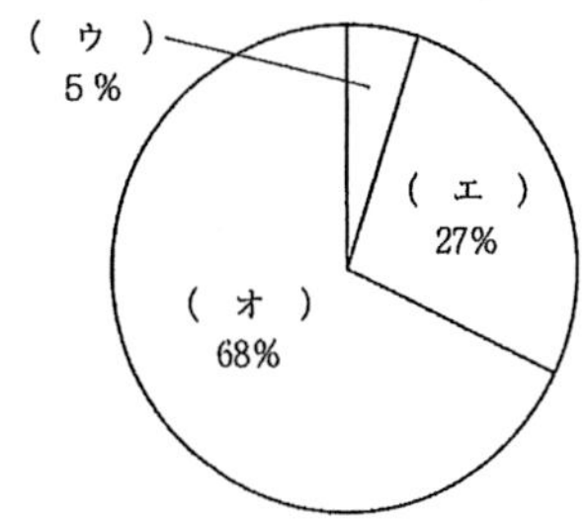

	ウ	エ	オ
1	ダークマター	ダークエネルギー	通常の物質
2	ダークマター	通常の物質	ダークエネルギー
3	ダークエネルギー	ダークマター	通常の物質
4	ダークエネルギー	通常の物質	ダークマター
5	通常の物質	ダークエネルギー	ダークマター
6	通常の物質	ダークマター	ダークエネルギー

2024年度　宮城県・仙台市　難易度

【18】大気の構造と運動に関連して，以下の1～4の各問いに答えなさい。

次の図1および図2では，縦軸が高度を表し，横軸が温度を表している。

図1では，実線は周囲の気温減率を表し，点線は乾燥断熱減率と湿潤断熱減率を表している。また，点線A～Cは高度を示している。

図2では，実線①～③は周囲の気温減率を表し，点線X，Yは乾燥断熱減率または湿潤断熱減率のどちらかを表している。

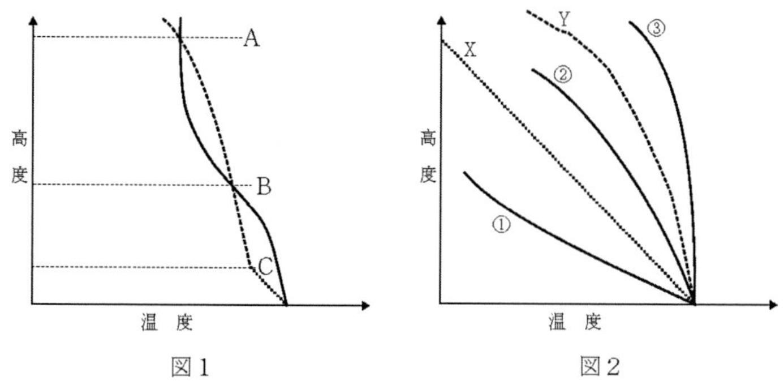

図1　　図2

● 中高・高校

1　図1の点線A～Cが表すものとして最も適切なものを，次のa～eから一つ選びなさい。

	A	B	C
a	雲頂高度	凝結高度	自由対流高度
b	凝結高度	自由対流高度	雲頂高度
c	自由対流高度	凝結高度	雲頂高度
d	雲頂高度	自由対流高度	凝結高度
e	凝結高度	雲頂高度	自由対流高度

2　図2において，周囲の気温減率が実線①～③の場合の大気の安定性を表す語句の組み合わせとして最も適切なものを，次のa～eから一つ選びなさい。

	実線①	実線②	実線③
a	不安定	安定	条件付き不安定
b	不安定	条件付き不安定	安定
c	条件付き不安定	安定	不安定
d	安定	条件付き不安定	不安定
e	安定	不安定	条件付き不安定

3　次の図3は，日本列島における，ある季節の典型的な500hPaの高層天気図であり，図4は同じ日の地上天気図を示している。地上図に表れている停滞前線は(　ア　)と呼ばれており，寒冷な(　イ　)高気圧と温暖な(　ウ　)高気圧の境界にこの停滞前線が発達するとされる。これらの気象現象は，上空のジェット気流が(　エ　)や分流することによって形成される。

文中の(　ア　)～(　エ　)に当てはまる語句の組み合わせとして最も適切なものを，以下のa～eから一つ選びなさい。

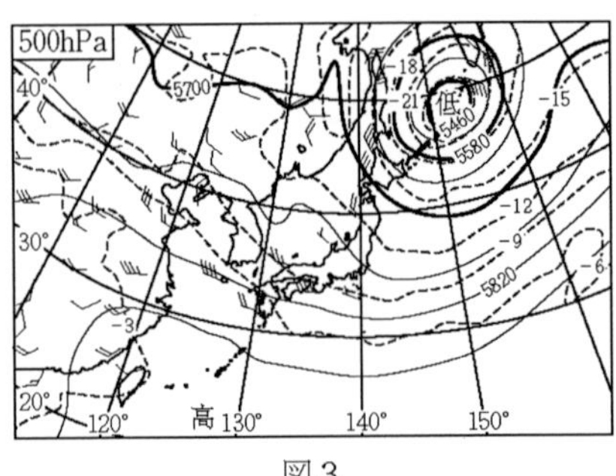

図3

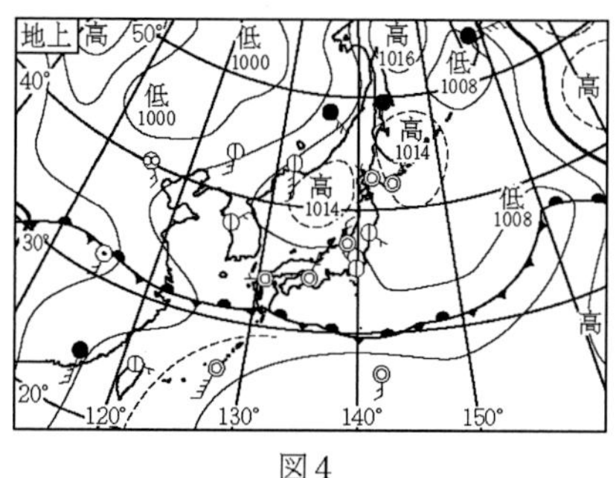

図4

	ア	イ	ウ	エ
a	梅雨前線	シベリア	オホーツク海	小さな蛇行
b	秋雨前線	北太平洋	シベリア	小さな蛇行
c	梅雨前線	北太平洋	オホーツク海	小さな蛇行
d	秋雨前線	シベリア	北太平洋	大きな蛇行
e	梅雨前線	オホーツク海	北太平洋	大きな蛇行

4　世界の気候区分において，高緯度地域の気候として特徴的なものを(　ア　)と呼ぶ。大陸東部の気候は夏と冬の気温差や降水量の差が大きく，季節風の影響を強く受けるアジア大陸東岸で顕著であり，(　イ　)と呼ばれる。大陸西岸の緯度45～55度付近では，夏でも亜熱帯高気圧の影響が及びにくく，冬季は低気圧に伴う南西風により，高緯度のわりに穏やかである。このような気候は(　ウ　)と呼ばれる。

文中の(　ア　)～(　ウ　)に当てはまる語句の組み合わせとして最も適切なものを，次のa～eから一つ選びなさい。

	ア	イ	ウ
a	ツンドラ気候	温暖湿潤気候	西岸海洋性気候
b	温暖湿潤気候	西岸海洋性気候	ツンドラ気候
c	西岸海洋性気候	温暖湿潤気候	ツンドラ気候
d	ツンドラ気候	西岸海洋性気候	温暖湿潤気候
e	温暖湿潤気候	ツンドラ気候	西岸海洋性気候

2024年度　茨城県　難易度

【19】次の文章を読んで，問1，問2に答えなさい。

恒星は，星間雲の中で生まれる。星間雲の中の密度の大きい部分では，重力によって星間物質が収縮し，温度と密度が上昇する。高温になると中心部が輝き始める。この段階の星を[①]という。[①]が自身の重力でしだいに収縮して温度が上昇し，中心部の温度が1000万K以上になると，中心部で[②]が始まる。この段階に達した恒星を[③]といい，収縮しようとする力と膨張しようとする力がつり合って，安定した状態にある。

恒星の明るさは等級で表し，地球上から見たときの恒星の明るさを見かけの等級という。見かけの等級は，明るい星ほど小さくなり，5段階異なると，明るさが100倍異なるように設定されている。

問1 [①]〜[③]に当てはまるものの組合せとして，正しいものを選びなさい。

	①	②	③
ア	原始星	水素の核融合	白色矮星
イ	原始星	ヘリウムの核分裂	主系列星
ウ	原始星	水素の核融合	主系列星
エ	超新星	ヘリウムの核分裂	白色矮星
オ	超新星	水素の核融合	主系列星

問2 下線部について，太陽の見かけの等級−26.8等は，こと座γ星の見かけの等級3.2等の何倍の明るさか，最も適当なものを選びなさい。

ア 1.0×10^{-12} イ 6.0×10^{-2} ウ 6.0×10^{2}

エ 1.0×10^{12} オ 3.0×10^{12}

▌2024年度▌北海道・札幌市▌難易度 ■■■■□□

【20】地球の概観について，次の問いに答えよ。

(1) 地震波を解析することや高温・高圧実験，隕石の研究から地球の内部を推定している。次の図は，マントル，外核，内核における地震波速度，密度，圧力を表したものである。図中のアからエの組み合わせとして最も適当なものを，以下の①から⑤までの中から一つ選び，記号で答えよ。

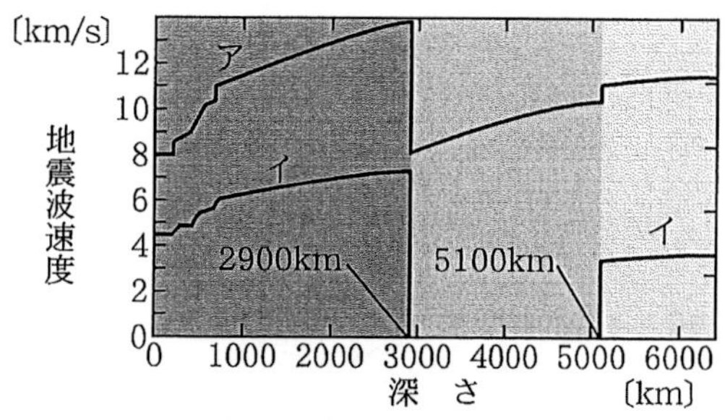

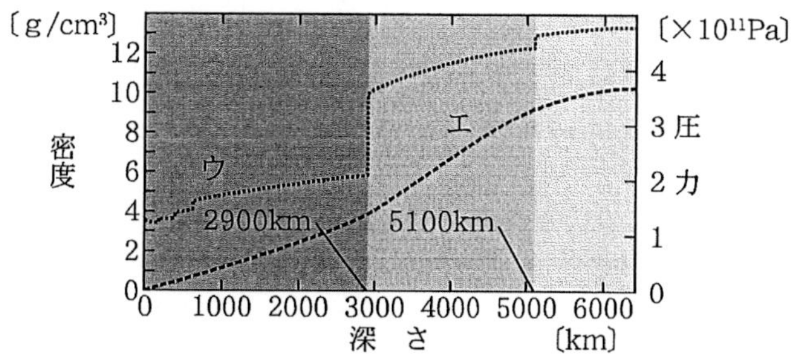

	ア	イ	ウ	エ
①	P波の速度	S波の速度	圧力	密度
②	密度	圧力	P波の速度	S波の速度
③	S波の速度	P波の速度	圧力	密度
④	P波の速度	S波の速度	密度	圧力
⑤	圧力	密度	P波の速度	S波の速度

(2)　次の文は，地球と生命の歴史について述べたものである。AからCの正誤の組み合わせとして最も適当なものを，以下の①から⑧までの中から一つ選び，記号で答えよ。

A　約38億年前の礫岩や枕状溶岩が見られることから，太古代にはすでに海洋が存在していた。

B　原生代の初期と後期は，地球のほぼ全体が氷で覆われた全球凍結の状態だった。

C　世界各地の石炭の多くは，石炭紀に発達した大型のシダ植物であるロボク，リンボク，メタセコイアの遺骸がもとになって形成された。

	A	B	C
①	誤	誤	誤
②	誤	誤	正
③	誤	正	誤
④	誤	正	正
⑤	正	正	正
⑥	正	正	誤
⑦	正	誤	正
⑧	正	誤	誤

(3) 次の文章中の[ア]から[エ]にあてはまる語句や数値の組み合わせとして最も適当なものを，以下の①から⑥までの中から一つ選び，記号で答えよ。

化石や古地磁気により地層の新旧を明らかにして区分したものを[ア]年代という。岩石などに含まれている放射性同位体の壊変を利用して，岩石などの年代を数値で表したものを[イ]年代という。

岩石中にある放射性同位体の半減期が10万年とすると，放射性同位体量が元の4分の1になるのは[ウ]万年後と計算することができる。

数万年前に発生した火砕流の[イ]年代は，火砕流堆積物に含まれる炭化木片の[エ]法によって推測されている。

	ア	イ	ウ	エ
①	相対	絶対	20	K-Ar
②	絶対	相対	20	Rb-Sr
③	相対	絶対	20	^{14}C
④	絶対	相対	40	^{14}C
⑤	相対	絶対	40	Rb-Sr
⑥	絶対	相対	40	K-Ar

(4) 地質学的な長い目で見ると，大陸地殻はマントルに浮かんでいると見なすことができる。大陸地殻の上部は花こう岩質岩石，下部は玄武岩質岩石，海洋地殻は玄武岩質岩石，マントルはかんらん岩質

岩石からなっている。ある地域の大陸地殻の上部が厚さ40km，下部が厚さ10km，水深4000mの海洋部分の海洋地殻が厚さ8.0kmで，これらの地域でアイソスタシーが成り立っているとする。大陸部分の標高として最も適当なものを，次の①から⑥までの中から一つ選び，記号で答えよ。ただし，花こう岩質岩石の密度は2.7g/cm^3，玄武岩質岩石の密度は3.0g/cm^3，かんらん岩質岩石の密度は3.3g/cm^3，海水の密度は1.0g/cm^{3}とする。

① 2.7km　② 3.8km　③ 4.0km　④ 4.7km

⑤ 38km　⑥ 47km

(5) 震源が浅い地震が発生し，ある観測点において，地殻を伝わってきたP波とマントルを伝わってきたP波が地震発生から30秒後に同時に観測された。図はP波の伝わり方を表した模式図である。この場合の地殻の厚さとして最も適当なものを，以下の①から⑤までの中から一つ選び，記号で答えよ。ただし，地殻でのP波の速度を6.0km/s，マントルでのP波の速度を9.0kn/s，$\sqrt{2}$ ＝1.41，$\sqrt{5}$ ＝2.24とする。

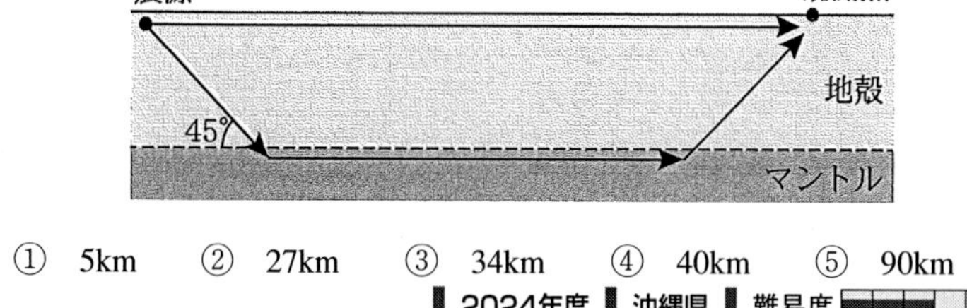

① 5km　② 27km　③ 34km　④ 40km　⑤ 90km

2024年度 | 沖縄県 | 難易度

【21】次の文章を読んで，問1，問2に答えなさい。

地層は，一般に下位から上位に向かってほぼ水平に堆積するため，一連の地層が堆積しているとき，地層が逆転していない限り，下位にある地層は上位にある地層より古い。これを[　①　]という。地層の上下判定には，波打ち際でつくられるリップルマークや，単層内で下部から上部に向かって粒子が小さくなる[　②　]が用いられる。

地層は普通，あまり時間を空けずに下から上へと連続的に堆積するが，隆起や浸食などの作用を受け，途中で堆積作用が中断し，長い時間が経過してから再び堆積作用が生じる場合がある。図は，造山帯にある露頭の地層の重なり方と産出化石を示したスケッチで，地層A，B，Cの間にある波線は，堆積した年代に大きな時間間隙があることを示す境界であり，[　③　]と呼ばれる。

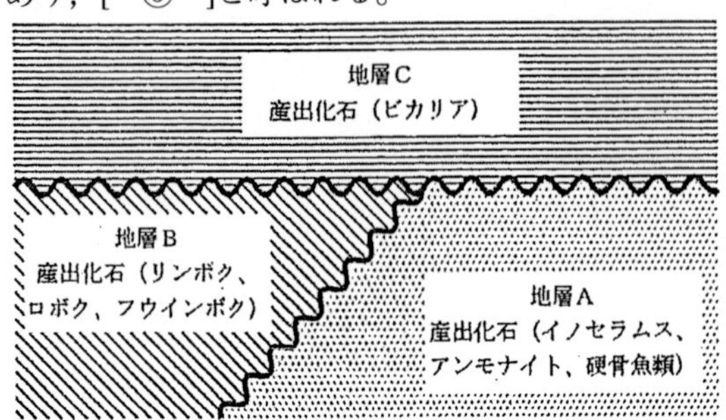

問1　[　①　]～[　③　]に当てはまるものの組合せとして，正しいものを選びなさい。

	①	②	③
ア	地層累重の法則	級化層理	不整合面
イ	地層累重の法則	斜交葉理	基底礫岩
ウ	地層累重の法則	級化層理	基底礫岩
エ	地層同定の法則	級化層理	不整合面
オ	地層同定の法則	斜交葉理	基底礫岩

問2　図について述べた次の文a～cの正誤の組合せとして，正しいものを選びなさい。

a　地層Aは，古生代の海洋で形成された地層である。

b　地層Cは，温暖な浅い海で形成された地層である。

c　地層Aと地層Bは逆転している。

	a	b	c
ア	正	正	正
イ	正	正	誤
ウ	正	誤	誤
エ	誤	正	正
オ	誤	正	誤

▌2024年度 ▌北海道・札幌市 ▌難易度

【22】地球の活動と歴史について，次の問いに答えよ。

(1)　ある平坦な地域で水平に広がった露頭がある。次の図は，その観察地点A，B，Cの位置関係を表した模式図である。この地域の地層について説明した以下の文章中の[　1　]，[　2　]にあてはまる語句や数値として最も適当なものを，それぞれあとの①から④までの中から一つ選び，記号で答えよ。ただし，この地域の地層の厚さは一定で，地層は逆転していない。また，sin45°＝0.7，cos45°＝0.7，tan45°＝1.0とする。

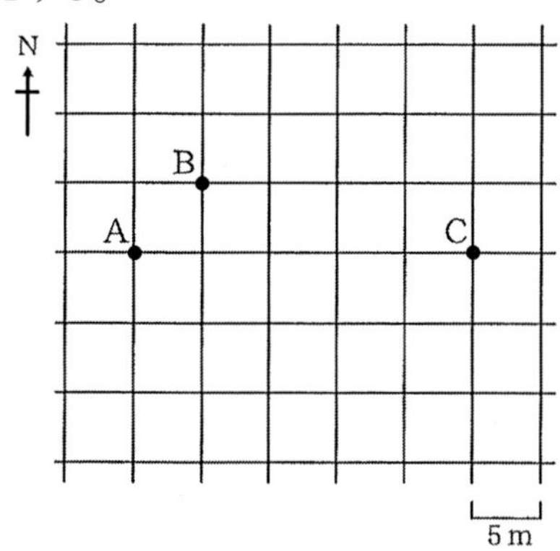

地点Aでは西側にX層，東側にY層の境界，地点Bでは西側にY層，東側にZ層の境界，地点Cでは西側にZ層，東側にY層の境界が見られた。地点A，B，Cで観察したY層の走向と傾斜は表の通りである。この結果から，この地域の地点Aから地点Cまでに見られる地質構造は[　1　]と考えられる。また，Y層の厚さは，[　2　]と推測することができる。

	Y層の走向	Y層の傾斜
地点A	N－S	45° E
地点B	N－S	45° E
地点C	N－S	45° W

[　1　]の選択肢

①　背斜　　②　向斜　　③　右横ずれ断層　　④　左横ずれ断層

[　2　]の選択肢

①　3.5m　　②　5.0m　③　7.1m　　④　14.0m

(2)　顕生代は，5回の大量絶滅が起こったことが分かっている。図中のウとオの時期に起こった大量絶滅の原因の組み合わせとして最も適当なものを，以下の①から⑥までの中から一つ選び，記号で答えよ。

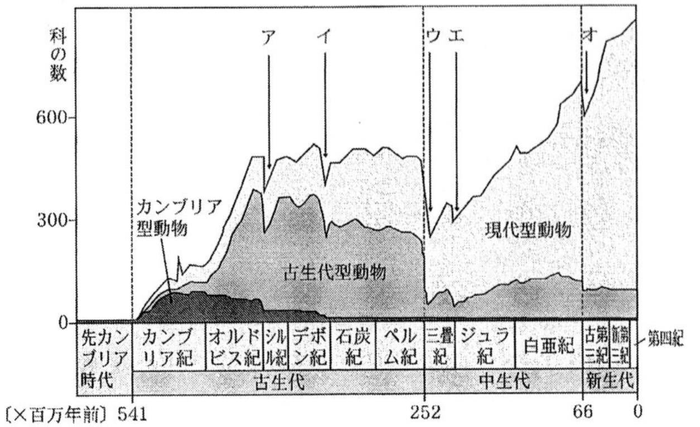

	ウ	オ
①	大陸の大規模火山噴火と海洋での大規模酸欠	隕石の衝突
②	隕石の衝突	全球凍結
③	全球凍結	大陸の大規模火山噴火と海洋での大規模酸欠
④	大陸の大規模火山噴火と海洋での大規模酸欠	全球凍結
⑤	隕石の衝突	大陸の大規模火山噴火と海洋での大規模酸欠
⑥	全球凍結	隕石の衝突

(3) 次の図は，化石ア，イ，ウ，エ，オが生息していた時代を示したものである。この図からわかる地層ⅠからⅢの新旧の順番として最も適当なものを，あとの①から⑥までの中から一つ選び，記号で答えよ。

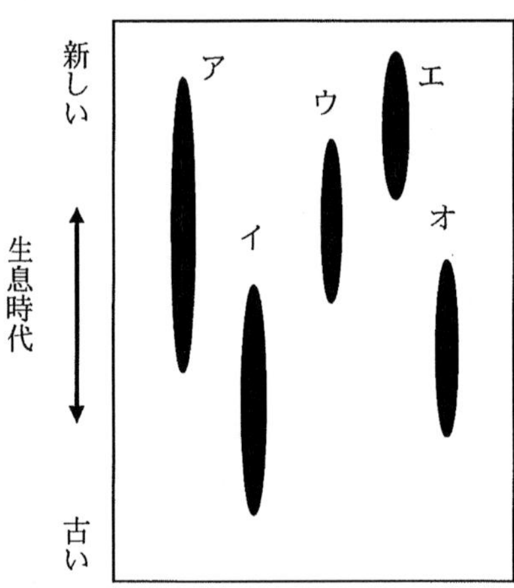

Ⅰ層：ア，イ，ウ，オの化石が見つかった。
Ⅱ層：ア，ウ，エの化石が見つかった。
Ⅲ層：イ，オの化石が見つかった。

	古い ←――→ 新しい		
①	Ⅰ	Ⅱ	Ⅲ
②	Ⅰ	Ⅲ	Ⅱ
③	Ⅱ	Ⅰ	Ⅲ
④	Ⅱ	Ⅲ	Ⅰ
⑤	Ⅲ	Ⅰ	Ⅱ
⑥	Ⅲ	Ⅱ	Ⅰ

(4)　次の図中のアからエは，化石となった生物の生息時代と地理的分布の関係を示したものである。アからエのうち，示準化石と示相化石の条件を示しているものの組み合わせとして最も適当なものを，以下の①から⑥までの中から一つ選び，記号で答えよ。

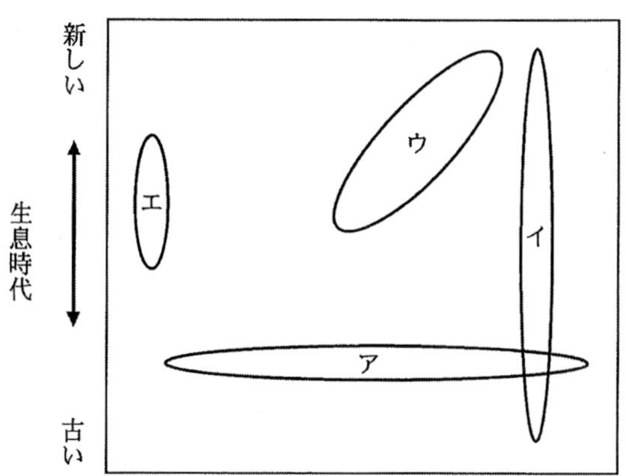

	示準化石	示相化石
①	ア	イ
②	ア	エ
③	ウ	ア
④	エ	ウ
⑤	イ	ア
⑥	ウ	エ

■2024年度■沖縄県■難易度

【23】図1は太陽の表面(光球)を模式的に表したものです。以下の(1)～(5)の各問いに答えなさい。

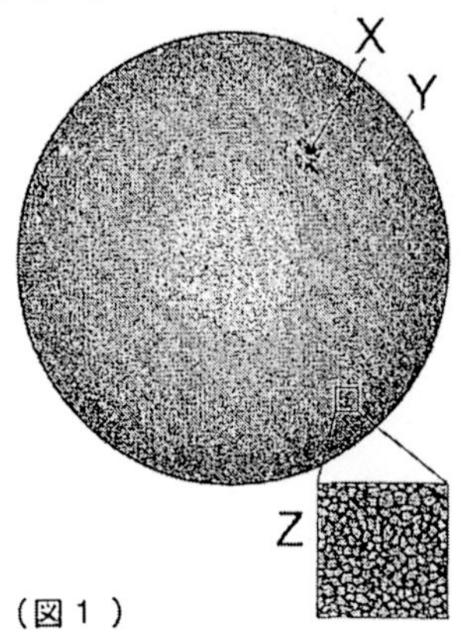

（図１）

(1) 図1のXの部分は黒点と呼ばれ，黒く見え，図1のYの部分は白斑と呼ばれ，白く見えています。Xの部分が黒く見える理由を簡潔に答えなさい。

(2) 図1のXの部分を毎日観測していると，Xの位置や数が変化していきます。それを説明した文章の(　①　)と(　②　)に適する語句を，以下のア～コからそれぞれ1つずつ選び，記号で答えなさい。

Xの位置が太陽表面の東から西へ移動していくのは，太陽が(　①　)しているためである。また，Xを長期間にわたって観測すると，その数が多いときと少ないときがはっきりしており，約(　②　)周期で増減をくり返している。

ア	公転	イ	自転	ウ	極大	エ	放射	オ	対流
カ	11年	キ	11日	ク	30年	ケ	30日	コ	27日

(3) 図1のZの部分は内部から対流によってエネルギーが運ばれるためにできる模様です。このような模様を何というか答えなさい。

(4) 太陽光を分光器に通すと，紫から赤までの連続スペクトルの中に多くの暗線(吸収線)が見られます。これは，太陽大気による吸収のために生じますが，この線のことを何というか答えなさい。

(5) 太陽の半径Rと地球の半径R_0との関係は図2のように表せます。地球の半径を6400〔km〕，太陽の視差を8.8〔″〕，太陽の視半径を960

〔″〕としたときに太陽の半径Rは約何〔km〕になりますか。最も適するものを以下のア～エから1つ選び，記号で答えなさい。

太陽の半径Rと地球の半径R_0との関係

$$\frac{R}{r''}=\frac{R_0}{\theta''}$$

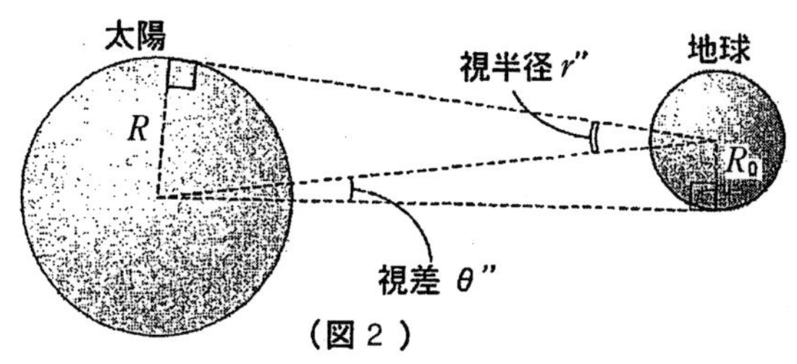

（図２）

ア　約140万〔km〕　　イ　約270万〔km〕　　ウ　約540万〔km〕
エ　約70万〔km〕

■2024年度■名古屋市■難易度

【24】地球と海洋について，次の問いに答えよ。

(1)　夏のある日，気温30℃，湿度70.3％の空気塊が太平洋側の海抜0mの地点Aから海抜2000mの山脈を越え，日本海側の海抜0mの地点Bに吹き降りた。地点Bに吹き降りた空気塊の温度として最も適当なものを，以下の①から⑤までの中から一つ選び，記号で答えよ。

なお，表には温度と飽和水蒸気圧の関係を示した。また，乾燥断熱減率は1℃/100m，湿潤断熱減率は0.5℃/100mとし，発生した雲は山頂までにすべて雨として降ったものとする。凝結高度H〔m〕は，$H=125(T-T_d)$で与えられる。T〔℃〕は，A地点における温度，T_d〔℃〕はA地点における露点である。

温度〔℃〕	飽和水蒸気圧〔hPa〕
0	6.1
2	7.1
4	8.1
6	9.4
8	10.7
10	12.3
12	14.0
14	16.0
16	18.2
18	20.6
20	23.4
22	26.4
24	29.9
26	33.6
28	37.8
30	42.5
32	47.6
34	53.2

① 35.8℃　② 36.3℃　③ 37.5℃　④ 37.8℃
⑤ 40.0℃

(2) 次の文章中の[ア]から[エ]にあてはまる語句の組み合わせとして最も適当なものを，以下の①から⑥までの中から一つ選び，記号で答えよ。

大気の大循環として，赤道付近で暖められた大気は上昇し，北半球では圏界面に沿って北上する。そして，北緯20°から30°で下降し，亜熱帯高圧帯を形成する。下降した大気の一部は，熱帯収束帯に戻り，地表付近の大気の流れは自転の影響を受け，東よりの風となる。この風は[ア]と呼ばれる。なお，亜熱帯高圧帯では蒸発量が降雨量より[イ]。

中緯度帯ではハドレー循環のような[ウ]面内の対流運動は存在せず，地表付近から上空まで[エ]が吹いている。[エ]は南北に蛇行し，地上に温帯低気圧や移動性高気圧を伴い，低緯度の熱を高緯度に運んでいる。

	ア	イ	ウ	エ
①	貿易風	少ない	鉛直	偏西風
②	偏西風	多い	水平	偏西風
③	貿易風	少ない	水平	北風
④	偏西風	多い	鉛直	北風
⑤	貿易風	多い	鉛直	偏西風
⑥	偏西風	少ない	水平	北風

(3)　次の文章中の[　ア　]から[　カ　]にあてはまる語句の組み合わせとして最も適当なものを，以下の①から⑥までの中から一つ選び，記号で答えよ。

地上風の吹く向きは，気圧傾度力，[　ア　]と[　イ　]のつり合いで決まる。地上では[　イ　]がかかるため，等圧線に対して[　ウ　]に風は吹く。海上と陸上を比べた場合，等圧線と風のなす角度は海上の方が[　エ　]。

風の吹く向きに影響のある[　ア　]は，表層の海流にも影響している。北半球では，貿易風と偏西風の間の海面が1～2m高くなっている。海水は海面の高いところから低いところへ流れようとするが進行方向に対して[　オ　]にそれ，等高線と平行に流れる。このような流れを[　カ　]という。

	ア	イ	ウ	エ	オ	カ
①	摩擦力	転向力	横切るよう	大きい	右	環流
②	転向力	摩擦力	平行	小さい	左	環流
③	摩擦力	転向力	平行	小さい	左	環流
④	転向力	摩擦力	横切るよう	小さい	右	地衡流
⑤	摩擦力	転向力	平行	大きい	右	地衡流
⑥	転向力	摩擦力	横切るよう	大きい	左	地衡流

(4)　日本の天気について述べたものとして最も適当なものを，次の①から⑤までの中から一つ選び，記号で答えよ。

①　夏の季節風は，等圧線の間隔が広い北太平洋高気圧付近で弱い。

②　梅雨前線は，北太平洋高気圧とシベリア高気圧の間に発生する。

③　夏の気圧配置は，東高西低となる。

④　エルニーニョ現象が発生しても，ペルー沖のことなので日本には影響しない。

⑤　温帯低気圧は，台風と同じなので，前線を伴わない。

(5) 次の文章中の[ア]から[エ]にあてはまる語句の組み合わせとして最も適当なものを，以下の①から⑥までの中から一つ選び，記号で答えよ。

太陽放射エネルギーは[ア]の領域が最大である。一方，地球表面から放射される電磁波は[イ]である。これは太陽と地球の[ウ]の違いによるものである。また，[イ]は二酸化炭素や水蒸気などの温室効果ガスに吸収されるが，二酸化炭素と水蒸気を比べた場合，[エ]の方が温室効果は高い。

	ア	イ	ウ	エ
①	赤外線	紫外線	大きさ	水蒸気
②	可視光線	赤外線	表面温度	水蒸気
③	紫外線	可視光線	距離	水蒸気
④	赤外線	紫外線	表面温度	二酸化炭素
⑤	可視光線	赤外線	大きさ	二酸化炭素
⑥	紫外線	可視光線	距離	二酸化炭素

▌2024年度 ▌沖縄県 ▌難易度 ■■■□□

【25】銀河と宇宙に関連して，次の1～4の各問いに答えなさい。

1 次の図は，ビッグバン以降の元素の割合の時間変化をグラフ化したものである。宇宙の誕生とともに大量の素粒子が生まれ，陽子や中性子ができ，それらが集まってヘリウムの原子核ができるまでの時間を横軸のAは表している。Bは，その後一定の時間をかけて，水素やヘリウムの原子ができ，光が直進できるようになった時間を表している。Cは現在を表している。A～Cに当てはまるものの組み合わせとして最も適切なものを，以下のa～eから一つ選びなさい。

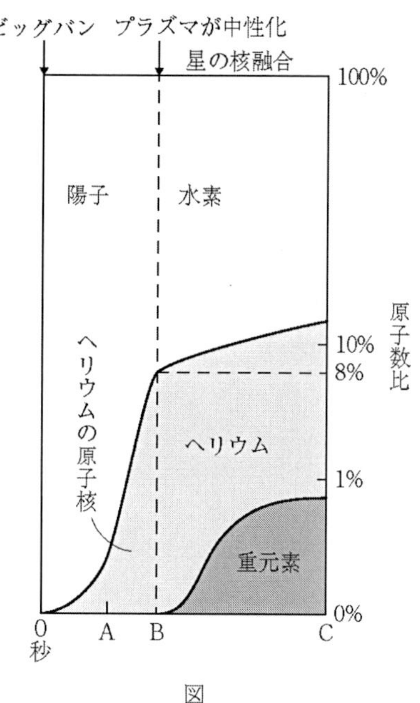

図

	A	B	C
a	3秒	38万年	46億年
b	3秒	38万年	138億年
c	3分	38万年	138億年
d	3分	3.8億年	138億年
e	3時間	3.8億年	46億年

2　銀河までの距離を測定する様々な方法が考えられてきた。5億光年あたりの銀河の距離を計算する方法として最も適切な組み合わせを，次のa～eから一つ選びなさい。

a	銀河全体の見かけの等級と絶対等級の関係から計算	Ia型超新星法	ハッブルの法則
b	スペクトルの観測	脈動変光星	銀河全体の見かけの等級と絶対等級の関係から計算
c	年周視差の測定	スペクトルの観測	Ia型超新星法
d	脈動変光星	年周視差の測定	ハッブルの法則
e	銀河全体の見かけの等級と絶対等級の関係から計算	Ia型超新星法	脈動変光星

3　次の図は，NGC1300(エリダヌス座)の銀河の観測写真である。この

銀河が属するハッブルによる銀河の分類として最も適切なものを，以下のa～dから一つ選びなさい。

図

a　だ円銀河　　b　渦巻銀河　　c　棒渦巻銀河　　d　不規則銀河

4　次の図は，銀河中心を基準とした，銀河系の形状を示している分布図である。図中のAは中心部の外に広く分布する無数の星団，Bは太陽系のあるところを示している。また，Cは銀河面の中心から銀河系の外側までの距離を示している。A～Cに当てはまるものの組み合わせとして最も適切なものを，以下のa～eから一つ選びなさい。

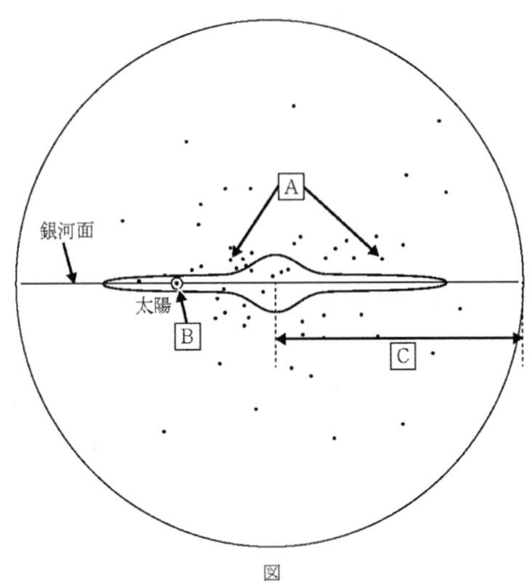

図

	A	Bの銀河中心からの距離	C
a	散開星団	2.8万光年	7.5万光年
b	散開星団	4.8万光年	7.5万光年
c	球状星団	2.8万光年	15万光年
d	球状星団	4.8万光年	15万光年
e	球状星団	2.8万光年	7.5万光年

2024年度　茨城県　難易度

【26】宇宙の構造について，次の問いに答えよ。

(1)　恒星や銀河の距離は，いろいろな方法で測定されている。測定方法と恒星までの距離の適用範囲の組み合わせとして最も適当なものを，次の①から⑥までの中から一つ選び，記号で答えよ。

	年周視差	銀河中の最も明るい恒星の見かけの等級と絶対等級	分光視差
①	3000光年以内	2～3万光年以内	1億光年以内
②	1億光年以内	2～3万光年以内	3000光年以内
③	2～3万光年以内	1億光年以内	3000光年以内
④	3000光年以内	1億光年以内	2～3万光年以内
⑤	1億光年以内	3000光年以内	2～3万光年以内
⑥	2～3万光年以内	3000光年以内	1億光年以内

(2)　HR図でスペクトル型がわかると，絶対等級がわかる。次の図において，見かけの等級が－2.5等級で，スペクトル型A0の主系列星の距離として最も適当なものを，以下の①から⑤までの中から一つ選び，記号で答えよ。ただし，計算には主系列星の列の中央付近に引いた線上の値を用い，$\sqrt{10}=3.16$とする。

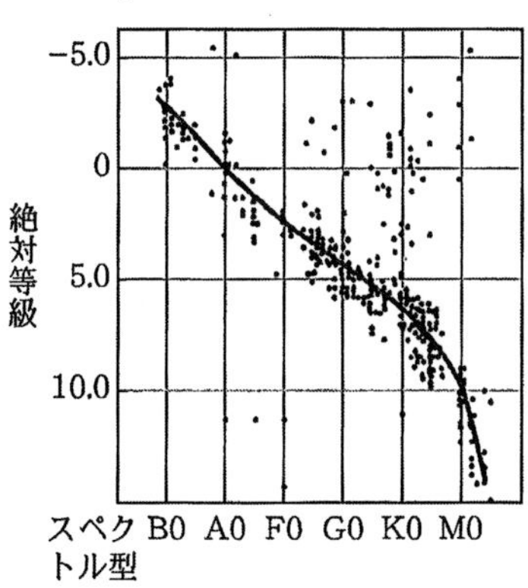

① 2.0パーセク　② 2.5パーセク　③ 3.2パーセク
④ 25パーセク　⑤ 32パーセク

(3) 次の文章中の[ア]から[エ]にあてはまる語句の組み合わせとして最も適当なものを，以下の①から⑥までの中から一つ選び，記号で答えよ。

宇宙の初期は高温・高密度の火の玉宇宙で，膨張して現在に至ったとするのがビッグバンモデルである。それを観測で実証したのは[ア]で，遠くにある天体ほど赤方偏移が大きいことを観測したが，これは遠くにある天体ほど[イ]速度で遠ざかっていることを示している。

1965年，ペンジアスとウィルソンは，宇宙のあらゆる方向から同じ強さの波長7.35cmの[ウ]が届くことを発見した。この強度分布は，約[エ]の物質からの放射に一致している。この放射が宇宙のあらゆる方向から届くということは，この放射が特定の天体からの放射ではなく，宇宙全体に満ちているものであることを示しており，ビッグバンの証拠の一つである。

	ア	イ	ウ	エ
①	ハッブル	速い	電波	3K
②	ヘルツシュプルングとラッセル	遅い	電波	3℃
③	ガモフ	速い	電波	3K
④	ガモフ	遅い	X線	3℃
⑤	ヘルツシュプルングとラッセル	速い	X線	3K
⑥	ハッブル	遅い	X線	3℃

▌2024年度 ▌沖縄県 ▌難易度 ■■■□□

【27】次の文を読んで，以下の各問いに答えなさい。

地殻やマントルを作っている岩石は，何種類もの鉱物が，様々な量比で集まってできている。岩石を構成している鉱物を[あ]といい，いずれも酸素とケイ素を主成分元素とした，[い]とよばれる。[い]では，1個のケイ素のまわりを4個の酸素がとり囲むSiO_4四面体が結晶構造の構成単位となっており，SiO_4四面体の結合様式によって分類することができる。例えば，SiO_4四面体が1つずつ独立しているもの，$_a$<u>一方向につなが</u>

って単一あるいは二重の鎖状に並んでいる構造などがある。SiO_2だけでできている石英を除くと，それら骨格構造の隙間をMg，Fe，Ca，Na，Kなどのイオンが配置されている。鉱物の中には，b2種類以上の鉱物成分が混ざりあってできているものが多い。例えば，かんらん石では，cMg_2SiO_4とFe_2SiO_4の鉱物が任意の割合で混ざりあうことができ，化学式は$(Mg, Fe)_2SiO_4$のように表される。また，斜長石では，アルバイト($NaAlSi_3O_8$)とアノーサイト($CaAl_2Si_2O_8$)の2つの鉱物が様々な割合に混ざり合っていたため，一部の花こう岩ではd斜長石結晶の内部に組成累帯構造が観察できる。

(1) [　あ　]，[　い　]に当てはまる適切な語句をそれぞれ書きなさい。

(2) 下線部aの特徴をもつ鉱物を，次のア～カからすべて選び，記号を書きなさい。

ア　石英　　イ　輝石　　ウ　かんらん石　　エ　雲母

オ　角閃石　　カ　斜長石

(3) 下線部bのような性質をもつ鉱物を何というか，書きなさい。

(4) 下線部cについて，Mg，Feはイオンの特徴が似ているため，かんらん石中で入れ替わることができる。その特徴とはどのようなものか，2つ書きなさい。

(5) MgOを8.0重量％含んだマグマから，MgOを30.0重量％含んだかんらん石が晶出して分離した。その量はマグマ全体の10.0重量％であった。残されたマグマのMgO含有量はどのくらいか，計算過程を示して小数第1位まで求めなさい。

(6) 下線部dに関連して，図の(A)に示した斜長石結晶は，結晶外形と調和的な組成累帯構造を示すが，結晶外縁の少し内側にちり状の包有物を含む帯が発達している。この斜長石の中心(図の(A)のC)から外縁(図の(A)のR)までの比の変化を図の(B)に示した。この斜長石が中心から外縁まで結晶化した過程について，Ca含有率からマグマの温度変化にふれて説明しなさい。ただし，この斜長石が結晶化したときの圧力はほぼ一定であったものとする。

図

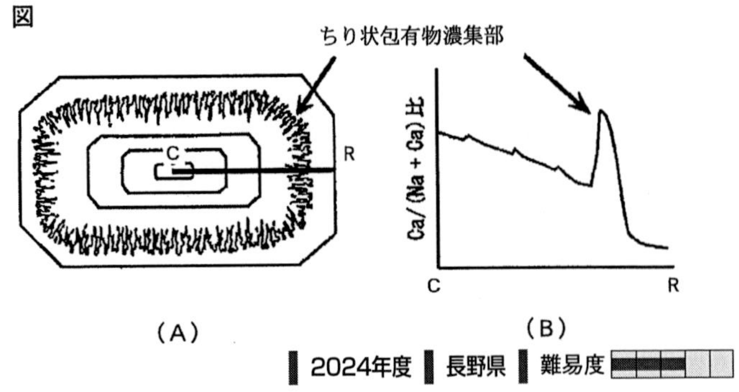

▌2024年度 ▌長野県 ▌難易度

【28】太陽の周りを公転する小惑星Aの軌道長半径は，5天文単位である。次の問いに答えよ。

(1) 小惑星Aの公転周期として最も適当なものを，次の①から⑥までの中から一つ選び，記号で答えよ。ただし，$\sqrt{5}$ ＝2.24とする。

① 2.9年　② 5.5年　③ 11.2年　④ 29.5年
⑤ 31.4年　⑥ 84.0年

(2) 小惑星Aと地球の会合周期として最も適当なものを，次の①から⑥までの中から一つ選び，記号で答えよ。

① 0.9年　② 1.1年　③ 5.0年　④ 9.3年
⑤ 10.2年　⑥ 13.1年

▌2024年度 ▌沖縄県 ▌難易度

【29】次の各問いに答えなさい。

(1) 夜空に輝いているある恒星を観察したところ，肉眼で観察すると1つに見えたが，望遠鏡で観察すると青色と橙色の2つの恒星であることがわかった。観察した恒星のスペクトル型を調べたところ，それぞれK型とB型であった。質量が大きいのはK型の恒星，B型の恒星のいずれか，書きなさい。また，そのように判断した理由を，簡潔に書きなさい。ただし，観察した恒星の進化の過程は主系列星とする。

(2) (1)において，観察した恒星のうち1つは，連星であった。連星の運動を説明した次の文の[　　]に当てはまる適切な語句を書きなさい。

恒星が伴星を持つ場合，両者は[　　]の周りを公転するため，軌道面内のある固定点から観察すると恒星も視線方向に周期運動する。

(3)　2つの星が連星の場合，大きい方の星を主星，小さい方の星を伴星と呼び，それぞれの質量をM，mと置くと，$M+m=\frac{A^3S}{p^3P^2}$という関係式が成り立つ。ここで，右辺の物理量について，Aは2つの星の見かけの角度，Sは主星の質量，Pは伴星の公転周期，pは年周視差であり，すべて観測によって求めることができる。上式からM，mの値をそれぞれ求めるには，追加でどのようなデータがわかればよいか，説明しなさい。

(4)　太陽にきわめて近いスペクトル型をもつある恒星系を観測した。この恒星は，3.5日周期で減光を繰り返しており，1周期につき減光が1度しか見られず，また，伴星の公転周期と恒星の運動の周期は一致することから，この恒星の伴星は自ら輝いていないと考えられる。

①　伴星の軌道半径は何AUになるか，計算過程を示し，有効数字1桁で求めなさい。ただし，伴星の質量は恒星に比べ十分小さいものとし，$\frac{3.5}{365}=0.01$，$10^{\frac{1}{3}}=2$とする。

②　恒星の減光の大きさが1.7%であったとき，恒星の半径は伴星の半径の何倍か。計算過程を示し，有効数字2桁で求めなさい。ただし，$1.3^2=1.7$とする。

③　伴星の半径は地球半径の何倍か，計算過程を示し，有効数字2桁で求めなさい。ただし，太陽半径は地球半径の109倍とする。

2024年度 | 長野県 | 難易度 ■■■□□

【30】次のⅠ，Ⅱについて，以下の問に答えよ。

Ⅰ　地表から地殻，マントル間までの深さは，標高が高いところほど深い。これは，標高が高いところでは地殻が厚く質量が大きいことから，地殻がマントル内に入り込んだところで，<u>地殻が受ける浮力の大きさと重力の大きさがつり合う</u>ためである。

また，地球を内部の密度分布が場所によらず均一な回転楕円体であると仮定したときの各緯度の重力の理論値を(　a　)という。しかし，実際の重力の測定値は(　a　)と一致せず，この差を(　b　)という。

問1　地殻，マントル，核の中で地球全体に対する体積の割合が最も大きい部位を答えよ。

問2　大陸の地殻と海洋の地殻について，次の問に答えよ。

(1)　大陸の地殻の上部を主に構成する岩石と，海洋の地殻を主に構成する岩石をそれぞれ答えよ。

(2)　大陸の地殻と海洋の地殻の厚さを表したものとして最も適当なものを，次のア～オからそれぞれ一つ選び，記号で答えよ。

ア　1～2km　　イ　5～10km　　ウ　30～60km

エ　100～200km　　オ　250～500km

問3　文章中の下線部について，このつり合いを何というか。

問4　仮に現在海抜60mの地点において厚さ300mの氷床がすべてとけてなくなり，海水面が40m上昇したとする。下線部のようにつり合いがとれている場合，その地点は時間をかけて隆起することになるが，何m隆起することになるか，小数第2位を四捨五入し，小数第1位まで答えよ。ただし，氷床がとける前後で地殻の厚さは変わらず，氷の密度は0.9g/cm^3，地殻の密度は2.7g/cm^3，マントルの密度は3.3g/cm^{3}とする。

問5　文章中の(　a　)，(　b　)に当てはまる語句を入れよ。

問6　重力の測定値は様々な補正をして理論値と近づけることができるが，実際には地下にある物質の密度の差によって値に差ができる。その差をブーゲー異常というが，地下の密度分布とブーゲー異常の相対分布の組合せを示した図として最も適当なものを，次のア～エから一つ選び，記号で答えよ。

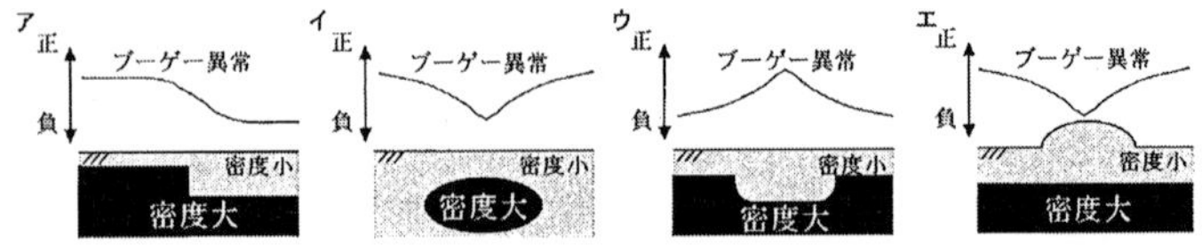

Ⅱ　図1は地球のエネルギー収支を模式的に示したものである。エネルギー収支は，地球全体でつり合っているだけでなく，大気圏と地

表のそれぞれにおいても，1年間で平均したエネルギー収支はつり合っている。図1のそれぞれの数値は大気圏の最上部に達する太陽放射エネルギーを100とした相対値で，それぞれの数値は地球全体の平均値である。

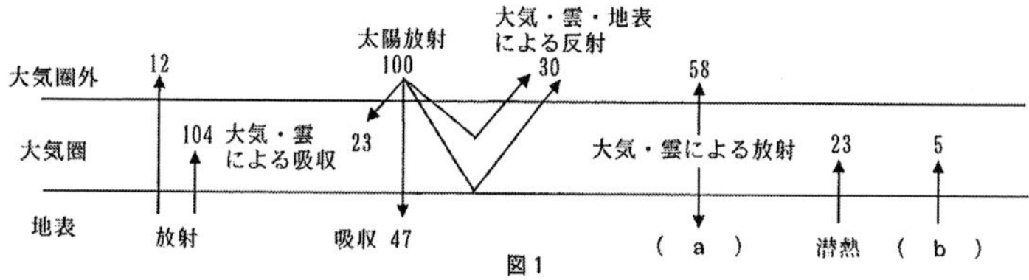

図1

問1　図1の(　a　)には大気から地表への放射エネルギーの数値を，(　b　)には当てはまる語句を入れよ。

問2　地球に入射する太陽放射について，入射量に対する反射量の比を何というか。また，数値はいくらか。

問3　大気の運動は主に低緯度から高緯度へ熱や水蒸気を輸送し，太陽から受け取るエネルギーの緯度による差を和らげるはたらきがある。<u>高度が1kmを超えると，大気と地表の摩擦の影響はほぼなくなり，気圧傾度力と転向力がつり合うように風が吹く</u>。

(1)　下線部について，このような風を何というか。

(2)　下線部について，図2のように気圧の差があった場合，図2の●の空気塊に転向力はどのようにはたらき，風はどちらの向きに吹くか。図2の気圧傾度力「→P」にならい，転向力は「→T」，風向きは「→W」，と矢印の先に文字を付けてそれぞれの向きを示せ。ただし，北半球の場合を考えるものとする。

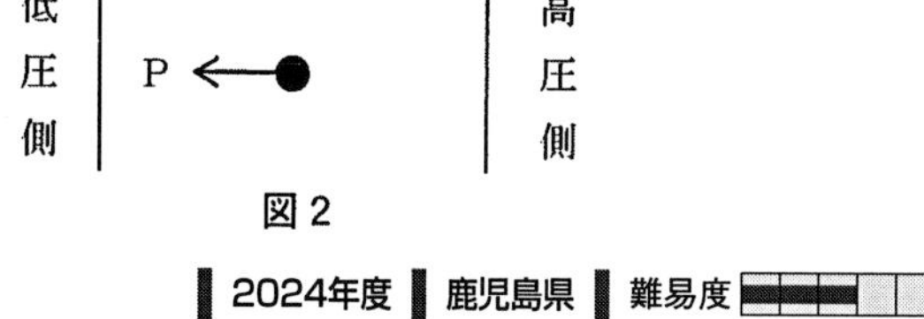

図2

2024年度　鹿児島県　難易度

【31】オーストラリアにある縞状鉄鋼層では，鉱床の厚さが6.2×10^2mで，この鉱床の厚さが1.0cm堆積するのに，7.0×10^3年の時間が経過してい

たとする。この鉱床は何億年かけて形成されたか。最も適当なものを解答群より一つ選び，番号で答えよ。

【解答群】

番号	1	2	3	4
解答	1.1 億年	4.3 億年	8.8 億年	43 億年

▌2024年度 ▌愛知県 ▌難易度 ■■■□□

【32】次の(1)～(6)の問いに答えよ。

(1) 次のA～Eのうち，地球の偏平率として最も適当なものを一つ選び，その記号を書け。ただし，地球の赤道半径を6378km，極半径を6357kmとする。

A $\frac{1}{100}$　B $\frac{1}{200}$　C $\frac{1}{300}$　D $\frac{1}{400}$　E $\frac{1}{500}$

(2) 地球上のある地域は，氷河時代に約1200mの厚さの氷に覆われていた。もし，この氷が全てとけて，完全に流れ去ったとすると，この地域は氷河時代と比べて約何m隆起するか。次のA～Eのうち，最も適当なものを一つ選び，その記号を書け。ただし，氷の密度を$0.9 g/cm^3$，マントルの密度を$3.3 g/cm^3$とし，アイソスタシーが成立しているものとする。

A 300　B 330　C 400　D 440　E 500

(3) 次のA～Dのうち，重力異常や重力補正について述べた文として最も適当なものを一つ選び，その記号を書け。

A 地下の密度が不均一でも，重力の測定値は標準重力からずれることはない。

B 重力が地球の中心から離れるほど小さくなる効果を取り除き，ジオイドにおける重力値に変換することを，ブーゲー補正という。

C 地形による効果を測定値から取り除き，ジオイドと平行な地形における重力値に変換することを地形補正という。

D アイソスタシーが成立している場合でも，フリーエア異常は見られる。

(4) 以下のA～Dのうち，図が表すブーゲー異常から想定されるXY間の地下の構造として最も適当なものを一つ選び，その記号を書け。

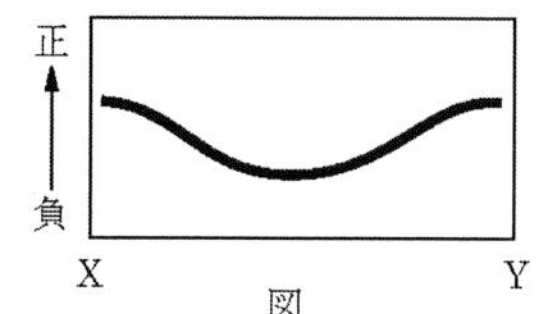

図

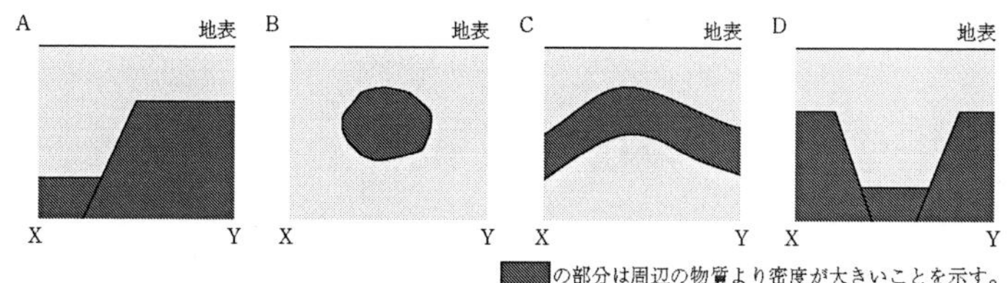

(5)　次のA～Dのうち，地磁気の三要素となる組み合わせとして誤っているものを一つ選び，その記号を書け。

A　伏角，水平分力，鉛直分力

B　偏角，水平分力，鉛直分力

C　偏角，伏角，鉛直分力

D　偏角，伏角，全磁力

(6)　次のA～Dのうち，磁気圏について述べた文として最も適当なものを一つ選び，その記号を書け。

A　磁気圏の大きさは，太陽に面した側では，地球半径の3倍くらいであるが，反対側ではその数十倍に広がる。

B　磁気圏の内側では，バンアレン帯という，地球の磁場にとらえられた陽子や電子が，2つのドーナツ状に地球を取り巻いて，高速で飛びまわる放射線帯が存在する。

C　太陽風は，太陽活動によって変化するが，磁気圏が存在するため，地磁気への影響は少ない。

D　オーロラは，プラズマが地球の磁力線に沿って，地球から離れるとき，大気粒子と衝突して見られる発光現象である。

2024年度　愛媛県　難易度

【33】次の(1)～(6)の問いに答えよ。

(1)　図1は，かんらん岩(無水)の融解曲線と海洋底の地下温度分布を表したものである。マントル内の，図1でPの状態にあるかんらん岩が，海嶺の下で部分溶融してマグマとなるとき，この現象は図中のどの矢印が示す変化によって引き起こされるか。図10中のA～Eのうち，最も適当なものを一つ選び，その記号を書け。

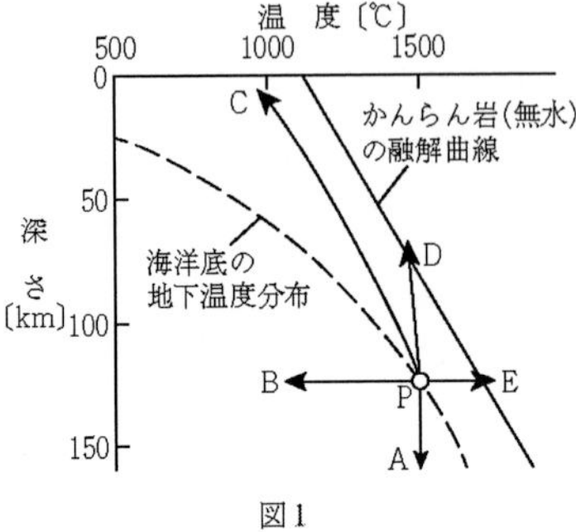

図1

(2)　図2と図3は，変成岩中の鉱物と温度・圧力の条件を表しており，図中の実線(——)は，それぞれの鉱物や鉱物群が安定して存在し得る範囲の境界を示している。以下のA～Dのうち，図2や図3に関する説明として最も適当なものを一つ選び，その記号を書け。

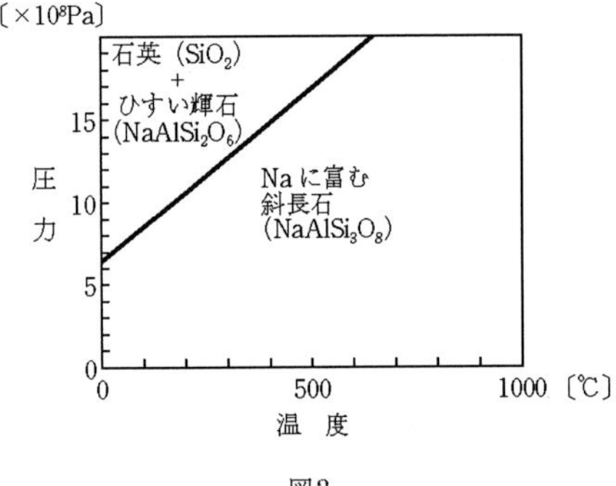

図2

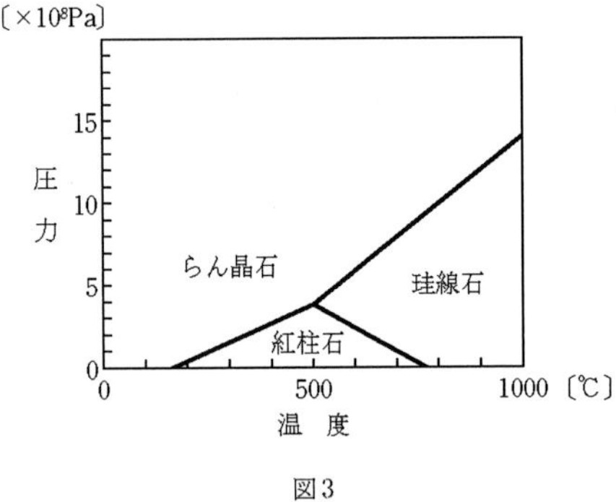

図3

A　石英とひすい輝石，あるいはらん晶石を含む変成岩は，低温高圧型の広域変成作用を受けたと推定することができる。

B　らん晶石，紅柱石，珪線石の全てを含む変成岩は，変成作用を受けた当時の温度，圧力条件を推定することができない。

C　らん晶石，紅柱石，珪線石は，化学組成は異なるが結晶の外形が同じである。

D　らん晶石，紅柱石，珪線石は，原子の配列のしかたは同じであるが密度が異なる。

(3)　次のA～Eのうち，岩石の風化について説明したものとして適当なものを二つ選び，その記号を書け。

A　岩石の隙間で水に溶けていた塩類が晶出し，結晶化が進むことで岩石の破壊が進む塩類風化は，化学的風化の例である。

B　カルスト地形は，大気中に含まれる二酸化炭素が溶けることで弱酸性となった雨水が，方解石などを溶食してできた地形である。

C　植物の根の成長によって岩石を物理的に破壊したり，生物活動の影響によって化学的に分解したりする風化を生物的風化という。

D　斜長石，かんらん石，輝石は，化学的風化をほとんど受けない鉱物である。

E　風化は，主に岩石を構成する鉱物の種類による影響が大きく，気温や降水量による影響は小さい。

(4)　次のA～Dのうち，地層の対比について説明したものとして最も適当なものを一つ選び，その記号を書け。

A　ある時期にある現象が広い範囲で起き，それが地層に記録されていると，その記録は同時代面を示すことに利用できる。例えば，海に堆積した砂層はかぎ層となる。

B　火山が噴出する火山灰は，同時期に広い範囲に堆積する。また，火山灰の一つの層の堆積時間は短いため，堆積した時代は精度よく決めることができる。

C　示相化石の産出状況によって，地層の堆積年代を比較することができる。特に浮遊性有孔虫などの微生物の化石は，進化速度が速く，広範囲に分布することから，示相化石として適している。

D　示準化石は，堆積した時代の古環境を明らかにすることができるが，離れた地域にある地層の同時代性を決めることはできず，地層の対比には用いられない。

(5)　ある場所からサンプリングした花こう岩中の黒雲母を取り出し，カリウム-アルゴン法を用いて年代測定を行った結果，もとの^{40}Kの$\frac{3}{4}$が^{40}Arに変わっていたことがわかった。次のA～Dのうち，この花こう岩が形成された時期として最も適当なものを一つ選び，その記号を書け。ただし，^{40}Kの半減期を12.5億年とする。

A　1.25億年前　　B　6.25億年前　　C　12.5億年前

D　25億年前

(6)　次のA～Dのうち，日本列島の地体構造について説明したものとして最も適当なものを一つ選び，その記号を書け。

A　日本列島は，古生代以降，大陸縁でのプレートの沈み込み作用を受けた島弧と海溝の地質作用の産物から主として成り立っている。

B　現在の日本列島に残る地質体の多くは，古第三紀から新第三紀に頂点に達した広範な変成作用，火成作用，構造作用によってできたものである。

C　西南日本は，列島の並びの方向にほぼ平行に，いくつかの変成岩や火成岩，堆積岩からなる帯状の地質体が並び，その中で特に岩石や地質の変形が激しい不連続帯はフォッサマグナ地帯と呼ばれる。

D　西南日本の基盤岩の帯状構造を切って発達する断層は，日本海形成後の第四紀になってつくられたものが大部分である。

▌2024年度 ▌愛媛県 ▌難易度 ■■■□□

【34】図は，地球の北半球上方から見下ろした図で，地球・惑星(金星および火星)・太陽の位置関係を示している。図中の矢印は，地球の自転および公転の方向を示している。以下の問いに答えよ。

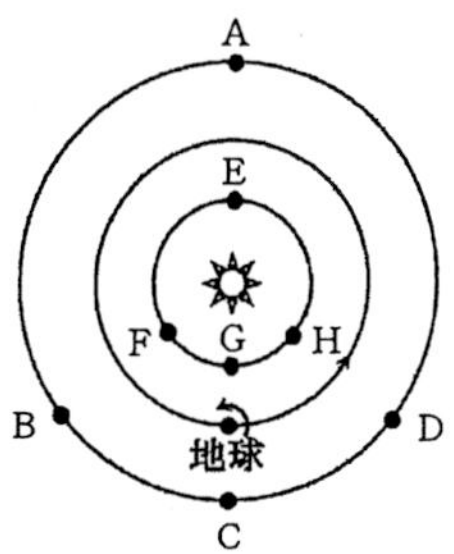

(1)　地球から金星と火星を観測するとき，真夜中における惑星の見え方の組合せとして，最も適当なものを解答群より一つ選び，番号で答えよ。

【解答群】

番号	金星	火星
1	見ることができる時期がある	見ることができる時期がある
2	見ることができる時期がある	見ることができない
3	見ることができない	見ることができる時期がある
4	見ることができない	見ることができない

(2)　金星が明け方，東の空に見え，最も長時間観測できるのは，図のどの位置にあるときか。最も適当なものを解答群より一つ選び，番号で答えよ。

【解答群】

番号	1	2	3	4	5	6	7	8
解答	A	B	C	D	E	F	G	H

(3)　銀河系には現在約150個の球状星団が発見されている。球状星団は，狭い範囲内に多くの恒星が密集した集団である。球状星団を写真で見ると，恒星が互いにくっついているように見える。しかし実際には，恒星と恒星の間には十分な距離があり，恒星と恒星が衝突することはほとんどないと考えられている。このことに関連して，一辺が150光年の立方体の領域内におよそ1000万個の恒星が存在する球状星団があるとすると，この星団における恒星と恒星の平均間隔は恒星の大きさのおよそ何倍か。最も適当なものを解答群より一

つ選び，番号で答えよ。ただし，1光年＝9.46×10^{12}km，恒星の直径は10^{6}km，$\sqrt[3]{10}=2.15$とする。

【解答群】

番号	1	2	3	4
解答	2150	66000	215000	6600000

▌2024年度 ▌愛知県 ▌難易度 ■■■■□□

【35】次の文章について，以下の各問いに答えなさい。

天球上での$_{a}$恒星の動きは地球の運動によって，$_{b}$惑星の動きは地球と惑星の運動によって生じている。太陽系の天体は，約46億年前にほぼ同時にできたと考えられている。その中心にある$_{c}$太陽は，太陽系全体の質量の99%以上を占め，その活発な活動の様子は，様々な観測から明らかにされている。

(1) 下線部aについて，次の各問いに答えなさい。

① ある恒星の年周視差が0.200″であったとき，この恒星までの距離は何〔パーセク〕か求めなさい。

② 次の表中の恒星のうち，表面温度が最も高い恒星と，地球に最も近い恒星をそれぞれ答えなさい。

恒星名	スペクトル型	絶対等級	見かけの等級
アルデバラン	K 5	−0.7	0.9
カペラ	G 5	−0.5	0.1
シリウス	A 1	1.5	−1.4
プロキオン	F 5	2.7	0.4
ベテルギウス	M 1	−5.4	0.5
レグルス	B 7	−0.5	1.4

(2) 下線部bに関して，会合周期が1.016年(64/63年とする)の仮想の人工惑星があり，近日点距離が12.0天文単位であるとき，この仮想の人工惑星について，次の各問いに答えなさい。

① この仮想の人工惑星の公転周期は，何年か求めなさい。

② この仮想の人工惑星の太陽からの平均距離は，何〔天文単位〕

か求めなさい。

③　この仮想の人工惑星の公転軌道の離心率を求めなさい。

④　この仮想の人工惑星の近日点における速度は，遠日点における速度の何倍か求めなさい。

(3)　下線部cに関して，太陽の表面温度はどのようにして求められるか，「太陽定数」，「シュテファン・ボルツマンの法則」という2つの語句を用い，その2つの語句の説明も含めて述べなさい。

2024年度 京都府 難易度

解答・解説

【1】1　①　a　②　d　2　③　a　④　c　⑤　e

〇解説〇　学習指導要領の目標は，(1)「知識及び技能」，(2)「思考力，判断力，表現力等」，(3)「学びに向かう力，人間性等」で構成されている。目標ではどのような学習の過程を通してねらいが達成されるかが示され，育成を目指すそれぞれの資質・能力について明確化されている。

【2】1　a　2　b　3　a　4　b

〇解説〇　1　重力は地球の中心から離れるほど小さくなる。また，地表面ではジオイド(平均海水面)を基準に重力を考えており，陸地ではジオイドより標高が高い場合は，重力が小さくなり，それを補正するのがフリーエア補正である。フリーエア補正した値と，標準重力との差をフリーエア異常という。　2　南北の磁極では鉛直分力のみになる。伏角が90°Nになるのは磁極の磁力がS極であるので，北磁極である。3　溶けた氷の厚さの分の重さだけ地表は軽くなり，隆起する。一方，同じだけの重さのマントルが地殻の下に入り込む。よって，求める隆起した量をx〔m〕とすると，$(1.1\times10^3)\times0.90=x\times3.3$より，$x=3.0\times10^2$〔m〕　4　ウ　磁気圏は，太陽と反対方向が引き延ばされているような形をしている。　エ　バンアレン帯は，磁気圏の内部に存在する。

【3】(1) ⑤　(2) ①　(3) ③

○解説○ (1) 昭和新山は溶岩円頂丘(溶岩ドーム)で流紋岩質，キラウエア火山は盾状火山で玄武岩質のマグマである。玄武岩質マグマは流紋岩質マグマと比べて温度が高く，粘性は小さく，SiO_2の量は少ない。(2) 図2中のAは斑晶であり，地下のマグマだまりでゆっくりと晶出する鉱物の結晶である。Bは石基であり，マグマが噴火により地上へ運ばれ急速に冷却されたものである。 (3) 表のうち，有色鉱物は黒雲母と角閃石なので，色指数は$\frac{7+2}{36+7+40+15+2}\times 100=9$〔体積％〕である。また，図3より，この火成岩は等粒状組織をもつ深成岩であり，色指数から花こう岩とわかる。

【4】1 c　2 a　3 c　4 d

○解説○ 1 震源距離12kmの地点では，地震発生から1.5秒後にP波が到達している。図より，この地点での初期微動継続時間は1.5sなので，この地点でS波が観測されたのはP波が到達した1.5秒後であり，地震発生から3.0秒後となる。よって，S波の速度は，12÷3.0＝4.0〔km/s〕 2 図より，A層はマントルであり固体の岩石でできている。B層は液体の外核である。C層は内核で地震波の速度が大きくなっているので固体である。液体である外核にも地震波が伝わっているので，この地震波はP波である。 3 地殻熱流量は，マントル物質が上昇する地域では大きく，プレートが沈み込む地域では小さい。 4 マントル内を上昇・下降する流れをプルームという。特に，下降していくプルームのことをコールドプルームという。プレートテクトニクスを発展させ，プルームの流れによるマントル内の動きを考えたものがプルームテクトニクスである。

【5】1 b　2 c　3 c　4 b

○解説○ 1 図のC層とD層の層理面と，等高線の交点を結んだ線の向きが走向である。また，同じ層理面で別の等高線と結んだ線との高低差を見ると，走向線から直交方向に向かう向きが傾斜の方向である。

2　B層は水平に堆積しており，E層は傾斜して堆積している。上下の地層で層理面の傾斜が異なる場合は，不整合であるといえる。
3　B層は水平に堆積しているので，層理面の標高差を読むことで地層の厚さが求められる。　4　花こう岩体GはA層とB層には貫入していないので，A層とB層が堆積する前に貫入している。

【6】1　c　　2　c　　3　c　　4　d
○解説○　1　低緯度から高緯度へ流れる海水は暖かく，高緯度から低緯度へ流れる海水は冷たい。また，冷たい海水の方が重い。　2　深層の海水は，1000～2000年かけて地球を循環する。　3　図2より，この津波は約16500kmを22時間かけて到達しているので，速度は，16500÷22＝750〔km/h〕　4　3の津波の速度は，750〔km/h〕≒208〔m/s〕より，208＝$\sqrt{9.8h}$　∴　h≒4415〔m〕

【7】1　d　　2　d　　3　a　　4　c
○解説○　1　図より，およそ100年で9つのピークが読み取れるので，100÷9≒11〔年〕　2　黒点は強い磁場をもち，太陽内部から上昇する熱をおさえているため，周囲に比べ温度が1500～2000K低くなっている。黒点は東から西へ移動していく。また，太陽の自転周期は赤道に近づくほど速い。　3　A層は中心の核融合反応で出た熱や光を放射する放射層，B層は熱が対流する対流層，C層は光球面の上にある彩層である。　4　石質隕石にはコンドライトと呼ばれるものがあり，内部にコンドリュールというケイ酸塩からなる球状の粒子を含む。

【8】1　b　　2　b　　3　c　　4　d
○解説○　1　HR図の右上は巨星(B)の領域であり，Aはその中でも特に大きな超巨星である。左上から右下のライン上は，主系列星(C)の領域である。左下は白色矮星(D)の領域である。　2　年周視差p〔″〕を距離〔光年〕で表すので，$\frac{3.26}{p}=\frac{3.26}{0.379}$≒8.6〔光年〕　3　恒星の進化や終末は，太陽と比べたときの質量により異なる。　4　連続スペクトルに見られる暗線は，吸収線(フラウンホーファー線)とよばれる。これは，太陽大気中にある原子が特定の波長の光を吸収するため見られる。

【9】1　①，③，⑤　　2　(1)　ア　①　　イ　④　　ウ　⑤
エ　⑦　　オ　③　　(2)　a　④　　b　⑧　　3　ア　④　　イ　⑤

○**解説**○ 1　②　亜熱帯高圧帯は，下降気流が発生しているので雲はできにくく雨は少ない。　④　ジェット気流は，夏は高緯度側を，冬は低緯度側を吹く。　2　(1)　解答参照。　(2)　a　気圧傾度力は高圧側から低圧側へ向かってはたらく力であり，転向力は北半球では風に対して直角右向きにはたらく。地衡風では，気圧傾度力と転向力が反対向きなので，風向は④となる。　b　摩擦力と転向力の合力が気圧傾度力とつり合い，摩擦力は風向と反対向きにはたらくので，風向は⑧となる。　3　ア　解答参照。　イ　水深に比べて十分に波長が長い波の場合なので，波の進む速さv〔m/s〕は，重力加速度の大きさをg〔m/s〕，水深をh〔m〕とすると，$v=\sqrt{gh}=\sqrt{9.8\times5000}\fallingdotseq220$〔m/s〕となる。

【10】1　(1)　④　　(2)　⑥　　2　ア　②　　イ　③　　ウ　⑦
エ　④　　オ　⑧　　3　(1)　②　　(2)　④　　(3)　③

○**解説**○ 1　(1)　年周視差は，地球が公転していることによる恒星の見かけの運動の大きさを示す角度の半分であり，ベッセルが初めて測定した。　(2)　北緯Φでは，フーコーの振り子が1日に回転して見える角度は，$360^\circ\times\sin\Phi=360^\circ\times\sin30^\circ=180$〔°〕となる。　2　公転周期は太陽に近い軌道をまわる惑星ほど短いので，短い方から順に，内惑星＜地球＜外惑星となる。　3　(1)　図より，探査機の公転周期をP〔年〕とすると，探査機の軌道の長半径は1.25天文単位なので，地球の公転周期1年を用いて，ケプラーの第3法則より，$\dfrac{(1.25)^3}{P^2}=\dfrac{(1.0)^3}{1^2}$が成り立つので，$P\fallingdotseq1.4$〔年〕となる。点Aから点Bまでは楕円軌道の半分なので，求める所要時間は約0.7年となる。　(2)　探査機が点Aを出発してから0.7年で点Bに到着するので，火星は点Mを出発してから0.7年で点Bに到着する。つまり，$\angle\mathrm{BSM}=\dfrac{0.7}{1.9}\times360^\circ\fallingdotseq133$〔°〕となる。ここで，点A，S，Bは一直線上にあることを考慮すると，$\angle\mathrm{ASM}=180^\circ-133^\circ=47$〔°〕となる。　(3)　ケプラーの第2法則を用いると，点Aでの速さをv_A，点Bでの速さをv_Bとすると，$1.0\times v_A=1.5\times v_B$より，$v_B\fallingdotseq0.67v_A$となる。よって，約0.67倍である。

【11】(1)　①　ウ　　②　m　　③

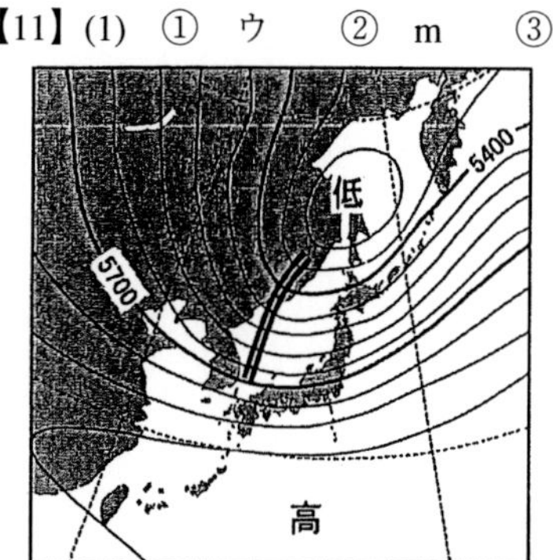

④　上空の気圧の谷の東側の地上には温帯低気圧が発生・発達しやすいため，偏西風波動の移動にともない上空の気圧の谷が近づくと，天気が悪くなる。　(2)　イ　(3)　①　上昇する空気塊について，C－D間は乾燥断熱減率にしたがって温度が下がるが，D－F間は湿潤断熱減率にしたがって温度が下がる。湿潤断熱減率は，水蒸気が凝結する際に凝結熱が放出されるため，乾燥断熱減率より小さくなる。②　対流圏では上空にいくに従って気温が下がる。低温では飽和水蒸気量の変化が小さく，水蒸気の凝結量が少なくなる。これにより放出される凝結熱も少なくなるので，上空ほど気温低下の割合が大きくなる。　③　記号…G　理由…周囲の気温より空気塊の温度が高くなるため

○**解説**○ (1)　①　図1には気圧の谷があるので，500hPa等圧面天気図である。　②　等圧面天気図に描かれているのは等高線であり，単位はmを用いる。　③　図1の等圧面天気図において，等高線が南側に凸になっている地域が気圧の谷となる。　④　解答参照。　(2)　寒冷前線では，冷たく重い空気が暖かい空気の下に潜り込むように進む。温暖前線では，暖かく軽い空気が冷たい空気の上に這い上がるように進む。よって，寒冷前線と温暖前線に挟まれた地域では，気温は高くなる。(3)　解答参照。

【12】(1)　ア　遠心力　　イ　ダイナモ　　ウ　外核　　(2)　2時間分の授業時間を使い，次の①～④の手順で，地球の大きさを求める実習を行う。　《1時間目》①クラスを数人からなるグループに分け，　・学

校内の任意の2地点を用いて測定する。　・2地点の緯度・経度は地図アプリを用いて求める。　・2地点間の距離は，各グループで工夫して測定する。(ただし，巻き尺や地図アプリの使用は不可)　という3つの条件を与え，この条件下で地球の大きさを測定する方法について，グループ内で協議させ，測定方法を決定させる。(主体的，対話的)
②グループごとに定めた測定方法で，実際に測定させる。その際，距離の測定の精度を高めるためにどのような工夫が必要か，グループで話し合いながら考えさせる。(対話的)　《2時間目》　③各自で測定方法，結果，計算方法について，簡単なレポートにまとめさせる。
④異なるグループの生徒からなる数人グループをつくり，お互いに自分のグループの測定方法・結果について説明させる。(対話的)
(3)　高緯度ほど重力が大きいため，北海道に持っていくと，周期Tが短くなり振り子時計は進む。正しく調整するには，周期Tを長くするために振り子の長さを長くする。　(4)　②　(5)　火成岩…マグマが冷えるとき，磁鉄鉱などの磁性鉱物が晶出し，その時点の磁場の方向に磁化することで，地磁気を記録する。　堆積岩…磁性鉱物が砕屑物となって運ばれ堆積するとき，その時点の磁場の方向を向いて堆積することで，地磁気を記録する。

○**解説**○ (1)～(3)　解答参照。　(4)　①　ヒマラヤ山脈はジオイドの高さがマイナスである。　③　太平洋は東部でジオイドが低い。
④　例えば，インド洋にある中央海嶺の位置は，ジオイドの高さが0の場所と一致していない。　(5)　解答参照。

【13】1　a　　2　b　　3　b　　4　e
○**解説**○ 1　図のAの状態は，マントル上部を構成するかんらん岩の融解曲線より低い温度の領域なので，固体である。このかんらん岩が融解するためには，縦軸方向の温度が上昇するか，横軸方向の圧力が低下する必要がある。　2　マグマの結晶分化作用により有色鉱物ができる順番は，カンラン石→輝石→角閃石→黒雲母である。無色鉱物のうち低温のマグマ中で晶出するのは，石英である。　3　エ　長石や石英は平行ニコルで観察すると透明である。　オ　黒雲母が直消光になるのは，直交ニコルで観察し，へき開が縦あるいは真横になった際

である。　4　a　正マグマ鉱床は，玄武岩質のマグマから形成される。　b　スカルン鉱床は，マグマが石灰岩などの岩石を通過する際に形成される。　c　ペグマタイト鉱床は，花こう岩質のマグマの残液から石英・長石・雲母などの巨晶が濃縮され形成される。　d　ボーキサイトは，熱帯地域で形成される風化残留鉱床である。

【14】1　①電子天秤で試料(花こう岩，かんらん岩，鉄のボルト)の質量を測定する。　②電子天秤の上に試料が十分につかる程度の水を入れたビーカーを置き，そのときの電子天秤の値Mを記録した後，糸でつるした試料をビーカーの底につかないようにゆっくりと水の中に沈め，そのときの電子天秤の値M'を記録する。　③M'とMの差は試料の体積分の水の質量と等しく，水の密度は1.0g/cm^{3}であることから，水に沈めた試料の体積を求める。　④試料の質量を体積で割ることで，試料の密度を求める。　⑤試料として用いた物質が地球内部で流動しやすい状態にあり，層構造をつくるとすると，どのような層構造になるかについて推察する。　⑥インターネットに接続できる機器を利用して，地球内部はどのような物質でできており，どのような層構造をしているのかについて調べ，⑤で推察した内容と比較する。

2　・実験を何のために行うか，実験ではどのような結果が予想されるかを考えさせるなど，見通しをもたせる。　・糸でつるした試料を水の中に沈める際，試料がビーカーの底につかないようにすることなど，実験を行う上での注意点に気付かせる。　・M'とMの差から試料の体積を求めることができ，試料の質量を体積で割ることで試料の密度を求めることができることに気付かせる。　・求めた試料の密度と地球の層構造の関連に気付かせる。

○**解説**○ 解答参照。

【15】(1)　ア　粒状斑　イ　フレア　ウ　主系列星　(2)　太陽スペクトルには多くの吸収線が見られる。吸収線は中心部で発生した光が太陽大気を通るとき，大気中の原子が特定の波長の光を吸収するために生じる。吸収する波長は元素に固有であるため，吸収線の波長から太陽大気に含まれる元素の種類を知ることができる。また，量が多

いほど吸収が強いため，吸収線の強度を調べるとその元素の量を知ることができる。太陽全体の組成は太陽大気の組成とほぼ等しいと考えられているため，太陽大気の組成がわかることで太陽全体の組成がわかる。　(3)　波長…0.48〔μm〕　電磁波…可視光線

(4)　$4\pi R^2\sigma T^4$　(5)　40〔倍〕

○**解説**○ (1)(2)　解答参照。　(3)　求める波長をλ〔μm〕とすると，$\lambda=\frac{2900}{6000}≒0.48$〔μm〕であり，これは可視光線である。　(4)　太陽を球とすると，表面積は$4\pi R^2$〔m^2〕なので，求める全エネルギーLは，$L=4\pi R^2\sigma T^4$と表せる。　(5)　現在の太陽の表面温度をT_1，光度をL_1，半径をR_1，巨星へと進化した太陽の表面温度をT_2，光度をL_2，半径をR_2とすると，$\frac{L_2}{L_1}=\frac{4\pi R_2^2\sigma T_2^4}{4\pi R_1^2\sigma T_1^4}=\frac{R_2^2 T_2^4}{R_1^2 T_1^4}$より，$\frac{R_2}{R_1}=\frac{T_1^2}{T_2^2}\sqrt{\frac{L_2}{L_1}}$となる。ここで，現在の太陽の絶対等級は5，巨星へ進化すると絶対等級は0となり，明るさは100倍になるので，$\frac{R_2}{R_1}=\frac{6000^2}{3000^2}\sqrt{100}=40$より，半径は現在の40倍となる。

【16】1　e　2　d　3　c　4　c

○**解説**○ 1　ア　地質時代で表すのが相対年代で，放射性同位体を用いて何年前かを表すのが絶対年代である。　エ　顕生累代は，古生代・中生代・新生代に分けられる。　2　ア　38億年前には光合成生物はいなかったので，大気中に酸素はなかった。　イ　約23億年前の全休凍結以降に，酸素濃度は急激に増加した。　オ　メタンは温室効果ガスの一種であり，強い温室効果があるため温暖化した。　3　a　超大陸パンゲアが分裂したのは，中生代頃である。　b　西南日本には，古生代～新生代の付加体が見られる。　d　日本海と日本列島の成立は，新第三紀である。　e　日本列島には，東西に圧縮される力がはたらいている。　4　カリウム40の半減期は約13億年，ウラン238の半減期は約45億年であるが，炭素14の半減期は約5700年と短い。ウラン238がもとの量の$\frac{1}{16}$〔倍〕になるためには，$2^4=16$なので，半減期を4回経る必要があるので，$4.5\times10^9\times4=1.8\times10^{10}$〔年〕

【17】問1　2　　問2　4　　問3　1　　問4　6

○**解説**○ 問1　解答参照。　問2　表より，変光周期が10日のおとめ座W型変光星の絶対等級は－2等級と読みとれるので，$-2=13.0+5-5\log_{10}d$より，$d=10^4$〔パーセク〕となる。　問3，4　解答参照。

【18】1　d　　2　b　　3　e　　4　a

○**解説**○ 1　図1において，湿潤断熱減率より周囲の大気の気温減率が低いときは自然に空気が上昇するので，BからAまでの間は空気塊が自然に上昇していき，Aの雲頂高度で上昇が止まる。Bは，空気が自然に上昇し始める自由対流高度である。Cは乾燥断熱減率から湿潤断熱減率に変わる，つまり水蒸気が水滴に変わる高度で凝結高度である。

2　図2において，実線①では，周囲の大気の気温減率が乾燥断熱減率より大きい。このような状態は絶対不安定である。実線②では，周囲の大気の気温減率が点線XとYの間にある。このような状態は条件付き不安定である。実線③では，周囲の空気の気温減率が湿潤断熱減率より小さい。このような状態は絶対安定である。　3　オホーツク海高気圧と北太平洋高気圧の間にある停滞前線は，梅雨前線である。梅雨の時期には，ジェット気流の南北の蛇行や分流が関わっている。

4　ケッペンの気候区分では，高緯度地域はツンドラ気候，中緯度の大陸東岸は温暖湿潤気候である。西岸海洋性気候は，主にヨーロッパ西岸において，北大西洋海流の影響を受けて形成される。

【19】問1　ウ　　問2　エ

○**解説**○ 問1　原子星とは宇宙の初期に形成された恒星のことである。超新星は恒星の最終的な進化段階で起きる爆発的な事象を指す。原子星は大量の水素とヘリウムを含み非常に高温である。主系列星は恒星の中で最も一般的な状態の恒星であり，活動的な段階にある恒星を指す。太陽も主系列星の一例である。主系列星は核融合反応により水素をヘリウムに変える過程で膨大なエネルギーを生成し輝いている。恒星の質量が大きいほど高温で明るく，寿命が短い傾向がある。比較的質量の小さい主系列星は，核融合の燃料を使い尽くすと白色矮星を形成する。白色矮星は内部のエネルギー源を失っているため，徐々に冷却し縮み続ける。　問2　設問から太陽とこと座γ星の見かけの等級差は30段階である。等級が5段階異なると明るさが100倍異なるので，等級が30段階異なると明るさは100の6乗倍異なることになる。

【20】(1)　④　　(2)　⑥　　(3)　③　　(4)　④　　(5)　④

○**解説**○ (1)　問題文にある2つのグラフについて，いずれも深さ0～2900kmは地殻とマントル，2900～5100kmは外核，5100kmより深い範囲は内核を示している。　ア　マントルから外核に入ると急激に速度が低下するので，P波である。　イ　外核を伝わらないのでS波である。　ウ　密度は，岩石が主成分のマントルから鉄が主成分の外核に入ると急激に増加する。　エ　深くなるほど徐々に増加していくので，圧力である。　(2)　メタセコイアは中生代に出現した植物である。
(3)　放射性同位体量が元の量の4分の1になるのは，半減期を2回経過するので，20万年後である。炭化木片の年代推定には，^{14}C法を用いる。
(4)　アイソスタシーが成り立っているので，大陸がマントルの深さx〔km〕だけ沈んでいるとすると，$40\times2.7+10\times3.0=4\times1.0+8.0\times3.0+3.3x$より，$x=33.3\cdots$となる。よって，大陸部分の標高は，$(40+10)-4-8-33.3=4.7$〔km〕となる。　(5)　震源から観測点までの距離は，$6.0\times30=180$〔km〕となる。地殻の厚さをd〔km〕とすると，45°で地殻を進む地震波の距離は$\sqrt{2}\,d$〔km〕となるので，マントルを伝わってきたP波について，$\dfrac{180-2d}{9}+\dfrac{2\sqrt{2}\,d}{6}=30$より，$d\fallingdotseq40$〔km〕となる。

【21】問1　ア　　問2　エ

○**解説**○ 問1　地層累重の法則とは，先に形成された地層は下にあり，後から形成された地層は順次上に積み重なっていく法則であり，地層同定の法則とは，同時期の地層には特定の化石が特徴的に存在していることを通じて，地層の相対的な年代を同定できる法則である。地層の上下判定に用いられるのは級化層理である。斜交葉理は，川の流れのような外部の力によって堆積物が移動し，斜めに堆積することで形成される。不整合面は，地層間に時間的な連続性がない境界面を指す。基底礫岩とは，中断していた堆積作用が再開し不整合面のすぐ上に堆積した礫岩のことである。　問2　化石にはその地域の当時の環境を推定できる示相化石と，地層が形成された時代を推定できる示準化石がある。ピカリアは新生代の浅い海に生息していたと考えられる巻貝であり，地層Cは浅い海で形成された地形だと推定できる。リンボク，ロボク，フウインボクは古生代の植物であり，イノセラムス，アンモナイトは中生代の海洋で栄えた生物である。よって，地層Aは中生代の海洋で形成された地形と推定でき，問題の図から地層AとBは逆転していることが推定できる。

【22】(1)　1　②　　2　①　　(2)　①　　(3)　⑤　　(4)　①

○**解説**○ (1)　1　地点AとBで見られるY層の傾斜は東，地点Cで見られるY層の傾斜は西であり，層理面が向かい合っているので，地質構造は向斜と考えられる。　2　Y層は断面が5mであり，傾斜は45°なので，地層の厚さx〔m〕は$\sin 45^\circ=\frac{x}{5}$より，$x=5\times 0.7=3.5$〔m〕となる。(2)　ウ　ペルム紀末の大量絶滅は，最大規模の大量絶滅である。オ　中生代末の大量絶滅では，恐竜が絶滅した。　(3)　問題文の図において，それぞれの層で見つかった化石がすべて重なるように横線を引くと，古い方から順にⅢ層，Ⅰ層，Ⅱ層となる。　(4)　示準化石の条件は，その生物が短期間に広範囲に広がり絶滅することなので，アが該当する。示相化石の条件は，その生物が限られた環境でしか生息できず，長期間生存していることなので，イが該当する。

【23】(1)　まわりの光球より(1500K～2000Kほど)温度が低いため。
(2)　①　イ　　②　カ　　(3)　粒状斑　　(4)　フラウンホーファー線　　(5)　エ

○**解説**○ (1)　反対に，白斑はまわりより温度が高いので白く見える。(2)　①　解答参照。　②　黒点の数が増減することから，太陽の活動が活発であったか否かがわかる。　(3)(4)　解答参照。　(5)　問題文の公式より，$\frac{R}{960}=\frac{6400}{8.8}$が成り立つので，$R\fallingdotseq 700000$〔km〕＝70万〔km〕となる。

【24】(1) ② (2) ⑤ (3) ④ (4) ① (5) ②

○**解説**○ (1) 地点Aでは気温T＝30〔℃〕で湿度が70.3％なので，表より水蒸気圧は42.5×0.703≒29.9〔hPa〕，つまり，露点T_d＝24〔℃〕である。したがって，凝結高度H＝125(30－24)＝750〔m〕となる。つまり，地点Aから高度750mまでは乾燥断熱減率で温度が下がり，山頂までの残り2000－750＝1250〔m〕は湿潤断熱減率で温度が下がるので，山頂までに下がる温度は$750\times\frac{1}{100}+1250\times\frac{0.5}{100}=13.75$〔℃〕となるので，山頂での気温は30－13.75＝16.25〔℃〕となる。次に，山頂から地点Bまでは乾燥断熱減率で温度が上がるので，地点Bまでに上がる温度は$\frac{2000}{100}=20$〔℃〕である。よって，地点Bでの気温は16.25＋20＝36.25≒36.3〔℃〕となる。 (2) 解答参照。 (3) 陸上に比べて海上の方が摩擦力は小さいので，等圧線と風のなす角度は小さくなる。また，摩擦力がはたらかず，気圧傾度力と転向力がつり合うときの風を地衡風，海水の流れを地衡流という。 (4) ② 梅雨前線は，北太平洋高気圧とオホーツク海高気圧の間に発生する。 ③ 夏の気圧配置は，南高北低となる。 ④ エルニーニョ現象が発生すると，日本では梅雨明けの遅れや夏の気温の低下といった影響がある。

⑤ 温帯低気圧は，台風(熱帯低気圧)とは異なり前線を伴う。

(5) 解答参照。

【25】1 c 2 a 3 c 4 e

○**解説**○ 1 ヘリウムの原子核は陽子2個，中性子2個からできており，ビッグバンの約3分後に形成されたと考えられている。その後，宇宙が冷えていき，ビッグバンの約38万年後には高熱により動き回っていた自由電子が，陽子やヘリウムの原子核とともに水素原子やヘリウム原子となった。現在，ビッグバンから約138億年経過している。

2 5億光年離れた銀河は遠すぎて一つ一つの恒星を見ることはできないため，年周視差や脈動変光星は観測することはできない。 3 図の銀河は，中心のバルジから2本の手が伸びて渦を巻いている。このような形の銀河を棒渦巻銀河という。 4 Aの星団は，ハロー内に広く分布している球状星団である。太陽系は，銀河系の中心から約2万8000光年離れている。ハローの半径は約7.5万光年である。

【26】(1)　④　　(2)　③　　(3)　①

○**解説**○ (1)　解答参照。　(2)　見かけの等級をm，絶対等級をM，恒星までの距離をd〔パーセク〕とすると，$M-m=5-5\log_{10}d$が成り立つ，$M=0$，$m=-2.5$より，$d=\sqrt{10}=3.16 \fallingdotseq 3.2$〔パーセク〕となる。

(3)　解答参照。

【27】(1)　あ　造岩鉱物　　い　ケイ酸塩鉱物　　(2)　イ，オ

(3)　固溶体　　(4)　イオン半径が近い，電荷が等しい

(5)　(計算過程)

マグマの量xとすると，マグマに残ったMgOは

$\frac{8}{100}x-\frac{10}{100}x\times\frac{30}{100}=\frac{5}{100}x$

マグマ全体量は10パーセント減るので，残ったマグマに含まれるMgOの量は，$\frac{5}{90}\times100=5.55$　答え　5.6〔重量%〕

(6)　Ca含有率がCからRに向かうにつれて減少しているので，マグマの温度低下とともにCから結晶化が進行した。その途中で，一時的にマグマの温度が上昇し，ちり状包有物濃集部が形成され，再び温度が下降してRまで結晶化された。

○**解説**○ (1)　解答参照。　(2)　輝石は単一の鎖状構造，角閃石は二重の鎖状構造である。　(3)　結晶構造が同じであり，化学組成が連続的に変化する鉱物を固溶体という。　(4)　かんらん石では，Mg^{2+}やFe^{2+}がSiO_4四面体の骨組みの間に様々な割合で入り込んでいる。

(5)(6)　解答参照。

【28】(1)　③　　(2)　②

○**解説**○ (1)　小惑星の公転周期P〔年〕は，平均距離をa〔天文単位〕とすると，ケプラーの第3法則より，$\frac{a^3}{P^2}=\frac{5^3}{P^2}=1$なので，$P=5\sqrt{5}=5\times2.24=11.2$〔年〕となる。　(2)　軌道長半径より，小惑星Aは地球より外側を公転しているので，会合周期をS〔年〕とすると，$\frac{1}{S}=\frac{1}{1}-\frac{1}{11.2}$より，$S \fallingdotseq 1.1$〔年〕となる。

【29】(1)　型…B型　　理由…同じ主系列星では，青い星ほど表面温度が

高く明るい。質量光度関係により明るい星ほど質量が大きいため。(2) 共通重心　(3) 主星から共通重心までの距離a_1，伴星から共通重心までの距離a_2とすると，$Ma_1=ma_2$の関係が成り立つので，それぞれの星から共通重心までの距離がわかればよい。

(4) ① (計算過程)

恒星と伴星の平均距離をaとすると，ケプラーの第三法則により

$$a^3=\left(\frac{3.5}{365}\right)^2=(10^{-2})^2=10^{-4}$$

$\therefore a=10^{-\frac{4}{3}}=10^{-1}\cdot 10^{-\frac{1}{3}}=10^{-1}\cdot 2^{-1}=5\times 10^{-2}$　答え　5×10^{-2}〔AU〕

② (計算過程)

恒星の半径をR，伴星の半径をrとすると，減光の大きさから伴星の断面積は，恒星の断面積の1.7%になる。

$\frac{\pi r^2}{\pi R^2}=\frac{1.7\pi}{100\pi}$　$\therefore \frac{r}{R}=\frac{1.3}{10}$　よって$R=7.69r$　答え　7.7〔倍〕

③ (計算過程)

恒星の大きさは太陽と等しいと考えられるので，地球の半径を$r_{地}$とすると，$109r_{地}=7.69r$　よって$r=14.2r_{地}$　答え　14〔倍〕

○**解説**○ (1) それぞれの恒星のスペクトル型は，青色の恒星がB型，橙色の恒星がK型と考えられる。(2) 解答参照。(3) 問題文の公式の$M+m=\frac{A^3S}{p^3P^2}$を用いて考えるのは困難と考えられるが，一般的には連星の質量の和はケプラーの第三法則を用いて$\frac{a^3}{P^2}=\frac{G}{4\pi^2}(M+m)$と表せ($G$は万有引力定数，$a$は平均距離，$P$は公転周期)，$Ma_1=ma_2$の関係より，主星と伴星の共通重心からの距離がわかれば，それぞれの質量M，mが求められる。(4) 解答参照。

【30】 Ⅰ　問1　マントル　問2 (1) 大陸の地殻の上部…花こう岩　海洋の地殻…玄武岩　(2) 大陸…ウ　海洋…イ　問3　アイソスタシー　問4　81.8〔m〕　問5　a　標準重力　b　重力異常　問6　ア　Ⅱ　問1　a　97　b　顕熱　問2　比…アルベド(反射率)　数値…0.3　問3 (1) 地衡風

(2)

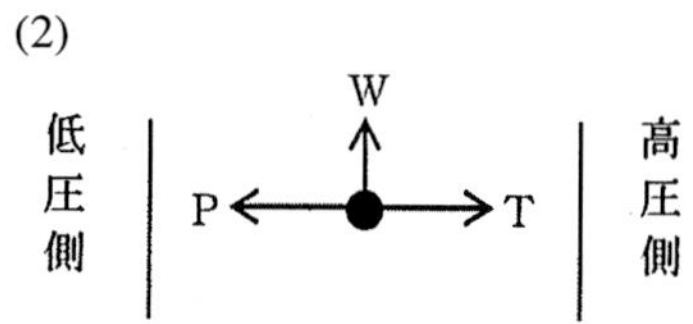

○**解説**○ Ⅰ 問1～3 解答参照。 問4 300mの氷床がすべてとけ，同じ重さのマントルに置き換わると考えることができるので，単位面積当たりでは，(氷層の高さ)×(氷の密度)＝(隆起する高さ)×(マントルの密度)が成り立つ。よって，求める隆起する高さをh〔m〕とすると，$300\times0.9=h\times3.3$より，$h=\dfrac{300\times0.9}{3.3}\fallingdotseq81.8$〔m〕となる。 問5 解答参照。 問6 ブーゲー異常では，ジオイド面より下に密度の大きな物質があると正の値，密度の小さな物質があると負の値となるので，これらを満たすのはアである。 Ⅱ 問1 a 地表に届くエネルギーと地表から放出されるエネルギーがつり合っているので，図1より$47+(a)=12+104+23+5$が成り立つので，(a)＝97となる。 b 解答参照。 問2 図1より，太陽放射が100，大気・雲・地表による反射が30なので，求めるアルベドは$\dfrac{30}{100}=0.3$となる。 問3 (1) 解答参照。 (2) 転向力は気圧傾度力と逆向きであり，北半球では転向力は風の向きに対して90°右向きにはたらくため，解答の図となる。

【31】2

○**解説**○ 鉱床の厚さが1.0cm堆積するのに要する時間が7.0×10^3〔年〕より，1m堆積するのに要する時間は7.0×10^5〔年〕となる。よって，この鉱床が形成されるのに要した時間は，$(7.0\times10^5)\times(6.2\times10^2)\fallingdotseq4.3\times10^8$〔年〕，つまり約4.3億年である。

【32】(1) C　(2) B　(3) C　(4) D　(5) A　(6) B

○**解説**○ (1) $(\text{偏平率})=\dfrac{(\text{赤道半径})-(\text{極半径})}{(\text{赤道半径})}=\dfrac{6378-6357}{6378}\fallingdotseq\dfrac{1}{300}$となる。 (2) 隆起する高さを$x$〔m〕とすると，アイソスタシーが成立しているので，面積1cm^{2}当たりで考えると，$1200\times10^2\times0.9=x\times10^2\times3.3$より，$x\fallingdotseq330$〔m〕となる。 (3) A 地下の密度が不均一な場合，重力の測定値は標準重力からずれる。 B ブーゲー補正ではなく，

フリーエア補正である。　D　フリーエア補正により高度による影響を取り除き，アイソスタシーが成り立っていれば地下の密度による影響はないので，フリーエア異常は見られないと考えられる。　(4)　ブーゲー異常が正の値となるXY間の両端では地下にある物質の密度が大きく，負の値となる中心部では地下にある物質の密度が小さいので，Dが該当する。　(5)　水平分力と鉛直分力があれば，全磁力や伏角がわかるが，偏角はわからない。　(6)　A　地球磁場は，太陽風により太陽に面した側では地球半径の10倍程度に圧縮されているが，反対側では地球半径の数百倍も広がっており，細長い尾を引いている。
C　地磁気は太陽風の影響を受け，磁気あらしが生じる。　D　オーロラは，磁場に沿って流れ込んだプラズマが大気と衝突して発光したものである。

【33】(1)　D　　(2)　A　　(3)　B，C　　(4)　B　　(5)　D　　(6)　A

○**解説**○ (1)　海嶺でマントルが地表に向かって上昇することにより，かんらん岩が融解しマグマが発生する。よって，深さが小さくなるDが該当する。　(2)　らん晶石・紅柱石・珪線石は，化学組成が同一で異なる原子配列をもつ変成岩であり，生成する際の温度や圧力の条件が異なるため，変成作用を受けた当時の条件を推定する手がかりになる。
(3)　A　塩類風化は，物理的風化の例である。　D　例えば，花こう岩を構成する斜長石は化学的風化を受けやすい。　E　寒暖差による岩石の膨張・収縮や，長い年月による雨粒のエネルギーも風化の要因になる。　(4)　A　海に堆積した砂層はかぎ層ではない。　C　示相化石は，堆積した時代の環境を示すものであり，年代を推定することはできない。　D　示準化石は，生息期間が短く広範囲に生息した生物の化石なので，離れた地域にある地層の同時代性を決める際に用いることができる。　(5)　もとの^{40}Kのうち$\frac{3}{4}$が^{40}Arに変わったので，残った^{40}Kはもとの$\frac{1}{4}$となる。つまり，この花こう岩が形成されてから半減期が2回経過しているので，12.5×2＝25〔億年前〕となる。
(6)　B　古第三紀から新第三紀にできたのは，太平洋側の一部の地質体である。　C　フォッサマグナではなく，中央構造線の説明と考えられる。　D　この断層は中央構造線であり，中生代ジュラ紀末から白亜紀にかけて形成されたと考えられている。

【34】(1)　3　　(2)　8　　(3)　4

○解説○ (1)　金星は地球より太陽に近い軌道を公転しているので，真夜中には地球の裏側に隠れてしまうため見ることができない。火星は地球より太陽から遠い軌道を公転しているので，真夜中でも見ることができる時期がある。　(2)　金星は，地球と金星の軌道を結ぶ接線の接点FとHにあるとき，最も見かけの高さが高くなり長時間観測できる。これらのうち，明け方に東の空に見えるのはHの位置である。

(3)　恒星と恒星の平均間隔を，一辺が150光年の立方体の体積を恒星の数で割った値の3乗根で表すと，恒星の数は1000万(10^7)個なので，

$\sqrt[3]{\frac{(150\times9.46\times10^{12})^3}{10^7}}=\frac{150\times9.46\times10^{10}}{\sqrt[3]{10}}=\frac{150\times9.46\times10^{10}}{2.15}=6.60\times10^{12}$

〔km〕となる。また，恒星の大きさは直径10^6〔km〕なので，

$\frac{6.60\times10^{12}}{10^6}$=6600000〔倍〕となる。

【35】(1)　①　5〔パーセク〕　②　表面温度が最も高い恒星…レグルス　地球に最も近い恒星…シリウス　(2)　①　64〔年〕　②　16〔天文単位〕　③　0.25　④　1.7〔倍〕　(3)　太陽定数は，地球の位置で太陽光線に垂直な面が1秒間に受ける単位面積あたりのエネルギーであるので，その値から太陽放射の総量を求め，それを太陽の表面積で割り，太陽表面の単位面積($1m^2$)から単位時間(1秒間）に放射されるエネルギーに直し，恒星の単位面積から毎秒放射されるエネルギーE〔J〕は，恒星の表面温度をT〔K〕，シュテファン・ボルツマン定数をσとして，$E=\sigma T^4$で表されるというシュテファン・ボルツマンの法則を用いて求められる。

○解説○ (1)　①　1パーセクは年周視差が1″秒になる距離である。設問の恒星は年周視差が0.200″秒なので距離は$\frac{1}{0.200}$=5〔パーセク〕の距離にある。1〔パーセク〕=3.26〔光年〕に相当する。　②　恒星のスペクトル型は温度の高い方から，O−B−A−F−G−K−Mに分類されている。さらに，0−9までの数字で細分化され，0が最も高温のもの

を表す。設問の表では，B7型のレグルスが最も高温である。絶対等級(恒星を10パーセクの距離に置いたときの見かけの等級)をM，見かけの等級をm，地球からの距離をD〔パーセク〕とすると，$M=m+5-5\log10D$の関係がある。よって，$\log10D=\dfrac{m-M+5}{5}$ …式(A)が得られる。$\log10D=a$のとき$D=10a$なので，式(A)では$(m-M)$が小さい程，Dが小さくなる。設問の表では，$m=-1.4$，$M=1.5$のシリウスが最も小さくなり地球に近い。 (2) ① 近日点距離が12.0天文単位なので，人工惑星は地球の外側を公転する外惑星である。会合周期をS，地球の公転周期をE，人工惑星の公転周期をPとすると$\dfrac{1}{S}=\dfrac{1}{E}-\dfrac{1}{P}$が成り立つ。この式に，地球の公転周期$E=1$〔年〕，設問から$S=\dfrac{64}{63}$〔年〕を代入し$P$について解くと$P=64$〔年〕になる。 ② ケプラーの第3法則から，「惑星の公転周期の2乗は，軌道長半径(平均距離)の3乗に比例する」。①の解から人工惑星の公転周期は64年，平均距離をR_1とすると$R_1^3=64^2$ ∴ $R_1=\sqrt[3]{(64^2)}=\sqrt[3]{(4096)}=16$〔天文単位〕となる。
③ 長半径R_1，短半径R_sとすると，離心率$e=\dfrac{\sqrt{(R_1^2-R_s^2)}}{R_1}$で求めることができる。②の解から長半径$R_1=16$〔天文単位〕，短半径$R_s$は図のOCになる。太陽の位置Sはケプラーの第1法則より，楕円軌道の焦点にある。したがって，図のSCは長半径に等しい。また，図のOSは長半径(16〔天文単位〕)と近日点距離(12〔天文単位〕)の差で，4〔天文単位〕であることが判る。三平方の定理から$R_s^2=16^2-4^2$が成り立つ。したがって，離心率は$e=\dfrac{\sqrt{(R_1^2-R_s^2)}}{R_1}=\dfrac{\sqrt{(16^2-(16^2-4^2)}}{6}=\dfrac{\sqrt{(256-240)}}{16}=\dfrac{1}{4}$となる。 ④ 近日点Aにおける速度を$V_a$，近日点距離を$D_a$，遠日点Bにおける速度を$V_b$，遠日点距離を$D_b$とすると，ケプラーの第2法則(面積速度一定の法則)より，$\dfrac{V_a}{V_b}=\dfrac{D_b}{D_a}$の関係が成り立つ。設問および(2)②から，$D_a=12$天文単位，$D_b=20$〔天文単位〕であるので，$\dfrac{V_a}{V_b}=\dfrac{20}{12}\fallingdotseq 1.7$となる。 (3) 解答参照。

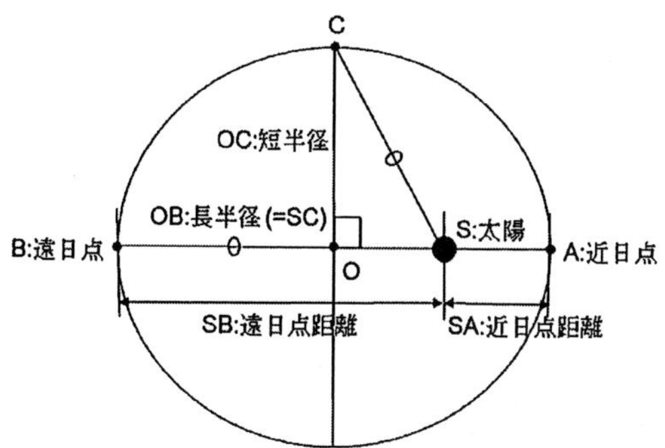
C
OC:短半径
OB:長半径(=SC)
S:太陽
B:遠日点
A:近日点
O
SB:遠日点距離
SA:近日点距離

●書籍内容の訂正等について

弊社では教員採用試験対策シリーズ（参考書，過去問，全国まるごと過去問題集），公務員試験対策シリーズ，公立幼稚園・保育士試験対策シリーズ，会社別就職試験対策シリーズについて，正誤表をホームページ（https://www.kyodo-s.jp）に掲載いたします。内容に訂正等，疑問点がございましたら，まずホームページをご確認ください。もし，正誤表に掲載されていない訂正等，疑問点がございましたら，下記項目をご記入の上，以下の送付先までお送りいただくようお願いいたします。

① **書籍名，都道府県（学校）名，年度**
（例：教員採用試験過去問シリーズ　小学校教諭 過去問　2025年度版）
② **ページ数**（書籍に記載されているページ数をご記入ください。）
③ **訂正等，疑問点**（内容は具体的にご記入ください。）
（例：問題文では"ア～オの中から選べ"とあるが，選択肢はエまでしかない）

〔ご注意〕
○ 電話での質問や相談等につきましては，受付けておりません。ご注意ください。
○ 正誤表の更新は適宜行います。
○ いただいた疑問点につきましては，当社編集制作部で検討の上，正誤表への反映を決定させていただきます（個別回答は，原則行いませんのであしからずご了承ください）。

●情報提供のお願い

協同教育研究会では，これから教員採用試験を受験される方々に，より正確な問題を，より多くご提供できるよう情報の収集を行っております。つきましては，教員採用試験に関する次の項目の情報を，以下の送付先までお送りいただけますと幸いでございます。お送りいただきました方には謝礼を差し上げます。
（情報量があまりに少ない場合は，謝礼をご用意できかねる場合があります）。

◆あなたの受験された面接試験，論作文試験の実施方法や質問内容
◆教員採用試験の受験体験記

送付先	
	○電子メール：edit@kyodo-s.jp
	○FAX：03-3233-1233（協同出版株式会社　編集制作部 行）
	○郵送：〒101-0054　東京都千代田区神田錦町2-5 協同出版株式会社　編集制作部 行
	○HP：https://kyodo-s.jp/provision（右記のQRコードからもアクセスできます）

※謝礼をお送りする関係から，いずれの方法でお送りいただく際にも，「お名前」「ご住所」は，必ず明記いただきますよう，よろしくお願い申し上げます。

教員採用試験「全国版」過去問シリーズ⑧
全国まるごと過去問題集
理科

編　集　　© 協同教育研究会
発　行　　令和6年1月25日
発行者　　小貫　輝雄
発行所　　協同出版株式会社
〒101-0054　東京都千代田区神田錦町2－5
電話　03－3295－1341
振替　東京00190－4－94061
印刷所　　協同出版・POD工場

落丁・乱丁はお取り替えいたします。